汉译世界学术名著丛书

十五至十八世纪的物质文明、经济和资本主义

第二卷

形形色色的交换

上 册

〔法〕费尔南·布罗代尔 著

顾良 施康强 译

商务印书馆
创于1897 The Commercial Press

中译本根据阿尔芒·科兰出版社1979年版译出

汉译世界学术名著丛书
出 版 说 明

我馆历来重视移译世界各国学术名著。从20世纪50年代起，更致力于翻译出版马克思主义诞生以前的古典学术著作，同时适当介绍当代具有定评的各派代表作品。我们确信只有用人类创造的全部知识财富来丰富自己的头脑，才能够建成现代化的社会主义社会。这些书籍所蕴藏的思想财富和学术价值，为学人所熟悉，毋需赘述。这些译本过去以单行本印行，难见系统，汇编为丛书，才能相得益彰，蔚为大观，既便于研读查考，又利于文化积累。为此，我们从1981年着手分辑刊行，至2016年年底已先后分十五辑印行名著650种。现继续编印第十六辑、十七辑，到2018年年底出版至750种。今后在积累单本著作的基础上仍将陆续以名著版印行。希望海内外读书界、著译界给我们批评、建议，帮助我们把这套丛书出得更好。

商务印书馆编辑部

2018年4月

谨以双重的诚爱
献给皮埃尔·古鲁

目　　录

上册

图表目录

上册

下册

插图目录

上册

下册

前　　言 7

本书第一卷以物质生活为主题。如果用个简单化的比喻，物质生活好比是一座多层楼房的底层，而这第二卷则要探索上面的楼层，即经济生活，以及作为更高层次的资本主义活动。虽然就事物的具体含义而言，楼房的比喻略嫌牵强，但这个形象却相当生动地反映事物的实际。

有一个并不连续的接触面位于“物质生活”（也就是起码的经济生活）和经济生活之间，它由集市、摊户、店铺等成千上万个细小的点作物质体现。点与点之间保持间隔：一边是经济生活以及与此有关的交换、货币、节点和高级手段，即商埠、交易所或交易会；另一边是“物质生活”，即始终不能摆脱的以自给自足形式出现的非经济。经济以跨进交换价值的门槛为开端。

在这第二卷里，我试图分析从原始的物物交换直到最精致的资本主义在内的全部交换形式。从尽可能细致的和不偏不倚的描述着手，我想把握住一些规律和机制，想写一部经济通史（就像有一种地理通志一样），或者换用别的说法，想提出·种类型学，一个
模式或一种语法，它至少能确定几个关键的词汇及几种明显实在 8
的含义，尽管这种经济通史并不严格遵守通史的要求，这一类型学并非不容置辩，更远非十分完整，这一模式又根本不能用数学方法

加以验证，这一语法也提供不了理解某一经济语言或经济言词的钥匙，即便我们假定存在一种经济语言，并且这一语言超越时间和地域一成不变。大体上讲，我们想要努力搞清某些结构和发展，并且要努力搞清维护传统秩序的巨大力量和让-保尔·萨特谈到的“惰性暴力”的巨大力量。因此，我们必须在社会、政治和经济三者的结合部从事研究。

为了沿着这样一条路走，必须睁大眼睛反复观察，争取各门人文科学的帮助，尤其要对相同性质的经验进行系统的对照和比较，不怕在进行必要的对比时，因在很少变动的体系内颠倒时间顺序而招致讥讽。在所有的研究方法中，马克·布洛赫尤其提倡比较，我也根据长时段的远景运用了比较方法。在知识的现阶段，有许多可比数据供我们作时空比较，以至给人这样一种印象，即我们并非在偶然的关照下作一些经验比较，而几乎是在从事实验。我最初想写的是历史，而写成的书却介于历史学和其他人文科学之间。

通过观察，并与模式比较对照，我不断注意到正常的、往往是墨守成规的交换经济（或用 18 世纪的话说，自然的）与高级、精致的经济（或用 18 世纪的话说，人为的）[1]之间的顽强对立。我能肯定，这种分裂十分明显，从事经济活动的人和普通的人，他们的行为和精神状态在不同的梯级各不相同。古典经济学所描绘的在一定水平上始终存在的市场经济规律，在精细计算和投机冒险的高级区域内，很少以自由竞争的形式起作用。一个背光的、阴暗的、只有行家们在活动的区域从这里开始，我以为所谓资本主义的根子就扎在这里，因为资本主义是潜在力量的积累，它不仅根据相互需要，而且在同等乃至更大程度上根据力量对比来进行交换。不管可以避免或不可避免，它与许多其他社会寄生体一样，是一种社会寄生体。简单地说，如同其他等级制一样，商品世界是有等级的，没有低级的支撑，也就不可能存在高级。我们最后不要忘记，在交换的下面，那个因缺少更好的术语而被我称之为物质生活的层次，在旧制度的几个世纪内，一直是最厚的层次。

对于我用资本主义一词确指的最高层次，读者是否会觉得比几个经济层次之间的对立更值得商榷？资本主义这个名词直到很晚，即在20世纪初，才臻于成熟，并显示其爆炸力。在其深刻含义上，资本主义带有真正出生那天的胎记，这样说最为可靠，但把资本主义的降临提前到1400和1800年间，这岂非犯下历史学最忌讳的过错？对于这个倒置历史顺序的罪过，我并不感到过分内疚。历史学家为事后确指他们研究的问题和时期，发明种种词汇和名 9
称：百年战争、文艺复兴、人文主义、宗教改革，等等。这个不属于真正的市场经济，而且往往与之绝对相矛盾的层次，我必须为它找到一个特别的名词。不可抗拒地出现在我面前的，正是资本主义这个唤起许多联想的名词。我们为什么不能撇开它过去和现在引起的热烈争论，干脆利用它为我们服务？

按照构造任何模式的指导法则，我在本卷中审慎地从简单过渡到复杂。在昨天的经济社会中我们首先毫无困难地观察到的，是人们通常所说的流通或市场经济。因此，在“交换的工具”和“市场与经济”这头两章里，我致力于描绘集市、贩卖、店铺、交易会、交易所等。也许细节谈得过多。我试图从交换中引出几条规律，如果确有规律存在的话。随后的两章：“资本主义在别人家里”“资本主义在自己家里”，则脱离流通去探讨有关生产的众多问题；对于为我们接受的这场辩论的关键用词：资本、资本家和资本主义，这两章还明确了它们的含义，这是必不可少的；最后还试图确定资本主义的地位，这样一种“地形考察”旨在揭示资本主义的界限，并合乎逻辑地暴露其本质。我们于是就触及困难的核心，但是麻烦并不到此为止。最后一章，也许正是最必不可少的一章“社会或集合之集合”，试图把经济和资本主义重新放回到社会实在的总框架中去，离开这个框架，任何东西都不能获得其充分的意义。

描绘、分析、比较、说明，这样做往往会脱离历史叙述，会无视或故意打断历史的持续时间。持续的时间是存在的，我们将在本书最后一卷，即第三卷《世界的时间》中遇到它们。截至本卷，我们将处在准备阶段，时间被当作观察手段使用，其先后顺序经常打乱。

我的任务并不因此变得简单，诸位将读到的各章曾经四五次重写。我先在法兰西公学和高等研究院以此为讲课内容，接着写成文字，随后又从头到尾改写。昂利·马蒂斯的一位朋友曾为画家摆过姿势。他对我说，马蒂斯每画一幅画，都习惯于十易其稿，把前面的画稿统统扔进字纸篓，只留下他终于认为线条已达炉火纯青的最后一张。可惜我不是昂利·马蒂斯。而且，对于我的最后定稿是否最清楚和最符合我的想法，我也没有把握。我借用英国历史学家弗雷德里克·梅特兰(1887)的一句话聊以自慰，他说：“简洁不是起点，而是目的”，[2]有时碰上好运气，它可能是终点。

第一章 11

交换的工具

一眼可以看出，经济分成两大领域：生产和消费。一切从生产开始和再开始，一切以消费结束和归于消灭。马克思[1]写道：“一个社会不能停止消费，同样，它也不能停止生产。”这是一个普通的道理。蒲鲁东说过，干活和吃饭是人唯一的、显而易见的目的，他讲的是同一个道理。但在两大领域之间，有一个第三者挤了进来，它像河流一样细长和活跃，也一眼便可认出：交换，或者说，市场经济；在本书探讨的几个世纪里，市场经济既不完备，又不连贯，但已带有强制性，肯定还具有革命性。在顽固地趋向习惯的平衡、稍有偏离便立即纠正的整体中，市场经济是变化和革新层出不穷的区域。马克思称之为流通领域，[2]我深信这个说法是恰当的。当然，生理学上的流通一词被借用到经济学[3]来以后，包括着太多的含义。杜尔哥全集的出版商G.席勒[4]说过，杜尔哥曾想编写一部《流通论》，书中谈的是银行、约翰·劳体系、信贷、汇兑、贸易以及奢侈，也就是说，当时人们想象中的几乎全部经济活动。就在今天，市场经济这个词不也具有一种广义，远远超出流通和交换的普通范畴[5]吗？

12 可见有三个领域。在本书第一卷中，我们谈的主要是消费。我们在后面几章将研究流通。有关生产的困难问题留到最后去讲。[6]这倒不是有意同马克思或蒲鲁东唱反调，不承认生产问题是主要的问题。历史学家是逆向观察者，他很难从生产这个模糊、不易辨别和尚未盘点清楚的领域着手。相反，流通具有便于观察的优点。那里的一切都在躁动，各种运动暴露无遗。市场的噪音肯定要传到我们的耳朵里去。从阿雷蒂诺曾纵情眺望日常景色[7]的同一个窗口，我能找到1530年前后威尼斯里亚托广场上的批发商和零售商，这样说毫不夸张；我还能进入1688年间乃至更早以前的阿姆斯特丹交易所，并且不会迷失方向，我几乎要说，即使做几笔投机生意也不致出太多差错。乔治·古尔维奇或许立即会反驳说，便于观察的事物很可能是无足轻重或次要的事物。我虽然不敢如古尔维奇一样肯定，但我认为，杜尔哥在研究当时整个经济时优先注意流通，不可能全盘皆错。何况资本主义的产生与交换有密切联系，这一点难道是无足轻重的吗？最后，生产要求分工，分工迫使人们进行交换。

谁又真的想缩小市场的作用呢？即使初级市场也是供求双方求助他人的理想地点，否则就不存在普通含义上的经济，而只有一种自给自足或非经济的“封闭型”生活。市场是一种解放，一种开放，是进入另一个世界，是冒出水面。人的活动，人们交换的剩余产品从这个狭窄的缺口慢慢通过，其困难程度最初不亚于《圣经》故事所说的骆驼从针眼通过。针眼后来扩大了，增多了。这一演变过程的终端将是“市场遍布的社会”。[8]我说的是在过程的终端，也就是说市场的普及相当缓慢，并视地区而异，从不在相同的时间，或以相同的方式实现。市场的历史可见并不是简单的线状发展。传统的、古老的市场与近代的、现代的市场相毗邻。即使今天的情况也是如此。找到和汇集有代表性的形象确实不难，但要确切规定其相互关系却殊非易事，甚至在得天独厚的欧洲也不例外。

这个潜在困难之所以产生，难道也是因为把 15 至 18 世纪这段时间选作观察范围还嫌不够长？理想的观察范围理应扩展到迄今以来世界上所有的市场。这是蔑视一切传统观念的卡尔·波拉

13

威尼斯里亚托桥。卡帕乔奥作画，1494 年。

尼[9]曾经涉足的广阔领域。但是把古巴比伦的所谓市场、今天特罗布里恩群岛原始人的交换渠道、中世纪和前工业化时期的欧洲市场笼统地放在一起说明，这难道是可能的吗？我对此不敢完全相信。

总之，我们将不是一开始就立即进行一般性解释。我们将以描绘为起点。首先描绘欧洲，这是我们了解较多的基本见证人。然后再描绘欧洲以外的地区，因为任何描绘如果不是真正围绕世界一周，就不能随后开始解释。

14 欧洲：交换下限的齿轮

现在首先来看欧洲。早在 15 世纪以前，欧洲已消灭了最古老的交换形式。据我们的了解或猜测，从 12 世纪起，价格便处在波动状态，[10]这证明“近代”市场业已建立，有时能互相结合，构成初步的市场体系，组织起城市间的联系。其实，集市基本上设在城镇。乡村集市[11]在 15 世纪虽然已经存在，但为数极少，不值得重视。西方城市独吞了一切，使一切都屈服于它的法律、苛求和监督。集市变成了它的一个齿轮。[12]

普通集市今昔相似

初级集市今天依然存在，至少在近期内不会消灭。它们定期出现在城市的习惯场所，总是那么杂乱拥挤，喧喧嚷嚷，冲鼻的香味与新鲜的食品比比皆是。以往的集市也大致如此：几块木板，一块防雨布，每个摊位都按事先确定的数字登记编号，[13]并根据当

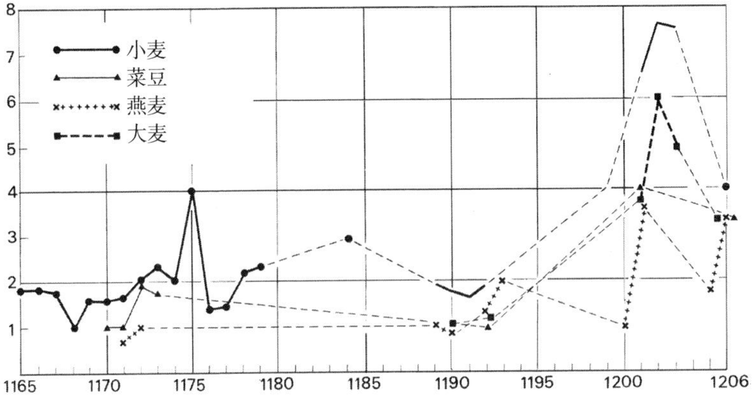

1. 英格兰早期的物价波动

根据 D.L.法默："安茹王朝时代英格兰的某些价格波动"，《经济史杂志》，1956—1957 年，第 39 页。请注意继 1201 年歉收后，各种粮食的价格同时上涨。

局或地产主的要求交费；成群的顾客，众多收入甚微但忙忙碌碌的 15
帮工：从搬嘴弄舌著称的剥豆荚女人，代客剥青蛙皮（成筐的青蛙用骡驮到日内瓦[14]和巴黎[15]）和从事搬运、清扫和赶车的小工，私下兜售的小贩，继承父业而又喜欢吹毛求疵的市场管理员，二道商贩以及从衣着便可一眼认出的农民，物色便宜货的市民，串通起来（有钱人的说法）报假账揩油（当时称作"捞外快"）[16]的女仆，在集市售货的烤面包师傅，在街头和广场乱摆肉摊的屠户，批发商（经营鲜鱼、奶酪或黄油），[17]税吏等等。最后，到处堆着各种商品：黄油，蔬菜，奶酪，水果，水淋淋的鱼，野味，现买现割的肉，卖不出去的存书（其纸张用于货物包装）。[18]此外，还有柴草、木料、羊毛、大麻、亚麻乃至土布从乡村运来出售。

初级集市之所以几百年来原封不动地保存下来，这肯定因为它的简单朴实是无法超过的;容易腐烂、不宜存放的食品直接从附近的田园运来,自然十分新鲜。价格低廉也是个原因,初级集市是最直接、最透明和监督得最好的交换形式,那里进行的主要是"第一手"交易,[19]避免了欺骗。或许可以说是最公正的交换形式。布瓦洛的《行业志》(于 1270 年前后写成)[20]说得好:"送食物来集市出售,这才叫公道合理,货物的优劣和价格的贵贱,都在众目睽睽之下;集市出售的东西,无论贫富,大家都能购买"。用德语的说法,这是"手握着手、眼对着眼的贸易";[21]这是直接的交换:当场拍板成交,一手交钱一手交货,难得出现赊账的事。[22]这种古老的交换形式在庞贝、奥斯蒂亚或古罗马时代的提姆加德业已存在;再上溯几个世纪乃至几千年,古希腊曾有集市,在古代中国及法老统治下的埃及也存在集市,交换在巴比伦出现尤早。[23]欧洲人描绘了"邻近奇蒂特兰的特拉尔台戈"[24]集市(墨西哥)的五色缤纷以及"管理得井井有条"的黑非洲集市,那里的成交额虽然微不足道,但其秩序却令人赞叹。[25]埃塞俄比亚市场起源之久,今天已无从查考。[26]

城市和集市

城市通常每周有一至两次集市。为保障市场供应,乡村必须有生产和汇集食品的时间,并且能抽出部分人手去从事销售(主要是妇女)。当然,在大城市里,集市趋向于经常化,例如巴黎便是这样,虽然在原则上(事实上也往往如此)集市仅在星期三和星期六
16 举行。[27]总之,间断也罢,连续也罢,城乡之间的这些市场,正如亚当·斯密所指出的,在已知的所有交换中占的份额最大。城市当

局因此对集市的监督管理抓得很紧,这对它们是个紧要的问题。权力机构近在咫尺,处置迅速,密切注视着价格。在西西里,商贩的讨价只要超出定价一个“格拉诺”,就有可能被判处苦役！1611年7月2日,巴勒莫曾出现过这种情况。[28]在沙托丹,[29]烤面包师傅凡被三次抓住把柄,就得“如香肠一样捆绑结实,毫不宽待地从货车上扔下”。这一惯例始于1417年,奥尔良家族的查理当时授予助理法官巡查面包铺的权利。面包商直到1602年才争取到取消这一刑罚。

巴黎的面包市和家禽市,奥古斯丁滨河大道,1670年前后。

监视和压制未能阻止集市随着需求的增加而兴旺和膨胀,并且成为城市生活的心脏。在固定日期招徕顾客的集市是社会生活的天然中心。集市是人们会面、商量、骂街甚至打架的场所;是私下串通制造事端从而惊动官府的场所;是巡逻队难得动手干预(轻易不干预,每次干预总要闹出一场好戏)的场所;[30]也是政治新闻和各种流言蜚语的传播场所。1534年,在诺福克郡费克纳姆集市，有人在大庭广众之下公开批评亨利八世国王的行为和计划。[31] 年复一年，我们在哪个英格兰集市上听不到布道牧师激烈的言辞？在场的群众对各种事业都能动心，甚至慈善事业。集市也是商讨家庭间或事务性契约的最好地点。我们从公证人卷宗中看到，“15世纪在萨莱诺省的齐福尼，每逢集市，除出售食品、手工业品和土产品之外，土地买卖契约、长期租赁契约、馈赠证书、结婚证书、嫁奁证书的订立比例（比平时）较高。”[32] 集市使一切加快节奏，甚至也合乎情理地使店铺的生意兴旺。例如，在17世纪末英国的兰开斯特，店主威廉·斯图脱“每逢集市”，总要多请帮手。[33] 这大概是条普遍规律。除非店铺在开集市那几天遵命停业，这在不少城市也是常有的事。[34]

集市处于人际关系的中心，饱含哲理的俗谚足以为证。这里试举几个例子[35]：“沉默寡言的审慎和体面除外，一切都在集市出售。”“买下没有上钩的鱼，到头来只会落得一场空。”谁不懂买卖的诀窍，“到集市上一学便会”。“既想着自己，也想着集市”，这等于说，也想着别人，因为集市上不会只剩下你孤身一人。一句意大利谚语说，聪明人“与其柜子里有钱，宁要集市上有朋友”。达荷美今天的民俗还认为抗拒市场的诱惑是明智的表现：“听到招揽生意的叫卖声，聪明人回答说：‘我的出账不超过进账。’”[36]

17

集市的增多和专门化

设在城市的集市与城市一起壮大。它们不但数量增多，而且规模扩大，以致过分狭窄的城区容纳不下。由于它们代表着时代的前进步伐，它们的发展简直势不可挡，造成人群拥挤、垃圾遍地和交通堵塞，市政当局对此无可奈何。解决的办法或许是把集市迁往城门口、城墙外和市郊。开设新市场时就往往这么做，例如巴黎在圣安托尼关厢的圣贝尔纳广场（1643 年 3 月 2 日），“在圣米歇尔门和护城壕之间，在唐费尔街和圣雅克门之间”（1660 年 10 月）[37]开设了新市场。但原在市中心的旧市场仍然保留；即使稍稍移动它们的位置也很不容易，如圣米歇尔桥的市场于 1667 年从桥上挪到桥头，[38]半个世纪后穆夫塔尔街的市场挪到附近“主教公馆”院内（1718 年 5 月）。[39]新市场不取代旧市场。随着市区扩大，城墙的位置不断外移，因而原先规规矩矩沿墙设置的市场总有一天又回到城里，并且从此保留下来。

在巴黎，高等法院、市政长官和警察总监（从 1667 年开始）拼命想把集市控制在恰当界限内，但都是白费力气。1678 年间，圣奥诺兰街无法通行，因为“在坎兹万肉店附近不按规定新开设了集市，逢到赶集的日子，乡下和城里的许多女商贩临街摆摊，妨碍交 18
通，虽然这是巴黎过往行人最多的通道之一，理应畅通无阻”。[40]明明是胡作非为，但又有什么办法？这里腾空一块地方，势必在别处又占上另一块地方。将近五十年过后，坎兹万的小市场仍留在原地，警官布吕塞尔于 1714 年 6 月 28 日在给夏特莱的上级的报告中写道：“首先，我今天去坎兹万小市场买面包，接到了市民对鲭鱼贩的控告，这些女商贩随地乱扔鱼肚肠，把市场弄得腥臭不堪。应该让她们像剥豆荚女人一样，把鱼肚肠放进篮子里，然后再装车运走。”[41]更令人吃惊的是：“油膘市”，每逢受难周，在圣母院前面的广场上名副其实地举行大型集市，巴黎人不论贫富都来采购火腿和肥肉。公平秤就设在大教堂的门廊下。人群为称肉争先恐后，你推我挤。有人趁乱开个玩笑，闹点恶作剧，干些扒窃勾当。负责维持秩序的法兰西卫队的表现不比别人好，附近主宫医院的殡殓工放肆地逗笑取乐。[42]尽管如此，格拉蒙骑士于1669年居然获准在“圣母院和宫岛之间”设立新市场。每逢星期六，广场上总是人满为患。宗教游行队伍或王后的四轮马车怎么能穿行其间？[43]

一有空地出现，集市就去占领。在莫斯科，每年冬季，莫斯科河一上冻，冰上就摆开店铺、木棚和摊子。[44]每年的这个季节，雪橇运输十分方便，宰杀的牲畜和肉类在户外自动结冻，圣诞节前后市场上的交易额总会增加。[45]17世纪的伦敦，冬天冷得出奇，狂欢活动能在封冻的河上举行，气氛尤其热烈：“在整个英格兰，狂欢活动从圣诞节一直延续到主显节前夕”。“临时搭起的小酒铺比比皆是”，当街烤着整扇的牛肉，西班牙葡萄酒和烧酒吸引全体居民，甚至国王有时也亲自光临（1677年1月13日）。[46]但在1683年1月和2月，事情变得有点不妙。特大寒潮袭击了城市；在泰晤士河的出海口，大块浮冰险些把冻住的船只压个粉碎。粮食和商品不足，物价三倍、四倍地上涨，冰封雪阻的街道不能通行。城市的活动迁到河上，河面变成货车和客车的通衢大道，商人、摊贩和手工业者在那里搭盖棚屋。一个庞大的集市凭空冒了出来，其规模之大足以衡量首都人口之多；当时曾亲历其境的一位托斯卡纳人写道，该集市简直像是“巨型交易会”“江湖骗子、小丑以及各种变戏法和玩杂耍的”闻讯后纷纷赶来“挣几个子儿”。[47]这种不正常的集会确实给人留下交易会的印象（泰晤士河上的集市，1683年）。一幅拙劣的版画记录了这一事件，但未能再现其五光十色的俗趣。[48]

1683年泰晤士河上的集市。爱德华·鲁宾逊《英国最早的咖啡馆》一书中复制的这幅版画展现了在封冻河面上举行的集市场面。左侧为伦敦塔；画面后方为伦敦桥。

交换的扩展使各地城市纷纷建立“商场”(halle)，即四周往往被露天集市包围的室内市场。在多数情况下，这些商场是些常设 19
的专业性集市。据我们所知，呢绒商场数量极多。[49]即使像卡庞特拉这样一座中等城市也有自己的呢绒商场。[50]巴塞罗那在交易所(la Lonja)楼上开设了呢绒商场。[51]伦敦的勃莱克威尔商场[52]始建于1397年，1558年曾扩建，1666年毁于火灾，又于1672年重建，规模特别巨大。商场长时期内每周仅售货数天，于18世纪变为每天营业，乡村呢绒商养成习惯把未售出的货物存在那里，以待下次交易。1666年前后，该商场已有固定的经纪人和职员，以及一整套复杂的组织机构。但在这以前，商场所在的贝辛霍尔街已是“商业区的中心”，其盛况远胜威尼斯的“条顿商馆”。[53]

不同的商场显然经营不同的货物。例如有小麦商场（图卢兹成立于 1203 年）、[54]葡萄酒商场、皮革商场、皮鞋商场、毛皮商场（德意志城市中有谷物商场、毛皮商场和皮鞋商场），在盛产珍贵染
20 料的格尔利茨地区，甚至有菘蓝商场。[55]英格兰城镇于 16 世纪往往由当地富商慷慨出资筹建许多名称不一的商场。[56]在 17 世纪，毛线商场就设在亚眠市中心圣费尔曼·昂·卡斯蒂翁教堂的背后，离大集市或麦市只有几步路：手工工匠每天从商场购买所谓脱脂毛线，即“经梳理后脱脂并用纺车纺成的线”，这是附近乡村纺线工送往城市的产品。[57]同样，一字排开并有棚盖的肉摊群其实也是商场。例如，埃夫勒[58]和特鲁瓦[59]的肉市都设在阴暗的货棚下，威尼斯的肉市从 1339 年起集中了该城的各大肉铺，离旧住宅区里亚托广场只有几步路远，这里的街道、运河都以肉市命名，圣马托教堂又称“肉户堂”，19 世纪初才遭毁坏。[60]

“商场”一词因而具有多种含义，从仅能挡风避雨的普通集市直到很早就被称作“巴黎的肚子”的中央菜场的复杂建筑和结构。这个庞然大物的起源可追溯到菲力浦·奥古斯特。[61]当时在邻近无辜者公墓的尚博兴建了广大的建筑群，但公墓于 1786 年才开始迁移。[62]1350 至 1450 年前后的大衰退期间，中央菜场显得相当破
21 落。这场衰退固然是个原因，附近店铺的竞争也是个原因。总之，中央菜场的危机并非巴黎特有的现象，这在王国其他城市相当普遍。一些建筑物被改作他用后摇摇欲坠，有的甚至用于堆放垃圾。巴黎的纺织品商场，“据1484至1487年的账目记载，至少曾部分

布列塔尼的法乌埃商场(16 世纪末)。

充当国王炮队的车库”。[63]大家知道罗伯托·洛佩斯[64]关于宗教建筑具有“指示”作用的见解:每当宗教建筑停工,如 1223 年的波洛尼亚大教堂,1265 年的锡耶纳大教堂或 1301 至 1302 年佛罗伦萨的费奥尔圣马丽亚大教堂,肯定就有危机发生。商场的历史从未被人从整体上作过研究,但是能否说商场也具有这个“指示”作用呢?如果可以的话,那么在 1543 至 1572 年间,巴黎的经济复苏应在这个阶段的最初几年,而不是最后几年的事。弗朗斯瓦一世敕令(1543 年 9 月 20 日)于同年 10 月 11 日在高等法院备案,其实不过是第一个信号。其他的信号接踵而来。这些措置的表面目的是美化巴黎,而不是赋予它一个有力的机构。然而,首都的兴旺和发达以及附近的店铺和销售点随着中央菜场的翻修而逐渐减少，都表明这是一项非同寻常的商业行动。总之，中央菜场从 16 世纪末起面目一新，恢复了圣路易时代的活力。这也可以说是一次“复兴”。[65]

没有一张图样能确切反映中央菜场这一巨大建筑群的完整形象：盖顶的和露天的场所，支撑附近房屋拱廊的立柱，一面制造杂乱，另一面又利用杂乱向四周空地蔓延的商业活动。据萨瓦里[66]（1761 年）说，这个混合型市场自 16 世纪以来不再发生变化。我们不能过分相信他：市场内部不断出现变迁。18 世纪更有两项革新：小麦商场于 1767 年迁出中央菜场，在斯瓦松府邸旧址重建；18 世纪末，又改建海鲜商场和皮革商场，并将葡萄酒商场迁往圣贝纳尔门。整修乃至拆迁中央菜场的计划曾反复提出，但这庞然大物（占地 5 万平米）仍合乎情理地留在原地。

中央菜场内，仅呢绒商场、布匹商场、咸货商场（咸鱼）、海鲜商场有房屋掩蔽。但紧挨在这些建筑物的四周，设有种种露天集市，出售小麦、面粉、大块黄油、蜡烛、麻绳和井绳。在沿菜场边缘排列的“立柱”附近，因陋就简地住着估衣商、面包师、鞋匠以及“纳付市场税的其他巴黎小商人”。两位荷兰旅行家[67]说：“1657 年 3 月 1 日，我们在中央菜场附近逛估衣市。许多出售旧衣服的商贩安顿在立柱支撑的拱廊下……每周有两天逢集：所有估衣商，其中显然包括许多犹太人，在此摆摊售货。过往行人无不讨厌他们的吆喝声：顶呱呱的大氅！漂亮的短褂！他们详细介绍货物的特色，拉人进铺子看货……他们出售的衣服和家具数量之多令人难以置信，
22 货色看来还真不错，但不懂行者贸然购买未免冒险，因为他们有补

旧翻新的高超技艺。”这些铺子光线极差，“你以为买了一件黑色衣服，可到了太阳底下，却变成绿色、紫色，或斑点纷呈如豹皮”。

23

巴黎中央菜场的女鱼贩正做买卖；图前方有一卖薄饼者。投石党时期的一幅无名氏版画。

商店鳞次栉比，瓜皮果壳成堆，污水横流，烂鱼遍地，皮加尼奥尔·德·拉福斯[68]（1742年）承认，很有气派的中央菜场"也是巴黎最脏最臭的地段"。女商贩的人数比男的更多，她们的嗓门也高，享有"全巴黎嘴巴最脏"的美名。"喂！不要脸的！你说！臭婊子！你要勾搭学生，就滚到蒙塔古中学去！你不害臊？老僵尸！欠鞭子抽的！下作坯子！双料贱货，你黄汤灌多了。"17世纪的女鱼贩就这样骂个不停。[69]后来的当然也是如此。

城市必须进行干预

巴黎的中央菜场虽然十分特殊和复杂，它无非表明，一个大城市过早超过通常的规模，就会在供应方面遇到复杂的和必须解决的问题。自从伦敦以人们所知道的那种方式发展起来后，相同的原因产生相同的结果，英国首都就愈益被众多杂乱的集市所侵占。集市已不能局限在原定地点，逐渐向附近街巷蔓延，使街巷也变成专门的市场：鱼市、蔬菜市、家禽市，等等。在伊丽莎白时代，集市日渐阻塞首都来往行人最多的街道。这种情况直到1666年的大火灾才得到全面整顿。为了廓清街衢，当局在兴建高大楼房时，四周留有空旷的院落。这些院落于是成为封闭但是露天的商场，有的专营某些商品，以批发为主，其余的则五花八门。

在所有这些商场中，以里登商场规模最大——据说是欧洲最大的商场——，其景色堪与巴黎中央菜场相比，但是较有秩序。里登商场把1666年设在原址周围的所有集市，即天恩堂街、谷物山、家禽市、鲜鱼街、东便宜坊的集市，统统归并到四座建筑物中去。100个肉摊在一个院子里出售牛肉，另一个院子里，140个摊位出售其他肉类，别处则出售鲜鱼、奶酪、黄油、钉子、小五金等。所有这些汇集成“一个巨大的市场，城市引为骄傲的一大奇观”。里登商场体现的秩序犹如昙花一现。随着城市的继续扩大，种种限制已不再能起作用，原来的困难又重新出现；从1699年起，也许更早，小商再次侵入街巷，在住宅房廊下摆摊，尽管明令禁止，小贩仍在城内到处走街串巷。在这些叫卖的商贩中，最引人注目的是头顶货筐的女鱼贩。她们名声不佳，遭人耻笑，也受人剥削。如果当 24
天生意兴隆，晚上肯定能在小酒铺里遇到她们。她们像巴黎中央菜场的鱼贩一样粗暴，一样爱惹是生非。[70]我们回过头来再看巴黎。

为了保证市场供应，巴黎只得在首都四周的广大区域组织货源：鱼和牡蛎来自迪耶普、勒克罗图瓦、圣瓦莱里。路过后两个城市的一位旅行者（1728年）说：“我们一路上只遇到赶运海鲜的货车。”他又说，“不离左右跟着我们走的鱼货半路上截不下来，统统运到巴黎去”。[71]奶酪来自莫城，黄油来自迪耶普附近的古尔奈或伊西尼；供屠宰的牲畜来自普瓦西、苏以及更远的纳布尔的集市；面包以贡内斯的产品为好；干菜的产地在诺曼底的科德贝克，那儿每星期六逢集[72]……因此必须重新制订和修改一系列措施。首先必须设法保护直接供应城市的地区，通过小本经营的生产者、运输者和销售者的活动，使大城市的市场供应源源不断。因此，大商人的自由行动被排斥在这个邻近区域之外。夏特莱警察局规定，商人收购小麦，应在距首都方圆十法里之外，收购活牲畜（1635年）应在七法里之外；收购所谓菜牛和猪（1665年）应在二十法里之外；收购淡水鱼应在四法里之外（自17世纪初开始）；[73]大量收购葡萄酒应在二十法里之外。[74]

还有许多其他问题：比较棘手的问题之一是马和牲畜的供应。这类嘈杂的集市应尽可能迁往市郊，或至少设在城墙之外。图内尔宫废弃后留下的空地在辟为伏日广场之前，曾长期充当马市。[75]巴黎始终被一圈牲畜交易集市包围着。一个集市刚结束，另一个在第二天又开张，赶集的还是原班人马。其中一个集市，大概是圣维克多吧，据几位见证人[76]说，1667 年“集中了三千多匹马，数量之多令人惊叹，因为每周有两次集市”。马匹交易其实遍布全城：除了来自外省或外国的“新”马外，还有“业已役使过的老马”，也就是“市民有时想不上集市就脱手”的役马。成群的掮客和马蹄铁匠为马贩子和拥有马厩的商人充当中间人。此外，每个街区还有马匹出租者。[77]

大规模的牲畜集市也能吸引大批买卖人，苏（星期一）、普瓦西（每星期四）以及小巴黎的四门（贵妇门、桥门、贡夫朗门、巴黎门）[78]都属于这种情况。在许多“包买人”（代客垫付货款，随后索回）、中间人、收购人（在法国各地收购牲畜）和肉铺主（并非都是小零售商）的参与下，牲畜交易十分活跃；其中有些人因此发财创业。[79]根据一项统计资料，在 1707 年，巴黎市场上每星期出售的肉类约合 1300 头牛、8200 头绵羊和将近 2000 头（每年 10 000头）小牛。同时控制苏和普瓦西牲畜集市的“包买人”于同年抱怨说，“有的买卖在巴黎周围的小蒙特勒依等地成交〔脱离他们的控制〕”。[80]

我们切莫忘记，向巴黎供应肉食的集市遍及法国广大地区，这与首都定期或不定期从各地获取小麦[81]的情形相同。由此便产生了道路和联络的问题，而这不是用几句话就能概括说明的。关键显然在于利用河道——与塞纳河相连的荣纳河、奥布河、马恩河和瓦兹河以及塞纳河本身。塞纳河穿过巴黎市区的河段两岸散布着兼作集市的码头，1754 年达 26 个之多，那里的货物尤其价廉物美。最重要的有上游货物集散地格雷夫码头，货物是小麦、葡萄酒、木料、草料（草料供应似以杜依勒里码头为主）；圣尼古拉码头[82]接受来自下游的货物。无数船只以及水上马车在河面往返。从路易十四时代开始，另有一些小船供乘客使用，[83]就像泰晤士河伦敦桥上游的上千艘轻舟一样，可使人免受市内车马颠簸之苦。[84]

巴黎的情形虽然复杂，但有一二十个其他城市与之类似。任何大城市都有一个与其规模相当的供应区。例如，在 18 世纪，为满足马德里的需要，卡斯蒂利亚地区的大部分交通工具被占用，以致打乱该地区的经济。[85]据蒂尔索·德·莫利纳（1625 年）说，在里斯本，一切都极其简单，水果和雪来自塞拉-台斯特雷拉，食物来自大海的好心馈赠："坐在桌旁就餐的居民眼看在自己家门口……捞起满网鲜鱼。"[86]1633 年 7 月至 8 月的一篇游记说，在塔霍河上遥望成百上千的渔船，令人赏心悦目。[87]贪吃懒做，得过且过，里斯本城靠海吃海。但是这种描写未免过分。里斯本其实单为筹集其日常食用的小麦就十分费劲。何况城市人口愈多，其供应愈得不到保证。威尼斯从 15 世纪开始不得不在匈牙利买牛，以保证城市的肉食供应。[88]伊斯坦布尔于 16 世纪人口可能高达 70 万人，它吞食巴尔干各国的羊群，小麦则从黑海和埃及运来。然而，只要凶暴的苏丹政府稍一松懈，这座大城市的供应就会出毛病，就会出现价格上涨和饥荒，而这类事情在历史上也确实发生过。[89]

伦敦的情形

伦敦的情形相当典型。大体上讲，凡发展过早的大城市可能遇到的问题，伦敦都曾遇到过。由于对伦敦历史的研究比对其他城市更完善，[90]我们可以不局限于轶事趣闻而得出一些结论。
26 N.S.B.格拉[91]正确地认为，伦敦提供了屠能关于经济区域组织规律的典型例子。伦敦四周经济区的组成甚至比巴黎早一百年。[91]几乎整个英国的生产和贸易区域很快全都为伦敦服务。总之，在16世纪，这一经济区北达苏格兰，南抵英吉利海峡，东接北海（其近海运输对伦敦的日常生活至关重要），西连威尔士和康沃尔郡。但在这个大范围内，有的地区经济不够发达，甚至落后，如布里斯托尔及其附近地区。如同巴黎四周一样（屠能所画的草图），最远的地

斯托在《伦敦巡游》中描绘的1598年伦敦东便宜坊是个肉市。肉铺店主住在街道两边，还有一些出售熟肉的烤肉铺。

区从事牲畜贸易：威尔士从16世纪起已加入这一行列，苏格兰于1707年同英格兰合并后也不例外。

伦敦的集市中心显然是泰晤士河地区，那里位置近便，水道四通八达，驿站星罗棋布（阿克斯布里奇、布伦特福德、金斯顿、汉普斯特德、沃特福德、圣奥尔本斯、赫特福德、克罗伊登、达特福德），它们全都为着首都忙碌，负责把粮食磨成面粉，加工麦芽，把食品或制成品运往大城市。如果能就这个城市的集市展示前后连续的图片的话，人们将看到，集市跟着城市扩大的速度逐年扩大（1600年至多有25万居民，到1700年则达50万，甚至更多）。英国的总 27
人口也不断增长，但增长速度没有那么快。因此，一位女历史学家的话说得再好也没有了，她认为伦敦“正在吞食英国”。[93]詹姆斯一世也承认：“天长日久，英格兰将只剩下伦敦。”[94]这些说法显然既恰当又不恰当。既有估计不足，又有估计过高。伦敦吞食的，不仅是英国内部，而且也可以说是外部，即对外贸易的三分之二或四分之三，甚至五分之四。[95]虽然王室、陆军和海军的胃口很大，伦敦消费不了一切，不能使一切都服从它的资金和高价的不可抗拒的吸引力。在伦敦的影响下，国民生产在英国乡村和小城市中发达起来，虽然后者的“转运职能胜过消费职能”。[96]双方在某种程度上相互提供服务。

英国生活的现代化随着伦敦的扩张而开始。伦敦附近乡村的富庶已令旅行者瞩目，旅店女仆“穿着整齐，颇有贵妇风度”，农民服饰也讲究，吃白面包，不像法国农民那样拖木屐，他们出门甚至骑马。[97]城市大章鱼的触手已伸展到整个英格兰地区以及遥远的苏格兰和威尔士。[98]任何地区一旦受到伦敦的影响，无不朝着专业化和商业化的方向发展，虽然受到改造的部门还很有限，因为在现代化了的地区往往还保留着过去的乡村制度以及传统的庄园和作物。例如，位于泰晤士河南面的肯特郡离伦敦很近，那里经营的果园和种植的啤酒花都供应首都，但肯特郡仍保留其固有面目；农民、麦地、畜群、茂密的树林（拦路劫掠的盗贼的巢穴），还有大批野物：锦鸡、山鹑、松鸡、鹌鹑、白眉鸭、野鸭……还有石鹏，状似雪鹀，“肉不过一口，但其味鲜美无比”。[99]

伦敦集市的形成带来了另一个后果，即传统贸易不可避免地被破坏（由于承担的任务很重），而所谓传统贸易，即生产者兼销售者与城里的收购者兼消费者面对面的公开交易。二者之间的距离现在拉得太长，一般人走不完全过程。城乡之间的第三者——商人——早在13世纪前已在英国出现，他们最初主要从事小麦贸易。中间环节逐渐使大商人一方面与生产者，另一方面与零售商建立联系，黄油、奶酪、家禽、水果、蔬菜、牛奶等贸易大部分通过这些中间环节进行。为此，种种传统、习惯和规定全都开始垮台。有人会说，伦敦的肚皮或巴黎的肚皮怎能引起革命！城市只须壮大，革命便自会发生。

28 **最好是要进行计算**

如果我们能掌握一些数字、账目和文书，我们对这些演变就会看得更加清楚。大量收集这些材料还是可能的，我们从阿兰·埃佛利脱（1967年）的著作里借用的1500至1640年间英格兰和威尔士的集市分布图，[100]我们就1722年卡昂财政区集市状况制作的地图，还有埃卡脱·斯莱末[101]就18世纪巴伐利亚集市所作的统计,都是有用的材料。但这些材料以及其他材料只是开辟了新的研究方向。

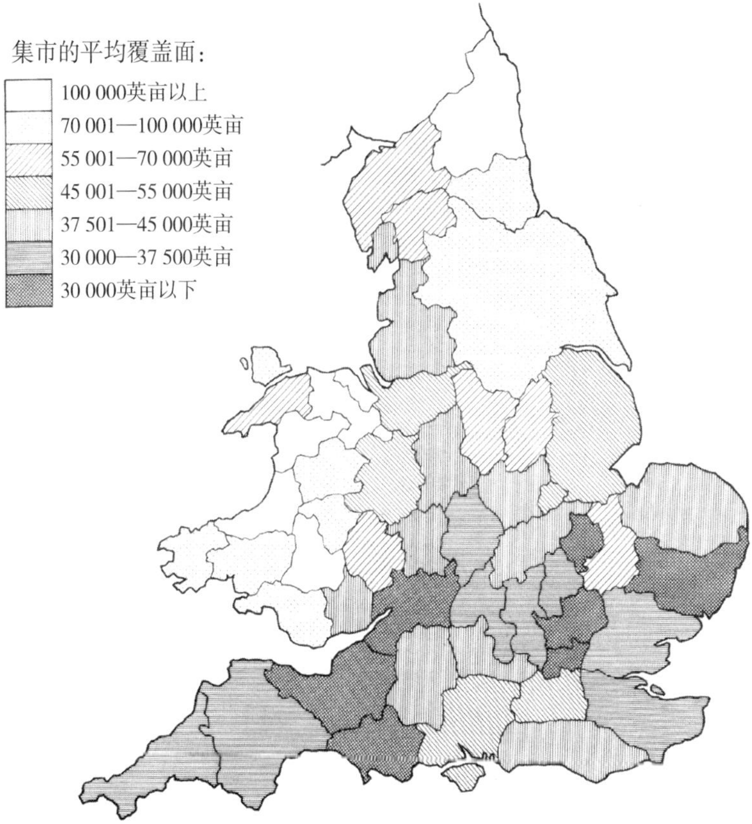

2. 1500 至 1680 年间英格兰和威尔士设集城镇的密度

按郡计算每一设集城镇平均覆盖的区域面积,阿兰·埃佛利脱得到的数字从北端和西端的 4 万多公顷到最低的 12 000 公顷。人口愈多的地区,市场的覆盖面愈小。见阿兰·埃佛利脱:《英格兰和威尔士农业史》,1967 年版,第 497 页,《设集城镇》图。

29 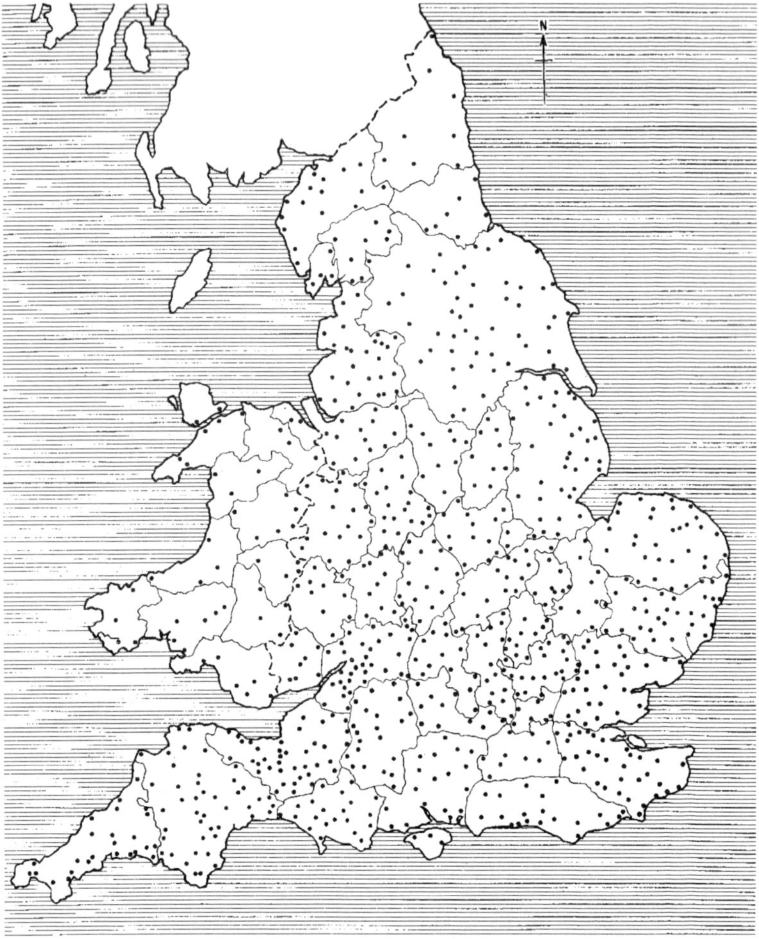

3. 1500 至 1640 年间英格兰和威尔士的 800 个设集城镇

每个城镇至少有一个集市，通常包括几个。除集市外，还应加上交易会。同见上书第 468—473 页。

31 除五六个村庄保留自己的集市外，16 至 17 世纪的英格兰约有 760 个设有一至几个集市的城镇，威尔士约有 50 个此类城镇，

30

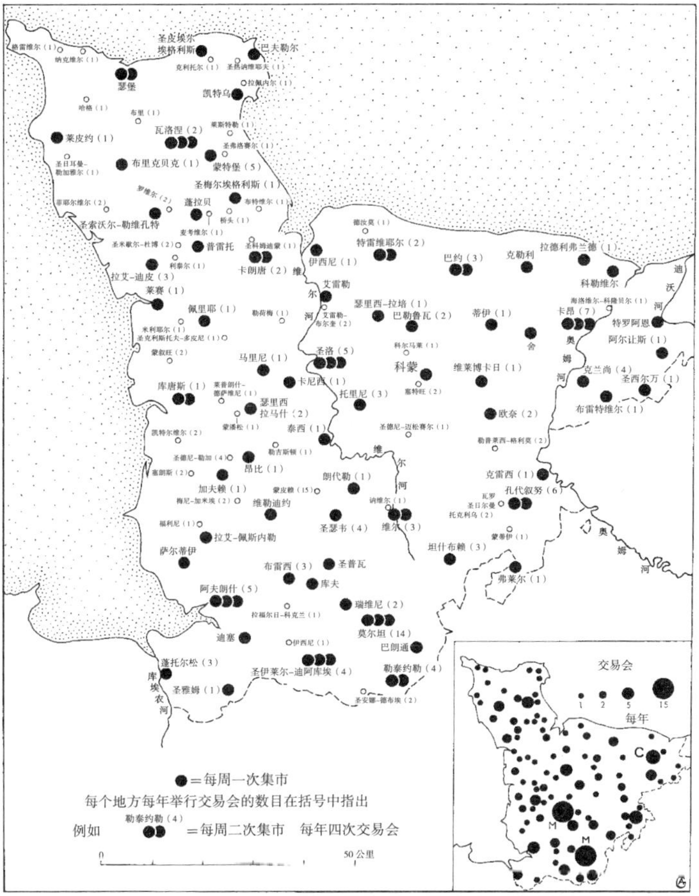

4. 1725 年卡昂财政区的集市和交易会

该图系 G.阿尔贝洛根据卡尔瓦多斯州档案馆档案绘制。J.C.佩罗又给我指出该图未标出的 6 个交易会（圣让-迪瓦尔 1 个，贝里 2 个，莫尔坦 1 个，瓦西 2 个），共计 197 个交易会，会期多数仅 1 天，间或有 2 至 3 天，卡昂大交易会长达 15 天。每年逢会日共 223 天。此外，每周有 85 个集市，即每年共 4420 个集市日。财政区当时人口约在 60 至 62 万之间，面积约 11 524 平方公里。如有类似的统计资料，就能对法国各地进行有益的比较研究。

合计约800个经常举行集市的城镇。两个地区的人口在550万上下,每个设集城镇的交易活动平均涉及6000至7000人,虽然其本身居民平均在1000人左右。可见城镇商业活动涉及的人数大致等于其人口的六至七倍。在18八世纪末年的巴伐利亚,我们找到相近的比例:一个集市平均涉及7300人。[102]我们不应从这一巧合引出某种规律。比例肯定视不同时代或不同地区而异。何况还必须注意每一种计算是怎样进行的。

大家知道,13世纪英格兰的集市可能比伊丽莎白时代多一些,虽然这两个时期的人口几乎相等。出现这一现象的原因,或系伊丽莎白时代每个集市的活动范围更广,或系中世纪英格兰集市数量过多,领主们为了面子或利益竭力开设集市。总之,在两个时代之间,有些集市已经"消失",[103]历史学界近来起劲地谈论"消失的村庄",这样做固然有道理,但是"消失的集市"同样值得重视。

随着16世纪的经济高涨,尤其在1570年后,新的集市纷纷出现,也有的是旧集市从沉睡中苏醒或者死灰复燃。由此引起的争执不计其数。人们搬出了旧契约,证明谁有权收取市场杂税,由谁负担市场设施的开支:灯、钟、十字架、秤、店铺、供出租的地窖或货棚,如此等等。

与此同时,在全国范围内,根据供货的性质、距离以及运输的难易,根据生产和消费的地理状况,集市之间开始实行分工。埃佛利脱列出的800来个城镇集市平均涉及方圆7英里(11公里)的范围。1600年前后,小麦陆路运输路程不超过10英里,甚至低于5英里;牛的运输距离可达11英里;绵羊40至70英里;羊毛和毛织物为20至40英里。唐克斯特是约克郡最大的羊毛市场之一,在查理一世时代，顾客来自盖恩斯伯勒（21英里）、林肯（40英里）、沃索普（25英里）、普莱斯利（26英里）和布兰克尼（50英里）。林肯郡凯尔拜地方的约翰·哈切尔把他的绵羊卖往斯坦福、牛卖往纽瓦克，又去斯皮尔斯比、波士顿和伯恩分别购买小牛、鱼和葡萄酒，至于奢侈品，则往伦敦采购。这种分散情形说明集市的专业化 32
程度在提高。在英格兰和威尔士800个城镇中，至少有300个城镇的活动是单一的：133个城镇从事小麦贸易；26个蔬菜集市；6个水果集市；92个牛市；32个羊市；13个马市；14个猪市；30个鱼市；21个家禽和野味市；12个黄油和奶酪市；30多个城镇经营羊

农妇前来市场出售活家禽。大不列颠博物馆一份1598年手稿的插图。

毛或毛线买卖;27个城镇出售呢绒;11个出售革制品;8个出售亚麻,至少有4个推销黄麻。那些令人意想不到的更细的专业姑且不计在内,例如怀门德姆仅限于出售木匙和木旋塞。

集市的专业化当然在18世纪日趋加剧,而且不仅在英格兰。因此,如果我们有可能用统计数字标出欧洲其他地区的各个阶段,我们将得到一张欧洲发展图,这张图将比我们现有的纯叙述性材料有用得多。

然而,这也正是埃佛利脱著作中得出的最重要的结论,随着英格兰16世纪和17世纪的人口增长和经济发展,定期集市的组织形式显然已不再适应,尽管集市交易更趋集中和更加专一,尽管还有交易会补充集市的不足。关于交易会这另一种传统工具,我们后面再谈。[104]交换的高涨有助于采用更加自由、更加直接的新流通渠道。我们已经看到,伦敦的扩张对此有所促进。阿兰·埃佛利脱所说的“私下交易”开始盛行了。采用“私下交易”这种说法,是因为找不到更好的说法,其实无非是绕开受严密监视的公开交易的一种方法而已。从事这种私下交易的人往往是流动的大商人,乃至小贩或经纪人:他们为预购小麦、大麦、绵羊、羊毛、家禽、兔皮和羊皮,不惮进入村民的厨房,也就是说把买卖从集市移到村
33 庄中去成交。这些新来的客商往往在旅店安营扎寨,旅店因此取代集市,开始发挥巨大的作用。他们风尘仆仆,从一城市赶到另一城市,从一郡赶到另一郡,这里与一店铺主挂钩,那里又与一商贩或批发商联系。他们有时也扮演大批发商的角色或充当种种形式的中间人,不但能向尼德兰的啤酒酿造业主提供大麦,而且能在波罗的海收购黑麦,以满足布里斯托尔的需要。他们间或二三人合

伙经营，分担风险。

这个以多种面目出现的新人因其狡猾、无情和冷酷而遭人厌恶和仇恨，有许多诉讼案可作佐证。这种新交换方式以一纸文书预约购货(出售者往往不识字)，导致种种误会乃至令人啼笑皆非的闹剧。但对紧催驮马赶路或在岸边监督装载粮船的商人来说，他那辛苦的旅行生涯也自有其迷人的魅力：从苏格兰到康沃尔郡横穿英格兰，在沿途旅店中巧遇朋友或同行，自信买卖做得聪明而大胆，除了以上这一切，还能赚大钱。这场革命已超出经济范围，而涉及社会行为。埃佛利脱认为，这些崭新活动的发展与独立派的政治团体同时出现绝非偶然的巧合。内战结束后，大小道路于1647年左右开始畅通，康沃尔郡一位名叫胡格·彼得的布道士感叹说："多么可喜的变化！人们重新畅行无阻地从爱丁堡来到康沃尔郡的每个角落，不必到了家门口还被挡回去；大路重又活跃起来，听到车夫吹着口哨驱车前进，看到信使每周在固定路线上奔走，山岗为之欣喜，河谷为之欢笑！"[105]

英国如此，欧洲亦然

私下交易并非在英格兰所仅见。在大陆上，商人似乎也对出门远行感兴趣。巴塞尔人安德雷奥·里夫是位勤奋谨慎的商人，他在16世纪后五十年内不断在外奔忙，平均每年旅行30次，他谈到自己时说："我很少休息，几乎双腿不离马鞍。"[106]限于现有资料，我们确实不容易把忙于赶交易会的流动客商同希望直接在产地购货的商人区分开来。但可以肯定，在欧洲各地，公开交易几乎到处都显得不敷需要和受到太多的监视，无论我们观察哪个地区，都能看到有人采用或将要采用迂回曲折的途径。

德拉马尔在其论著的一个注释中指出1693年4月巴黎行商的舞弊行为,“他们不在中央菜场或公开市场出售货物,而是在旅店内外成交”。[107]此外,他还历举磨坊主、面包商、肉商以及囤积居
34 奇者为低价采购、不惜损害集市正常供应所采用的种种手段。[108]1385年左右,在诺曼底的埃夫勒,公共秩序保护人揭发生产者和商贩相互串通,“咬耳朵、打手势和讲切口”。另一种违反法规的做法,是小商贩赶在农民“来到中央菜场”之前,截下他们的物品。[109]同样,在16世纪的卡庞特拉,蔬菜商用低价拦路买下运往集市的货物。[110]这在所有城市都是常见的事。[111]尽管如此,直到18世纪,即在1764年4月,这在伦敦还被当作舞弊而遭到检举。一份外交函件说,政府“至少应关心食品昂贵在百姓中造成的不满情绪,特别是引起这些怨言的流弊可归罪于执政者,因为物价昂贵的主要原因是麇集在首都的垄断商贪得无厌。他们近来在途中截住农民,夺下各种食物,再以他们认为合适的价格在集市上转手倒卖……”[112]我们的见证人还说,这是一种“无赖行径”。不过,这种行径到处都存在。

真正的走私也到处滋生,法规、关卡和税务部门对走私毫无办法,即使追查也白费力气。所有货物都可走私:印花布、盐、烟草、葡萄酒和烧酒。在法朗什-孔代地区的多尔(1728年7月1日),“走私商品公开交易……因为有一名商人为索取这类货物的价款而敢于打官司”。[113]德马雷(路易十四晚年最后一任财政总监)的一名下属向他报告说:“阁下即使在布列塔尼和诺曼底沿海一带布置军队,也阻止不了走私活动。”[114]

蔬菜商和驴。“新鲜的甜菜，水灵的菠菜”。16 世纪的木刻。

形形色色的市场：劳动力市场 35

多种形式的交换，无论是直接交易或间接交易，不断使各地经济出现动荡，即使在最平稳的地区也不得安宁。交换造成经济动荡，有人甚至会说：交换促使经济活跃。无论如何，一切都要被投入市场，不仅是农产品和工业品，而且是地产，还有流通速度比任何商品都快的金钱，还有人的劳动，且不说人本身。[115]

当然，无论在乡村或市镇，历来存在着房地产买卖以及住宅、店铺或空房租赁之类的事。我们这里不想拿着文件确认 13 世纪热那亚有房屋出售，在同时期的佛罗伦萨，一般是先租得土地，然后建造房屋。[116] 重要的是应该看到这些交易正成倍增加，房地产市场开始形成，并最终暴露出投机盛行。投机盛行意味着交易数量已达到相当的规模。巴黎16世纪后房租的变化(包括店铺的租金)可证明这一点:租金确定无误地随着商情和物价起伏波动。[117]一个简单的小例子便足以为证:切塞纳位于农业富饶的埃米利亚地区,该地市立图书馆碰巧保存的一张店铺租契(1622年10月17日)是事先印就的:只要填满空白,然后签字就够了。[118]投机活动具有近代的特征,但其"倡导者"及其主顾并不始于今日。就巴黎而言,早在16世纪,我们已能追踪当时针对塞纳河附近长期荒废的教士草场的投机活动;[119]图内尔宫原址的地皮也同样空着,以哈尔雷院长为首的财团于1594年起建筑大批华丽的住宅,这些位于今天伏日广场的住宅将出租给大贵族家庭。[120]17世纪,这类投机在圣日尔曼关厢一带以及其他地方发展很快。[121]路易十五和路易十六在位期间,首都布满了建筑工地,不动产更加走俏。到1781年8月,一位威尼斯人写信回国说,巴黎罗亚尔宫最美的人行道遭到破坏,树木被砍伐"所有市民对此啧有烦言",沙特尔公爵打算"在那儿建造房屋,然后出租……"[122]

地产方面也发生相同的演变:"土地"终于进入了市场。在布列塔尼以及其他地区,从13世纪末[123]或更早的时候起,领地能够出售和倒卖。我们拥有关于欧洲土地价格[124]及其定期上涨的一系列很能说明问题的数字。例如,在1558年的西班牙,据一位威尼斯大使[125]说:"惯常定其收益为价值的8%或10%(就是说以土地收益的12.5倍或10倍)而出让的产业(土地),如今定其收益为价值的4%或5%(就是说以土地收益的25倍或20倍):"随着钱财的充裕",土地的价格翻了一番。到了18世纪,布列塔尼领地的地租由圣马洛大商人代为征收,这些中间人网络的中心设在巴黎,称作“包税人公所”。[126]各种新闻出版物都乐于刊登地产出售启事。[127]广告业在这一领域并不落后。总之，不论有无广告，在整个 36
欧洲，土地正通过买卖不断改变主人。这一运动显然到处都与经济和社会的演变相联系，原来拥有土地的领主和农民在这一演变中失去土地，获益的则是城市的新富人。早在13世纪，法兰西岛地区的“无地领主”（马克·布洛赫语）或居·富尔干所说的“仅剩零头的领地”大批激增。[128]

短期的和长期的信贷市场是欧洲经济发达的核心，关于这个问题，我们在后面将长篇论述；值得注意的是，信贷市场并非到处都以相同的速度或效率发展起来。但是，借贷关系和高利贷网的建立却是普遍现象，无论是犹太人、伦巴第人或卡奥尔人操纵其事，或像在巴伐利亚那样，由修道院专门向农民放债。[129]每当我们找到一些资料，总能看到高利贷旺盛的生命力，世界各个文明地区无不如此。

反之，信贷市场只能存在于经济活动十分活跃的地区。13世纪，它在意大利、德意志和尼德兰初露头角。当时具备各种有利条件：资本积累，远程贸易，汇票的使用，早就发明的公债券，对手工业和工业活动或对造船业和航运业的投资。早在15世纪前，航运的规模变得过大，船只不再是个人的财产。巨大的金融市场接着迁往荷兰，后来又移到伦敦。

根据本书的观点，在这么多的市场中，最重要的是劳动力市场。同马克思一样，我把奴隶制的情形暂且搁在一边，虽然这个制度注定还要延续下去和重新抬头。[130]我们认为，问题在于观察人或至少人的劳动怎样变成商品。一位像托马斯·霍布斯（1588—

1679)这样有头脑的思想家曾经指出,“每个个人的体力(我们说劳动力)是一种商品”,是在市场竞争中可供正常交换的一种东西,[131]虽然这种概念在当时还不十分通行。我比较喜欢一位无名之辈的感慨,这位法国驻热那亚领事的思想显然落后于时代,他说:“大人,我头一次听说人可以用货币论价。”李嘉图后来笼统地说:“劳动,如同一切可以买卖的东西一样……”[132]

毫无疑问,劳动力市场的现实不是工业时代的新创造,姑且说这一概念来自工业时代。假定人原来曾拥有生产资料:土地、织机、马匹、驮车,一旦他被剥夺了这些传统的生产资料来到市场时……他可供出卖的只剩他的双手、胳臂和“劳动力”,当然还有他的能力。以这种方式出租或出售自身的人,穿过市场的小孔,脱离传统的经济。中欧矿工的情况表现得尤其明显。他们长期是分小组劳动的独立工匠,于 15 和 16 世纪被迫接受商人的控制,因为唯有商人才能拿出巨款购买开采深层矿脉所需的器材。这些工匠于是成了雇佣劳动者。约阿希姆斯塔尔是波西米亚的一个小型矿业
37 城市,当地行政官员于 1549 年说了一句关键的话:“一方出钱,另一方做工”。难道还有更好的说法能表明劳资间初期的对立[133]吗?雇佣制确立后虽然可能被取消,如匈牙利葡萄种植业就出现过这样的事情:杜凯于 1570 年间,大包尼恩于 1575 年,圣乔治盆地于 1601 年,分别恢复了农奴制。[134]但这是东欧的特殊情形。在西欧,向雇佣制的过渡往往开始较早,尤其是其实例也比人们所说的更多,这种现象而且是不可逆转的。

在 13 世纪,巴黎的格雷夫广场及其附近朝圣保罗·台尚方向的朱累广场和圣热尔万教堂后方“靠近看守所”的广场,都是约定

的雇工市场。[135] 1288 至 1290 年间伦巴第皮亚琴察附近的一家砖厂的劳动契约得以保存至今。[136] 1253 至 1379 年间，葡萄牙农村使用雇佣劳动者，这也有文书为证。[137] 在 1393 年勃艮第的欧塞尔，[138] 葡萄种植工人举行罢工（我们须记得，在当时的城市里有一半人以农业为生，葡萄又是工业的原料）。我们从中得知，在大忙季节里，雇主和雇工每天清晨在城市的一个广场上会面，雇主往往由包工头作代表。这是我们凭确凿证据找到的最早劳动市场之一。在 1480 年的汉堡，零工前往"安慰桥"寻找雇主，那儿已是"一个公开的劳动市场"。[139] 在塔尔芒·德雷奥时代，"荐身为仆者伫立阿维尼翁桥头"。[140] 其他市场同样存在，例如交易会上的"零工市"（"从圣约翰节、圣米歇尔节、圣马丁节、诸圣瞻礼节、圣诞节、复活节开始"），[141] 男女仆役任雇主（大农庄主或如古伯维尔爵士一类的领主）[142] 挑选，像牲畜一样被人评头品足。"1560 年前后，下诺曼底的每个乡镇都有零工市，起着奴隶市场和传统集市的作用。"[143] 埃夫勒圣约翰节（6 月 24 日）的驴市同时是雇佣仆役的场合。[144] 每逢收获季节，许多零工从各地拥来，按照习惯，以劳力换取现金或实物报酬。我们可以肯定，这是大规模的人口运动：统计数字[145] 不时提供有力的证据。我们还可以通过精确的微观观测，例如就安茹的一个小城市贡捷堡 17 和 18 世纪的情形，[146] 看到大批零工前来从事"砍伐、锯劈木材；修剪和采摘葡萄；松土除草，培植蔬菜；收割饲草并入仓；割麦、捆把、脱粒和清理"。据巴黎的一份资料[147] 记载，仅仅在干草码头，就有"起岸工、挂钩工、套圈工、装车工、捆草工等零工"。我们对这类工种的名称颇费思索，因为在每个词背后，都必须想象出过去城市或乡村社会中的一种相当持久的雇佣劳动。当时的多数居民生活在农村，因此可以设想，劳动市场多数也在农村。随着近代国家的发展，出现了另一巨大就业途径：充当雇佣兵。在这方面，买卖双方都按市场规律行事，在一定场所成交。同样，对于不同性质和不同等级的仆役，巴黎于
38 14 世纪已有不同的荐头店或职业介绍所，纽伦堡在 1421 年肯定已有了这类劳动市场。[148]

劳动市场随着岁月流逝而逐渐正规化，其规则也变得更加明白。阿勃拉姆·杜·普拉台尔（尼古拉·德·勃雷尼的化名）编写的《1692 年巴黎地址便览》给巴黎人提供有关这方面的情况[149]：若要雇女仆，请去篾筐街找荐头店，您应去新市场雇男仆，去格雷夫广场找厨师。假如想找帮工，商人就去坎岗普瓦街，外科医生去科特里埃街，药剂师去拉于歇特街；在格雷夫广场可雇到利穆赞的泥水匠和小工，但“鞋匠、锁匠、细木匠、制桶工匠、造枪工匠，烧烤师傅和其他小工都上店铺登门自荐”。

总的来说，雇佣劳动的历史并不十分清楚，但从一些抽样调查看来，雇佣劳动的规模在不断扩大。在都铎王朝时的英格兰，“一半以上乃至三分之二的家庭至少有部分收入来自工资”。[150] 到 17 世纪初，在汉萨城邦，特别在施特拉尔松德，雇佣劳动者的人数不断上升，发展到约占居民的一半以上。[151] 大革命前夕的巴黎，数字竟超过 50％。[152]

早已开始的这一进化过程当然远远没有结束。杜尔哥偶尔曾有抱怨，他说：“只有货币流通，却没有劳动流通。”[153] 其实，流通已经开始，并且将孕育未来的所有变化、适应机制和痛苦。

向雇佣劳动的过渡，且不说其原因如何，也不论它在经济上有

何益处，毋庸置疑地总是伴随着社会风气的某种败坏。18 世纪众多的罢工[154]以及工人明显的焦躁不安就足以为证。让-雅克·卢梭谈到工人时说："谁若得罪他们，他们立即捆好铺盖走人。"[155]这种敏感，这种觉悟难道果真是同大工业的前提一起诞生的吗？当然不是。在意大利，粉画工匠历来是亲自劳动并雇有帮工的手工业者，帮工往往就是他们自己的孩子。他们像商人一样开店记账，我们还有罗伦佐·洛托、巴萨诺、法利纳蒂和圭尔金的账本。[156]唯独铺主才是商人，他与顾客打交道，接受活计。帮工的地位再高也不过是佣工，他们动辄闹事，包括铺主的孩子在内。因此就不难理解粉刷工贝尔纳蒂诺·莫蒂雅对他的客户奇皮翁·切博所说的话：两位很有地位的画师阿历克桑得罗·阿齐利和巴尔都维尼都想雇他为他们干活，他拒绝了，宁愿保全自己的自由，不肯"为微不足道的工资"而丢开自己的营生。[157]这件事情发生在 1590 年！

市场是一条可以移动的界线

市场实际上是条像分水岭那样的界线。根据你处在这条界线的一侧或另一侧，你就有不同的生活方式。除墨西拿的丝织工 39
人[158]外，还有成千种其他行业的工匠，注定只能从集市取得供应。他们迁入城市后依赖集市的供应（其依赖程度远远胜过贵族或资产者，这两种人往往在市郊拥有一块土地，一个菜园或果园，因而有自己的食物来源）。如果这些工匠对用海路运来的劣质小麦制作的价格既高且有霉味的面包厌烦了，他们至多前往卡塔尼亚和米拉佐（他们于 1704 年左右决定这样做）去另找工作和换个食品市场。

安特卫普的市场。16 世纪末无名氏画作。
安特卫普皇家美术博物馆。

对于那些通常不去或少去集市的人来说，逛市场简直就像过节，像是出门旅行，甚至像去冒险。正如西班牙人所说，这是“出风头”的一次机会。15 世纪中叶的一本商业教程[159]说，海员一般都很粗俗；他们的“头脑是那么迟钝，每当在小酒铺喝上一杯酒或在集市买点面包，就自以为了不起”；同样，这位西班牙士兵[160]利用战斗间隙来到萨拉戈萨的集市（1645 年），面对成堆的新鲜金枪鱼，鳟鱼以及上百种海鱼和河鱼，竟惊讶不已。他口袋里有的是铸币，但结果又买了什么呢？只是几条腌制的沙丁鱼，他请街头小酒铺的老板娘煎熟，当作下酒菜，这就算是他的盛宴了。

在 18 世纪的匈牙利，抬猪前往德布勒森中学。

42 农民的生活当然还停留在市场之外（至少有一半在市场之

外)，这是典型的自给自足的封闭性经济。农民一生中满足于消费用自己的双手生产的产品或用食品和劳务向邻居换来的产品。他们去城镇集市的人虽然很多，但在集市只买他们不可缺少的铁犁头，而把出卖鸡蛋、黄油、家禽或蔬菜所得的钱留着纳税，他们不能算真正投入市场交换，而只是来去匆匆的过客。例如这些诺曼底农民，他们"带着 15 至 20 苏的食品去赶集，不能上酒馆把这点钱统统花光"。[161]一个村庄与城市的交往，往往靠城市里某位商人或当地农庄主充当中间人。[162]

任何人都不否认，并且经常有人指出，农村中存在着这种局处一隅的生活。但毕竟还有程度的不同，还有例外。许多富裕农民充分利用市场：英国农庄主每年冬天不必从事毛麻纺织，而能把他们的收获化为商品，他们同时向市场采购和供货。联合省的农民生产牛奶、肉、油、奶酪和经济作物，购买小麦和烧柴，他们的村庄很大(居民有时达三四千人)，虽然布局有疏密的不同。匈牙利的农民向德国和意大利出售他们喂养的家畜，并购买他们缺少的小麦。经济学家特别重视的市郊菜农已被纳入大城市的生活，并依靠大城市致富：巴黎附近的蒙特勒依因其桃园而使路易-塞巴斯蒂安·迈尔西埃(1783 年)神往不已。[163]在伦敦、波尔多或昂古莱姆周围，谁能知道有多少兴旺的农产品集散地![164]在世界范围内，以上情形显然属于例外，农民约占世界人口 80%至 90%。但不应忘记，即使贫困的乡村也受到无孔不入的市场经济的传染。铸币还通过市场以外的不同渠道来到乡村。流动商贩，村镇高利贷者(我们想到意大利北部乡村的犹太人)，[165]乡村实业家，资产者以及为开发其土地而寻找劳动力的农庄主，甚至村庄中的店铺主，他们都促进市场的发展。

尽管如此，在古代经济史学家看来，狭义的市场仍是一种检验标志，不能低估它的价值。比斯特拉、切维科娃借此制定一种比例尺，根据对市场征收销售税的多少衡量保加利亚多瑙河沿岸各城市的经济实力，同时指出，税款用银币支付，已有专业市场的存在，[166]这些都是正确的。关于摩尔达维亚雅西市的两三条注释指出，该市在17世纪已有“七个商品市场，其中有的就以其主要商品命名，如靴市、面粉市等……”[167]这表明了商业活动中有一定的分工。阿瑟·杨格走得更远。他于1788年从阿拉斯出走时，遇到“一百多头驴，负载看来很轻，以及几群男女”，这就足以保证市场
43 供应充足。但“一大部分乡村劳动力在收获季节也因赶集而不劳动，如果在英格兰，为同样大小的城市提供给养的人要少40倍。”他最后说：“既然有那么多人在集市游手好闲，我敢保证土地所有权一定极其分散”。[168]照那么说，集市上闲逛与玩乐的人少难道就是现代经济的特征？

在市场的下面

随着市场经济的扩展并日益侵占邻近的低级活动区域，市场的规模变得更大，界线开始移动，基本活动也发生变化。金钱在农村很少成为真正的资本，它被用于购买土地，从而企求提高社会地位；此外，它更多地是被积攒起来，我们想到中欧妇女的铸币项圈，匈牙利乡村的金银器皿，[169]大革命前法国农妇的金十字架。[170]金钱对旧的价值和平衡起着破坏作用。受雇佣的农民习惯于用货币算账，虽然账目由雇主在记，实物预支又很多，以致到了年底几乎

没有现金可拿到手。[171]但时间长了，心理状态也就发生变化。劳动关系也发生变化，这种变化使人们容易适应现代社会，但总是对穷人不利。

一位名叫埃米利奥诺·费尔南台兹·德·皮内杜的青年人专攻巴斯克地区的经济史，[172]他比任何人都更清楚地说明，乡村的人口和产权受到市场经济必然发展的重大影响。巴斯克地区于18世纪确实趋向于形成一个“民族市场”，地产因此日益商品化；教会的土地以及原则上同样不可触动的长子世袭土地，最后都进入了市场。于是，土地逐渐集中到少数人的手里，原来就很贫困的农民变得更穷，被迫越来越多地通过狭小的缺口流向城乡的劳动市场。劳动市场的壮大导致了后果不可逆转的动荡。这一演变基本上重复了早先英格兰大庄园的诞生过程。

市场就是这样配合着历史的发展。初级集市是经济阶梯的一级，虽然是最低的一级。每当市场不存在或几乎不起作用时，每当现金因数量过少而价值猛增时，我们对人类活动的观察肯定停留在零平面，也就是说，每个人被迫生产几乎是自己生活所需的一切。欧洲前工业时期的许多农业社会还停留在这个水平上，处于市场经济之外。去那里旅行的人花几个银币就能用低廉的价格买到所有的产品。其实，要碰上这类奇遇，不一定非得像曼里克大师[173]那样于1630年左右前往若开邦，花4里亚尔换30只鸡，或用 44
2里亚尔换100个鸡蛋。只要离开大路，进入山间小道，来到撒丁岛，或在伊斯特里亚海岸的偏僻港口停留就够了。总之，十分活跃、随处可见的市场活动往往挡住历史学家的目光，使他看不到下层平凡但又独立和自给自足的经济。这是另一个世界，另一种经济，另一种社会，另一种文化。米歇尔·莫里诺[174]或马尔科·卡蒂尼[175]的尝试的意义就在这里，他们试图揭示处在市场下面、不受市场控制的乡村自给自足经济的地位。这两位历史学家的思路完全相同：粮食市场一方面是依附于该市场的居民区，另一方面又是可按已知标准事先计算出来的居民消费需求。如果我另外还了解当时的粮食产量、价格、市场出售数量、居民消费数量和进出口数量，我就能想象出市场下面发生的或应该发生的事。米歇尔·莫里诺为进行这项研究，选定了夏尔维尔这个中等城市，马尔科·卡蒂尼则从莫德尼斯地区一个比较偏僻，因而更接近乡村生活的小市镇出发。

伊夫-玛丽·贝尔赛[176]最近发表的关于17世纪阿基坦穷汉起义的论文是以不同手段进行的类似探索。借助这些起义，他再现了民众的精神面貌和思想动向，这恰巧是历史学家往往忽略的事。我特别欣赏他对乡村小酒铺中狂暴酒徒的描写，这些酒铺的气氛总是一触即发。

总之，道路已经打通，方法和手段可能千变万化（这已是众所周知的事）；我们可以肯定，假如不能系统地探测市场之下的人群的生活，就谈不上完整的历史，更谈不上名副其实的乡村史。

店　铺

集市最早遇到来自店铺的竞争（交换因此得益）。数量众多、规模有限的店铺是交换的另一基本工具。二者既相同，又有不同，因为集市的开放时断时续，而店铺却几乎从不停止营业。这至少在原则上是如此，因为说到规律，总伴随着许多例外。

为此，人们往往用 marché（集市、市场）一词翻译穆斯林城市
所特有的“苏克”。其实，“苏克”通常是条街道，沿街的店铺属于同
一个行业，这种现象在西方各城市也很常见。早在 12 世纪，巴黎
圣艾蒂安·杜蒙教堂附近的肉铺使圣热纳维埃夫山街改称为肉铺
街。[177]1656 年的巴黎，“在圣婴堂的堆尸所旁边……开有各种五金
铺”。[178]1643 年的里昂，“家禽在圣约翰街鸡市的专门店铺中出
售”。[179]有的街道聚集奢侈品商店（见下面的马德里地图）。据一
位旅行者（1680 年）说，里亚托桥头圣马克广场的服饰用品市使人
对威尼斯叹为观止。[180]据德·勃洛斯院长的记载，在马赛旧港的
北岸，许多店铺出售来自勒旺地区的商品，“这些店铺的生意是那 45
么兴隆，一块 20 尺见方的地皮竟以 150 里佛出租”。[181]这些街道
也是专业性市场。

另一个例外：欧洲以外曾出现两种新奇现象。据旅行家说，中
国人于 17 世纪大力开发扬子江上游的四川，那里与人口集中的内
地不同，居民点极其分散；但尽管分散，却出现了一些小店铺的群
落，起着固定集市的作用。[182]又据旅行家说，17 世纪的锡兰岛亦复
如此：没有集市，只有商店。[183]再者，如果回到欧洲，巴黎街头搭起
的临时摊棚，1776 年的敕令对这类建筑禁而不止，又该给它们什
么名称？这些摊棚的流动性与集市相像，但它们每天营业，这又与
店铺相同。[184]我们的怀疑是否到顶了？不，因为在英格兰，像韦斯
特勒姆这样的商业集镇在有集市以前早就出现了成排的杂货店和
衣料店。[185]何况许多店铺就设在集市所在地；逢集之日，店铺继续
营业。这与在里尔商场占一席之地，以便在鲜鱼市楼下卖咸鱼的 46
情形完全相同。集市和店铺不是很难分开[186]吗？

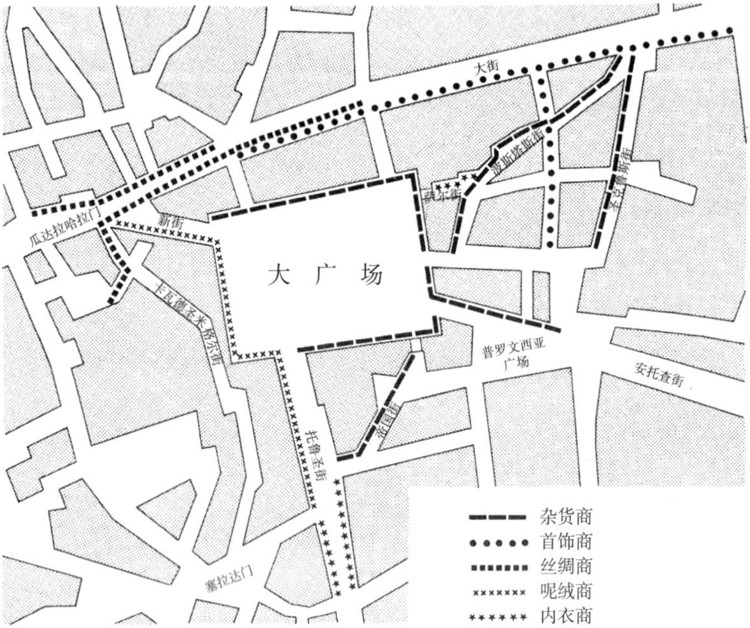

5. 马德里及其奢侈品商店

马德里自 1560 年被选为西班牙首都后，在 17 世纪已变成一个引人注目的城市。商店成倍增加。在大广场四周，奢侈品商店分别按行业集中。见 M. 科倍拉和 A. 马蒂拉·塔斯孔：《马德里的五大行业》，1957 年版。

尽管有这些不确定因素，店铺显然不同于集市，而且二者的区分逐年变得更加清楚。

在 11 世纪，当城市在西方各地诞生或复兴时，当集市重新复活时，市镇的扩展使城乡区分变得更加明显。城市中集中了新兴的工业以及大批手工工匠。当时出现的第一批店铺其实就是面包师傅、屠户、鞋匠、铁匠、成衣工以及其他小手工业者的作坊。这类工匠最初不得不离开店铺，到集市或商场去出售产品，他的工作使他同店铺保持“蜗牛与外壳”的关系。[187]市镇当局为保护消费者而强迫工匠这样做，因为集市便于监视，而在店铺里，每人都能自己作主。[188]但工匠很快就在自己的店铺营业，即在集市歇业的日子在“自家门口”售货。由于这种交错活动，最早的店铺同集市有点相像，也是一个断续的售货地点。在葡萄牙的埃武拉，1380 年前后，屠户在自己的店铺里卖肉，而每周三次集市，他只去一次。[189] 1643 年间，一位斯特拉斯堡人看到格勒诺布尔的屠户在家里割肉卖肉，而不去商场，“像其他商人一样在店铺里”[190]出售，感到十分惊奇。巴黎的面包师傅在其店铺中出售普通面包和高级面包，而把粗面包于每星期三、六送往集市。[191] 1718 年 5 月，国王的敕令又一次造成货币混乱(建立约翰·劳体系)；于是，据一位为我们充当见证的托斯卡纳大使说，“面包师傅或者因为害怕，或者出于狡猾，不再按惯常的数量送面包上市；[192]每到中午时分，公共广场上就见不到面包；更糟糕的是，逢集那天，他们把每磅面包的价格抬高 2 至 4 苏。在这方面，当地没有别处那种良好的秩序”。

可见最早开设店铺的是手工工匠。真正充当交换中间人的“坐商”后来才出现；他们周旋于生产者和购买者之间，仅从事买卖，而从不亲手(至少不是全部)制造他们提供的商品。从一开始，他们就像马克思所说的商业资本家，从金钱 A 出发，取得商品 M，然后按照 AMA 的公式定期重新取得金钱，“资本家放弃货币，仅仅是为了取回货币。”农民则相反，他来市场出售物品，往往是为了立即购买他需要的东西；他沿着 MAM 的路线，从商品出发，又回到商品。工匠也一样，他要向市场购买食物，没有存钱的条件。当然也可能有些例外。

47

阿姆斯特丹面包铺和呢绒店相邻。17 世纪荷兰画派画家雅各布斯·佛雷尔的画作。

这位独树一帜的中间人不久即将兴旺发达，他的前途已经预先注定。我们所关心的正是这一前途，而远不是中间人的起源；起源问题很难搞清楚，虽然中间人的发展过程显得比较简单：在罗马帝国崩溃后依然存在的行商从11世纪或更早的时候起，突然遇到了城市的兴起；其中有些人便开始定居和加入城市行会。就特定的地区而言，这一现象不能用某个确切日期来规定。比如说，对德 48
国和法国来讲，这一现象肯定是从13世纪开始，但不一定就发生在13世纪。[193]早在路易十三时代，就有一些“灰脚板”告别浪迹生涯，开一家小铺定居，与工匠为邻；他的店铺与工匠的店铺看来相似，其实不同，而且这一差别与日俱增。18世纪的面包铺与15世纪或更早以前的铺子没有什么不同，而在15和18世纪之间，商业店铺及其经营方法转眼就发生变化。

商人在城市落户的同时，加入了行会，他们一开始并不与行会相分离。他们为自己的出身感到羞愧，这对他们像是一个污点。直到1702年左右，法国的一份报告说：“商人在工匠中确实可被认为高人一等和占据首位，但仅此而已”。[194]但这是法国的事。法国商人即使变成了“批发商”，他的社会地位问题也并不就此得到解决。商人代表在1788年还在抱怨说，直到那个时候，批发商仍被认为“社会地位低下”。[195]阿姆斯特丹、伦敦甚至意大利就没有这类怨言。[196]

最初，往往直到19世纪以后，商店出售各种商品，不论它们是来自第一手、第二手或第三手的商品。这些店铺最早通常被称作杂货店，这很说明问题。杂货店（mercier）一词来自拉丁文的merx，mercis，即一般商品。俗话说：“杂货商什么都卖，但什么也不生产。”

49

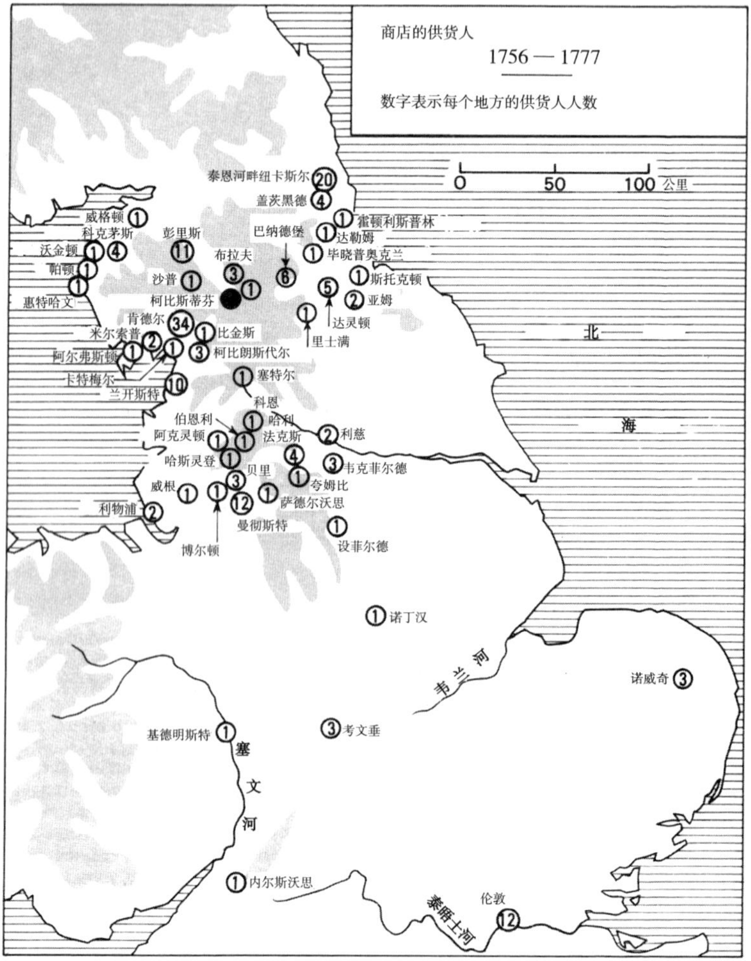

6. 柯比斯蒂芬的杂货商亚伯拉罕·登特的供货人

见 T.S.维伦:《柯比斯蒂芬的亚伯拉罕·登特》,1970 年版。

每当我们对杂货店的存货有所了解,我们就会发现各种各样的商品,无论在 15 世纪的巴黎,[197] 在普瓦蒂埃,[198] 在克拉科夫[199] 或在美因河畔的法兰克福，[200]或在亚伯拉罕·登特的店铺，此人于18世纪在英格兰北部威斯特摩兰郡的小城市柯比斯蒂芬开店。[201]

这家杂货店里什么货物都卖，我们根据该店保存下来的文件可了解它1756至1776年间的经营情况。首先出售各种等级的茶叶（红茶或绿茶），价格较高，因为柯比斯蒂芬位于内地，从走私得不到好处；其次还出售精糖、粗糖、面粉、葡萄酒和白兰地、啤酒、苹果酒、大麦、啤酒花、肥皂、西班牙石膏、炭黑、灰粉、蜂蜡、油脂、蜡烛、烟草、柠檬、干杏仁与葡萄干、小豆、胡椒、常用香料、桂皮、八角……在亚伯拉罕·登特的店里，还有丝织品和棉毛织品以及种种缝纫用品。甚至书刊、历本和纸张也应有尽有。总之，店里不卖的东西很少，主要是盐（原因不明），还有鸡蛋、黄油和奶酪，大概因为这类货物在集市上供应充足。

顾客自然主要是小城市及附近村庄的居民。货物来源（见下图）[202]分散于相当广阔的区域。柯比斯蒂芬没有水路可通，陆路运输虽然贵些，却有班期可循，承运人在运来货物的同时，接受亚伯拉罕·登特用于付款的期票和汇票。信贷已得到广泛的应用，不仅商店的顾客可以赊账，店主对他的供货人也如法炮制。

亚伯拉罕·登特并不满足于店铺本身的营业。他还收购织 50
袜，并在柯比斯蒂芬一带推广加工业务。于是他摇身一变成了工业家，出售自己的产品，这些产品一般经伦敦批发商的介绍卖给英国军队。由于批发商在结算时允许他在他们那里取得汇票，亚伯拉罕·登特也就变成了汇票商人：他掌握的票据实际上大大超过其营业额。使用汇票就是开展信贷。

从T.S.维伦的书看来，似乎亚伯拉罕·登特是个非凡人物，几乎所有事物都要插上一手。这也许是真的。1958 年在西班牙加利西亚的一个小城市,我曾遇到过一个坐商,同他极其相像:在他开的铺子里,可以买到或订购你所要的一切,甚至领取银行支票。杂货铺不就是要满足地方的各种需要吗?能否做到这一点,就看铺主的本事了。我们这里有 15 世纪中叶的一位慕尼黑杂货商的
51 账本,[203]他似乎也是位非凡人物。他光顾各个集市和交易会,前往纽伦堡、诺德林根采购,有时甚至远行威尼斯。但从他的住房来看,仅一间屋子,家具少得可怜,大概只能算是一个普通的小商人。

站在柜台后边的苏格兰女杂货店主(1790 年前后),她出售的商品有糖块、绿茶、衣料、柠檬和蜡烛等。她戴的金耳环和煤玉项圈表明她的生活相当富裕。

商店的专业化和等级化在发展

除了无所不包的杂货店以外，经济发展还制造了商店的其他专门形式。人们逐渐把商店分成几种：按斤两出售的食品店；按尺寸出售的绸布店；按件数出售的五金店；专卖旧衣服旧家具的估衣店。最后一种占着重要地位，1716 年里尔一地就有一千多家。[204]

由于各种"服务项目"的兴起，出现了一批特殊的商店，如药店、当铺、钱庄、银行和旅店，旅店往往代客介绍车马运输，还有小酒店，"这些酒商在自己家里摆上桌椅，招徕客人前来吃喝"，[205]酒店在 18 世纪遍布各地，引起正派人的种种非议。有些小酒店确实名声不佳，如巴黎"熊街"的那一家，那里"不像规矩人的住所，更像个贼窝"，[206]虽然邻近的烧烤店传来的味道很香。在前面这张单子上还应加上"代笔人"以及公证人。据 1643 年一位路过里昂的旅行者说，他在街上看到代笔人和公证人"像鞋匠一样坐在沿街的铺子里等待主顾"。[207]但从 17 世纪开始，有的公证人地位已经很高。而有的"代笔人"却穷得开不起铺子，只能在巴黎圣婴堂的廊檐下摆摊，好歹赚上几个子儿，幸亏不识字的男女仆人和穷人数量很多。[208]另外还有妓院，如西班牙的"窑子"。蒂尔索·德·莫利纳在《比拉都尔》[209]中说，在塞尔维亚的蛇街，"可以见到亚当像真正的葡萄牙人一样寻花问柳……即便嫖一次只花一个杜加，钱袋也转瞬就被掏空"。

商店终究要分门别类。商人与商人也不全都一样。金钱很快强制划分等级；它几乎从一开始就给杂货店分出档次：最上面是几个专门从事远方贸易的富商，最下面是只卖针线、油布的小店主，即谚语正确而无情地嘲弄的那种“一篮提杂货店”，他们穷得连女仆也不肯下嫁，特别是稍有积蓄的女仆。一般情况下，总有一批商人力图爬到其他商人的头上。在佛罗伦萨，大行业与小行业相分离。在巴黎，从 1625 年法令到 1776 年 8 月 10 日敕令，最体面的行业有六个，其排列次序是：呢绒业、食品业、钱庄业、首饰业、杂货业、皮货业。在马德里，高踞首位的五大行业在 18 世纪起着举足轻重的作用。伦敦有 12 个大行业。在意大利以及德意志的自由城市，区分更加明显：大商人实际上已成为贵族，他们掌握着治理大商埠的权力。

52

商店征服世界

在我们看来，根本问题在于各种类型的商店正在征服所有的城市，并很快要吞噬乡村；因陋就简的杂货铺、小客栈和小酒馆于 17 世纪，尤其于 18 世纪，在乡村立足。小酒馆兼营小额借贷，又是“集体娱乐的组织者”，这种状况在 19 和 20 世纪的法国乡村还可见到。人们到村子的小酒店去“赌钱、谈话、喝酒和消遣……处理债务和商务，谈交易和订租契……”这几乎是穷人的集会场所！小酒店在村庄里是教堂之外的另一个中心。[210]

成千上万份见证表明商店的蓬勃发展。在 17 世纪，店铺简直泛滥成灾。洛佩·德·维加于 1606 年谈到刚成为首都的马德里时说：“一切都已被改造成为店铺。”[211]店铺而且变成流浪汉小说中骗子无赖的理想活动场所。巴伐利亚的商人“数量与面包师傅相等”。[212]1673 年，法国大使“为建新楼”需要拆毁在伦敦的寓所，一时竟找不到住房，他写道，“你很难想象，在这样一个大城市里，自从我到达以后，许多高大房屋被拆掉，改建成商店和商人的小屋，出租的屋子很少”，而且价格奇昂。[213]据丹尼尔·笛福说，店铺数量猛增，简直“骇人听闻”[214]：1663 年这座大城市总共不过五六十家杂货铺；到了 17 世纪末，已达三四百家；商店大事修饰，争相安装镜子、金色廊柱以及青铜的挂灯和壁灯，以致笛福认为过分豪华了。但一位法国旅行家（1728 年）对这些早期的橱窗赞叹不已，他写道：“在我国一般罕见的，是此间用华美明亮的玻璃装饰店铺，商品通常就陈列在玻璃后面，既防灰尘，又便于行人从各个角度看到其漂亮的外表。”[215]与此同时，随着城市的扩展和富人的迁居，商店逐渐向西发展。佩特·诺斯特路长期是伦敦的商业中心，突然一天之内，店铺全都搬到考文特花园街；此后不到十年，时髦又转往路德门高地；后来，商店又朝着朗考特、芬丘奇街或郝兹狄契方向集中。但是所有的城市都有类似的经历。商店不仅数量增多，而且货摊逐渐侵占街道，或者从一个街区迁往另一个街区。[216]请看咖啡馆怎样在巴黎普及[217]：在高乃依的时代，[218]充满商业嘈杂声的罗亚尔宫长廊曾是巴黎的一大奇景，如今已被塞纳河两岸的咖啡馆所替代，特别是“小敦刻尔克”的五光十色使伏尔泰[219]眼花缭乱。小城镇也经历类似的变革。在 18 世纪初的马耳他，据一份详细的报告[220]说，“杂货铺和零售商数量增加之多，以致任何人都不能完全有生活保证。他们只得欺诈顾客，要不就会迅速破产。由于生意清淡，许多青年人为了这一足不出户的懒汉行当，葬送了从妻子那儿得来的嫁妆或从父母那儿得到的遗产，这种情形委实 53
惨不忍睹。”报告又气愤地说，马耳他的各家商号中金银物件成倍增加，使资本“陷于无用和死亡”，小户人家的男女老少居然也以呢

18 世纪下半叶马德里的奢侈品店铺:古玩店。其装修堪与笛福描绘的 18 世纪初伦敦新商店相媲美。路易斯·帕累和阿尔卡萨尔作画,马德里拉札洛博物馆。

绒花边装饰。更加令人气愤的是妓女竟身穿丝绸,坐着马车招摇过市。报告直截了当地说,既然禁娼已有明文规定,至少应对她们"征收一笔穿衣税"。从相对意义上讲,难道这不是说,消费社会已经诞生了吗?

事情毕竟是循序渐进的:1815 年,当让-巴蒂斯特·萨伊在别离二十年后重返伦敦时(他于 1796 年第一次去伦敦),他感到眼花缭乱:一些古怪的店铺廉价抛售商品,江湖骗子遍地皆是,还有固定的或活动的招贴，“可供行人随时浏览”。前胸和后背都挂着广告牌的“三明治人”在伦敦刚刚出现。[221]

兴旺的原因 54

用我们今天的语言作结论，可以说，供应部门猛烈扩张，交换加快（集市和交易会都可作证），第三产业（店铺的营业，服务业的发展）兴旺发达，而这最后一项与整个经济发展不是没有关系的。

如果计算人口数和店铺数之间的关系，[222]或手工作坊和商店各自的比例，或一个店铺的平均规模和平均收入，这一兴旺可以用许多数字来表示。威纳尔·桑巴特[223]特地引证了尤斯图斯·默泽尔的话；这位优秀的历史学家于1774年在谈到奥斯纳布台克城时，有点伤感地说，“近百年来，杂货店的数量增加了两倍，手工工匠却减少了一半”。另一位历史学家名叫汉斯·毛埃斯贝尔，[224]他在发表类似看法时向我们提供了有关德国大城市的一系列数据。我们不妨随便找几份调查材料（死亡者财产清单），其中一份涉及菲力浦四世时代的马德里，[225]另外两份关于17世纪的加塔洛尼亚和热那亚的零售商在西西里岛情形，[226]人们看到这些小本经营的店铺岌岌可危，清账时往往留下一大堆债务，破产更是家常便饭。人们有这样的印象——虽然仅是一个印象——如果当时的小商人心直口快，那么“布热德运动”恐怕在18世纪早已形成。在伦敦，当福克斯内阁于1788年试图向小店主征税时，他面对“人民的普遍不满”，[227]很快后退了。小店主显然不等于人民，但他们在人民中有煽动力。1793和1794年巴黎的无套裤汉有相当一部分来自小店主。[228]由此可以相信一份初看起来有点偏颇的报告，该报告声称，1790 年左右的巴黎有两万名零售商处于破产的边缘。[229]

以上表过不谈，根据我们目前了解的情况，我们可以肯定：

——长时期的人口增长和经济活动的高涨，零售商希望安顿下来的心理，这些因素决定了供应环节的膨胀。中间人过多，这至多证明，经济活动的高涨超过了经济本身的增长，前者对后者期望过高；

56 ——销售网点的固定，店铺营业时间的延长，广告的出现，讨价还价以至随意闲谈对店铺的生意大概都有好处。走进店铺，既可购物，又可聊天。这里像是小型戏院。请看《彬彬有礼的市民》一书的作者于 1631 年所想象的那种风趣而逼真的对话。[230] 亚当·斯密难得一次诙谐地把会说话的人同不会说话的兽类作了比较："交换东西的意向大概是交谈的可能后果。"[231] 普通百姓喜欢闲聊，即使买卖不一定成交，拉上几句话总也是好的；

——商店兴旺发达的主要原因是信贷。处在零售店之上的批发商实行赊账，零售商必须开出我们今天所说的期票。佛罗伦萨的大商人吉齐亚迪尼·科西[232]有时兼营西西里小麦进口（他们曾借钱给伽利略，这个大家族至今引以为荣），向食品零售商销售胡椒，付款期限长达 18 个月，这有账本可以作证。何况这也不是他们的新发明。店铺也对顾客赊销，尤其对富裕的顾客，裁缝实行赊账；面包铺实行赊账（每天在两块相连的木板上刻道道，[233] 铺主和顾客各执一块）；小酒店实行赊账；[234] 酒客用粉笔把欠账记在墙上；肉铺也赊账，笛福说：我认识一家人，他们每年收入达几千镑，每次给肉铺、面包铺和奶酪铺付款以一百镑计，经常积欠一百镑。[235]

55

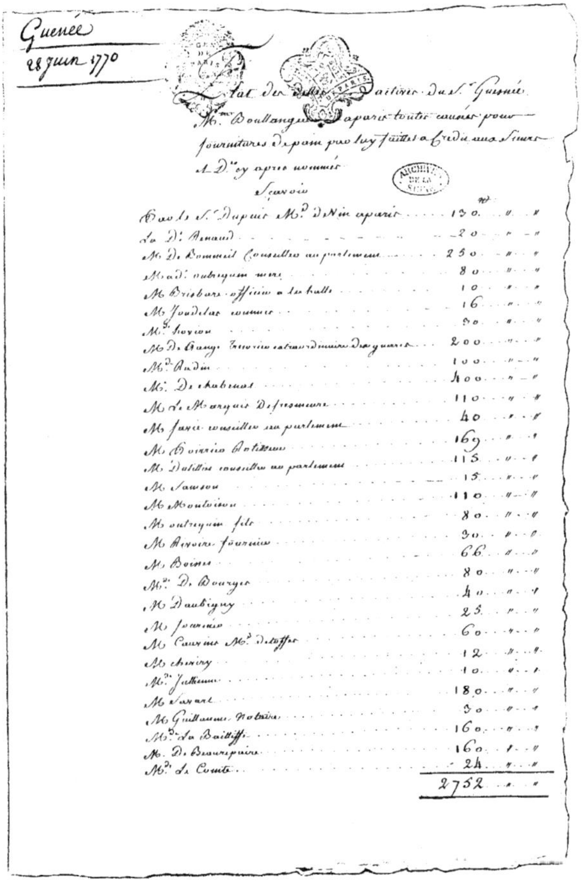
Guenée
28 juin 1770

2752

巴黎的一家面包铺破产——1770 年 6 月 28 日

巴黎的面包铺主人盖斯内先生谨向巴黎商事裁判所递交资产负债概况，按照当时的规定，他列出的债务有顺逆之分，我们今天则称之为破产人的资产和负债。文件共四页，这里翻印的第一页清楚地表明有一系列赊销。有的大债务人竟是高等法院顾问。外欠债务皆因赊购面粉。这家店主除铺子外还拥有一些“工具”，一辆车和一匹送货的马，估价共 6600 里佛，其余动产约值 7400 里佛。读者请放心，面包铺主已同其债权人订立了协议。但愿他的主顾能及时付清欠账。（塞纳省档案馆，D^4B^6，11，案卷 526）

57《地址便览》(1692 年)[236]上登录了在中央菜场开估衣店的符尔纳拉先生，他自称能“提供体面成衣，每人每年收四个皮斯托尔”，我们可以打赌说，这位供应成衣的商人并不始终要求事先收费。此外，巴黎圣玛丽区新街这三位合伙的估衣商“出租各种丧服，包括大衣、黑纱、翻领，甚至丧礼时穿的黑礼服”，[237]也未必当场收钱。

药铺：奥斯塔河谷的依索涅古堡的壁画，15 世纪末。

处于资本主义萌芽状态的商人在借款人和贷款人之间求得生存。他的地位很不稳定，随时可能栽跟头。供货人（指与批发商相联系的中间人或批发商本人）一旦向他逼债，他就大难临头了。碰到一位富裕顾客赖账，女鱼贩简直就走投无路（1623 年），她说，“我刚开始能挣钱糊口，现在突然只剩下白板”，[238]这里说的“白板”是指面值十德尼埃的小角币，等于说落到只剩最后一个角币的地步。所有店铺主都可能遇到拖欠或赖账这类倒霉事情。一位名叫弗朗斯瓦·波姆罗尔的制枪工匠闲来喜欢作诗，他于1632年抱怨生计艰难：“出门讨账，煞费苦心/赶上拖欠，得有耐心”。[239]

我们只要有机会读到小商人、中间人、供货人的信札，就会看到这种抱怨极其普遍。1669年5月28日：“我们再次写信给您，想知道您究竟何时愿意付款。”1669年6月30日：“先生，我很惊讶，我一封接一封地给您写信，竟得不到任何回音。正派人至少应该懂得给人复信吧……”1669年12月1日：“我们从没有想到，您在答应来舍下结账以后，竟然不打招呼就溜了。”1669年7月28日：“我真不知道应该怎么对您写信为好，我给您写的信已不计其数，看来您对我的信毫不在意。”1669年8月18日：“我请您付款，迄今已过六个月。”1676年4月11日：“我看您的来信只为逗乐。”所有这些信件出自里昂不同商人的手笔。[240]有一位债权人气急败坏地在信中通知赖账的债户，他将亲自前往考勒诺布尔，采用强硬手段讨账。在路易十四时代，兰斯一名商人轻易不肯借钱，他引用一句谚语为证。“借钱时称兄道弟，还债时骂婊子养的。”[241]

由于信贷法规很不完备，便产生连锁性的依附关系和困难。1728年10月，在第戎圣奥斯迪交易会，布料销售很旺，丝毛织品则不然。“据说原因在于，零售商抱怨他们本小利微，遇到顾客不能付款，他们也就不能重新进货。另一方面，由于大部分零售商无力付款，前来交易会的批发商拒绝再次赊账。”[242]

我们不妨把以上的形象同笛福的解释作个比较。笛福指出，信贷环节是贸易的基础，债务相互抵销，商业活动和商业收益因此倍增。档案材料有个缺点，它不能展示交易的正常发展，仅为历史学家收集破产、诉讼和灾难这类事例。同幸运的人一样，一帆风顺的交易没有引人注意的特殊事故。

58 **商贩的繁忙活动**

商贩也是商人，通常比较贫苦，脖子上挂个货筐或者干脆背驮少量商品。他们却是从事贸易的一支可观的机动力量。他们填补城乡供应网的空白，尤其在乡镇。由于空白很多，他们便滋生繁殖，成为时代的标志。他们在各地的名称众多（法国称 colporteur，contreporteur，porte-balle，mercelot，camelotier，brocanteur；英国称 hawker，hucktser，petty chapman，pedlar，packman；德意志的每个地区又有不同的名称：Höcke，Hueker，Grempler，Hausierer，Ausrufer，Pfuscher，Bönhasen；意大利叫 merciajuolo，西班牙叫 buhonero）。在东欧，小贩的名称也各不相同：土耳其语的 seyyar satïcï 同时具有商贩和铺主的含义，保加利亚语的 sergidzyja（从土耳其语 sergi 演化而来），塞尔维亚和克罗提亚语的 torbar（从土耳其语 torba 演化而来），torbar i srebar 以及 Kramar 或 Krämer（该词显然来自德语，兼指小贩、商旅领队或小市民），[243]如此等等。

产生这么多名称的原因在于，商贩远非一种相对固定的社会类型，而是包括难以合理分类的一系列职业。在 1703 年的斯特拉斯堡，[244]萨瓦磨刀匠是一名"贩卖"其劳务的工匠，他像许多通烟囱的、修椅子的工匠一样到处流浪；马拉加台利亚脚夫[245]是坎塔布里亚山区的农民，他在旧卡斯蒂利亚高原地区和大西洋沿岸地区之间往返贩运小麦、木料、木桶板料、咸鱼和粗呢；用一个形象来表达，他们是流动商贩，[246]因为他们一身兼任采购、销售和运输三职。克拉科夫附近安德雷胡夫村半耕半织的农民无疑是商贩，至少那些前往华沙、但泽、利沃夫、塔诺波尔，或去卢布林和杜布诺的交易会，甚至到过伊斯坦布尔、士麦那、维也纳和马赛推销本村生产布料的农民是商贩。这些不惜离乡背井的农民有时“率先在德涅斯特河和黑海航行”（1782 年）。[247]曼彻斯特的富商或约克郡和考文垂的制造商亲自为客户送货，足迹遍布整个英格兰，又该称他们是什么？笛福[248]说：“如果不计其财富，他们就是商贩。”商贩一词也适用于所谓赶交易会的商人[249]（即来自外地的商人），无论在法国或在别国，他们中有的相当富裕。

不管是穷是富，商贩维护、促进和推广交换。事实证明，但凡商贩占首位的地方，经济一般比较落后。波兰的经济落后于西欧，商贩在波兰自然最为兴旺。贩卖难道是过去几百年里正常贸易方式的残余？下罗马帝国的“希利人”（Syri，操希腊语的犹太教徒或基督教徒）[250]以贩卖为生。中世纪风尘仆仆、行踪不定的西方商人，是活脱的小贩形象。1622 年有一篇杂文[251]描写这种商贩，说他们“肩背挎包，穿着鞋尖包皮的鞋子”；他们的妻子随后紧跟，头 59
戴“一顶后檐下垂齐腰的大帽子”。不过这对四处漂泊的夫妻总有一天要开铺子安顿下来，改变装饰，显得不那么穷困潦倒。在从事贩卖的商人中，至少那些拥有车辆的，难道就没有殷实富户？只要碰上机会，他们的地位就会上升。我们曾谈到过的乡村小店，几乎都是商贩于 18 世纪建立起来的。他们甚至向商业堡垒发起攻击：慕尼黑 18 世纪有 50 家意大利或萨瓦商行都是商贩发家后创办的。[252]在11和12世纪，当时欧洲城市的规模与村庄相差无几，可能也曾产生过类似的现象。

总之，商贩的活动如果加在一起，影响就很大。平民文学和历书几乎完全由他们负责推广。[253]波西米亚18世纪生产的玻璃，[254]无论在奥斯曼帝国或在斯堪的纳维亚各国，在英格兰或在俄罗斯；完全由商贩销售。17和18世纪的瑞典，一半以上的国土空无一人：稀少的居民点分散在广袤的原野。但是韦斯特洛戈蒂或斯莫兰的小商贩，依靠他们坚忍不拔的韧劲，居然能在那里同时贩卖“马蹄铁、钉子、锁、别针……历本、宗教图书”。[255]犹太客商占波兰贸易额的40%至50%，[256]他们在德意志地区也取得成功，并在盛极一时的莱比锡交易会上居重要地位。[257]

贩卖并不始终甘居末位，它曾多次试图扩大地盘，侵占集市。1710年9月，[258]巴黎商事院拒绝了莫伊斯·德·瓦拉布里奇和伊斯莱尔·德·雅齐尔的要求：这两位阿维尼翁的犹太人希望“在一年四季中有六个星期能在王国的所有城市销售丝绸呢绒织品和其他商品，而不必开设铺子”。他们显然不是普通的小贩，他们的申请被认为“有损于贸易以及王国百姓的利益”，是对当地店铺和商人的一种不加掩饰的威胁。相反，在一般情况下，总是大商人和大店铺主，乃至不起眼的店主，在背后操纵小贩的行动，把堆在店里碍事的“存货”交给他们销售。小贩的本领在于：起售数量小，深入交通不便的地区，说动犹豫不决的顾客。他们像巴黎大马路上兜售劣质商品的贩子一样，不辞劳苦和肯费唇舌。他们机灵、圆滑、逗趣，在舞台上就以这种形象出现；如果说1637年上演的那个剧本里[259]里的寡妇最后没有下嫁给花言巧语的小贩，她并非没有动心：

此人倒也聪明乖巧，
我若有意他也有情，
但他整年到处卖报，
收益不够买副眼镜。

不论合法与否，小贩四处闯荡，甚至来到威尼斯的圣马克拱廊和巴黎的新桥。阿博桥（芬兰）被店铺占据了，那又有什么关系，小贩们在桥的两头聚集。[260]波洛尼亚大教堂对面的广场上，每星期二、六逢集，为防止小贩把广场变成常川集市，不得不制订专门的 60
规定。[261]科隆街头叫卖的小贩有 36 种之多。[262]1643 年的里昂城，叫卖声此起彼伏："小贩无货不售：煎饼、水果、木柴、木炭、葡萄干、芹菜、煮豆、柑橘等。生菜和青菜用小车推着叫卖。苹果和梨煮熟后出售。樱桃则过秤论磅计价。"[263]巴黎、伦敦、罗马的市声进入了文学作品和风俗画。大家知道，卡拉齐或朱泽培·巴伯里所画的罗马街头小贩销售无花果和甜瓜、香菜、柑橘、松饼、饼干、葱头、面包、旧衣服、成捆的布匹和口袋装的煤块、野味、田鸡……人们能否想象，18 世纪优美的威尼斯城竟然充斥叫卖玉米饼的商贩？1767 年 7 月，玉米饼确实在威尼斯到处大量出售，"每个只值一苏"。据一位观察家说，这是因为"城内饥饿的平民越来越穷"。[264]又有什么办法能摆脱这群流动商贩呢？任何城市对此都一筹莫展。吉·巴丹于 1666 年 10 月 19 日[265]谈到巴黎时说："此间开始对妨碍公共交通的各种摊贩进行整顿，希望使巴黎街道从此变得十分整洁；国王说，他要把巴黎改造成为奥古斯都时代的罗马……"这些努力当然犹如驱赶成群的苍蝇，徒劳无功。不辞辛劳

莫斯科街头卖发面煎饼的商贩。1794 年版画。

61 的商贩足迹遍布城乡所有道路。晚到 1778 年,甚至荷兰还有成群的行商走贩,他们“把无数外国货物卖给每年在乡村别墅过一段时间的富人”。[266]这种生活方式很晚才成为人们疯狂追求的目标,但在当时的联合省,富人对此已相当热衷,商贩蜂拥而来与此可能不无关系。

行商走贩往往与人口的季节迁移相结合:例如萨瓦人[267]和多菲内人定期前往法国和德国;奥弗涅山区,[268]特别是圣弗卢尔高地的居民,有去西班牙走串的习惯。一些意大利人来法国“过季”,有的满足于在那不勒斯王国转上一圈;也有法国人步行到德国去的。从马格朗[269]（今天的上萨瓦省）的商贩来往信件中，我们可以看到一些流动“首饰匠”（其实是钟表商）在1788至1834年间的往返情况，这些父子相传的工匠沿着几乎相同的路线，把他们的商品送到南德意志的店铺出售或去参加瑞士的交易会（卢塞恩和楚尔察赫）。[270]运气有好有坏：1819年5月13日，在卢塞恩交易会，收入“勉强只够晚上喝半公升酒”。[271]

有时会出现小商贩突然入侵的现象，这与危机年代人们外出谋生有关。1783年的西班牙[272]曾采取全面措施，禁止一切流动商贩入境，特别是“驯兽表演者”以及“脖子上挂着大十字架、自称能用祈祷为人畜治病”的江湖庸医。这里所说的流动商贩，习惯上指马耳他人、热那亚人和本地人，但不指法国人，这大概完全出于疏忽。这些有业游民与无业游民在途中邂逅，自然会拉上关系，前者有时也参与后者的坑蒙拐骗活动。[273]他们自然也合伙搞走私。枢密官托马斯·罗爵士指出，1641年间的英格兰，有大批法国商贩，致使王国货币紧缺！[274]他们大有可能帮助海员在英国海岸私自运走羊毛和漂白土，并运来烧酒。

贩卖是否属于过时现象？

人们通常断言，当一个国家达到一定发展阶段时，贩卖活动便自动衰亡。这在英国发生于18世纪，法国则是19世纪。但到19世纪，贩卖活动又在英国重新抬头，至少见于一般销售网无力顾及的工业城市郊区。[275]在20世纪的法国民俗调查中可以找到贩卖的痕迹。[276]有人认为，现代交通工具对贩卖活动是个致命的打击（这也是先验的逻辑推理）。但马格朗的钟表商使用车辆贩运，到

1834年,还心满意足地在莱芒湖使用蒸汽船。[277]应该看到贩卖是
62 一种适应性极强的手段。每当销售系统出现故障,每当走私、偷盗、窝赃等地下活动有所扩大,或每当竞争、监视等正常商业手段意外地有所放松时,贩卖便又重新冒头。

大革命和帝国期间,法国曾是商贩滋生的场所,请看麦茨商务法庭这位爱唠叨的法官向巴黎商事院提交(1813年2月6日)的长篇报告[278]吧!他写道:"今天的商贩与过去身背包裹的单帮客不可同日而语。他们虽然四海为家,没有固定的居住地,但从事的交易为数相当可观。"总的说来,他们坑蒙拐骗,对天真的顾客是灾难,对临街开业的店铺是祸害。为社会安全计,必须立即予以取缔。商业在社会上不受重视,自从革命政权解除禁令和发行指券以后,任何人只要付小笔开业税就能成为商人。这位法官认为,唯一的办法就是"恢复行会"。他接着补充说,"同时应避免旧制度的陋习"!我们且别作更多的引证。当时做小生意的确实到处结帮抱团。在1813年的巴黎,警察局长被告知,一些小贩当街摆摊,"从马德兰大街直到丹普尔大街",到处都是。他们毫无顾忌地把摊子搭在店铺门口,不顾铺主的愤怒,零售相同的商品,尤以玻璃器皿、陶瓷、搪瓷和珠宝为主。维护秩序者对此无能为力:"摊贩不断被赶来赶去,最后又回到原地,人数众多帮了他们大忙。怎么能把他们统统逮捕?"何况他们都是穷人。警察局长又说:"这种非正规的贸易对商人的损害也许并不如人们想象的那么严重,因为摆摊出售的商品几乎全都是从商人那里批发来的,小贩往往为他们代销"。[279]

从最近的情况看,随着黑市的出现,不正常的贩卖活动在

1940 至 1945 年间饥饿的法国再次兴起。在俄国 1917 至 1922 年的困难时期，由于时局混乱，流通不畅，又重新出现了倒腾买卖的流动中间商，或用当时人轻蔑的说法，出现了“单帮客”。[280] 今天，被中央菜场的批发商撂下不管的布列塔尼菜农开着卡车前来巴黎直接出售他们生产的菜蓟和菜花，暂时也可算作商贩。格鲁吉亚和亚美尼亚一些有趣的农民带着成袋的蔬菜水果，网兜里装着活家禽，利用苏联国内航班票价低廉，坐飞机前往莫斯科，他们也是现代的商贩。如果“尤尼普里”这类超级市场的专横统治有一天让人难以忍受，那也难说贩卖活动不会重新泛滥。贩卖归根到底是蔑视既定权威、绕开神圣不可侵犯的市场秩序的一种方式。

欧洲：交换上限的齿轮 63

处在集市、店铺、贩卖之上，交换还有其强有力的上层建筑。它们掌握在一些杰出活动家的手里，属于大齿轮和大经济的层次，因而必定也是资本主义的层次；没有大经济，资本主义便不能存在。

在以往的世界里，远距离贸易的基本工具是交易会和交易所，虽然它们并不集中所有的大笔交易。法国和大陆各国的公证人事务所——英国不然，那里公证人的作用仅是验明正身——可以关起门来解决许多重要交易事项，据历史学家让-保尔·普瓦松的说法，[281] 交易数量之多足以衡量商业的一般水平。同样，作为逐渐存储金钱的金库，银行的地位不断在提高，[282] 虽说从银行取出金钱并不始终审慎，或有获益的可能。法国的商事裁判所（有关破产争端的问题后来也交它处理)是为解决商业争端特设的、最快捷的和旨在保护阶级利益的司法机构。因此,勒皮(1757 年 1 月 17 日)[283]和佩里格(1783 年 6 月 11 日)[284]分别要求设立商务裁判所,以方便这两个地区的商业活动。

至于 18 世纪的法国商会(第一个于 1700 年在敦刻尔克建立)[285]以及随后仿效的意大利商会(威尼斯建立于 1763 年,[286]佛罗伦萨于 1770 年),[287]它们旨在牺牲其他人的利益而加强大商人的权威。敦刻尔克一名商人(1710 年 1 月 6 日)直截了当地说:"所有这些商会只利于航运业和商业的五六个巨头,而让一般商人破产。"[288]商会办得是否成功往往因地而异。马赛商会是商业活动的心脏;里昂设有市政公署,商会并不十分重要,往往忘记开会。财政总监(1775 年 6 月 28 日)[289]写道:"据悉,里昂商会不开会或很少开会,1702 年御前会议的决定未能实施,该市的贸易事务竟全部由行会理事研究决定",也就是说,由市政公署决定。可是,仅仅提高嗓门,难道就能激起一个机构的活力吗?圣马洛于 1728 年请求国王准予成立商会,未能如愿。[290]

显然,大商业的工具在 18 世纪不但数量增加,而且形式多样,但交易会和交易所仍然是广大商业活动的中心。

交易会是不断改进的旧工具

交易会是个老机构,历史或许(恐怕未必)不如集市悠久,但毕
64 竟可称源远流长。[291]法国的历史研究把交易会的起源追溯到古罗马以前,直到克尔特人从事大规模朝圣活动的遥远时代。西方 11 世纪的复兴并非如人们所说从零开始,城市、集市、交易会和朝圣

地残迹犹存，只要恢复原有习惯就够了。圣德尼的朗迪交易会据说至少可追溯到9世纪（秃子查理在位时）；[292]特鲁瓦交易会[293]在古罗马时代已经存在；里昂约在公元172年设置交易会。[294]这些说法虽然缺少根据，但又似乎不无道理，反正交易会的历史很可能比这些说法确指的时期更加久远。

交易会的古老并不妨碍它适应环境和保持活力。它的作用是要突破普通交换的狭隘范围。默兹省的某个村庄于1800年[295]要求开办交易会，以引来该地短缺的五金用品。许多小镇的交易会似乎只是让附近乡镇的工匠有个喜庆日子，即使如此，它们实际上也冲破交换的习惯范围。大型交易会调动广大地区的经济力量；有时整个西方都莅临参加，享受各种自由与免税优惠，因为交易会期间临时取消许多税卡障碍。各种有利条件促使交易会成为一次非凡的盛会。王公们很早就插手这些聚会（法国国王，[296]英国国王，神圣罗马帝国皇帝），纷纷赐予恩惠、豁免、保证和特许。但我们顺便指出，交易会并不一开始就是免税的，即使博盖尔交易会也并不实行完全的自由贸易。例如，索米尔有三次盛大交易会，每次延续三天，据一份材料说，它们“好处不大，因为不能免税”。[297]

所有交易会，单就参加的人数而言，都可被认为是城市，当然是昙花一现的城市。它们定期搭摊开张，一待热闹过去，立即收摊走人。过了一、二、三个月后，它们又重振旗鼓，每个交易会因而都有自己的节奏、日程和信号，与邻近的交易会不相一致。何况，举行频率最高的交易会，并不是最重要的交易会，而是普通的牲畜市，或者说“荤市”。奥尔良附近的卢瓦尔河畔叙利，[298]布列塔尼的蓬蒂尼，圣克莱尔，博蒙-德洛马涅每年分别举行8次交易会；[299]蒙托邦财政区的莱克图尔有 9 次；[300]欧什有 11 次；[301]“在奥弗涅上拉马什的谢内拉耶大镇举行的肉食交易会以牲畜成交额高而闻名，大部分牲畜都送往巴黎”。这些交易会在每月第一个星期二举行，也就是说，每年共 12 次。[302]同样，在勒皮城，“一年有 12 次交易会，出售各种牲畜，特别是大量驴骡，许多毛皮，朗格多克的

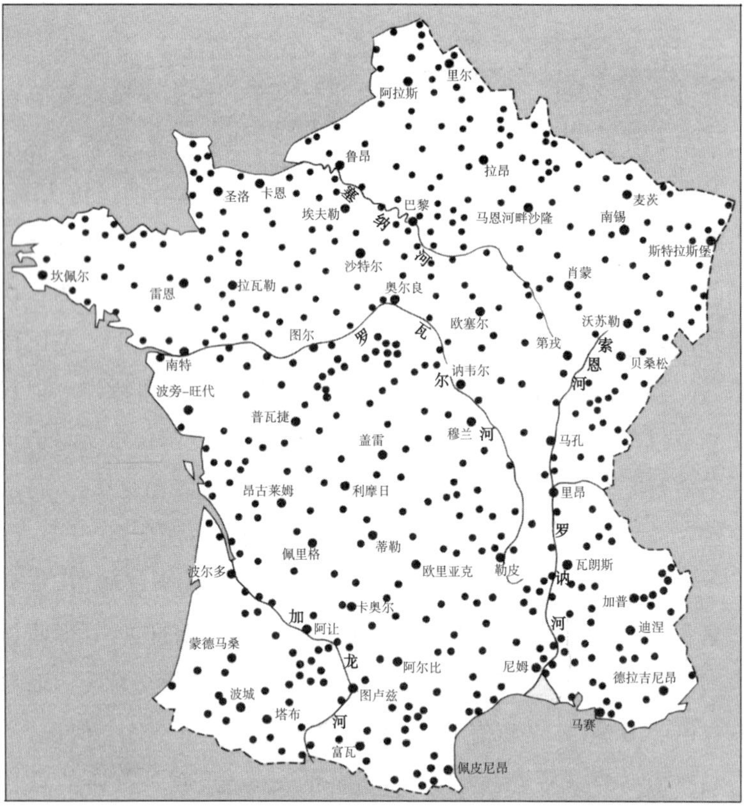

7. 1841 年的法国依旧布满着交易会

引自《贸易和商品辞典》，1841 年版，第 1 卷，第 960 页。

呢绒（批发），奥弗涅的白布和橙黄色布、麻、纱、毛和各种皮货”。[303]诺曼底的莫尔坦每年举行 14 次交易会，能否算是最高纪录？[304]我们这里先别过早就下结论。

对交易会显然不可一概而论。有的乡村交易会，如离锡耶纳不远的托斯卡内拉小型交易会不过是个羊毛集市，每当冬季过长，农民不能及时剪羊毛时（如 1652 年 5 月），该交易会就被取消。[305]

真正的交易会要求城市为它广开大门。因此，或者交易会鲸 65
吞一切，征服和取代城市，或者城市有足够力量与交易会保持相当
距离，关键在于力量对比。里昂因其四大交易会受累不浅。[306]巴
黎对交易会严加控制，使之限于大型集市的规模；例如古代传下的
朗迪交易会始终在圣德尼关厢举行。南锡的聪明办法[307]是把交
易会推出城外，虽然就在离城不远的圣尼古拉·杜博尔。诺曼底
地区的法莱斯镇把交易会挤到吉布莱村举行。著名的交易会过
后，寂静代替嘈杂，这个大村庄又变成林中睡美人的宫室。如同其 68
他城市一样，博盖尔特地把使它名利双收的马德兰交易会安排在
城区和罗讷河之间。那也纯属徒劳：通常有 5 万名参观者拥入城
市，为了维持起码的秩序，省骑警队必须全部动员，甚至还嫌不够。
尤其是，人群一般在 7 月 22 日交易会开幕前两星期已经到达，而
那时间治安部署尚未妥善安排。1757 年就有人建议提前于 7 月
12 日派遣骑警队，以保证旅客和居民的“安全”。

一个城市若完全被交易会压倒，便不再是城市。于 16 世纪致富的莱比锡把广场和建筑全部推平重建，以便交易会在市内不致感到局促。[308]卡斯蒂利亚地区的坎波城[309]是个更好的例子。城市

阿纳姆附近一年一度的交易会。
彼·德·胡格(1645—1708)的版画。

与交易会密切配合，每年三次，交易会占据夹在两排木柱房屋中间的长街以及大教堂对面的大广场，神甫就在阳台上做弥撒；商人和顾客望弥撒时不致耽误交易。圣让·德·拉克鲁瓦在童年时代大概曾面对广场上五彩缤纷的木房而浮想联翩。[310]在今天的坎波城，只能看到古老交易会的场景和外观。美因河畔法兰克福[311]在16世纪还把交易会拒之城外，但到了17世纪，交易会的繁荣冲破一切阻碍。一些外国商人在城里安顿了下来，分别代表意大利、瑞士联邦和荷兰的公司。由此开始一个渐进的适应过程。这些外国人一般像是家里的次子和幼子，刚在城里安顿时，只有居住权，这是第一步；接着便获得公民权；不久更发号施令。莱比锡就经历了这样一个过程，1593年反对加尔文教派的暴动[312]不就是“本国”国民与荷兰商人的一种对抗吗？如纽伦堡[313]这样一个大商业城市，于1423—1424年和1431年获得皇帝关于开办交易会的特许后，却并不真正着手去组织：是否应该认为这是明智之举？明智或者失误且不去管它，反正纽伦堡仍是老样子。

城市沉浸在节日气氛中

交易会意味着嘈杂声、音乐声和欢乐声搅成一片，意味着混乱、无秩序乃至骚动。佛罗伦萨附近的普拉托[314]于14世纪已有交易会，每年9月，托斯卡纳所有城市的喇叭手在该城的大街和广场上尽兴吹奏，互不相让。在卡庞特拉，每逢圣马蒂约或圣希弗兰交易会开幕前夕，尖利的喇叭声先在城市四门吹响，接着转到广场，最后来到华丽大厦前面。“市府给吹奏者每人每次付七苏”，从早晨四时开始，钟声响个不停；焰火齐放，鼓声隆隆，城市舍得破费。玩杂耍的，卖偏方假药的，算命看相的，翻跟斗演魔术的，走钢丝的、拔牙齿的以及跑江湖的歌手乐师统统向城市拥来。旅馆中人满为患。[315]巴黎在封斋节后举行的圣日耳曼交易会也集中了首都的轻薄之徒；一名卖笑女郎说："这是摘葡萄的季节。"赌博对赌 69
徒和荡妇同样有吸引力。所谓"摸彩"十分风行：彩票中大量为白票，少数黑票，白输黑赢。多少女仆把自己的积蓄和结婚嫁奁在"摸彩"中输得一干二净！[316]这种博戏同真正的赌场还不可同日而语，尽管当局口说监督，交易会期间必有几家店铺暗中开设赌场。莱比锡的赌场吸引了许多赌客，其中以波兰人居多。[317]

最后，交易会还毫无例外地是戏班的汇集地点。圣日耳曼交易会在巴黎中央菜场举行那时，总有一些戏剧表演。《傻瓜王子》和《傻大妈》是1511年的剧目，代表渊源于中世纪的闹剧与傻剧的传统。圣伯夫指出："这已是我们的通俗笑剧。"[318]随后出现的是意大利喜剧，这种喜剧不再流行后，在交易会上还找到最后的退路。在1764年的卡庞特拉交易会，"盖塔诺·梅拉尼及其佛罗伦萨剧团"演出"喜剧"，梅尔希奥尔·马蒂约·德·皮奥朗表演"骑术"，乔万尼·格雷西主演"话剧"，并利用幕间休息卖药。[319]

节日活动也在街头展开：头戴风帽的（卡庞特拉）"市政官在身穿长袍、佩带银饰的执事们引导下"[320]走在队伍的前面；官员的行列：在海牙有联合省执政，[321]在亚历山德里亚·德拉帕依交易会有撒丁国王和王后，[322]在艾米利亚地区交易会有莫德纳公爵"及其随从"，如此等等。托斯卡纳的经纪人乔万尼·巴迪[323]动身去波兰收取拖欠的商业债务，于1685年10月到达莱比锡交易会。关于当时欣欣向荣的交易会，他的信件给我们透露了什么？他仅仅谈到萨克森公爵殿下亲自莅临,“众多德意志王公贵族及贵夫人扈从随行,对交易会的奇珍异宝莫不一睹为快。此辈贵人服饰之华美令人赞叹称羡”,这可算是交易会的节目之一。

游艺、娱乐、社交是否合乎逻辑地属于交易会众多活动中的一项?有时是的。在勉强维持其荷兰政治中心地位的海牙,交易会为联合省执政提供了宴请“名人贵媛”的机会。威尼斯从升天节起为期半月的桑萨交易会[324]也是举行戏剧性仪式的场合;外国商人在圣马克广场搭起临时的帐篷;男女上街出门均戴面具,按照传统,总督面对圣尼古拉大教堂娶大海为妻。请想一想,每年都有十几万外国人前来桑萨交易会玩乐和观光。[325]同样,波洛尼亚每逢波尔契塔交易会,[326]平民和贵族共度佳节;17 世纪时,人们在大广场上布置临时戏台,装饰年年不同,保存在档案馆中的工笔彩画足以表现异想天开的构思。在剧场旁边,还有为数不多的“小卖部”,这些显然仅仅为游客增添游兴,而并非为了成交大笔买卖。伦敦的巴托罗缪交易会[327]无非是民间娱乐场所,“并不当真做什么生意”。凡此种种皆系旧时代的陈迹,但也足以表明,所有的交易会都笼罩在狂欢、放浪的气氛之下,虽然活跃的程度各地有所不同。谚语说得对:“逛交易会和赶集不是一码事。”[328]

71 相反,巴黎的圣日耳曼交易会[329]是首都唯一在玩乐的气氛下——我们想到著名的火炬晚会,这是游人十分喜爱的节目——仍保留其商业活动的交易会:当场大量出售布匹、呢绒和其他纺织品,前来采购的富人将他们的马车停在专设的“停车场”。这一图像比前面几种图像更符合交易会的一般实际,即它首先是商人会面的地方。看得眼花缭乱的两名荷兰旅客(1657 年 2 月)写道:

70

17世纪初荷兰瞻礼节的游艺活动。大卫·芬克波恩作画，细部。

“置身其中并看到种类繁多的高价商品后，不能不承认巴黎是个商品中心，世界上最稀少的东西在那里都能找到。”[330]

交易会的演变

人们常说交易会是仅在商人之间交易的批发市场。[331]这个说法指出了交易会的主要活动，却忽略了下层广大群众的参加。任何人都能进入交易会。里昂的酒店老板对此有精明的判断，“前来参加交易会的商人中，如果有一人骑马和住大旅馆，就有另外十人步行和住小客栈”。[332]在萨莱诺或那不勒斯的其他交易会，成群农民趁机卖掉一头猪，一包生丝或一桶葡萄酒。阿基坦的牛倌和杂工去赶交易会纯粹为了玩乐：“为逛交易会，大家天不亮就动身，在路边的小酒铺歇够脚后，到天黑才回来。”[333]

实际上，在一个还以农业为主的世界里，所有的交易会（甚至很大的交易会）都对广大乡村开放。莱比锡交易会同时也是大规模的马匹和牲畜交易会。[334]安特卫普和贝亨奥普佐姆1567年间共有四个主要交易会（每个城市各举行两次、每次三星期），但另外还有两次马匹交易会，一次在圣灵降临节，另一次在9月的圣母节，为期各三天。出售的都是主要来自丹麦的良种骏马，“漂亮而又耐用”，——其情景宛如今天的汽车展销会。[335]如果说交易会在安特卫普还分门别类，在威尼西亚共和国的大城市维罗纳[336]就一锅煮了；据专家说，1634年4月交易会的成功不靠外来的商品，而靠“牵来的各种牲畜的数量”。

虽然如此，从经济上讲，交易会毕竟以大商人的活动为主。大商人把交易会当作工具而加以完善，使之成为做大买卖的场所。

交易会究竟发明了还是复活了信贷？奥利维·柯克斯[337]认为，信贷的发明权只属于真正的商埠，与交易会这种人为形成的临时城市无关。由于信贷的历史大概与世界同样悠久，争论这个问题将是徒劳的。至少有一个事实可以肯定：交易会促进了信贷的发展。没有一个交易会不以“清账”收场。奥地利的林茨交易会就是如此。[338]莱比锡交易会从其兴旺初期就确定最后一个星期为清账日。[339]即使在教皇领地的小城市兰恰诺，[340]那里定期举行小型交易会，闭幕时也留下大批旧汇票。同样，贝兹拿和蒙塔尼亚克的交 72
易会，作为博盖尔交易会的中间站，具有类似性质，一系列汇票从这里流向巴黎或里昂。[341]交易会确实使各项债务汇总，并通过巧妙的划账办法，互相抵消。在里昂，只要有十万个埃居，即真正的金币，就能通过划账办法，结清几百万埃居的交易。留下的一大部分债务或者用汇票（即于某地付款的许诺）偿付，或者变成存款（留待下次交易会付款），在后一种情况下一般年息为10%（每季度2.5%）。交易会可见创造了信贷。

如果把交易会比作金字塔，众多细小的活动位于塔基，那里交换的商品是价格低廉和不易保存的本地产品，往上是价格昂贵和来自远方的奢侈品，塔顶则是活跃的货币交易；没有货币，其他活动便不能进行，或不能以同样速度进行。从各大交易会的演变看来，大体上总是塔顶的信贷越来越占优势，而塔基的贸易则相应失势。

无论如何，古老的香巴尼交易会画出的命运曲线堪称典型。[342]交易会于1260年前后达到高峰，商品和金钱保证了贸易的兴旺。当低潮开始出现时，商品交换首先受到影响。资本市场久盛不衰，直到1320年间仍保持着活跃的国际交往。[343]一个更有说服力的实例是16世纪的皮亚琴察交易会，或称贝桑松交易会。皮亚琴察交易会是热那亚商人因弗朗斯瓦一世不准他们进入里昂交易会，而于1535年在贝桑松设立的交易会[344]（贝桑松当时系神圣罗马帝国的城市，目的为了同里昂交易会竞争）。后来，热那亚商人又把交易会从贝桑松先后搬到隆勒索涅、蒙吕埃勒和尚贝里，最后迁到皮亚琴察（1579年），[345]其兴旺繁荣直到1622年才告停止。[346]我们不要从表面去判断它。交易会在皮亚琴察只剩下金字塔的尖顶，每年举行四次重要而并不显眼的聚会，颇像今天的巴塞尔国际银行会议。商人们前往该交易会时不带任何商品，只带很少一点现金和大量汇票。这些汇票几乎代表着欧洲的全部财富，其中尤以西班牙帝国的付款方式最为活跃。约有60名商人出席交易会，多数为热那亚银行家，有几人来自米兰，其他是佛罗伦萨人。他们像是一个俱乐部的成员，不付一笔巨额押金（3000埃居）是进不去的。每次交易会结束时，他们有权确定结算的汇率。事关重大，货币兑换商和大公司代表暗中操纵这些会议的决策。[347]据热那亚人多米尼各·佩里（1638年）[348]的记载，总共有二百名熟悉内情但又不露声色的商人在每次交易会上谈妥巨额买卖，价值达三四千万埃居，甚至更多。

热那亚商人推行的划账办法虽然巧妙和有效，但迟早也会有行不通的时候。必须有足够数量的美洲白银运到热那亚来，划账方能进行。1610年左右，白银到港数量下降，立即就出现危机。
73 为确定一个日期，我们可以不太武断地选定1622年[349]为出现危机的日期，交易会于那一年迁往诺维，米兰和托斯卡纳商人予以抵制,这都是情况恶化的标志。关于这个问题,我们后面再谈。

交易会和流通渠道

交易会之间互有联系,互通信息。不论普通的商品交易会或信贷交易会,都是为了便于流通而组织的。如果用地图表示某个特定地区的交易会(如伦巴第[350]或15世纪的那不勒斯王国,[351]或以多瑙河畔林兹为中心的交易会网:克雷姆斯、维也纳、弗赖斯塔特、格拉茨、萨尔茨堡、博尔扎诺[352]),这些集会的日程次序表明它们是互相依赖的,商人们车载马驮或自己背着商品赶一个又一个交易会,周而复始。这简直是一种循环运动。特鲁瓦、奥布河畔巴尔、普罗万和拉尼在中世纪是平分香巴尼和布里大交易会的四个城市,它们在一年内不断轮着举行交易会。昂利·洛朗[353]认为,最早的交易会循环出现在佛兰德,香巴尼交易会随即效法。情况可能是这样。不然的话,除非循环运动在各地都自动产生,由某种类似产生普通集市的逻辑必然性所促成。如同集市一样,在举行过一次交易会以后,一个地区需要有休整的时间,以期恢复其供求能力。此外,不同交易会的日程应便于商旅安排逐一光顾的路线。

商品、货币和信贷无不参与这些循环运动。信贷同时还引向更大的循环,并通常汇集在一个中心点,然后再出发,开始新的运动。西方从11世纪起开始商业复兴,整个欧洲的支付体系终于形成一个中心。这个中心在13世纪是香巴尼交易会,该交易会于1320年后日趋衰落,其影响波及各地,直达遥远的那不勒斯王国;[354]中心于15世纪在日内瓦四周,[355]接着在里昂[356]重新形成;

到16世纪末，又以皮亚琴察交易会，即以热那亚为中心。在这些先后更替的交易会系统的职能中，最值得人们注意的是，此中心向彼中心的过渡以断裂为标志。

然而，在1622年后，不再有任何交易会成为左右整个欧洲经济生活的必然中心。阿姆斯特丹并不是一个真正的交易会城市，它逐渐取代以往安特卫普的有利地位，开始确定其优势，并建成一个兼顾贸易和金融的永久性商埠。阿姆斯特丹的崛起即使不等于欧洲商业交易会的衰落，至少标志着主要的信贷交易会的衰落。交易会的鼎盛时代已经过去。

74 交易会的衰落

到了18世纪，人们不能不承认，“政府近年来采取种种措施，允许大部分制成品不付关税，自由运往外国，并免税运进原料，以至交易会贸易额逐年下降，因交易会的优点恰巧是提供免税条件；人们愈益习惯于不经过交易会而从事直接贸易”。[357]这是财政总监1756年9月在谈到博盖尔交易会的一封信里发表的见解。

就在那个时候，杜尔哥[358]为1757年出版的《百科全书》撰写了关于交易会的条目。他认为交易会并不是买卖双方为寻求方便和互利而“天然”产生的集市……“因此，这些花费很大开支、集中欧洲部分地区产品，并使各国商人会面的交易会诚然令人眩目，却有背自由贸易的发展方向。交易会的收益与付出的庞大开支相抵销，而且收益的得来并不合乎常理，这是对特定时间和特定地点的贸易给予的优惠和特许，而在别的场合，贸易要承受沉重的捐税”。或者是取消优惠，或者是对所有的商业活动和机构都实行优惠。

杜尔哥接过德·古尔奈的问题，同样问道："难道就该饱食几天而挨饿整年吗？"

但是为了天天吃饱，仅仅抛弃这些旧机构，难道就够了吗？交易会在荷兰确实正趋消灭（海牙的反常现象不足为凭）；英格兰的斯陶尔布里奇过去曾是"无与伦比"的大交易会，于 1750 年后[359]首先衰落，丧失其大宗贸易。可见杜尔哥确实言之有理：交易会是陈旧的交换形式；它能炫耀一时，甚至起某些积极作用，但在交易会盛行之地，经济便止步不前。在 17 和 18 世纪期间，开始走下坡路而仍不乏生气的法兰克福交易会和新开办的莱比锡交易会，[360]都因此可得到解释；波兰的各大交易会[361]——卢布林、桑多梅日、托伦、波兹南、格涅兹诺、格但斯克（但泽）、利奥波德（利沃夫）、布热格、[362]加利西亚（在 17 世纪，这里可一次见到两万多头牲口）——，令人难以置信的俄罗斯交易会（19 世纪出现的更不可思议的诺夫哥罗德交易会），都因此可得到解释。这个道理对新大陆也完全适用，因为这里的交易会不过是欧洲交易会在大西洋彼岸[363]的翻版。试举一例：位于达连地峡的农布雷-德迪奥斯交易会是个普通的大交易会，于 1584 年迁往邻近的、同样肮脏不堪的贝洛港。欧洲商品在这里换取来自秘鲁的白银。[364]"一份契约的成交额可达 8000 至 10000 杜加……"[365]爱尔兰修道士托马斯·盖奇于 1637 年参观了贝洛港，他说在集市上曾看到银块堆积如山。[366]

通过这些差距和落后，我想说明位于通往南德意志的阿尔卑斯山隘口的博尔扎诺交易会何以久盛不衰。至于意大利梅佐齐诺 75
地区活跃的交易会，[367]这正是该地区经济状况不良的表现！如果经济生活加快步伐，交易会这只旧钟表就会跟不上节拍；但一旦经济生活放慢脚步，交易会又恢复其存在的理由。我正是这样来解释博盖尔交易会的所谓“例外”的表现，因为该交易会“在经济发展时(1724—1765 年)停滞”，“在百业凋零时(1775—1790 年)兴旺”。[368] 在这个萧条时期，朗格多克(也许还有别的地方)的气氛简直不像在 18 世纪，人们把无用的剩余产品扔到马德兰交易会，开始了一场西斯蒙第所说的“流通不畅”的危机。这些存货当时能在哪儿找到销路？关于博盖尔的逆向发展，我以为责任不在外国商人，而首先在于朗格多克和普罗旺斯的经济本身。

或许应该朝这个方向去理解特雷穆耶于 1802 年提出的未免过于简单化的计划。[369] 这位好心肠的法国人说，目前百业凋敝，成千上万的巴黎小商处在破产边缘。但有一个办法(又是那么简单！)：在巴黎城边缘的革命广场开办盛大交易会。他还凭空设想，在这大块空地上按棋盘格局修路，路边开设店铺，牲畜马匹另留空场安置。可惜的是，对于此举有何经济效益，计划未能陈述充分理由。作者也许认为，此事已是那么显而易见，不必再多啰嗦。

堆栈、货房、仓库、粮库

交易会缓慢的、不易察觉的(有时大可商榷的)衰落还存在许多问题。理查德·埃伦贝格认为，交易会败于交易所的竞争。安德列·赛约生气地回答，此说毫无根据。[370] 然而，在 16 世纪末和 17 世纪初，皮亚琴察交易会曾是商业活动的中心，但新的世界中心将是阿姆斯特丹交易所：一种形式，一种齿轮压倒了另一种。交易会和交易所共存达几个世纪之久确是事实，但这并不重要。后者代替前者绝非一朝一夕之功。更何况，阿姆斯特丹交易所控制了广大的资本市场以后，也居高临下地操纵商品运动（亚洲的胡椒或香料，波罗的海的粮食和其他产品）。威纳尔·桑巴特认为，[371] 必须朝商品的运输、储存和转运方向寻找正确的解释。交易会的作用历来是集中商品，到18世纪仍然如此。商品在交易会上贮存起来。但随着人口的增长、城市无节制的扩张以及消费的逐渐改善，大宗贸易必然急剧发展，突破交易会的范围，并独立组织活动。这个像店铺一样正规的独立组织，在仓库、粮库、堆栈或货栈的帮助下，逐渐替代日趋衰落的交易会。

以上说法似乎很有道理。但桑巴特可能走得太远。在他看来，关键是要知道，大商人在离顾客只有几步路的地方经常堆存商 76
品的库房究竟将发挥其自然职能——仅作为堆放地点——或者商业职能。在后一种情况下，这便是一家高级店铺，不过铺主是大商人，或用不久以后产生的更高贵的称呼，叫做"批发商"。[372] 商品在仓库门口批给零售商，"连绳带捆"，[373] 从不开包。这类大宗贸易始于何时？也许始于罗杜维科·圭恰尔迪尼时代的安特卫普（1567年）？[374] 在这个问题上，任何确切日期都会有争议的。

不可否认的是，到了18世纪，尤其在与大西洋贸易相联系的北方国家，大宗贸易获得空前的发展。伦敦的批发商主宰着交换的所有领域。在18世纪初的阿姆斯特丹，"由于每天都有大批船
只到达……不难理解，也就有许多仓库和地窖，以存放船只运来的 77
各种商品：城里仓库很多，在有的街区，五层到八层的楼房都是库房，大部分沿河房屋有两三间库房和一所地窖"。这些设施并不始终够用，货物有时仍压舱过久。人们因而在旧房的宅基上建起许

多新仓库,“收益颇丰”。[375]

实际上,商品集中于货栈和仓库已成为18世纪欧洲的普遍现象。例如,来自中美洲的籽棉集中在卡迪斯;来自巴西的,则在里斯本(按价格高低共分以下等级:伯南布哥棉、马拉尼昂棉、帕拉棉);[376]印度的棉花集中在利物浦,[377]勒旺地区的棉花集中在马赛。[378]莱茵河畔美因茨[379]是法国葡萄酒在德国的集散地。早在1715年前,准备运往尼德兰的烧酒都集中在里尔的大仓库里。[380]马赛、南特、波尔多是法国海岛贸易(蔗糖、咖啡)的主要货栈,在路易十五时代,这一贸易导致了整个王国的商业繁荣。甚至在米卢斯、[381]南锡[382]这样的中等城市,大小货栈也成倍增多。以上实例挂一漏万。从此,货栈开始在欧洲各地取代交易会的地位。

桑巴特的说法用在18世纪似乎完全合理。但对18世纪以前又如何?区分“自然”和“商业”这两种职能方式,难道能说得通吗?仓库和货栈历来存在(无论在英格兰、德意志、尼德兰、意大利、近东地区或莫斯科公国)。[383]有的城市还是商品集散地(阿姆斯特丹就是典型),具有聚集货物后再行发送的职责和特权。在17世纪的法国,[384]鲁昂、巴黎、奥尔良、里昂都是商品集散地,敦刻尔克的“下城”[385]也是货栈。任何城市都设有公共或私人仓库。在16世纪,一般的商场(如在第戎或波纳)“似乎兼营批发、国货和转运业务”。[386]更早的年代,又有多少公共仓库专门用于存放小麦或食盐!大概在15世纪以前,西西里岛各港口很早就有一些堆放小麦的小仓库,货主只取一纸收据,单凭收据进行交易。[387]从14世纪起,巴塞罗那商人用蒙特惠奇山石建造漂亮房屋,“底层充当仓库,货主即住在相应的楼上”。[388]1450年左右的威尼斯,在城市商业中

一位佛罗伦萨商人把他在巴勒莫港卸下的商品存入货栈。一位名叫罗朗·德·普勒米埃番的佛兰德画家为《十日谈》法译本(1413年)所画的插图。

心里亚托广场四周,街道各司其业,店铺鳞次栉比;"每家店铺楼上都有一间类似修道院宿舍的屋子,因而每个威尼斯商人都有自己的仓库,满贮香料、珍贵织品、丝绸等商品"。[389]

这些细节的任何一项单独都并非不容置辩。任何一项细节都不能断然区分单纯的堆放和大宗贸易，二者显然很早已经混在一起。货栈既是改进了的工具，势必早已存在，但其形式各不相同，有的规模较小，有的性质混杂，因为它适应某些显而易见的需要，其实也反映了经济的某些弱点。货栈之成为必需，是由于生产周期和商业周期太长，交通和信息太慢，远程贸易总有风险，生产很
78 不稳定，季节更迭的影响较大……何况事实上已证明，当运输活动在 19 世纪加快速度和扩大规模时，当生产集中在大工厂时，陈旧的货栈贸易只能大大改变，有时彻底改变乃至消失。[390]

交　易　所

萨缪尔·里卡尔于 1686 年出版的《新商人》说交易所是“银行家、大小商人和经纪人等会面的地点”。据说，“布鲁日市曾有一位名叫‘旺代尔·布尔什’的人，出身名门望族，建造了一座‘布尔什公馆’，并用画有三个钱袋的家族纹章装饰建筑物的正面……这一装饰今天还能看见。由于上述集会就在布尔什公馆附近举行，交易所便由此得名。”这种解释是否还有人怀疑，这并不重要。交易所（Bourse “布尔什”）一词随后流行起来，虽然没有完全取消其他名称。里昂的交易所称作 place des changes；汉萨城邦称作 collège des marchands；马赛称作 Loge；巴塞罗那和巴伦西亚是 Lonja。交易所不一定都有自己的建筑物，因而交易所本身的名称常与商人聚会地点的名称相混淆。塞维利亚的商人每天在大教堂的阶梯会堂举行集会；[391] 里斯本商人在市内最早开辟的最宽的诺瓦街集会，[392] 据文字记载，该街于 1294 年业已存在；卡迪斯的新街

大概是在1596年大劫掠以后开辟的；[393]威尼斯商人的集会地点在里亚托的柱廊下[394]以及广场上的哥特式建筑“商人会堂”（1459年初建，1558年重建）内；佛罗伦萨的地点在“新市场”，[395]即今天的芒塔那广场；[396]热那亚[397]的地点则在庞齐广场，距“新环路”四百米远；[398]里尔[399]的地点在博勒加尔；列日[400]的地点在建于16世纪末的“公秤所”，或在比奇码头，或在主教宫宽敞的长廊，甚至在附近的一家小饭馆；拉罗歇尔的商人在露天会面，地点就在“小渡船街和阿特米罗街之间”的所谓“佛兰德区”，这种状况一直延续到1761年建造了专门大楼为止。[401]在美因河畔法兰克福，[402]商人们也在露天会面，地点在“鱼市”。莱比锡交易所[403]于1678至1682年间在“糖果市”建成，是座美轮美奂的建筑物；在那以前，商人们往往在廊下或一家店铺里，乃至交易会的公用磅秤边露天会面。在敦刻尔克，“所有批发商每天正午在市政厅广场集会。大人物之间先说一番粗话……继之当众争吵”。[404]在巴勒莫，位于今天加拉费罗广场的会堂是商人的集会地点，1610年曾经规定，“在圣安东尼教堂的祈祷结束前”，[405]商人不得前往那儿。巴黎交易所长期设在大理院前的汇兑广场，后来根据1724年9月24日御前会议的决定，迁往维维亚纳街的纳费尔宫。伦敦交易所由托马斯·格雷欣所创建，后称“皇家交易所”，地处市中心。一名外国人在信件中[406]谈到，1670年5月，在对公谊会教徒采取镇压措施时，部队就在那里集结，以便必要时奔赴不同地点。

任何商埠都有自己的交易所，这其实是正常的。一位马赛人 79
在周游各地后（1685年）写道：各地名称不同，“许多地方称‘市场’，勒旺地区各港称‘商场’”，[407]其实性质完全相同。一位名叫利兹·博茨的英国人，后任俄国驻直布罗陀领事，[408]在他致奥斯特尔曼伯爵的报告（1782年2月14日）中写道："我们这里不像大商埠那样有一个专供商人聚会谈买卖的场所；坦率地说，本地商人为数不多。虽然地方很小，又无特产，和平时期的贸易却十分兴旺。"对于他的惊奇，我们可以理解。直布罗陀是个走私盛行的城市，它要交易所又有什么用呢？

最早的交易所始于何时？有关的年表可能有误：房舍的建造日期与商业机构创立的日期并不恰相重合。在阿姆斯特丹，房舍建于1631年，而新交易所于1608年创立，旧交易所更可追溯到1530年，因此只得满足于一些并不完全正确的传统说法，但切莫相信不恰当的日期排列，从而以为交易所最早诞生于北方国家：布鲁日于1409年，安特卫普于1460年（房屋建于1518年），里昂于1462年，图卢兹于1469年，阿姆斯特丹于1530年，伦敦于1554年，鲁昂于1556年，汉堡于1558年，巴黎于1563年，波尔多于1564年，科伦于1566年，但泽于1593年，莱比锡于1635年，柏林于1716年，拉罗歇尔（建造）于1761年，维也纳于1771年，纽约于1772年。

撇开表面现象，这张光荣榜不能确定北方国家的优先地位。实际上，至少从14世纪起，交易会已在地中海沿岸的比萨、威尼斯、佛罗伦萨、热那亚、巴伦西亚、巴塞罗那等地繁荣起来。经向"拘泥虚礼的佩德罗四世"请求建造的巴塞罗那交易所于1393年竣工，[409]它那哥特式大厅至今巍然屹立，表明其历史之悠久。在1400年前后，"成群的经纪人在大柱之间来回穿梭，同各帮商人联络，他们是所谓'耳报神'，其任务是听人开价，转达意见和牵线搭桥。巴塞罗那的商人每天骑骡前往交易所，做完买卖后便与一位友人前往会堂的果园，那里是休息的好去处”。[410]毫无疑问，这类活动比习惯用来判断交易所出现的事物更早。例如在1111年的卢卡，货币兑换商已在圣马丁教堂附近会面；而他们四周又围着许多商人和公证人，这难道不是一个无名有实的交易所吗？随着远程贸易的开展，虽然最初只涉及香料和胡椒，后来又涉及北海的桶装鲱鱼，[411]交易所也就应运而生。地中海欧洲这种原始的交易所活动本身不是一种从零开始的创造。交易所的名称或许由来未久，但其实际存在已很古老，可追溯到东方和地中海各大中心很早就有的商人集会，而公元2世纪末的罗马似乎已证明有类似的集会。[412]奥斯蒂亚有个奇怪的广场，镶嵌的地面标明留给外国商人和外国船主的位置。人们目睹此景，怎能不想起当年的商人集会呢？

交易所彼此相似。至少从17世纪开始，在短暂的开放时间内，但见人头济济，但闻人声鼎沸。马赛大商人于1653年要求“有一个见面的地点，以避免踯躅街头产生的诸多不便，虽然很久以来，他们一直把街头当作他们谈买卖的场所”。[413]到了1662年，他
们终于进入布热宫，使用底层一间“四门与码头相通的大厅，门的 80
两边都贴有出港船期公告”。但这间屋子很快就显得太小了。盖当骑士对他的朋友苏瓦尔写道：“必须有蛇那样的本领才能钻进去，里面嘈杂拥挤不堪！应该承认，普路托斯的神殿确实与众不同。”[414]这是因为正经的买卖人每天临近中午时都要去交易所走一圈。不去那里，不打听那些往往捕风捉影的传闻，就有丧失良机的危险，并且可能授人以柄，散播关于你的生意不佳的谣言。丹尼

尔·笛福[415]郑重警告货栈经营者说："交易所是你的市场所在，当一般零售商去那里采购时，你却偏偏缺席"，那可真是自找灾难。

阿姆斯特丹交易所大厦于1631年落成，位于丹姆广场，与银行和东印度公司遥遥相望。在让-比埃尔·里卡尔那时（1722年），每天从正午到二时，交易所内济济一堂，估计达4500人之多。星期六来人略少，因为犹太人那天不到。[416]交易所秩序井然，每个行业都在指定的编号位置就座；经纪人共一千来人，宣誓的和未宣誓的都在内。然而，此起彼落的高声报价与无休止的私下谈话形成可怕的喧哗，人们在这里很容易就昏头转向。

不论其规模大小，交易所是交易会的最高阶段，而且它的活动从不停顿。大商人以及许多中间人聚集在交易所，并在那里洽谈商品交易、汇兑、入股、海事保险等业务，海事风险由许多保证人均摊；交易所也是一个货币市场、金融市场和证券市场。这些活动自然要趋向于各自为政。例如，自17世纪初起，阿姆斯特丹成立了单独的粮食交易所，[417]每周集会三次，从10时至12时，地点借用一所木材商场；每名商人有其代理人，"后者注意带着准备出售的粮食样品……装在容量为一至两磅的口袋里。由于粮价同时取决于重量大小和品质好坏，交易所背后备有各式各样的小秤，只要称上三四把粮食，就可知道口袋的分量"。阿姆斯特丹进口这些粮食既供当地消费，也倒卖或转运一部分。看样子购货很早就是英格兰以及巴黎四郊的规矩，购买军粮的大笔交易尤其如此。

阿姆斯特丹的证券市场

17世纪初出现的新鲜事：阿姆斯特丹成立了一所证券交易市

场。公共资产以及东印度公司信誉卓著的股票都成为活跃的、完全现代化的投机活动的对象。人们往往说它是第一家证券交易所，但这并不完全正确。威尼斯很早就有公债券买卖，[418]佛罗伦萨在 1328 年前也有过这类业务，[419]热那亚有抛售和收购圣乔治银行有价证券的活跃市场，[420]且不谈德意志地区于 15 世纪就在 81
莱比锡交易会上出售的矿业股票，[421]西班牙的“债券”，[422]法国的市政厅公债(1522 年)，[423]15 世纪汉萨城邦的年金证券市场。[424]维罗纳的 1318 年法规确认了期票交易。[425]法学家巴托罗缪·德·博斯科于 1428 年对热那亚的期票出售提出异议。[426]所有这些都证明，证券交易在地中海地区早已存在。

阿姆斯特丹的新鲜之处在于，交易不但数额大，而且有流动
性、公开性和投机性。狂热的为赌博而赌博的侥幸心理在这里起 82
作用。我们记得，在 1634 年前后，郁金香狂热曾席卷荷兰，一头“毫无实际价值”的鳞茎竟能换取“一辆新车，以及用全套马具装备的两匹灰马”！[427]但内行人搞股票买卖，所得收益势必可观。一位名叫约瑟夫·德·拉维加的商人(1650—1692)，是西班牙裔犹太人，他于 1688 年在阿姆斯特丹出版了一本题为《混乱中之混乱》[428]的怪书，由于文笔过事雕琢(当时西班牙文学崇尚的风格)，该书十分难懂，但其生动细腻的描写堪称一绝。作者暗示，他因玩这种地狱游戏接连破产五次，我们对此当然不能完全置信；他津津乐道的事有的并不新鲜：早在 1688 年前，“人们在捕到鲱鱼前已经把鱼作为期货出售，或者在多种尚未发芽前和在商品尚未收到前就以期货形式出售”；伊萨克·勒美尔在 17 世纪初从事印度股票投机曾轰动一时，这已意味着他耍了许多花招乃至诈骗手段；[429]

经纪人很早参与交易所事务，当商人纷纷诉穷时，经纪人大发其财。在马赛、伦敦、巴黎、里斯本、南特、阿姆斯特丹等大商埠，由于交易所规章不严，经纪人得以对商人恣意妄为。

阿姆斯特丹的交易所活动确实达到了精巧绝伦的程度，因此阿姆斯特丹将长期成为欧洲绝无仅有的城市。在这里，人们不满足于买卖股票，赌涨赌跌，而且通过一些复杂的诀窍，在既无本钱又无股票的情况下照样也搞投机。这正是经纪人乐于做的事情。他们分帮结派，即所谓"帮派"。如果一派做"多头"，另一派相应就做"空头"。双方力图把大批犹豫不决的投机者引向自己一边。经

1668 年阿姆斯特丹交易所的内景。约伯·贝克海德作画。

纪人若改变阵营——有时会出现这种情况——便是一种背叛行为。[430]

然而，股票是记名的，证券当时由印度公司保存，买主把自己的名字登上专门账本后，就算拥有股票。印度公司最初以为这能阻止投机（后来才使用不记名股票），但是不拥有股票未必不能进行投机。从事股票投机，其实是空手卖出和空手买进，即所谓“买空卖空”。收盘时结算盈亏。双方交割小笔差额后，活动便继续进行。溢价是另一种交易，略为复杂一点而已。[431]

实际上，既然股票远期见涨，投机活动势必是短期行为。投机者窥测时局的暂时波动，而一项可靠的消息或一个谣言很容易引起这种波动。路易十四驻联合省的代表于 1687 年首先感到惊奇，当爪哇岛的万丹被收复的消息传出后，局势竟然毫无进展，似乎这是谣言。他在 8 月 11 日写道：“我现在对此不觉得奇怪了；这是为了使阿姆斯特丹的股票下跌，一些人借机谋利”。[432] 过了十来年后，据另一位大使讲，海牙的犹太富商胡阿索子爵向他自夸“在当天能赚十万埃居”，“假如他能在阿姆斯特丹公布消息五六个小时前获悉，西班牙国王业已去世〔可怜的查理二世当时命在旦 83
夕〕”。[433] 大使接着说：“我对此深信不疑，因为他和另外两名犹太人泰克赛拉和平托是最大的股票投机商。”

当时，这些投机活动还没有达到下个世纪那么大的规模。七年战争以后，投机范围扩大到英国东印度公司、英格兰银行、南海公司的股票，特别是英国的政府债券，用伊萨克·平托（1771 年）[434] 的话说：“年金券之多不计其数。”股票行市只是从 1747 年起才正式公布，而阿姆斯特丹交易所自 1585 年起即公布商品的行市[435]（1585 年有 339 种商品，1686 年为 550 种）。[436]

阿姆斯特丹的投机活动一开始就有相当大的规模与声势，那是因为不仅大资本家，而且普通百姓也始终参与其事。某些情景使人想起我们今天的赛马赌！约瑟夫·德·拉维加于 1688 年说："投机者光顾某些铺子，那里出售一种饮料，荷兰人称之为'考啡'，勒旺地区的人称之为'咖啡'。"这些咖啡馆"冬季十分舒适，有暖和的火炉，还有消磨时间的妙法：读书、赌钱、聊天；有人喝咖啡，也有的喝茶、牛奶或巧克力，几乎人人抽烟……他们就这样取暖、消遣和款待自己，惠而不费，顺便听点消息……在交易所开盘时，一名做'多头'的经纪人走进咖啡馆。人们向他打听股票的行情，他在当时的价码上多加 1%、2%，拿出一册记事本，写下他只在头脑中有过的打算，使人以为他果真这样做了，借以刺激别人买进股票的愿望……因为担心股票还会上涨"。[437]

这个场景究竟说明什么？如果我没有弄错，它说明交易所怎样掏空买卖小笔股票的人的腰包。事情之所以可能成功，这是因为，让我们再说一遍，当时还没有正式的行市，一般人很难了解价码变化；其次还因为，一般人必须由经纪人作媒介，无权进入交易所的圣殿，尽管交易所离那些名叫弗朗斯瓦、罗歇鲁瓦、英格兰或雷德的咖啡馆不过几步路远。[438]用我们今天的话来说，这就叫"小额证券交易""上门兜售股票"。

在阿姆斯特丹搞投机的，不单有大批小人物，大投机商也十分活跃。据一位名叫米凯莱·托尔切的意大利人不偏不倚的见证，直到 1782 年，阿姆斯特丹交易所仍执欧洲之牛耳，[439]胜过伦敦交易所。巨额的股票交易（在当时人的眼里）显然是一个因素，尤其当时凑巧又出现了对外国债券的投机狂热，这在欧洲也是首屈一指的；关于这个问题，我们还会谈到。

路易·格雷夫勒[440]1778年接管了阿姆斯特丹一家大商行的产业，[441]他的文书相当生动地展示了以上两种投机活动的扩大情况。我们下面将经常谈到这位新富人既冒险又谨慎的所作所为，以及他那清醒的见证。1778年，当法国即将站在美洲殖民地的一边参加反英战争时，投机在阿姆斯特丹疯狂泛滥。当时似乎是在 84
中立的掩护下获利的大好时机。但究竟应该买预计将出现短缺的殖民地商品，还是买英国和法国的债券，或者借款给起义者？格雷夫勒给巴黎的A.加亚尔写信说："您原来的代理人布林格莱一屁股完全坐在英国人的一边。"[442]至于他自己，格雷夫勒抓到什么好买卖就插上一手，接受委托大搞投机。他为自己赌，也为别人赌：鲁道夫·艾玛努埃尔·哈勒（首先为他，是他掌握了原来的泰吕松-奈克尔银行）、让-昂利·加亚尔、佩雷戈、巴黎银行家潘肖、日内瓦的亚历山大·皮克泰、菲力贝尔·克拉默、杜累提尼，这些都是新教银行家的大亨！埃·吕蒂的巨著曾对他们作了专门研究。[443]投机既不容易，又带风险，出入金额为数甚大。但路易·格雷夫勒竟处之泰然，这是因为进出的主要是别人的钱。即使投机失利，他会遇到一点麻烦，但不必为此绝望。他对哈勒写道："如果做英国公债买卖能像做其他事一样未卜先知，那就稳操胜算了。"他解释说："事情可能有反复，价格还会有很多起落。"然而，他无论买进或延期交割都经过深思熟虑。他不像潘肖那样胆大妄为和不顾一切，而是执行客户的指令。菲力贝尔·克拉默指示他"同马尔赛和皮克泰先生一起，以144至145里佛一股的标价"购买

85

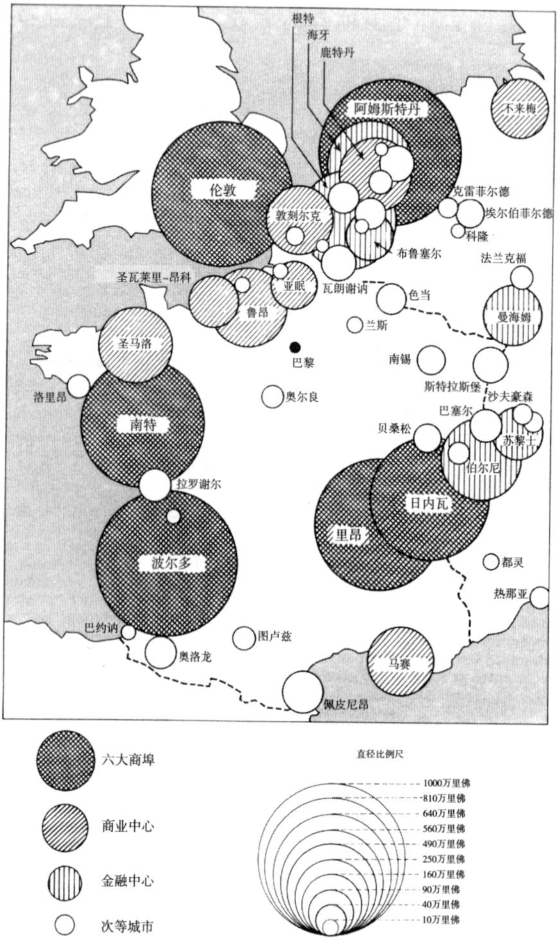

8. 法国银行业的高涨

地图由居伊·安东尼埃第绘制。见《格雷夫勒·蒙兹股份公司(1789—1793年),17世纪巴黎的一家银行》,1963年版插图。顺便指出,格雷夫勒银行当时是巴黎最大的银行,法国首都已成为欧洲具有广泛影响的金融中心,根据安东尼埃第有趣的分类方法,图中六个布满网格的圆圈恰好反映了大商业的六角形:即伦敦、阿姆斯特丹、日内瓦、里昂、波尔多和南特六大商埠,给人的印象不正是六角形六角之间的平衡吗?

“一万里佛的英国东印度公司股票，由三人平分”，格雷夫勒回答说（1779 年 5 月 4 日）：“不可能，因为这种股票尽管跌价，8 月份还值 154 里佛，5 月值 152 里佛。我们目前看不到收进的可能，但我们自当留心。”[444]

在阿姆斯特丹搞投机，就是在了解伦敦行市的同时，猜测荷兰本地的未来行市。因此，为在邮班之外得到伦敦的直接信息，格雷夫勒舍得作出牺牲。他在英国首都用他自己的钱投机，与其妻兄经纪人萨尔托里（执行命令的小角色）保持联系，也与亚伯拉罕·加西亚兄弟的犹太商号联系，但他在利用后者时存有戒心。

格雷夫勒如此活跃的通信只给我们打开了可以望见阿姆斯特丹高级投机活动的一扇小窗口。但这使我们看到，在一定程度上，荷兰的投机活动对外开放，国际资本主义已在该地形成。从格雷夫勒的两册冲账账本[445]更可以看到这些复杂业务的盈利是如何计算的。所谓冲账“是指股票经纪人每季度的聚会，届时对期票交易和溢价交易的盈亏加以抵销和实行分摊。格雷夫勒的两册账本 86
记录了他为客户完成的各项业务。今天的经纪人能正确无误地看懂这些账目，而一名历史学家却会不止一次地搞错。因为一项交易往往必须从这笔账转到那笔账，经过几次冲账才有希望出现盈余，而事情并不就此结束。我承认没有耐心看完这些计算。

在伦敦，一切从头开始

在长期羡慕和模仿阿姆斯特丹的伦敦，投机活动很快发展了起来。自 1695 年起，皇家交易所已开始买卖公债券以及东印度公司和英格兰银行的股票。它几乎立即成为两种人的“碰头地点，一种是有点钱还想挣更多钱的人，另一种人为数更多，自己没有钱，却希望把有钱人的钱拿过来”。在 1698 至 1700 年间，证券交易所从场地狭小的皇家交易所搬到对面著名的交易所街。

直到证券交易所新址于 1773 年建成前，交易所街的咖啡馆是期货交易的投机中心，或如人们所说，是“交易所街的赛马赌博场”。[446]加拉维和乔纳森咖啡馆是做股票和国家证券交易的经纪人的会面处，海事保险专家光顾爱德华·劳埃德咖啡馆，火灾保险专家成了汤姆或卡尔赛咖啡馆的熟客。一位杂文作家于 1700 年写道：交易所街可以“用一分半钟走完。您在乔纳森咖啡馆门前站定，面对南方，往前走几步，然后向东转弯，您就到加拉维咖啡馆。您从那儿再走向下一个门面，就到达……别尔辛街……您把您的指南针放回盒子，投机世界已走完一圈，您又回到乔纳林咖啡馆的门口”。这个小世界平时有一批喜欢吵吵嚷嚷的常客，高峰时间更是爆满，它是阴谋的策源地和权势的中心。[447]英国女王和法国国王不久前（1713 年）在乌得勒支签订了和约，法国新教徒激怒之余，企图挑动商人反对法国国王和帮助辉格党人。他们到哪儿去表示抗议呢？是到交易所去；因此，“咖啡馆里响彻他们的叫喊声”（1713 年 5 月 29 日）。[448]

这些敏感的小世界影响着外部世界，而外部世界反过来又不断影响这些小世界。如同在阿姆斯特丹一样，导致这里行市涨跌的各种消息并不总是内部编造的谣言。西班牙王位继承战争富于戏剧性的变化当时似乎决定着股市的行情。一位名叫梅迪那的犹太富商曾打算派人随同马尔伯勒出征，每年向这位吝啬的英国名将报效六千英镑；这样，他通过专差首先获悉拉米伊、乌德纳尔德、布莱尼姆等战役[449]的结果,因此得到的补偿远远超过支出。据说,滑铁卢之战消息传出,路特希尔德获利颇丰!又据说,波拿巴故意压下马伦戈大捷(1800 年 6 月 14 日)的消息,以便在巴黎交易所制造某种出其不意的效果。[450]

如同阿姆斯特丹交易所一样,伦敦交易所也有其习惯和行话: 87
期货交易中的"抛"和"收";实际上并不真做买卖,仅仅为了投机目的而从事的期货买卖是在做"多头"和做"空头";"骑里马"则是搞政府彩券之类的投机。[451]但总的说来,荷兰的各种做法都在伦敦再现,只是略为晚一点而已,包括"冲账日"在内。当政府于 1734 年下令禁止买空卖空,使"抛"和"收"的业务至少暂停时,"冲账"便如阿姆斯特丹一样兴盛起来,无非是以另一种形式助长同样的投机。伦敦或阿姆斯特丹的经纪人自荐为交易双方充当中间人,不论是货物交易(小麦、染料、香料、大麻、蚕丝)或是证券交易。托马斯·莫蒂默于 1761 年强烈指责了这伙败类,并以《各人都当自己 88
的经纪人》为标题写了一本书。1767 年的一场诉讼案导致了这方面的自由化措施;官方正式宣布:不必凡事都要通过经纪人。[452]但以上种种只能说明经纪人在交易所活动中的重要性,虽然其收费标准相当低:自 1697 年后为八百分之一。经纪人受大商人和银行家的操纵;在经纪人之下,还有成群忙忙碌碌的非正式中间人不容轻视的活动,用行话来说,干这种行当叫作"炒卖股票"。乔治·怀特责备"这伙被称作'炒卖股票者'的昆虫任意抬高或压低股票价格,以达到损人利己的目的,在我们的交易所,他们像当年吞噬埃及牧场的蝗虫一样害人"。也许是笛福,他于 1701 年匿名写了一本小书,题目为《炒卖股票者劣行录》。[453]

1666 年火灾后重建的伦敦交易所

89 几年以后(1718 年)上演题为《对妻子的粗暴打击》的一出戏,观众被领到乔纳森咖啡馆,与商人、有照经纪人和无照经纪人待在一起。请听他们的一次对话:

经纪人甲:按面值八分之七的南海公司股票,哪位想要?

经纪人乙:南海公司彩票,1718 年圣米歇尔节到期。

经纪人丙:要不要东印度公司股票?

经纪人丁:都是抛出,没有人收进!先生们,我买进一千镑,下星期三,按面值四分之三。

侍应生:凉咖啡,先生们,要吗?

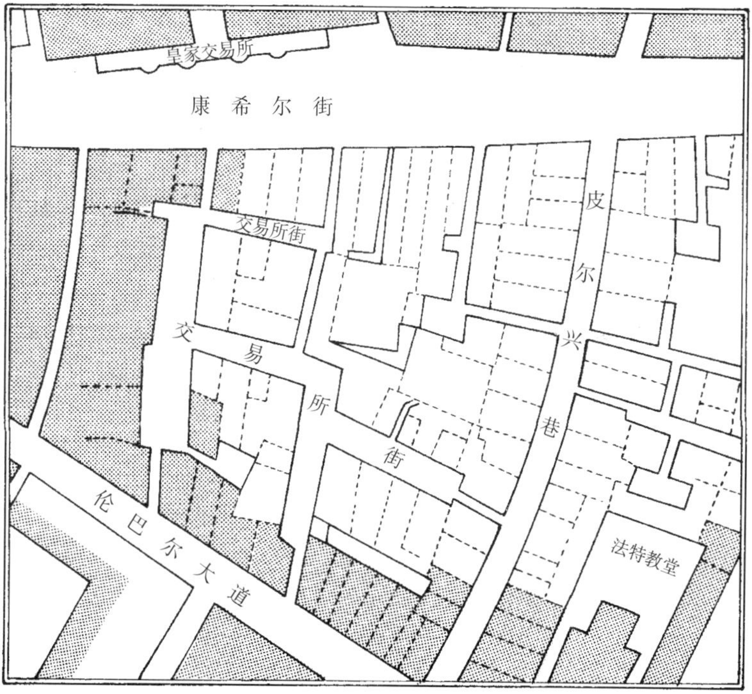

9. 伦敦:1748 年的商业中心

这张根据 1748 年图样画成的草图算出了著名的地点和建筑物:伦巴尔大道,康希尔街上的皇家交易所,以及著名的交易所街。虚点部分代表 1666 年毁于火灾的房屋。

货币兑换商特拉德洛夫:别忘了,加布里埃尔,你得结清我们前天交易的差额。

加布里埃尔:成呀,特拉德洛夫先生,这里是一张刃具公司的票据。

侍应生:要茶吗,先生们?[454]

也许应该指出,投机的对象还有国库券、海军券以及六十来家公司(主要是英格兰银行以及于 1709 年最后建成的印度公司)的股票。笛福写道:“东印度公司位居要津。”在这个剧本上演时,南海公司的肥皂泡尚未戳破。刃具公司则是一家武器工厂。[455]

1748 年 3 月 25 日,大火烧毁了交易所街一带的著名咖啡馆。必须另择新址。经纪人的活动区域本来就显得狭窄。经多次筹划并募得必要资金后,才于 1773 年在皇家交易所背后造了一所新建筑。人们本想称它为“新乔纳森”,但它终于以“证券交易所”命名。[456]四周环境改观了,变得更正式了,但不用说,投机活动一如既往。

是否有必要前往巴黎?

如果经考虑再三后,人们仍坚持要去巴黎,那就必须前往维维埃纳街,交易所于 1724 年设在原来的纳维尔公馆,这里曾是印度公司的所在地,也是今天国立图书馆的基址。各方面都不能同伦敦和阿姆斯特丹相比。在约翰·劳那时,坎岗普瓦街[457]一度能与伦敦交易所相媲美,但在昙花一现过后,只留下一派衰败景象。更何况,出于某个难以解释的偶然原因,有关维维埃纳街的文件竟已丢失殆尽。

巴黎交易所在其成立五十年后变得活跃起来,路易十六时代的巴黎沉迷在赌博的狂热之中。“上流社会热衷于玩纸牌,推骨牌,下跳棋或象棋”,从不是单纯为了娱乐。[458]“自 1776 年起时兴赛马赌;平民争先恐后地购买彩票,仅巴黎一地,售票处达 112 家之多。”赌窟所在皆是。警察当局对此了如指掌,但是避免干预,甚至在交易所四周和在罗亚尔宫,也听任许多走投无路的投机商、冒
90 险家、诈骗犯去做投机得手的美梦。在这种气候下,阿姆斯特丹和

伦敦的投机榜样变得不可抵抗。奈克尔和卡洛纳的借款政策更使国家债台高筑，债券持有人约在50至60万之间，多数为巴黎人。交易所正是理想的公债市场。在维维埃纳街上这所狭小的房屋里，中间人、经纪人的地位已经发生改变。无所不能的经纪人在台上就座，即所谓经纪人席；在他们与客户之间，有条勉强能过一人的通道，称作过道。可见，当时开始形成一套新词汇，足以证明出现了新的活动，在交易所开价上市的，除公债券外，还有印度公司的股票（划分为份额）以及法兰西银行的前身贴现金库的股票。应该承认，即使有玛丽-约瑟夫·台齐雷·马丹这位聪明的向导，[459]我们也不能一眼弄清"每天占《巴黎日报》和《公告》一整页"的行市价目表。[460]

交易所投机既然业已形成，贴现金库于1779年经过改组，向公众发售股票。国务会议指出："贴现金库的证券交易混乱不堪，以致销售量超过发行量的四倍"。[461]也就是说，一再转手倒卖。梯利伯爵[462]莫名其妙地获得成功的那笔投机生意（是他的情妇给他出的主意，这名女优还同一位富有的邮务总管相好），我想就发生在这个时候。据他说，其结果是，"数给我贴现金库的22张股票"，价值22000里佛。总之，在买空卖空推动下发展起来的期货交易当时已不再处于征服巴黎的初期。叶卡特琳娜二世派驻巴黎的大使西穆兰[463]向其君主转呈的1785年8月7日决定十分说明问题。该决定指出，最近以来，"首都出现一种对买卖双方都很危险的交易：一方答应提供他并不拥有资产的远期证券，另一方在毫无资金的情况下同意付款，但保留可以通过贴现要求先期交割的权利……这类承诺引起了一系列欺诈行径，大有搞乱国家有价证券市场，使一些证券价格猛涨，又使另一些证券价格下跌之虞……因此，任何明智的商人不肯贸然去搞这种投机，使自己的产业蒙受危险；这种投机使资金不再用于促进国家工业发展的正当投资，激发人们追逐来路不正的巨额收益的贪婪之心，并能损害巴黎金融中心在欧洲各地享有的信誉”。该决定发布后，接着又重申了1723年1月的命令（交易所由此建立）和1724年9月24日命令。违令者根据情节处以3000至24000里佛的罚款。这些命令当然留于一纸空文，米拉波接着于1787年撰写了“向国王检举投机活动”的奏疏。君主制既然对投机不能负责，取消投机难道就能挽救君主制吗？

虽然如此，法国人在交易所投机方面仍是新手。当奈克尔于1781年发行公债时，阿姆斯特丹的银行家兼代理人路易·格雷夫勒[464]不但大批认购——确切地说是代客户认购——而且于1782年2月11日写信给他的朋友和帮手伊萨克·潘：“可惜公债没有
91 立即停止发行，真是令人遗憾。否则公债会上涨5%至6%。你们那里对使用这些金融手段还不在行，其实这对投机和资金流通所起的作用，犹如给钟表上油润滑。”所谓资金的“流通”，意思就是倒卖证券。在公债停止发行后，阿姆斯特丹或伦敦往往有人出高价收进别人认购的债券，牌价随之上涨，他们放手抬价，直到价格涨到十分有利时，才抛出他们为看涨而保留的大笔债券。在搞投机方面，巴黎确实还有许多东西要学。

交易所和货币

股票投机作为一项新事物从17世纪起曾引起纷纷议论。但

如果把阿姆斯特丹和伦敦交易所，以及远远落后于它们的巴黎交易所，统统贬低为荷兰人自己所说的买空卖空，那是荒谬的。道德家们往往跨过这条界线，把信贷、银行、纸币和投机混淆起来。在法国，后被1791年立法议会任命为内政部长的罗兰·德·拉普拉蒂埃[465]不喜欢拐弯抹角，他简单明了地说："巴黎无非是商人、钱贩、银行家与坑害民众从事公债证券买卖的投机者的天堂。"米拉波和克拉维埃也批评了投机活动，据奎迪克[466]于1791年说："为了让几个无名之辈飞黄腾达，金融投机导致了成千上万名公民的破产"。事情尽管确实如此，但阿姆斯特丹和伦敦的大交易所也有其功绩，它们保证了各种纸币逐渐确定自己的胜利地位。

大家知道，没有货币，便没有活跃的市场经济。货币在流动，在"倾泻"，也在循环。全部经济生活都力图抓住货币。作为交换的乘数，货币历来显得太少：贵金属破产量不敷应用，劣币陆续驱逐良币，积蓄更是一个无底洞。解决的办法最好是创造一种商品货币，充当衡量其他货币的镜子和反映其他货币的符号。中国于9世纪初就首先这样做了。[467]但创造纸币是一回事，使之适应环境又是另一回事。纸币在中国并未像在西方那样起到加速资本主义发展的作用。

欧洲很早也找到了办法，甚至好几个办法。例如，在13世纪，热那亚、佛罗伦萨和威尼斯的一项重大发明是让汇票逐步进入交换领域。博韦地方办理的遗产继承中包括汇票，最早不早于废除南特敕令的1685年。[468]但博韦仅是一个外省城市。另一种起货币作用的票据很早在威尼斯出现，即公债券。在阿姆斯特丹、伦敦和巴黎，印度公司的股票在交易所挂牌应市。还应加上各种不同

92 来源的银行券。所有这些票据数额极大。审慎者当时主张，纸币额不得超过铸币额的 3 至 4 倍。[469]但就荷兰和英国而言，在不同的时期，一与十五之比乃至更高都是可能的。[470]在法国这样一个较难适应使用纸币的国家里（约翰·劳的试验失败后，纸币更加信誉扫地），法兰西银行的钞票后来仅在巴黎流通，而且还有困难；即使如此，“衡量信贷规模的商业期票额在 1789 年前约等于流通铸币量的 5 至 6 倍”。[471]

交易所（以及银行）为把必要的票据引入交换起了重要作用。交易所在把公债券或股票投入市场的同时，能使这些票据立即兑现。在这个问题上，历史和经济现状完全一致，我就不必多作解释。但我认为，18 世纪初的一份法文文件值得注意，这是一份未注日期的陈情书，[472]可能写于 1706 年，即在交易所复兴前的 20 年。1522 年创设的市政厅息金原本可以在法国起着相当于英国年金的作用。然而它却成为家长留给后代的一笔虽然可靠但往往不可转让的投资。出售时需纳付一笔捐税，并由公证人当面办理“繁杂的手续”。因此，陈情书解释说，“市政厅息金在商业上是一笔死资金，并不比房产和地产能给商人更多的帮助。这意味着未被正确理解的私人利益损害了公共利益。”陈情书接着说，在意大利、英格兰和荷兰，“国家的证券同所有不动产一样，都可出售和转让，不费任何周折”。

迅速兑现票据或转化现金为票据，这肯定是证券交易所的主要好处之一。英格兰年金不单为买空卖空提供机会，它也是一种有保证的辅助货币，同时兼有生息的好处。票据持有人需要现金时，可随时去交易所换取。兑换容易，流通方便，这难道不是促使荷兰或英国买卖兴隆的一个秘密吗？一名意大利人于 1782 年兴奋地说，英国人在交易所街“有一个比西班牙在墨西哥的波托西更大的银矿”。[473] 比这早 15 年，即在 1766 年，阿卡里亚斯·德·塞里奥恩在《欧洲各民族之利益》[474] 一书中写道：“公共证券投机是维持英国信贷业的重要手段之一；伦敦当地的投机行市确定着证券在外国商埠的价格。”

欧洲以外的世界 93

与世界其他人口稠密地区——它们同欧洲一样得天独厚——相比，欧洲在交换领域是否处于同一个发展阶段，这是我们需要回答的关键问题。但就我们迄今描绘的情况而言，欧洲的生产、交换和消费还停留在对所有人都必不可少的起码水平上，它们不取决于有关文明以往或现今的选择，不取决于人与环境保持的关系，同社会性质、政治结构以及不断影响日常生活的人类历史都毫无关系。这些起码的规律没有国界。在这个水平上，相似性一般应该大于相异性。

处处都有集市和店铺

但凡有人居住的文明地区，都散布有集市和店铺。即使地广人稀的北非或欧洲人占领不久的美洲，也莫不如此。

在西属美洲，有关的写照多不胜数。巴西圣保罗最早几条街道的十字交汇点在 16 世纪末已设有店铺。1580 年后，葡萄牙中间商利用西葡两国的联合，大举侵入西属美洲，到处设置商业网点。坐商和行贩纷纷来到最富饶的地区以及利马、墨西哥等新兴城市。他们的店铺同欧洲最早的杂货店一样，各种商品应有尽有，从面粉、干肉、菜豆、进口纺织品等最低级的一般商品，直到黑奴或宝石等高价商品。即使在18世纪草莽未辟的阿根廷，也有以高卓人为对象的安装铁栅栏的杂货店，那里什么都卖，尤其是烧酒，供应来往客商和车队。[475]

在伊斯兰地区，集市中人群熙来攘往，湫隘的店铺分门别类地集中在不同的街道，这个特征今天在各大城市著名的阿拉伯市场依旧可见。那里有着各种各样的市场：大批货摊设在城墙外面，使高大的城门不时出现堵塞，“那是一个中立地带，既不在城里，农民可大胆前来，又离城不远，城里人感到安全”；[476]其他市场设在城内，有的占有大片房舍，如伊斯坦布尔的伯泽斯坦，有的则挤在街头巷尾或公共广场。城里的市场各有专门行业。在穆斯林统治时期的塞维利亚和格列纳达以及在巴格达，很早就出现劳动力市场。普通的小麦市场、大麦市场、蛋品市场、生丝市场、棉花市场、羊毛市场、鲜鱼市场、木材市场、酸奶市场等，更是多不胜数。迈克里齐
95 曾说，开罗市内至少有35个市场。[477]据一部近著（1965年）[478]指出，其中有一个市场，至少对货币兑换商说来，起着交易所的作用。

总之，欧洲集市的特点在这里都可看到：农民进城是想获取纳税所需的现金，在市场并不久留；小贩无孔不入地进行倒卖活动，甚至不顾禁令，拦截前来赶集售货的农民；集市热闹诱人，商人出售种种吃食，供顾客随时享用：“肉丸、煮豆或油饼。”[479]

印度很早出现货币经济，那里没有一个村庄不设集市，这说来似乎奇怪，但仔细想想，也就觉得十分合理。因为村庄对住在城里

的地主和大莫卧儿皇帝——二者同样贪得无厌——缴纳的贡赋应折成现金计算。必须卖掉小麦、稻米或者植物染料，婆罗门商人常川下乡收购，趁机谋利。城市里集市和店铺多如牛毛。走街串巷的工匠上门服务。直到今天，还有流动铁匠携家带口，赶车去各地找活，换取一点大米或其他食物。[480]印度本地的或来自外国的流动商贩人数众多。喜马拉雅山区的夏尔巴人以刻苦耐劳著称，贩运活动竟远达马六甲半岛。[481]

但是，总的来说，我们对印度的普通市场了解不多，对中国的各种市场反而比较清楚。同其他许多社会相比，幅员广大的中国保存着成千上万种以往生活的特征，至少在1914年前肯定如此，甚至在第二次世界大战后仍然如此。今天再去寻找这些历史陈迹，显然为时已晚了。威廉·斯基纳[482]于1949年在四川进行了观察，他的翔实记载是了解传统中国极好的材料。

中国同欧洲一样，村庄中很少有或几乎没有集市。所有市镇相反都有集市，康蒂龙的名言[483]——无集不成镇——对中国和18世纪的法国同样适用。集市每周两至三次，中国南方每旬三次，每旬十天。次数不能更多，因为顾客的财力有限；集镇四周有五至十个村庄，一般在五个农民中有一个赶集，即每家一人。几家小铺子供应乡村需要的小商品：针线、火柴、灯油、蜡烛、纸张、扫帚、肥皂、烟草等。此外还有茶馆、酒店，以及杂耍艺人，说书先生和拆字摊；如果地方豪绅不兼营高利贷，便有人开设钱庄。

这些初级市场互有联系，根据排列精确的传统日程表的规定，各镇集市尽可能不相重迭，不在所属县城有集的日子举行。由于日期交错，流动商贩和工匠得以相应安排自己的日程。贩夫走卒

94 

伊斯坦布尔的小市场。威尼斯科雷市立博物馆收藏的细密画。

不停地往返于各集镇之间，卖掉肩扛背负的商品后，再考虑适当买 96
进，赚取微小的差价。劳动力市场经常在流动；工匠的铺子几乎不停地在四处搬动。铁匠、锁匠、粗细木匠、理发匠等都在集市受雇，然后插空在"非集日"前往工作地点。总之，定期举行的集市决定着乡村生活的节奏和忙闲。某些经济活动的经营者外出流动，乃
是迫不得已：在工匠居住的集镇或村庄没有足够的顾客，他不能全 98
日开工，只得外出"谋生糊口"。有的工匠还因为自产自销，需要有一定时间积贮存货，他们根据集市的间隔日期，预先知道备货的期限。

在作为中心集镇的城市，交换以另一种规模出现。商品和食品来自集镇。但城市也与其他城市相联系，并受它们的控制。城市是开始与地方经济分道扬镳并脱离其狭小范围的单位，它与外界的广阔运动相联系，从外界取得当地稀少珍奇或根本没有的商品，并把它们转销给集市和低一级的店铺。集镇是农民社会、农民文化和农民经济的产物，而城市则由集镇脱颖而出。威廉·斯基纳因此可以说，中国文明的构成基础不单是村庄，而且包括集镇在内、以集镇为首和在一定程度上由集镇调节的村庄群。我们虽不宜过分推广这种矩阵分析的应用范围，但这种分析方法毕竟能说明一定的问题。

市场的基本覆盖面是可变的

威廉·斯基纳最重要的见解是认为，基本因素，即集镇的平均覆盖面，是可变的。他就中国 1930 年前后的情形进行了普遍论证，他指出，如他这一基本模式应用于全中国版图，则可看出六边

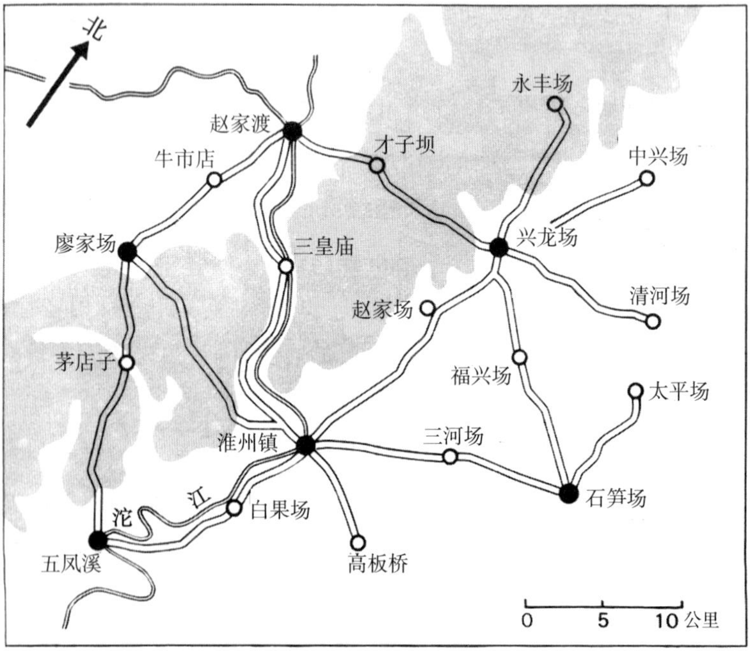

10. 中国市场范例

位于四川成都东北 35 至 90 公里处的一个地区，共 19 个集镇（其中 6 个为中心集镇）。这张地图以及后面的两张图都转引自威廉·斯基纳：《中国乡村的市场和社会结构》，见《亚洲研究杂志》，1964 年 11 月，第 22—23 页。

形或准六边形的面积随人口密度而变化。假设每平方公里的人口密度在 10 人以下，集市的覆盖面就在 185 平方公里左右，这至少在中国是如此；如人口密度达 20 人，六边形的面积则在 100 平方公里左右，依此类推。这种对应关系能说明许多问题；它显示出不同的发展阶段。集市中心之间的距离根据人口密度及经济活力（我尤其想到运输）拉长或缩短。曾使维达尔·德·拉布拉什和吕西安·加洛瓦时代的法国地理学家百思不得其解的问题，如以这

97

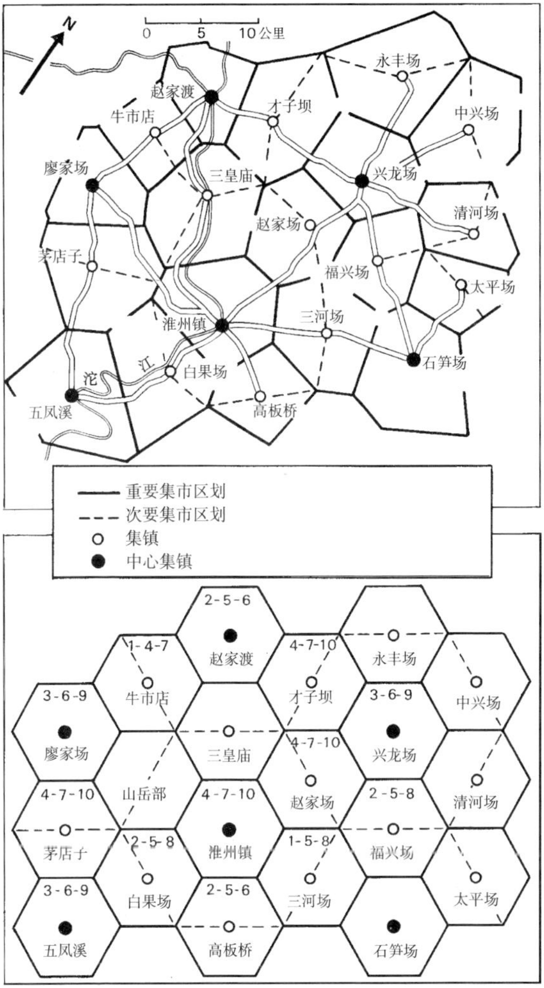

图表一(上图):由实线构成的多边形的每个顶端为一个村庄,是位于多边形中心的城镇的主顾。在这个初级几何图形之上,六个大镇占据由虚线围出的各个更大的多边形的中心,这些大多边形的每个顶端只是小集镇。

图表二(下图):图表一的简化形式。沃尔特·克里斯塔莱和奥古斯特·罗什认为,这是说明数理地理学理论模式的佳例。见本书正文中的说明。

种方式提出或许更为恰当。法兰西可分成一定数量的“地区”，这些作为基本单位的地区实际上是多个六边形的集合，其特点一方面是根深蒂固，另一方面却是它们的界线不定并且移动。既然它们的人口密度随着时代的变化而变化，那么，认为它们的面积也随之变化，难道不是合乎逻辑的吗？

贩夫或是巨商的世界

伟大的历史学家J.C.旺勒尔[484]正值青春年华，便被战争夺去了生命，他笔下描绘的商人把我们引向一个十分不同的世界；在他看来，这些商人是往返于印度洋和南洋群岛的普通贩夫；而我则认
99 为他们肯定属于更高一级的经营者，有时甚至是巨商。两种判断的差异如此之大，可能令人惊奇：这有点像人们在西方竟然辨认不出乡村集市与露天交易所的区别。但行贩与行贩也有不同。在季风的帮助下，这些扬帆横跨辽阔印度洋和太平洋沿岸海域的商人，在半年以后回到他们的出发点，不是发了大财就是遭到破产，他们难道如J.C.旺勒尔所断言，真是一些普通贩夫？难道能够进一步推论，说南洋群岛和亚洲的贸易数额很小，甚至处于停滞状态？人们有时很想作出肯定的回答。这些商人的形象在西方并不常见，很容易被人比作小本经营的贩夫。例如，1596年6月22日，[485]荷兰人豪特曼的四条船绕过了好望角，经过长时间航行后，驶入爪哇的万丹港。大批商人登上船来，摊开货品后即在一旁蹲下，“就像在集市上一样”。爪哇人带来的是新鲜食品、家禽、鸡蛋和水果；中国人则是华丽的丝绸和瓷器；土耳其人、孟加拉人、阿拉伯人、波斯人、古杰拉特人出售各种东方产品。其中的一名土耳其人搭乘

爪哇的帆船。注意木质锚，竹帘帆以及侧舵的两把桨。

荷兰船队返回他在伊斯坦布尔的老家。旺勒尔从中看到亚洲贸易的形象，即每个商人带着自己的小包商品，贩运到离家很远的地 100
方，与罗马帝国时代的情形相同，没有任何变化发生，再过很长时间后也不会发生任何变化。

这一形象大概是虚假的。首先，它不能概括印度洋贸易的全部活动。从16世纪起，这些所谓停滞不前的交换有了令人瞩目的增长。印度洋船只运输越来越多的低价压舱商品，如供应单一耕作区农民的小麦、大米、木材和普通棉织品，不再仅仅是交托给一个人的几件贵重商品。何况，葡萄牙人、荷兰人以及后来的英国人和法国人在当地定居后，高兴地找到了利用印度洋贸易发财致富的各种可能。D.布里姆斯[486]曾为荷兰公司在印度工作了35年，他从印度回国后在所写的报告中讲述了互相交错和互为依赖的各条商业路线的详细情形。荷兰人打进了这个广大而多样的交换系统，但这个系统并不是他们的发明。

我们也不能忘记，远东商人的运行有一个简单而确切的理由：季风提供巨大的免费能源，自动安排帆船的航行和商人的会见，其可靠性胜过当时任何其他海上运输手段。

最后还要注意这种远程贸易的资本主义形式，不论人们是否愿意这么认为，考奈留斯·豪特曼在万丹港看到的蹲在船甲板上的各国商人并不属于同一范畴。有些商人自负盈亏——这部分人较少——，严格地说，他们或许属于旺勒尔设想的那一类，即是中世纪早期的"灰脚板"（从几个特定例子看来，他们也使人想起另一种商人类型，关于这个问题，我们下面再谈）。另一些几乎始终具有旺勒尔指出的一个特点：在他们背后还有与他们订有契约的大股东，但契约的类型又各不相同。

印度和南洋群岛的行贩在踏上漫长的旅途时，都要借到经商所需的本钱，贷款人一般是婆罗门或穆斯林富商、船主、封建主或高级官吏。行贩通常承诺加倍偿还，除非船只在海上遇难。他们以自身和家庭作保，根据契约规定，如经商失利就得在偿还债务前充当债权人的奴隶。这种契约与意大利等地的借贷契约相近，但条件要苛刻得多，旅行的路程很长，借款的利息很高。然而，这些苛刻的条件之所以被接受，显然是因为价格差异高得出奇，一般情况下获利十分丰厚。这是远距离大宗贸易的路线。

亚美尼亚商人也搭乘季风船往返于波斯和印度之间，他们往往是伊斯法罕大商人在土耳其、俄罗斯、欧洲和印度洋雇佣的伙

计。在这种情况下，契约不同于前者：出门经商的伙计用最初交托 101
给他的资本（金钱和货物）做各项交易，利润的四分之一归伙计，其他属于雇主。这种分配方式表面上看十分简单，其实相当复杂，里斯本国立图书馆保存的一位伙计所记的流水账和旅途札记说明了这一点。1967 年出版了该文件的节译本。[487] 原件可惜不完整，缺少最后的结账部分，否则将使我们确切了解利润分成情况。但就其现状而言，这份文件的价值已异乎寻常。

这位伙计是亚美尼亚人，名叫霍夫哈内斯，大卫的儿子。有关他的旅行的一切，我们认为都很奇特：

——路程：我们跟随他从伊斯法罕郊区亚美尼亚人聚居的朱尔法动身到苏拉特，然后前往西藏的拉萨，再回到苏拉特，全程几千公里，途中经历了许多间歇和曲折；

——时间：自 1682 至 1693 年，计 11 年多，其中连续五年在拉萨度过；

——旅行的性质倒很平常：他与雇主订立的契约具有典型性，将近一百年后，即在 1765 年，阿斯特拉罕的亚美尼法典还提到这种契约；

——旅途所经之地，不仅在设拉子、苏拉特和阿格拉，而且在尼泊尔的中心加德满都以及在拉萨，他都得到其他亚美尼亚商人的接待和帮助，同他们进行交易，与他们合伙做买卖；

——货物的品种格外繁多：包括金银、宝石、麝香、靛蓝和其他染料、呢绒棉布、蜡烛、茶叶，等等；交易额很大：有一次从北方运两吨靛蓝到苏拉特，再发往设拉子；另一次是一百公斤上下的白银；再一次是在拉萨从亚美尼亚商人处购得五公斤黄金；亚美尼亚商人不惮路途遥远，前往中国的边域西宁用白银换取黄金，此举极其有利可图，因为银价在中国比欧洲高得多；霍夫哈内斯的札记中记下的金银比价为 1∶7，这意味着利润颇丰。

最令人奇怪的是，他并不单靠雇主交给他的资金做买卖，虽然他与雇主保持着雇佣关系，并且把每笔交易都记在账上。他与其他亚美尼亚人订有私人契约，使用自己的资金（也许是他的利润分成），经常借钱，偶尔也放款。他不断把现金换成商品和汇票。汇兑等于是托办财产空运，收费有时较低，月率仅 0.75%，因为路程较短，经办人又是与他有往来的商人；收费有时很高，如把资金送回国内，路程很长，从苏拉特至伊斯法罕一次即须 20%至 25%。

这个典型的事例，加上精确的细节，使我们猛然认识到印度在贸易和信贷方面的便利。霍夫哈内斯作为一位忠实的伙计和精明的商人，轻易就打进了各式各样的地方交换网，从事轻重贵贱的各式商品的交易。他诚然经常出门，但说他是行贩，又该从何说起？如果一定要进行比较，我更多地会想到那种从事“私下交易”的新
102 型英格兰行商，他们从一家客店到另一家客店活动，遇到合适的价格和机会便做成这笔或那笔交易，或与某个同行合作，或者自行其是。人们历来认为，这种商人是动摇中世纪英格兰市场陈规旧例的革新者，而在我看来，这种形象也最接近于人们在霍夫哈内斯旅途札记中看到的商人，差别无非是英格兰的疆域没有波斯、印度北部、尼泊尔和西藏加在一起那么大。

通过这个例子，我们也能更好地了解 16 至 18 世纪期间在波斯、伊斯坦布尔、[488]阿斯特拉罕[489]或莫斯科[490]定居的印度商人的地位，他们肯定不能算是行贩。还能进一步了解自 16 世纪末开始

来到威尼斯、[491]安科纳[492]乃至佩萨罗，[493]以及于下个世纪前往莱比锡和阿姆斯特丹的东方商人的活动，他们并不全是亚美尼亚人。1589 年 4 月，[494]一批客商乘坐“费拉拉号”船从威尼斯的外港马拉莫科港起航，其中除意大利人外（威尼斯、伦巴第和佛罗伦萨商人），还有“亚美尼亚人、勒旺人、塞浦路斯人、干地亚人、罗马尼亚人、叙利亚人、格鲁吉亚人、希腊人、摩尔人、波斯人和土耳其人”。所有这些商人肯定以欧洲人的方式进行贸易。在威尼斯和安科纳的公证人事务所以及阿姆斯特丹交易所的柱廊下，我们重睹这些商人的身影，他们在异国他乡毫无人地生疏之感。

印度的银行家

在印度的各个居民点，都有被称作“萨拉夫”的货币兑换人，他们多属婆罗门富商阶级。一位名叫方・哈比勒的杰出历史学家（1960 年）[495]把印度货币兑换体系同西方作了比较。形式可能不同：据我们所知，这是商埠与商埠、兑换人与兑换人之间保持的一种纯属私人性质的联系，而不依靠交易会或交易所这类公共机构。但同样的问题以相似的手段来解决：汇票、货币兑换、现金支付、信贷、海事保险。

早在 16 世纪，印度已有相当活跃的货币经济，这种货币经济将不断沿着某种资本主义道路前进，虽然这一资本主义并不控制整个社会。

这个货币兑换系统效率极高，因而英国公司的掮客——他们有权为自己和为公司从事印度洋贸易——不断利用“萨拉夫”的信贷，正如荷兰人（以及在他们以前的葡萄牙人）[496]向京都的日本人[497]借钱，银根紧的基督教商人求助于阿勒颇或开罗的穆斯林和犹太放款人[498]一样。印度的“萨拉夫”虽是商人，他们却往往像欧洲的“银行家”一样发放“风险贷款”和经营运输。有的“萨拉夫”富可敌国：例如，1663 年左右，[499]苏拉特的维吉·伏拉拥有800 万卢比；下个世纪，穆斯林商人阿布杜尔·嘉夫尔[500]以同样的资本拥有吨位自 300 至 800 吨的船只 20 条，据说仅他一人的营业额能与强大的印度公司匹敌。婆罗门富商还充当经纪人，欧洲人在印度
103 经商，必定由他们从中撮合；此外，他们组织运输，有时甚至从事制造业，如 17 和 18 世纪艾哈迈达巴德出口的大批印度纺织品。

法国宝石商塔维尼叶曾在印度和南洋群岛长途跋涉，他就印度的商业组织及其成功提供的见证与曾经使用过“萨拉夫”体系的霍夫哈内斯同样可信。这位法国商人谈到，在印度，人们去国内外旅行十分方便，几乎不必携带现金：需要时就地借用即可。这对出
104 门在外的商人说来，真是再也简单不过的了；例如，他在戈尔孔达借款，约定在苏拉特偿还，他到苏拉特再次借款，把债务转到另一个商埠，依此类推。债务随着借款人一起旅行，而债权人（或应该说互相作保的债权人连环）只是到最后一站才得到偿还。这就是塔维尼叶所说的“借新偿旧”。当然，每次临时结账都需要债务人垫付一点钱，这项垫款结果同欧洲的汇兑利息十分相像：借款人离出发点和习惯路线越远，垫款费用越积越多，代价自然也变得越来越大。印度的汇兑网遍布印度洋沿岸各大商埠，并向更远的地方延伸；塔维尼叶说：“我在旅途中算了笔账，在戈尔孔达借款，通过汇兑转到里窝那或威尼斯，汇价起码为 95%，往往达 100%”。[501] 100%也是前往爪哇、印度或中国南方经商的商人付给出资人的利

印度的货币兑换人。拉利-托朗达尔藏画中的着色画，1760 年。

率。这种惊人的高利率仅适用于经济生活的高压线和远程交换体系。在 18 世纪末的广州，商人间通行的融资利率为 18% 至 20%。[502]英国人在孟加拉当地借款，利率与霍夫哈内斯支付的几乎一样低。

我们因此更有理由不把印度洋行商看作次等角色：如同欧洲一样，远程贸易位于远东最高一级资本主义的中心。

交易所少，交易会多

在东方和远东，见不到阿姆斯特丹、伦敦或西方大商埠那种交易所机构。但在大商人之间，却经常举行聚会。这类聚会的性质并不十分容易辨认，但威尼斯大商人在里亚托广场廊柱下的会面，难道就惹人注目的吗？附近市场传来一片嘈杂，他们却似乎在安静地散步。

交易会则相反，可正确无误地被认出。它们在印度数量众多，在伊斯兰地区和南洋群岛起着重要作用；奇怪的是，中国虽然也有交易会，但数量很少。

据一部近著（1968 年）断言，“伊斯兰国家基本上不存在交易会”。[503]虽然如此，但在整个穆斯林地区，通行 mausim 一词，既指交易会和季节性节日，又指印度洋上的季候风。[504]在远东的热带海域，难道不正是季风决定着海上旅行的往返日期，安排或中止商人的国际性会晤吗？

1621 年的一份详尽报告[505]介绍了在莫卡的一次会面，前来赴会的商人不多，但都极其富有。季风每年把印度、南洋群岛和非洲附近海岸的一些船只带到红海的这个港口（莫卡将成为重大的咖啡市场），船上满载商人和货物（这些船只今天还在同一条路线上航行）。就在那年，达布尔（印度）的两艘船抵港，一艘有旅客 200
105 人，另一艘有 150 人，都是来当地出售少量珍贵物品的行商，胡椒、橡胶、漆、安息香、织入金线或手工着色的棉布、烟草、肉豆蔻、八角茴香、樟脑、檀香、瓷器、麝香、靛青、药物、香料、钻石、阿拉伯树胶……另一方仅一艘船，从苏伊士前来交易，船上长期装的仅是西班牙本洋；随后又加上羊毛绒、珊瑚和羽纱（山羊毛制成）。每当苏伊士的船未能准时到达，原定的交易会便要告吹。印度和南洋群岛的商人既然失去了顾客，只得削价销售，因为即使交易会尚未举行，无情的季风绝不等人。类似的交易会还在巴斯拉或霍尔木兹举行，来自苏拉特或默苏利珀德姆的商船回程时仅仅装载设拉子的波斯酒或白银。

在摩洛哥以及整个马格里布地区，有许多朝圣场所。一些交易会得以托便举行。北非最大的交易会之一位于小阿特拉斯山以南的古佐拉部落，[506]面对空旷的金色大沙漠。人称非洲人莱翁的阿拉伯地理学家于16世纪初曾莅临参观，指出了它的重要性；这个交易会大概至今还存在。

伊斯兰地区最活跃的交易会在埃及、阿拉伯和叙利亚的会合处举行，这原在我们意料之中。从12世纪开始，伊斯兰的整个商业不再以波斯湾和巴格达为习惯中心，开始朝红海方向发展，终于找到发展贸易并取得成功的重要路线。驮帮贸易的发达更为叙利亚的穆宰里卜交易会增辉生色，来自各地的驮帮在此会合。1503年，一位名叫鲁道维科·德·瓦尔塔马的意大利行商[507]从穆宰里卜出发前往麦加，随行骆驼达35000匹！麦加朝圣是伊斯兰最大的交易会。同一位见证人还说，人们去麦加“一半为了长途旅行，一半是为了经商”。早在1184年，[508]一位见证人描写了麦加非凡的富庶：“全世界没有任何一种商品不来这里汇聚。”此外，朝圣交易会很早就确定货物的付款日期，安排划账事宜。[509]

埃及尼罗河三角洲各城市举行的地方小型交易会上科普特人的古风犹存。它们的起源远在基督教传入埃及以前，可追溯到异教时代。宗教的改变只是使保护神改变了名称；以保护神命名的节日往往继续标志着重大的集市。例如在尼罗河三角洲的坦塔，每年一度的圣阿赫美德·巴达维节今天仍是人山人海的盛会。[510]但大型的商业集会是在开罗和亚历山大举行，[511]那里的交易会取决于地中海和红海的航行季节，同时又适应朝圣和驮帮的交错日程。亚历山大港9月和10月风调雨顺，"宜于出海航行"。在这两个月里，威尼斯、热那亚、佛罗伦萨、加塔洛尼亚、拉古萨和马赛的商人纷纷前来购买胡椒和香料。正如S.Y.拉比勃所指出的，埃及苏丹与威尼斯或佛罗伦萨签订的协议规定了一种与西方交易会法规类似的集市法。

106 尽管如此，交易会在伊斯兰地区的重要，相对而言，不如在西方那么突出。把这归咎于经济落后看来是错误的，在香巴尼交易会时代，埃及和伊斯兰地区肯定并不落后于西方。这难道与穆斯林城市的规模和结构有关？穆斯林城市的大小市场乃至超级市场——如果可以用这个词儿——难道不比任何西方城市更多？那里的外国人居住区更是各国商人会面的常设地点。亚历山大的"法兰克人"市区，开罗的"叙利亚人"市区曾是威尼斯"条顿商馆"效法的榜样：威尼斯人硬要德国商人像他们自己在埃及那样困守在指定的商业区内。[512]不论强制与否，这些固定的商业区在穆斯林城市中起着"常设交易会"的作用；盛行自由贸易的荷兰大概就有这类商市，交易会因此变得多余而在该国绝迹。能否得出这样

亚洲的一个“交易会城市”，其活动节奏随船只到港日期而定。阿巴斯港是霍尔木兹岛对岸最优良的港口，印度船只运往波斯和勒旺的商品在这里卸货。塔维尼叶那时，在波斯占领霍尔木兹(1622 年)后，城里建起许多漂亮的仓库以及东方和欧洲商人的住宅。但是这个城市每年只活跃三四个月，照塔维尼叶的说法，这是“大宗买卖的时间”，也就是我们所说的“交易会的时间”。此后，从 3 月起，天气奇热，商人和居民纷纷出走，直到 12 月船队返回时才归来。

一个结论：在文明初开的西方，香巴尼交易会是一帖猛药，迫使当时还不发达的国家发展交换。

在穆斯林占一半的印度，情况便不同了。交易会是那么有力和普遍，已成为日常生活的组成部分；即使对旅行者说来，这也是 107
司空见惯、不足为奇的事。这些印度交易会的缺点，或许可以说，正是与朝圣相重合。成群的善男信女为洗涤身心涌向大河两岸，同颠簸的牛车挤成一团。印度是个多民族、多语言和多宗教的国家，它不得不在敌对区域的边缘长期保留这些原始的交易会；交易会被置于神力和圣迹保护之下，因而可避免种种地方纠纷。总之，事实是在许多交易会上，甚至在有的村庄之间，依旧保持物物交换的古老风尚，很少使用货币。

恒河流域的赫尔德瓦尔、安拉阿巴德、松布尔或贾马河畔的姆图拉和巴特沙尔等大交易会的情况当然就不是如此。每个宗教各有自己的大型交易会：印度教徒有赫尔德瓦尔和贝拿勒斯交易会，锡克族有阿姆利则交易会；穆斯林的交易会则设在旁遮普的巴克伯登。一名英国人（斯立曼将军）[513]不无夸大地说，在寒冷的旱季初期，当浴礼行将开始时，从喜马拉雅山坡到科摩林角的大部分印度居民都集中在什么东西都卖（包括马匹和大象）的交易会上。在这些日子里，人们祈祷礼拜，歌舞欢庆，日常生活的规律全被打乱。每隔十二年，当木星进入宝瓶座时，这个天象带来朝圣的热潮，以及与之相联的交易会。时疫也随之猖獗。

各国船队在南洋群岛各沿海城市及其近郊的逗留，为商人提供了长时间会面的机会，这些聚会逐渐带有交易会的性质。

直到荷兰人真正占领大爪哇并建造巴达维亚前（1619 年），甚至在后来，爪哇的重要城市是位于该岛西端北海岸的万丹。[514]该城市地处沼泽，四周围有红砖的城墙，雉堞间大炮林立，其实谁也不会使用。城内房舍低矮丑陋，“大小与阿姆斯特丹相同”。从皇宫出发，三条街道向外延伸，通向商贩云集的广场，那里出售的物品有家禽、鹦鹉、鲜鱼、大肉、热的糕饼、粕酒、丝绸、棉绒、稻米、宝石、金丝……再往前几步路，便到了中国区，那里另有商店、砖房和特殊的市场。在城东的大广场上，天色刚亮，就挤满了小商人；再晚些时候，那里又成为大批发商、船只保险商、胡椒货主、风险借款人的会面地点，他们熟悉多种语言和货币。据一名旅行者说，大广场成了他们的交易所。但是，外国商人每年困在城内等待季风的到来，参加长达几个月的交易会。早已来到爪哇并准备长期定居的中国人在其中扮演重要角色。一名旅行者（1595 年）记述说："这些人孜孜求利，因放高利贷而赢得与欧洲的犹太人相同的名声。他们手提秤杆，去各地收购胡椒，只消秤过一部分货物〔请注意根据样品出售这个细节〕便能大致判断数量〔显然必须读作"重量"〕，然后他们根据出售者的需要一次付款。通过这种手段，他们 108
买下大量胡椒，足以装满来自中国的船只，把成本不到 12 贯的货物以 50 贯卖出。这些船只约 8 至 10 艘，载重为 45 至 50 吨，每年一月到达万丹。"由此可见，中国人也有他们的"勒旺贸易"，在远程贸易方面，中国长期不比欧洲逊色。马可·波罗说，中国那时候消费的香料比遥远的欧洲多百倍。[515]

人们会注意到，作为固定中间商的中国人是在船只到达前下乡收购的。船只到达也是交易会的开始。其实，整个南洋群岛地区的特点正是：根据季风的安排举行长时间的交易会。戴维斯（1598 年）[516]在苏门答腊岛的亚齐特看见"三个大广场，每天都有各种商品在那里交易"。你或许认为，这不过是说说而已。但圣马洛的弗朗斯瓦·马丁（1603 年）面对同一景象，在堆满奇异水果的普通集市中找出一个大集市，他写道，在商店里见到来自印度洋各国的商人，"一色土耳其装束"，"在当地逗留约六个月，以出售商品"。[517]六个月过后，"其他商人继之而来"。因此可以说，这是一种

荷兰人关于东印度游记的插图(1598年)。中间是一名中国商人，他在商业活动期间居留万丹城;左侧是一名爪哇妇女,在中国商人逗留期间充当他的妻子;右侧是长驻当地的中国代理人,他利用淡季在岛内收购胡椒。

持续的和定期更新的交易会,时间懒懒散散地拖得很长,从来没有西方交易会那种急促景象。丹皮尔于1688年到达亚齐特,他作的介绍更加精确[518]:"在这里经商的各国商人中,以中国人居多;有的中国人整年留在这里,其他每年只来一次。后者有时在六月抵达,乘坐10至12艘装载大量稻米以及其他食品的帆船……他们在城市一角,靠海边租屋住下,相互毗邻,当地人称这个区域为中国区……随同船队来到的还有几名工匠,如粗细木匠和油漆匠;他们到达后立即开始工作,制造箱、柜、橱以及各种中国用具"。接连两个月就是"中国交易会",所有人都去购买东西或赌博。"货物陆续脱手，他们占的地方和租的房屋相应减少……他们出售的货物愈少，赌博的进出愈大。”

中国本身的情况又当别论。[519]那里的一切都受无孔不入的和原则上反对经济特权的官僚政府所控制，集市比较自由，而交易会则受到严密监督。但早在唐朝末年（公元9世纪），随着贸易和交换的急剧增长，交易会开始出现。它们一般与佛寺或道观相结合，在仙佛的诞辰举行，因而以“庙会”作统称。它们带有民间节日的性质。但也常有其他名称。例如在清代（1644—1911年），每逢新丝上市，在江浙两省交界处的南浔镇举行的交易会称作“会场”或者“阆会”。“年市”一词相当于德语的 Jahrmärkte，即一年一度的集市，该词也许主要确指季节性的大集市（盐市、茶市、马市），而并非完整意义上的交易会。

艾蒂安·巴拉兹认为，[520]这些大集市或不寻常的交易会主要 109
是在中国分裂为敌对王朝时出现的；由于各块地盘当时需要互相开放，交易会和大集市便如在中世纪的欧洲一样应运而生，也可能为了类似的理由。但一旦中国重新实现政治统一，它便恢复其官僚机构，大小集市和交易会在内地便随之消失，而仅在边境保留。例如偏安中国南方的宋代（960—1279年），就对被外番征服的北方开放“交易市”。在明（1368—1644年）清（1644—1911年）时代，中国恢复了统一，仅仅对四周的外部世界开设窗口。例如，从1405年开始，在与满洲的接壤处，马匹交易会的开闭取决于边境与咄咄逼人的番族保持的关系。赶上来自莫斯科的驮帮到达，交易会有时就在北京城门口举行。这类事情究属例外，因为来自西方的驮帮宁愿去赶兰州和成都交易会。同样，人们将看到于1728

年[521]在伊尔库茨克以南举行的恰克图交易会，中国商人从那里取
110 得珍贵的西伯利亚皮货。在18世纪，广州为与欧洲人贸易设立了两个交易会。[522]如同对国际贸易多少开放的其他大海港(宁波、厦门)一样，广州当时每年有一个或几个贸易“季节”。但这里的交易会与伊斯兰国家或印度自由洽谈的大交易会不同，交易会在中国仍限于某些特殊贸易，主要是与外国人的贸易。这也许因为中国害怕交易会而存心避免；也可能因为中国不需要：中国行政统一，集市网十分活跃，完全可以无求于交易会。

至于在日本，集市和店铺于13世纪正式形成，随后又有扩大和增加，交易会在该国似乎没有建立。但在1638年后，日本关闭了对外贸易，每当荷兰东印度公司的船只和中国帆船“获准”来到长崎时，总有一些交易会在长崎举行。这类交易会数量很少，但它们对日本至关重要。就像莫斯科公国在阿尔汉格尔为接待英国和荷兰商船而举办的交易会一样，它们具有恢复平衡的作用：这对实行闭关锁国的日本是呼吸外界空气的唯一途径。这也是它对外部世界施加影响的唯一方式，因为它通过这些船只输出货物，特别是银和铜，影响着世界经济的周期：1665年前的白银周期，1665至1668或1672年的黄金周期，最后是铜的周期。

欧洲与世界其他地区并驾齐驱吗？

形象只是形象。但多次反复的相同形象不可能完全是假象。它们在一个千差万别的世界里揭示出类似的形式和成果：城市、道路、国家、交换毕竟是相似的。人们常说，有多少种生产手段，就有多少种交换手段。但交换手段的数量毕竟是有限的，因为它们解

罗马的野味商贩

决的是到处都相同的基本问题。

因此，我们的第一个印象是：直到16世纪，世界各人口稠密地区，苦于人口太多，相互间似乎很接近，不说平起平坐，也差别不大。一点微小的差距大概足以使一方产生和确立优势，相应地在另一方便出现劣势和依附。欧洲同世界其他地区之间难道就发生了这样的事？这个问题很难用是或否直接回答，也很难用几句话解释清楚。欧洲和世界其他地区之间确实存在一种“历史学”的不平衡。欧洲在发明了历史学家的职业后，便用历史学家为自己效力。欧洲自己的来龙去脉既已弄清，就随时准备提供证据和提出要求。非欧洲的历史学才刚起步。在知识和解释的平衡尚未恢复时，历史学家将始终难以解开世界史的难题，即欧洲优先的起因。这正是中国史学家李约瑟[523]的苦恼。他研究的科技史相对说比
111 较明朗，然而他为确定中国在世界舞台上的位置也很费劲。我以为有一点可以肯定，西方和其他大陆间的差距是很晚才拉开的，把这归结为市场经济的"合理化"，显然过分简单了，尽管我们今天持这种倾向的还大有人在。

总之，解释这种随着岁月流逝逐渐加大的差距，就要涉及近代世界史的基本问题。本书势必要涉及这个问题，但是不抱断然解决它的奢望。我们将试图从各个角度去提出问题，并且像过去把大炮靠近想要攻打的城市的城墙那样，使我们的解释接近提出的问题。

112

假设性结论

我们已介绍了从初级市场到交易会的各种交换齿轮，它们是容易被认出和被描绘的。但要确定它们各自在经济生活中的地位，从整体上去考察它们的证词，却并不那么简单。它们的年龄相同吗？它们之间有无联系，怎样联系？它们是不是经济发展的工具？对于这些问题，大概还没有绝对的答复，因为在经济浪潮的推动下，这些齿轮有的转动较快，有的较慢。转动较快和较慢的齿轮似乎在轮流起主导作用。每个世纪因而就有自己的特殊风貌。如

果我们并未受到一种简单化假象的欺骗，这种级差历史应能说明欧洲经济发展的意义，并可能成为对世界其他地区进行比较性解释的一种手段。

15世纪是14世纪下半叶灾难困苦的延续。然而过了1450年后，开始有复苏的气色。西方要花好些年才能重振以往的雄风。如果我没有搞错，圣路易时代的法国同路易十一时代仍有痛苦但已焕发精神的法国不可同日而语。除个别特殊区域（意大利某些地区以及精力充沛的整个尼德兰）外，所有的经济联系都放松了；从事经济活动的个人或集体似乎处于放任自流的状态，他们自觉或不自觉地利用了这一切。在此条件下，交易会和集市，尤其是集市，足以使交换重新活跃起来。西方城市压倒乡村的方式使人猜想到城市集市已恢复了活动，单靠这些集市，就能够使乡村屈服。"工业品"价格上涨，农产品价格下跌，城市便占了上风。

至于16世纪，历来轻易不下断言的雷蒙·德·罗维尔[524]认为，这是交易会的鼎盛时期。似乎一切都能从交易会得到解释。交易会兴旺发达，到处举行，数以千百计。其所以如此，根据我的假设，这是因为16世纪的前进运动是在各交易会上货币和信贷优先流通的影响下，自上而下地安排就绪的。一切似乎都取决于这些在相当高的水平上——简直在"半空"中——进行的国际流通。[525]这些流通后来放慢了速度或变得复杂起来，机器便开始转动不灵。自1575年起，从安特卫普到里昂再到坎波城的流通路线出现了故障。热那亚商人用所谓贝桑松交易会勉强补缀，但也维持不了多久。

到了17世纪，正是依靠商品，一切才重新起步。我认为这不能仅仅归功于阿姆斯特丹及其交易所，虽然它们曾经起过作用，我更多地主张，这是因为在较小的或很小的经济范围内进行的基础交换成倍增加：其有力因素和决定性动力恰恰就是店铺。在这种情况下，或许可以说，价格上涨（16 世纪）反映了上层建筑占统治地位；17 世纪的价格下跌和停滞则意味着下层基础占主导地位。这种解释不能保证完全正确，但看来却是言之成理的。

113 那么，启蒙时代又怎样起跑乃至飞奔的呢？在 1720 年后，各个层次显然都有发展。但重要的是现存体制出现日益扩大的裂痕。处在市场之外的反市场（我至今用了“私下交易”一词，但我更倾向于使用“反市场”的说法）空前活跃；与交易会相对立，仓库和货栈日趋膨胀；同样，与交易所相对立，银行如雨后春笋般到处破土而出。银行或许不是新发明，但至少它们越来越多，越具独立性。我们也许需要有一套明晰的语汇，以确指所有这些断裂、革新和膨胀。但是，我们找不到一个词可以确指所有这些包围和打碎旧内核的外力，这些平行的活动，这些在上层和下层都清晰可见的加速因素：在上层，有横贯欧洲并有效地控制欧洲的银行和交易所大动脉；在下层，则是起着革命作用的广大流动商人，行贩且不算在内。

如果这些解释像我设想的那样有一定的真实性，我们就需要弄清经济生活的上层建筑和下层基础不断互为消长的奥秘。上层的运动是否能影响下层？影响些什么？相反，初级市场和初级交换活动是否影响上层？怎样影响？为简单起见，我们试举一例。在 18 世纪的 20 年代，同时发生了英国的南海丑闻和法国的约翰·劳体系破产，这个体系虽然总共只维持了 18 个月，但也确实曾使举国若狂。应该承认，坎康普瓦街的试验与伦敦交易所街的尝试十分相像；二者都已证明，当时的整个经济虽然可能受到高空雷雨的干扰，却并非长年累月始终处于高空的影响之下。资本主义还不能到处发号施令。但我赞同雅各布·旺·克拉夫伦[526]的见解，即约翰·劳的失败显然与部分高级贵族出于个人利益对他持敌对态度有关，同时也与法国经济本身不能飞速跟上有关。从经济上讲，英国摆脱丑闻的做法比我们成功，不像在法国那样，约翰·劳体系破产在几十年内使公众对纸币和银行怀有反感。这难道不适以证明英国在政治、社会、经济方面已相当成熟，金融和信贷的现代化进程已相当发达，不容重新后退了吗？

以上描绘的模式仅适用于西方。但在图样画好以后，它或许能帮助我们更好地认识世界？西方发达的两个基本特征是：高级齿轮的形成，以及在 18 世纪交换渠道和交换手段的增多。从这个观点看，欧洲以外的情况又如何？中国的情况最令人惊奇，那里的官僚体制阻止经济活动以任何形式从低级向高级发展。唯有城镇的店铺和集市作为基本齿轮有效地转动。伊斯兰地区和日本的情况最接近欧洲。当然，我们后面还将就世界历史进行比较研究，只有这样才能解决或至少正确提出我们的问题。

115 # 第二章

市场与经济

第二章不脱离交换的范围，试图提出几个模式和几条倾向性规律。[1]我们在第一章里把集市、店铺、交易会、交易所比作一系列不相连续的点，这里却要违背这个一成不变的形象。问题是要说明这些点怎样汇合成交换路线，商人怎样组织这些联系，这些联系又怎样构成严密的平面，尽管在贸易之外还保留许多空缺。我们在很不完善的语汇中用约定俗成的市场一词确指这些平面。该词势必有词义模棱两可的缺陷，但也无可奈何的了。

我们将先后从两个不同的角度进行观察：首先从商人方面，我们将设想他可能如何经商，通常采用什么策略；接着我们再看处在商人之外的不依个人意志为转移的商业活动，即广义上的市场。不论是城市市场、地区市场、国内市场或国际市场，商人必须面对这些现实，在它们的范围内行动，享受优待或者遭到限制。此外，市场随着时代的演变而变迁。这种市场地理，这种变化着的市场经济（我们将在第三卷仔细研究这个问题），自然不断在重新塑造商人的特殊行为方式，并调整其行动方向。

116

商人乔治·吉兹的双手。汉斯·霍尔本的一幅画作的细部。

117 商人和商品流通渠道

对商人的眼光和活动，我们是熟悉的：商人的文书可供我们查阅。[2]我们不难设身处地，为他起草、拆阅来往信件，检查账目，关注买卖的进展。但我们这里主要是想弄清经商的规律，商人凭经验就懂得这些规律，但既然懂了，平时也就并不十分在意。我们必须把有关情形加以系统化。

来 和 回

交换既然是相互的，任何一条从 A 到 B 的路线，必有一条从 B 回到 A 的路线相对应，不论后者如何迂回曲折。交换因此自为起讫，形成循环。商品流通渠道与电路相同：必须闭合才能畅通。路易十四时代的一位兰斯商人写下一个不错的公式："以销定购。"[3]他显然想说，这样做才能有利可图。

假如 A 是威尼斯，B 是埃及的亚历山大(反正要举例，不如举显例)，从 A 运送货物去 B，必须接着从 B 回到 A。如果我们的例子涉及的是 1500 年左右住在威尼斯的一名商人，我们设想他最初手中可能有名叫格洛比的银币、镜子、玻璃珠、呢绒等。这些在威尼斯买进的货物将运抵亚历山大出售；反过来在埃及购买的货物大概是成包的胡椒、香料或药物，运回威尼斯出售，地点往往就在"条顿商馆"。

假定一切都按这位商人的愿望进行，买进卖出的四道手续先后完成，没有太多耽搁。切莫耽搁：早在"时间就是金钱"成为英国谚语之前,这一道理已尽人皆知。切莫留下“死钱”,[4]货物应尽快脱手,即令减价也在所不惜,以便“货币迅速进行另一次旅行”,[5]这就是威尼斯巨商米歇尔·达莱兹在16世纪初给他的经纪人下达的指令。总之,不能误了时间,刚在威尼斯买进的货物立即装船;船只如期出发,不过这在实际生活中相当少见;货物在亚历山大马上找到买主,希望购买的回程货物立等可取;货物在威尼斯卸下后,毫无困难就销了出去。我们以上设想的顺利情形并非常规。呢绒有时堆放在亚历山大的一位亲戚或代理人的仓库内,一压就是几个月:或者因为颜色不讨人喜欢,或者因为质量太差。也可能是运输香料的驮帮没有按时到达。还可能在回到威尼斯后,市场上的勒旺产品已经饱和,价格自然一落千丈。

这且表过不谈,我们这里关心的是: 118

1. 在这条循环路线中,有四个前后衔接的阶段,任何往返贸易必定由这四个阶段组成;

2. 根据人们处在A或B的位置,势必经历该过程的不同阶段;但无论在A或者在B,总共都是两次供应和两次需求:在威尼斯出发前购货一次,在亚历山大售货一次;再一次采购,货物在威尼斯销售,过程到此结束;

3. 过程以循环一周而告终。商人的命运在过程告终前总是悬着,他时刻为此担心,旅程结束,盈亏才见分晓。利润、开支、挫折和损失,在过程开始时和在整个过程中,都按这种或那种货币逐日记载,最后再折合成同一个货币单位,例如威尼斯的里佛、苏和德尼埃。那时候,商人才能轧账,了解刚结束的这次往返给他带来多少收益。可能仅在回程才有赚头,这是常有的事情,如18世纪的对华贸易就往往如此。[6]

这一切都很简单，甚至过分简单。但没有任何理由不让事情变得复杂起来。商品流通过程不一定仅仅就是一来一回。在17和18世纪，大西洋的三角贸易十分普遍，例如从利物浦到几内亚海岸，经由牙买加回到利物浦；又如从波尔多到塞内加尔海岸，再到马提尼克，然后回到波尔多；再如"圣路易号"船主于1743年向拉罗什·库维尔船长下达的荒唐指令：前往阿卡迪亚装载鳕鱼；运抵瓜德罗普出售，再装上食糖，运回勒阿弗尔。[7]威尼斯人则由于市政当局经常为装备"帆桨商船"提供方便，早在15世纪前已经进行这样的旅行。如在1505年贵族米歇尔·达莱兹[8]对塞巴斯蒂安·道尔芬（将随柏柏尔船队旅行）作了详尽的布置：首程自威尼斯到突尼斯，他将携带现金，即银币；在突尼斯把白银换成金屑；或在巴伦西亚市造币所把金屑铸成金币，或用于在当地购买羊毛，或带回威尼斯，视情况而定。同一位商人的另一个方案是把在亚历山大港买进的八角茴香在伦敦卖出，又把从伦敦带来的呢绒在勒旺地区出售。17世纪从泰晤士河出海的某条英国船，满载铝、铜和咸鱼前往里窝那出售，换得现金后在勒旺地区的赞特、塞浦路斯或叙利亚的特里波利购买葡萄干、棉线、香料（如果还有），或者生丝乃至莫奈姆瓦夏的葡萄酒，[9]这也是一种三站贸易。人们甚至可以设想有四站或更多站头的旅行。从勒旺回来的马赛船只有时在意大利各港口逐一停靠。[10]

到了17世纪，荷兰人从事的"货栈贸易"一般设有许多分支机构，他们的印度洋贸易显然也按同一模式进行。荷兰公司[11]在南洋群岛之所以不惜一切代价要保住帝汶岛，因为在该岛采伐的檀香木在中国很受欢迎，可换取中国货物；该公司还运大批商品去印度的苏拉特，换取生丝、棉布以及银币，后者是它同孟加拉贸易所 119
不可缺少的；该公司并用它独占的马鲁古香料和日本铜在科罗曼德尔换取大批织物；它在人口密集的暹罗出售这些织物，几乎无利可得，但它在暹罗可买到日本需要的鹿皮，又包销里戈尔的锡，运到印度和欧洲脱手，“利润颇丰”，如此等等。在18世纪，荷兰人[12]为在意大利取得“勒旺贸易所需的比亚斯特和色庚”，把印度、中国、俄罗斯、西里西亚的货物，或者马提尼克的咖啡以及在马赛装船的朗格多克呢绒一视同仁地运往热那亚或里窝那。这些事例可以表明“来和回”的简单化公式实际上能够包含的内容。

流通渠道和汇票

“来和回”很少以一次循环的简单形式出现，不可能始终以货易货，甚至不可能始终以商品换取金属货币。人们必定会经常使用汇票。汇票作为划账手段，在教会禁止有息贷款的基督教国家已成为最通用的信贷方式。信贷和划账于是便紧密联系。为了弄清这一点，只举细小的例子就够了，这些例子以畸形的居多，因为我们掌握的文件表明，不正常的总比正常的多，打偏的总比正中目标的多。

我在本书第一卷[13]曾就信贷问题详细谈到，1590年后，已届晚年的坎波城商人西蒙·吕兹怎样采用完全合法的“商业高利贷”手段赚钱，不冒风险又不费力气。这头老狐狸向本地商界收买西班牙羊毛生产者换兑的汇票。他们把羊毛发往意大利后，不等正常的运输和付款期限届满，就急于支取货款。西蒙·吕兹向他们提前兑现一般由羊毛买主开出的至迟三个月为期的汇票。他尽可能以低于票面的价值买进汇票，把票据寄给住在佛罗伦萨的同乡兼代理人巴塔札尔·苏亚雷兹。后者在向付款人取款后，又买进一张新的汇票，由西蒙·吕兹过三个月后在坎波城取款。羊毛商人和他们的佛罗伦萨顾客之间的交易过了六个多月才在西蒙·吕兹手中最终完成。正因为买卖双方不愿或不能采用通常的商业往返方式，西蒙·吕兹才能代办一切，从半年信贷中获得5%的纯利。

失利有时也难免会发生。汇票换现金的行市高低是根据供求关系确定的。现金充足时，票据的价格见涨，反之则下跌。直接寄回第二张汇票有时很难甚至不可能获利，因为佛罗伦萨的汇票价
121 格过高。巴塔扎尔·苏亚雷兹于是只得把钱划到自己账上（即西蒙·吕兹划在他名下的账上）或“转开”在安特卫普或贝桑松取款的汇票：票据因此将进行三角旅行，时间增加三个月。这勉强还能说得过去！但在过程结束后，当西蒙·吕兹发觉他没有赚得他希望得到的利息时，便狂怒不已。他想做买卖，但必定要赚钱。他于1584年写道：“如果作汇票买卖有一钱不赚或损失资本的风险，那还不如勒紧钱袋口”。[14] 只要西蒙·吕兹认为自己的利益受到损害，流通线路便自动切断。

周转不灵，交易不成

如果在某种情况下，一条商业流通渠道由于某种原因而不再畅通，这条渠道势必会消失。战争一般不足以阻塞流通，但有时也造成阻塞。试举一例。

天青石是一种钴质矿物染料（始终混有闪闪发亮的沙子，品质

低下者尤其如此),用于瓷器上的蓝色装饰;也可作坯布漂白之用。卡昂的这位商人(1784 年 5 月 12 日)对他的批发商抱怨最近一批到货:“我看这批天青石的颜色不如平常那么深,里面掺杂的沙子太多。”[15]美因河畔法兰克福的本萨兄弟公司系天青石供应商,他与鲁昂的一位代销商小杜加尔之间长达 30 年的书信往返极其单调,每年的信件几乎逐字逐句地重复。除日期外,唯一不同的是船长的姓名,这些船只通常在阿姆斯特丹,有时在鹿特丹,偶尔在不来梅把本萨公司自产的天青石运送给小杜加尔。难得发生意外事故:一条船迟到了,另一条船在鲁昂附近的河中搁浅[16](这更属意外),或者出现了竞争对手。在正常情况下,货物存进小杜加尔的仓库后,分销迪耶普、埃尔伯夫、贝尔奈、卢维耶、博尔贝克、枫丹白露、卡昂等地。他照例实行赊销,按货价收取汇票、期票或欠单。

在本萨兄弟公司与小杜加尔之间,本可以用货物还账,因为杜加尔经营多项批发业务:织物、塞内加尔树胶、茜草、书籍、勃艮第葡萄酒(桶装或瓶装)、长柄镰刀、鲸须、靛蓝、士麦那棉花等。但根据德国供应商的要求,货款以期票和汇票方式支付。这里有个举一反三的例子:1755 年 10 月 31 日,[17]雷米·本萨在法兰克福就他发往鲁昂的货算了一笔账。他说:“在按通常贴水率扣除 15%后,[18]我算出应收货款 4470 里佛 10 苏,请您将其中的三分之二计 2980 里佛于当日开出巴黎三期付款的记名本票。”按照当时惯例,每个付款期限约为两星期。在票据到期那天,小杜加尔将付给巴黎一位银行家 2980 里佛,由他把款子转到法兰克福。杜加尔同他的法兰克福客户之间的分期付款照例在年底结清尾欠。122
双方都是诚实商人,但前者表现殷勤恭顺,后者则显得盛气凌人。

120

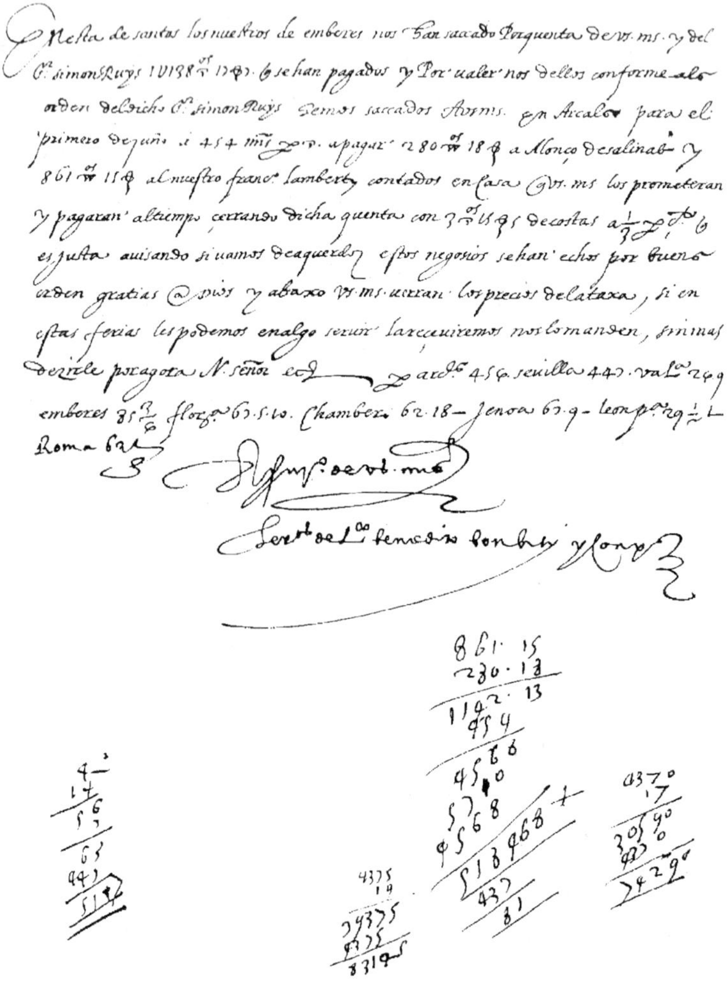

洛多维科·贝内迪托·布翁维奇商行继承人1575年3月23日在里昂致坎波城维克多·吕兹的继承人弗朗西斯科·德·拉普莱萨的信(于4月13日收到)。该信涉及汇票的结算(下方的算式转录汇票的金额)。信末签字前列举了各商埠的汇价。巴利阿多里德市的西蒙·吕兹档案。

清账最终取决于巴黎和美因河畔法兰克福之间的汇票联系。一旦联系中断,清账便不再能正常进行。大革命初期,恰好曾发生过这样的事情。

1793 年 3 月,本萨不能再抱幻想:荷兰朝法国方向的贸易全遭禁止,法兰克福商人对这场逐渐在欧洲蔓延的战争不知应持什么立场。本萨在致小杜加尔的信中写道:"我不知道他们是否把我国居民视为敌人,尽管我们对他们没有敌意,万一他们与我们为敌,那可就糟糕了,因为我们的交易将突然停顿。"[19] 事态果然这样发展,而且十分迅速,因为本萨致杜加尔的最后几封信中有一封提到:"巴黎的汇票在这里不断跌价,可以预见还将大跌特跌"。这就等于说,返回的路线已无可挽救地被切断了。

关于回程的困难

解决回程的困难,通常采用汇票,金融流通渠道是否可靠显然至关重要。这种可靠既取决于客户的个人信誉,又取决于联系是否有效。任何商人都难免遇到意外事故,但住在阿姆斯特丹比住在圣马洛条件总要好些。

曾为派往秘鲁的"百合花号"货船提供资金的圣马洛大商人皮戈·德·圣比克,当货船于 1747 年返回西班牙时,希望收取他应得的本利。他于 7 月 3 日自圣马洛写信给卡迪斯的若利公司:"请贵公司将款项用可靠的汇票交付,我特别提请注意,不论出于任何理由,此事均切莫委托法国东印度公司及其经纪人办理。"[20] 法国东印度公司经纪人在卡迪斯的出现并不令人惊奇;该公司同其他公司一样来这里装运远东贸易所必需的比亚斯特银币(原称本洋)。如有法国商人愿交付比亚斯特,该公司可随时愿意开具巴黎取款的汇票。至于皮戈·德·圣比克为何表示拒绝,可能他与公司已有账面往来,不愿几笔交易混在一起,也可能圣马洛人与该公司相处不睦,还可能这家大公司准时付款的信誉不佳。可以肯定的是,皮戈·德·圣比克听任客户作出选择。其重要的和实际的理由在于,正如他在另一封信中承认的:"圣马洛不是一个经营汇兑业务的商埠"。[21]这个解释十分宝贵,它能说明圣马洛人为何在商务往来中偏爱现金。

123 对一家公司来讲,能够与大金融市场取得直接联系总是有利的。比埃尔·佩雷于1728年娶让娜·奈拉克为妻,波尔多的佩雷兄弟公司从此一帆风顺,因为他们与当时在大商埠阿姆斯特丹的妻兄吉约姆有了业务往来。[22]在那里,货物易销,现金易存,存放条件比别处更加优厚,借款的利率则是欧洲最低的。由于对外联系广泛有效,从这个商埠出发,转手贸易相当容易,这对自己固然有利,对别人也有利,其中包括荷兰富商。

同样的原因产生同样的结果,塞特的马克·弗莱西内公司于1778年在阿姆斯特丹的考内里斯·旺·卡斯特里孔建造的荷兰船"雅各布·卡塔里纳号"于1778年11月到达塞特时,船长盖格尔被介绍到当地的弗莱西内公司。[23]该船为包税所运来644筐烟草,包税所立即付运费16353里佛。船主请求帮助的事很简单:运费尽快汇达。殊不知,1)盖格尔船长把包税所的"付款证"交给了弗莱西内公司,后者当即收下;2)阿姆斯特丹的弗莱西内子公司于1778年年底破产,连累了塞特的马克·弗莱西内公司。倒霉的盖格尔船长立即着手司法诉讼,先是胜诉,然后又输掉一半。不但马克·弗莱西内显然缺乏诚意，而且破产者的债权人到处作梗。所有人都联系起来，对付上了圈套的外国债权人。款子最后还是返回阿姆斯特丹了，但是拖延很久，而且七折八扣。

当时收益最大的贸易是前往各海岛或印度洋的远程贸易，但回程往往存在问题。有时需要临时拿主意和冒点风险。

路易·格雷夫勒把他的兄弟安置在圣厄斯塔什岛，显然怀有投机的意图。这是荷属小安的列斯群岛中的一个小岛。商业投机好处虽多，但不无风险；格雷夫勒的活动以灾难而告终。从1776年4月起，随着英国同殖民地发生战争，国际生活中阴云密布，与美洲的联系变得困难，而且招致嫌疑。那么，怎样把资金送回本国？在万分无奈之下，岛上的格雷夫勒让他的合伙者杜穆兰（路易的妻兄）前往马提尼克，"设法把款子汇往"尚未与英国交战的法国，然后再转汇阿姆斯特丹。住在阿姆斯特丹的哥哥大发雷霆，指责事情办得荒唐。"结果将会是什么？或者他找不到合适的商号，124
事情将会拖延更久；或者接受马提尼克最可靠的商户开出的波尔多期票或巴黎期票，这种票据在欧洲几乎总是被拒绝承兑，到时候天晓得这笔钱还能不能找回来。上帝保佑他交汇时不属于这种情况。"[24]常言说得好，汇票确实是"划账"的巧妙工具。但这个工具还必须近在手边，质量与效率俱佳。

马海·德·拉布多内于1729年10月[25]在本地治理（他那时放弃了印度公司的海员职业，改营冒险商业）。他想在当地创办一家新公司，圣马洛的几位朋友已同意投资入股。他们提供的资金和货物将用于莫卡、巴达维亚、马尼拉乃至中国等地的印度洋贸易。至于如何收回投资和利润，马海的主意可真不少。一个稳当

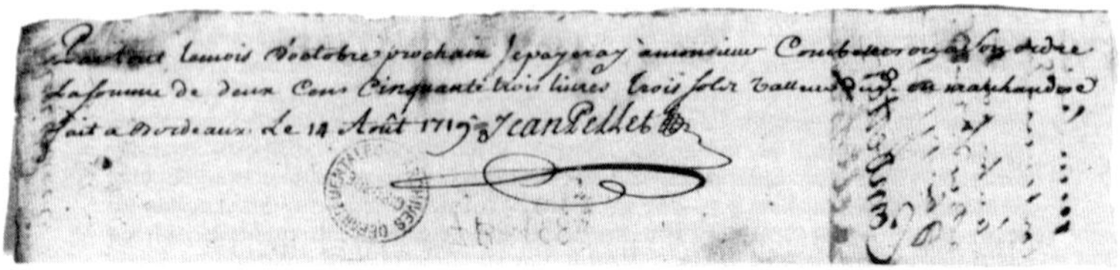
fait a Bordeaux Le 14 Août 1719 Jean Pellet

波尔多市让·佩雷的记名本票(1719 年)

的办法是使用东印度公司的汇票;或者收回货物(有一位股东想立即收回资金,便寄给他 700 件印度布衬衣,马海指出:“这不冒被没收的风险。”人们知道,当时在法国禁止使用的印花布便不属这种情形);或者托一位肯帮忙的船长把黄金带回法国(用这个办法可不付运费,即节省约 2.5%,并多赚 20%的利润)。相反,马海对在印度的英国人和欧洲人偏爱的钻石并不热衷。他写道:“我愿老实对您承认,我对此并不内行,不敢过于自信,又不愿盲目相信行家,以免上当受骗”。如果不成立新公司,马海会把手头的资金和货物随身带回法国。但他将乘坐一艘葡萄牙船前往巴西,印度产品在那里出售将有利可图。这还顺便告诉我们,马海·德·拉布多内在他居留过的巴西沿海有朋友和熟人。对像他这样的大旅行家说来,世界正变成一个随处都有熟人的村庄。

比埃尔·布朗卡尔船长的《东印度和中国贸易教程》于 1806 年在巴黎出版,该书指出了住在法兰西岛(今称毛里求斯岛)的法国商人从前的生财之道。他们致富往往是靠为住在印度的英国人提供有偿服务,帮助他们把合法或不合法取得的财产隐蔽地送回国内。法国商人给英国人开出“为期半年的巴黎期票,汇票按每个星塔金币为 9 法郎计算,这就等于每卢比折合 2 法郎 50 生丁”[26]

(这里表明,布朗卡尔在拿破仑时代写书时,把上个世纪的商业活动折算成当代货币)。这些期票当然不是凭空开出的,法国在印度的贸易收入定期送回到巴黎银行家的手中,后者得以支付向英国人开出的期票。为使法兰西岛的商人能完成其金融流通,必须做到以下各项:英国人不能使用自己的资金回收网,由我国商人从事的印度印花布贸易能顺利进行,卢比对里佛的折算每次在商业上和汇兑上都对他们有利。我们可以肯定,他们对维持这种局面不遗余力。

商人间的合作 125

交换就这样在世界上纵横交错,星罗棋布。在每个交叉点,在每个接力站,必须设想有一个商人,不论是行商或坐商。商人的作用由其地位所决定:“告诉我你住哪里,我就知道你是谁。”如在1526至1548年间以经商为业的克莱芒·科布累,出身、祖产和其他机遇使他在上施蒂里亚的尤登堡定居,他理应经营施蒂里亚的铁和莱奥本的钢,并光顾林茨交易会。[27] 如果他是批发商并住在马赛,他就能在当地提供的三四种可能中进行选择,当然这是往往由环境决定的 种选择。19世纪前的批发商总是兼营几项业务,这仅仅是出于明智吗(正如人们所说,不把所有鸡蛋放进同一只篮子”)?或者他必须在各种机遇(不由他创造)经过他门口时予以充分利用?单靠一种机遇不足以维持他的地位。这里所说“多种可能”来自外部,产生于交换数量的不足。总之,批发商位于车来人往的十字路口,他能参与重大的商品流通,因而不像零售商那样搞专门的经营。

任何商业网都把一定数量的经营者个人联系在一起，他们可属于或不属于同一家公司，分布在一条或几条流通路线上。贸易得以进行全靠这些中转站，这些互助和联系，商人的事业愈成功，互助和联系便愈多。

波尔多的批发商让·佩雷（1694—1764）的一生事业为我们提供了一个极好的例子。此人生于鲁埃格，早年曾在马提尼克经营普通零售商业，日子过得颇为艰难，他的哥哥在他们发迹时还提醒说，他曾以“霉木薯粉、酸葡萄酒和隔顿热过的牛肉”[28]为食。他于1718年回到波尔多，与比他大两岁的哥哥比埃尔合伙，由他哥哥去马提尼克定居。这是一家资本微薄的公司，专营波尔多和该岛之间的贸易。两兄弟各管一头，直到约翰·劳体系大危机爆发前，生意一直做得不坏。住在岛上的哥哥写道：“从你来信看到，全靠我们互相支持，今年幸而没有亏本；所有批发商人都以信誉为本”（1721年7月8日）。[29]一个月后，即8月9日，[30]比埃尔又写道：“对于法国的可悲事态以及那里迅速丧失财产的种种风险，我同你一样感到惊诧；幸而我们处境比别人有利，皆因我们在此地〔马提尼克〕销路不错。你必须注意不留现金和期票”，总之只做货物交易。两兄弟的合伙关系于1730年后停止，以后仅保持商业往来。两人积聚并巧妙地隐藏了巨额利润，从此发迹并大展宏图。自1730年后，我们只了解两兄弟中更富冒险精神的让·佩雷的商业
127 活动；在1733年后，他已相当富有，不再需要正式与人合伙，他的货物交人代销，他的船只则由船长经营。他的商业关系之多和营业额之大令人目瞪口呆：他身兼造船主、批发商、金融家、地产主、葡萄酒生产与销售者、食利者等职，与马提尼克、圣多明各、加

126

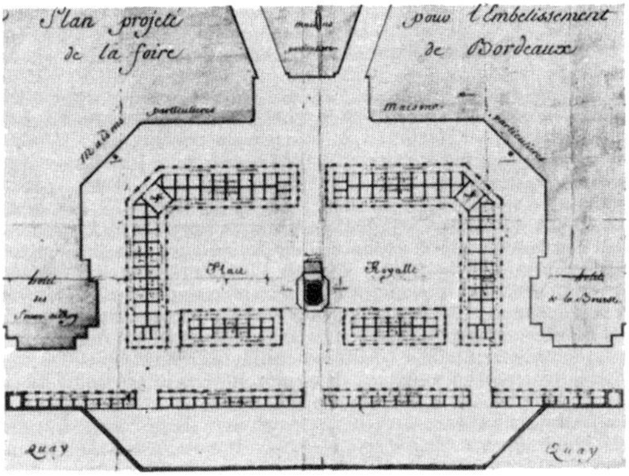

上图，波尔多·J.加布里埃尔绘制的皇家广场草图(1733 年)。下图为目前的交易所广场，右侧与主楼成斜角相交的楼宇已于 1743 年拍卖给让·佩雷，与银行家比埃尔·波利卡尔购置的宅基为邻。

拉加斯、卡迪斯、比斯开、贝荣纳、图卢兹、马赛、南特、鲁昂、迪耶普、伦敦、阿姆斯特丹、米德尔堡、汉堡、爱尔兰(购买咸牛肉)、布列塔尼(买布)等地有商业联系……自然还与巴黎、日内瓦和鲁昂的银行家有往来。

必须指出，这一双份家产是靠联姻而奠定的（比埃尔·佩雷虽然比他的兄弟胆小、谨慎，只经营造船业和对殖民地贸易，却也成了百万富翁）。比埃尔于1728年娶吉约姆·内拉克的妹妹为妻，而吉约姆·内拉克曾是两兄弟在阿姆斯特丹的客户。[31]经营商业不能没有一个可靠的合伙人相配合，联姻确实是最自然，也是人们最乐意寻求的解决办法。这是我们重视商人家族史的一个决定性理由，正如王族系谱史对研究政治波动十分重要一样。路易·戴米尼、埃贝尔·吕蒂和赫尔曼·凯伦本兹的著作都很说明问题。罗缪德·西仑凯维兹研究执政府和帝国时期法兰西银行董事名单的专著[32]也是佳作。法兰西银行的史前史更引人入胜，创建该银行的各家族几乎都与白银和西属美洲有联系。

联姻显然不是唯一的办法。富格尔家族在16世纪曾利用受他们雇佣的代理人。这是用命令解决问题的办法。原籍克雷莫纳的阿费塔迪家族[33]宁肯开设分公司，必要时也与当地公司合伙。在他们以前，梅迪契家族已建立了子公司体系，[34]当情况需要时，可用一纸文书使它们独立，以免某个地方分公司的破产由整个公司承担责任。到了16世纪末，灵活、简便、开销省、效率高的代理制日趋普及。所有商人——例如在意大利或在阿姆斯特丹——都为其他商人充当代理人，反之亦然。商人为他人代理业务时提取一小笔佣金，委托他人代理自身的业务时则同意支付佣金。这里显然不是合伙，而是相互服务。另一项普及的做法是合伙制的退化形式，即所谓参与制，参与各方仅为一项业务进行合作，下次合作需另行订约。关于参与制，我们后面还会谈到。

商人间实行合作，不论采用什么形式，都需要忠诚、信任以及恪遵指令。由此形成一种相当严格的商业道德。阿姆斯特丹批发商黑本斯特莱父子公司与鲁昂的小杜加尔订立了对半拆账的参与契约。1766 年 1 月 6 日，[35]他们给小杜加尔写了一封语气十分生硬的信，因为小杜加尔把他们运去的塞内加尔树胶“低价”出售，“既无任何必要，又违背我们的明确指令”。结论很清楚：“我们要求您把如此不恰当地卖掉的我们这一半，[36]按原售价算在您的名下补回。”这至少是他们建议的“妥商”方案，“以免就此事再向第三者写信”。这就表明，就上面那件事而言，即使在鲁昂，商人间的互 128
助精神也对阿姆斯特丹的批发商有利。

给予信任意味着要求服从。西蒙·吕兹于 1564 年在塞维利亚有一位名叫杰罗尼莫·德·巴利阿多里德的代理人，此人肯定比他年轻得多，大概是他的卡斯蒂利亚同乡。[37]不论有理无理，西蒙·吕兹突然发怒，责备年轻人挪用款项或犯了其他错误。向老板告发此事的第二名代理人，乐得借机落井下石。杰罗尼莫当即不辞而别，因为塞维利亚警察当局已在追捕他。但他不久就在坎波城露面，跪在主人的脚下，恳求他的宽恕。我偶然在 1570 年的文件里又找到杰罗尼莫·德·巴利阿多里德的名字。在上面谈到的事件过后六年，他已成为塞维利亚专营布匹呢绒的商人，事业上大概有所成就。上面这件小事虽说语焉不详，却能说明一个至关重要的信任问题：商人要求，也有权要求其代理人、合伙人和店员配得上他的信任，同时也说明，他们之间的关系有主仆、上下这样的封建色彩。在 18 世纪初，法国的店员还谈到，他们刚摆脱了主人的“压迫”和“统治”，并为此感到高兴。[38]

一个外乡人经过介绍来到塞维利亚这样一个令人迷惘的世

界，后来又为相同的理由，在同样令人迷惘的卡迪斯，参加原则上由西班牙人从事的美洲贸易，绝对信任是他唯一的行事方式。作为美洲贸易的桥头堡，塞维利亚和卡迪斯是两个与众不同的城市，这里秩序混乱，欺诈盛行，规章被践踏，地方当局对不法行径甚至曲意包庇。但是，在这一片腐败之中，商人之间有一种“行规”，正如在特里亚那市郊或巴拉美达的桑吕卡港这两个西班牙黑社会的巢穴，警官与无赖之间也有戒条一样。作为一名外国商人，总有错处可被别人抓到，如果你的心腹背叛了你，严厉的法律社会无情地落到你的头上，而且由你一人承当。这种情况十分少见。荷兰人（从 16 世纪末开始）往往托别人乘坐西班牙船只把货物带往美洲，又把那里的货物带回，每次都顺顺当当。在卡迪斯，所有人全都认识“带货船只”，他们往往出身于没落贵族，专门夹带金条或者私运海外贵重商品乃至一般烟草，他们对此并不隐讳。这伙亡命之徒一有钱便尽情挥霍，虽说遭人鄙视，却很讲义气，他们在卡迪斯这个重要的商业城市结成帮派。更重要的是“押运员”，[39]不论是西班牙人或归化西班牙的外国人，他们携带别人托付的私货，登上开往印度的船只。外国商人依赖他们的信义。

129 **商业网、分区控制和征服**

商人间的团结在一定程度上是一种阶级团结；这当然并不排除个人与个人、城市与城市或“国家”与“国家”之间的商业竞争。16 世纪的里昂并不像人们所说的那样，简单地由“意大利”商人所控制，卢卡、佛罗伦萨和热那亚的商人集团形成了对立和割据的局面[40]（1528 年出现的困难使他们离开该地）。意大利城市具有这样一种特殊本领：它们互相争吵，互相厌恶，必要时却又互相支持，对付外敌。可以想象到，与这些商人集团相联系的还有他们的亲戚朋友，仆人客户以及账房店员。阿尔芒多·萨波利告诉我们，早在13世纪，当江费格利奥齐家族迁居法国南部时，随他们一起前来的“有大批其他意大利人，大批其他的意大利商人”。[41]

这里因此可以用上征服、控制、渗透这样的字眼。流通路线和商业网有规律地被一些集团所控制，它们力图独占，必要时禁止其他集团利用。在欧洲，甚至在欧洲之外，只要细心去找，就不难发现这些集团。山西的钱庄系统从黄河到珠江横穿中国。中国的另一条线路以南方海岸为起点（特别是福建海岸），朝日本和南洋群岛的方向，发展中国的对外经济，其形式在长时期内与殖民扩张相接近。大阪商人于1638年实行锁国政策后全力发展日本国内贸易，他们体现着整个日本列岛的经济活动。我们已谈到婆罗门商人在印度国内和国外的广泛扩展：据塔维尼叶[42]说，伊斯法罕有许多婆罗门银行家；他们还前往伊斯坦布尔、阿斯特拉罕和莫斯科。1723年，一名印度商人在莫斯科去世，其妻子要求获准在焚烧丈夫遗体的柴堆上自焚，这个要求遭到了拒绝。“印度商团当即决定携带财产离开俄国，以示抗议”。俄国当局面对这一威胁作出让步。同样的事情于1767年再次发生。[43]信奉异教或伊斯兰教的印度商人在印度洋到南洋群岛一带的扩张更加显著，更加惊人，他们的商业网抵御了葡萄牙人的偷袭和荷兰人的暴行。

在欧洲和地中海，在西方和东方，到处都能见到意大利人！在1204年君士坦丁堡陷落之前，特别在这以后，难道还有比拜占庭帝国更好的猎物吗？[44]意大利的商业征服很快将到达黑海沿岸：意大利的商人、船员和公证人在那里就像在家里一样。他们缓慢的、长达几个世纪的对西方的征服更加了不起。早在1127年,[45]他们已参加伊普尔交易会。“13世纪下半叶,他们已在法国各地设立强大的商行,如在布列塔尼(自1272至1273年起)、甘冈、迪南、坎佩尔、坎佩莱、雷恩和南特……波尔多、阿让、卡奥尔等,而这些商行只是佛罗伦萨、皮亚琴察、米兰、罗马和威尼斯各大公司的分
130 号。”[46]他们先后赋予香巴尼的交易会,布鲁日的贸易活动,后来的日内瓦交易会以及更往后的盛极一时的里昂交易会以新的活力;他们一手缔造了塞维利亚和里斯本最初的繁荣;开辟安特卫普港,促使法兰克福的兴盛,都有他们的一份;他们是以贝桑松命名的热那亚交易会的主人。[47]他们精明机灵,四出活动,既招人嫌恶,也引人歆羡。在北海、布鲁日、南安普顿、伦敦,从地中海艨艟巨舟上下来的水手遍布码头及邻近的酒馆。意大利商人则直接进入城内。新教和天主教之间的主战场恰恰在大西洋,这难道纯属偶然?北方海员与南方海员为敌,这一往事可以说明许多深仇宿恨。

在可被认出的其他商业网中,还有汉萨同盟诸邦商人间的牢固联系。“富格尔时代”[48]上德意志的商业网野心过大,难以为继:它其实只维持了几十年,但其成就何等辉煌!荷兰人、英格兰人、亚美尼亚人、犹太人以及西属美洲的葡萄牙人都各有其商业网。法国没有对外的大商业网,马赛人在地中海和勒旺地区的贸易,他们在18世纪与巴斯克人和加塔洛尼亚人平分伊比利亚半岛的市场,[49]这些都是例外。法国的商业成就不大具有深远的意义:不能统治别人,就被别人统治。

威尼斯驻开罗大使多梅尼科·特雷维奇亚诺的招待会，詹梯尔·梅里尼于1512年作画。

亚美尼亚人和犹太人 131

有关亚美尼亚商人和犹太商人，我们拥有许多材料。但要从大堆的细节和专题研究中综合出几条整体特征，这些材料却又嫌不够。

亚美尼亚商人征服了波斯全国。阿拔斯大帝曾限定他们在伊斯法罕宽广、活跃的市郊朱尔法定居，他们正是从朱尔法出发，前往世界各地。他们很快走遍了整个印度，特别是从印度河到恒河和孟加拉湾一带，[50]如果我们没有夸大某些材料的话；他们也朝南来到葡属果阿。如同法国或西班牙商人一样，他们在1750年左右向“圣洛士的圣克雷尔修女院”借款。[51]亚美尼亚人还越过喜马拉雅山，来到拉萨，他们的贸易甚至到达远在1500公里之外的中国边界。[52]但他们并不深入中国。奇怪的是，中国和日本对他们总是关门。[53]他们很早在西属菲律宾立足生根，繁荣发达；[54]他们遍布辽阔的土耳其帝国，是犹太人和其他商人强劲的竞争对手。在欧洲方面，亚美尼亚人来到莫斯科公国，在这里开办公司和经销伊朗生丝，经过一再转手，生丝横贯俄罗斯国土，抵达阿尔汉格尔（1676年）和俄罗斯的邻国。他们在莫斯科公国定居，经过长途跋涉，把货物运到瑞典，他们也借道阿姆斯特丹前往瑞典。[55]整个波兰被他们走遍，德意志更是如此，他们在莱比锡交易会上尤其活跃。[56]他们前往尼德兰，后来又去英格兰和法国。他们于17世纪在意大利安顿，16世纪末开始的东方商人不断入侵是当时的重大事件，而亚美尼亚商人则自威尼斯出发加入这一壮举。[57]他们到马耳他的时间更要早些，文件谈到"可怜的亚美尼亚基督徒"。他们确实相当可怜，但他们"人人都做生意"（1552年，1553年）。[58]毫无疑问，他们的到达并不始终都受欢迎。1623年7月，马赛行政官致函国王，抱怨大批亚美尼亚人和大宗生丝进入该地。这对本市的贸易是个危险，行政官指出："世界上再没有更贪得无厌的民族，他们在阿勒颇、士麦那等地出售生丝相当方便，尽可以诚实谋利，但为了多赚一点，竟不惜来到天涯海角（直到马赛）；他们的生活方式十分下贱，多数时间食草为生"，[59]就是说，吃的是蔬菜。亚美尼亚人并不因此而被排挤出去，四分之一个世纪过后，即在1649年1月，波尔骑士的法国舰队在马耳他附近还截获了一艘英国船。该船从士麦那向里窝那和土伦运送四百包生丝，其中大部分属于乘坐该船的64名亚美尼亚客商"。[60]亚美尼亚人也曾到葡萄牙、塞维利亚、卡迪斯以及美洲的沿海港口。1601年，一位名叫乔治·达·克吕茨的亚美尼亚人到达卡迪斯，声称直接来自果阿。[61]

总之，亚美尼亚人出现在世界所有的商埠。一位名叫路卡·瓦南台斯蒂的亚美尼亚人用亚美尼亚语写下了一本商业用书，该书于1699年在阿姆斯特丹印刷，鲜明地反映了这一辉煌业绩。[62]朱尔法的富商皮特罗资助该书的出版，供"我们的商人 133
同胞"使用。作者开宗明义引用福音书"切莫对人如何如何"的训诲。该书的首要目的是向商人提供有关各商埠使用的度量衡和货币的知识。涉及哪些商埠？不仅有所有的西方城市，还有匈牙利的城市以及伊斯坦布尔、克拉科夫、维也纳、莫斯科、阿斯特拉罕、诺夫哥罗德、海德拉巴、马尼拉、巴格达、巴斯拉、阿勒颇、士麦那等地。有关市场和商品的部分详细介绍了印度、锡兰、爪哇、安汶、望加锡、马尼拉等商埠。在这些值得过细分析和筛选的大量材料中，最稀奇的还是对欧洲各城市生活费用的比较，或是对从埃及到安哥拉、莫诺莫塔帕和桑给巴尔的非洲叙述，虽然其中漏洞百出。这本小书使我们看到亚美尼亚人商业活动范围之大，却并不告诉我们他们成功的原因。他们的商业技术其实仅限于鼓吹三率法的好处(三率法是否足以解决一切问题?)。该书没有涉及有关簿记的问题，尤其没有揭示簿记对发展商业和资本主义有何重要意义。这些无可数计的贸易怎样互相连接和形成循环？它们全都与朱尔法这个中心相联系，或者如我所想，还有其他中间联络站？波兰的利沃夫是东西方之间的桥梁，那里的亚美尼亚人被称为波斯人，他们的集居地不但有自己的法院、印刷所和众多的商业联系，而且控制朝奥斯曼帝国

132

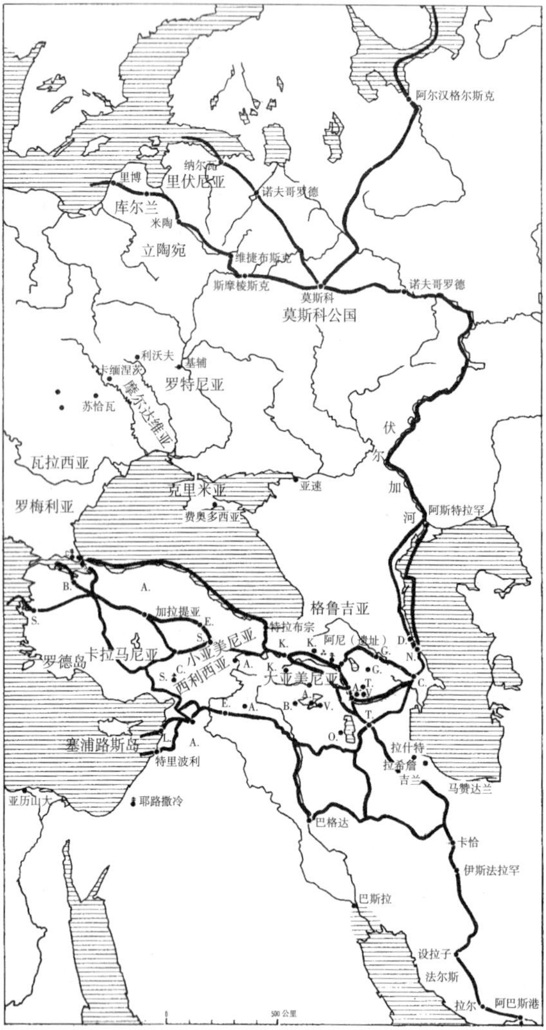

11. 亚美尼亚商人17世纪在伊朗、土耳其和莫斯科公国的经商路线

这张地图仅表现亚美尼亚商人陆路营业网的一部分：与土耳其帝国的阿勒颇、士麦那和伊斯坦布尔的联系，通过里海和伏尔加河与俄国的联系。从莫斯科出发，有通向里博、纳尔瓦和阿尔汉格尔斯克的三条路线。阿拔斯大帝于1603至1605年间给亚美尼亚人指定的流放地新朱尔法是亚美尼亚人向世界扩展的活动中心。新朱尔法的大部分商民来自亚美尼亚境内阿拉斯河畔的旧朱尔法。顺便指出，他们均系大商人和批发商。本图由克拉姆·克沃尼昂制作，见“十七世纪的亚美尼亚商人”一文，载《俄罗斯和苏维埃世界手册》，1975年，插页。

出发的车队。这些车队的主人总是亚美尼亚人。朱尔法商人掌握的东西方两大块地盘是靠这车队相焊接的吗？利沃夫亚美尼亚人的“穷奢极侈”，[63]难道不正是结论性的象征吗？

犹太商业网也遍布全世界。他们的成功比亚美尼亚人更早：在古罗马时代，信奉犹太教的和不信犹太教的“希利人”（Syri）都四出经商；到公元9世纪，利用穆斯林征服打通的道路，纳博讷的犹太人“经红海或波斯湾到达广州”；[64]秘库文件[65]告诉我们，从伊弗利加、凯鲁万到埃及、埃塞俄比亚和印度半岛之间的商业联系，十之八九由犹太商人进行。在10到12世纪，埃及（以及伊拉克和伊朗）的犹太富商经营远程贸易、银行业和税收，范围有时达好几个省。[66]

犹太商人就这样千百年来一脉相传，其历史之久远胜过我们 134
刚才为之惊叹的意大利商人。除开历时最久以外，他们还开创了大起大落的记录。朱尔法是集中亚美尼亚人金钱和凝聚他们的感情的秘密故乡，与此相反，这是他们的悲剧所在，也是他们顽固地不愿与别人融合的结果。我们当然不能仅仅看到灾难，或把灾难过分集中起来，虽说这些灾难事件粗暴地断送了久已适应环境的商号，摧毁了正在健康成长的商业网，从而铸成一些悲剧性的命运。他们在13世纪的法国曾取得相当的成功，[67]在15世纪的波兰，在意大利的不同地区，中世纪的西班牙以及其他地方，可说成果辉煌。

犹太人于1492年被逐出西班牙和西西里，于1541年又被迫离开那不勒斯，[68]他们朝两个方向流亡：地中海沿岸的伊斯兰国家和大西洋各国。犹太商人于16世纪作为批发商或包税商[69]在土耳其的塞萨洛尼克、布尔萨、伊斯坦布尔、安德里诺波尔等地发了大财。葡萄牙于1492年后仍允许犹太人居住，成了他们四出经商的另一出发点。阿姆斯特丹和汉堡是已经或即将致富的犹太商人爱去的地点。他们无疑推动了荷兰对伊比利亚半岛的商业扩展，不论是里斯本或是塞维利亚、卡迪斯和马德里。他们也促进了朝意大利方向的商业扩展：犹太人在皮埃蒙特、威尼斯、曼图亚、费拉拉很久以来就有活跃的商业基地，里窝那17世纪的兴旺发达也有犹太人的功劳。他们无疑参与了对美洲的殖民开发，特别是发展巴西和安的列斯群岛的甘蔗种植和食糖贸易。他们在18世纪曾到波尔多和马赛经商；他们于1290年被逐出英格兰，又在克伦威尔治下(1654—1656年)回到那里。赫尔曼·凯伦本兹讲述了分散在大西洋沿岸各国的地中海犹太人这段兴旺的历史。[70]随着美洲的白银生产出现转折，犹太商人受到波及或有早晚，但他们的成功因此受挫；这个说法很成问题。如果某个事态变化能使他们从此一蹶不振(事情是否真真如此?)，他们肯定不如人们设想的那样充满活力。

由于地中海犹太人的势力消隐，以色列开始了一个相对退缩的时期，如果不是沉默的时期。另一次高潮将随中欧犹太行商的兴起而逐渐形成。18世纪将是中欧犹太人成功的时代，他们首先获得了德意志王公们的宠信，成为"宫内犹太人"。[71]事情并不是由某些出类拔萃的"活动家"自发地办成的，尽管有的传记这样说。[72]经历过三十年战争危机的德意志丧失了一大部分资本主义骨干，犹太商人得以在17世纪末填补由此造成的真空，他们的兴起早已显而易见，例如在莱比锡交易会上。但19世纪才是德系犹太人的鼎盛时期，路特希尔德家族那时成了世界瞩目的富翁。

此外还应补充，假定（我对此并不相信）资本主义在某日某地被某人所发明，我们要反对桑巴特的说法，[73]犹太人肯定没有发明资本主义。如果硬说犹太人发明了或重新发明了资本主义，那是与许多其他人一起发明的。不能因为犹太商人处在资本主义的热 135
点上，便说热点由他们所创造。犹太人的智慧今天在世界各地都是超群的。我们难道因此说，他们发明了核物理学？犹太人在阿姆斯特丹肯定成了股票买卖的行家，但是最早做这类交易的人中间不也有像伊萨克·勒美尔这样的非犹太人吗？

桑巴特谈到有一种资本主义精神恰好与以色列的宗教指导原则相符合，这种说法与马克斯·韦伯关于新教的解释不谋而合，其论据的优劣也在伯仲之间。人们还可以进一步推论到伊斯兰教，其社会理想和法律框架“在其起源时即与新兴商人阶级的思想和目标协调一致”，但这些思想和目标“并不因此与伊斯兰宗教发生联系”。[74]

葡萄牙人和西属美洲：1580至1640年

关于葡萄牙商人在辽阔的西属美洲所起的作用，不久前因出现新的研究成果而得到澄清。[75]

从1580到1640年，葡萄牙和西班牙的王冠落在同一位国王头上。两国的联合虽说更多地停留在名义上（葡萄牙保留广泛的自主权，类似“自治领”），两国却因此在美洲取消了边界，尽管这也只是名义上的边界。葡萄牙在辽阔的巴西占有大西洋沿岸的几个据点，西班牙领地则远在安第斯山深处的波托西。何况西属美洲在商业上几乎绝对地真空，它对冒险前来的外国商人自动开放，葡萄牙的海员和商人早已私下深入西班牙辖区；举一漏百，我想以1558年的一个孤立事例为证：事情发生在安的列斯海中的圣玛格丽塔岛，该岛因盛产珍珠而备受觊觎。就在那年，“几艘葡萄牙王国的船只驶达该地，船员和旅客均系葡萄牙人”。他们自称前往巴西，但一场风暴把他们偶然送到小岛。报告接着说：“看他们人多势众，我们担心他们不怀好意”。[76]葡萄牙的势力后来顺理成章地逐渐增强，以致深入整个西属美洲，特别是墨西哥、利马等首府以及圣多明各、卡塔赫纳、巴拿马、布宜诺斯艾利斯等主要门户。

布宜诺斯艾利斯最初建于1540年，遭破坏后，在葡萄牙商人帮助下于1580年重建。[77]从巴西到拉普拉塔邦，载重约40吨的小船不断偷运糖、米、布和黑奴，也许还有黄金，回程则满载里亚尔银币。与此同时，一些商人带着现金从秘鲁前来，经过拉普拉塔帮，前往伯南布哥、巴依亚、里约热内卢购货。据一位名叫弗朗西斯科·苏亚雷斯的商人（1597年）说，这些非法交易的利润为一至五倍，据说甚至能高达十倍。他还说：“如果商人早知道有这种交易，
136 他们绝不会运那么多货物经卡塔赫纳去冒险了。所以，拉普拉塔邦生意兴隆，这是前往秘鲁最近便的道路。”[78]对一小批熟悉情况的葡萄牙商人说来，在1622年前，拉普拉塔邦确实是偷运波托西白银的一道暗门。据1605年的估计，白银走私每年达500000克鲁萨铎（金币）。[79]只是在科尔多瓦设置了关卡以后（1622年2月7日），走私才似乎有所收敛。[80]

葡萄牙人的渗透并不仅限于西属大西洋沿岸地区。一位葡萄牙商人，若昂·达·伽马，[81]于1590年自澳门穿越太平洋，前往阿

18世纪墨西哥城食品店的货架；顾客都是欧洲人。

卡普尔科，因时运不佳而未果。葡萄牙人在墨西哥城和利马开设商店，什么都卖，“从钻石到普通的枯茗草，从最下贱的黑奴到最珍贵的珍珠”，[82]还包括来自遥远故土的物品，如葡萄酒、食油、面粉、毛料等，这些在殖民地都成为奢侈品，再加上随着与欧洲或与菲律 137

宾大宗贸易而来的东方香料和丝绸，外加推动所有这些交易的秘鲁白银走私。[83]即使在智利圣地亚哥这样一个不大的城市里(17世纪可能有10000居民)，也常住着一位名叫塞巴斯蒂安·杜阿脱的葡萄牙商人。此人过去曾在非洲的几内亚居住，后与其同乡胡安·巴蒂斯塔·佩雷茨合伙，于1626至1633年间前往巴拿马和卡塔赫纳购买黑奴、各种货物和珍贵木材，账户的透支金额高达13000比索。[84]

但这种繁华只是昙花一现。葡萄牙店铺主兼高利贷者发财委实太快了。城市平民往往闹事反对他们，如1634年的波托西骚动。[85]公众舆论指控他们信奉新教(事情往往真是如此)或秘密奉行犹太教的仪式(这也很可能)。宗教裁判所终于出面干预，一连串的起诉和火刑中止了这来得太快的繁荣。著名的事件包括1646、1647和1648年的墨西哥诉讼案以及1649年4月11日的火刑判决，其中就有好几位葡萄牙籍大商人。[86]这当然是另一码事。

葡萄牙的体系以里斯本为中心，扩展到大西洋的非洲沿岸和美洲沿岸，与太平洋和远东相联系，这个庞大的商业网一二十年间在新大陆广泛发展。这一迅猛发展势必具有国际意义。没有这件大事，葡萄牙也许在1640年不能“复国”，即不能恢复对西班牙的独立。人们通常用巴西的糖业发达来说明葡萄牙的复国，这种解释无论如何是不够的。何况，我们没有任何理由说，巴西糖业的“盛衰”[87]本身与这些富商没有联系。也没有理由说，这些富商在地中海犹太人商业网的短期繁荣中以及在阿姆斯特丹、里斯本和马德里没有发挥作用。由于葡萄牙新教徒向“世界之王”菲力浦四世贷款，从波托西私运出来的白银才能与通过正规途径在塞维利亚码头卸货的白银相会合。葡萄牙这一庞大而脆弱的体系仅维持了几十年时间。

互相对抗的商业网，正在灭亡的商业网

商业网互相补充、联系和衔接，但也互相对抗。对抗并不始终等于互相破坏。有"相反相成的对手"，也有注定要长期延续下去的敌对共存。几百年中，基督教商人与叙利亚和埃及的商人固然进行面对面的对抗，但天平没有偏向互相不可缺少的两个对手中的任何一个。欧洲人几乎从不越过阿勒颇、大马士革、开罗等位于沙漠边缘的城市。在另一边，驮帮世界是穆斯林和犹太商人的禁脔。只是由于十字军东征，伊斯兰丧失了广阔的地中海的水上运输。

在辽阔的土耳其帝国，资料告诉我们，在布尔萨或安哥拉采购山羊毛制品的威尼斯或拉古萨商人并不特别引人注目。进入土耳其境内的西方人以拉古萨人居多，但他们大体上不越过巴尔干半 138
岛。黑海于16世纪又一次成为伊斯坦布尔的内湖，直到18世纪末俄国征服克里米亚以后（1783年），才重新对基督教商人开放。在土耳其帝国境内，反西方的情绪对犹太商人、亚美尼亚商人或希腊商人有利。

类似的抗衡在别处也可见到。在1720年后的广州，中国商人设立的"公行"是与东印度公司相对抗的一个组织。[88] 据说，在英国占领印度后，婆罗门商业网仍坚持抵抗。

当然，敌对和仇恨伴随着这些对抗和竞争。最强大的对手总

是众矢之的。芒代尔斯罗[89]客居苏拉特时(1638年)写道："这些穆斯林真是飞扬跋扈，他们自己往往也是商人，对婆罗门商人简直像对奴隶一样，其鄙视态度与那些容忍犹太人居住的欧洲地区对犹太人的排挤完全相同。"换个地点和时间，在16世纪的西方，人们注意到，对热那亚人也是这种态度，照西蒙·吕兹及其朋友的说法。[90]热那亚人能含垢忍辱，串通起来算计别人。对于17世纪的荷兰人，以及对后来的英国人，情形亦复如此。

所有的商业网，即使最强大的商业网，它们的发展迟早会出现曲折或后退。商业中心的任何衰落必定影响商业网的各个据点，边缘地区所受的影响比别处更大。所谓意大利"衰败"在整个欧洲造成的种种影响正是一个例子。意大利衰败是个模糊而有争议的说法。"衰败"一词显然并不恰当；但从16世纪末起，意大利确实遇到一些麻烦和困难；它失去在德国、英国和勒旺地区的商业据点。类似事件在18世纪的波罗的海地区出现，面对英国势力的兴起，荷兰的影响日渐退缩。

凡在占统治地位的商人逐渐退缩的地方，必定会出现替代的结构。所谓"法国的托斯卡纳"是指在法国定居的意大利人，他们的衰退出现在1661年前后，也许更加早些，始于1648年的金融危机；荷兰商人在法国可说是盘根错节，但于18世纪初遇到了困难。恰巧在1720年，[91]更多的法国批发商引人注目地到处兴建港口，奠定大规模的法国资本主义的初步结构。法国批发商业的兴盛，一部分有赖于殖民地贸易，另一部分有赖于过去从法国出走的新教徒突然又回国定居。同样的替代现象，在德国表现为"宫内犹太人"，在西班牙表现为加塔洛尼亚和巴斯克商人的崛起，以及马德里显赫的“五大行业”，甚至国家也要向这些马德里富商借款。[92]

所有这些进步显然只是在经济增长的条件下才可能实现。法国、德国和西班牙的繁荣使富甲一方的巨商，或不如说富可敌国的巨商，在18世纪有了新的发展。但在这三个国家，假如事先没有破除外国商人的统治，18世纪就不会如此顺利地发展，大概会增加一些困难。

一个活跃的商业网在遭受挫折以后总是试图弥补自己的损
失。它在某个地区被排挤，便把其资金和利益转到别的地区。这 139
是个规律，至少在资本主义相当强大、资本家已积累雄厚资金时，必定是如此。热那亚商人15世纪在黑海的情况就是这样。在攻克君士坦丁堡（1453年）后25年，当土耳其人又占领了他们在克里米亚的据点，特别是加发这一商业重镇（1479年）后，热那亚人并不因此从勒旺地区完全撤退，例如，他们将留在希俄斯岛，直到1566年。但他们的主要活动则是加强和发展他们在西方、西班牙、摩洛哥，接着又在安特卫普和里昂的商业网。他们失之东隅，便得之西隅。葡萄牙由于在它曾经称雄一时的印度洋和南洋群岛到处挨打，损失惨重，于16世纪末和17世纪初向巴西和西属美洲退去。同样，在17世纪初，尽管佛罗伦萨人公司的势力一落千丈，意大利商人却以威尼斯为起点，经由对他们开放的各条道路向中欧发展。对于1600年后的局势[93]给他们带来的挫折，这算是一个微薄的，但也确实的补偿。原住贝加莫，因而也是威尼斯臣民的巴托罗缪·维亚梯斯[94]迁居纽伦堡后成了该地的富商（甚至首富）；意大利人在莱比锡、纽伦堡、法兰克福、阿姆斯特丹和汉堡等地十分活跃；意大利的商品和时装继续来到维也纳，尤其通过克拉科夫和利沃夫的活跃转运站来到波兰；所有这一切，当然都不是偶然的。波兰档案中保存的一些信件[95]表明，在 17 世纪，波兰各城市和交易会都有意大利商人出现。他们人数相当多，因而一般人都能注意到。下面这个小故事可以作证：1643 年，一名西班牙士兵从尼德兰出差到华沙，给波兰王后送礼，礼品除了花边，还有王后自己要的一个穿着法国时装的玩偶，“以便裁缝按照时装式样为她缝制衣服，波兰服装耸肩缩颈，不合她的心意”。使者到达时受到大使般的接待。他说：“幸好懂得拉丁文，我勉强还能应付，否则，我对他们的语言一窍不通，而他们对我们的语言，只知道错用意大利文称你老爷，因为意大利商人在当地很多。”在返程途中，他在“波兰国王加冕地”克拉科夫停留，在这个商业中心，他注意到“许多意大利商人从事生丝买卖”。事情虽小，却很能说明问题。

具有进取性的少数人

前面所举的几个例子表明，控制流通渠道和商业网的大商人往往属于少数非本地人的集团，或者因为他们是外国人（意大利人在美男子菲力浦和弗朗斯瓦一世时的法国，或在菲力浦二世时的西班牙），或者因为他们的特殊信仰，如犹太教徒、亚美尼亚教徒、婆罗门教徒、祆教徒和俄国的分裂派教徒、穆斯林埃及的科普特派基督徒。为什么产生这种倾向？十分明显，任何少数派都有团结、
140 互助和自卫的天然倾向：在国外，热那亚人与热那亚人，亚美尼亚人与亚美尼亚人，总是比较谈得拢。夏尔·威尔逊（在他最近发表的文章里）颇有兴味就指出，法国胡格诺派流亡者竟然打进了伦敦工商界的最上层，实在令人惊奇，因为以前人们总说他们的作用是

传播手工业技术。他们在英国首都历来抱成一个紧密的团体，注意保持自己的特性。另一方面，由于不受多数派欢迎，少数派集团容易有受压迫的感觉，因而对多数派也较少顾忌。一名完美的资本家必定应该无所顾忌吗？加布里埃尔·阿尔当[97]写道："经济人〔他这里指的是完全赞同资本主义制度的人〕对于其他人没有友爱的感情。他只顾面对顾客、卖主、债务人、债权人以及其他经济活动主体，他与他们原则上只保持纯经济的关系。"根据同一条思路，桑巴特认为，犹太人在构成"资本主义精神"方面之所以领先，是因为他们的教规允许他们对"异教"做那些对本教教徒禁止做的事。

布鲁日交易所广场：交易所大楼两侧分别为热那亚会馆和佛罗伦萨会馆，这是意大利商业势力扩张及高踞统治地位的有力证据。

这种解释是不攻自破的。在一个有特殊禁忌的社会里，例如把借贷和金融行业——它不仅是商业财富，而且是许多其他财富
141 的源泉——视作违禁，难道不正是社会在强制“非正常人”去做那些让人讨厌但对整个社会需要的事？亚历山大·格尔申克隆认为，[98]俄国东正教出现分裂派正是这个原因。分裂派的作用可比作犹太教派或亚美尼亚教派。如果当时没有现成的分裂派存在，那就还得促使这一派人的出现。威尼斯贵族马休·萨努铎对采取反犹措施表示愤慨，指出“在一个国家里，犹太人如同面包师傅一样必不可少。”[99]

在这场辩论中，与其谈道“资本主义精神”，不如说是社会起了作用。中世纪和近代欧洲历史上的政治纠纷和宗教狂热促使许多人离乡背井，他们流亡国外，结成少数人集团。如同古代的希腊城邦一样，意大利城市就像是个马蜂窝：有公民权的住在城内，无公民权的被逐出城外，后者是个十分普遍的社会范畴，因而被统称为“放逐者”。在热那亚、佛罗伦萨、卢卡等城市中，被逐出城市的人家十之八九保留了他们在城内的财产和商业联系，因为他们迟早总要返回城内。这些“放逐者”若是商人，放逐使他们走上了发财致富的道路。大宗贸易也是远程贸易。他们被迫离乡背井，而远离家乡使他们财运亨通。例如在1339年，一群热那亚贵族拒绝刚建立的被称作永久督政府的平民政权，离开了城市。[100]这些流亡贵族就是所谓“老贵族”(nobili vecchi)，而留在热那亚接受平民政权的贵族则称作“新贵族”(nobili novi)。在流亡贵族返回城市后，二者的隔阂依然存在。凑巧的是，后来从事对外贸易的巨头，多数是老贵族。

其他的流亡者还有：在阿姆斯特丹恢复了犹太教信仰的西班牙或葡萄牙犹太人。法国的新教徒也曾流亡国外。撤销南特敕令（1685 年）固然没有从无到有地创立了后来控制法国经济的新教银行，但至少确保了该银行的发展。这些新类型的"放逐者"保留了他们在国内乃至在王国的心脏巴黎的联系。他们自有很多机会把留在国内的大部分资本转移到国外。如同热那亚的旧贵族一样，他们终于回国，而且十分富有。

总之，少数人集团像是一个事先业已织成的相当牢固的网。意大利人来到里昂后，只需要一张桌和一页纸便能开业，法国人对此大惑不解。问题在于，意大利人在欧洲各商埠拥有现成的合伙者、保证人、客户以及必要的信息来源。总之，为确立一个商人的信誉所需的一切已应有尽有，而这往往需要几年工夫才能达到。同样在莱比锡或维也纳——随着 18 世纪的经济发展，在人口稠密的欧洲边缘出现的新兴城市——人们不能不对外国商人的富有感到震惊：尼德兰人，南特敕令撤销后的法国难民（最早一批于 1688 年到达莱比锡），意大利人、萨瓦人、蒂罗尔人。外国人几乎毫无例外地都交好运。他们前往异乡客地从事大宗贸易，但与遥远的故乡仍保持联系。是否应该由此认为"坏事能变成好事"？不过，假如事情果真如此，那未免也就太简单了。

商品增值以及供求关系 142

网络和渠道构成一个体系，正如在铁路上，铁轨、悬吊装置、行车设施、人员等等形成一个整体。一切布置都为了运动，但如何运动本身却还是个问题。

商品增值

商品在流通过程中显然必须提高价格，这就是我这里所说的“商品增值”。这是一条没有例外的规律吗？是的，或者差不多是的。在16世纪末，西班牙本洋在葡萄牙值320瑞斯，在印度则值480瑞斯。[101] 17世纪末，一瓦拉府绸在勒芒的工厂里值3里亚尔，在西班牙值6里亚尔，在美洲值12里亚尔。[102]如此等等。由此可见，来自远方的稀有商品在特定地点的价格贵得惊人。1500年前后的德国，一磅番红花（意大利或西班牙产）价值一匹马，一磅糖等于三头乳猪；[103]在1519年的巴拿马，一匹马值24.5比索，一名奴隶值30比索，一羊皮袋葡萄酒值100比索。[104]在1248年的马赛，30米佛兰德呢料的价格大约等于二至四名撒拉逊奴隶。[105]老普林尼曾经指出，胡椒、香料等印度产品在罗马的售价比生产价格高百倍。[106]在这样一条路线上，为使流通得以进行，并有人承担流通费用，显然必须使商人有利可图。除开货价以外，还应该加上运费，而在当时，运费尤其昂贵。1318年和1319年，为把在香巴尼交易会购买的呢绒运到佛罗伦萨，所付的运费，包括赋税、包装和其他开支在内，分别等于（共运六次）货价的11.80％、12.53％、15.96％、16.05％、19.21％和20.34％。[107]路线和货物相同，而运费却不同，相差几乎一倍。这些比例并不高，何况织物是分量轻、价格贵的商品。分量重、价格贱的商品，如麦、盐、木、酒等，原则上不经陆路长途运输，除非有绝对的必要；在这种情况下，必要性意味着追加运费。基安蒂酒1398年系一种廉价葡萄酒，一弗罗林可买

1640至1650年间的纽伦堡，番红花和香料到货时的情景，从左到右：交割，登记，过秤，检查，重新发运。

100公升（莫奈姆瓦夏葡萄酒值10至12弗罗林）。从格雷韦运达佛罗伦萨（27公里），酒价提高25%至40%；如果继续运往米兰，酒价等于原价的三倍。[108] 1600年前后，把一大桶葡萄酒从拉贝拉·克鲁斯运到墨西哥，运费等于货物在塞维利亚的原价。[109] 后来，在康替龙时代，“把葡萄酒用车从勃艮第运抵巴黎，运费往往比当地货价还高”。[110]

我们在本书第一卷中强调了运输系统费用昂贵和运转不灵这类困难。费德里哥·梅利斯[111]指出，14和15世纪期间曾在海上运输方面作出巨大努力，扩大了船身和货舱，并建立了按货价推算 143
的运费累进制：让高价商品为低价货物偿付部分运费。但这个办法的普及很慢。在16世纪的里昂，陆路运费仍按货物重量计算。[112]

总之，在商人看来，问题仍旧一样：必须使商品在运输的终点——不论使用的运输工具是帆船、车辆或驮畜——能够增值，以便偿付货物的买价加上运输费，再加上商人希望得到的利润，各种意外开支还不算在内。否则，又何必费钱又费力呢？商品增值不难做到。对那些“俏货”来说——吕蒙·吕兹称胡椒、香料和胭脂红为“俏货”，我们还可加上本洋——这显然不成问题：旅程虽远，但利润确有保障。如果对行市不够满意，我可耐心等待，一切都会就绪，因为俏货从来不缺买主。每个国家，每个时代，都有一些比其他商品更加可望增值的“俏货”。

江巴蒂斯塔·热梅利·卡勒里的游记不但引人入胜，而且出色地显示了这条规律。这位那不勒斯人于1694年开始进行环球旅行，主要为了玩乐而不是为了利润，他找到了一个解决旅费的办法：在甲地购买预知能在乙地增值的商品。在波斯湾的阿巴斯港，他让人装载“椰枣、葡萄酒、烧酒，以及波斯的各种水果，晒干或醋泡后带往印度，能有很大赚头可得”；[113]在马尼拉坐船前往新西班
144 牙，则携带中国的水银，据他说：“足有三倍之利”。[114]如此等等。携带商品旅行，商品便成为一笔资本，它在旅程中增值，支付旅费，并且使旅行家回到那不勒斯时，还得到丰厚的利润。几乎在一百年前，弗朗西斯科·卡莱提[115]于1591年也曾进行环球旅行，他选择的第一批商品是黑奴，当时的“俏货”，在圣多美岛买下后，去卡塔赫纳倒卖。

普通商品的增值显然没有那么容易；商业活动必须十分谨慎小心，才能获利。从道理上讲，一切都很简单，至少对孔狄亚克[116]这样一位经济学家说来：远程交易的规律是把货物从供应充足的甲地运到货源匮乏的乙地。在实际运用中，必须既谨慎从事又消息灵通才能驾驭这些条件。商业通信充分地证明了这一点。

现在是1681年4月，我们就在里窝那的江巴蒂斯塔·萨迪的店铺里。[117]作为托斯卡纳的主要港口，里窝那对地中海和整个欧

洲敞开胸怀，其商业往来远届阿姆斯特丹。原籍卢卡的本杰明·布拉马奇在阿姆斯特丹开办一家商行，经销波罗的海、俄罗斯、印度等地产品。当这两位商人开始业务往来时，东印度公司的船队刚刚到达，致使桂皮价格下降。里窝那的那位商人想就这批“俏货”做笔生意。他打着种种算盘，发信给布拉马奇，说明他希望“独做”这笔生意，也就是说，不与他的客户平分盈亏。事情结果失败。下一次，萨迪同意与布拉马奇合伙了，他认为只有一种商品从阿姆斯特丹运往里窝那会有利可图，那便是即将充斥意大利市场的俄国皮革。在1681年，俄罗斯皮革在里窝那有定期标价，有时甚至连同成桶的鱼子酱从阿尔汉格尔直接进货。于是，他对布拉马奇说，如果这些皮革“里外颜色俱佳，皮张宽而薄，重量不超过9至10佛罗伦萨磅”，则可酌情备货，分装两船（以便分担风险），两条“武装良好”的船（因为“没有良好的护航”），赶在北海冬季封冻前运出。皮革在阿姆斯特丹的原价为12，在里窝那市场的标价为26.5和28，比原价高一倍多。萨迪写道，必须使运达里窝那的皮革成本不超过24，他预期的利润为10%。六箱皮革在泰瑟尔岛装船，布拉马奇根据萨迪的嘱咐，从威尼斯一家银行开出汇票，偿付购货款的半数。真可谓算无遗策，但事情结果并不顺利。1682年5月，里窝那皮革行市因到货众多而下跌至23；质量较差的皮革销售不畅：同年10月12日，还有存货留在仓库。这一切对萨迪商行关系并不太大，在1681和1682年间，萨迪商行做的生意很多，特别是出口热那亚管辖的里维埃拉地区生产的植物油和柠檬，与阿姆斯特丹和英格兰进行广泛贸易，有时独家包下几条货船。讲述上面这段经过是想说明，安排远程贸易和促成商品增值殊非易事。

145 商人经常不断的工作是反复算计，要想做成一笔生意，先要想好十个方案。阿姆斯特丹一位精明的批发商[118]想在法国做生意，便写信给在鲁昂的代理人小杜加尔，“请函复贵地一般货物的价格，并惠赐一份模拟销售账单〔即对各种开支的预测〕……尤盼列出鲸须、鲸脂、茜草、未剥皮的细藤、士麦那棉花、黄木、钢丝、绿茶的价格”。另一方面，一名法国商人[119]向一名阿姆斯特丹商人询问(1778年2月16日)：“由于不了解烧酒在贵地的销售情况，甚盼告知二百小韦尔特〔计量单位〕在法国值多少钱，我将据此进行计算，如能获利，我拟向贵处发运该项货物。”

商品增值是任何商品交换的必要动力，此理不言自明，再三强调似乎愚蠢。不过，它所涉及的问题实际上很多。特别是，商品增值是否自动对生活费用高昂的国家有利？这些国家是最明亮的灯塔，召唤的中心。商品受高价所吸引。地中海的霸主威尼斯长期生活费用高昂，直到18世纪仍然如此。[120]荷兰变成了一个高物价的国家：当地居民相当吝啬，穷人自奉甚薄，富人也不阔绰。[121]自查理五世皇帝时代以来，西班牙的生活费用贵得吓人，[122]一位法国旅行者(1603年)指出：“我在这里听到一句谚语，西班牙除钱以外一切都贵。”[123]到了18世纪，情况还是这样。但过后不久，英国开创了不可打破的记录，它是日常生活开支最高的国家：租房、雇车、一日三餐、住旅馆，都让外国人叫苦不迭。[124]生活费和工资的提高在1688年革命前已露端倪，难道这是为确立英国霸主地位所必需的条件，显示的征兆或付出的代价？一位名叫法因斯·莫里逊的英国旅行家于1599至1606年间在爱尔兰任蒙乔伊勋爵的秘书，他早先曾于1591至1597年在法国、意大利、尼德兰、德意志、波兰等国旅行，这位注意观察的旅行家发表了这样一个令人惊讶的感想："我在波兰和爱尔兰发现，各种食品在市场上应有尽有，而白银却因匮乏而愈显贵重；这些观察使我得出一个与通常见解相反的看法：东西越贵，越能表明国家的繁荣和富裕"。[125]品托曾有类似的断言。这也是魁奈的"悖论"："充足和昂贵即是富裕。"[126]阿瑟·杨格[127]于1787年路过波尔多时指出："住宅和套房的租金每天在涨；自从和平〔1783年〕以来，尽管许多房屋业已建成和正在建造，租金提高幅度很大，与物价的普遍上涨相一致；人们抱怨说，生活费用在十年内提高了30%。这是进步和繁荣的最好证明。"早二十年前，青年教士加里阿尼在他论述货币的著作中，已发表过类似的见解："商品价格高昂是引人找到最大财富所在地的最可靠的指针"。[128]人们会想到莱昂·杜普里埃[129]对当代"直线上升国家"的理论思考，他指出这些国家的工资和物价水平"明显高于发展迟缓的国家"。但我们必须回过头来，研究为什么会形成这些 146
差。说是结构和组织的优越，这未免太过简单。其实，应该说与世界的结构[130]有关。

人们显然容易把英国异乎寻常的命运归诸这一基本现实。高物价，高工资，这些对岛国的经济既是助力，又是阻力。呢绒工业在廉价的羊毛生产基础上发展起来，自能渡过这些困难。但其他工业活动是否同样如此？应该承认，18世纪末年的机械革命为解决困难神奇般地找到了出路。

供求关系：原动力

当然，交换的基本推动力来自供求关系；供和求却为人们所熟知，但它们并不因为平凡无奇而容易被确定或被辨认。它们成百成千次出现，携手合作，结成连锁；它们是电路中的电流。古典经济学用供求关系说明一切，曾把我们引入无结果的争论之中，关于供和求作为动力因素各自所起的作用的争论至今仍十分活跃，并在各种政治经济学学说的原理中占一席之地。

大家知道，无求便无供，无供便无求；二者是交换的产物，供求创立交换，交换又创立供求。同样的说法可用于买和卖，商业上的来和往，赠与和回赠，甚至劳动和资本，消费和生产，因为消费在求的一方，生产则在供的一方。杜尔哥认为，我所以把我拥有的东西给人，这是因为我想得到我手头暂时没有的东西。如果我要求得到我没有的东西，我就得甘心或决心作为回报向对方提供某个商品，某项服务或一笔钱。杜尔奇归纳说，这里有四个成分："两件拥有的东西，两件希望得到的东西。"[131] 今天有一位经济学家写道："供和求无疑每次都意味着各有其对立面。"[132]

我们不要把这些意见轻易当作诡辩或天真。它们有助于排除某些虚假的断言和区分。它们使那些提出关于供和求哪个更重要，或者换一个说法，哪个是原动力问题的人，在寻求答案时谨慎小心。这个问题不会有真正的答案，但它把我们引向交换问题的中心。

我头脑中经常浮现出皮埃尔·谢努[133]研究的有关"印度之路"的事例。1550 年后，一切都很明了，在广大范围内，用机械术语来讲：皮带按顺时针方向转动，从塞维利亚到加那利群岛，到美洲各港口，到佛罗里达以南的巴哈马海峡，再到亚速尔群岛，然后回塞维利亚。航行路线把流通路线具体化了。皮埃尔·谢努无疑认为,16 世纪“各种因素协力促成的运动”是从西班牙“前往”美洲。他明确指出:“船队出发时,等待准备运往西印度的欧洲产品是塞维利亚居民关心的头等大事之一”[134]:伊德里亚的汞,匈牙利的铜,北方的建筑材料以及整船的呢绒布匹。最初,甚至还有食 147
油、面粉、葡萄酒等西班牙自己的产品。可见,西班牙并非独自推动跨越大西洋的贸易。欧洲帮助西班牙,并在船队返回时分得一份好处。法国人认为,没有他们提供的货物,这一贸易体系便不能运行。从开始到 1568 年,热那亚人[135]贷款资助路程远、周转慢的新大陆贸易,他们同其他人一样都是不可缺少的。当船队从塞维利亚出发时,需要动员西方的许多力量,这是在其本源上超出西班牙范围的广大运动,其中包括热那亚商人的金钱,伊德里亚的矿藏,佛兰德的织机以及出售布列塔尼纺织品的二十来个半城半乡的集市。相反的证据是,只要“外国人”愿意,塞维利亚以及在后来卡迪斯的一切随时都可能停顿。这条规律后来继续有效:1730 年 2 月,[136]据一份刊物说,“起航日期被一再推迟,直至 3 月初,以便外国人能把因逆风而未能及时运到卡迪斯的大批商品装上远航船只。”

是否应该说这就是原动力?一条“连动带”原则上可由其任何一个部位所带动:正向运动,逆向运动或停止。1610 至 1620 年间首次发生持久的减速,其原因似乎是美洲银矿生产下降。生产下降可能与效应递减律有关,但作为不可缺少的劳动力,印第安人的 148
减少肯定与之有关。到了 1660 年左右,当波托西以及新西班牙的银矿恢复生产时——那时的欧洲似乎还处在停滞状态——冲力来自美洲,在“现代化”大型采矿设施复活前,土著矿工重又使用传统

17 世纪的装饰图案：图解一位经营对外贸易的德国青年批发商所应注意的事项。

的铁钎。[137] 总之，带头的角色至少两次（一次反面，一次正面）由大洋彼岸的美洲扮演。

但这并不形成规律。在 1713 年后，当英国人利用贩卖黑奴的特权和走私打开西属美洲的市场时，他们的产品很快占领了市场，尤其是呢绒，以赊销形式大量批发给新西班牙的零售商。现金在售货后收回。作为强劲的推动力，英国的压力这次便是大洋此岸的原动力。笛福在谈到葡萄牙的相同过程时，天真地称之为“武力外销”。[138] 这里还有一个条件，即呢绒在新西班牙滞销的时间不能太久。

如果不用杜尔哥关于四个成分的公式，又怎样对供和求作出区分呢？在塞维利亚，大批商品堆积在即将起航的船队的货舱里，

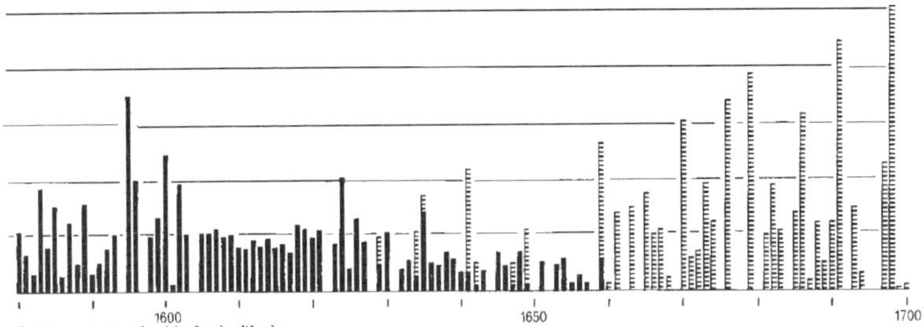

▌截止1660年的官方数字
⁞ 根据荷兰报刊及附属资料

12. 美洲白银运达欧洲

米歇尔、莫里诺参考荷兰刊物的原始资料以及外国驻马德里使馆提供的数据，重新绘制了17世纪贵金属进口的图表（见《经济和社会史年鉴》，1969年，第257—359页）。人们清楚地看到：最初逐渐增加，自1620年起突然下跌，又于1660年猛烈回升（比例尺单位：千万比索）。

商人们为此耗尽了自己的现金和信贷储备，或者不得已签发了外国期票（在船队每次起航到返回这段时间里，别想在当地借到一个铜板），这种由西方多种生产推动的供给伴随着一种迫切、含蓄、但又毫不掩盖的需求：投资进行这些出口贸易的企业和商人愿意由船只带回的白银偿付。同样，在韦拉克鲁斯、卡塔赫纳或在农布
雷-德迪奥斯（后在贝洛港），对欧洲工农业产品（一般价格很贵）的 149
需求伴随着一种明显的供给。在1637年贝洛港的交易会上，人们可以看到银锭像石块一般聚集成堆。[139]可以肯定，没有这种“企求之物”，一切都无法进行。在这里，供给和需求也是同步进行的。

我们是否还坚持说，两次供给，即双方各自进行的生产，胜过两次需求，即对“我没有的东西”的企求？难道不应该说，供给与可以预见的需求相对存在？

总而言之，问题不能仅仅从经济学的角度去提出（何况供求关

系远不是“纯”经济关系，但这是另一码事）。显然还应从力量对比方面去提出问题。一个指挥体系从马德里延伸到塞维利亚，再漂洋过海，延伸到新大陆。所谓西印度的法治，如果以为天主教国王在大洋彼岸真正享有权威，这通常只会惹人耻笑。我也以为，在这些遥远的土地上，一切并不依西班牙国王的意志为转移。但他们的意志能达到某些目标，而且由并不只考虑自身利益的大批军官所体现。他们毕竟以国王的名义定期收取“五一税”，历史文件表明，在船队带回的白银中，除商人所得以外，总有一份属于国王。国王的份额在初期还相当大，当时船只返回时所用的压舱物竟是银条。殖民征服尚未深入进行，尚不需要从欧洲运来许多商品。当时的情况是偏重开发，交换居次要地位，开发事业后来并没有停止或取消。据 1703 年的一份法国报告说：“西班牙习惯于〔指 1701 年西班牙王位继承战争前〕运去 4000 万〔图尔里佛〕货物，带回价值 1 亿 5000 万〔图尔里佛〕的金、银或其他商品”，是指每五年一次。[140] 这些数字当然仅代表交换的毛值。考虑到往返费用，不论为确定真正的利润额应作怎样的扣除，这是不平衡交换的一个明显例子。从这种不平衡中，人们可以猜想到与此有关的各种经济和政治因素。

当然，为使开发以及不平衡的或强迫的交换得以进行，不一定需要有国家或国王从中插手。从贸易的角度看，马尼拉大帆船代表着一条特殊的流通路线，不过请不要误会，在这里每次都是墨西哥商人占有利地位。[141] 他们匆匆光顾短暂的阿卡普尔科交易会，却在事隔数月或数年后遥控马尼拉的商人（后者转而牵制住中国商人），正如荷兰商人长期牵制着里窝那代销商一样。那么，当存在力量对比时，“供给”和“需求”这两个术语究竟意味着什么？

单说需求

在作出以上的说明后，我想让需求本身暂时脱离它所在的环境，就不再有什么妨碍了。一些经济学家的见解也鼓励我这样做，他们目前正关心着发展中国家的情形。雷格那尔·努克斯[142]断 150
言：如果想发动马达，就必须拉紧需求这根绳。仅仅想提高生产将导致失败。我完全懂得，适用于今天第三世界的事情不一定适用于旧制度下的经济和社会。但比较在两方面都能给人启示。魁奈的这个看法（1766 年）是否适用于过去？总有“一些消费者不能称心如意：以黑面包和清心果腹的人希望能吃白面包和喝葡萄酒；没有肉吃的人想吃肉；只有坏衣服的人希望有好衣服；没有木块取暖的人希望能够购买，等等”。[143]何况，这些消费者群众不断在增加。我甚至要说，差不多总有一个潜在的“消费社会”。只是社会收入总量限制着消费，消费轻而易举地吞噬收入的十分之九。绝大多数人都感受到这个无情的限制。如同今天第三世界的经济学家一样，18 世纪的法国经济学家意识到这个限度，寻找可能增加收入和消费的经费来源，布阿吉尔贝尔已经说过，“所谓破产……是指收入的破产”。[144]总之是要增加需求。

不过需求与需求显然并不全都一样。反对“奢侈铺张”的魁奈提倡“实质性消费”，[145]即扩大“生产者阶级”的日常需求。他没有错：这种需求是基本的，因为它持久而又庞大，能够在时间上保持其压力和要求，因而能正确无误地指导供给。这种需求的扩大对经济发展始终是极其重要的。

大家知道，这些基本需求既来自某种古老的、带来众多后果的选择（小麦、稻米或玉米），[146]又来自人不可或缺的需要：盐、木、织物等。这些首要需求的历史至今很少有人去写，但我们显然必须从这些首要需求出发，去判断广大的基本需求以及为满足它们而完成的壮举伟业。例如，中国通过大运河水道把南方各省的稻米、食盐和木材成功地向北运往北京；在印度，孟加拉稻米由海道转运，或在陆路使用成千头牛组成的驮帮运输；在西方各地，小麦、食盐、木材畅行无阻；朗格多克地区该贝的盐沿罗讷河逆流而上，直到塞塞勒，[147]卡迪斯、锡图巴尔、布尔纳夫湾的盐取道大西洋前往北海和波罗的海。因此，在16世纪末年，切断食盐供应，便能使联合省不战而降。这正是西班牙梦寐以求的事。[148]

至于木材，我们在本书第一卷已经指出，它的使用量很大，在欧洲和中国的大河上，木材运输堪称壮观：木排，木筏，漂放的树杆，到达目的地后立即拆毁的木船（如在卢瓦尔河以及许多其他河流的下游），满载厚薄木板的或者为把北方的优质桅杆运往西方和
151 南方而专门建造的海船。煤、柴油、电替代木材需要一百多年的适应时间。作为欧洲基础文明的组成部分，葡萄酒可说是源远流长。皮埃尔·谢努说，葡萄酒船在旧制度时代的经济地位，相当于18世纪以至19世纪的煤炭运输，[149]这种说法未免夸大。小麦分量重而价格低，既然到处都有种植，人们就尽可能减少其流通。但遇到歉收，小麦供不应求，那就必须进行大批运输了。

除开这些笨重的大路货外，还有玲珑剔透、光彩夺目和令人称羡的奢侈品。金钱对奢侈品的追求尤其强烈，于是在正常贸易外，又出现了超需求及其特有的贸易方式和急剧的价格波动。欲念难

得持久，时尚瞬息即变，它们制造出一些强烈而可变的虚假“需求”，这些需求随时为让位于同样无理的其他狂热而消失：糖、烧酒、茶、烟草和咖啡。虽然许多家庭仍为日常应用而自行纺纱织布，但在最先进和最商品化的领域内，决定纺织品需求的却往往是时装和奢侈。

在15世纪末年，富人抛弃金银线挖花的呢绒织物，转而爱好丝绸。后者逐渐传播，在一定程度上得到普及，并成为某种社会身份的标志。丝织业在一百多年里带动了意大利的最后一次繁荣，接着又在欧洲遍地开花。在17世纪的最后几十年内，英国呢绒曾风行一时。到18世纪，所谓“印花布”又异军突起，最初从印度进口，后在欧洲仿造。法国当局为保护民族制造业，拼命阻止这种细布的侵入。但无论监视、搜查、关禁、罚款，以及种种匪夷所思的对策——如巴黎布尔都内街商人勃里翁·德·茹依建议指定三名下级警官，给他们每人发五百里佛，“当街脱去妇女所穿的印度布衣服”，如果这个措施显得过分可笑，则让“妓女穿上印度布衣服”，然后当众脱下，以有裨世道人心。[150]致总督察台斯马雷的一份报告（1710年）对这类活动感到担心；值此食品昂贵、铸币短缺、政府的纸币使用不便之际，难道还要强迫人改换衣着？何况又有什么办法对付时髦？[151]至多是嘲笑一番。丹尼尔·笛福1708年在《每周评论》的一篇文章写道：“人们看到一些上等人，竟把一些印度地毯披在身上，而在不久前，他们的妓女还嫌这种布料过分粗俗；印花布身价日高，从脚下升到人的背上，从地毯变成衬裙，甚至女王自己也穿着中国和日本的织物露面，我说的是中国的丝绸和细布。不仅如此，我们的住宅、书房或卧室里，帘膜、垫子、椅子乃至床，全都离不开细布和印花布。

152

路易十五时代的中国丝织物(锦缎)。里昂纺织历史博物馆。

无论可笑与否，作为一种坚持不懈的、多种多样的和令人捉摸不透的需求，时髦最后总会占上风。在法国，35 条以上的禁令未能“治好走私〔印花布〕痼疾”；根据 1717 年 12 月 15 日法令，对买卖该物品者，除没收货物和罚款一千埃居外，另处长期苦役等刑 153
罚，情节严重者加重处分”。[152]禁令于 1759 年终于撤销，[152]国内建立起印花布工业，与英国、瑞士各州或荷兰竞争，甚至与印度的印花布工业抗衡。[152]

单说供给

研究前工业化时期世界的经济学家在一个问题上意见一致：供给地位低下。它缺少弹性，不能迅速适应任何一种需求。[153]何况还要区分农业供给和工业供给。

当时的经济以农业活动为基础。在世界的某些地区，特别在英格兰，在某些技术因素和社会因素的配合作用下，土地的生产和生产率无疑取得了“革命般”的增长。但即使在英国，历史学家往往注意到，1730 至 1750 年间接连丰收，[154]这个偶然因素对岛国的经济起飞具有广泛的作用。一般说来，农业生产是个惰性领域。

相反，另两个领域的进步显而易见，首先是工业，其次是商业，尽管在机器出现前，由于居民中太多的人依靠一半自给自足的小农经济为生，任何飞跃发展都有一个内在的和外在的界限。在工业方面，根据一些笼统的和尚有争议的认识，我以为在 1600 至 1800 年间欧洲工业产量至少增长四倍。我还认为流通渠道也有改变和扩展。各种经济之间的隔阂有所打破，交换成倍增加。从这个角度看，法兰西的广大地域是个很好的观测场，历史学家注意到,18 世纪最突出的事实是经济隔阂的被打破。[155]

因此,我想说的是,在 18 世纪末,面对胃口特大的消费,供给的表现不再如人们首先想象的那样虚弱和胆怯。当然,它将随着工业革命的进步而壮大。在 1820 年前后,供给已扮演重要的角色。经济学家自然而然地,以欣羡的目光,注视它的作用。随着所谓让-巴蒂斯特·萨伊法则[156]的提出和运用,供给的地位更得到了提高。

马克思指出,萨伊(1767—1832)不算是"天才"的经济学家,却是擅长普及的经济学家;如同托马斯·格雷欣不是以他命名的法则的发明者一样,萨伊不是这一著名法则(也称"市场法则")的创造者。由于人们轻信权威,萨伊给人一个印象,似乎他是当时最杰出的经济学家。其实,市场法则的一些成分在亚当·斯密,尤其在詹姆斯·斯图亚特(1712—1780)那里已经得到阐述。杜尔哥已初步提出了公式,声称约瑟亚·柴尔德发现一个"无可争议的准则,即一人的工作能给另一人提供工作"。[157]法则本身说来
154 很简单:在正常情况下,市场上的一种供给会引起对它的需求。但这种简单总是隐藏着一种内在的复杂,每个经济学家都对此任意发挥。约翰·斯图亚特·穆勒(1806—1873)认为:"生产的增加如果正确无误地按照私人利益规定的比例分摊给各种产品,便创造或者构成它自身的需求"。[158]他想说清楚,反而使人莫名其妙了。不明内情的读者也一下子弄不懂夏尔·吉德的话,他说:"其他产品愈丰富多样,各种产品的销路就愈好"。[159]总之,各种供给愈充裕,某一供给就愈容易找到需求。昂利·居通(1952 年)写道:"伸出双手,一手为了给予,另一手为了取得……供和求也是

同一现实的两种表现。”[160] 事情确实如此。有另一种解释更合逻辑：迟早将供应市场的任何产品，在其生产过程中，带动了金钱的分配：必须买原料，付运费和发工资。分发的金钱在正常情况下迟早将以需求的形式，或者说，以购买的形式重新出现。供给与自己订下约会。

这条萨伊法则一直保持到1930年，除个别例外，几代经济学家对他的解释没有提出异议。但所谓经济法则是经济时代的镜子和代言人，相当忠实地反映这个时代的现实和愿望。不同的时代会带来不同的法则。1930年左右，凯恩斯轻而易举地推翻了历时百年的萨伊法则。除其他理由外，凯恩斯指出，正在创造的供给的得益者不一定愿意立即作为需求者出现在市场上。金钱的用途，可作以下选择：储蓄、支出或投资。我们这里不打算花更多篇幅介绍凯恩斯的评论，这在当时肯定是符合实际并成效卓著的。我们并不想评判凯恩斯在1930年是否有理，也无意探讨萨伊在1820年是否正确。他的论证（萨伊法则）是否适用于工业革命以前的时期？唯独这个问题与我们有关，但我们是否能作出使自己满意的答复，却还没有把握。

工业革命以前的经济经常出现故障，各经济部门不相协调，在任何情况下都不能同步前进。一个部门动了起来，其他部门不一定受它带动。各部门甚至能轮流扮演瓶口的角色，阻碍进步走上正轨。我们明白，当时的商人难免抱怨和夸大其词，但他们并不一贯说谎，并不假造他们的困境以及诸如断裂、故障、破产这类厄运，即使在最高级的金融界也是如此。在这种情况下，萨伊设想的工业生产部门不能期待其供给得到自动的、持久的热烈欢迎。生产

费用的分配在工具和原料供应部门、运输部门和工人之间并不平
155 衡。工资占支出的很大份额。但工人是独特的经济活动主体。俗话说得好,金钱到了工人手里,立即"送进嘴里"。伊萨克·品托解释说:"现金流通因通过下层阶级而变得更加迅速",[161]零钱的流通最为活跃。德国财政学家F.W.冯·施勒特尔[162]提倡把发展制造业作为加强货币流通的手段(1686年):把钱分发给手工业者,这只是暂时放弃了钱,钱在普遍的流通中将迅速跑回来。人们对此深信不疑,直到1817年,李嘉图仍认为,工人的"通行工资"通常环绕"自然工资"左右摇摆,而"自然工资"则是给工人提供维持生存和延续后代的手段。[163]工资所得只够支付必需消费品,首先用于食物需求:工人主要对农产品供给作出反应,何况正是食物价格决定着工人工资。可见,工人不是他生产的制成品的需求者,因制成品往往是奢侈品。[164]在这里,我们所考察的供给至多只为制成品创造一种间接的需求。至于不定期的农业生产过剩,其数量不足以使食物销售在佃农、零工或小地主方面带来对制成品的巨大间接需求。

简单地说,对于我们往往误认为是荒唐的重农主义思想,我们必须在这个历史背景下加以理解。把农业生产和农业财富放在第一位,在农产品总是供不应求、不能适应人口增长的时代,难道是错误的吗?反过来看,工业经常出现故障,其原因难道不正是农村居民以及城市手工业者和工人的需求过于微薄吗?F.J.费舍[165]对农业的供给不足和工业的需求不旺之间所作的区分,正是对旧制度下经济的简明扼要的描绘。

在这些条件下,我担心萨伊法则对大革命前的几个世纪远不

如对当今的20世纪那么适用。更何况，18世纪的制造商只是在事先取得补贴、无息贷款和垄断权的条件下才创办大企业。人们或许会说，这些企业家未免苛刻。可是，即使享有如此优惠的条件，他们也远非人人取得成功。供应增长能制造新需求的情形是未来的事，是由机器生产促成的断裂现象。米希勒说得好，产业革命归根结底是一切需求的革命，用杜尔哥的话来说，是“欲念”的改变，今天的某些哲学家或许喜欢听到谈论“欲念”。米希勒于1842年写道：“纺纱业到了穷途末路，行将窒息的地步；仓库里货物充斥，找不到任何销路。惊惶失措的制造商既不敢继续开工，又不敢让这些消耗巨大的机器停下来……价格下跌，仍无济于事；一跌再跌之下，棉花已跌到六苏……于是发生了一件意外之事。六苏一词终于使人觉醒。成百万顾客，一些从不购物的穷人，开始行动起来。一旦人民插手其事，就可以看到他们的购买力该有多大。仓库一下被搬空。机器重又狂热地运转……法国发生了一场悄悄的但又伟大的革命；这是一场清洁革命：穷人家里得到了美化：有史以来许多人家从未有过的内衣、床单、桌布、窗帘，一下子就应有尽有了”。[166]

市场的地理分布 156

我们在前面一节只考察了经济规律和经济制约的作用，却把商人遗忘了。我们在下一节将再次忘记他，而只考察市场本身：市场所占的地域，它们的规模和分量，总之，回顾它们的地理分布。因为任何交换都占一块空间，而任何空间都不是中立的，也就是说，都由人加以安排或调整的。

就历史来讲，有必要弄清楚一个民族、一个商埠、一家公司所控制的可变地域，有必要弄清楚某种贸易——如小麦、盐、糖、胡椒乃至贵金属——所占的可变地域。采用这个办法，就能揭示市场经济的影响及其经常出现的缺陷和不足，以及持续的活力。

商行的活动地盘

一名商人总是与一些顾客、供货人、借款人、债权人相联系。请把他们的地址标在一张地图上：一块地盘便显示出来，这块地盘决定着商人的兴亡成败。地盘愈大，商人的地位原则上愈重要，实际上几乎也始终如此。

13 世纪下半叶在法国定居的佛罗伦萨商人江费格里亚齐家族，他们的经商范围包括整个阿尔卑斯地区，尤其是多菲内和罗讷河谷，影响往西可达蒙彼利埃和卡尔卡松。三个世纪以后，即在 1559 年前后，安特卫普的卡波尼家族[167]——系出世界著名的托斯卡纳望族——以北海到地中海的比萨和佛罗伦萨的狭长形纺锤状区域（其分支再朝南延伸）为贸易范围（他们的信件和账册足以为证）。正是连接荷兰和意大利的这个纺锤状区域，在 16 世纪上半叶，支配着和包含着比萨的萨维亚提家族的活动，这个家族的大批档案几乎尚未得到利用。到了 17 世纪，意大利商业网在丧失对北海的统治的同时，逐渐向整个地中海地区扩展。托斯卡纳的萨米尼亚提公司[168]已把其经营中心转到里窝那，他们的一本账册（1652—1658 年）表明存在一个以地中海为主的商业网：威尼斯、士麦那、特里波利、的黎波里、墨西拿、热那亚和马赛占着首位；君

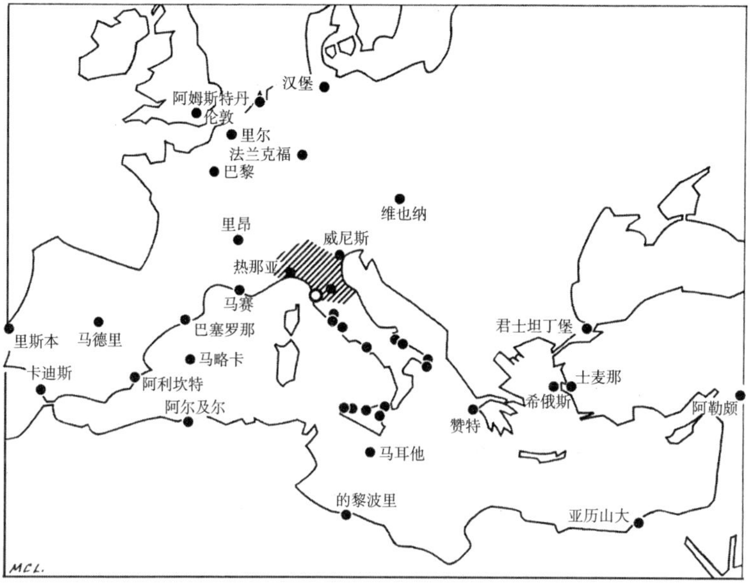

13. 萨米尼亚提公司 17 世纪的商业联系

萨米尼亚提公司设在佛罗伦萨和里窝那，阿尔芒多·萨波利在最后关头抢救出该公司的大批文件，现在博科尼保存（米兰）。影线区（意大利中部和北部）系与公司往来密切的区域。公司影响遍及整个地中海沿岸、卡迪斯、里斯本以及北方（巴黎、里昂、美因河畔法兰克福、里尔、伦敦、阿姆斯特丹、汉堡和维也纳）。地图由 M.-C.拉佩尔小姐绘制。

士坦丁堡、亚历山大勒塔、巴勒莫、阿尔及尔也经常被提到。北方的连接点为里昂，尤其是阿姆斯特丹。使用的船只往往属于荷兰或英国。但里窝那毕竟是里窝那，公司的账本曾提到，两艘船在阿尔汉格尔装载俄罗斯的红色皮革。例外正好证实规律！

如果我们拥有几百或几千份这类资料，就能绘出关于商业布局和商行布局的有用图表。人们将学会就“买的地域”和“卖的地 157
域”进行逐个对比，让它们互为解释，学会区分聚合和扩散，区分向

158

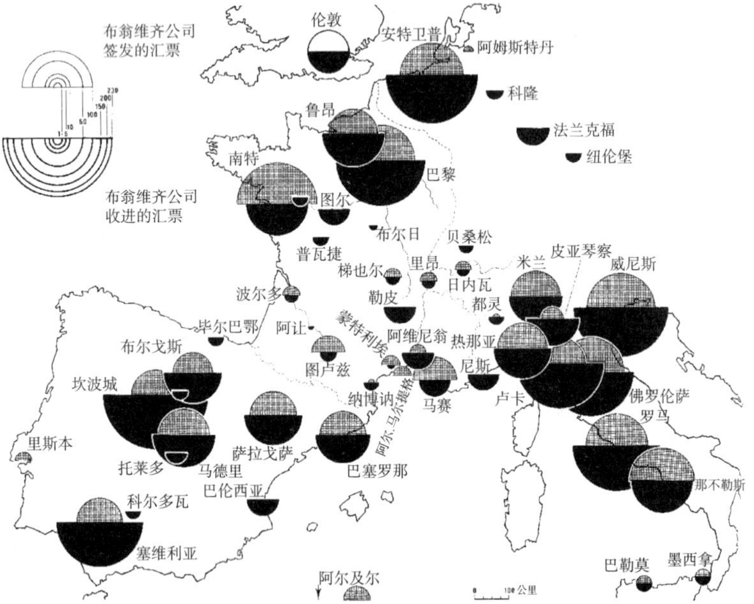

14. 布翁维齐家族征服了整个欧洲

自 1575 至 1610 年，卢卡商人布翁维齐设在里昂的公司通过其亲戚和客户联系，在欧洲各大商埠建立了四通八达的商业网。汇票织成的交易网包括着五花八门的业务。这里涉及的是汇票数量；而不是汇款金额，因而不能完全相信图表给人的印象，以为公司除在南特和图卢兹外，到处都有盈余。值得了解的是里昂本城的汇票往来何以如此之少，而向卢卡签发的汇票何以出奇地多。（地图根据弗朗斯瓦兹·贝雅尔的草图绘制："布翁维齐，里昂的商人兼银行家，1575 至 1629 年）"，载《经济、社会、文明年鉴》，1971 年，第 1242 和 1243 页）

一根主轴收缩的、近乎线状的纺锤形区域和反映经济高涨、交换发达时期的圆球状扩张。在举出第二个或第三个例子后，人们将不再怀疑，当商人在大商埠已站稳脚跟时，他必定发财致富。15 世纪的拉古萨人科特吕格利曾说过："在大湖里钓大鱼"。[169] 我还喜欢厄里克·马什克[170]讲的关于奥格斯堡那位商人的故事，此人早年生活困顿，只是到达维也纳后，才开始改变入不敷出的情形。同样，富格尔发家史上有两个特别重要的日期：1367 年 9 月，汉斯·富格尔离开故乡格拉本，前往附近的奥格斯堡，在那里安家，充当绒布织工；1442 年，他的继承人成为从事远程贸易的商人，与附近各大城市和威尼斯保持联系。[171]这些都是众所周知的事实。费德里哥·梅利斯曾举博洛梅为例，这个家族原籍比萨，于 15 世纪迁往米兰，并因此发了大财。[172]

商人的地盘是某个特定时代的民族地域或国际地域中的一 159
块。在经济高涨的时代，批发商活动的地盘有可能迅速扩大，尤其如果他同大宗贸易、汇兑、货币、贵金属、“俏货”（如香料、胡椒、丝）和时尚趋向（如为织单面绒布所必需的叙利亚棉花）相联系。经查阅普拉托的弗朗赛斯科·达蒂尼的部分档案，我得到这样一个印象，即 1400 年前后的大宗贸易使佛罗伦萨的汇票流向热那亚、蒙彼利埃、巴塞罗那、布鲁日和威尼斯。在这 14 世纪末和 15 世纪初，金融活动莫非比商业活动成长更早，更富外延性？

如果 16 世纪的进步果真像我所说的那样导致交易会和商埠这类上层建筑的异常活跃，人们将容易懂得，奥格斯堡的富格尔家族和韦尔瑟家族所在的多种商业领域何以能有突然的扩展。在 16 世纪那时，这些企业规模之庞大使其他商人和公众舆论感到害怕。奥格斯堡韦尔瑟家族的势力遍布整个欧洲及地中海，进入新大陆，于 1528 年抵达委内瑞拉，由于西班牙人恶意破坏和当地的凶残暴行，终于导致众所周知的失败。韦尔瑟家族难道乐于前往风险大的地方一赌成败吗？倒是富格尔家族百倍地通情达理，他们取得的成就更大，也更加扎实。他们支配中欧、匈牙利、波西米亚和阿尔卑斯地区的大采矿企业。他们通过代理人在威尼斯建立巩固据点。他们控制着16世纪初世界的活动中心安特卫普。他们早就来到里斯本和西班牙，站在查理五世皇帝的一边；他们于1531年在智利出现，虽然他们很快于1535年撤出。[173]他们于1559年在阜姆（里耶卡）和杜布罗夫尼克[174]打开了一扇面对地中海的专用窗户。16世纪末，正当他们遇到极大困难时，他们仍一度参加了设在里斯本的国际胡椒康采恩。最后，他们通过同乡费迪南·克隆为中间人，把势力伸入到印度。克隆于1587年到达那里，年仅28岁，充当富格尔家族和韦尔瑟家族驻科钦和果阿的代表。他在印度一直留到1619年，那时他已发了大财，并给远在西班牙的主人和他在当地的葡萄牙主子办了许多事情，但在1619年后，葡萄牙人的忘恩负义使他身陷囹圄，备受折磨。[175]总之，大商行的影响之大超出了查理五世和菲力浦二世的帝国版图，大家知道，这在当时是两个永远不见日落的帝国。

不过，历史上的这些大人物并不最能说明问题。我们更关心的是平均值，即大小不等的各商行以及它们作为整体发生的变异。在17世纪，商行的平均规模似乎有所缩小。到了18世纪又重新变大，金融势力伸展到欧洲乃至世界的各个角落。富商的国际体系业已建立。为进一步说明这种情况，必须多举例子和多作比较。这项细致的工作还有待去做。

160

城市的活动地盘

一个城市是相互联系的若干地域的中心：城市食物供应圈；货

币及度量体系适用圈；手工业者和新市民来源圈；信贷贸易圈（这个圈范围最广）；商品购销圈；消息传入城内和传出城外的逐层推进圈。如同商人的店铺或仓库一样，城市占据的经济地盘是由其地位、财产和长期经历所决定的。城市的地位每时每刻由其四周的包围圈所确定。但这些包围圈的使命还有待解释。

纽伦堡城可为我们作证，1558年左右，纽伦堡人罗朗茨·默德尔出版了《贸易须知》。在这本不久前由赫尔曼·凯伦本兹再版和评注的商业著作里，[176]罗朗茨·默德尔打算给他的同胞提供一些实用信息，而不想解决我们这里关心的问题，即对纽伦堡的商业地盘作出正确的考证和解释。但根据他提供，并经赫尔曼·凯伦本兹补充的情况，人们得以画出下面那张资料相当丰富的地图。地图很能说明问题。纽伦堡作为工商业和金融业的头等城市，在这16世纪的30至60年代，还处于上升态势，这股冲劲在几十年前曾使德意志成为推进欧洲发展的动力之一。纽伦堡与一个活动范围广大的经济地区相联系，它的产品经过转手，远销近东、印度、非洲和新大陆。但它本身的活动仍限于欧洲地区。以它为中心的中短程贸易，其范围大致可覆盖整个德意志。威尼斯、里昂、坎波城、里斯本、安特卫普、克拉科夫、布雷斯劳、波森、华沙是它远程贸易活动的边沿，在某种程度上，也是接力棒的交接站。

约翰·弥勒[177]指出，纽伦堡在16世纪初曾是欧洲活跃的经济中心。这绝不是出于乡土观念而夸大其词。但根据何在呢？理由之一显然是陆路运输的发展。理由还在于，纽伦堡地处威尼斯和安特卫普的中间，一头通向欧洲财富的旧场所地中海，另一头连接欧洲财富的新场所大西洋（及其所属海域）。威尼斯——安特卫普轴心在整个16世纪无疑是欧洲最活跃的枢纽。阿尔卑斯山固然横在中间，但那是不断出现运输奇迹的地点，困难似乎反而制造了一种优良的交通体系。因此，当我们看到，在16世纪末，胡椒同时从安特卫普和威尼斯运到纽伦堡，也就不足为奇了。胡椒从南方和从北方运到这里距离相等，货物可经海路和陆路从安特卫普运往威尼斯或从威尼斯运往安特卫普，中间不再停留。

当然，这是德国经济在特定时代的特殊情况。从长期看，天平向最具大陆特征的德意志东部倾斜，东部的兴起在16世纪具体地表现为莱比锡及其交易会的繁荣，特别在纽伦堡和奥格斯堡于1570年发生破产事件之后。莱比锡终于跃居德国矿业之首，成为
161 最重要的矿业股票市场，并不经马格德堡中转，直接与汉堡和波罗的海取得联系。但莱比锡与威尼斯仍保持紧密联系，"威尼斯商品"代表整整一个活动部门。莱比锡此外还是东西方之间最方便的货物转运站。贸易额逐年提高。到1710年，可以说，莱比锡交易会已比美因河畔法兰克福交易会"重要得多"，至少就商品而言，因为后者当时仍是一个其地位比莱比锡更加重要的金融中心。[178] 金钱的优势不是在朝夕之间就能改变的。

由此可见，城市的活动地盘是个很难作出解释的问题，特别是我们掌握的资料不能符合我们的要求。让-克洛德·佩罗的近著《近代城市的诞生：十八世纪的卡昂》，其研究之细致精辟堪称典范，却也不能解决所有的问题。冯·屠能的理论公式对卡昂适用，这并不值得奇怪：在紧贴城市的四周，人们不难划定一个供应蔬菜和牛奶的"腰带状区域"，然后是一个产粮区[179]和一个畜牧区。但是，要弄清城市制造的工业品的销售区，弄清城市赖以推销其商品

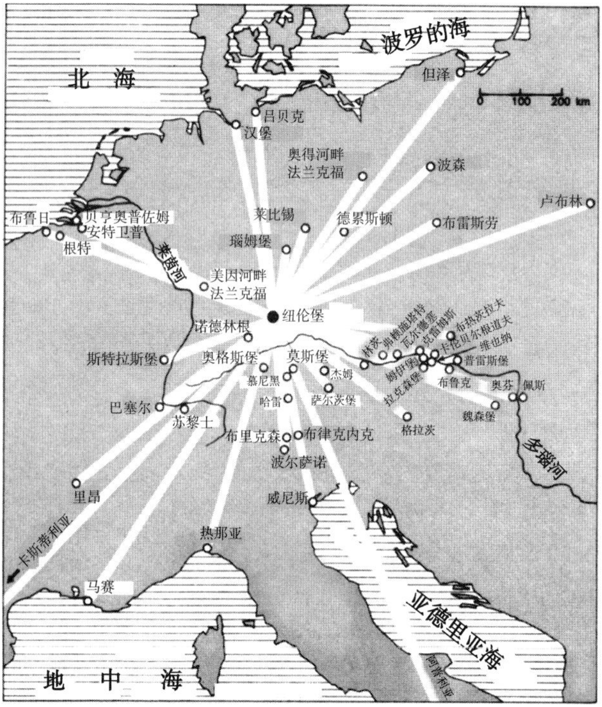

15. 城市的地盘：纽伦堡1550年间的影响如光芒四射

根据赫尔曼·凯伦本兹再版的默德尔著《贸易须知》，1974年版。

的集市和交易会，就困难得多。关键在于，城市应在地区和国际这双重范围内展开活动；也就是说，进行两种不同的流通：第一种是 162
连续的，纤细的和短程的；第二种是间歇的，在发生食物危机时，需要利用塞纳河的水上运输，或从伦敦和阿姆斯特丹为起点的海上运输。这两种体系互相调整，互相对立，互为补充，或互相衔接。国际生活对一个城市的影响等于甚至超过该城市与邻近城市的持续联系。世界通史凌驾于地区史之上。

原料市场

费尔南·毛雷脱曾写过一部关于本世纪20年代世界的原料市场的教科书。[180]照着这部经典著作来写15至18世纪主要原料的历史,大概不会有太多的困难。如果我们愿意安分守已地仅举一些能够说明问题的例子,例子会俯拾皆是:所有销路广的商品都可作证,这些证明虽说五花八门,至少有一点是共同的:如同最活跃的城市和最受人看重的商人一样,最引人注目的贸易势必涉及大块地域。地域面积是财富和成功最执着的象征。香料——该词"泛指多种产品",从"用于调味的佐料"到"药材和染布必需的材料"[181]——这个例子已为大家如此熟悉,似乎不宜再作典型举出。这个例子的好处是介绍一种长时段的发展,其中分几个互相衔接的阶段,继之以在17世纪的明显退潮。[182]关于这次退潮,我们已经作过解释。[183]相反,食糖相对地是一种新产品,从15到20世纪,食糖的消费和供应区域不断在快速扩展。除开几个细小的例外(枫叶糖、玉米糖),到大陆封锁和使用甜菜制糖时为止,这一宝贵产品历来从甘蔗中榨取。我们已经指出,[184]甘蔗从印度向地中海和大西洋(马德拉岛、加那利群岛、亚速尔群岛、圣多美、太子岛,然后美洲大陆的热带海岸、巴西、安的列斯群岛)迁移。这一进展特别引人注目,因为在当时条件下,需要昂贵的投资才能办到。

于是,食糖除继续作为药材出现外,逐渐进入厨房和端上餐桌。在15和16世纪,它还是王公们用于馈赠的高级奢侈品。1513年10月18日,葡萄牙国王向教皇赠送其等身糖人像,四周站着12名主教和300支蜡烛，每支均高1.5米，全部由一位耐心的甜食商制作。[185]德国于1544年流行的一句俗语说："任何菜肴都不怕放糖"。[186]巴西开始提供食糖：16世纪平均每年1600吨。在1676年，400艘船载糖离开牙买加，平均每艘装180吨（共计72 000吨）。[187]圣多明各18世纪产糖量如果不是更多，至少也是这个数目。[188]

我们不要以为欧洲市场被大西洋食糖所淹没。制糖业的发展 163 绝不是大西洋经济发展以及欧洲日益现代化的首要原因。把这种说法颠倒过来，却毫无困难：正是欧洲的发展，促成对食糖和咖啡的嗜好，并使食糖和咖啡的生产飞速发展起来。

这里不可能逐个研究促使糖业发展的所有因素：黑奴，种植园主，生产技术，粗糖提炼，向不能自给自足的种植园供应廉价食品，与欧洲的海路联系，以及欧洲的仓库和转售系统。在1760年前后，当一切都已就绪时，人们向巴黎和别地的食糖市场推销"粗糖、粗红糖、七磅食糖、细砂糖、粗砂糖、冰糖、红糖或称塞浦路斯糖。优质粗糖应呈白色，不沾手，不带焦煳味。粗红糖又称'群岛糖'，以色白、质干、呈颗粒状、味带紫罗兰香味者为上品，以巴西所产的为最佳；但此项贸易业已中断，卡宴所产者次之，各岛所产者复次之。甜食商制作果脯时大量使用巴西和岛屿生产的粗红糖，甚至评价比细糖更高，因为粗糖渍制的果脯质量更好，并且不易结晶"。[189]在当时，食糖显然已丧失物以稀为贵的地位，变成了食品杂货中的一种。

我们这里关心的是糖业经验对商人的意义。首先，地中海刚开始迷恋食糖时，食糖生意就是生财之道。在这方面，威尼斯和塞

巴西榨糖作坊。据认为 F.波斯特于 1640 年作画。注意前方装有实心车轮的牛车,以及推动榨糖装置的牲畜驮套。

164 浦路斯糖的例子十分清楚,因为它表明,号称"糖王"的科尔内家族对食糖已建立起不可动摇的垄断。威尼斯于 1479 年占领了塞浦路斯,它所赢得的是一场食糖战争。

我们对科尔内家族的糖业经营了解不多。但已知的其他经验给人一个并不出人意外的印象,就是说,在有关糖业的系列活动中,生产从不是高利润部门。在 15 和 16 世纪的西西里,由热那亚资本支持的榨糖作坊并不十分景气,甚至日子难过。同样,人们指望 16 世纪初大西洋岛屿的食糖起飞能够带来丰厚的利润,但当大资本家韦尔瑟于 1509 年在加那利群岛买地和建立种植园时,他们发现这笔生意赚头不大,并于 1520 年放弃了。[190] 16 世纪巴西种植园的情形也是如此:种植园主可赖以生活,但发不了财。圣多明各虽然产量最高,但给人的印象并没有什么不同。难道由于这个不容置辩的原因,生产竟被置于低下的地位吗?只是在这种情况下,糖业生产才能找到自己的平衡。

不仅如此,任何资本主义市场都有一系列链环,愈是靠近中心的环节，地位和报酬便愈高。例如，在胡椒贸易中，这一制高点长期是威尼斯的条顿商馆：胡椒在那里堆积如山，然后就向德国的大主顾发送。到17世纪，胡椒的中心是东印度公司的大仓库。就食糖而言，由于它完全被纳入欧洲交换网，联系环节要复杂得多，因为必须掌握了生产才能掌握贸易的制高点。大西洋食糖只是在17世纪下半叶，当安的列斯群岛发展（各个岛屿发展的日期不尽相同）起来后，才取得重要的地位。荷兰人于1654年丢失了巴西东北部，他们遭受的这个失败，加上英法两国食糖生产的决定性进步，使荷兰的处境更加恶化。总之，首先瓜分甘蔗生产，接着再瓜分食糖提炼（主要操作），最后瓜分市场。

这里仅概略地谈谈主要的食糖市场：安特卫普在1550年前后共有19家炼糖厂；1585年后安特卫普市场日渐衰落，荷兰企图取而代之。阿姆斯特丹于1614年禁止炼糖厂使用污染空气的泥炭；但炼糖厂的数量仍不断增多：1650年共40家，1661年达61家。当时正值典型的重商主义时代，各国经济力图保住自己的市场。以法国为例，柯尔贝尔通过1665年的关税法令保护民族市场，炼糖厂在敦刻尔克、南特、波尔多、拉罗歇尔、马赛、奥尔良等地开始繁荣发达。因此，从1670年起，外国细糖不再进入法国；相反却有炼糖厂将进口的粗糖加工后出口，可于事后享受减收进口关税的优待。[191]利于法国出口的另一因素是本国消费量小（占其殖民地产量的十分之一，英国则占十分之九），种植园从本土获得的供应又比牙买加便宜（法国物价水平较低），牙买加虽然也在北美购买，但主要靠英国供应。《贸易日报》[192]写道："在战前〔指七年战争〕，以同等质量相比，英国殖民地生产的食糖在伦敦的售价比法国殖

165 民地生产的食糖在法国港口的售价贵 70%。价格相差如此之大，没有别的原因，只是英国向殖民地提供的食品价格过高。英国糖价既高，剩余的食糖又作何用处?”显然用作消费，应该说，英国国内市场已能消费得了。

总而言之，尽管食糖主要生产国的出口和转销，通过购买粗糖和建立炼糖厂的办法实行食糖市场民族化已在欧洲各地推广。从 1672 年起，汉堡利用荷兰的困难，发展炼糖业，采用新工艺，并设法保密。此外，普鲁士、奥地利和俄罗斯也纷纷开设由国家垄断经营的炼糖厂。若要确切了解食糖市场的动向和真正得益的基点，就必须复原在产区、控制生产的财界和部分掌管批发业务的炼糖厂之间的复杂联系网。无数零售店位于这些糖厂之下，向我们展现利润微薄和受竞争制约的普通市场。

在整个联系网内，最有利可图的环节是什么? 从伦敦的情况看，我以为批发市场是个高利润场所。仓库里堆积着成桶成箱的糖，根据炼糖厂主、甜食店主或普通顾客的要求，分别供应白糖或棕糖（炼糖余渣）。制造白糖原属本土糖厂的特权，后来禁令撤销，各岛屿终于开始制造。但这一进步不正好表明产糖岛屿所经历的困难吗? 照我们的见解，批发市场的地位不如炼糖，但后者似乎没有使大商人动心。为了要有把握，还必须深入了解批发商和炼糖厂主之间的关系。

贵　金　属

我们暂且把糖放下，以后另有机会再谈。我们先谈一个更好的题材：贵金属。贵金属涉及全球，使我们登上交换的最高层；在必要时，贵金属将显示出经济生活逐级上升的趋势，因为经济生活竭力要创造超过自身的业绩和记录。这种无所不在、不断受追逐和周游世界的商品，其供应和需求可说到处都可遇到。

贵金属一词写来十分容易，其含义却不简单。它确指几种不同的东西：

热那亚的钱箱，装有复杂的锁，用于从西班牙往热那亚运送银条和银币。

1)从矿山或金砂中采出的粗金属;

2)半成品、包括锭、条或块(不规则的金属块,带细孔,质轻,呈蜂窝状,在发送市场前一般均改铸成锭和条);

166 3)成品,即铸币,不断需要更新铸币:例如在印度,在成色和重量相等的情况下,卢比的价值随发行日期而变化,前几年发行的卢比较当年发行的卢比价低。

以这些不同形式出现的贵金属在不断移动,而且速度很快。布阿吉尔贝尔已经说过,金钱只是"在不间断运动中"方才有用。[193]实际上,货币不停地在流通。康替龙指出:没有任何东西比货币"更易搬动,更少损耗",[194]熊彼得认为,康替龙是谈到货币流通速度的第一人[195](此说尚存争议)。货币流通速度之快,有时竟打乱铸锭和造币之间的先后次序。早在16世纪中叶,这类事情已经发生,后来则更甚:到18世纪初,一些圣马洛船只沿着秘鲁海岸,私下运载本洋以及"未纳税"的银块(指未向国王缴纳五分之一
167 税的走私白银)。银块总是用于走私。合法的白银,如果不是铸币,往往以锭和条的形式在欧洲流通。

但更加灵活的还是铸币。交换使铸币"如滚滚白浪,一往无前",走私使它能闯过种种障碍。路易·戴米尼说得好,对铸币来说,"没有翻不过的比利牛斯山"。[196]在1614年的尼德兰,有400种不同的铸币在流通;法国同期有82种。[197]在欧洲任何一个地区,即使是穷乡僻壤,有时也能碰到最出乎意外的铸币,如在14世纪阿尔卑斯山区的昂布兰,[198]或在14和15世纪闭塞的热伏唐地区。[199]尽管纸币早就被用于多种用途,但硬币,"现银",仍保留其特权。西欧人惯于到中欧去解决或试图解决他们自身的冲突,就

在中欧,敌对双方——法国或英国——以发放现金相较量。威尼斯1742年的公告表明,英国舰队带着大笔现金,准备交给“匈牙利女王”玛丽·泰莉莎。[200] 1756年强大的英国为与弗里德里希二世结成同盟所付出的代价,是把满载铸币的34辆小车送往柏林。[201]当1762年春宣布和平时,俄国转而得到好处。一位外交官写道:“伦敦3月9日经由驿站送往阿姆斯特丹和鹿特丹几张汇票,准备把15万块铸币的巨款交给俄国皇宫。”[202] 1799年2月,价值500万英镑的银锭和铸币从莱比锡过境,这笔钱来自汉堡,运往奥地利。[203]

这且说过不谈,唯一的、真正的问题是如何认识货币在世界各主要经济实体中的流通方式,或可能的话,认识货币流通的原因。我以为,如能区分生产、转移、积累这三个明显的阶段,流通的原因和方式也就容易得到认识。有粗金属的生产国,有货币的经常出口国,还有金属或货币只进不出的国家。当然还有混合型国家,进出口兼有的中国和欧洲的情形最能说明问题。

黄金和白银的产地几乎总是些原始的蛮荒之地,无论是婆罗洲、苏门答腊、海南岛、苏丹、西藏、西里伯斯的黄金,或者是11至13世纪以及1470至1540年第二个兴盛时期的中欧矿区。一些淘金者直到18世纪后仍在欧洲一些河流附近徘徊,但所产极为有限。在15和16世纪,阿尔卑斯山、喀尔巴阡山和厄尔士山的采矿营地安全与世隔绝,在那儿劳动的人生活极其艰苦,却有人身自由。

非洲则相反,在苏丹的采金中心邦布,“矿山”受村庄首领的控制。那里至少是半农奴制。[204]新大陆的情形更加明朗,欧洲为开采贵金属，大规模地重建古代的奴隶制。矿区的印第安人以及后来 18 世纪在巴西中部从事淘金的黑人，与奴隶又有什么不同？一些奇怪的城市拔地而起，最奇怪的是上安第斯山中的波托西城，海
168 拔 4000 米，100 000矿工麇集在这座庞大的人间地狱。[205]那里的生活程度，即使在富人看来，也荒谬透顶：一只鸡值 8 里亚尔，一个鸡蛋值 2 里亚尔，一磅卡斯蒂利亚蜡烛 10 比索，其他可想而知。[206]这意味着什么？无非说明白银不值钱。在这里赚钱的不是矿工，甚至也不是矿产主，而是商人，他们预借矿上需要的货币、食物和汞，然后稳稳当当地要求用白银偿还。18 世纪巴西的黄金生产也是同样情况。从圣保罗出发的所谓“季风船队”[207]沿着河流，向米纳斯吉拉斯和戈亚斯的采金主及其黑奴供应物品。只有这些商人发了大财。矿工剩下的钱，当他们返回城市时，往往被赌博夺走。墨西哥是个十足的赌城。在利润的天平上，金银的砝码结果比木薯粉、玉米及巴西干肉还轻。

事情又怎能不是如此？在世界范围的劳动分工中，让我们再说一遍，矿工这个行当总是落在最贫困、最不幸的人头上。金银采矿业十分重要，世界各地的强权无不从中插手。出于相同的理由，他们不能让钻石或宝石的勘探脱离他们的控制。塔维尼叶[208]于 1652 年以顾客身份参观了“离戈尔孔达五天路程、被称作劳尔孔达”的著名金刚石矿。一切都安排得井然有序，不仅对王公和商人有利，而且对顾客方便。但矿工却赤身露体，备受虐待，动辄被怀疑——倒也不无理由——有偷盗行为。巴西 18 世纪寻找钻石的“淘金者”[209]是些行踪不定的冒险家，但冒险所得的利润最终都归商人、里斯本的君主以及钻石包买人。如有一座矿山开始经营时

显得比较独立(如中世纪的欧洲),可以肯定,它迟早要受商业环节的控制。矿产世界是工业世界及其无产阶级的先导。

另一个范畴是吸收贵金属的国家,特别在亚洲,货币经济在一定程序上业已建立,贵金属的流通不如欧洲那么快捷。总的倾向是把贵金属留下和积储起来从而降低其效用。这些国家就像海绵一样,或用当时的说法,像是贵金属的“墓地”。

贵金属的两大蓄池为印度和中国,二者的情况又各不相同。印度对黄金和白银兼收并蓄,黄金指的是孔脱拉科斯塔(即莫诺莫塔帕地区)的金屑,白银先后来自欧洲和日本。据印度历史学家说,美洲白银的涌入导致印度价格上涨,时间比欧洲16世纪的价格革命晚二十来年。这再次证明,进口白银留在当地。这还证明,进口白银并未尽归大莫卧儿皇帝传奇般的宝库,因为物价上涨了。[210]难道不正是依靠美洲白银,印度才能不断新铸和改铸货币吗?

对中国的情况,我们显然了解不多。有一个突出的事实大家
都知道,中国不把黄金当作货币,而是用于出口以换取白银,兑换 169
率极低。在欧洲人中,葡萄牙人最先于16世纪注意到中国人对白银的古怪偏爱,并予以利用。一名葡萄牙人于1633年断言:“中国人只要一嗅到银子的气味,就把山一般的货物带来”。[211]安东尼奥·乌劳的说法并不可信,这位西班牙人于1787年硬说:“中国人不断劳动为取得本国所没有的白银”,而中国又是“最不需要白银的国家之一”。[212]恰恰相反,银子是中国交换中常用的高级货币(购货时把银子剪成薄片,结清货款),用铜和铅混合铸成的铜板或铜钱是低级货币。

一位中国历史学家最近认为，[213]美洲1571至1821年间生产的白银至少有半数被运到中国，一去而不复返。皮埃尔·谢努[214]曾说有三分之一的美洲白银流向中国，新西班牙经太平洋向菲律宾的直接出口包括在内，这个数目已经很大。两种算法都不完全可靠，但也有许多理由令人置信。首先，在中国用银换金有利可图[215]（利润逐年减少，但那是在18世纪下半叶以后），这项贸易甚至以印度和南洋群岛为起点。其次，美洲白银1572年开始一次新的分流，马尼拉大帆船横跨太平洋，[216]把墨西哥的阿卡普尔科港同菲律宾首都连接起来，运来的白银被用于收集中国的丝绸和瓷器，印度的高级棉布，以及宝石、珍珠等物。这种贸易往来时兴时衰，一直维持了整个18世纪，乃至更久。最后一艘大帆船于1811年返回阿卡普尔科。[217]整个东南亚无疑都与以上贸易有关。这里可举一件小事为例，它不能完全说明问题，但能帮助我们理解。英国大帆船"印度斯坦号"送马戛尔尼专使前往中国，于1793年允许一交趾支那老头搭乘。此人本不富裕。"但人们把西班牙比亚斯特银洋放在他手里时，他似乎知道其价值，并把这些钱币细心地藏在他褴褛的衣衫的一角。"[218]

伊斯兰地区和欧洲的地位特殊，处于生产国和积累国之间：它们起着转运站的作用。

从这个角度看，伊斯兰地区的地位与欧洲相同，我们不必长篇大论去细说。这里仅谈辽阔的土耳其帝国的情形。人们历来把土耳其帝国看作是一个经济中立区，欧洲贸易可以畅行无阻：16世纪通过埃及和红海，或者经过叙利亚，利用驮帮到达波斯和波斯湾；17世纪通过士麦那和中亚。勒旺贸易的所有这些道路看来是中立的，就是说，白银匆忙地经过这里，既不停留，又不起任何作用，前往波斯换取丝绸或前往印度换取花布。尤其因为土耳其主要使用黄金——黄金产自非洲的苏丹和阿比西尼亚，通过埃及和北非转到这里。奥梅尔·吕脱菲。巴尔肯[219]及其学生的研究成果业已确定，在16世纪的大范围内，价格有所上涨。这个事实足以证明，土耳其帝国也出现了通货膨胀，并在国内引起了“阿斯普尔”的危机，这种白色小硬币被用于支付近卫军士兵的饷银，关系 170
到人们的日常生活。由此可见，土耳其帝国是个中间站，却不是中立区。

与欧洲承担的职责相比，土耳其帝国在世界范围内所起的作用显得微不足道。在美洲被发现前，欧洲勉强在本土拼凑必要的金银，弥补在勒旺地区的贸易亏空。随着新大陆银矿的开采，欧洲扮演的贵金属再分配者的角色从此确定。

在经济史学家看来，货币的这种单向流通似乎对欧洲不利，似乎使欧洲大伤元气。这种想法难道不正是重商主义的偏见吗？同样用个形象的说法，我宁愿说，欧洲在用它的金币和银币去轰开其他国家的大门，否则这些门户就会对它关闭或很不情愿开放。任何胜利的货币经济无不用自己的货币去取代他人的货币，这对它说来无疑是势在必然，而并非深思熟虑的行动。例如，早在15世纪，威尼斯杜加（当时真实的货币）取代了埃及的金第纳尔；勒旺地区很快布满了威尼斯造币所铸造的白色硬币，接着到16世纪后期，西班牙本洋泛滥，这种后来改称比亚斯特的银币是欧洲经济对付远东的武器。马海·德·拉布多内[220]（1729年10月）要他在圣马洛的朋友和合伙人克洛里维埃尔筹集资金，换成比亚斯特运往本地治里交给他，以便从事印度洋贸易。拉布多内解释说，如果股东寄他大笔资本，他将准备作中国之行，这就需要许多钱，马德拉斯的英国总督一般把这种旅行当作可靠的生财之道。由此可见，大笔银币是打开或挤进一条流通渠道的手段。拉布多内又说：“手上掌握大笔款子总比较有利，你因此能主宰贸易，小溪终究要流入大河。”

在17世纪，西班牙本洋已成为摄政统治下的突尼斯的标准货币，[221]怎么能视而不见这样的断裂效应呢？在俄罗斯，财政赤字导致了荷兰货币、英国货币大批进入国内。其实，如果没有外来货币的进入，俄罗斯的广大市场将不能或不愿满足西方的要求。到了18世纪，英格兰商人的成功在于他们向莫斯科商人贷款，后者负责收购或采备英国需要的产品。相反，英国东印度公司的起步相当艰难，因为它坚持要运来呢绒，并且在向代理商支付现金时极为吝啬，致使代理商万分无奈，被迫在当地举债。

欧洲注定要出口一大部分白银储备，有时甚至售出部分金币，虽然不十分爽快。在某种程度上，这由它的内在结构所决定；早在12世纪，欧洲已处于这个地位，随后又维持了几个世纪。最早有固定疆域的国家都竭力阻止贵金属出境，这在今天来看似乎滑稽。1646年，埃昂指出，任何“大政治家”的格言是“找到阻止金银出境的
171 手段”。他接着说，不幸的是，“带到法国的金银似乎被装进了一个漏底的口袋，而法国只是一条水流不停的运河”。[222]当然，在这里，走私或地下交易扮演着这一必要的经济角色。货币外流现象到处都存在，但是涉及的都是小数。凡在贸易上升到经济活动首位的国家，大门迟早会被打开，金属就像商品一样自由地、猛烈地流通。

1471 年的威尼斯铸币：尼古洛·特隆总督的里拉。他是唯一把自己的头像铸在货币上的威尼斯总督。

15 世纪的意大利已承认了这种必要。威尼斯至少在 1396 年[223]已作出一项同意携带货币出境的开明决定，1397 年又再次重申，[224] 1407 年 5 月，市政会议通过的措施[225]只包括一项限制：携带金钱（大概指勒旺贸易所需的白银）出境的商人必须事先曾经带进，并把其中的四分之一交给市政会议的造币所。在这以后，他可把剩余部分自由地携往“别的地方”。威尼斯向勒旺地区和北非出

印着查理二世头像的金币几尼，1678 年。

口白银的兴趣如此之高，因而市政会议总是提高金价，致使变成“劣币”的金币充斥当地市场，作为良币的银币显然遭到排挤。这难道是有意想达到的目的吗？人们同样可以指出，拉古萨或马赛
172 也组织这些必要的、有利可图的贵金属输出。在君主制度的监视下，马赛遇到的尽是不理解和麻烦。马赛于 1699 年竭力解释说，如果比亚斯特在市内禁止自由定价，又不准把它们带往勒旺地区，如果硬要把它们在造币所改铸，它们会自动流往热那亚或里窝那。聪明的办法是允许它们出口，不仅在马赛，而且在“土伦”、昂蒂布等需要支付海运费用的其他沿海城市。[226]

在商业主宰一切的荷兰，便没有这类困难：金银铸币自由出入。随着经济的发展，英国也终于实行了贵金属进出口自由。到17世纪末，尽管存在激烈的争论，国家的大门对贵金属愈益敞开。印度公司的生命有赖于此。正是在印度公司的压力下，英国国会于1663年通过一项法律，其序言明确指出："经验告诉我们，金钱〔指货币〕总是大批流往承认其出口自由的地方。"[227]颇有权势的乔治·唐宁爵士断言："过去充当商品本位的金钱本身已变成一种商品。"[228]从此，贵金属便在众目睽睽之下流通。到了18世纪，一 173
切抵抗全告瓦解。例如，根据在伦敦海关的申报，报纸宣布(1721年1月16日)有2315盎司黄金运往荷兰；3月6日，有288盎司黄金运往同一目的地，2656盎司白银运往东印度；3月20日，1607盎司黄金运往法国，138盎司黄金运往荷兰，[229]如此等等。向后倒退已不再可能，即使在1763年巴黎协定签订后发生尖锐的金融危机期间也是如此。在伦敦，人们本想刹住"金银在短期内过多流往荷兰和法国"这股势头，但"企图阻止，就等于给公共信贷致命的打击，而公共信贷又必须时刻维护，不受侵犯"。[230]

大家知道，欧洲各国政府并不都持这种态度。开门政策不能旦夕之间得到普及，思想迟迟赶不上潮流。法国在这方面肯定并不一马当先。一名法国流亡贵族埃斯潘夏尔伯爵1789年12月到达热那亚时，认为有必要指出，"在热那亚共和国，金银是商品"，[231]似乎这是值得一提的奇事。重商主义长期受到众多指责，日子很不好过。

但是，就整体而言，值得注意的是，欧洲并不盲目地出清其贵金属。问题要更加复杂些。必须看到金银之间的不断抗争，弗朗克·斯普纳很久以来就提请注意这个事实。[232]欧洲放走白银，让它周游世界。但欧洲提高黄金的价格，这是把黄金留在家里，让它为在欧洲这个经济世界内部服务，以结清欧洲商人间和国家间的重要账目。这也是从中国、苏丹和秘鲁进口黄金的可靠手段。作为欧洲国家，土耳其帝国以自己的方式推行相同的政策、保存黄金，让白银如大河一般匆匆流过。在最大限度内，为说明这个过程，必须换一种方式表述所谓格雷欣法则：劣币驱逐良币。其实，每当一些货币的价值对于某一经济的相对水平而言被高估时，它们便驱逐现有的那些货币。法国于18世纪提高银价，直到1785年10月30日改革，才“把金银比价从1∶14.4改为1∶15.5”。[233]结果是18世纪的法国变成了中国的缩影：白银纷纷赶来。威尼斯、意大利、葡萄牙、英格兰、荷兰，甚至西班牙，[234]都提高金价。只要有细小的差价，黄金便跑向高价地区；黄金于是变成一种“劣币”，既然它赶走白银，迫使白银周游世界。

白银大批外流在欧洲经济内部毕竟造成了频繁的故障。但它也有助于纸币的抬头，以弥补铸币的不足；它推动远方的矿藏探测；它促使商界寻找贵金属的代用品，向勒旺地区运送呢绒，向中国运送印度棉花或鸦片。正当亚洲竭力用棉织品，特别用香料、药物、茶叶等植物产品，换取白银时，欧洲为取得进出口平衡，就加倍开发工矿业产品。从长期看，欧洲在这个问题上遇到的挑战最终不正是对它有利吗？总之，可以肯定，我们不能像人们经常所说的那样，把此事当作是欧洲的一次恶性放血，似乎欧洲是用自己的血去购买香料、中国古玩等奢侈品！

民族经济和贸易盈亏 174

这里不是要研究规范意义上的民族市场。民族市场发展相当缓慢，其发展程度视不同国家而异。在下一卷书里，我们将详细论述民族市场逐渐形成的重要性。民族市场在18世纪尚未最后形成，而现代国家的建立有赖于民族市场的最后形成。

我们暂且只想指出，流通怎样使不同的民族经济（避免说民族市场）——落后的或进步的——劈面相逢，彼此对抗和决出高低。平等交换和不平等交换，贸易的平衡和不平衡，统治和隶属，所有这些画出了一张世界大地图。贸易盈亏能够描绘这张地图的大致轮廓，并非因为这是着手研究问题的最佳方案或唯一途径，而是因为我们实际上仅掌握这些数字，何况它们本身还很粗略和很不完备。

“贸易盈亏”

就一个特定的经济而言，贸易盈亏几乎可比作一名商人在年终结账时算一算究竟是盈是亏。在据说是托马斯·斯密斯所写的《论英格兰王国的公共福利》（1549年）一书中，人们读到以下的话：“我们应始终注意，与外国人做生意，买进不能超过卖出。”[235]这句话道破了盈亏问题的根本奥秘，也可能概括了古今以来对这个问题的全部认识。作为至理名言，此话并不新鲜：早在1549年前，英国政府就要求英国商人必须把他们在国外的部分销售所得以铸币形式带回国内。至于外国商人，他们在离开岛国之前，必须用他们的销售所得购买英国商品。托马斯·曼写于1621年的《贸易论》提出的盈亏平衡理论不但是正确的，而且反映一种思想觉醒。他的同时代人爱德华·米塞尔登于1623年写道："我们曾有预感，现在我们得到了科学的说明"。[236]这自然是一种起码的理论，与现代概念相距甚远，因为有关盈亏问题的现代概念同时涉及一系列领域（贸易、结算、劳动力、资本、国际支付）。在当时，贸易盈亏只是衡量两国间商品交换的价值，是双方进出口贸易额的结算，甚至是双方的债务结算。举个例子来说，"如果法国欠西班牙10万皮斯托尔，而西班牙欠法国150万里佛"，每皮斯托尔价值15里佛，则两笔欠款相等。"由于这种相等情况很少见，欠得多的国家就必须用贵金属偿付未能抵销的那部分债务。"[237]亏空暂时可用汇票补足，也就是说，延期兑现。如果亏空持续下去，势必要动
176 用金属。作为历史学家，每当我们可以观察这一动用金属现象时，我们就找到了我们寻求的那个指示器，它明确显示两个经济单位之间的关系，一方强制另一方放弃其部分货币储备或金属储备，不管后者情愿与否。

重商主义的全部政策是要至少达到进出口平衡，不惜一切手段避免贵金属外流。例如，1703年1月至2月，在荷兰作战的英国军队不在当地采办军需品，而从英国运来"粮食、制成品和其他产品"，相应的货款"可留在"岛上。只有当一个政府总是提心吊胆，害怕丢失其金属储备时，才会出现这样的念头。同年8月，根据梅森爵士签订的协议，英国应该用现金向葡萄牙支付业已许诺的援助，但英国建议改作出口谷物和小麦，"以便既履行其义务，又不使现金流向国外"。[238]

16. 18 世纪法国和英国的贸易盈亏

175

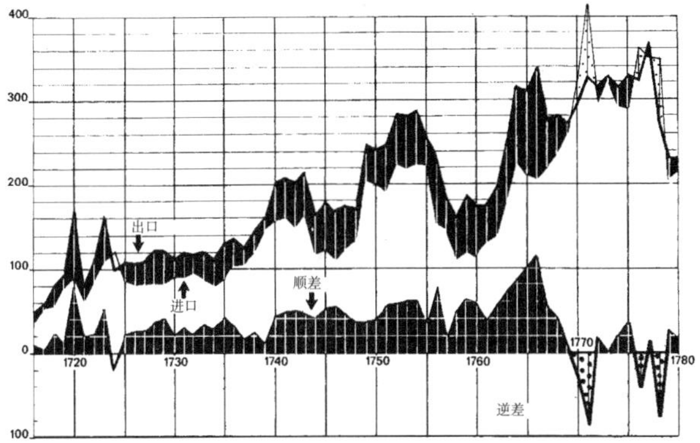

1715至1780年法国的进出口

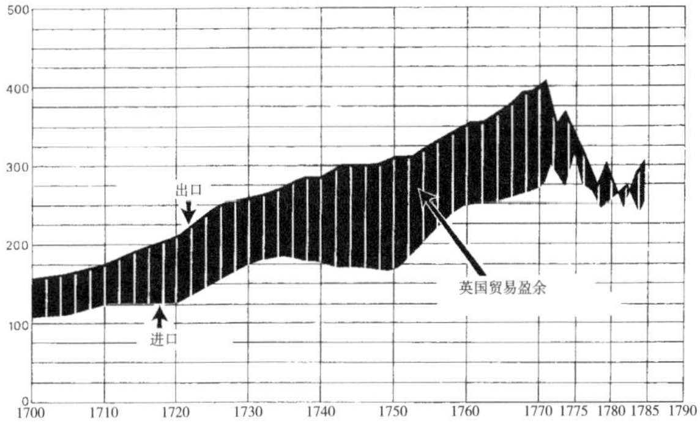

1700 至 1785 年英国的进出口

从贸易盈亏状况看来，直到 1770 年前后，英国和法国在世界处于顺差地位。接着出现了持平式逆差。原因究竟是当时的经济形势，是由于商业资本主义的运转失灵，或者更可能是美国独立战争带来的动乱？有关法国的情况，系根据鲁吉罗·罗曼诺："关于 1716 至 1780 年间法国贸易盈亏的文献资料及初步看法"，见《关于阿尔芒多·萨波里信用之研究》，1957 年版，第 2 卷，第 1268—1279 页。以上引用的未发表过的材料见第 1268 页注 2。

至于英国，这里仅粗略显示英国的贸易状况，指示曲线系借用英国著名统计学家威廉·普莱费尔关于英国贸易、金融和债务的线性算术图表（1789 年），以及关于英国的进出口贸易和一般贸易、国家债务（1786 年）等有关材料。

"务求盈亏相抵",[239]平衡出口和进口,这只是起码的要求。最好还要有顺差推行。重商主义政策的政府视货币储备为国民财富,无不对此梦寐以求。所有这些主张十分合乎逻辑地与领土国家同时出现:国家才刚形成,就必须保卫自己的领土。路易十一于1462年10月采取措施,限制"金银以铸币或其他形式"流向罗马,"以免本王国因该项外流而蒙受损失"。[240]

有待解释的几个数字

内行人都明白,解释贸易顺逆变化的原因并不始终十分简单。没有能适用每种情况的规律。例如,在看到西属美洲大量出口贵金属时,你不能就说是贸易逆差。梅卡图神甫(1564年)说得对:"在所有这些美洲地区,金条和银条都被认为是一种商品,其价值升降的原因与普通商品相同"。[241]关于西班牙,杜尔哥解释说:"银是一种货物,既然这种货物不能换银,那就必须用银去换其他货物"。[242]在权衡利弊以前,人们不能说1786年俄国和英国的贸易对前者是顺差,对后者是逆差,因为俄国通常向对方销售多于购买。但也不能像约翰·纽曼在1786年10月那样,硬说事情恰恰相反。约翰·纽曼是俄国驻赫尔的领事,当时满载货物从俄国返回的英国船只经过丹麦海峡后都来到赫尔,他在这个大海港进行观察,自以为亲眼看到了问题所在。他引用了众所周知和不容置辩的数字:在1785年,俄国发往英国的货物价值130万英镑;走相反方向的货物为50万;对于叶卡特琳娜二世的俄罗斯帝国来说,顺差为80万英镑。他接着写道:"尽管俄国表面上似乎赚了钱,我
177 始终坚信并仍然认为,在这场贸易中,得利的不是俄国,而只是〔正

是在这里说过头了〕英国。”他解释说，请大家想一想交换以后发生的事，其中包括将近400艘英国船的运费，“每艘平均载货300吨，行程应在7000至8000海里之间”，俄国商品登上英国口岸后价格提高15%，这些货物给英国工业及其再出口带来的种种利益。[243]由此可见，约翰·纽曼隐约猜到，两国间的贸易平衡只能从一系列因素出发方可衡量。他凭直觉认识到了现代的贸易盈亏理论。托马斯·曼（1621年）说得更加简明扼要：“向印度出口的白银最后将增值五倍”，[244]他这句话的内容与前者大致相同，但并不完全相同。

此外，个别的贸易盈亏只是被置于一个商业总体中，当同一个民族经济的各项贸易盈亏加在一起计算时，方才有意义。英国和印度或俄国和英国之间的一次贸易并不真正说明盈亏问题。我们需要了解的是俄国、印度或者英国的所有贸易的盈亏。今天，各国的民族经济每年都用这个办法结算外贸总账。

可惜的是，我们对历史上国与国之间的贸易盈亏只有部分的了解。有些情形已成典型事例，另一些情形尚需进一步归纳：15世纪，英国通过对意大利出口羊毛，贸易处于顺差地位；但意大利以佛兰德为起点的贸易都是顺差；法德贸易长期对法国有利，但后来变得对德国有利，其原因如果不是帝国议会于1676年发布了第一次禁运令，至少是因为在撤销南特敕令后（1685年），法国新教徒纷纷迁居德国。另外，法国对尼德兰的贸易长期处于顺差地位，与西班牙的贸易始终对法国有利。法国的一份官方文件于1700年说：切莫在我国各港口给西班牙人制造麻烦；[245]此事关系到“普遍的和私人的利益”，因为“西法之间的贸易始终对法国有利”。在上一个世纪(1635 年),不是有人已经说过,法国人是“西班牙人身上的虱子”?[246]话虽说得难听,事情却是真的。

这里或那里的贸易差额总在左右摇摆。我们仅仅指出:1693 年,法国在与皮埃蒙特贸易中处于顺差地位;1724 年,西西里与热那亚共和国的贸易,后者为逆差;1808 年,据我国一位匆匆路过的旅行家作证,波斯“与印度的贸易对波斯有利。”[247]

从罗马帝国直到 19 世纪,唯有一种贸易的盈亏状况似乎一成不变:大家知道,欧洲对勒旺地区的贸易始终处于逆差地位。

1700 年的法英贸易盈亏

我们停下看一看法英贸易盈亏的典型事例(是否尽人皆知还成问题)。关于 17 世纪的最后 25 年和 18 世纪初期的贸易,人们
179 断定天平十之八九侧向法国一边。法国从其对英贸易往来中平均每年约得利润 150 万英镑。

这正是 1675 年 10 月在下议院宣布的数字,暂住伦敦的热那亚商人卡洛·奥托于 1676 年 9 月和 1678 年 1 月的信中也这么说。[248]他甚至指出,这些数字是他从联合省大使谈话中得来的,而大使对法国人并无好感。法国贸易出现顺差的理由之一是其制成品“在岛上的售价比在当地制造更便宜,因为法国工匠以薄利为满足”。事情实在奇怪,这些法国产品其实被英国政府禁止,全靠走私才偷运进来。这位热那亚人接着又用一句名言来解释,英国人更加希望“贸易收支相抵”,他们于是强制法国人广泛使用英国的呢绒。[249]

178

伦敦市长就职庆典，卡纳莱托作画，1750年前后。每年10月29日，泰晤士河上舳舻相接。除市内各行会的大船外，还有许多小船，无疑是1728年访问伦敦的一名法国游客所说的"划桨小船"（见第一章，第84注），因为它们如同威尼斯的划桨小船一样，在泰晤士河上起着出租交通工具的作用。

在此情况下，一日战事发生，便可趁机制止法国商业的可恶入侵。驻伦敦特任大使德·塔拉尔[250]于1699年3月18日给蓬夏特朗写信说："英国人战前〔指1689至1697年的奥格斯堡同盟战争〕从法国购买的东西，据他们的看法，其数额比我们向英国的订货高得多。他们充满这种偏见，坚信我们的财富来自英国，因而战争一开始，便首先阻止法国葡萄酒和其他商品直接或间接地进入他们的国家。"为了明白该信的含义，必须提醒，在过去，交战双方并不断绝一切商业联系。因此绝对禁止法国商品入境在某种程度上是违背国际惯例的。

时间一年又一年地过去。为着西班牙查理二世的王位继承问题，再次发生战争(1701 年)。后来，随着敌对行动的结束，必须重建商业关系，因为两国贸易往来在这次战争中受到严重破坏。于是，1713 年夏，商事院派遣里昂代表阿尼松和巴黎代表费内隆以专家身份前往伦敦。由于讨论很不顺利，旷日持久，阿尼松有闲暇查阅下议院的辩论记录和英国海关的报表。他发现，有关两国贸易盈亏问题所说的一切却是错误百出，不由大吃一惊！比如说："50 多年以来，英国贸易额比法国高几百万"。[251]这里显然是说几百万图尔里佛。事情实在太突然，太出人意外。能够相信这是事实吗？难道应该相信，官方出于虚伪，竟处心积虑地掩盖明白记录岛国贸易顺差的有关数字？为此，似乎有必要在伦敦和在巴黎的档案中进行过细的调查。但即使进行调查，也没有把握能把问题弄个水落石出。解释官方数字难免包含一些错误。商人和下级执行人员都竭力欺骗政府，政府则自欺欺人。我完全懂得，1713 年的真理到了 1786 年就未必是真理，反之亦然。但在艾登协定签订后不久(法英两国于 1786 年订立)，一封从伦敦发出的俄国信件
180 (1787 年 4 月 10 日)根据一般消息指出，数字"只能不完全地反映法英之间贸易的性质和规模，据了解，两国间的合法贸易至多占整个贸易的三分之一，其他三分之二都以走私形式进行，这个贸易协定正是为着两国政府的利益去解决走私问题"。[252]既然如此，为什么去讨论官方数字？我们还必须额外了解有关走私贸易的盈亏。

1713年英法两国的商业谈判一波三折，旷日持久，问题始终没有得到澄清。英国舆论界议论纷纷，充分暴露了隐藏在重商主义背后的民族主义狂热。1713年6月18日，当协定草案以194票对185票在下议院被否决时，平民中爆发的欢乐比庆祝和平更加热烈。伦敦燃放焰火，张灯结彩，举办种种庆祝活动。考文垂的织工列队游行，一根长杆上高挑绵羊的毛皮，另一长杆上悬挂小半瓶酒和说明文字："不要用英国羊毛换法国葡萄酒！"所有这些举动生动地反映了民族狂热，却并不符合经济理性，[253]因为只有互相开门才是两国的利益所在。四十年过后，大卫·休谟用讥讽的口吻指出，"多数英国人认为，如果法国葡萄酒大量运到英国，国家将会破产……于是我们去西班牙和葡萄牙寻找比法国向我们提供的更加昂贵却质地不佳的葡萄酒"。

英国和葡萄牙[254]

谈到18世纪的葡萄牙，历史学家便异口同声地举出梅森勋爵的大名，道理说来也对，此人于1702年西班牙王位继承战争前夕，寻求与小国葡萄牙结盟，以便从背后牵制忠于安茹公爵菲力浦五世和法国人的西班牙。缔结的同盟协定引起了轰动，但没有任何人说同时签订的贸易协定是个奇迹，以为只不过例行公事而已。伦敦和里斯本之间不是于1642、1654和1661年订立过类似的协定吗？此外，在不同的时间和按不同的条件，法国、荷兰和瑞典都曾得到过相同的好处。英葡关系的命运，功劳不能完全算在这一著名协定的账上。它是一系列经济过程的产物，而这些经济过程最终给葡萄牙带来了灭顶之灾。

葡萄牙在18世纪初几乎已放弃了印度洋。它间或派一艘装载犯人的船前往那里。葡属果阿的地位与法属卡宴和英属澳大利亚相似。在葡萄牙看来,只是在列强开战时,这一古老的联系才恢复商业意义。于是,别国的商船便挂着葡萄牙旗陆续绕好望角前进。从事这项危险赌博的外国商人返回时往往破产;葡萄牙人已有丰富的经验,不肯再鲁莽行事了。

181 相反,葡萄牙密切关心着辽阔的巴西,重视和推动当地的生产发展。巴西的主人是葡萄牙王国的商人,首先是国王,其次是里斯本和波尔图的批发商以及他们在累西腓、帕拉伊巴、巴西首都巴依亚、1763年后的新首都里约热内卢所设立的商业经营点。这些让人讨厌的葡萄牙人戴着硕大的戒指,使用银制餐具,蒙骗他们该是巴西人莫大的乐趣。但要骗过他们却不容易。每当巴西开辟新的富源:食糖、黄金、钻石、咖啡,葡萄牙的商业贵族总是从中渔利,他们的日子也更加好过。大批财富经塔霍河口运来:皮革、食糖、粗红糖、鲸油、染料、棉花、烟草、金屑、装满钻石的首饰盒……据说葡萄牙国王是欧洲最富有的君主;他的城堡宫殿除简朴以外丝毫不让凡尔赛。里斯本像寄生植物一样滋长蔓延;四郊原有的耕地被棚户所替代。富人变得更富,穷人沦为赤贫。然而,高工资把"许多加利西亚省的西班牙人"引来葡萄牙,我们这里称之为"杂役","他们像在巴黎和法国大城市中的萨瓦人一样,在葡萄牙首都和主要城市充当仆役、小工和搬运工"。[255]到18世纪末,经济开始萧条,气氛变得压抑:夜间袭击行人或住房,杀人越货竟已成为家常便饭,甚至一些体面的市民也参与其事。里斯本和葡萄牙漫不经心地接受大西洋的风云变幻:如果势态有利,人人都得过且过;如果势态恶化，也就只能听之任之。

葡萄牙的繁荣和懒惰给英国人提供了有利条件。英国人能随意左右这个小国：在北方发展葡萄的种植，波尔图酒因此得享盛名；负责向里斯本供应小麦和桶装鳕鱼；运进成包呢绒，使葡萄牙农民都有衣穿，并使遥远的巴西市场呢绒泛滥。黄金和钻石用以支付所有这些货物，巴西黄金在到达里斯本后继续向北旅行。葡萄牙本可以不这样做，可以保护民族市场，建立本国工业：蓬巴尔后来也曾这样想过。但英国人的办法确实方便。货物比价也对葡萄牙有利：英国呢绒价格在下跌，而葡萄牙出口产品却涨价。英国人用这种手段逐渐控制了市场。对巴西贸易是葡萄牙的财源所在，但这需要资金，而且因为流通周期长，该项资金不易周转。英国人在里斯本扮演的角色相当于过去在塞维利亚的西班牙人：他们以赊账形式提供运往巴西的商品。法国缺少一个像伦敦或阿姆斯特丹那样能提供大笔长期贷款的商业中心，这大概是“法国商人最严重的不利因素”，[256]尽管法国商人在里斯本也组成一个重要的团体。令人费解的是荷兰人对这个市场似乎兴趣不大。

总之，早在18世纪开始真正的经济起飞以前，局面已经定了下来。一名法国人于1730年[256]写道：“英国人在里斯本的生意做得最大，据不少人的估计，其规模与其他各国加在一起同样大。”这个成就既应归诸葡萄牙人的懒散，也要归诸英国人的坚韧不拔。182
未来的制宪议会议员马鲁埃[257]于1759年路过葡萄牙，亲眼见到一个英国居留地。他解释说：“英国卡住了葡萄牙的脖子，巴西的所有黄金都流向英国。我举一个例子，以抨击蓬巴尔侯爵的治国之道：波尔图葡萄酒是该国唯一值得重视的出口产品；由一家英国公司大量收购，每个葡萄园主必须按英国代理人规定的价格出售产品。”我以为马鲁埃很有道理。当外国商人插手生产和初级市场时，这个国家便成为外国商人的殖民地。

到了1770至1772年间，巴西黄金的伟大时代似乎已一去不复返了，但仍有少数船只运来黄金和钻石，总的形势朝不利于欧洲的方向转变，英葡贸易盈亏状况开始出现变化。顺逆方向是否将颠倒过来？这还需要时间。在1772年，里斯本通过与摩洛哥贸易，试图减轻英国的控制，“尽可能制止黄金外流”伦敦。[258]这个办法成效不大。但十年过后，一个方案粗具轮廓。葡萄牙政府决定“铸造大量银币和少量金币”。英国人对此极其恼火，因为“他们的
183 利益是带回黄金，而不是白银”，驻里斯本的俄国领事最后说：“这是葡萄牙悄悄地在同他们捣乱”。[259]据这位名叫博尔歇的领事（是个为叶卡特琳娜二世效力的德国人）说，英国船停靠里斯本，却不装载黄金上船，这一令人惊愕的场面必须再等十年才能看到。他于1791年写道[260]：“‘飞马号’三桅船也许是两国通商以来不带黄金回国的第一艘船。”其实，贸易盈亏刚刚颠倒了过来：“来自英国的每艘船舰”把“将近一百年来英国取走的部分葡萄牙铸币”（历史学家认为，从1700到1760年间，不少于2500万英镑）[261]带回里斯本。就在1791年12月，仅一艘船就卸下18 000英镑。[262]这个问题本身还有待讨论，或不如说，还有待从通史的角度进行研究，因为英国不久将开始反对革命法国的战争。我们这里且不谈这个问题。

17 世纪的里斯本

东欧和西欧[263]

以上这些事例都相当清楚。另有些情形较难解释。例如，总的说来，西欧对波罗的海的贸易处于逆差地位，这个北方的地中海把瑞典、莫斯科公国、波兰、易北河彼岸的德意志和丹麦连成经济相似而人民敌对的一个整体。这一贸易逆差提出不止一个难以回答的问题。

确实，自从 S.A.尼尔森于 1944 年发表了那篇轰动一时和今天才为西方历史学界充分认识的文章以来，尤其在亚瑟·阿特曼的著作（已于 1977 年译成英文）和其他研究成果发表后，人们开始看到，西方的贸易逆差通过直接支付金属仅得到局部的弥补。[264]换句话说，根据历史学家的估计，最终返回波罗的海沿岸各城市（例如纳尔瓦）的白银，其数量不足以平衡西方的贸易亏空。货物交割时并无白银在场，不清楚究竟用什么别的手段使贸易收支恢复平衡。历史学家在寻找一种解释，但至今没有找到。

这里，除开 S.A.尼尔森的解释，没有其他道路可走，就是说，把北方贸易的盈亏纳入东欧的交换和贸易整体中去。尼尔森认为，波罗的海的部分出超经由东欧、中欧和西欧间的连锁交换而返回欧洲，但返回的途径却通过波兰和德国的大陆贸易。西方在北方贸易中的部分入超被陆路贸易中的出超所抵销；根据瑞典历史学家颇为迷人的假设，返回是借助莱比锡交易会实现的。米罗斯劳·赫洛克[265]针对这个论点反驳说，只是从 18 世纪开始，东欧商人才经常不断地（特别是波兰犹太商人不断增多）光顾这些交易会。把莱比锡置于平衡贸易收支的中心地位，这就搞错了时代。根据赫洛克的看法，至多可以认为，经由波兹南和弗罗茨瓦夫进行
184 的某些贸易对东欧国家是逆差，但这只是涓滴细流而已。

尼尔森的假设其实也并不错。也许仅仅需要扩大其适用范围。例如，[266]人们知道，产银国匈牙利看到本国质优量重的铸币不断外流，其中有部分流向西方。留下的空白，由掺有白银的波兰小硬币填补，不妨说这些波兰货币担当了匈牙利境内的全部货币流通任务。

此外，除开货物，还有汇票。从 16 世纪起，汇票事实上已在东欧地区存在；到下一个世纪，其数量变得更多。在这种情况下，莱比锡交易会上少见乃至不见东欧商人还能成为不容置辩的论据吗？我们顺便指出，同赫洛克所说的相反，已有不少波兰犹太人于 17 世纪光顾莱比锡交易会。[267]在克拉科夫开业的意大利杂货商马科雷利渥·费台里科[268]并未亲自莅临交易会，却于 1683 至 1685 年

18世纪下半叶华沙的犹太人。卡纳莱托作画《维奥杜瓦街》的细部。

间签发汇票，让人去他在莱比锡的朋友处取款。最后，在波罗的海和阿姆斯特丹之间直接往来的期票，往往属于借款以及赊购商品的性质。这些带息预付款不就是从东欧国家已经或应该取得的剩 185
余铸币中扣除的吗？请读者参照我后面就荷兰及其所谓“承诺贸易”所说的话。[269] 还请大家不要忘记，波罗的海是个受西欧控制和剥削的地区。阿姆斯特丹和但泽之间的价格密切相关，但确定价格、操纵贸易和占到便宜的乃是阿姆斯特丹。

归纳起来说，传统的波罗的海贸易不再能被认为是一条封闭的流通渠道。这是调动着货物、现金和信贷的多头贸易。信贷的渠道不停地在扩散。为懂得这一切，必须去莱比锡、弗罗茨瓦夫、波兹南旅行，还应去纽伦堡、法兰克福，如果我没有搞错的话，甚至去伊斯坦布尔或威尼斯。作为经济整体,波罗的海的贸易不是远及黑海或亚得里亚海吗?[270]无论如何,波罗的海贸易与东欧经济之间有着相互联系。这是一种两重奏、三重奏或四重奏。1581 年后,俄国人失去了纳尔瓦,[271]波罗的海的活动大大减少,莫斯科公国的货物当时改从陆路出口。后来,由于三十年战争突然爆发,中欧的坦途歧路全遭切断,随之产生了波罗的海贸易的膨胀。

贸易的总体平衡

我们且把法英、英葡、俄英、东西欧等双边关系搁下不谈。关键是要观察各经济单位在对外关系中的整体表现。大西洋沿岸港口的代表 1701 年在商事院反驳里昂代表时曾强调,在贸易差额问题上,他们的原则绝不是要"一国一国地单独计算,而要弄清法国与所有国家贸易的普遍情形";在他们看来,正是普遍情形应该影响贸易政策的制订。[272]

对这些整体进行的考察,其实只能向我们揭示一些事先就很容易戳穿的秘密。我们可以看到,同整个国民收入相比,对外贸易额占很小的比例;即使你硬说对外贸易是进出口的总和,情况也是一样,而按照合理的规定,进出口运动应该两数相抵。至于贸易差额,在国民经济中真是微乎其微,无论顺差或逆差都影响不了国民收入。正是在这个意义上,我能理解尼古拉·巴蓬(1690 年)的一句话,他是英国经济科学赖以诞生的众多杂文作家之一,他写道:"国家的积累无穷无尽,永远不可能被消耗光"。[273]

然而,问题其实只是变得更加复杂和更加引人注目。我不想就 18 世纪英国或法国的整体贸易差额问题再多啰嗦,这两国的情形已相当清楚(参见第 175 页* 的图表和解释)。我宁愿谈谈 16 世纪中叶法国的情形,这并不因为我们掌握了有关资料,也不因为 186
这些数字为我们描画了民族市场的一个雏形,而是因为我们在 18 世纪英法两国看到的一般真理,在启蒙时代的统计学形成前二百年,已经有所暴露了。

亨利二世的法国与周围邻国的贸易,除一国以外,肯定都有盈余。葡萄牙、西班牙、英格兰、尼德兰和德国在对法贸易中都有亏空。法国用小麦、葡萄酒、棉布、呢绒换取金银铸币,在贸易上得到好处,定期前往西班牙的移民带回的钱还不计在内。相反,在意大利方面,法国却出现持续的亏空,货币外流主要通过里昂及其交易会。法国贵族过分贪恋丝绸、高级天鹅绒、胡椒、其他香料和大理石,过多地需要意大利工匠和阿尔卑斯山彼侧兼营大宗贸易和汇兑业务的批发商为他们服务,而这些服务从不是免费的。里昂交易会成为意大利资本主义吸取金钱的有效唧筒,就像上个世纪的日内瓦交易会一样,古老的香巴尼交易会在很大程度上可能也是如此。于是,贸易顺差的全部利益几乎被集中起来拱手交给意大利人,供他们从事有利可图的投机活动。当查理八世 1494 年准备越过阿尔卑斯山时,他必须做到能使在法国经商并与半岛的商业贵族保持联系的意大利商人同他合作,并甘愿为他效力。[274] 意大利商人们及时得
到通知,纷纷拥往宫廷,很爽快地同意合作,但“作为交换条件,获准 187
恢复一年四次的里昂交易会”,此事足以证明,交易会是为这些商人服务的。这还证明,由于里昂落入外国上层经济界的掌握之中,它的地位十分特殊,很难再说它是法国的一个财富中心。

---

* 本书边码,下同。——译者

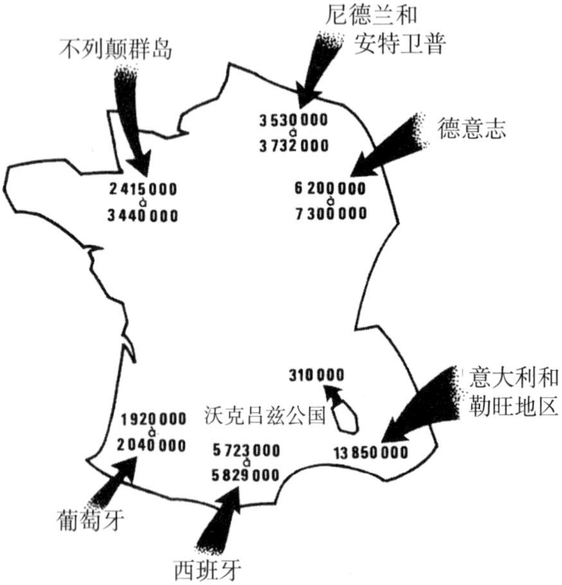

17. 16世纪中叶法国进口图

根据国立图书馆手稿2085和2086(阿尔贝·尚伯兰:"16世纪中叶法国的进口贸易",载《地理杂志》,1892至1893年)。

一份非同寻常的文件流传至今,可惜并不完整:它介绍了1556年法国进口的细节,[275]但记载出口情况的"下册"已经丢失。第……页的图表概括了列举的各项数字。进口总额约在3500万至3600万里佛之间,由于法国贸易当时肯定出超,出口总额要比3600万的数目大几百万。进出口合计至少达7500万,这是一个大数目。这两股结伴同行的潮流,虽说终究要在贸易结算中相抵销,它们汇合起来,制造出各种迂回曲折的和循环的运动,成千上万次不断重复的交换和活动。但让我们再说一遍,这一活跃的经济并不代表我们称之为国民收入的法国全部活动;当然,对于这全部活动，我们还不了解，但我们可以想象出来。

经过计算（这些计算在我们的解释中还会出现一两次），我估计威尼斯城 1600 年前后的人均收入为 37 杜加，威尼西亚共和国大陆领土（即属于威尼斯的意大利领土）约为 10 杜加。这些数字显然很不可靠，关于威尼斯城本身的数字大概太低。但它们毕竟表明，一个占统治地位的城市的收入同被统治领土的收入有很大差距。此外，如果我同意法国 1556 年的人均收入与威尼西亚大陆领土相近（10 杜加，即 23 或 24 图尔里佛），人们可以算出，法国 2000 万人的收入为46 000万里佛，数目很大，但不能动用，因为这里把大部分非贸易性生产也计算在内。为了计算国民收入，我也可以从王国的财政收入出发。财政收入约在 1500 万至 1600 万上下。[276]如果认为这个数字约等于国民收入的二十分之一，国民收入约等于 3 亿至 3.2 亿里佛。我们现在低于第一个数字，却高于对外贸易额。我们这里又回到历来争论不休的关于广大的生产领域（以农业为主）与相对较小的对外贸易额各自的重要性的问题，在我看来，对外贸易额比较小不等于说在经济上不重要。

总之，但凡一个经济相对处于先进地位，它的贸易一般总是出超。热那亚、威尼斯等称雄一时的城市肯定是这样；15 世纪的格但斯克（但泽）也是这样。[277]在 18 世纪，请看英国和法国的贸易差额；两国在整整一百年内几乎始终处于出超地位。我们不要感到奇怪，瑞典经济学家安道尔·希德纽斯[278]所估量的瑞典对外贸易也是出超：瑞典当时海运有长足发展，出口额达 7200 万达列尔（铜币），进口额为 6600 万。可见国家赚进 500 多万。

当然，不是所有人都赚。蒙克雷斯蒂安的一句话说得有道理：

188 “没有人赔，就没有人赚”。别人的确在赔账：殖民地遭到搜刮，一些地区沦为附属国。

甚至在一些似乎免遭苦难的“发达”国家，也可能蒙受厄运。我想到17世纪的西班牙就属于这种情况，由于治理不善和为形势所迫，西班牙因铜币发行过多而损失惨重。革命时期的法国，情况也大致如此，俄国在意大利的一名代理人说：“法国用自己的本钱打仗，她的敌人却用他们的收益作战”。[279]这些情况值得深思，西班牙为维护其政治威望，不惜滥发铜币，并因对外支付而导致白银短缺，它从内部使自己解体了。早在1792至1793年的苦难以前，革命法国的对外失败对它的命运具有沉重的影响。从1789年到1791年春，法国货币汇价在伦敦一落千丈，[280]法国资金同时又大量外流。在上述两种情况下，似乎都是贸易差额和支付赤字导致经济从内部发生破坏，至少造成损害。

印度和中国

如果贸易处于逆差地位，即使局面不算十分严重，长久发展下去势必会对经济造成结构性损害。具体地说，1760年后的印度，以及1820或1840年后的中国，都出现过这样的情况。

欧洲人接连到达远东没有立即带来突变，没有立即危及亚洲贸易的结构。很久以前，即在绕过好望角前几个世纪，已有一个广阔的流通网覆盖印度洋及太平洋沿岸海域。1511年攻占马六甲，葡萄牙人在果阿定居，在澳门开设商业机构，所有这些并没有打破以往的平衡。欧洲人最初从事劫掠，夺取船货，而不必付款，但借贷规律迅速得到恢复，正如雨过必定天晴一样。

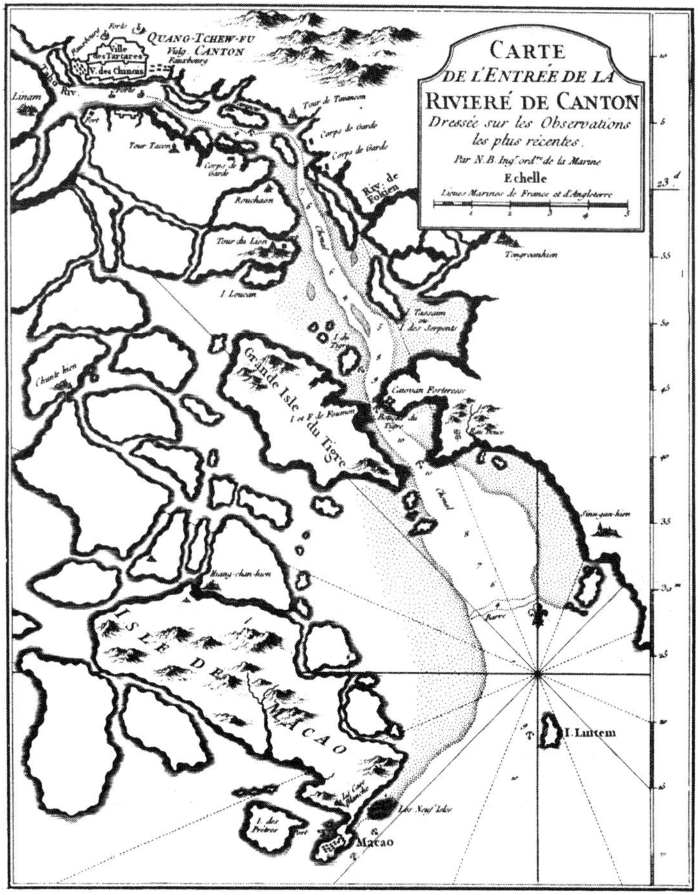

广州三角洲(10 000平方公里)。东江、北江、西江三条河流挟泥带沙注入这个岩岛密布的海湾。如同布列塔尼的沉降海岸一样,整个这块地方是由古代一次海水入侵所造成的。一个沙洲,几个浅滩。吃水深3米的大船沿一条主航道(深1.949米,长5.4公里或3英海里),几乎能直达广州。但河流有枯水期,航运还受潮汐影响。广州位于珠江口,包括两个城市(满城和汉城)。由葡萄牙人控制的澳门地面局促(16平方公里),位于一个大岛的顶端。往前多走一步,他们就会跌进大海。

按照历来的规矩，香料及其他亚洲货物只能用白银换取，有时也用铜，但次数较少，印度和中国使用很多铜币。欧洲人的出现丝毫没有改变原来的状况。葡萄牙人、荷兰人、英国人和法国人向穆斯林、婆罗门、京都的高利贷者借贷白银，没有白银，长崎到苏拉特的任何生意都做不成功。为了解决这个难题，葡萄牙人以及随后的各家印度公司从欧洲运来银币，但香料价格在产地不断上涨。欧洲人，特别是在澳门的葡萄牙人或荷兰人，试图打进中国市场，他们看到堆积如山的货物却无力购买。一名荷兰人在 1632 年写道："迄今为止，我们见到的商品可真不少……倒是我们没有钱去购买。"[281]欧洲人最后想到的办法是打进地区贸易中去，拼命从事
189 近海贸易，即所谓"印度洋贸易"。自从葡萄牙人抵达中国和日本后，他们从贸易中获利颇丰。在他们之后，荷兰人比任何人都更能适应这套办法。

为使所有这一切成为可行，需要付出巨大的代价，在当地扎下根来。葡萄牙人因人手过少，难以守住他们的堡垒。为了进行印度洋贸易，他们必须在当地造船，在当地招募船员——果阿附近的
190 这些水手"惯于随带妻室"。荷兰人也在爪哇安顿下来，他们于 1619 年兴建了巴达维亚；他们甚至占领了台湾，后来未能待下去。适应的目的是为了统治。但说是统治，未免过分。甚至贸易双方往往地位不平等。请看住在孟买的英国人多么谦卑自抑，该岛由葡萄牙作为礼物赠送给卡塔琳娜王后（查理二世 1662 年娶葡萄牙公主为妻）。在马德拉斯附近租让给英国的几个村庄里（1640 年），[282]在英国最初占领的孟加拉小块土地上（1686 年），[283]英国人的表现也同样谦恭。东印度公司最早的一名经理以什么姿态对大

莫卧儿作自我介绍?“草芥贱民约翰·罗素,忝为该公司经理”竟毫不犹豫地“伏地跪拜”。[284]请想一想英国人和葡萄牙人联合进攻卡诺日·安格里亚,于1722年打了败仗,[284]荷兰人于1739年试图在特拉凡哥尔王国登陆,惨遭失败。[284]印度历史学家K.M.潘涅卡尔正确指出:“在1750年不可能预见,过五十年后,一个欧洲强国,即英国,将征服印度的三分之一,并准备从马拉塔人手中夺取对国家其余部分的统治。”[284]

然而,从1730年起(大致日期),印度的贸易收支开始逆转。从欧洲前来的船只、货物和白银成倍增加。行动灵活的欧洲商船发展壮大了欧洲人的商业网,终于破坏了大莫卧儿帝国的政治结构。在奥朗则布去世后(1707年),这个帝国已名存实亡。欧洲商人在印度王公身边安插了活跃的代理人。贸易天平的缓慢倾斜早在18世纪中叶业已开始,[285]虽然在那些年代并不引人注目,因为英法两家印度公司的争吵占领着当时的舞台,唱主角的是杜普累·布西、戈特厄·拉利-托朗达尔、罗伯特·克莱夫。

实际上,印度经济当时正逐渐解体,普拉赛战役(1757年6月23日)加快了这一进程。败在罗伯特·克莱夫手下的冒险家博尔茨说:“英国东印度公司不费吹灰之力就夺得了孟加拉;环境帮了它大忙,炮兵接着把剩下的事情全部完成。”[286]这个判断未免轻率,缺乏说服力,因为东印度公司不仅征服了孟加拉,接着又赖在那里不走。此事不能没有后果。对孟加拉的劫掠(据说在1757至1780年间,运往伦敦的财富达3800万英镑),[287]谁敢说在英国的“原始积累”中无足轻重?第一批新富人和“阔佬”(当时还没有这个名称)带着他们的金银、宝石、钻石等财产回国。1763 年 3 月 13 日的一家刊物说:“可以肯定,其他货物不计,1759 年以来从东印度带回英国的金银宝石,价值高达 60 万英镑。”[288]

这个数字虽然是信口而说的,但它证明英国的贸易结算有巨额顺差,欧洲可能也是如此:1722 至 1754 年法国东印度公司出现利润,[289]表明日子变得好过了。但从中得到好处的首先是英国。伊萨克·品托说,任何观察家都能看到,“东印度公司的所有派出人员,以及各色人等都在这个国家赚得巨额财富。他们在亚洲不
191 择手段地进行榨取,定期把部分印度珍宝带回国内”。1764 年 3 月,孟加拉出现骚动的消息传到阿姆斯特丹。当他对事件的评论毫不宽容,说这是对某些人赖以大发横财的一系列舞弊行为的天然答复。孟加拉总督简直“富埒王侯”。“他的朋友为顾及他的体面,显然不肯夸大,但据他们估计,财产至少有 120 万英镑。”[290]英国人把家里的幼子交给东印度公司派往印度,这些年轻人到达后,在他们的同事以及婆罗门商人的一手指导下,不知不觉地腐化堕落,他们有什么舞弊行为会干不出来呢?与荷兰东印度公司不同,英国公司允许其职员为自己做生意,以仅限于印度洋贸易为条件。这就为各种舞弊行为大开方便之门,而吃亏的只是当地土著。这里,对乔治·萨维伊骑士表示同情又多了一层理由,他于 1777 年 4 月怒斥东印度公司在亚洲侵城掠地,从事茶叶贸易,“他无论如何不愿与这些公开的盗窃者同流合污”。[291]可是,主持公道的人又何时占过上风?拉斯卡萨斯未能拯救美洲的印第安人,反而变相地推进了黑人奴隶制。

印度从此无可挽救地听任命运的摆布,从享有盛名的生产和

商业大国沦为购买英国产品(甚至纺织品!)和提供原材料的殖民地。而且几乎持续二百年之久!

印度的命运预示着中国的命运,中国的衰落比较晚,因为中国离欧洲比较远,机构比较严密,防御力比较强。但"对华贸易"在 18 世纪开始深入中国的腹地。随着欧洲需求迅速增长,茶园的面积不断扩大,这就往往损害棉花种植,造成棉花匮乏。到 19 世纪,棉花需由印度供给,这对印度,即对英国,是个平衡对华贸易差额的机会。致命的打击从 1780 年开始,印度鸦片运到中国。[292]中国贸易收入从此化为袅袅青烟。可这是什么样的烟哪!大致在 1820 年左右,贸易盈亏颠倒了过来,那时的世界形势(1812—1817 年)也出现转折,直到 19 世纪中叶,始终处于风雨飘摇之下。鸦片战争(1839—1842 年)确定了这一演变方向,从此开始的多灾多难的"不平等条约"时代将延续整整一个世纪。

19 世纪中国的命运是 18 世纪印度命运的翻版。在这方面,内部软弱也起了作用。满清王朝需要对付众多的冲突,这些冲突对国势的衰落都有影响,都有责任,正如大莫卧儿帝国的缓慢肢解对印度的沦丧有其影响和责任一样。无论在印度或在中国,外来的冲击因内部的无能和动乱而增强了。但反过来说是否同样正确呢?如果没有来自欧洲的外力推动,国内的动乱肯定会朝另一个方向发展。随之产生的经济后果也会不同。虽说我们不想过分追究道义上的责任,显而易见,欧洲为着自己的利益,破坏了远东的交换体系,打破了它原有的平衡。

192

确定市场的位置

作为前面两章的结论，我们能否试图“确定”市场的真正位置？事情没有看起来那么简单，因为市场一词本身十分含混。一方面，在广义上，它能适用于超过自给自足的所有交换形式，适用于我们刚描绘的所有初级和高级的齿轮，适用于涉及商业表层的所有范畴（城市集市、民族市场）以及这样或那样的产品（食糖市场，贵金属市场，香料市场）。该词因此是交换、流通、分配的同义词。另一方面，市场一词往往确指一种相当广泛的交换形式，即所谓市场经济，也就是说，一种体系。

困难还在于：

——市场的复杂性只有被纳入到经济生活及社会生活的整体中去才能被理解，而经济生活与社会生活是逐年变化的；

——这种复杂性本身不断在进化和演变，因而随时会改变其意义或影响。

为了在具体实在中确定市场，我们将通过三条道路来考察它：经济学家的简单化理论；广义的即最长时段的历史见证；当今世界提供的混乱的但可能有用的教训。

自动调节的市场

经济学家优先重视市场的作用。亚当·斯密认为，市场是劳动分工的调节者。市场的容量决定着分工所能达到的水平，而分工是加速生产的手段。市场更是“看不见的手”的活动场所；供给和需求在市场会面，并通过价格自动平衡。奥斯卡·朗吉的公式更加美妙：市场是供人使用的第一台电子计算器，是一架自动调节的保证经济活动平衡的机器。达夫内尔[293]生活在自由主义自我感觉良好的时代，他用那个时代的口气说："当国家中一切都不自由时，价格却依旧自由，并且不受任何奴役。金钱、土地和劳动的价格，各种食品和商品的价格始终是自由的，任何法律的约束，任何私人协议都奴役不了价格。"

这些判断其实等于承认，不听任何人指挥的市场是整个经济的动力装置。欧洲的发展，甚至世界的发展，无非是市场经济的发展，市场经济不断扩大自己的领域，把越来越多的人，越来越多的远近贸易纳入理性秩序，而所有这些贸易加在一起就趋向于创造一个有整体性的世界。交换通常同时促进供给和需求的产生，从而指导生产，带动广大经济区的专业化，使这些经济区从此休戚与 193
共，为着自己的生存进行已成为必不可少的交换。难道还需要举几个例子吗？阿基坦种植葡萄，中国种茶，波兰、西西里或乌克兰种植谷物，殖民地时代的巴西经济的几次改变（染料、食糖、黄金、咖啡）。总之，交换把各种经济牢牢地焊接在一起。交换是连接的圆环和合页。在买主和卖主之间，价格决定一切。在伦敦交易所，价格的起落决定客户做"多头"或是"空头"，在交易所的行话里，做多头是赌价格上涨，做空头则赌价格下跌。

在活跃经济的边缘乃至在其中心，也可能会有几块大小不等的地区很少受市场运动的影响。只有个别特征，如货币，外国稀有产品的到达，表明这些小天地并不完全与世隔绝。在乔治王朝时代的英国或在经济十分活跃的路易十六时代的法国，这类停滞不前的地区依然存在。经济发展恰巧是要减少这些孤独的区域，使之逐渐加入一般的生产和消费，产业革命最终将普及市场机制。

经济发展的历史可归结为以下一句话：市场通过自动调节，征服全部经济，并使之合理化。卡尔·布林克曼[294]曾说过，经济史是要研究市场经济的起源、发展以及可能的解体。这个简单化观点同几代经济学家的教诲是一致的。而历史学家却不能这么看，对他们说来，市场不是一个单纯自生自长的现象，更不是经济活动的总和，甚至不是经济活动演变的一个特定阶段。

贯穿几百年时间看市场

既然人类有史以来就有交换，对市场的历史研究理应扩展到迄今以来人类生活过的、可被测定的全部时间，并同时接受其他人文科学的帮助，利用它们作出的可能解释，否则历史研究就抓不住长时段的演变和结构，抓不住创造新生活的环境。但是，如果我们同意这样的扩展，我们的考察势必将无边无际，永无结束之日。所有的市场都可作证：第一层是一些落后的交换场所，这些古老的实在如同大洪水前的世界留下的物种，在这儿或那儿依然可见。我特别喜欢的有卡比利亚的集市，它们在一块低洼空地上定期举行，四周是耸立在高处的村庄；[295]也有达荷美五光十色的集市，它们也设在村外；[296]还有红河三角洲的简陋集市，比埃尔·古鲁曾作过仔细的观察。[297]还有很多其他集市，例如巴依亚内地与处于半野蛮状态的牧民接触的集市，[298]或者英属新几内亚东南部特罗布里恩群岛更古老的交换仪式，马林诺夫斯基对此作了考察。[299]古今以来的历史，史前史，人类学的实地调查，社会学的回顾，古老的

达荷美传统集市的现状，在村外的大自然中。

经济学都在这里聚会。

卡尔·波拉尼[300]及其门生和忠实追随者对这批见证表示怀疑。他们勉勉强强作了一番研究，便提出一种解释，几乎是一种理论：经济只是社会生活的一个"次集合体"，[301]它受社会生活的包围和约束，只是很晚才摆脱这种种束缚。按照波拉尼的说法，必须等到资本主义在19世纪充分扩张，才能产生"伟大的转变"，"自动调节"的市场才发挥其真正的威力，制服在这以前始终占统治地位的社会因素。在这场转变发生前，几乎可以说，只存在一些被牢牢控制住的市场，一些不算市场的假市场。 194

作为不属于所谓"经济"行为的交换，波拉尼举出的例子是：在对等条件下的礼仪性交换；原始国家在没收产品后进行的再分配；在一些中立商埠进行的交换，商人在那里不能发号施令：最典型的例子是腓尼基人的殖民地，在地中海沿岸的特定地点围出特定场
195 所，进行沉默的贸易。总之，必须在贸易（交换）和市场（自动调节价格的市场）之间作出区分，市场的出现在上个世纪是头等重要的社会大变化。

可惜的是：全部理论要求作出的区分竟建立在几份杂乱的抽样调查的基础上。在一场关于19世纪“大变革”的讨论中谈论“波特拉奇”或“库拉”（而不提及17和18世纪十分多样的商业组织），这当然没有什么不好。但这同在谈到维多利亚女王时代英国的婚姻规则时使用列维-斯特劳斯关于亲缘关系的解释一样不伦不类。其实，波拉尼没有作任何努力去研究历史那具体而多样的实在，并以这一实在为出发点。只字不提厄内斯特·拉布鲁斯，或者威廉·阿贝尔，或者关于价格史的许多经典论著。为了解决所谓“重商主义”时代的市场问题，他总共只写了20行字。[302]以往的社会学家和经济学家，今天的人类学家不幸已使我们习惯于他们对历史几乎一无所知。惟其无知，他们的任务便变得容易了。

此外，人们为我们提供的“自动调节的市场”概念[303]——它是这样，是那样，它不是这样，不是那样——使人感到有点神学里下定义的味道。所谓在市场中没有任何“外来成分”，“唯有需求、成本和价格在起作用，而三者是互相协调的产物”，[304]这样的市场纯粹由精神所虚构。称这种交换形式是经济的，那种是社会的，也未免过分容易。事实上，所有交换方式都是经济的，也都是社会的。几百年中，存在过许多种社会-经济交换形式，它们的多样性不妨

碍它们共存，或者正是由于它们的多样性，它们才能共存。互惠或再分配也是经济形式（道格拉斯·诺斯[305]在这方面的见解完全正确），很早出现的有偿交易也同时是一种社会实在和经济实在。交换始终是一种对话，价格随时都是个变量。它受到某些压力（王公的，城市的或资本家的，等等），但它除了服从需求的命令外，也必定服从供给（匮乏或充裕）的命令。作为否认19世纪前出现"真正"自动调节的市场的主要论据，限价的做法过去存在，现在也存在。但就前工业化时代的世界而言，如果以为市场价目表能取消供求的作用，那就错了。在原则上，严格管理市场，这是为了保护消费者，也就是保护竞争。说到底，反而是所谓"自由"市场，如英国的"私下交易"，趋向于取消监督和取消竞争。

照我的看法，在历史上，当某地区各集市的价格基本一致并同起同落时，我们就必须谈到市场经济；以上的现象如产生在不同的司法区和不同的主权国家，就显得尤其突出。在这个意义上，19和20世纪前早已存在市场经济，而根据瓦尔特·尼尔的意见，[306]在整个历史过程中，只是19和20世纪才有自动调节的市场。从古代开始，物价总在波动；到13世纪，欧洲已出现整体性的物价波动。后来，在日益严格的界限内，物价明显地变得协调一致。萨瓦的福西尼地区高山阻隔，交通不便，在18世纪，那里各个小镇上集市的物价根据收成的丰歉，根据供给和需求，每星期都随行就市，有所波动。

我此外认为，这种趋向竞争的市场经济不能覆盖全部经济。196
这在昨天做不到，今天也做不到，虽然在程度上完全不同，其理由也大不相同。市场经济之所以有局限性，原因可能是自给自足部分很大，可能是国家权力机关使部分产品不进入商品流通，同样也可能是金钱在起作用，金钱能以各种方式人为地干预价格。在经济落后或经济十分先进的国家里，市场经济可能从下面或者从上面遭到破坏。

可以肯定的是，除波拉尼爱说的“不算市场的假市场”以外，还有纯属货币支付的交换，不论这些交换的数额如何微薄。在一个村庄或几个村庄范围内，存在几个即令微不足道的市场，这是古已有之的事。为几个村庄服务的集市可被视为一个流动的村庄，就像交易会是一种虚假的和流动的城市一样。但在这漫长历史过程中迈出的关键的一步，那便是由城市兼并至此微不足道的集市。城市一口吞下这些集市，使它们按城市的规模扩大，而反过来，城市自己却又受它们的统治。主要的原因肯定是城市作为一个重量级单位进入了经济流通。城市集市由腓尼基人所发明，[307]这非常可能。与腓尼基人几乎同时代的古希腊城邦都在它们的中央广场设置集市；[308]这些城邦也发明了，至少推广了货币的使用，虽说货币不是市场的先决条件，但它显然推动市场的发展。

古希腊城邦甚至已有从远处取得供应的大型集市。舍此能有什么别的办法？一旦城市扩大到相当规模，它就不能依赖干旱、贫瘠、多石的附近乡村为生。它不得不向别处求助，正如后来12世纪前后的意大利各城邦一样。究竟靠谁养活威尼斯？这个城市历来只拥有从沙土上开辟的小块园地。后来，为了适应远程贸易的长周期，意大利商业城市越过大型集市的阶段，创立了富商每天聚会这个行之有效的制度。雅典和罗马不是早已建立银行，以及举行可以称之为“交易所”的定期聚会了吗？

总之，市场经济是逐步形成的。马赛尔·莫斯说得好："正是我们的西方社会最近把人变成一个经济动物"。[309] 这里，"最近"一词如何理解，还有待讨论。

今天的情形能否作证？

自动调节的市场在经历了繁荣兴旺的昨天以后，并没有停止演变。幅员广阔和人口众多的社会主义体系由于对价格实行强制监督，取消了市场经济；即使市场经济继续存在，它也不得不以迂回曲折的形式，满足于细小的活动。这些做法使卡尔·布林克曼所画的曲线就此告终。不仅如此，在今天的某些经济学家眼里，"自由"世界正经历一种奇怪的变革。随着生产的不断增长，许多 197
国家——不是所有国家——已超过匮乏的阶段，那里的居民对日常生活不再过多担心，大企业和跨国公司奇迹般地壮大，所有这些变革推翻了市场至上、顾客至上和市场经济决定一切的旧秩序。市场法则对大企业不再起作用，大企业能通过高效广告影响需求，并任意确定价格。J.K.加尔布雷思不久前在一部论证清楚的著作中就他所说的"工业体系"[310] 作了说明。法语国家的经济学家宁愿谈论"组织"。弗朗斯瓦·佩鲁在《世界报》的一篇文章（1975 年 3 月 29 日）里甚至说："组织，这个比市场更重要的模式……"但市场继续存在：我能去一家店铺或去一个普通市场"验证"作为顾客和消费者微薄的至上权利。同样，对一个小制造商来说——举服装制造商为例——，市场法则完全存在，因为他必定置身于许多竞争者之中。J.K.加尔布雷思在他的近著中不是提出要"仔细研究小企业和工业体系的并存"[311] 吗？他在这里说的小企业就是我所说的市场体系，而他说的“工业体系”则是大企业的庇护所。不过，列宁曾有过类似的见解。他谈到所谓“帝国主义”（或20世纪初新诞生的垄断资本主义）和一般资本主义的共存，并认为建立在竞争基础上的一般资本主义是有用的。[312]

我完全同意加尔布雷思和列宁的见解，但有一点不同：在我看来，我所说的“经济”（或市场经济）和“资本主义”之间的差别不是一个新特征，而是欧洲从中世纪就有的经常因素。还有一点不同，即在前工业化的模式上，必须加上一个第三部分——非经济的底层，即是市场扎根其间但又不全部控制的沃土。这个底层还很庞大，在它上面是典型的市场经济区域，成倍地增加市场之间的横向联系。供给、需求和价格之间通常有一种自动调节机制。最后，在这平面的边缘或上面，是盛行巧取豪夺的所谓“反市场”区域。资本主义的领域不折不扣地就在这里，今犹昔比，产业革命前或产业革命后都是这种情形。

第三章

生产部门或资本主义在别人家里

究竟是出于审慎，或者由于疏忽？或者因为这个词用在这里不恰当？资本主义一词在我的笔下至此只出现过五六次，而且我本可以不用它。对于这个“挑战用语”，[1] 对于这个词义含糊、不够科学和使用不当的词，[2] 主张把它彻底抛弃的人都大声疾呼：那你为什么又非用它不可！尤其在前工业时代，这个词不用则已，一用就会犯颠倒时序的错误。

就我个人而言，经过长期的尝试，我已决定不再驱逐这个讨厌的词。不用资本主义一词，从而逃避进行有关的讨论，我以为这并没有什么好处，因为讨论这个问题具有一定的现实性。对一名历史学家来说，理解昨天和理解今天是同一个过程。人们怎么能够设想，历史学的兴趣应与现时保持一定距离，不得越雷池一步，否则将有损体面，甚至招惹危险。无论如何，事情也防不胜防。你把资本主义从大门逐出，它会从窗户回来。不管人们愿意与否，即使在前工业时代，就存在这样一种经济活动，它不可抗拒地使人想到资本主义，却不能接受任何其他名称。这种经济活动虽然还几乎

200 用不着工业“生产方式”的帮助（我以为工业生产方式不是一切资本主义不可缺少的基本特点），它同惯常的市场交换不相混淆。我们将在第四章试图为它下个定义。

既然资本主义一词有着众多的争议，我们将先从词义开始研究，以便弄清资本、资本家、资本主义这三个互相关联和不可分离的词的历史沿革。这也是事先排除某些混淆的一个办法。

作为投资的场所和资本高产出率的场所，资本主义应被放回到经济生活中去，虽然它并不占据经济生活的全部容积。资本主义处在经济生活的两个区域：一个是归它掌握的和常住的区域；另一个是它旁敲侧击和乘虚打入，但始终控制不了的区域。当19世纪的革命发生时，资本主义把擢升到巨额利润地位上的工业生产据为己有，但在这以前，流通领域才真正是资本主义自身的活动领域，虽然它有时也侵入其他领域。资本主义甚至不对全部流通领域都感兴趣，既然它并不控制所有的流通渠道，而只是力求控制某些渠道。

简单地说，我们在本章中将研究不同的生产部门（资本主义在那里就像在别人家里），然后在下一章再看资本主义得其所哉的活动场所（资本主义在那里就像在自己家里）。

201

资本、资本家、资本主义

首先是要查查辞典。根据昂利·贝尔和吕西安·费弗尔的建议，[3]在使用历史语汇的关键词以前，总是多提几个问题为好：这些词从何而来？怎样流传至今？是否会使我们误入歧途？在按照列举的顺序谈到资本、资本家和资本主义三个词以前，我愿意遵守这项要求。我承认，这样做略嫌烦琐，但也不容规避。

读者应该知道，这是一项复杂的研究，下面的概括只说出研究结果的百分之一。[4]每个文明，包括巴比伦文明，古希腊文明和古罗马文明，以及曾想解决交换、生产和消费的必要性问题和处理其争端的其他文明，都不得不创造一套特殊的语汇，而其中的词随后又不断改变意义。我们这里的三个词也逃不过这条规律。甚至三个词中资格最老的"资本"一词，也只是在1770年由18世纪法语国家最伟大的经济学家杜尔哥使用后，才开始具有我们所理解的含义（继理查·琼斯、李嘉图、西斯蒙第、洛贝尔图斯之后，特别在马克思之后）。

"资本"一词

资本（源自后期拉丁语caput一词，作"头部"讲）于12至13世纪出现，有"资金""存货""款项"或"生息本金"等含义。当时没有立即下一个严格的定义，论争主要涉及利息，经院神学家、伦理学家和法学家终于找到一条使自己心安理得的理由，据说是贷款人冒有风险。揭开现代序幕的意大利是这场论争的中心。资本一词正是在意大利被创造，被驯化和逐渐成熟的。它于1211年肯定已经问世，于1283年以商行资本的含义出现。在14世纪已普遍使用，见诸乔伐尼·维拉尼、薄伽丘、多纳托·维吕迪的作品中。1399年2月20日，弗朗赛斯科·达蒂尼从普拉托写信给他的一位客户："当然，如果您愿买些天鹅绒或呢绒，您得先就资本和利润作出担保，其余则悉听尊便。"[5]资本一词及其确指的实在可在锡耶纳的圣贝纳迪诺(1380—1444)布道词中见到“这种繁衍不息的赚钱手段,我们通常称之为资本”。[6]

该词含义逐渐发展为某家商号或某个商人的资金,意大利往往还用 corpo 一词,即是“本钱”,16 世纪的里昂也用 corps 一词。[7] 经过长期而混乱的论争,在整个欧洲范围内,脑袋(capitale)终究比躯干(corpo、corps)稍胜一筹。资本一词于是从意大利出发,接着在德意志和尼德兰广为传播,最后到达法国,在那里与 caput 的其他派生词 chatel、cheptel、cabal 等[8] 发生冲突。巴汝奇说:“现在
202 的问题是如何保本(cabal),利息之类且不必顾及”。[9] 总之,capital(资本)一词已收入让·尼古的《法语宝鉴》(1606 年)。但我们不要以为该词的含义在当时已经确定。它被一大堆与它竞争的词所淹没:sort(债务)、richesse(财富)、facultés(财力)、argent(金钱)、valeur(价值)、fonds(资金)、biens(财产)、pécunes(银钱)、principal(本金)、avoir(资产)、patrimoine(祖产),凡在我们期待 capital 一词露面的地方,以上这些词往往都能取代它。

“资金”(fonds)一词曾长期大出风头。拉封登在他的墓志铭中说:“约翰赤条条来光身子去,连本带利吃光用光”。我们至今使用这样的词组:prêter à fonds perdus(没有希望收回本金的借款)。我们读到以下的话,并不感到奇怪:马赛的一条船在热那亚“提取比亚斯特作为前往勒旺地区的资金”[10](1713 年);忙于清账的商人只需“把他出借的资金收回”[11](1726 年)。相反,维隆·德·福尔邦奈于 1757 年写道:“唯有能在眼下坐得收益的资金才称得上是财富”,[12] 这里不用资本(capital)而用财富(richesse),我们觉得并不恰当(这在下文中再作说明)。其他的表达方式更出人

意外：一份有关英国的文件[13]（1696 年）认为，“该国的土地和其他资金的固有价值尚有 6 亿”（指 6 亿英镑，与格里高利·金提出的数字大致相同）。杜尔哥于 1757 年提到“各种企业中的流动垫款”，[14]换了我们，必定会说是可变资本或流动资金。在杜尔哥那里，垫款一词（avances）带有“投资”的含义：这里未用资本一词，却包含它的现代概念。有趣的是，萨瓦里·台布吕斯龙 1761 年版《辞典》关于商行的词条曾谈到它们的资金（fonds capitaux）。[15]资本（capital）一词在这里被用作修饰语。该词组当然不是萨瓦里的发明。40 多年前，商事院[16]的一份文件说：“印度公司的资金高达 1 亿 4300 万里佛”。但几乎在同期（1722 年），阿布维尔的商人旺洛贝老大[17]因他的船只“洛林查理号”失事，在书信中估计说，损失“占资本的一半以上”。

随着其他用词的地位逐渐削弱，资本一词终于被公众接受，这里所说的地位削弱意味着概念更新，用米歇尔·福科的说法，叫做“知识的断裂”。孔狄亚克（1782 年）说得更简单：“每门科学都需要有一种特殊的语言，因为每门科学有自己独特的思想。研究科学似乎应从创造独特的语汇开始；但人总是要先说话和先写作，语汇留待以后创造。”[18]古典经济学家们去世已经很久，他们信手拈来的说法至今还有人在使用。让-巴蒂斯特·萨伊谈到（1828 年），财富（richesse）一词是个“至今没有正确定义的术语”，[19]但他也照用不误。西斯蒙第毫无保留地使用“土地财富”、国民财富、贸易财富等术语，贸易财富甚至是他第一篇论文的标题。[20]

然而，资本一词逐渐被人们所接受。福尔邦奈曾用过“生产资本”[21]的说法；魁奈曾经断言：“任何资本都是生产工具”。[22]在日常用语里，已开始有形象的用法："伏尔泰先生自从到巴黎后，不惜动用资本"，就是说，一味拼体力消耗；特隆香大夫在名作家去世前几个月，即在1778年2月，曾正确指出，他的朋友们到是"希望他仅靠利息生活"，[23]换句话说，要他量力而行。二十年后，在拿破仑远征意大利期间，一名俄国领事在思考革命法国异乎寻常的局势时
203 说：法国"用自己的资本打仗"，而敌方却仅仅"用收益"作战（我已引用过这段话）！人们将注意到，在这明晰的判断中，资本一词确指的是国家财富和民族遗产，而不是一笔钱、一笔债款或一笔商业资金，这类传统含义在克雷斯潘的《三语言宝鉴》（1627年）、富尔吉埃尔的《万有辞典》（1690年）、1751年版《百科全书》或《法兰西学士院辞典》（1786年）都可找到。但这些含义是与人们一直不假思索就接受的货币价值概念相联系的。用生产性货币和劳动价值的概念取代货币的价值概念将需要很长时间。但在上面引证的福尔邦奈和魁奈的话里，已能看到这层含义；莫雷莱（1764年）曾对
204 闲散资本和能动资本作过区分；[24]杜尔哥更进一步认为，资本不单纯是货币。再往前一步，我们就遇到"马克思赋予该词的明确的和排他性的含义：资本就是生产资料"。[25]我们暂且在尚不确定的界线上停下来，关于这条界线，我们以后还会谈到。

资　本　家

资本家（capitaliste）一词大概产生于17世纪中叶。《荷兰信使报》在1633年曾用过一次，1654年又用了一次。[26]法国的一份备忘录于1699年指出，联合省三级会议制订的新税则把"资本家"同其他人作出区分，前者须纳税3弗罗林，后者付30苏。[27]让-雅克·

贸易图，15 世纪的挂毯。

卢梭于 1759 年给他的一位朋友写信说："我既非贵族又非资本家，并且安贫乐道。"[28] 可见资本家一词早已众所周知。但在《百科全书》里，该词仅作为形容词出现。作为名词，它的竞争对手委实很多。确指富人有成百种说法：有钱人、大户、阔佬、趁钱的、百万富翁、新富人、交大运的（虽然喜欢对用词挑剔的人拒不接受最后一词）。安娜女王在位时的英国，辉格党人都很富有，人们称他们是"财主"（monneyed men）。所有这些词都带有一点贬义：魁奈于1759年曾谈到“目无君主和国家”的“大富翁”。[29]莫雷莱认为，资本家在社会中构成一个集团，一个范畴，几乎一个独立的阶级。[30]

“大富翁”是18世纪下半叶资本家一词的狭义，它确指公共债券、有价证券或现金投资的拥有者。一家投资主要来自巴黎的船运公司于1768年把公司本部设在首都的科克隆街，翁弗勒尔的有关人员得到解释说，因为“寓居巴黎的资本家觉得公司以设在身边可供随时察看为好”。[31]一位在海牙的那不勒斯经纪人(用法文)写信(1769年2月7日)给政府说：“战争的胜败难以逆料，该国的资本家们很不情愿拿钱去冒险”，[32]这里说的是俄土战争。未来的制宪议会议员马鲁埃于1775年想到，荷兰人在圭亚那建立苏里南殖民地时，曾对营造商和资本家作了区分：前者在当地规划种植园和排灌沟渠，他们“接着同欧洲的资本家联系，请他们提供资金合伙经营”。[33]资本家逐渐等于是贷款人和出资者。1776年法国有一篇杂文，其标题是：《关于英国债务向资本家进一言》[34]：借钱给英国人当然首先是商人的事。1783年7月，法国曾提到给商人经营批发业务充分自由的问题。由于巴黎警察总监萨亭的反对，巴黎例外地未能实行这项措施。据说，不然的话，首都就会被“置于大批资本家的贪欲之下，他们将囤积居奇，使巴黎的供应脱离警察当局的监督”。[35]由此可见，资本家一词已经声名狼藉，确指那些不但
205 有钱，而且还想用钱挣得更多钱的人。正是在这个意义上，1799年在米兰出版的一本小册子把地主同“动产拥有者或资本家”[36]作了区分。1789年，德拉吉尼昂司法区的几份陈情书对资本家颇有抱怨，声称“那些把钱装进口袋的人”[37]逃避了纳税。结果是：“该

省的大地主把他们祖产卖掉，换作资本，从而不但不再纳付巨额地产税，而且毫无顾忌地以5%的利率放款。”[38] 1790年洛林的情况恰好相反，据一位见证人说：“大部分土地为一些巴黎居民所有：其中有些土地由资本家不久前购进；他们的投机活动转到了这个省，因为同土地收益相比，这里的地价最为便宜。”[39]

人们对资本家可见从未有过友好的口吻。马拉早在1774年已经措辞激烈，他甚至说：“在商业国家里，资本家、食利者几乎都与包税人、金融家和投机商同流合污。”[40]随着革命到来，调门提得更高。1790年11月25日，库斯丁伯爵在国民议会的讲坛上声色俱厉地说：“议会业已推毁了形形式式的贵族，难道它将对资本家让步吗？在这些人看来，凡能积累财富的地方，便是他们的祖国。”[41]康蓬1793年8月24日在国民公会的讲话更加直截了当：“所有倒腾银钱的老财目前正在与共和国决一死战，力阻其巩固。因此，为了建立自由制度，必须消灭这伙破坏公共信贷的坏蛋。”[42]这里没有出现资本家一词，显然因为康蓬想用一个更带贬意的用语。大家知道，金融家最初曾拥护革命，接着受到革命的意外打击，最后又摆脱了困境。因此，流亡中的里瓦罗尔狂怒之下竟然写道：“六万名资本家和多如虫蚁的投机者决定了革命的命运。”[43]这显然是对1789年革命的一种草率和随意的解释。可以看到，资本家一词并不确指企业主和投资者。同资本一样，资本家一词仍与金钱、财富的概念相联系。

资本主义：一个新近出现的词

在我们看来，资本主义是三个词中最值得讨论的词，但它也是最抽象的词(没有另外二词,该词能否存在还成问题),更是历史学家和词汇学家拼命追查的对象。多扎[44]提到,资本主义一词出现在《百科全书》(1753年),但其含义十分特别:"富人的地位"。这个说法似乎有毛病,因为引文的出处至今无从找到。该词见诸J.-B.里沙尔的《法语新辞典》[45](1842年版)。大概是路易·勃朗在与巴师夏的论战中赋予资本主义一词以新的含义;他写道:"我所说的'资本主义',是指一些人在排斥另一些人的情况下占有资本。"[46]但该词在当时很少被使用。蒲鲁东曾用过几次,而且用得
206 完全正确。他写道:"土地依旧是资本主义的堡垒",并为此作了长篇论证。他为该词下了极其妥帖的定义:"资本主义是一种经济和社会制度,根据这种制度,作为收入来源的资本一般说来不属于通过自己劳动使资本发挥效用的人。"[47]但在十年以后,即在1867年,马克思还从未用过资本主义一词。[48]

其实,只是到本世纪初,该词才作为社会主义的天然反义词,在政治论争中猛然冒了出来。自从威纳尔·桑巴特的杰出著作《论现代资本主义》(1902年第一版)发表后,该词在科学界就走红了。尽管马克思自己从未用过,该词却相当自然地被纳入马克思主义的模式,以致人们常说:奴隶制、封建制、资本主义制是《资本论》的作者为社会划分的几个重大阶段。

资本主义是一个政治术语,这也许正是它交上好运的奥秘所在。它长期受到本世纪初的经济学家夏尔·吉德、坎瓦斯、马歇尔、塞利格曼或卡塞尔的排斥,只是到1914年的大战结束后,才在《政治科学辞典》出现,到1926年才列为《大不列颠百科全书》的条目;到1932年才被吸收进《法兰西学士院辞典》,带着一个怪癖的

定义:“资本主义是资本家的整体”。1958年的新定义只是略为好些:“资本主义作为经济制度主张生产资料归私人或私营公司所有。”

其实,自从本世纪初和1917年俄国革命以来,该词不断在增加新的含义,因而它使太多的人感到为难。杰出的历史学家赫伯特·希顿主张予以绝对排斥,他说:“在所有以主义结尾的词中,资本主义一词最容易招惹是非。它的含义和定义是如此混杂,因而一切懂得自重的学者应该把它同帝国主义一起从词汇中摈弃。”[49]吕西安·费弗尔也认为该词已用得太滥,主张把它取消。[50]如果我们听从这些合理的建议,取消该词当然未尝不可,但是真的取消了以后,我们立即会感到缺憾。安德鲁·松费尔特(1971年)[51]说得对,“继续使用该词的一个很好的理由是,任何人都没有提出一个更好的词来代替它,包括对它批评最严厉的人在内”。

在这个新词还没有引起太大争议的时候,它一度对历史学家最有诱惑力。如果不考虑时序颠倒,他们将试图对资本主义进行全面的历史考察,从古代巴比伦到古希腊、古代中国、古罗马、我们西方的中世纪和印度。泰奥多尔·蒙森和昂利·比兰纳等最有名的史学前辈都与这一尝试有关,但后来却惹出一场风波。不慎受牵连者无不遭到指责,蒙森首先受到马克思的批评。其实也并非毫无道理:怎么可以随便把货币和资本混为一谈?可是,保尔·韦纳[52]认为,只要一句话就足以驳倒熟知古代经济的学者米歇尔·罗斯托夫采夫。J.C.旺勒尔在东南亚经济中只肯看到行贩。卡尔·波拉尼对历史学家谈论亚述商人一事肆意嘲讽,虽然成千块书板记录着商人间的信件往来。在许多场合，这是让一切都屈从于马克思后的一种正统观念：在18世纪末工业生产方式形成前，不可能存在资本主义。

就算如此，这不过是用词问题。无需指出，研究旧制度下各社
207 会的历史学家，特别是古代史专家，当他们说出资本主义一词时，绝不会想到亚历山大·格尔申克隆平心静气地所下的定义："资本主义是现代的工业体系"。[53]我曾说过，昨天的资本主义（不同于今天的资本主义）在经济生活中只占据一个狭窄的平台。那么，怎么能够说资本主义是个扩张到整个社会的"体系"？资本主义毕竟是个与它四周的社会和经济整体不同的，乃至异质的独立世界。它被确认为资本主义，不仅是同后来出现的资本主义新形态相对而言，而且也是同社会和经济整体相对而言，其实就是同范围广阔的"非资本主义"相对而言。借口"真正的"资本主义将在19世纪产生，从而拒绝承认昨天经济的这种两重性，也就不能懂得所谓资本主义前期拓扑学的意义，而这对分析过去的经济至关重要。如果资本主义选定某些地点作为它的居住场所——并非一时疏忽——，那是因为这些地点有利于资本的再生产。

资本的实在

以上种种问题说过不谈。关键是要说明，在杜尔哥和马克思之间，资本一词（以及其他二词）在含义上产生的演变；是要知道该词的新内容是否丝毫不能包含以往的状态，要知道资本主义的实在是否确实作为新事物与产业革命同时出现。今天的英国历史学家认为，产业革命的开端至少应在1750年，甚至比这再早一个世

纪。马克思把“资本主义时代”的开端定在16世纪。他还承认，“资本主义生产的雏形”（不单是资本的积累）最早见于中世纪的意大利城市。[54]可是，一个新诞生的机体，即使还远没有充分发展它的特性，本身已包含着发展的潜力，并有一个属于它的名称。反复斟酌的结果，资本的新概念对理解本书研究的几个世纪的历史将是不可缺少的理论范畴。

五十年前，人们说资本是一笔“资产”（biens capitaux），这个说法虽已不再时行，却有其优点。因为资产可以用手触摸得到，可以毫不含糊地给它下个定义。首先，资产是“以往劳动的成果”，是“积累起来的劳动”；例如村庄管辖的耕地，尽管耕地中的石子何时被清除已无人知道，又如古老磨坊的轮子，也因建造的年代太久而无从查考；再如两旁种着黑刺李的村间小道，据加斯东·罗普内尔认为，[55]这些铺碎石的小道肇始于原始高卢时代。资产的另一个特点是它在生产过程中被重新取得，资产存在的条件恰恰在于，它必须参加、促成至少便于人们反复更新的劳动。

参加新的劳动使资产得以重建和新生，从而产生收益和增值。生产不断在吸收并再造资本。我播下的麦种是资本，使用煤的能量会产生一定的结果；但我吃的面包，我炉子里烧的煤是供直接消费 209
的物品，与生产相脱离。同样，不加开发的森林，守财奴保存的钱也与生产相脱离，因而不是资本。但不断转手，刺激交换并用于偿付房租、地租、收益、利润和工资的金钱，进入流通渠道、突破流通的大门和加快流通速度的金钱，则是资本。金钱的这种流通是为了重返出发点。大卫·休谟说得对，金钱是“对劳动和对物品的一种支配权”。[56]维拉隆于1564年曾说过，某些商人是用金钱赚得金钱。[57]

208

森林是一种资本。在特龙赛森林(阿列省)中,今天仍有柯尔贝尔于1670年下令种植的橡树。照柯尔贝尔的想法,这些橡树应在19世纪为法国船队提供优质桅杆。柯尔贝尔预见到了一切,唯独没有蒸汽轮船。

从此，作为一种智力游戏，人们爱问此物或彼物是否是资本。一条船肯定是资本。1701 年到达圣彼得堡的第一条船是荷兰船，彼得大帝给予它永不交纳关税的特权。聪明的船主让这条船继续航行了将近一个世纪，时间比当时的正常情形长三至四倍。[58]这是多好一笔资产。

同样，位于塞森、巴特哈尔茨堡、戈斯拉尔和采勒费尔德之间的哈茨森林，[59]于 1635 至 1788 年期间曾是汉诺威和沃尔芬比特尔两王室的未分割产业，并因此以“哈茨公产”命名。这些森林是向当地高炉供应木炭的不可缺少的能源基地，因此很早便采取措施，阻止附近农民的乱砍滥伐。第一项采伐法规在 1576 年制订。根据不同树木生长的快慢，林区被分为几个小区。在绘制地图的同时，还就漂放木排、森林监察和骑马巡视制订了计划。因此，林区不但得到可靠的保护，而对森林开发和市场供应也做出了安排。这是保护和改善资产的一个典型例子。

鉴于木材当时用处甚多，哈茨森林的遭遇并非独一无二。布丰经营他在勃艮第的蒙巴尔林场。在法国，12 世纪已对森林实行合理采伐；可见此事并非由柯尔贝尔所首创，虽然他曾起了促进作用。在挪威、波兰和新大陆的广大森林地带，西方人力图使森林立即变成资产，至少在水路可通的地方，他们做到了这一点。英国 1783 年在与西班牙缔约时附加一项条件，即自由进入坎佩切地区热带森林的染料林地。英国终于得到 300 法里长的森林海岸。一名外交官说：“只要好生经营这块地方，可望永远不缺木材。”[60]

我们不必再举更多的例子。所有的例子都直截了当地证实了经济学家关于资本本质的既有认识。

固定资本和流动资本

资本或资产（是一码事）可分为两个范畴：固定资本是为人类劳动充当支撑点的具有较长职能时间的物品：道路、桥梁、堤坝、渡
210 槽、船舶、工具、机器；流动资本则投入和淹没在生产过程中：麦种、原料、半成品以及用于清偿多种账目（收益、利润、年金、工资）的货币，特别是工资和劳动。所有经济学家都对二者作出区分：不论是亚当·斯密和杜尔哥（他谈到“原始资金”和“年度投资”），或者是马克思（他提到不变资本和可变资本）。

经济学家昂利·施托尔希[61] 1820年在圣彼得堡宫中对他的学生尼古拉和米歇尔大公就此问题作了解释。这位家庭教师说：“假定有一个极富的国家确定用一笔巨额资本来改良土壤，建造住房，兴建工厂和车间，以及制造工具。再假定在收获后立即出现蛮族入侵，把全部流动资本，包括食物、材料和成品在内，统统作为战利品夺走，但他们并不破坏房屋和车间；在这种情况下，任何工业劳动（即人的劳动）将立即停止。因为，若要耕种土地，必须有牛马犁地，有粮食下种，尤其必须有面包养活工人，直到下次收获。为使工厂能够工作，磨坊必须有粮食，铁匠炉必须有金属或煤，织机必须有原料，各处都要有供工人吃的食物。不能工作的原因与土地面积、工厂和织机数量以及工人数量无关，而是未遭蛮族劫掠的流动资本太少。经历这样一场灾难后，这个民族如能挖出他们出于恐惧而事先埋在地下的珍宝，他们就有福了！如同固定资本一样，贵金属和宝石不能替代真正的流动资金；但是贵金属和宝石也有用处，可全部出口，从外国再买回需要的流动资本。企图阻止这

德国船，方帆，艉舵。勃伦登巴赫作《航海志》的插图，美因茨，1486年。早在那个时代，船已是一种资本，按“股份”出售，归几名船主共有。

种出口，等于捆住居民的手脚，使之无所作为，从而陷于饥饿的境地。”

从所用的语汇和所反映的古老的俄罗斯经济生活（马、牛、织机、饥饿、埋在地下的珍宝）来说，这篇讲话确实值得一读。“蛮族”

的行为竟像循规蹈矩的学生，他们居然不触动固定资本，仅带走流动资本，目的似乎为了证实后者不可替代的作用。万一他们改变打算，国家被征服、经历骚扰和重获解放后，恢复经济生活恐怕同样困难。

生产过程是一种二冲程内燃机，流动资本在用完后立即得到补充，甚至有所增加。至于固定资本，它不断在消耗，虽然消耗的速度或快或慢：道路会损坏，桥梁会坍塌，船的下场是给威尼斯一家修道院当柴烧，[62]木制机器的传动装置因磨损而不能使用，犁铧会破碎。这些材料必须重加整修；固定资本的损耗是一种从不停止的恶性经济顽症。

211

通过一系列计算看资本

今天，资本在国家的各项账目中都算得清清楚楚；一切都经过测算：国民产值（毛产值和净产值）的变动，人均收入，积蓄比例，资本再生产率，人口运动等，目的是要为经济增长算笔总账。历史学家当然没有条件把这个计算范围扩大应用于过去的经济。但是，即使数字不足，只要透过现在的理论范畴去考察过去，我们也势必会改变认识和解释的方法。

212 认识方法的这种改变已见于为数不多的定量研究及追溯性计算，但作此尝试的往往是经济学家，而并非历史学家。例如，阿里斯·汉森在最近的一篇文章和一部著作中，[63]相当真实地计算了1774年新泽西、宾夕法尼亚和特拉华的全部财产或现存资本。他的研究从收集遗嘱开始，接着计算遗嘱揭示的财产，再估测无遗嘱的继承。结果使人感到相当惊奇：资本C的总额等于国民收入R

的三至四倍，这大致意味着，国家的经济拥有相当于三四年国民收入的积累，可供它立即支配。就在本世纪的30年代，凯恩斯进行计算时始终采纳了C＝4R的比例。这表明昨天和今天恰相巧合。确实，独立初期的美国经济给人的印象是它已完全自成体系，不仅因为劳动生产率很高，而且平均生活水平（人均收入）比欧洲乃至英国更高。

这个出人意外的巧合与西蒙·库兹涅茨的认识和计算相一致。大家知道，这位美国经济学家专门研究19世纪末至今的各国经济增长。[64]他碰巧灵机一动，想到从19世纪向上追溯，并利用菲力斯-迪安和W.A.柯尔关于英国增长的可靠图表，[65]以追踪或猜测18世纪的可能演变，接着又逐步过渡到1500年，甚至更早的时候。这一历史考察的目的，主要是想从中找出问题，为与现代的发展中国家进行有益的比较研究提供素材，而并非把一些专横结论强加于人；关于这一考察的手段和条件，我们且不去进行详细的研究。

总之，这位一流的经济学家对长时段研究的价值深信不疑，试图通过追溯历史来解释经济；他的尝试只能使我感到喜出望外。他的研究促使我们全面地重新审查旧制度下的各种经济问题。但我们将只关心资本问题，这也正是争论的核心问题。

西蒙·库兹涅茨认为，从现时的经济关系出发，可以大致推算历史上的经济关系（根据19世纪末以来十几个国家80至100年间的精确统计数字，他研究了经济关系的运动和演变）；这就证明，在他看来，在遥远的过去和现时之间，不仅有划时代的断裂和不连贯，而且有联系、相似和连贯。他尤其不相信A.刘易斯和W.W.罗斯托夫的推测，说现代经济增长的根源在于积蓄比例的急剧变化。他经常注意到，即使在一个高收入国家里，积蓄的比例似乎永远超过不了一个封顶的上限。他写道[66]：“不论理由如何，根本的问题在于，即使在当今世界最富的国家中——其财富和潜力远远超过18世纪末和19世纪初可能想象的一切——资本形成的比例也超不过一个低水平，而在许多旧社会中，如果考察纯积蓄额，这些低水平却并非不可能达到，甚至不难达到。”积蓄或者资本的再生产，
213 其实是同一个问题。如果消费达到生产的85%，余下的15%则记在积蓄的账上，在可能情况下，记在再生产资本形成的账上。这些数字纯属假设。如果放宽一点，可以假定积蓄的比例在任何社会中都不超过20%。或者说，只是在迫不得已的情况下，才暂时超过这一比例，而以往的社会并不属于这种迫不得已的情况。

我们现在再看马克思的公式：“任何社会不能停止消费，也不能停止生产”，这里还必须加上“不能停止积蓄”。积蓄的多少既取决于特定社会的人数、技术以及达到的生活水平，同时也取决于划分社会收入分配的阶梯。从西蒙·库兹涅茨根据1688年的英国或根据15和16世纪德国城邦的社会阶梯所设想的情形来看，5%左右的居民（大概为最高数字）属于社会上层，拥有总收入的25%。绝大多数居民（占95%）仅支配国民收入的75%，生活水平因而低于严格计算的人均收入。他们必定遭受特权阶级的剥削，因而生计窘迫（阿尔弗雷德·苏维很早以前就对此作了极好的论证）。[67]总之，只是在社会的特权阶层中，才能有所积蓄。假定特权者的消费等于一般人的三至五倍，积蓄在第一种情况下将占国民收入的13%；在第二种情况下，则为5%。旧社会中虽然人均收入

很低，积蓄却能照常进行；社会桎梏不但不影响积蓄，反而促成其事。

在这些计算中，两个基本成分在变化：人数以及人的生活水平。在整个欧洲，1500 至 1750 年间人口增长率估计每年为 0.17%，而从 1750 年至今，则为 0.95%。从长远看，人均生产增长率均为 0.2%或 0.3%。

所有这些数字以及其他数字当然都是假定。毫无疑问，在 1750 年前的欧洲，资本再生产率停留在低下的水平，但有一个特点，我以为这个特点触及问题的核心。社会每年生产一定数量的资本，其中一部分用以弥补固定资产在经济活动进行过程中的损耗。纯资本值大致等于毛资本值减去损耗部分。西蒙·库兹涅茨的假设——毛资本值和纯资本值之间的差额在旧社会比在近代社会要大得多——在我看来是个没有讨论余地的基本命题，即使作为命题的依据，更多是定性分析，而不是定量分析。旧经济确实产生数量可观的毛资本，但在某些部门，毛资本却像太阳下的雪一样迅速消融。生产设备不足是个先天性弱点，为弥补这个缺陷，必须投入大量额外劳动力。土地本身是一种很不可靠的资本，肥力逐年减少，因而必须不断实行轮作，必须施肥（但又从何制造足够数量的肥料），因而农民拼命增加犁耕的次数——通常为五六次，据基克朗·德·博热说，[68] 普罗旺斯可达 14 次——，因而从事土地劳动的人在居民中占很高的比例；大家知道，这最后一项条件本身是个妨碍经济增长的因素。房屋、船只、桥梁、灌渠、工具以及人为便于劳动和使用能源所发明的各种机器，所有这些都不能使用很 215
久。例如，布鲁日的城门于 1337 至 1338 年进行修理，于 1367 至

214

城市生活之大患：火灾。迪博・席林在《伯尔尼大事记》(1472 年)中的这张插图表现了妇孺和教士带着可搬动的财物逃离火场。当时除梯子和在护城河里提水的木制水桶外，不再有其他救火工具。伯尔尼几乎全遭焚毁，据《大事记》称，大火在一刻钟内席卷全城。

1368 年重建，于 1385、1392 和 1433 年改建，至 1615 年再次重建，我认为这样的小事也不宜完全忽略；琐碎小事织成日常生活的经纬。[69] 在 18 世纪的萨瓦，博纳维尔总管的信件内容十分单调，经常谈到整修堤堰、重建桥梁以及道路不通一类的话题。请读当时的报纸:不断有村庄和城市被一场大火化为灰烬:1547 年的特鲁瓦,1666 年的伦敦,1701 年的诺夫哥罗德,[70] 1755 年 9 月 28 和 29 日的君士坦丁堡,最后一场火灾“在商业区留下方圆两法里多的一片废墟”。[71] 类似的例子数以千计。

简单地说,我以为西蒙·库兹涅茨的以下论断完全正确:“不怕极而言之,人们可以怀疑,除‘宏大建筑’外,1750 年前是否真有什么持久的固定资本形成,是否真有资产的相当积累——这些资产寿命很大,不需要花大笔经费进行经常的维修或更替。如果绝大部分设备的寿命不超过五六年,如果为保持大部分土地的肥力而需要进行的土壤改良每年耗资约等于其全部价值的五分之一,如果大部分房屋的折旧率相当于在 25 至 50 年内彻底损坏,那就没有太多的东西可算作是固定资本了……固定资本的全部概念也许仅仅是近代经济和近代技术的产物。”[72] 换句话说,如果极而言之,产业革命主要使固定资本发生了变革,它从此变得更加昂贵,但又更加完善和更加持久,固定资本将彻底改变生产率。

部门分析的意义

这一切当然对整个经济都有影响。但只要在慕尼黑的日耳曼博物馆兜上一圈,参观许多木制机器的模型——这些 200 年前的动力机由极其复杂和精巧的齿轮所组成,各组齿轮环环相扣,传递水力、风力乃至畜力——,就能懂得经济结构中设备最差的部门恰巧是所谓“工业”生产部门。在这种情况下,我们就不能像刚才所说的那样,仅仅认为社会阶梯使 5% 享有高收入的特权者有条件积蓄;应该看到社会结构和技术结构限制了某些部门,特别是工农业生产部门,使它们只能积累少量的资本。因此,以往的资本主义是商业资本主义,它集中最大力量在“流通领域”,这也就不足为奇了。本章开端即宣布要对经济生活按部门进行分析,这一分析能毫不含糊地说明,资本主义作出的选择及其理由都是正确的。

216 这一分析还说明旧经济的一个显而易见的矛盾,就是说,在一些经济明显不发达的国家里,某些享受保护和优惠的部门容易积累资本,这种纯资本有时很多,但不能全部转化成有效的投资。攒钱的习惯始终存在。金钱因停止流通而“腐败”,资本没有得到充分的使用。在有机会时,我将介绍18世纪初法国的几份有趣的文字材料。我们不必过甚其词,硬说最不缺的东西是金钱。无论如何,由于种种原因,最困难的还是如何找到机会,使资金投入到真正生息丰厚的活动中去。16世纪末依然光辉灿烂的意大利正是这种情况。意大利那时刚经历了一个经济活跃时期,铸币和白银多得成灾,似乎超过了本国经济对资金和货币的消费额。于是,人们纷纷购买收益不多的地产,建造漂亮的乡间别墅,到处大兴土木,推进文化事业的繁荣。如果这个解释站得住脚,它就能部分地解决罗伯托·洛佩斯和米斯奇明[73]指出的美男子洛朗时代佛罗伦萨的繁华与周围经济不景气之间的矛盾。

根本的问题是要知道旧社会的一个部门——我毫不犹豫地称之为资本主义部门——为什么要对外封闭,甚至作茧自缚;为什么它向四周的扩散十分困难,因而不能征服整个社会。其实,这也许与该部门的生存条件有关,因为在旧社会,只是某些部门,而不是当时整个市场经济,可能有较高的资本积累率。资本试图走出这个富饶地区去冒险,即便不落个本利两空,也总是收益甚微。

确切了解旧时代资本主义的活动场所有一定的意义，因为对资本的这一拓扑学分析也是从反面对旧社会某些脆弱的、不获利的部门的分析。但在找出资本主义真正的活动场所以前，我们先考察资本主义以迂回曲折的方式所达到的部门：农业、工业和运输业。资本主义往往侵占这些异乡客地，但也往往自动撤离那里，每次撤离都说明一定的问题：例如，卡斯蒂利亚各城市从16世纪中叶后不再在附近乡村的农业中投资，[74]而威尼斯的商业资本主义在五十年后却相反转往乡村，与此同时，南波西米亚的贵族在黑麦地里开挖池塘，喂养鲤鱼；[75]自1550年后，法国资产者不再向农民放款，改为把钱借给贵族和国王；[76]早在16世纪末以前，由于国家强制收回中欧矿业的经营管理权，大商人纷纷从这些企业退出。在以上似乎互为矛盾的事例中，以及在许多其他事例中，人们都看到，被抛弃的企业已经不再有足够的经济效益，因而还是易地投资为上策。一名商人说得好：“与其白干，不如不干。”[77]追求最大限度的利润已是当时资本主义的金科玉律。

土地和金钱 217

资本主义或城市的金钱（来自贵族和资产者）很早便开始进入乡村生活。欧洲没有一个城市的金钱不向邻近的土地漫溢。城市愈大，涉及的范围愈广，任何障碍都阻止不了城市财主们的扩张。不但在近郊，他们还通过订立契约，向很远的地方发展：请看热那亚商人，他们于16世纪在遥远的那不勒斯王国购买领地。在18世纪的法国，不动产市场遍及全国；人们在巴黎可以购买布列塔尼的领地[78]和洛林的土地。[79]

购买土地往往为了满足虚荣。那不勒斯的一句谚语说:“有钱可以买地捐爵。”拥有土地不等于就是贵族,但这是晋升贵族的必由之路,是社会地位提高的标志。经济因素毕竟在起作用,虽然不是唯一起作用的因素。我在城市附近购置一块土地,目的可能是为保证家里的日常供应;聪明的家长都存这份心机。也可能是为保全资本,俗话说:土地不会让人上当,商人都明白这个道理。1408年4月23日,卢卡·代尔赛拉从佛罗伦萨写信给普拉托的商人弗朗赛斯科·达蒂尼:“我曾嘱托您购买地产,如果今天还有可能,我买地的热情将会更高。买地至少不冒海上的风险,不会像商业公司那样蒙受诈骗,更无破产之虞。因此,我建议您并要求您这样做。”[80]对商人来说,麻烦在于土地买卖不如股票交易那么方便。当威尼斯的提埃波罗·比萨尼银行于1584年破产时,清理地产既费时间,折价时还要吃亏。[81]在18世纪,拉罗歇尔的商人愿意把资金用于购置葡萄园[82]或种植葡萄的小块土地,他们确实认为,以这种方式存下的钱随时可以收回,没有太多困难,也不受太大损失。但这里说的是葡萄园,又是在一个大量出口葡萄酒的地区。一块如此特殊的土地顶得上一家银行!安特卫普商人于16世纪在市郊购买的土地无疑属于以上情况。他们能用土地抵押,从而取得更多的贷款,再说土地的收益也很可观。[83]

此外,城里人(首先是资产者)购买的土地,无论出于什么原因,不一定就是资本主义产业,尤其从16世纪开始,土地往往不由地主直接经营。即使有的地主是名副其实的资本家和不容置疑的金融家,那也无济于事。奥格斯堡的富豪富格尔家族在其鼎盛时代的后期在施瓦本和弗兰肯购置大批领地。他们自然按照行之有效的会计原则管理领地，但并不因此改变领地的结构。领地保留了原有的封建赋税，农民另行交纳免役税。[84]里昂的意大利商人或那不勒斯的热那亚商人在购得庄园和贵族头衔后，同样也不经营土地。

但资本家掌握土地，推行资本主义经营方式和对土地实行彻底改造的情形也可遇到。我们下面将举例加以说明。资本主义农业的例子很多，有的存在争议，有的确定无疑，但同传统农业相比，它们只占少数，以致直到18世纪，只是恰好证实规律的例外。 218

资本主义诞生的前提

在当时的西欧，乡村中居住着领主和农民。改造乡村殊非易事。领主制到处顽强地存在着。为了建立资本主义的经营管理制度，必须具备许多先决条件：领主制已经废除，或至少已受到排斥或改造（有时是从内部进行的改革，在这种情况下，领主本人或当地的首富扮演资本家的角色）；农民的自由已被取消，或至少已受到限制，或名存实亡（村社的土地是个大问题）；土地经营被纳入从事远程贸易的强大商业网内——出口小麦、羊毛、菘蓝、[85]茜草、葡萄酒、食糖；以提高产量和改良土壤为指导方针，建立一套合理的经营管理制度；由行之有效的技术指导投资和固定资产的建设；最后，必须有雇佣无产者作基础。

这些前提条件如果不能全部满足，土地经营即使走上资本主义道路，也还算不上是资本主义农业。这么许多条件，有正有反，的确很难全部实现。为什么十次机会中有九次要失败？毫无疑问，

阿尔莫休夫。纽伦堡博物馆的两幅无名画作。显示了 17 世纪乡村别墅的扩展。上图展现 16 世纪的情形。下图则表现同一围墙内在 17 世纪发生的变化。

主人原来的住所不大,如今一部分已改为管理人用房,另一部分被拦腰拆毁,改作平台;主人的新住所规模宏大,顶上钟楼高耸,颇有古堡风度。

219 这是因为乡村不容外人随便进入,领主制作为上层建筑是个有生命力和抵抗力的实在,特别因为农民宁愿阻碍革新。

1816 年,一位法国领事看到,撒丁虽然地处"欧洲文明中心",

却陷于“惊人的荒凉和贫困”状态。[86]妨碍开发的主要阻力来自落后的、未开化的农民，他们身受国家、教会和封建主的三重剥削，他们“不论放牧牲畜或犁耕土地，总是腰间插着匕首，肩上背着枪支”，完全沉浸在家族和氏族的争斗之中。任何新事物都很难进入这个陈旧的世界：即使被誉为“救荒块茎”的土豆在试种成功后也“未能及时推广”。这位法国领事指出：“试种土豆遭人反对和耻笑；试种甘蔗〔一名喜爱农艺学的撒丁贵族曾作此尝试〕引来忌恨，无知歹恶之徒更指控此事为犯罪；花钱招募来的工人先后被暗杀。”一名马赛人路过奥利亚斯特拉时对该地区的柑橘林赞美不已，林中树木“健壮茂密，落英铺地厚若茵褥，当地居民竟丝毫不加利用”。他与几名同乡合办了一家炼糖厂，并在那里工作了整整一个季度。不幸的是，第二年，当利用空闲返回法国的全班人马准备 220
重新开工时，车间已被洗劫一空，工具和器材全被偷走。他们不得不放弃。

当然也有些农民能接受别的生产技术，表现得比较开明。我们举一个极端的例子：撒丁今天仍是一个落后地区。但热那亚斯皮内利家族的这名商人在那不勒斯王国成为卡斯特罗维拉尼的领主后，当他想由着自己的意思安排外地帮工的抵达日期和居留期限时，却得罪了整个村庄。最后还是村庄说了算。村里人对领主说明：不宜对外地帮工过分苛刻，否则他们会不愿如往常那样来我们的葡萄园干活！[87]

由此可见，新农庄往往设在沼泽或林莽地带绝非事出偶然。最好还是不去惊扰传统习惯和更改土地制度。1782年，一位名叫德尔波特的革新家，为了按英国方式开办一个牧羊场，在滨海布洛涅选定一块林地，亲自开荒，并通过大量施放泥灰石改良土壤。[88] 一个细节：必须保护羊群不受狼的袭击。至少，这里能免受别人的干扰！

广大农民的人数、惰性和生产率

农民人口众多，活着的人绝大多数是农民。他们挤在一起生活，有可能形成积极或消极的抵抗力量。人数过多是生产率不高的标志。土地只提供微薄的效益，这是一条相当普遍的规律，因而必须扩大耕地面积，强化劳动，通过追加劳动量，使一切恢复平衡。弗拉索和阿尔帕亚是那不勒斯后面的两个穷村庄，离它们不远处有另一个比较富的村庄，名叫蒙特萨尔基奥。在两个穷村庄里，生产率是如此低下，为得到同等数量的产品，耕作面积必须等于蒙特萨尔基奥的三倍多。结果是这些穷村庄出生率较高，村民早婚成俗，因为必须制造相当充足的劳动力。[89] 由此可以解释旧制度下经济的持久矛盾；一方面农村人口相对过剩，处于匮乏和饥饿的边缘，另一方面又不得不定期向成群的季节零工求援：这些收割粮食、采摘葡萄和冬日从事打麦的零工，这些持镐开沟挖渠的壮工都来自更加穷困的外地和鱼龙混杂的失业大军。1698 年的一项统计为奥尔良财政区提供以下数字：犁地农民23 812人，葡萄种植者21840 人，磨坊师傅 2121 人，菜农 539 人，牧羊者 3160 人，零工38 444人，女仆 13696 人，男仆 15000 人。这些数字加在一起还不等于整个农民人口，因为除女仆外，妇女儿童都不算在内。在将近 120000 人的就业人口中，受雇充当男仆、女仆、零工的就有67000 人！[90]

令人迷惑不解的是，这过多的人口对生产率的进步是个障碍：人口如此众多的农民，收入只够勉强糊口。他们被迫无休止地劳动，以应付频繁的歉收和缴纳各种苛捐杂税，他们的全部精力都消 221
耗在日常劳作上，难得出门走动。在这样一个社会环境里，怎能设想技术进步会容易得到推广？怎能设想有人会甘冒风险去种植新作物，开拓新市场？在人们的印象里，这是一个因循守旧、沉睡不醒的群体，但他们并不安稳和驯服。农民有时会觉醒过来，投入罕见的猛烈行动。中国的起义农民于1368年以排山倒海之势推翻了蒙古政权，建立了明王朝。虽然这么大的规模在欧洲十分少见，但各地也都经常爆发农民起义。

这些熊熊烈火先后熄灭了：1358年法兰西岛地区的农民骚动，1381年英格兰的农民起义，1514年多饶领导的、以几千人被处绞刑而告终的匈牙利农民战争，[91] 1525年的德意志农民战争或者1647年的那不勒斯大骚动。作为乡村社会的上层，领主得到王公的帮助以及需要农民劳动的城镇居民自觉或不自觉的支持，因而始终处于优势地位。农民虽然经常遭到失败，但从不放弃斗争。战争或明或暗地交替进行。研究奥地利农民问题的历史学家乔治·格吕尔[92]认为，即使在1525年德意志农民战争失败后，潜在的社会斗争直到1650年乃至以后仍未停止。农民战争是由当时社会结构所决定的一场永无休止的战争，其延续的时间比百年战争要长得多。

贫困和苟且偷生

马克西姆·高尔基好像曾说过："农民到处都一样。"[93]这话说得完全正确吗?

所有农民都成年累月地过着贫困的生活,他们有经得住任何考验的耐心,有委曲求全的非凡能力,他们反应迟钝,但必要时却以死相拼;他们在任何场合总是慢吞吞地拒不接受新鲜事物,[94]但为维持始终岌岌可危的生计,却表现无比的坚韧。他们的生活水平肯定低下,虽然也有例外;仍举几个例子:16 世纪日德兰半岛南部迪特马申的畜牧区;[95]黑森林及巴伐利亚、黑森或图林根等地区的某些“农民福地”;[96]后来与城市大集市毗邻的荷兰乡村;法国勒芒地区西部;[97]相当一部分英国农村;各地的葡萄种植者。但如果作一次全面调查,画面上大块面积都是阴影,贫困地区数以万计。

关于这些实在的阴暗面,我们不必多说。农民好歹能糊口活命,这也是普遍的事实。但一般要靠种种额外工作,[98]如经营手工业,种植葡萄(这堪称一种“工业”)和从事运输。瑞典或英国的农民同时是矿工、采石工或炼铁工;斯卡尼亚的农民也当水手,活跃
222 于波罗的海和北海的近海航运;所有的农民不同的程度自己织布,间或从事运输。在 16 世纪末,当二期农奴制的浪潮席卷伊斯特里亚时,许多农民逃离故土;他们朝亚得里亚海各港口贩运货物,建造乡村高炉,发展低级的炼铁工业。[99]在那不勒斯王国,《要闻简报》的一份严肃报告指出,“零工人数很多,他们不完全靠打工谋生,此外每年还播六担小麦或大麦种子,种植蔬菜和把蔬菜送往市场,伐木出售以及带着牲口跑运输;但是他们只肯作为零工缴纳捐税”。[100]不久前的一份研究报告表明,他们还借债放账,收取高利贷,或者精心经营畜牧业。

长时段不排斥变化

以上例子足以表明高尔基的话什么地方说得不对。农民有成百上千种生活方式，挨穷受苦的方式也远不是千篇一律。吕西安·费弗尔想到外省间的差异时往往说"法国以多样性著称"。但世界也以多样性著称。不仅土地、气候、文化、历史"派生物"和古老选择是多样的，所有权和人的地位也是多样的。农民可以是奴隶、农奴、自由农、分成制佃农和租金制佃农；他们可以附属于教会、国王、大贵族、次等或末等贵族以及大农庄主。他们的人身地位也随之而异。

这种在地域上的多样性不会使任何人提出异议。但在每个特定体系内部，研究农民生活的历史学家今天趋向于设想一些在时间上静止不动的、不断重复的状况。研究托斯卡纳的杰出历史学家埃利奥·孔梯认为，托斯卡纳的农村情形只能通过一千年的连续观察才能得到解释。[101]一位历史学家在谈到巴黎四周乡村时断言，"在美男子菲力浦和18世纪之间，农村结构几乎没有发生变革"。[102]连续性居一切之首。威纳尔·桑巴特很久前已经说过，从查理大帝到拿破仑，欧洲农业没有发生变化：这无疑是为了与当时某些历史学家抬杠而说的气话。这句气话今天已不再刺激任何人。研究奥地利农村社会的历史学家奥托·布律内尔走得更远，他毫不犹豫地说："从农民开始形成的新石器时代起，到19世纪止，农民始终构成欧洲社会的基础结构，几千年以来，上层建筑政治形态的演变几乎没有触动农民的皮肉。"[103]

但我们不能盲目相信农民的历史完全静止不动。从路易十四到今天，某个村庄的景色确实没有变化。福雷一位女历史学家的老姑表兄弟“在立遗嘱的行事方式方面与14世纪时代的人还十分相像”。[104]1914年乡村中的畜群与“1340年那时的情形”没有多大不同。[105]田地、庐舍、牲畜、人物、言谈、谚语全都相同。但也有许多事物不断在变化！阿尔萨斯北部的山村米佐道夫于1760至1770年间由种植传统的似双粒小麦改为良种小麦，[106]这是无足挂
223 齿的小事吗？同一个村庄在1705至1816年期间(约在1765年前后)完成了三年轮作制到二年轮作制的过渡，[107]这也是微不足道的小事吗？读者或许会说，这是一些细小的变化，但也有巨大的变化。任何长时段总有一天会破碎，但从不是一下就被打得七零八碎，总是首先出现一些裂痕。在布朗歇·德·卡斯蒂利亚和圣路易的时代，巴黎附近的农民由农奴(从领主对他们拥有的以下三项追认权可以证明：人身主宰权、婚姻支配权、身后财产支配权)和自由民组成，他们从领主那里争得自由和大批解放农奴(因为与农奴混在一起的自由民随时有被降为农奴的危险)：此事具有决定性意义。另一件重要事情是，如果经济生活准备了足够的条件，农民就集资赎买各项封建权，这一运动从奥利、叙西昂布里、布瓦西等地开始，并得到广泛发展。[108]重要的事还在于，农民的自由运动如瘟疫一般在欧洲某些地区蔓延，首先是经济活跃的地区，接着轮到条件较差的邻近地区。那不勒斯王国曾被波及，甚至卡拉布里亚也受到影响，虽然这里肯定不是一个先进地区；希诺波利伯爵于1432年要求找回最后一批逃亡农奴，但没有得到任何结果。[109]农民的人身依附和对土地的依附都已消失。一些古字(adscripti，villani，censiles，redditici)从此在卡拉布里亚语言中不再出现，代

之以 vassalli(附庸)。[110]还有更重要的事，上奥地利被解放的农奴可戴红帽子，表明他已获解放。[111]此事也重要：农民和领主瓜分公产在 18 世纪的法国往往失败，而同一过程在英国则产生了圈地运动。在相反的方面，16 世纪的波兰出现了二期农奴制，使已同城市市场和外国商人直接打交道的农民重新沦为农奴。[112]以上这一切都是具有决定意义的大事：一次转折足以彻底改变千万人的境遇。

因此，马克·布洛赫[113]有理由反对费迪南·卢的看法，后者认为法国农民是个"严丝合缝的集体"。缝隙、磨损、断裂、颠倒都可能发生。这些断裂不但源自领主和农奴的关系，而且也来自城乡共存，因为城乡共存在自动发展市场经济的同时，打破了乡村的平衡。

原因并非全在市场。城市不是往往把织布机送往农村，以逃避城市中的行会束缚吗？在条件有利时，城市又把机器运回城内。农民不是一贯受城市高工资的吸引而拥向城市吗？领主不是在城市建造住宅，乃至华丽的宫殿吗？意大利比欧洲其他地区更早出现农村人口拥入城市的现象。领主前来城市定居，随带他们在乡下的成群亲属，这些人接着又影响城市的经济和生活。[114]最后，城市里还住着一些包揽诉讼、招摇撞骗和胡搅蛮缠的法律界人士，甚至一些根据债据重利盘剥和侵吞抵押财物的高利贷者。从 14 世纪起，伦巴第人开设的当铺是举债农民的陷阱。他们开始当碗盏、酒瓮和农具，接着当牲畜，最后是土地。[115]赶上荒岁凶年，利率之高令人难以置信。1682 年 11 月，阿尔萨斯财务总管揭露农民遭 224
受的重利盘剥："资产者迫使他们同意付三分利"，一些资产者要求用土地作抵押，至于利息，竟占“收成的一半……可见每年的利息等于本金”。毫无疑问，这是对本利的贷款。[116]

领主制在西欧并未死亡

领主制扎根于农民生活之中，并与农民生活相结合，领主既是农民的压迫者，又是农民的保护人。这种双重关系的遗迹今天在西欧各国还依稀可见。在巴鲁瓦和香巴尼之间，我认识两个村庄，过去都在同一块小领地的范围内。古堡仍然耸立在其中一个村子的附近，大概在18世纪经过了修缮，此外还有花园、树木、水面以及一个岩洞。水磨（已不能使用，但仍留在原地）和池塘（不久前还在）当年归领主管理。至于农民，他们拥有自己的菜园、大麻田、葡萄园、果园以及村庄四周阡陌成行的土地。耕地不久前还实行每年变一次的三区轮作（小麦、燕麦、休闲）。附近的山坡顶上的树林以及两块“保留地”——一个村子一块——直接归领主管理。当地有个地名叫“劳役”，本是这两大块地中一块的名称；在第二块地上，出现了一个大农庄，其耕地连成一片，同四周农民的小块土地在一起，显得很不相称。唯有远处的树林对村民开放。给人的印象是一个闭关自守的小天地，那里的农民兼工匠（铁匠、车匠、鞋匠、马具皮件匠、木匠）坚持自己生产一切，甚至葡萄酒。在视野之外，还有其他紧挨着的村庄群；再往远去，还有人们不熟悉的其他领地。根据古老的民间习俗，当地居民对外地人有着种种嘲讽和讥诮。

这里还应该补充一句：说到领主，究竟是什么样的领主？以现金贡赋、实物贡赋和劳役形式出现的封建权又是什么？在我所举的这个普通例子中，1789 年时的封建权负担较轻，劳役不多，每年两至三天(耕地和运输)；只是在林木使用问题上有比较尖锐的纠纷。

但许多情形因地而异。必须多作旅行：与安德列·普莱斯一起去诺曼底的纳布尔；[117]与钱拉·德利尔同往那不勒斯王国的蒙特萨尔基奥；[118]跟随依冯娜·贝扎尔前往勃艮第的热莫；[119]我们过一会儿将在乔治·多里亚的陪同下参观蒙塔尔多。专题研究往往极其出色，它们提供的直接和精确的观察显然比任何推论都更有说服力。

但我们的问题并不仅仅在这里。我们不妨提个一般性问题：最晚可追溯到下罗马帝国时代的领主制为什么能顶住第一次现代化浪潮的冲击？

领主制经受的考验确实不少。领主在上面受到封建关系的束缚。这些束缚并不是虚假的，除缴纳不轻的地租外，在递交"效忠书"时还有一番挑剔；还得向王公缴纳杂税和奉送节敬——这有时也是沉重的负担。让·梅耶认为，18 世纪贵族的收入(但这里说 226
的是布列塔尼贵族，情况较特殊)每年应削减 10%至 15%。[120]沃邦曾经指出，"如果各方面的研究都做得很好，人们会发现，贵族的负担不比农民轻"，[121]这当然未免言过其实。

至于他们取自农民的地租和杂税，其数目可惜在日趋减少。于 13 世纪确定的现金杂税已变得微不足道。劳役在西欧一般都已实行赎买。一座普通烤炉的收入，不过是从农民每周一次拿来烘烤面包的发面上抓上几把。有些实物杂税变得徒具空名：作为年贡，有的农民只送四分之一、八分之一乃至十六分之一只阉鸡！[122]领主法庭审理小案件倒是毫不拖延，但诉讼费和罚款不高，以致领主任命的法官难以为生：在勃艮第的热莫，1750 年的领地收益为 8156 里佛，诉讼费和罚款仅占 132 里佛。[123]这种演变后来发展得更加迅速，因为最富有的领主，即那些能有效地维护地方权利的领主，基本上已不再依靠土地为生。

现代生活不断向奢侈方向发展，而领主又不惜一切代价要过奢侈生活，这个因素对领主十分不利。同农民一样，领主也向资产者举债。多亏拥有广阔无际的地产，勃艮第的索尔斯-塔瓦恩家族历来还能安然度过不景气的年份。18 世纪下半叶的繁荣却给他们制造了意想不到的困难。他们的收入有所提高，但他们随意花销，结果栽了跟斗。[124]这类故事其实十分普通。

更严重的是政治和经济的危机给领主带来惨重的损失。在查理八世、路易十二、弗朗斯瓦一世和亨利二世的时代，他们夏季随法兰西国王的大军前往意大利，冬季再返回家乡，这样的日子勉强还能过得下去！但在 1562 年后，宗教战争简直就像无底洞。16 世纪 90 年代的经济衰退终于促使危机加剧。无论在法国、意大利、西班牙或在别处，往往是最显赫的大贵族落进陷阱，从此销声匿迹。此外还得加上农民的愤怒反抗。领主虽予镇压，但也不得不多次作出让步。

既有那么多的弱点，又有那么多的敌对力量，领主制居然得以幸存。这里面原因很多。破产的领主让位给别的领主，后者往往是富有的资产者，而原来的制度仍保持不变。农民的反抗和暴动频仍，但是领主作出反应的次数同样多。法国大革命前便是这种情况。如果说轻易不能剥夺农民的权利，要使领主放弃其权利也

225

罗什博是按勃艮第风格用金色瓦片盖顶的古堡，居高临下，俯视全村，古堡前的大道通向科多尔省的阿尔奈勒迪克。

同样不容易。确切地说，每当领主失去一些权利，他总设法保全别的权利或争得新的权利。

确实，并非一切都对贵族不利。在1789年前，法国贵族约占王国地产的20%。[125]土地转让税依旧很重（在诺曼底的纳布尔，高达售价的16%和20%）。领主不仅向自由农收取土地年贡，而且自己就是大庄园主，他支配靠近村庄的大部分良田，或者自己经营，或者出租。他拥有大部分森林、灌木林、荒地或沼泽。纳布尔男爵的采邑收入，54%来自林木，这在1789年前是一笔不小的款
227 项。[126]荒地开垦后可以出租，收取实物地租，相当于什一税。最后，每当领地出售，领主享有优先购买的权利。凡农民放弃其年贡地，或者由于种种别的原因，年贡地无人耕种时，领主可采用租金制或分成制形式出租该地，或者重新分封给下属。在某些情况下，他甚至能强制收回。他还有权对集市和交易会征税，在其领地内收取通行税。有人在18世纪曾对法国境内的各种通行税作过一次调查，企图通过赎买以便利贸易，结果发觉许多通行税竟是领主不久前随意设卡征收的。

可见领主权有很大的伸缩余地。帕脱内沼泽地的领主在16世纪[127]从合并地块着手，成功地建立起分成制租地，这些租地四周围有灌木丛，形成一种崭新的景观。这是一次具有决定意义的改造。在那不勒斯王国，虽然具备种种有利条件，封建领主兼并自由农耕地的手段十分巧妙，但却没有取得更大的成功。

最后，不管农民的自由是多么重要，我们对它的经济后果切莫抱太多幻想。不再是农奴意味着能够出售其年贡地和自由行动。上奥地利一位传教士于1676年在致词称颂盛世时说："赞美上帝，现在这里不再有农奴了，人人今天都能够而且都应该在他愿意的地方出力做事"。[128]值得注意的是，"应该"一词被用来加强"能够"和削弱"愿意"的含义！农民获得了自由，但他应该出力耕种始终属于领主的土地；国家向他征税；教会向他收取什一税，领主向他收取封建贡赋。结果不难猜到：在17世纪的博韦济，由于以上种

种扣除，农民收入减少了30％至40％。[129]其他考证揭示的百分比与此不相上下。统治集团到处都擅长根据自己的利益调动和增加剩余农业品。如果以为农民木然无知，那就错了。诺曼底的“光脚汉”起义（1639年）在他们的宣言中谴责税官和包税人：“这伙暴发户对我们巧取豪夺……过着锦衣玉食的生活。”[130]在1788年，据农民揭发，格勒诺布尔附近的圣莫里斯教堂执事“大吃大喝，只想养得肥肥胖胖，赛过该在复活节宰杀的公猪”。[131]在当时的社会里，正如那不勒斯的经济学家加朗迪所说，“农民像是一头负重的牲畜，社会给他的食物只够他付出的体力消耗”，[132]即只够他维持生命、繁衍后代和继续劳作。对这样一个社会，农民还能期待什么呢？在这个始终面临饥饿威胁的世界里，领主的生活相当富裕：他们保卫自己的特权，同时也就维护社会的安全和稳定。不论这个社会表现得怎样不偏不倚，它实际上支持领主，用黎塞留的话来说，农民像是“习惯于负重的驴，与其让他们因长时间休息而宠坏，不如让他们去干活”。[133]因此，领主社会虽然不断经受动摇、打击和破坏，却能在几个世纪里维持下来和重新组合，阻挡乡村中一切异己力量的生长。

蒙塔尔多 228

让我们暂时离开正题，假设自己在意大利的一个小村庄生活。一位名叫乔治·多里亚的历史学家是蒙塔尔多领主的后代，继承了这个热那亚望族的文书档案，他津津有味地对我们讲述了以下的故事。[134]

蒙塔尔多是个相当贫困的村庄，村民300多人，土地不到500

公顷，位于米兰和热那亚共和国的边境，与伦巴第平原和亚平宁山脉接壤。这个小小的丘陵是直属皇帝的一块“采邑”。多里亚家族于1569年从格里马尔迪家族手里购置了这块领地。多里亚家族和格里马尔迪家族都是热那亚的商业贵族，他们乐意充当“封臣”，以便在城外妥善存放资本和为自己觅得一栖身之地（这种谨慎很有必要，当时的政治生活十分动荡）。尽管如此，他们用商人的精明处理采邑事务，毫不挥霍，但也不开创新业。

乔治·多里亚的著作生动地描绘了农民和领主的相互立场。获得自由的农民去留随意，能按自己的心愿婚配，可他们的生活又是何等贫困！作者为一个四口之家确定的最低消费量是每年吃9.5公担的谷物和板栗，喝560公升葡萄酒，而在54个家庭中，只有8家达到或超过这个标准。至于其他家庭，则长年处于半饥半饱的状态。他们住在木板和黏土搭成的窝棚里，即使赶上灾荒年景，依然添丁进口，“因为荒年似乎推动生育”，但等到一个家庭只剩下一公顷坏地可种时，就必须到别地去寻找食粮，必须为领主和村里三四名土地兼并者种地，或者前往平原地区，在收获季节出卖劳力。难免还会赶上不幸的意外：收割者应自带口粮，有时吃食开支竟超过所付的工资。1695、1735和1756年就是这样的情况。或者他们到达目的地后找不到工作，于是必须向更远处走去；在1734年，有的一直走到科西嘉。

除开以上倒霉的事，还应加上领主及其代理人——首先是管家——的贪得无厌。全体村民及其民事仲裁对这些过分行为无能为力。人人都应缴纳封建杂税和地租，不得不听任领主低价买下地里的收成，然后高价转手倒卖，领主还垄断高利贷以及行政和司法方面的利益。罚款愈来愈重，一个巧妙的花招就是提高对常见轻罪的处罚。同1459年相比，扣除货币贬值的因素，1700年伤人罪的罚金增加了11倍，谩骂罪的罚金增加了72倍，赌博罪（当时禁止赌博）93倍，狩猎罪156倍，畜禽侵入他人土地罪179倍。领主的司法权在这里不能不说是个可观的财源。

同经济发展的大趋势相比，小村庄显得落后一段距离。然而，村里的农民在17世纪一度被剥夺财产和丧失自由。在启蒙时代的推动下，村庄不再闭关自守，开始与外界联系：葡萄逐渐发展为村庄的单一作物；交换已成惯例，促进了骡帮运输。村内开始出现一些殷实富户。于是形成某种反抗的风气，虽说还不敢揭竿起义。229
但在一个看重自己种种特权的贵族的眼里，这些穷鬼居然有的摆脱了原来的社会地位，那还成什么体统；假如此人竟桀骜不驯，那更被认为大逆不道。蒙塔尔多有一个名叫贝多尔杜的新富人招致了乔治·多里亚侯爵的忌恨。此人从事骡帮运输，把村里的葡萄酒运往热那亚，发了一笔小财（那是1782年），像普通的赶骡人一样，贝多尔杜大概脾气十分暴躁。侯爵给他的管家写信说："贝多尔杜的傲慢无礼和骂骂咧咧使我深感不安……尤其他还不服管教，更加必须严加处罚……总之要解除他在我们这里的一切工作，或许饥饿将使他变得不那么可恶。"

事情没有那么简单，因为破口大骂、揶揄讥讽或骂骂咧咧是一种欲望和需要。人受了屈辱，即使只能低声发泄怨气，也是很大的宽慰，伦巴第当时流行的一句俏皮话："吃面包屑，喝阴沟水，你来干活罢，老板，我可受够了！"几年以后，即在1790年，只要提到乔治·多里亚，就有人说："除了当他的侯爵，别的事他一概不管。"与此同时，蒙塔尔多的本堂神甫感叹世风日下，于 1780 年给侯爵写信说："近年来，欺诈、仇杀、高利贷、舞弊和其他邪恶愈益嚣张。"在当时的意大利，到处都能听到类似的议论，甚至像詹诺韦西这样的自由派经济学家，也对那不勒斯劳动者的精神状态感到懊丧。他于 1758 年认为只有一个治病药方：军纪和棍棒！[135] 在这以后，那不勒斯王国的形势不断恶化，抗命犯上像瘟疫一般到处传布。从 1785 年起，食品价格有所下降，而农业零工索取的报酬却要加倍。他们延长工间休息时间，以便去小饭铺花钱喝酒和赌博。[136]

越 过 障 碍

在某些情况下，资本主义能越过或绕过领主和农民设置的障碍。实行这些结构性变革的创议有时来自领主制内部，有时来自外部。

创议来自内部，可能是领主本人试图发明、模仿和推行资本主义；也可能是由经营大农庄取得成功的农民力图发展资本主义。

但最主要的创议还是来自外部。城市的金钱不断流向乡村。其中一半用于购买奢侈品和提高社会地位，因而不具效用。但有时候，即使不能立即导致典型的资本主义经营，也能促成一些翻天覆地的变革。关键始终在于农业生产对一般经济的依附。正是为
231 了满足有利可图的外部市场的要求，热那亚商人于 15 世纪在西西里岛引进甘蔗种植和设置甘蔗压榨机；图卢兹商人于 16 世纪在本地区促进工业作物菘蓝的种植；波尔多或勃艮第的葡萄园在 17 世纪发展成大农庄，这是波尔多和第戎高等法院的院长和顾问们的生财之道。结果是，实行分工协作，建立资本主义的经营系统，这

230

昂利·卡尔蒂埃·布雷松摄影。博若莱的葡萄种植(索恩河畔贝尔维尔附近)。

在波尔多十分明显[137]("庄头"负责整个经营管理,"管事"领导葡萄种植部门,配以两名助手,一人管耕地,另一人照管葡萄的生长和酿酒,他手下还有若干专职工人)。至于勃艮第,[138]演变不如波尔多深入,在17世纪初,山坡上生长的良种葡萄还是教会的产业。但第戎法院的老爷们肯出好价钱,西多修道院的教士便出让葡萄园；类似的例子不胜枚举。新主人善于为自己庄园的产品创牌子，打开销路。他们甚至亲自住到建在半山腰的村子里来（村里的街巷湫隘，房屋破旧，“食物储藏室不容转身”，山脚下有几家店铺和手工作坊）。主人的漂亮住宅转眼间拔地而起；在布隆雄和热弗莱两个小村庄里，分别建起了36幢和47幢新房。主人意在直接监督、控制和管理葡萄酒生产，因为这是一种销路好、利润高的产品。

从欧洲的边缘到中心

我们在寻找这最早的土地资本主义时，可能会在成百上千个特殊事例中迷失方向。倒不如选准几个典型例子，当然还是留在欧洲经验的界限内：或者在欧洲本土，或者在欧洲的东方边界，或者在欧洲的西方边界，即在为欧洲充当实验室的美洲。我们将在不同的场合看到，资本主义在多大程度上能打进结构与它相异的体系，或者它满足于抓住销售这个瓶口，从而间接地控制生产。

资本主义和“二期农奴制”

本段的标题并非故意危言耸听。“二期农奴制”是东欧农民的亲身经历。东欧农民在15世纪还是自由的，但从16世纪开始却时运不济。这以后，在从波罗的海到黑海、巴尔干、那不勒斯王国和西西里岛，从莫斯科公国（情况十分特殊）经波兰和中欧到汉堡及维也纳和威尼斯一线的广大地域上，各种因素都促使恢复农奴制。

在这些地域上，资本主义起着什么作用？似乎不起任何作用，

因为人们谈到这个时期，照例都说封建制度的复辟。维托德·库 232
拉的著作[139]有条不紊地分析了 16 至 18 世纪波兰农奴和农奴主的“经济打算”，说明为什么领主不是“真正的”资本家，而且直到 19 世纪也始终不是。

16 世纪初，具有双重或三重后果的经济形势使东欧沦于原料生产者和殖民地的命运，而二期农奴制只是这一命运的最明显的表现。从此被束缚在土地上的农民，在法律上和在事实上不再享有行动自由，不再享有婚姻自主的权利，不再能用金钱赎买实物杂税和劳力贡赋。这种情况到处都能看到，只是随时间和地点而有程度的不同。劳役变得极其苛刻。在 1500 年的波兰，[140]劳役原来微不足道；1519 年和 1529 年的法规确定为每周一天，即每年 52 天；接近 1550 年，增加到每周两天；在 1600 年，竟达六天。匈牙利经历了同样的变化：1514 年每周一天，接着两天、三天，不久又改为两周中的一周，最后取消一切规定，劳役完全由领主随意决定。[141]在特兰西瓦尼亚，规定每周服劳役四天，农民除星期天外，只剩两个工作日属于自己。但在 1589 至 1590 年间的里伏尼亚，[142]“每个应服劳役的农民天天带着一套牛或一套马去做工”。二百年过后（1798 年），在下西里西亚，官方的说法仍然是“农民的劳役没有限制”。[143]在萨克森，青年必须为领主服劳役两至三年，犹如服兵役。[144]在俄罗斯，无力偿清债务的农民被迫与贵族订立契约，规定他们不能离开土地，这可以说是一种“自愿农奴制”，后来更取得了合法的形式。[145]

总之，一周服劳役六天的规定，虽然有的形式比较缓和，组织方式也有所不同，但几乎毫不例外地在各地建立起来。王公领地

233

粮食经维斯杜拉河运到但泽,散装在尖底或平底的木船上,有时甚至装在简单的木排上。图左下方可见船的一角及其纤夫。

和有限的城邦领地上的农民或许应算作例外。波西米亚和东普鲁士农奴的负担也许较轻。实际上不存在任何统计数字，因而也不可能绘制任何图表，劳役根据各地社会和农民劳动的实际情况不断进行调整。服劳役时使用的牲口由经营土地最多的农户提供，他们为此多养几头力畜，并派一个儿子或一名男仆专门承担这些工作。牲畜劳役不能免除人力劳役，由于村庄里总有一些小农户和无地的零工，人力劳役有一系列特殊的使用和计算方法。何况所有工作都能由劳役充任：家务劳动，马厩、谷仓和牛栏的杂活，耕地，割草，收获，运输，土方工程，伐木。所有这些加在一起，需要调动大量乡村劳动力，事情似乎天经地义。把螺栓旋紧一圈并不困难，只消改变工作时间，扣下役畜，加重运输量和延长路程。必要时可进行威胁。

劳役在东欧国家普遍加重既有外部原因，也有内部原因。外部原因：西欧对食物和原料的大量需求好比是对东欧国家发出强烈的召唤，要求它们出口产品。内部原因：在国家、城市和领主的竞争中，领主几乎到处（俄国除外）占领先地位。随着城市以及城 234
市市场的衰落，随着国家的削弱，封建领主通过控制劳动力（以及最好的土地）取得成功。劳役是为所谓“地主”（Gutsherrschaft）服务的巨大动力，德国历史学家使用“地主”一词，以有别于传统的“封建领主”（Grundherrschaft）。在18世纪的西里西亚，据统计，某年提供双马套车的劳役共计373 621日，提供牛车的劳役共计495 127日。以上两种劳役在摩拉维亚分别是4 282 000日和1 409 114日。[146]

这一压迫制度的建立并非一日之功，而是逐渐习惯使然；有时也不免使用暴力。在匈牙利，正是在多饶起义（1514 年）失败后不久，[147]韦尔伯齐约法宣布对农民实行永久农奴制。一个世纪后，即在 1608 年豪伊杜人起义失败后，国民会议再次宣布实施农奴制，所谓豪伊杜人是依靠偷窃和抢劫（受害者为土耳其人）为生的逃亡农奴。

农奴反抗过事诛求的农奴主，一个有效的武器就是逃亡。农奴半夜里带着妻儿财物和牲畜车辆逃跑，怎么可能抓住他？只消车轮滚上几圈，逃亡者便沿路得到穷困伙伴的帮助，最后或者在另一个领主庄园中受到接待，或者入伙为盗。三十年战争结束后，劳西茨地区的领主因农奴逃亡，纷纷向地方议会诉说他们的愤怒和怨言。[148]他们要求至少应惩罚帮助、窝藏逃亡农奴的人；被抓回的逃亡农奴应处以刖刑，或割掉他们的鼻子，或在额头打上烙印。人们不是可以从德累斯顿的萨克森选侯处得到一份诏书吗？禁止农奴自由流动的诏书一再颁发（1638、1658、1687、1699 和 1712 年在摩拉维亚；1699、1709、1714 和 1720 年在西里西亚），恰好证明法律的软弱无力。

相反，领主成功地把农民纳入到对外封闭的、有时甚至规模很大的经济实体中去：例如波西米亚的切尔尼伯爵，波兰的拉济维乌家族或查托里斯基家族，匈牙利经营葡萄酒和牲畜贸易的大贵族。这些经济实体实行自给自足。农民基本上不去城镇的集市，集市上商品寥寥可数。农民去集市只做小笔生意，换一点钱缴纳某些杂税，或在领主开设的客店里喝杯啤酒或烧酒。

这种经济实体其实不是真正的自给自足经济，因为实体的上层对外开放。领主同过去一样仍然是农奴主和土地主，他根据远方顾客的要求，生产谷物、木材、牲畜、葡萄酒以及后来的番红花或烟草。领主的谷物沿维斯杜拉河顺流而下，抵达但泽。匈牙利输出葡萄酒以及活畜群；多瑙河流域各省盛产小麦，并源源不断地向伊斯坦布尔供应羊肉。在实行二期农奴制的地区，庄园经济包围、压倒和制服城市，多么奇怪的乡村对城市的报复！

此外，有的庄园拥有自己的乡镇，并为工业企业充当基地：制砖厂、烧酒厂、啤酒厂、磨坊、陶瓷厂、高炉（在西里西亚）。这些制造厂使用农奴的强迫劳动，原料也往往无偿取得，因而在严格的会 235
计制度中不应列入收支项目。在18世纪下半叶的奥地利，领主出资创办纺织厂。他们表现特别积极，对自己的能力颇有信心；他们不断扩张、归并自己的庄园，蚕食王公的森林和司法权，推广烟草等新作物，控制邻近的小城市，利用入市税为自己牟利。[149]

我们现在回到我们的问题上来：在二期农奴制的众多表现中，究竟哪一种表现属于资本主义的范畴？维托德·库拉的书回答说，任何一种都不是，他的论据相当中肯。如果你以资本家的传统画像为依据，如果你接受这帧标准画像——合理化，精打细算，投资，获取最大限度的利润——，那就可以说，匈牙利贵族和波兰领主都不是资本家。在他们企图达到的货币经济层面和他们立足的自然经济层面之间，一切对他们都太方便了。他们不用精打细算，因为机器会自己转动。他们不必努力降低生产成本，不必考虑改善和保持土地生产率，虽然土地是他们的资本，他们不肯进行任何实实在在的投资，尽可能使用农奴的无偿劳动，并以此为满足。只要地里有出产，他们总会有收益；他们在但泽出售产品，自动换取西欧的制成品，通常是奢侈品。到1820年左右[150]（作者不能确切测定发生的变化），形势出现了转折：许多地主开始认识到，土地是他们的资本，迫切需要加以维护和改良，不论该付出多高的代价；他们要尽快抛弃被认为吃口太多而劳动效能很低的农奴，宁可雇佣农业工人代替。他们的“经济计算”不再是老样子了，他们的经营规则终于要求权衡投入、成本和纯产出的相互关系。这一鲜明对照本身是个不容置辩的论据，证明 18 世纪的波兰领主仍是封建领主，而不是企业家。

我这里不想反驳这个论据。我只是觉得，二期农奴制是商业资本主义的一种变态，它在东欧找到了有利的发展条件，甚至在一定程度上找到了自身的存在理由。大地主不是资本家，但他是为阿姆斯特丹或别处资本家服务的工具，他与资本家合作共事，是资本主义体系的组成部分。波兰最大的领主从但泽的商人那里取得贷款，也就是通过他们，从荷兰商人那里取得贷款。在某种意义上，波兰大领主所处的地位相当于 16 世纪塞哥维亚的牧民（他们在开剪羊毛前就把羊毛卖给热那亚商人），或者相当于整个欧洲历来都有、为寻求贷款而出卖青苗的勤懒不一的耕作者，而买下青苗的大小商人都能够避开市场规律和市价，借以获取非法利润。资本主义根据自己的爱好和需求，对它通过海上、河道和有限的陆路运输所能调动的一切，间接进行遥控；既然如此，我们能不能说，波兰贵族属于资本主义的受害者，而不是资本主义的推动者或参与者？

236 能说又不能说。深受高利贷盘剥之苦的塞哥维亚牧民和粮食耕作者与波兰领主不同，后者在但泽虽然处于不利地位，但在自己的庄园里，却能为所欲为。他利用这种权势组织生产，以满足资本主义的要求，而他之所以满足资本主义的要求，只是出于他自己对奢侈品的要求。有人于1534年给尼德兰的女摄政写信说："波兰和普鲁士的所有大领主和大地主25年来始终设法通过某些河流把他们的小麦运往但泽，以卖给该城的贵族。波兰王国和波兰大领主因此变得十分富有。"[151] 如果把以上的话当真，人们将能设想，他们是英国式的经营田庄的绅士，熊彼得所说的企业家。但事实并非如此：正是西欧的企业家前来敲他们的大门。当然，只有波兰领主能够让农民和一大部分城市为他服务，并控制农业和制成品生产，也就是说几乎全部生产。当他调动所有这一切去为外国资本主义服务时，他自己就变成资本主义体系的一个活跃成员。没有波兰的贵族，也就没有二期农奴制，可供出口的谷物产量也就会非常低。假如贵族没有垄断所有的生产资料，假如他没有扼杀业已活跃的市场经济，独占所有的交换资料，农民本会更愿意把小麦留着自己吃或在市场上换取其他物品。这不是一种封建制，因为正如库拉自己承认的，波兰当时所实行的远不是一种自给自足的经济，贵族用各种传统的办法，争取增加商品小麦的数量。这当然也不是英国式的近代资本主义农业，这是一种垄断生产、垄断销售并使一切都为一个国际系统服务的垄断性经济，而这个国际系统毫无疑问带有强烈的资本主义性质。[152]

资本主义和美洲种植园

欧洲在美洲需要重头做起，这对欧洲是个极好的机会。它在重新发展自己的多样性的同时，又加上新大陆的多样性。

结果是开展了一系列试验。在法属加拿大，一个自上而下建立的领主制立足未稳便遭失败。在英国的殖民地，北部是个同英国一样的自由国家，它将有远大的前程。南部却实行奴隶制：所有的种植园，特别是安的列斯群岛和巴西漫长的海岸线上的种植园，实行奴隶制。自发的领主制在委内瑞拉、巴西内地等牧区繁荣起来。在土著人口居多的西属美洲试行的封建制遭到失败。印第安农民虽然承认西班牙领主的特权，但领主所得的“封地”不是采邑，而是只及个人的终身收益：西班牙政府不愿让这些难以驾驭的领主成为封建主，因而长期把封地抓在自己手里。

237 在以上这些试验中，我们所关心的只是种植园。同东欧二期农奴制下的庄园相比，美洲种植园更不折不扣地是资本主义的直接产物：货币、信贷、贸易和交换都把种植园同大洋的东岸联系起来，因而一切都由塞维利亚、卡迪斯、波尔多、南特、鲁昂、阿姆斯特丹、布里斯托尔、利物浦和伦敦遥控。

为了创办这些种植园，一切都要从旧大陆运来：白人种植园主；非洲黑人劳动力（沿海地区的印第安人同新来的人始终格格不入）；乃至作物本身，烟草除外。甘蔗必须引进，与此同时，制糖技术先由葡萄牙人介绍到马德拉岛以及几内亚湾的遥远岛屿（太子岛、圣多美），这些小岛可被认为是美洲和巴西的前驱。1555 年，有心想做一番大事业的海军上将科利尼带领一批法国人进入里约热内卢海湾，这些毫无经验的法国人竟把甘蔗沤在水里，结果得到的是一种醋；确实，再也没有别的例子能比这件事更说明问题了！[153]

美洲最早的甘蔗地以及甘蔗压榨机和有关器械于 1550 年前后在巴西北部海岸和南方的圣维森特岛出现。这批最早的制糖作坊(engenho de assucar)景色相同：洼地里一汪积水，船只在沿海河道中繁忙运输，土路上木轮车吱吱咯咯地响，以及不久前在累西腓和圣萨尔瓦多附近还可见到的“三合一”：主人住的“大屋”；奴隶住的木棚；甘蔗榨房。种植园主骑马出门，耀武扬威；至于在家里——由于他行为佻㑊，不因女奴肤色而却步，家庭大得出奇——，他称王称霸，言出法随，简直像在拉塞达埃蒙或在塔奎尼 239
乌斯时代的罗马。[154]

由于我们掌握详尽的账目，我们立即可以说，巴西制糖作坊本身不是十分有利的投资。根据相当可信的计算，利润仅为4%或5%。[155]何况还有意外事故。在这个一切都按古老方式行事的世界里，唯独糖厂主进入了市场经济：制糖作坊买来奴隶，借款建造榨房，出售产品，有时包括受它庇护的小糖厂的产品。但它本身依附于住在圣萨尔瓦多的下城或在距奥林达不远的累西腓的商人。通过这些商人，制糖作坊与里斯本批发商取得联系，后者向糖坊提供资金和商品，就像波尔多或南特的批发商对待圣多明各、马提尼克和瓜德罗普的种植园主一样。正是欧洲的贸易决定着海外地区的生产和销售。

安的列斯群岛的甘蔗种植和制糖工业大概是在1654年荷兰人离开后，由被从巴西东北部逐出的葡萄牙犹太人所建立。[156]但只是在1680年前后，食糖才传到在17世纪中叶后由法国占领的圣多明各西部(法律上确定归属须待1697年赖斯韦克和约的签订)。

加布里埃尔·德比安[157]详细描绘了岛上的一个种植园，这个不算最出色的种植园位于西面的莱奥甘和东面的太子港之间，

伯南布哥省的一个种植园：住所和炼糖厂（水力压榨机、磨盘、运输甘蔗的大车、锅炉）。远景可见“大屋”，更远处为木棚。1647 年阿姆斯特丹出版的一本书中的插图。

离海有一段距离，从建有主要住房的小山上可以望见海面。尼古拉·加尔博·杜福尔于 1735 年成了这所破败的制糖作坊的主人。他亲自到当地从事整顿，修复了建筑物、压榨机和锅炉，补充了黑奴，重开了甘蔗种植地。于 1753 年绘制了一份平面图（见下图），可使读者对种植园有大致的了解，虽然该图的界线不很精确，地形显得粗略，比例也欠准确。用水由一条名叫“急水江”的小溪提供，涨水时相当危险，但“旱季”几乎总是干涸。种植园主的住所不是一幢“大屋”：三间小房，白灰粉刷的砖墙，一扇甘蔗栅门，一大间厨房。不出两步就是仓库。再往远去是账房，会计兼督察的笔和数字对管理庄园不可缺少，接着是花园、制糖间、精炼室、榨机、铁匠炉、烧酒房。[158]这个种植园不设“漂白”装置，就是说，它只生产未经漂白的粗糖，但在烧酒房里清除浮渣和提炼糖浆：那里制造的烧酒供本地出售，比向法国出口能更迅速地回笼资金。图上还可见到“车棚”（运输割下甘蔗的大车），召唤奴隶祈祷和上工的大钟，以

238

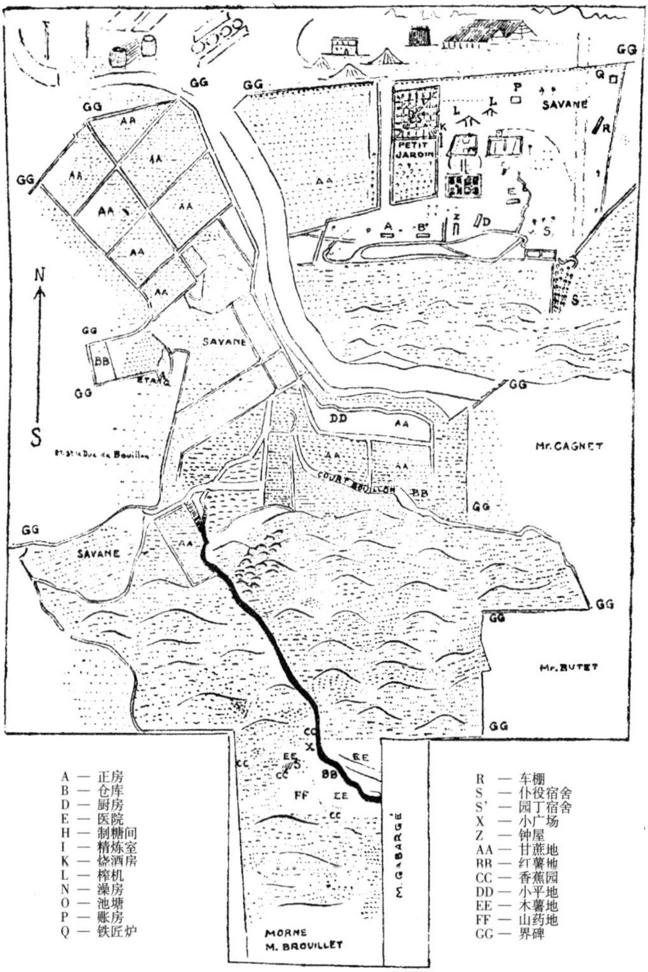

1753年住房平面图

圣多明各要塞图 制图员 P.德封登绘制（在杜福尔伯爵家保存）

18. 圣多明各的一家制糖作坊

加尔博·杜福尔种植园平面图绘制得并不十分清晰。必须用放大镜细看，才能找到图解指出的和本书正文涉及的详细情形。花这点功夫还是值得的。

及公共厨房、医院和奴隶宿舍（他们有一百多人），最后是甘蔗田（每块略大于一公顷）和留下种植粮食（红薯、香蕉、大米、小米、木薯、山药）的地块，粮食种植有时完全交给奴隶，其部分收成卖给种植园。在小山四周的草地上，牛、马和骡自由放牧，必要时可在那里建立新的甘蔗种植园。

种植园再次陷入困境，尼古拉·杜福尔为扭转局面，在第二次
240 寓居莱奥甘期间（1762—1767年），曾试图进行革新：养好牲畜，增施肥料，实行精耕细作。这项对策在原则上值得商榷，但相反的对策同样可以受到指责：扩大耕作面积势必要增加奴隶的数量，而奴隶的价格又很高。尤其，在“总管”或“经理”应聘代替种植园主时，他们的收入根据产量提成，因而他们只顾增加产量，而不关心成本；结果是种植园主破产，总管或经理发财。

无论生产食糖、咖啡、靛蓝或棉花，种植园主一般不可能发大财。殖民地产品在欧洲售价很高。但收成每年只有一季；产品销售和收取货款又颇费时日。日常开支却特别大。种植园主的生活用品和经营种植园所需的物品都来自海上，加上运费以及大小商人随意确定的利润，价格自然很高。由于“专利贸易权”禁止各岛屿同外国通商，岛屿贸易便处在本土的垄断控制下。西方移民不免采用走私、廉价倾销和有利可图的以货换货等办法。但这类舞弊既不容易，又不解决问题。在1727年，一支法国舰队出人意外地在海域游弋。一名马提尼克商人写道：“居民感到十分恼火；相反，批发商们大为高兴，因为他们的利益同居民简直水火不相容。”[159]何况，又怎么可能逃过狡诈的船主这一关呢？他们知道（萨瓦里的书公开为他们出谋划策）应在哪个月前来购买廉价的

糖，什么时候热带的高温可能已经使葡萄酒变质，应该运来许多桶葡萄酒，"那时一手交钱，一手交货，销路肯定很好"。[160]此外，从18世纪初开始，物价大涨特涨。各岛屿当时百物昂贵：食品、五金、熬糖的铜锅，波尔多葡萄酒，纺织品，最后是奴隶。尼古拉·加尔博·杜福尔于1763年写道："我没有任何开销。"在下一年又说：我的晚饭"是面包加果酱"。[161]形势后来变得更加严重。一位年轻的欧洲移民写道（1782年5月13日）："战争以来〔指美国独立战争〕，鞋匠卖一双鞋要收3块大洋〔比亚斯特〕，等于24里佛15苏，而我每月需要一双……粗线袜，每双售价9里佛，粗布衬衣值6里佛，定做则需要12里佛15苏。一顶不算漂亮的普通帽子值16里佛10苏……请裁缝定做的工钱：一套礼服为60里佛，一件上装15里佛，一条短裤也是15里佛。至于食品，一桶面粉值330里佛，一桶葡萄酒600至700里佛，一桶牛肉150里佛，火腿每磅75里佛，蜡烛每磅4里佛10苏。"[162]这当然是战时环境，但战争和掠夺商船事件在美洲海域都并不少见。

种植园主如在当地推销产品，在食糖大批上市的季节，要受12%、15%到18%的差价损失。如果他请本土商人代销，由于交通不便，货款要等几个月乃至几年才能收回。至于预计的价格，殖民地产品的行情在欧洲各港口，例如在波尔多，是投机最凶的一种。商人惯于或者看涨或者看跌，有的是囤积居奇的借口。于是，货物长期压库待售，对种植园主来说，这往往意味着资金积压，被 241
迫举债。如果因求富心切，他一开始就借债买下种植园和奴隶的全部或一部，他很快便受债权人的随意摆布。

波尔多的批发商、代销人和船主把他们的船只、船长（往往受托出售所载货物)、仓库和应急的贷款强加给殖民地,他们才是制造殖民地财富的机器的主人。我们从一些欧洲移民的信件里可逐日了解他们的运动,这些信件无不说明他们的被动处境。拉比家族和道尔家族在圣多明各最好的一个地区合伙经营巴斯种植园,于1787年不得不完全听凭布鲁塞尔的弗雷德里克·隆贝尔父子公司的摆布,这个公司在波尔多的分公司被认为(其实不然)掌握这个大商埠的命脉。[163]

所有这些同我们掌握的总体数字不相符合。法国殖民地贸易一半在波尔多进行,这里的出口额只占从圣多明各、瓜德罗普和马提尼克进口产品的三分之一,后为四分之一,最后又重新回到三分之一。[164]马赛与殖民地的贸易额也有同样差距。[165]这里没有矛盾吗?如果进出口贸易的结算对岛屿如此有利,岛屿理应兴旺繁荣。为补足贸易差额,货币应从法国流往岛屿。可是,只拿圣多明各来说,当地的比亚斯特总是被搜罗一空。这些铸币从附近的西属美洲通过走私来到圣多明各,在岛上像匆匆过客一般,接着就不寻常地转往波尔多,1783年后的数额尤其巨大。[166]出现这个表面矛盾的原因在于,法国各港口都按本地价格计算进出口贸易。如果站在岛屿的立场进行同一种计算,在岛上出售的大批法国产品的货款要比波尔多高得多,而出口的殖民地产品,在运往本土前,其价值则要低得多,运费、代销费等都将包括在到岸价格中。两个数字之间的差距因此缩小了。还必须指出记账货币之间的人为差别,"殖民地里佛"同本土里佛相比,价格要低33%。最后,留在法国的移民家眷和不在岛屿的种植园主收到的汇款,对汇兑结算都有影响。然而,在这方面,金融的因素,即债款的还本付息,占着最重要的地位。

总之，种植园主所参与的交换体系使他们不可能获取巨额利润。卡梅洛·特拉赛利指出，15 世纪西西里岛的制糖厂，尽管有热那亚资本家的支持，或者正是由于他们插手，竟成了赔钱的无底洞。事过境迁，后世人对那些怀抱幻想购买种植园的人，其中包括一些富商，多少还有一点同情。格勒诺布尔商人马克·道尔写信给他的兄弟说："我亲爱的朋友，为了给你寄这笔钱，我把钱袋都掏空了，我已不再有余款……我相信，借这笔钱给你〔购买一个大种植园〕，既能让你发财，也会增加我的财产"（1785 年 2 月 10 日）。[167]幻想终于破灭。我们曾提到过的佩雷兄弟在马提尼克发了大财，但并非作为种植园主，而是由于经商：最初开店铺，最后成了大批发商。他们懂得趋长避短，及时返回波尔多，重新占有统治地位。阿姆斯特丹的某些贷款人以为能像对待本埠批发商那样， 242
万无一失地向丹麦殖民地或英属岛屿的种植园主发放贷款，他们终于倒了大霉，成了抵押了的种植园的主人。[168]

牙买加的种植园

英属牙买加的种植园与我们谈到的圣多明各的情况大致相同。在英属牙买加，"大屋"、黑奴（与白人相比，为 9∶1 或10∶1）、甘蔗种植园也比比皆是，还有商人和船长的剥削，殖民地货币价格低于本土货币（1 英镑值 1.4 牙买加镑），海盗和劫掠（这里是法国人侵犯英国人，但无论英国人或法国人，在加勒比海都没有绝对控制权）。此外还有逃亡奴隶造成的创伤和危害，躲进山里避难的黑奴有时来自邻近的海岸或岛屿。在 1730 至 1739 年的"黑奴战争"

期间,整个局势一度相当危急。[169]

以当时的标准来衡量,牙买加可算是一个不小的岛屿,特别从1740至1760年起,随着糖业开始高涨,一些大种植园在岛上欣欣向荣地发展起来。[170]如同法属各岛屿一样,往往在烟草、棉花和靛蓝等小种植园躬亲劳作的第一批欧洲移民,当时已降到次等地位。甘蔗需要大笔投资。资本家和大庄园主的时代已经到来。从统计数字得到的印象是,同圣多明各相比,牙买加的种植园规模更大,奴隶更多,也许更加富有。然而,事实表明,牙买加岛从英国或英国在美洲的殖民地取得咸肉和面粉供应,负责提供英国需要的食糖的半数,价格比圣多明各和其他法属岛屿高些。

总之,如同其他产糖岛屿一样,牙买加是为有钱人制造财富和资本的机器。[171]同等的原因产生同等的结果,牙买加的经历与圣多明各大致相同,也就是说,在殖民地创造的巨大财富转变为本土的财富。种植园主的利润至多为8%至10%。[172]进出口贸易(这里不谈奴隶买卖的利润,这种买卖仅仅以英国为出发点)基本上“以王国的利益为转移”,给王国带来与国民贸易同等的利益,“似乎美洲殖民地在某种程度上附属于康沃尔郡”。以上引用的是伯克的原话,[173]他强调西印度群岛对英国经济生活的重要,并强烈提请人们注意,有关贸易差额的数字带有欺骗性。

实际上,牙买加的商业结算,即使按牙买加镑计算,也是该岛
243 略有顺差(1336000对1335000);但进出口贸易额至少有一半无形地转到本土(运费、保险金、佣金、利息、向不在岛上的种植园主汇款)。在1773年,英国的利润接近150万英镑。在伦敦同在波尔多一样,殖民地贸易的利润被转化成为掌握在大家族手中的商

行、银行和国有资金，这些大家族最活跃的代表在下院和上院占有议席。然而，也有几个移民家族很富，但凑巧的是，他们并不仅仅经营种植园，却同时向其他负债的种植园主贷款，扮演银行家的角色；他们通过戚谊与伦敦商人相联系，或派自己的儿子在伦敦出售种植园产品，采购必需物品，并为在牙买加的英国移民充当代理人。这些大家族兼得食粮生产、批发、经销以及银行的利润。它们在伦敦设立据点，经营或倒卖远方的种植园，有能力在英国的商业、现代农业和各种工业部门进行广泛的投资，也就不足为奇了。[174] 如同佩雷家族一样，这些种植园主懂得，为了能在殖民地赚钱，他们必须立足在本土！

安的列斯群岛的英国批发商正在包装货物。安的列斯群岛地图的卷首画，赫尔曼·莫尔的皇家地图集，1700 年。

是否要就弗吉尼亚的烟草、古巴的畜群或者 1728 年随着加拉加斯公司的成立而出现的委内瑞拉的橡胶，重新再作一番论证？[175] 再次论证只会重弹老调。如果想避开这千篇一律的故事，我们就必须远离欧洲商人出于利益而关注的地点，前往美洲的各个野蛮地区，并了解那里的种种独特经历：在巴西，探险队从圣保罗出发，去内地寻找黄金和奴隶；在巴依亚的后方，沿着号称“牛栏河”的圣弗朗西斯科河谷，漫山遍野的牛群拥向畜栏；在阿根廷的潘帕斯草原，欧洲“新纪元”初露曙光；或在委内瑞拉南部奥里诺科河流域的平原，西班牙裔贵族，铺天盖地的牲畜和骑马牧民（印第安人或印第安人和白人的混血儿）正在创立一个以主人的大家族为核心的真正的领主社会。对于这种古代型或原始型资本主义（牲畜等于货币），马克斯·韦伯一度曾为之神往。

244

回到欧洲的中心

我把汉堡至威尼斯一线西侧的大陆称作“欧洲的中心”。得天独厚的西欧地区便于城市、资产者、富人和有进取心的贵族广泛经营事业，因而资本主义必定以多种方式影响古老的西欧农村的活动和结构。

为了画一幅清晰的简图，我们不妨像数学家那样先假设问题已经解决。资本主义以新秩序的姿态出现在领主和农民的欧洲，虽然它远不是常胜将军，但总能在某些特殊地区奏凯告捷。让我们首先考察这些获得成功经验的地区，因为我们设法要解决的问题在那里已经得到解决。

英国是人们首先想到的范例。我们这里不想多谈英国，因为我们以后还有机会。从粗线条看，英国仅可充当借以确定特殊情形的参照坐标。毫无疑问，英国革命未能改造整个大不列颠，除大商业区外，还有某些落后的、古风犹存的地区，即使在 1779 年的埃塞克斯郡和萨福克郡等比较发达的地区也是如此。[176]

我们且举东英格兰的诺福克郡为例，新事物在这个地区肯定占了上风。维隆·德·福尔邦奈[177]在《百科全书》的“文化”条目中恰恰把诺福克郡的情形当作出色的农业经济的范例加以介绍：

施加石灰和泥灰石、削皮（即焚烧草皮肥地），引种饲草，开拓草地，兴修排水渠，施优质厩肥，重视畜牧选种，发展圈地和扩大地产，地块四周植以树篱为界，从而普及和突出了英国这部分乡村草木葱茏的特殊景色。值得注意的其他特征有：工具量多质佳，土地贵族乐于助人，大土地租佃制历史悠久，资本主义经营环节建立较早，信贷便利，政府十分宽容，对市场很少监督管理，更多关心效益和城市供应，通过比例增减制促进和资助粮食出口。

其中，产生最重大后果的准则是：

1）早已开始削弱的领主制在英国乡村的先进地区终于被彻底清除。马克思有力地指出[178]："在斯图亚特王朝复辟时期，土地所有者……取消了封建的土地制度，也就是使土地摆脱了对国家的贡赋，以对农民和其他人民群众的课税来补偿国家，他们要求对地产的现代私有权（他们对地产只有封建权利）。"也就是说，要清除传统生活。

2）农村土地出租给资本主义农场主，由他们全权负责经营。

3）启用以无产者面目出现的雇佣劳动者：他们向雇主出售的 245
只是他们的劳动力。

4）垂直式分工：地主出租土地，取得地租；农庄主扮演企业主的角色；雇工殿后。

如果我们同意这些准则，我们在大陆的历史上可找到一些同英国相似的例子，这就顺便证明，农业革命如同将要伴随它来临的工业革命一样，也是整个欧洲的现象。

这些例子将按以下顺序逐个研究：布里（17 世纪），威尼西亚（18 世纪），罗马乡村（19 世纪初），托斯卡纳（15 至 16 世纪）；这个顺序本身并不重要，我们的意图既不是研究这些不同情况本身，又不是为欧洲开列一份详尽的清单。我们仅仅希望借此理出一条思路。

路易十四时代巴黎附近的布里

几个世纪以来，城市产业主不断在巴黎四周侵吞农民和领主的土地。[179]拥有一所乡间别墅；由此取得经常的供应：小麦，冬季到来前的木柴，鸡鸭，水果；在城门口不纳入市税(地产按规定登记后，可免纳入市税)——所有这些在传统的家政教科书上全都写着。这类教科书风行各国，特别在德国，《家长必读》啰嗦冗长，法国也是如此。夏尔·埃斯蒂安于1564年出版的《农业和乡间别墅》，经其女婿让·里埃博修订后，在1570至1702年间曾再版103次。[180]大城市的资产者莫不在四郊购买土地，有时是零碎小块，或者是果园、菜地、草地乃至真正的庄园。

但在巴黎城外肥沃的布里高地，这种现象更非同寻常。城里人(不论是贵族或资产者)的产业，特别是大地产，早在18世纪以前已经引人瞩目。[181]维拉尔公爵"摄政时代住在沃勒维康特古堡，拥有220弓丈土地，但他本人仅经营其中的50弓丈……康妙恩(埃克莱恩教区)的采邑主拥有332弓丈土地，但他只经营21弓丈草地"。[182]这些地产可见实际上并不由地主经营；而是交给大农庄主经营，后者管理五六个乃至七八个地主的土地。大农庄耸立在这些耕地的中央，我们今天还能见到"令人想起以往动乱年代的高墙大院……一些建筑物分布在中央大院的四周……每座农庄周围集结着一些小屋，小屋本身由菜园和小块土地围着，那里住着向农庄主出售劳动力的零杂小工”。[183]

人们从这些迹象能辨认出英国革命所建立的“资本主义”组织形式：地主、大农场主、农业工人。但有一点重要的不同，即直到19世纪为止，农业技术丝毫没有变化。[184]另一点不同：不完善的组织，单一的粮食生产，低下的商品率以及高额的地租，使这些生产 246
单位对小麦的行市极其敏感。默伦市场上粮价下跌两至三个百分点，农庄主立即会陷于困境。如果接连几年歉收或粮价过低，更会导致农庄主的破产。[185]但农庄主毕竟扮演一个新角色，由于拥有慢慢积累起来的资本，他是个类似企业主的经营者。

总而言之，面粉战争（1775年）中的叛乱者没有搞错：他们把满腔怒火向巴黎附近和其他各地的大农庄主发泄。[186]至少有两条理由：一方面是大农庄几乎总由一名农庄主经营，容易引起嫉妒；另一方面农庄主如同住在领地的领主一样，是乡村世界的真正主人，他的权势可能比领主的统治更加有效，因为他更接近农民的生活。他囤积粮食，安排劳动，发放贷款，并往往受领主委托“收取现金租税、实物租税、杂项租税乃至什一税……在整个巴黎地区，他们在大革命到来时，兴高采烈地买下他们以往主人的产业”。[187]这是一种试图从内部生长起来的资本主义。再等一段时间，它将在各方面取得成功。

如果我们能更好地了解这些大农庄主的为人和日常生活，亲眼目睹他们对仆人、马夫、车夫和农民的态度，我们的判断将更加清晰。在库瓦涅队长的《笔记》的开头部分，[188]我们看到有趣的介绍，可惜后文不再提及。库瓦涅队长1776年生于德吕莱贝勒方丹，即今天的荣纳省；在革命前和革命初，他为库洛米耶的一名大贩马商人服务；这位商人不久将与革命军的军马部门建立联系。他拥有草场、耕地和农庄，但我们从库瓦涅队长的讲述中还不能判断商人的真实地位。他究竟应该算是商人、自有土地经营者或出租土地的食利者？也许三者兼而有之。他大概是富农出身。他对佣工们的慈爱态度，夫妇俩与佣工一起围着大桌吃“雪白的面包”，这些都很说明问题。年轻的库瓦涅参观了本地的一个大农庄，对那里的乳品厂赞叹不已，“到处都是水龙头”；食堂里窗明几净，厨房的桌椅器皿洁净无尘。女主人说：“每隔半个月，我出售一车奶酪；我有 80 头奶牛……”这些形象可惜过分简单，老军人在写这些回忆时急于告一段落。

威尼斯和威尼西亚共和国

在征服整个威尼西亚的领土后，威尼斯于 15 世纪初成为一个农业大国。在这以前，威尼斯贵族已在布伦塔河对岸富饶的帕多瓦平原占有土地。但在 16 世纪末，尤其在 17 世纪最初几十年的危机后，贵族富豪一反常态地放弃商业，全力投入农业经营中去。

贵族往往从有地的农民那里夺取土地，这一过程相当普遍，并
247 且由来已久，因而从 16 世纪起，针对地主及其家属或财产的犯罪案件十分频繁。在进占整个威尼西亚时，威尼斯市政会议曾没收部分土地，后予以拍卖，贵族才乘机占有土地。此外，通过开沟建闸、洼地排水等水利工程，还开垦了一些新的土地。在国家的支持或监督下，依靠村民的实际配合，这些工程不折不扣地具有资本主义性质。[189]绿草葱郁的威尼西亚既然拥有这个长期的经验，难怪到了启蒙时代，它将经历一场致力于发展畜牧业和肉类生产的农

业革命。[190]

例如，在阿迪杰河彼岸和罗维戈的对面，靠近安圭拉腊村，古老的特隆家族拥有一块500公顷大的土地。1750年，有360人在那里劳动（其中的177人为固定工，183人是临时雇佣的短工），分小组工作，每组至多15人。这是一个资本主义农庄。关于“资本主义”一词，让·乔治兰写道：“我们没有犯颠倒时序的错误。在18世纪的威尼西亚（和皮埃蒙特），这是一个常用词。贝加莫最高行政官在一项调查中提问：‘你们是这里的资本家吗？’半文盲的村长——他们的笔迹足以证实他们的文化程度——都毫不犹豫地作了肯定的回答。根据他们的理解，所谓资本家是从外地带着资本前来雇佣农民为他劳动的人。”[191]

安圭拉腊可被认为是个农业工场。一切都置于管家监督之下。小组长寸步不离地催促雇工干活，雇工每天仅有权休息1小时：监工手里拿着钟看管。各项工作都有条不紊地进行：清沟，清扫鸽房，植桑，酿造果酒，养鱼，1765年试种土豆，修整堤坝以预防阿迪杰河洪水泛滥或夺河造地。“农庄像是一个蜂巢，即使冬季也不停工作”[192]：不仅用锄头、镐和犁铧浅耕，而且深翻土地；作物以小麦（每公顷产量为10至14公担）、玉米和大麻为主；牛羊实行厩养。产量很高，利润也高，当然每年总有上下波动。1750年赶上坏年景，利润（未扣除折旧费）占28.29％。但在1763年的好年景，竟高达130％！在布里的肥沃土地上，如果计算正确的话，1656至1729年间好年景的利润勉强超过12％。[193]

这些最近确证的事实迫使我们修改对威尼斯的看法。城市贵族重返乡里经营米麦桑麻，并不完全因为在16世纪末以后，地中海上海盗猖獗，大宗贸易的困难和风险变得太大，他们需要寻觅一个稳妥的投资场所。何况，外国船只依旧经常停泊威尼斯，因而威尼斯于17世纪可能仍是地中海最繁忙的港口。威尼斯的贸易并未在朝夕之间停止。农产品的价格和高额利润促使威尼斯的资本转到土地方面去。在这里，购买土地不是为了取得贵族身份，仅是为了投资牟利。

兴趣大概也起作用：哥尔多尼时代的威尼斯，富人舍弃城里的华丽公馆，住进讲究的乡间别墅，这部分地也是个时尚问题。每当
249 秋季来临，威尼斯城内富人出走一空，“去外地度假，野地舞会和露天晚餐都是人们孜孜以求和深受好评的活动”。众多绘声绘色的叙述使我们不能不相信：在这些奢华的别墅里，一切都“巧夺天工”，室内装饰精美，餐桌富丽堂皇，不时举办音乐会和演戏，花园中曲径通幽，树篱修剪齐整，塑像耸立道旁，仆役成群结队。所有这些电影画面使我们为之陶醉。请看最后一个镜头：贵夫人携带仆役和爱犬，夜半访客归来，“娇躯斜靠在提灯照明的教士的胳臂上”。[194]但是我们对豪华别墅的观察，至此只是看到了一面。它们还有谷仓、压榨机房和地窖，因为它们也是乡村的经营中心和劳动监督场所。1651年的威尼斯曾出版一部标题相当醒目的著作：《市民在别墅的治家须知》。作者文森佐·塔纳拉是名医生，他写了一部前所未见的关于乡村生活的好书。他向去乡下踏看地产的地主提供许多合理建议：要选好别墅的位置，注意附近的气候条件和水源情况。要考虑挖个水塘养条鱼、鲈鱼和鲶鱼：这的确是个好主意，既能减少居家伙食开支，又能轻而易举地为农业工人找到必要的“下饭”食物。可见乡下别业主要还是要雇人干活。

248

三人行。G.提埃波罗的威尼斯油画，18 世纪。

因此，在安得列阿·特隆给他的朋友安得列阿·基里尼的那封奇怪的信(1743 年 10 月 22 日)里，有相当的部分属于错觉。执笔的那位年轻贵族曾在荷兰和英国久居。“我将告诉你……他们〔威尼斯的政府人士，同他一样是贵族〕可以制定他们愿意的各种法令，在我国的国内贸易方面，他们总归一事无成……在任何国家里，只要头等富豪不去经商，就不可能有对国家有用的贸易。在威尼斯，必须说服贵族向大宗贸易投资……这正是目前不可能做到的事。荷兰人全都经商，这是荷兰贸易兴旺的主要原因。一旦这种精神引进我国，人们将很快看到大商业重振雄风。”[195] 威尼斯贵族何必放着安全、舒适、收入丰厚的日子不过，非要去从事利润较小和风险较大的海上冒险？好位置既然不再空着，勒旺贸易的各条路线又都掌握在外国人、犹太商人及本市资产者的手里，威尼斯贵族便很难重新控制这一贸易。然而，安得列阿·特隆有一句话说得对：把大宗贸易和货币贸易交给非头等富豪去经营，这就等于退出威尼斯曾经扮演主角的国际大舞台。如果就威尼斯和热那亚的命运作个比较，从长时段看，圣马克城的资本主义选择肯定不是最好的选择。

19 世纪初罗马农村的奇景

几个世纪来，辽阔的罗马农村曾多次改变面貌。原因何在？
250 大概因为那里的建设都从无到有地进行。西蒙德·德·西斯蒙第[196] 1819 年曾就此问题作过观察，并把罗马农村描绘为分工的极好例子。

几个衣衫褴褛、身披羊皮的骑马牧民，几群牛羊，几匹母马和马驹，以及彼此相隔很远的少数孤立农庄，这便是在一望无际的乡野通常所能见到的全部有生命的东西。没有作物，没有村庄；芟除不尽的荆棘和野草侵占空地，缓慢而坚持不懈地取代牧草。农庄主为同这种植物瘟疫作斗争，不得不定期进行开荒，并播种小麦。这是使牧草得以重新生长几年的一个办法。但在一个没有农民居住的地区，从开荒到收割的沉重劳动又如何进行？

解决的办法是向外国劳动力求助："共有十几个不同的工种"，在任何一种语言里，"都没有名称可称呼它们……〔有的工作〕由来自萨比纳山区的零工去做；〔另一些工作〕由来自马尔凯和托斯卡纳的工人承担；大多数工作主要交给阿布鲁齐的山民；最后，堆麦垛时，也雇佣罗马的游民，他们除了会干这件活外，几乎一无所能。这种劳动分工便于推行农业的精耕细作：小麦至少锄草两次，有时更多，由于每人各做一项特殊工作，工作进行得更加迅速和精确。几乎所有这些工作都实行承包，并由许多大小包工头监督；农庄主始终提供膳食，因为在这荒凉地带，工人不可能自备食物。供应的食品包括：每周有一定数量的葡萄酒，价值 40 个巴约克铜币的面包和 3 磅其他营养食品，如咸肉或奶酪。在冬季工作时，这些工人回到位于大农庄中心的一座没有家具的空旷大房屋内睡觉……在夏季，他们在劳动地点过夜，往往露宿"。

画面显然尚不完整。这是一些旅途印象。西斯蒙第看到了一种异乎寻常的景色，惊奇之下便忽略了画面上的阴影，甚至看不到疟疾，这在荒野之地是种致人死命的疾病。西斯蒙第也没有认真探讨所有制问题。这里的土地所有制十分奇特，由此产生的问题超出了罗马农村的范围。罗马四周的土地归大封建主和60来个

251

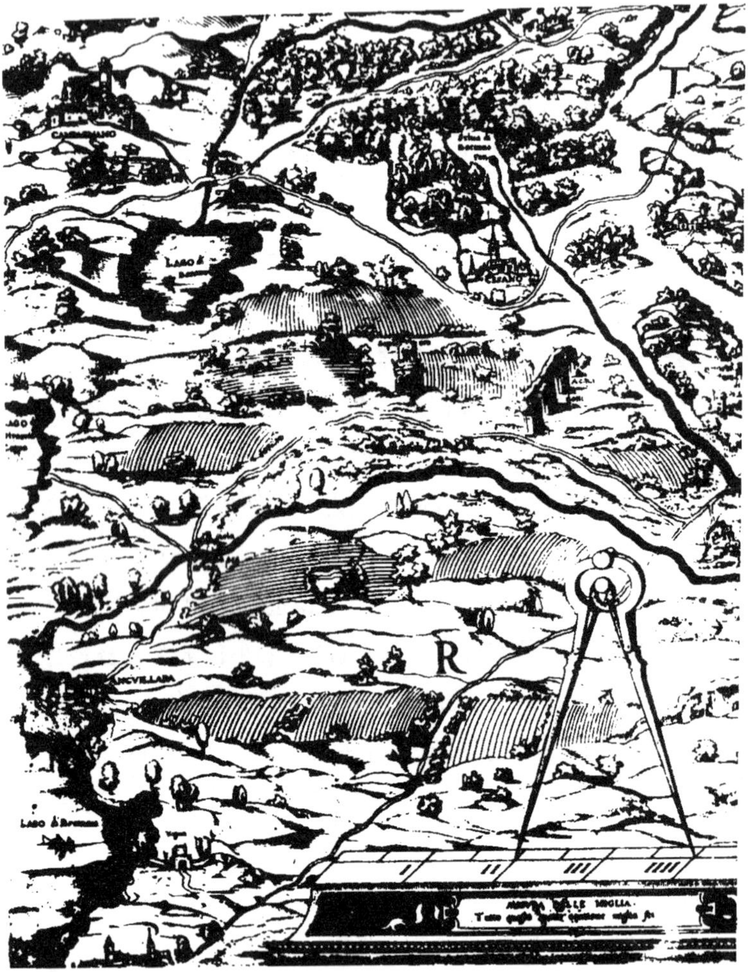

厄弗洛齐诺·德拉·沃尔巴亚所画的罗马乡村地图(1547 年)。这是罗马西北部一个耕作比较精细的地区。从图上可以看到几块耕地,犁地的一套牲口,还有大块空地,间或还有古罗马废墟和灌木丛。

宗教机构所有，往往是些大产业，如博盖塞亲王、斯福萨公爵、帕特里齐侯爵等的产业。[197]但封建主和宗教机构都不直接经营自己的土地。一切都由几个被奇怪地称作“乡下商人”的大农庄主包办。他们不过十二三人，组成一个行会，这个行会到 19 世纪依然存在。他们的社会出身很杂，有商人、律师、经纪人、收税吏和产业管理人等，他们其实同英国大农庄主并不相像，因为他们往往把好地留下直接经营，一般还把土地转租给许多小农庄以及外国的牧民和农民。为求得行动自由，他们千方百计把原来拥有租地权的农民统统赶走。[198]

这是在 18 世纪中叶逐渐形成的一种明显的资本主义入侵，罗 252
马农村不过是意大利许多例子中的一个。托斯卡纳的某些地区，伦巴第和皮埃蒙特在 18 世纪正处在变革中，那里可见到同样的现象。这些农庄主在地主、农民和国家方面的名声都不佳：人们把他们看作是唯利是图的投机家，只想尽快从地里捞得最多的钱，很少考虑保护地力。但他们预示着未来，是 19 世纪意大利大农庄的创始人，也是 18 世纪末利弊参半的土地改革的幕后策划者。他们想摆脱所有权、租让权、长子继承权和永久管业权等束缚，想武装自己，既对付特权者和农民，也反抗严密监视商品化发展的国家。当“法兰西时期”开始时，原特权者的大批财产在市场公开出卖，而顾客恰恰以大农庄主居多。[199]

西斯蒙第的这番描述，其意义在于它以罗马农村为例子，说明存在一种真正的和不容置疑的农业分工，而人们通常很少谈到这种分工。亚当·斯密谈到这个问题时显得匆忙[200]：分工适用于工业，而不适用农业，在他看来，同一只手又播种又耕地。其实，旧制度下的农业活动简直五花八门，即使在不发达地区，农民也不能不对村庄的全部经济活动实行专业化分工。无论如何，总该有个铁匠，有个车匠，有个皮匠，有个木匠，还有不可缺少的鞋匠。同一只手不一定能兼顾播种、耕地、牧畜、葡萄剪枝和森林活计。从事砍树、劈柴和捆柴的农民趋向于成为一个特殊人物。每年收割、打场和采摘葡萄的季节，总有一些多少带专业性的补充劳动力前来帮忙。请看，在"葡萄总管"的指挥下，还有"采摘工、运输工和压榨工"之分。再就奥利维埃·德·赛尔在朗格多克地区看到的开荒情形[201]来说，工人被分成几个队伍，分别负责伐木，烧荒，用牛耕地，另有专人再用棍子"粉碎过分板结的土坷垃"。最后，农村自古以来就有畜牧和种植的重大分工：亚伯和该隐代表两个不同的天地，两个互相憎恨、随时准备冲突的民族。牧民几乎被当作贱民。这种观念在民间习俗里至今留有痕迹。如在阿布鲁齐山区，对爱上了牧民的农家少女，民歌唱道："改变主意吧，我的小妞，假如你要嫁人，就嫁一个有身份、有教养的庄户人，千万别找那些就餐不用盘子的可恶的牧羊人"![202]

托斯卡纳的农庄

在佛罗伦萨富商的影响下，托斯卡纳农村逐渐发生了深刻的变化。以往的村庄，贫困农户分散经营的小庄园仅在一些山区和
253 偏僻地区得以保存。早在1400年前，在平原和丘陵地区，已建立起实行分成制地租的农庄。农庄的土地连成一片，面积因土质优劣而异，一般由佃农及其家庭耕种。农舍位于土地中央，附有谷仓、牛厩、面包炉和打谷场；农舍的四邻可有耕地、葡萄树、枝条稀

疏的柳树桩、橄榄树、牧草地和林地。农庄的规模必须保证其收入等于农民及其家庭生活所需的一倍，因为总收入的一半归地主，另一半归佃农。地主在农舍附近有一所未必奢华的别墅。乔万尼·迪·帕哥洛·莫雷利[203]在他于1393至1421年间写的《回忆录》中，规劝他的儿子说："你们要牢牢记住，必须亲自到别墅去，同佃农一起逐块视察地产，对敷衍了事的活计要求重做，估算小麦、葡萄酒、食油、粮食、水果等收成，并把当年收成同往年数字进行比较。"这种一丝不苟的监督能否算是"资本主义合理化"？这至少是为最大限度地提高生产率而作出的一种努力。在佃农方面，他不断对老板提出要求和表示不满，迫使老板同意投资和进行修缮，甚至存心找碴。唐纳台洛拒不接受别人送他的一个农庄；如果接受的话，他本可以生活得"很舒适"。这是他的愚蠢或者明智？他无非不愿每周三天总有一个乡下佬跟在他的背后。[204]

在这种农庄制度下，农民毕竟具有一定的主动性，他专心致意地从事生产，最有效地利用土地，选择最有利可图的生产：油料，葡萄酒等。所以人们说，托斯卡纳农庄的竞争力保证了它对旧耕作方式的胜利。这也许言之有理，但成功还有另一个原因，即佛罗伦萨有在西西里购买小麦的条件，因而能在本地经营收益较高的作物。西西里小麦为具资产阶级性质的托斯卡纳农庄的成功助了一臂之力。

正如埃利奥·孔梯所说，托斯卡纳农庄在一定意义上"是一种艺术品，是合理化精神的一种体现，这种精神浸透在共和国时代佛罗伦萨的经济、政治和文化等各个方面"。[205]谁会不同意这种说法？托斯卡纳农村曾是世界最美的农村，可惜今天正在消失。在那里所能看到的，如果径直说是资本主义的胜利，那未免夸大其辞，但至少是金钱的胜利；这是一些注重利润、懂得根据投资和效益进行计算的商人所使用的金钱。作为地主的对立面，并不是被剥夺了生产资料的农民；这里的佃农不是雇工。他同土地保持直接联系，熟悉土地，细致入微地照料土地，在几百年中代代相传；他一般还算富有，吃得很好，住得不算阔气，倒也舒适宜人，用家织土布自制的服饰和用品绰绰有余。关于业主和经营者、金钱和劳动之间的这种少见的平衡，见证材料相当丰富。但不和谐的声音也经常可以听到，一些意大利历史学家甚至声称，分成地租制是农奴制的邻近形式。[206] 实际上，分成地租制在 18 世纪上半叶已经衰退，也许由于税收加重、粮食投机等一般性原因。

托斯卡纳经验的一个明显特点吸引人们的注意：每当耕作实
254 行专业化（托斯卡纳生产油料和葡萄酒，伦巴第种植水稻、灌溉草场、植桑，威尼西亚各岛屿生产葡萄干，甚至在一定程度上提供大批出口的小麦），农业便趋向于走资本主义"企业"的道路，因为产品一旦作为商品，就势必受制于国内外的大市场，后者迟早要求提高生产率。另举一例，与以上情形既相同，又有明显的不同：在 17 世纪，当匈牙利牧民认识到向西欧出口牛的利润和这一市场的重要时，他们便放弃对土地的精耕细作，不再自己生产小麦，转而向别国购买。[207] 他们所作的选择可见已具有资本主义性质。同样，荷兰的养牛农户，由于没有别的选择，便向生产奶制品和大量出口奶酪的专业化方向发展。

托斯卡纳农村的典型景色：葡萄园、橄榄树和小麦。装饰锡耶纳市艺术宫的壁画《精心管理》。

先进地区只是少数 255

可见存在一些先进地区，它们是未来资本主义的雏形。但在欧洲，落后的地区，或者能否说停滞不前的地区，在数量上占有优势。正因为如此，农民世界的绝大部分离资本主义及其要求、秩序和进步仍有相当的距离。被传统牢牢控制、因循守旧的地区多不胜数。

如果来到意大利南部，人们所能看到的情景便是封建制的无情复辟：猛烈而持久的农民骚动于1647年随着马萨尼埃洛被野蛮镇压而告终。[208]就在18世纪最初的几十年，当时有一位名叫保罗·马蒂亚·多里亚的见证人，他并不攻击封建制，但批评对封建制的滥用："男爵有权让他的属下变穷和破产，有权把属下关在狱中，不让行政长官或村法官进行干预；由于他有赦免权，他派人杀害他不喜欢的人，然后赦免杀人犯……他滥用权力侵犯属下的财产和损害其荣誉……证明一名男爵有罪是不可能的。政府本身……对强横的男爵只能曲为宽容……所有这些都表明某些男爵在他们的领地上简直是土皇帝"。[209]统计数字也证实这种不正常的强权，直到启蒙时代，那不勒斯王国中的封建司法权竟对半数以上的居民行使，而在某些省份，甚至可达70%、80%乃至88%。[210]

在西西里，直到1798年，当G.M.加朗迪出版《西西里历史和地理新说》时，毋容置疑地存在着二期农奴制。在法国革命前夕，改革派总督（卡拉乔治、卡拉马尼科）只完成了一些无关紧要的改革。[211]另一个农奴制或准农奴制地区为阿拉贡，至少在18世纪以前是这种情形，以致德国历史学家讲到该地区时用了"地主家族"的提法，即在易北河彼岸推行二期农奴制的那种领主类型。西班牙南部在被天主教征服后，建立了大地主制度，那里也同样停留在过去的轨道上。还应指出，苏格兰山区和爱尔兰显而易见地处于落后状态。

总之，除阿拉贡情况比较特殊外（必须看到，在情况比较复杂的伊比利亚半岛，阿拉贡在几个世纪中曾是一个例外的、边缘性现象），西欧的落后正是在其边缘地区表现得最为明显。如果想画一张展示先进地区（只有少数几块，相当狭窄）和落后地区（被排斥在边缘）的地图，那就还要用专门的颜色标志停滞不前的或发展缓慢的区域，这些在领主制和封建制统治下的地区是落后的，但在某些方面也正在变化中。归根到底，在整个欧洲，农业资本主义所占的比重毕竟不大。

法国的情形 256

欧洲所有这些混杂的和矛盾的现象在法国一国范围内都能看得到。别国曾经发生的事，一般也在法国这个或那个地区发生。就法国的情形提一个问题，等于是问某个邻国的情形如何。18 世纪的法国开始出现土地资本主义，其发育程度肯定不如英国，但超过莱茵河和易北河之间的德意志，总的来说，意大利农村的先进地区与法国的同类地区不相上下，但有时略为领先；然而，伊比利亚半岛比法国落后，于 18 世纪处在深刻变革中的加塔洛尼亚是个例外，虽然领主制在那里还保持有力的地位。[212]

法国之所以堪充榜样，主要由于 18 世纪下半叶法国的持续进步以及国内冲突的激化和演变。当时，法国人口肯定大增（路易十四时代约 2000 万人，路易十六时代可能达 2600 万人）。[213]农业收入肯定提高。一般地主，特别是贵族领主，都想沾惠受益，这也极其自然。经过 1660 至 1730 年的长期苦难以后，土地贵族渴望尽快得到补偿，忘却“穿越沙漠”的艰难岁月。[214]由此引出了可能是法国近代史上最猛烈的领主反扑。他们不择手段：合法手段如提高租金，以至成倍增加；不合法手段如找出旧地契，重新解释各项含混不清的权益（模糊之处很多），挪动地界，试图瓜分公共产业，故意挑起争执，以致愤懑的农民只看到封建主想方设法为他设置的障碍。农民看不到，地主之所以发动进攻，是因为社会发生了变化，正是社会的变化给农民也带来可怕的后果。

这场领主反扑主要不是传统的复归,而是时代精神的产物,是因为法国出现了一种我称之为资本主义诱惑或资本主义精神的新气氛:商业诈骗,交易所投机,投资骗局,贵族参与远程贸易和开矿。真正的土地资本主义,英国式的现代管理,在法国十分少见。但事情正朝这个方向发展。人们开始相信土地是利润的源泉,开始认识现代管理方法的有效。1762 年出版的一本畅销书是台斯波米埃的《通过农业迅速致富的诀窍》;1784 年是阿尔诺的《保存和增加财产的诀窍,或土地经营的一般规律》。农庄的买卖日益增多。地产成为普遍的投机狂热的对象。艾伯哈特·魏斯最近的一篇文章(1970 年)[215]分析了法国的当时情况,认为这既是贵族的反动,又是资本家的反动。领主从“直接经营的领地”出发,通过农庄主和领主自己的持续努力,企图恢复大地产,于是在农民中引起了反感和骚动。魏斯认为法国情况与莱茵河和易北河之间德国农民的情况恰成鲜明对照;在这些所谓“土地统治”的地区,即在典型的领主制地区,德国贵族确实没有试图凭借“保留地”或“直接经营的
257 领地”,进而把土地经营直接抓到手里。他们满足于依赖地租为生,并为巴伐利亚选侯等王公效命,以俸禄弥补收入的不足。“保留地”分散租给农民耕种,后者也就没有法国农民的那种担忧和不满。何况,法国革命的宣传和对贵族特权的揭露,在德国没有唤起
258 似乎理所当然的反响。一位外国历史学家,具体地说是位德国历史学家(如同卢钦斯基、鲍什涅夫等具有革新精神的俄国历史学家一样),能及时纠正法国历史学的偏见,我们对此再次表示钦佩。

勒鲁瓦·拉杜里在最近一篇文章(1974 年)[216]里,利用一些专题研究成果,其中包括他自己写的专题论文,对魏斯的观点提出一

些细小的不同意见。他力图搞清楚贵族的反动在法国哪些地区以崭新姿态出现。我们已经知道，确实有一些农庄主和领主野心勃勃地企图扩张。皮埃尔·德·圣雅科布的杰出著作已为这一事实在上勃艮第范围内提供了充足的根据。我们且看他举出的瓦莱恩·德隆符阿的情形，[217]这位略带漫画色彩的人物拼命兼并地产，排挤农民和夺取公共产业，但他也努力进行革新，如灌溉土地、发展人工草场等。不过，有一个敢作敢为和敢于革新的贵族，就有10至20个贪图安稳、坐吃地租甚至麻木不仁的贵族。

这种隐秘的资本主义的兴起，其规模能否根据农民的不满、请愿和骚动而加以测定和判断？大家知道，农民的骚动实际上从无休止。但在17世纪，农民骚动与其说是反抗领主，不如说是反抗捐税，骚动地区主要是在法国西部。到了18世纪，农民起义的矛头针对领主，并且出现了一个新的反抗区域：东北部和东部，也就是人口稠密、农业技术进步（使用马拉犁的地区）[218]和盛产谷物的地区。法国革命将更加清楚地表明，这是全国最活跃的农村。那么，能不能认为，法国农民之所以使用反封建这套旧语汇，其部分原因是他们面对出乎意外的新局面，还没有找到反资本主义的新语汇？确实，在1789年的陈情书里，充满着反封建的语汇，并且仅仅是这套语汇。

最后再甄别与上述情况有点矛盾的几个实例，并且检验17和18世纪截然对立这个过分简单的说法是否成立。从表面上看，反领主运动（例如在普鲁旺斯）似乎有三分之一导致了农民起义。[219]但有一个确凿不移的事实应该看到：法国的广大地区，如阿基坦、中央高原、阿摩里卡丘陵等，在旧制度末期都很平静，因为自由在

一位富有的农庄主接待其领主。雷提夫:《古今服装》,根据小莫罗的画作而作的版画,1789 年。这里一点不像领主与农民之间的关系。满可认作是英国场景。

那里业已存在,因为农民所有制的好处得以保持,或者因为农民早已被压得服服帖帖,像在布列塔尼地区那样。人们肯定会问,如果法国革命没有发生，法国的土地问题将如何解决。皮埃尔·谢努承认，在路易十六当政的反动时期，农民所有的土地下降到法国地产的50%至40%。[220]沿着这条道路走下去，法国是否会迅速经历一场有利于普及土地资本主义的英国式演变？这类问题总是不可能找到答案的。

资本主义和前工业 259

工业(industrie)一词约在18世纪——并不到处尽然——取得它那为我们熟悉的专门含义，但也很难摆脱它的旧含义：工作、活动、技巧，而工艺(art)、制作(manufacture)、制造(fabrique)等词又长期在同一范围里与它竞争。[221]工业一词在19世纪获得成功，趋向于确指大工业。因此，我们这里将往往谈到“前工业”(虽然我们并不十分喜欢这个词)。这并不妨碍我们笔锋一转，毫不后悔地使用“工业”一词，说“工业”活动，而不说“前工业”活动。只要我们的立足点是在蒸汽机发明以前，在纽可门、瓦特、居纽、茹弗鲁瓦或富尔顿以前，在“大工业从四面八方包围我们”的19世纪以前，就不可能出现任何混淆。

四种类型

在工业领域，我们幸而不用创造为我们的初步说明所需的类型范例。很久以前，于贝尔·布尔让[222]于1924年已提供一个分类方法，由于很少被使用，它至今使人感到新鲜。布尔让认为，15至18世纪的全部工业活动必定能分别列入他先验地作出区分的四个范畴。

第一类：形同星云的无数家庭小作坊：一名师傅，二三名帮工，一二名学徒，就像是同一个家庭的成员那样。例如村庄里的钉匠、刀匠和铁匠，他们不久前在我国依然存在，今天在黑非洲或印度可以看到，师傅带着助手在露天工作。制鞋匠或者补鞋匠，备有精细工具和珍奇材料的首饰匠，工作场所拥挤的锁匠，不在门口忙忙碌碌就在室内干活的花边女工，都属于这个范畴。或者，在 18 世纪的多菲内，城里城外都能见到的“众多家庭手工业小作坊”：在收割谷物和采摘葡萄后，“男女老少一齐开始工作……这家纺纱，那家织布”。[223]在每个“单细胞”的基本单位内，“各项活计不加区分地连续操作”，以至往往不实行分工。这种家庭式结构一半脱离市场，脱离习惯的利润准则。

另外一些活动，如面包师傅制作面包，磨坊师傅磨面，做奶酪，酿酒，屠户从宰杀到剔肉的全套程序，我把它们也归到这个范畴中来；有人称以上活动为非手工活动，这个断言似乎下得太快。关于屠户承担的工作，1791 年的一份英国文件说：“他们不仅应该懂得宰杀、切割和用最能吸引顾客的方式陈列肉块，而且还应该知道选购活牛或活羊。”[224]

前工业时期这种手工业的基本特征，一方面是它在数量上占
261 多数，另一方面是它以不变应万变地抗拒资本主义的革新（资本主义有时包围某个专门行业，这个行业总有一天像成熟的果子一样，落在大企业家的手里）。必须经过一番调查，才能开列往往直到 19 世纪，甚至到 20 世纪依旧保留下来的传统手工行业的单子。在 1838 年的热那亚农村，仍有天鹅绒织机。[225]手工业在法国长期

占领先地位，直到1860年才被现代工业超过，屈居第二位。[226]

第二类：位置分散、但互有联系的工场。于贝尔、布尔让称它是“分散的制造厂”（他从卓阿基诺·沃尔普那里借用的这个词在这里用得很恰当）。我更喜欢用“分散的手工工场”这个名称，但这并不重要。无论是18世纪勒芒四周的精梳平纹毛织物制造业，或者是几个世纪前，即在1350年前后，维拉尼时代的佛罗伦萨羊毛加工业（在佛罗伦萨城内及方圆50公里之内，有6万人），[227]这是一些相隔很大跨度但又互有联系的单位。总其事的商人身兼协调、联络、领导等项职责，他提供原料，主持从纺到织，从缩绒、印染和整修直到完成最后一道工序，付清工资，最后把远程或短途贸易的利润留给自己。

这种分散的制造厂从中世纪起已经建立，不仅在纺织业，而且在“制刀、制钉和铁器制造等行业，诺曼底、香巴尼等地区至今还保留了它们最初的面貌”。[228]15世纪科隆附近或者16世纪里昂附近的冶金工业是如此，布雷西亚附近的冶金工业也是如此：铁匠工场设在卡莫尼卡河谷，终端产品在城里的武器铺出售。[229]这是一系列互为制约的工作，直到产品最后完成，进入商业领域。

第三类：“集中的制造厂”建立较晚，具体日期随不同的行业和国家而异。14世纪的水力炼铁炉已是集中的制造厂：不同的工序集合在同一个场所。啤酒酿造、制革、玻璃制造也是如此。18世纪下半叶在欧洲数量成倍增多的各种制造厂——国营的或私营的，以纺织厂居多——更属于这个范畴。[230]它们的特点是劳动力集中在大小不等的厂房内，以便对劳动进行监督并进一步实行分工，总之促使生产率的提高和产品质量的改善。

260

刀匠的家庭作坊。巴塔扎尔·比海姆的《典则》。

第四类:拥有机器设备以及用水和蒸汽为动力的制造厂。在马克思的语汇中,简单地称之为“工厂”。其实,在18世纪,工厂和制造厂往往混用。[231]但为更好地说明我们的意图,我们也完全可以对二者作出区分。我们可以明确指出,机械化工厂将使我们离

262

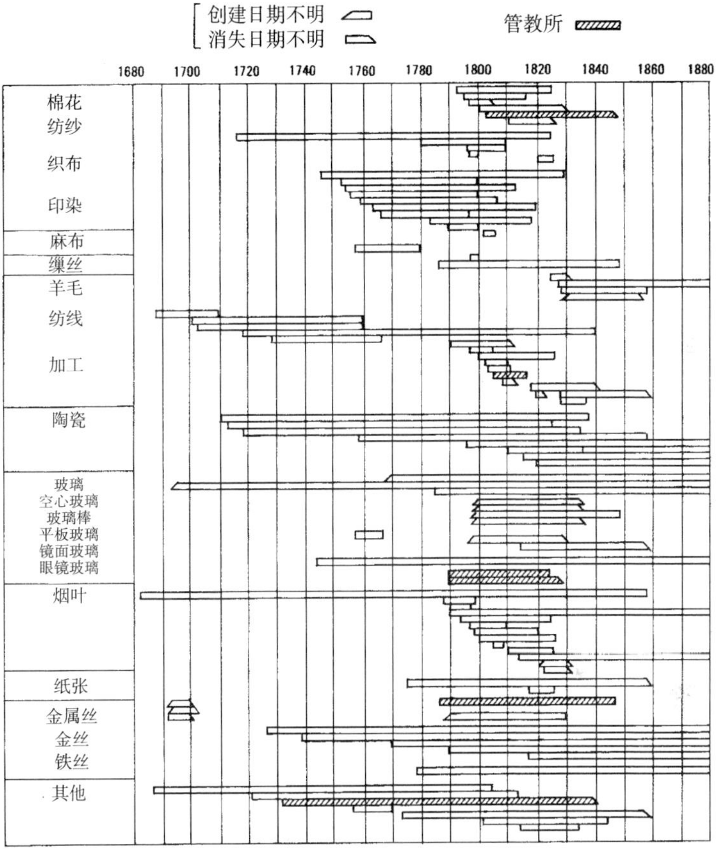

19. 手工工场和制造厂

安斯巴赫和拜罗伊特是德国法兰肯地区的两个人口十分稠密的小公国，其领土于1806至1810年并入巴伐利亚。列表说明将近一百个手工工场的情形具有抽样调查的价值，有助于解决桑巴特和马克思关于手工工场不能变成（桑巴特的意见）或能够变成（马克思的意见）现代化工厂的争执。约有20来个手工工场在1850年左右仍然存在，相当于五分之一。如同常见的情况那样，真理不站在争执双方的任何一边。图表由奥尔土夫·罗伊特绘制，见《法兰肯地区的手工工场》，1961年版，第8页。

开本书讨论的历史时间，并使我们通过工业革命的道路进入19世纪的现实。不过，我认为阿格里哥拉《冶金论》(1555年)的图样展
263 示的16世纪中欧典型的“现代化”矿场是机械化工厂的一个重要范例，即使蒸汽要等两个世纪以后才慢条斯理地被逐渐采用。在坎塔布连地区，“16世纪初用水作动力曾引起一场真正的工业革命”。[232]其他的例子还有17世纪阿姆斯特丹附近萨尔丹的造船工地，锯木、起重、竖桅杆等工作都采用机械；许多小工厂利用水力，如造纸厂、缩绒厂、锯木厂等，还有维也纳的制剑小厂，多菲内的磨面机和鼓风机。[233]

以上四个类型，大致按出现的先后顺序排列，虽然“不同结构的更替并不突然发生”。[234]尤其不存在从手工工场到制造厂自然的和合乎逻辑的过渡，在这个孤立的问题上，桑巴特赢了马克思一个回合。[235]我借用奥尔土夫·罗伊特[236]关于1680至1880年间安斯巴赫和拜罗伊特两公国的手工工场和制造厂的图表；通过这个具体例子，我们可以看到，从手工工场到制造厂的过渡有个相当长的延续过程，而不是后者必定理所当然地取代前者。

于贝尔·布尔让的分类对欧洲以外的地区是否适用？

这种简明分类法不难应用于世界其他人口稠密地区。

欧洲以外的地区主要处在前两个阶段：个体作坊和互有联系的工场，制造厂纯属例外。

黑非洲完全处在第一个阶段，那里的铁匠有时兼操巫术，纺织和制陶技术还很原始。美洲殖民地在这方面也许更差。不过，凡在印第安人社会得以维持的地方，纺纱、织布、制陶等手工业仍十分活

跃，工人能建造教堂和修道院，我们今天在墨西哥和秘鲁还能见到这些宏伟的建筑。占领者甚至利用这些建筑，设立从事强迫劳动的棉麻毛丝纺织工场。还有最高等级的工业，即庞大的银矿、铜矿和汞矿，以及在巴西内地组织较差的黑人采金场。此外，还是在巴西，以及在西属美洲各岛屿和赤道地区，榨糖厂也是手工工场，集中人力、水力或畜力，制造粗红糖、其他糖品、朗姆酒和塔菲亚酒。

但美洲的殖民地受到本土垄断资本的压迫，禁令层出不穷！各“工业”部门不能得到和谐的发展。在工业基础方面，美洲缺少欧洲那种丰富多彩的手工业及其往往出类拔萃的成就。请听 17 世纪下半叶的一名旅行家[237]如何说吧：“在西印度，无论制造作战武器或许多其他用具，只有蹩脚的工匠〔我们再补充一句，没有工程师〕。例如，任何人都不会制造精良的外科器械。人们对制造数学和航行仪器也一无所知。”肯定也不知制造用处更大的许多其他 264
工具。只举一个例子，糖厂的铜锅和铁锅以及钉子都来自海外。美洲之所以没有欧洲那种繁荣的手工业作基础，人口较少显然是个原因，土著居民的极度贫困也不无关系。1820 年，当为沙皇服务的海军军官科第布（他是被德国学生卡尔·桑于 1819 年刺杀的那位诗人的儿子）到达里约时，他认为巴西“本身是个穷国，人口不多，备受压迫，不能接受任何精神文化”，[238]而在当时，葡萄牙人的黄金和钻石都来自巴西。

中国和印度的情况恰恰相反，那里有人数众多、技艺高超的城乡手工业，这是一个很好的基础。另一方面，在古杰拉特和孟加拉，小型纺织工场星罗棋布。第三类工业在两国都有一定发展。北京以北的煤矿虽然受国家控制和投资不多，却已表现明显的集中趋向。[239]中国的棉花加工主要是农民的家庭手工业，但从 17 世纪末开始，在位于上海以南的松江，各手工工场常年雇佣的工人超过 20 万，家庭加工不计在内。[240]江苏首府苏州约有三四千台丝织机。[241]一位历史学家不久前说，可把苏州比作里昂和图尔，“或者比作卢卡更加恰当”。[242]同样，1793 年的景德镇拥有“瓷窑三千……一齐点火开工。夜半望去，犹如火城”。[243]

令人惊奇的是，中国和印度的手工业者极其心灵手巧，却未能制造出优良的工具，与我们熟知的欧洲的情况大相径庭。这种情形在印度比中国更为明显。一位于 1782 年横贯印度的旅行家写道：“我们觉得印度人的工艺比较简单，因为他们一般很少使用机器，我们需要用上百件工具所干的活，他们全用手工或只用两三件工具做成。”[244]同样，欧洲人见了中国铁匠只会感到惊讶，中国铁匠“不论去何处工作，总随身带着工具和炉子。他把炉子设在雇他干活的人的家门口，用碎泥砌一小墙，墙前安放炉床，墙后则是由学徒操作的一对皮风箱，交替紧压便能鼓风；一块石头充当铁砧，铁匠的全部工具是一把钳子，大小锤各一个，外加一把锉刀”。中国的织工也会使欧洲人惊奇，不过这里讲的织工大概是乡村的，因为中国也有漂亮的织机：“他清早起来在大门口的树下搭起织机，到太阳下山时再拆掉。织机的结构十分简单，只是用插在地里的四块木片架起两根滚筒。贯穿经线的滚筒分别用绳子固定其两端，其中一根滚筒系在树上，另一根则系在工人脚下，以便他撑开经线，穿引纬线。”[245]这些原始的平面织机，黑非洲至今还用于编织帐篷毛毯。

为什么有这种只会让人更加费劲的不完善的工具呢？难道是

因为印度和中国的人太多、太穷和太贱吗？工具和劳动力之间有 265
着连带关系。从机器诞生那天起，工人就意识到这一点；早在19世纪初工人捣毁机器的自发运动前，当局和知识界也已经意识到这一点。当吉·巴丹获得有人发明一种神奇的机械锯时，他对发明者说，如果想活命，就别让工人知道有这发明。[246]孟德斯鸠悲叹不该去建造磨坊：在他看来，所有机器都是促使减少用工的"坏招"。[247]马克·布洛赫[248]指出，《百科全书》中的一段话正是从反面表达同一种见解："凡在劳动力昂贵的地方，必须用机器代替劳动力；唯有采用这个方法，才能做到与劳动力便宜的地方并驾齐驱。英国人很久以来就把这个道理教给欧洲。"归根到底，这种见解并不出人意外。不能满足我们的好奇但更使我们感到惊讶的事，是一个世纪前热那亚驻伦敦领事在1675年8月的两封信中简短叙述的一则信息：一万丝织工人在首都起义，反对引进使一人能同时织10至12条花边的法国花边编织机；新织机被付之一炬，如果没有士兵和市民保安队的干涉，事情会闹得更糟。[249]

农业与前工业并不绝对分割

于贝尔·布尔让的分类法把重点放在技术方面；因此，这个方法比较简单，但又不尽完善。我们应该把它的内容进一步充实，使之变得更加复杂。

首先必须指出：前工业虽然有自己的特点，但它不是一个界限分明的领域。在18世纪前，它同无所不在的农业活动很难分清楚，它有时与后者并存，有时被淹没。甚至还存在一种为家庭或为本村服务的最起码的农民工业，其产品严格说来只具有使用价值。

我童年时代曾亲眼见过默兹省的一个村庄里人们怎样为车轮加铁箍。铁箍被火烧得通红，待其扩展后即套在木轮上，木轮立即烧着；人们把它们扔进水里，冷却的铁箍便紧紧压住木轮。这项操作当时动员了全村。在每个村庄，甚至在富裕的村庄，[250]尤其在贫穷的村庄，农民过去都制造无数供自己使用的产品：床被单，粗布衬衣，家具，植物纤维编的马具，椴木皮搓的绳子，藤柳枝条编的篮筐，工具把和犁柄。在东欧的不发达地区，如乌克兰或立陶宛，这种自给自足比西欧更加突出。[251]西欧的乡村工业除生产家庭自用的产品外，还生产供应市场的产品。

这种手工业并不陌生。在欧洲的集镇、村庄和农庄中，一到冬天，大量“工业”活动便代替农业活动。即使穷乡僻壤也是如此：例如，诺曼底地区 30 来个“交通十分不便”的村庄和圣通日地区的一些村庄分别于 1723 和 1727 年把一些不合行会规定的产品送往市场。[252]是否应该予以禁止？工厂督察认为最好还是前往当地，对
266 住在偏僻农村因而不知有关规定的人进行解释。在 1780 年的奥斯纳布吕克四周的农村，所谓麻纺工业，那就是农民加上妻子、儿女和雇工。这项副业的效益如何，那并不重要，问题是在冬季，“不论他工作与否，总得养活雇工。”[253]于是，最好让他干活。朱泽培·帕隆巴说得对，寒暑更替，季节变换，决定着各项活动。在 16 世纪，每年 8 月，即使煤矿矿工也离开坑道，参加秋收。[254]任何职业几乎都不例外。1601 年 6 月 1 日从佛罗伦萨发出的一封商业信件说：“羊毛销售进入淡季，不过这并不奇怪：目前开工不足，工人短缺；所有的人都已下乡。”[255]在任何工业城市中，无论在洛代沃，在博韦或在安特卫普，每逢夏季来临，农活便压倒一切。随着冬季到来，手工业

活动又重新抬头，甚至不怕引起火灾，点着蜡烛赶夜工。

当然还有一些不同的，甚至相反的例子值得指出。人们正试图使工业活动不被农活所打断。在1723年的鲁昂，“工人过去下乡参加收割，如今不再离开织机，因为他们继续生产呢绒和其他织物，能得到更多的利润”。结果是，“由于没有工人参加拔麦”，麦子差一点在地里发芽。高等法院打算禁止工厂“在小麦和其他谷物收割季节”开工！[256]是打断好，还是不打断好？我们不要忘记沃邦所作的计算，他把手工工人每年的工作日算作120天；众多的假日和季节性农活反而占去大半年。

农业和前工业因此难以分开，很晚才分开。古达尔[257]谈到工业和农业的地理分界，这种说法无疑是错误的。我也不同意罗杰·迪永[258]的主张，他从拉瓦尔到鲁昂、康布雷和富尔米划一条线，把法国一分为二，北部是传统的手工业地区，南部为葡萄种植地区。据德·巴维尔财务总管称，[259]种植葡萄的朗格多克在1680年前后约有45万纺织工人。奥尔良财政区也是葡萄种植区，据1698年的统计，那里有葡萄园主21840人和“分布各村镇的工匠12171人”。不过应该承认，在一般比较富有的葡萄农家庭里，不会有许多人愿意从事家庭手工业。在盛产葡萄酒的阿图瓦地区，纺织工业因劳动力不足而未能建立。[260]在19世纪的莱登，毛纺织工业蓬勃发展，但过分富裕的附近农村不能给它任何帮助。到了18世纪，当莱登必须得到帮助时，它只能向远离该市的贫困乡村地区求援。十分奇怪的是，这些贫困地区后来竟变成荷兰现代化的纺织中心。[261]

17 世纪威尼斯的印染工人

工业救世主

工业的发展确实要有许多因素的敦促。奥当西欧·兰第在其《悖论篇》(1543 年)[262]中声称,早在 13 世纪,丝城卢卡“由于土地
267 〔指属于该城附近的乡村〕不足……专事发展工业,以致被称作蚂蚁共和国”。英格兰的诺福克郡于 16 世纪建立了彩色织袜工业。事情出人意外,但并非偶然。诺福克郡沿海有许多小渔港,港口堆满渔网。渔民或远航冰岛,或在北海追捕鲱鱼、鲭鱼和西鲱鱼。腌货行雇用大批妇女劳动力腌制咸鱼,过了捕鱼季节他们便无事可

做。正是这些半失业的劳动力引起了有创业精神的商人的注意，他们因此兴办了新工业。[263]

贫困往往是前工业的向导。有人认为，正是柯尔贝尔说服了倔强和不守纪律的法国人努力工作，其实，当时的经济萧条和税收的加重足以迫使法国投入工业活动。尽管工业往往收益不大，它毕竟是一个“二等救世主”，是一条摆脱困境的出路。萨瓦里·台 268
布吕斯龙（1760 年）用格言的口吻声称：“工业奇迹〔请注意，他毫不犹豫地用了这个词〕总是诞生于困境。”“困境”这个词值得我们记住。在俄罗斯，自由农民的份地是坏地，他们为了活命有时不得不购买小麦，但手工业也往往首先在他们中间发展起来。[264]同样，从 15 世纪起，康斯坦茨湖附近、施瓦本汝拉地区或西里西亚的山民从事纺麻，也是为了弥补土地的贫瘠。[265]苏格兰高地的英国农民由于收成微薄，不足以维持生计，便充当矿工或织工，借以摆脱困境。[266]英格兰北部和西部的农民把带着油脂的家织呢绒送往集市，相当一部分产品由伦敦商人收购，经加工后，再在呢绒商场出售。[267]

手工业者的流动性

与土地联系较少的手工业者往往留在城里，并且很少固定在一个地点。农村劳动力（特别在贫困地区）也会流动，但相比之下，手工业者的流动性超过农村劳动力，他们在全体居民中最具流动性。其原因在于前工业生产的本质，这种生产不是急剧上升，便是直线下降。本书第 303 页的图表可给人一个初步的概念。繁荣只维持一段时间；接着，一切都变了样子。手工业者的迁移逐渐创造了英国的前工业，这个事例是极好的证明。手工业者历来报酬低，为了吃饱肚皮，不得不忍受市场的屈辱，对工资的变动和需求的减少十分敏感。由于万事都不如意，他们如转蓬浮萍，“一有风吹草动，便易地而居”。[268] 1715 年马赛有人写道，如果手工工场破产，就有“工人迁往外国”。[269]“平民之友”米拉波解释说，工业之所以脆弱，是因为“工业全靠工人灵巧的手，而工人却随时准备流向物质充裕的地区”，工人“没有生活保障”。[270]“我们能不能担保手工业者也像我们的土地一样固定不动?”杜邦·德·纳穆尔回答说，当然不能；[271]福尔邦奈进一步说：“工匠总要流动。这是毋庸置疑的事。”[272]

他们的流动既来自帮工制的传统，也由于生活所迫；每当生活条件恶劣到不可忍受时，他们只能迁移。兰斯的一名资产者（他不喜欢工匠）在他的日记（1658 年）中说：“不妨说他们的生活朝不保夕”。五年以后，由于时世艰难，他指出：“平民出卖劳动力，但价格很低，因而只有会想办法的人才能维持生计”；其他人或被济贫所收容，或沿街行乞。到了下一年，1664 年，工人们放弃自己的行业，“改当小工或返回本村”。[273]伦敦的情况似乎好不了多少。据
269 一家法国刊物[274] 1730 年 1 月 2 日的报道，那里的面包降低 2 苏（约 9%），“工人现在能依靠工资生活。”在 1773 年左右，据工厂视察员报告，朗格多克的许多织工“由于没有面包，又无力购买”（当时正失业），不得不“出外谋生”。[275]

每当出现突然事故，外流现象更加严重。例如：南特敕令撤销后法国的人口外流（1685 年）；在 1749 年以及 1785 至 1786 年，由于不再运来玉米，新西班牙北方矿区出现饥荒，人流涌向南方和墨

西哥城，这一“腐败堕落的渊薮，流氓无赖的巢穴，正人君子的地狱，善良人士的炼狱”。当时的一位好心人于1786年建议围住城市的入口，防止这伙乌合之众进入城内。[276]

在另一方面，任何工业凡要发展，都能在其他城市，甚至在远方的和外国的城市，招募它所需要的专业工人。任何人都不会不这么做。早在14世纪，佛兰德各城市曾试图抵制英国国王吸引佛兰德织工的引诱政策。英国国王向他们许诺有“好啤酒、好牛肉、好床铺和好女伴，英国姑娘素以貌美著称”。[277]在16和17世纪，劳动力的流动往往会全部打乱国际劳动分工。因此有时采用残暴的政策，阻止工人外流，在边界和途中把他们拦住，强制遣送回乡，或者与外国城市进行谈判，要求把他们送回本国。

在1757年的法国，这种政策已经行不通了。巴黎发出命令，要求里昂、多菲内、鲁西永和布尔博内的骑警队停止追查外流工人，以免徒耗国家钱财。[278]时代确实已经改变。在18世纪，工业活动逐渐普及。联系日益增多。手工工场和乡村工业遍布各地。不论大小城市和集镇村庄(尤其是集镇)，都有织机、铁匠炉、砖瓦窑和锯木场。同重商主义这个名词字面上的含义相反，各国实际上推行工业化的政策，工业自行发展起来，并已暴露其给社会带来的危害。大规模的工人集中开始形成：纽卡斯尔的煤矿达3万人；[279]我们已经说过，1680年朗格多克的织工为45万人；据前往埃诺、佛兰德、阿图瓦、康布雷齐和皮卡第执行特别任务的人民代表倍尔说，上述五省于1795年共有纺织工人150万人。也就是说，工业和商业的规模十分庞大。[280]

随着18世纪的经济高涨，工业活动日趋普及。在16世纪那时，工业活动主要局限在尼德兰和意大利，如今已发展到乌拉尔为止的整个欧洲。由此产生了许多新的起步，迅猛的冲刺和宏大的计划，以及种种有真有假的发明。阴谋和舞弊也跟着沉渣泛起。

270 从乡村到城市，再从城市到乡村

从整体来看，手工业者的流动不是偶然的：涟漪底下隐藏着巨浪。例如，在17世纪，丝织工业几乎一下子从意大利南部地区转到意大利北部，重大工业活动（以及相应的贸易）于16世纪末离开地中海沿岸，转而向法国、荷兰、英国和德国发展，每次都有一种产生重大后果的倾斜运动在起作用。

但也有一些其他变动相当有规律。J.A.旺伍特的研究成果[281]提请人们注意从中世纪到18世纪乃至19世纪中叶这10到12个世纪期间尼德兰工业在城市、集镇和乡村之间的往返迁移。最初，尼德兰的工业分散在乡村各地，在人们的印象里，这种工业是自发的，很有特色，根深蒂固。到了13和14世纪，新兴工业普遍迁往城市。在1350至1450年漫长的经济萧条时期后，这种城市工业经历了一次大倒退：各种手工业重返农村，因为城市劳动在行会的限制下不但困难重重，而且成本过高。到16世纪，局部地出现了城市工业的复兴，农村接着在17世纪进行反扑，到18世纪又再次开始丧失阵地。

上面概括的几次重要转折说明，在整个欧洲，也许在全世界，工业有城市和乡村两个活动领域，因而以往的经济为兴办实业的

商人和国家提供一种交替机制，即某种程度的灵活性和机遇。旺伍特指出，根据王公只对城市征税或也对乡村征税，不同的税收制度决定着乡村工业的兴衰；这个见解是否正确呢？需要进行具体研究，才能把问题弄清楚。但有一个事实不存在争议：价格和工资都起一定的作用。

在 16 世纪末和 17 世纪初，意大利城市工业开始衰落，工业逐渐迁往二等城市、小城市、集镇和村镇，这一过程与上述过程难道不十分相似吗？意大利 1590 至 1630 年间的工业衰退，原因在于北方廉价工业品的竞争。多米尼哥·赛拉[282]指出，在工资高得惊人的威尼斯，大致有三个办法可供采纳：工厂迁往农村；专门制造高档产品；依靠水力机，以弥补劳动力的不足。由于形势紧迫，三个方案全都采用了。可惜，第一个方案，即恢复乡村手工业，未能完全成功：威尼西亚乡村没有剩余劳动力；那里于 17 世纪开始种植桑树、玉米等新作物，农业收入很高。威尼西亚向巴尔干和荷兰出口大米的数量不断增加。自 1600 至 1800 年，生丝和丝线出口翻了四番。[283]由于劳动力不足，第二和第三个方案，即生产高档产品和使用机器，取得一定的进展。卡洛·波尼不久前就使用机器的问题发表了精辟的见解。[284]我们再次看到，17 世纪的意大利并不像一般历史学家所说的那样暮气沉沉。 271

西班牙工业在 16 世纪中叶依旧繁荣，但到 16 世纪末便一蹶不振，难道是掉进同一个陷阱里去了吗？在 1558 年，工业开始从城市向乡村转移，而农民却未能为它提供落脚点。这个事实从反面说明英国手工业的强大，它在农村的地位十分巩固，并且通过羊毛很早与呢绒大工业取得联系。

17 世纪哈勒姆农村棉布漂白工业。在使用氯漂白前，布匹都经过以下工序：浸泡（用乳清）、洗濯（用黑肥皂）和在草地上晾晒。

有没有先导工业？

解释到这里，我们开始看见前工业复杂而模糊的轮廓。在当今世界的启示下，人们势必会提出一个很难回答的问题：在旧制度下有没有先导工业？这个问题可能现在回答还为时过早。在今天，也许在昨天，先导工业是吸引资本、利润和劳动力的工业部门，它们的发展（原则上）能在邻近部门引起连锁反应——仅仅能够而已。旧经济缺乏内部协调，甚至往往支离破碎，如同在今天的不发
272 达国家一样，因而一个部门的发展不一定超越该部门的界限。初看起来，前工业世界没有也不可能有现代工业的那种起伏不平的地貌，没有先导部门和低谷行业。

进一步看，就其整体而言，这种前工业虽然在相对意义上十分重要，却不能使整个经济倒向它的一边。直到工业革命时为止，前

工业不但远远决定不了经济增长,反倒是经济增长的不稳定运动,即在经济发展过程中出现的故障和停顿,决定着前工业的犹豫不前和迂回曲折。这里涉及标准生产值的全部问题或几乎全部问题。如果能说明19世纪前真正的"主导"工业,我们对这个问题也可以作出更好的判断;在19世纪前,正如人们反复指出的,主导工业首先是范围广阔和门类繁多的纺织业。

今天的人对纺织工业一枝独秀的情形可能会感到惊奇。但昨天的社会十分看重衣料、穿着和豪华的服装。房屋内部要用布料、窗帘、帷幔、花毯以及装满呢绒细布的衣柜来装饰。虚荣心在这里暴露无遗,时髦居支配地位。尼古拉·巴蓬为此感到高兴(1690年),他写道:"讲究时髦和花式翻新是推动贸易的重要因素,因为它促使人们不等旧衣服穿破就花钱买新衣服:时装是商业的灵魂和生命;它使整个商业机构转动不息;这是一种发明,使人的穿着四季如春,永远见不到秋季。"[285] 纺织品本身包含着大量劳动,同它的价值相比,它的重量较轻,这为商人提供了运输之便,因此应该高呼:纺织品万岁!

我们是否赞同由乔治·马赛(1930年)提出的并被威廉·拉普(1975年)[286]采纳的见解,认为过去的纺织品工业大体上相当于今天的钢铁工业?不同的是,当时作为工业品出现的纺织品绝大多数还是奢侈品。即使质量中等的产品也价格昂贵,农民宁肯自己制造,购买时也总要精打细算,不会如尼古拉·巴蓬所说的花样翻新。只是随着英国工业的兴起,特别是18世纪末棉布业的发达,普通百姓才终于下决心购买纺织品。真正的先导工业必定以广大的需求为前提。让我们认真读一读有关纺织品的历史。纺织品发展史上出现的几次高潮不仅仅反映时尚的变更，而且也反映生产在交换之上的历次滑动和调整，从种种情形看来，似乎一些竞争者不断在争夺纺织品的霸权。

13 世纪的呢绒产地为尼德兰和意大利；[287]到了下一个世纪，则以意大利为主。吉诺·巴比里不久前在一次讨论会上强调："所谓意大利复兴，说穿了是羊毛的复兴！"随后，蚕丝几乎独领风骚，使意大利的工业繁荣一直维持到 16 世纪。丝绸工业不久开始朝北向瑞士（苏黎世）、德国（科隆）、南特敕令撤销后的荷兰和英国发展，尤其在里昂，至今仍是一个重要丝织中心。但到 17 世纪，又出
273 现了新的变化；根据法国服饰商人的说法，[288]英国制造的细毛料成功地打进市场，取代丝绸，新风尚竟一直传到埃及。[289]最后登台的竞争者和胜利者是棉花。棉花在欧洲早已存在。[290]但在印花布（欧洲原来没有这种印染技术）的推动下，人们对棉织品产生了强烈的偏爱，[291]以至棉织品一跃而居首位。[292]印度棉织品大批涌入欧洲市场，各种障碍全被冲垮。欧洲不得不模仿印度，开始建立自己的棉织业和印染业。法国从 1759 年起，制造印花布的道路已完全畅通。[293]运抵马赛的原料 1788 年达 115 000 公担，等于 1700 年的十倍。[294]

确实，在 18 世纪下半叶，经济的普遍活跃导致了纺织业各部门产量激增。技术革新的浪潮当时席卷各手工工场。几乎每天都有新的工艺、新的品种问世。请看纺织工厂众多的法国：在图卢兹、尼姆、卡斯特尔及朗格多克的其他地方，"制造花边、粗布、细布和粗呢"；[295]在香巴尼，西班牙粗呢遭到查禁，因为它的长度和宽度不合沙隆地区所定的规格；[296]勒芒出产以白色经线和褐色纬线

织成的新式毛料；[297]至于“纱罗”，则是一种很轻的丝织品，印制时利用一种媒染剂掺入“棉线和淀粉细屑”(一个严重的问题：究竟应作为棉织品或作为丝织品纳税？因为该织品中丝的比重仅为六分之一)；[298]卡昂生产的棉麻混纺“石榴花布”在荷兰销路很好，[299]此外还有亚眠生产的“罗马哔叽”[300]和诺曼底的教士法衣[301]等。所有这些名称毕竟不是没有意义的。里昂丝织业的众多发明或英国接连出现的新机器也同样如此。人们可以理解，技术史的最优秀的专家之一约翰·贝克曼[302]在读到达兰贝尔以下一段话时感到高兴：“无论在什么领域里，有人想出了比织天鹅绒更精巧的办法吗？”

虽说如此，在我们看来，纺织业在前工业活动中所占的领先地位总有一点不合道理。这是“源自遥远的中世纪”的一项实业“倒退的”优势。[303]然而证据俱在。从纺织业的规模和运动来看，这个部门能与现代化的采煤工业媲美，甚至与法国炼铁业不相上下，1772 年和 1788 年两次调查的结果表明，法国炼铁业在此期间有所后退。[304]最后，不论是第一原动力与否，棉花对英国实现产业革命曾经起了十分重要的作用，关于这个关键的论据，我们就不必多说了。

商人和行会

我们已把工业活动放回到不同的背景中去。现在需要确定资本主义在工业活动中所占的地位，这可不是一件简单的事。当时的资本家主要是城市商人。但这些商人，无论经营大宗贸易或开 274
办企业，从一开始便加入城市为组织整个手工业活动而创立的行

18 世纪威尼斯船厂木工行会的会徽。监工便是一个工匠组织的头头。威尼斯历史博物馆藏品。

会。商人和手工业者陷进同一个网罟，永远不能完全摆脱。于是便产生种种矛盾和冲突。

行会（法语作 corps de métiers, corportions 一词系使用不当，该词只是在 1791 年宣布废除行会的勒霞不列法中方才出现）于 12 至 15 世纪在整个欧洲发展，不同地区有早有晚，西班牙排在末尾（传统认定的日期：巴塞罗那在 1301 年；巴伦西亚在 1332 年；托莱多在 1426 年）。但行会（德国的 Zünfte，意大利的 arti，英国的 guilds，西班牙的 gremios）在任何地方都未能无限制地推广。一些城市受行会控制，另一些城市不受约束。在同一座城市内，例如在巴黎或在伦敦，可能两种情况并存。在 15 世纪的西欧，行会的鼎盛时代业已过去。但残余势力仍很顽强，特别在德国：德国博物馆今天还堆满行会师傅们的遗物。17 世纪法国行会的发展主要反映了国王力图统一法规、加强控制和征收捐税的意愿。各行会为缴纳捐税，莫不负债。[305] 275

行会在其鼎盛时代曾承担交换、劳动和生产等方面的一大部分职责。随着经济生活和市场的发展，当劳动分工要求成立和划分新的行业时，显然便出现了界限不清的纠纷。尽管如此，为跟上发展趋势，行业的数量还在增加。在 1260 年的巴黎，共有 101 个行业受市长的密切监督，这一百来个行业表明，专业化当时已达到一定的程度。新的蜂房接着陆续建立。在实行严格的贵族统治的纽伦堡，金属行业从 13 世纪起被分成几十个独立的行业。[306] 在根特、斯特拉斯堡、美因河畔法兰克福和佛罗伦萨等地，羊毛加工业也与别处一样分化成几个行业。由于新行业的形成和发展，便出现了 13 世纪的经济高涨。但经济高涨又迅速威胁各行会的结构，因为商业发展使它们的处境岌岌可危。这种剧烈的对抗势必激成争夺城市权力的内战。这就是德国历史学家所说的行会反对城市贵族的“行会革命”。在这个过分简单的公式背后，谁还会辨认不出商人和工匠之间存在的又联合又对抗的斗争呢？这是又一场长期的和反复的阶级斗争。但是，剧烈的骚动为时不久，在随后的暗斗中，商人终究将取得胜利。商人和行会之间的合作不可能是平等的，因为通过合作，即便不说是资本主义，也是商人将夺得劳动市场和经济优势。

行会的职责是要协调本行业成员间的关系，并在琐碎的涉及日常生活的争执中，保护本行业成员的利益免受其他人的侵犯。行会首先牢牢盯住城市集市，每个行业都想保全自己的利益。也就是说,要保障就业和利润,以及享受种种特权和自由。但是,金钱、货币经济、远程贸易,一句话,商业活动,从来就不是简单的事。早在12世纪末,普罗万(曾在市郊举办香巴尼交易会的小城市之一)的呢绒向那不勒斯、西西里、塞浦路斯、马利奥尔卡和西班牙出口,甚至远销君士坦丁堡。[307]在同一个时期,离莱茵河不远的一个小城市斯派尔——该市在河上竟没有一座桥——制造一种相当普通的呢料,分黑色、灰色或白色(即本色)三种。但是这种中等产品在吕贝克、圣加伦、苏黎世、维也纳等地行销,甚至远达特兰西瓦尼亚。[308]与此同时,金钱占领了城市。1292年巴黎人头税册表明,纳税额(税率为五十抽一)在4里佛以上的小康之家为数不多,在20里佛以上的富豪只少数几家,最高记录为114里佛,据说此人是"伦巴第人"。穷富行业之间和同一行业内部的对立表现得更加明显,还有穷困的街道与特别富裕的街道之间的对立。一帮高利贷者兼商人,米兰、威尼斯、热那亚和佛罗伦萨的商人,高踞在各行会之上。由于种种情况尚不清楚,我们很难断定,在店铺兼作坊的混合商业制度(靴鞋铺、杂货铺、衣饰铺、呢绒铺、挂毯铺、马具
276 皮件铺)之上,是否已存在一种微型资本主义,但看来有这种可能。[309]

总之,货币已经存在,已经能够积累,而且一旦有所积累,就能起资本的作用。力量对比开始失去平衡:某些行会变得富起来,其他大多数仍陷于贫困。在佛罗伦萨,行会竟公开地分成大行会和小行会,也就是"胖子"和"瘦子"。不平衡和差异到处都在加剧。大行会逐渐被大商人所掌握,行会制度于是仅仅成了控制劳动市场的一个手段。它掩盖着一种组织形式,即历史学家所说的"包买

商制度”。一个新纪元开始了。

包买商制度

包买商制度（Verlagssystem）或包买商活动（Verlagswesen）开始在整个欧洲出现，这两个词是由德国历史学界所创造的，后来不胫而走，为所有历史学家所接受。英语中用“外包工制”（putting out system）的说法，法语中称“家庭劳动”（travail à domicile）或“来料加工”（travail à façon）。最好的说法也许是米卡埃尔·科尔最近建议使用的“两合劳动”（travail en commandite）一词，但是commandite一词还有两合公司（société en commandite）的含义，容易产生误解。

包买商制度是一种生产组织形式，根据这种形式，商人在分发活计时，向工人提供原料，并预付部分工资，其余部分在交付成品时结清。这种制度很早出现，比人们通常所说的要早得多，肯定于13世纪经济扩张时已经存在。否则，怎么解释巴黎市长于1275年6月的一项决定，[310]“纺丝工不得抵押、出售或交换店主委托其加工的蚕丝，违者则处以流刑”？随着时间的推移，可作证明的文件也就更多；由于近代经济的发展，包买商制度逐渐得到推广，例子之多已不胜枚举。1400年1月13日，丝商保罗·巴尔巴尼和彼得罗·让梯利在卢卡合办一家商行。合作契约明确规定，“他们的主要业务是安排绸缎生产”（il trafficho loro serà per la maggiore parte in fare lavorare draperie di seta）如果直译，“Fare lavorare”的意思是“让人工作”，这本是企业家的职司，有个常用的拉丁语说法qui faciunt laborare，也就是这个意思。同织工订立的契约往往请公证人登记入档，契约条款各有千秋，有时在事后会出现争议。1582年，一名热那亚雇主想让一名缫丝工人承认欠了他的债，并请一名证人作证；证人声称曾是阿戈斯蒂诺·科斯塔的帮工，曾在后者的店铺里见过这位雇主，因而了解事情经过；证人说，商人巴蒂斯塔·蒙托里奥，即雇主，"给他送来需要加工的丝，取走已加工的产品"。[312]话已经说得再也清楚不过的了，蒙托里奥是个包买商。同样，1740年在小城市勒皮，商人也让女工在家加工花边；他"论斤"供给荷兰纱线，再"取回相同重量的花边"。[313]同一时期，于泽斯的25名工厂主让市内和附近村庄中的60台织机为他
277 们织造哔叽。[314]塞哥维亚的历史学家迪戈·德·科尔姆纳莱斯在谈到菲力浦二世时代的呢绒工厂主时说："称他们商人并不恰当；他们像是大家族的家长，因为他们在工厂内外让别人为他们制造各种漂亮的呢绒，使许多人〔200至300人〕得以谋生"。[315]其他的例子还有索林根的刀剪商或伦敦的制帽商。[316]

在实行来料加工的情况下，行会师傅自己往往也成为雇佣劳动者。他依附于商人，商人向行会师傅提供往往需要从远方进口的原料，随后又确保呢绒绸缎等制成品的出口和销售。各行业的手工工场都可能被触及，行会制于是解体，从此只是徒具虚名。商人通过提供服务，得以支配他选中的行业活动，不论是钢铁加工、纺织或造船。

在15世纪的威尼斯，木工行会和捻缝工行会的师傅随带帮工（每位师傅带一二人）前来私营造船厂（市政会议开办的大造船厂除外），为合伙造船的商人工作。他们本质上也是普通的雇佣劳动者。[317]1600年前后，布雷西亚的市面很不景气。怎样才能恢复武

器制造业的活力呢？通过招引一些商人进城，使行会师傅和工匠有工作可做。[318]资本主义又一次进入别人家里。商人有时包揽整整一个行业，如波西米亚和西西里的布业，这就是所谓“行会商业系统”。[319]

所有这些演变在城市行会内得到某些默契配合。但在更多的情况下，却会遇到激烈的对抗。但包买商制度在农村有广阔的天地，商人也不放过这个好机会。商人不但是原料生产者和工匠之间的中间人，工匠和购买成品的顾客之间的中间人，以及近地和远地之间的中间人，而且是城市和乡村之间的中间人。为了与城市的不合作态度和高工资作斗争，商人必要时能广泛利用乡村工业。佛罗伦萨的呢绒业是城市和乡村的共同活动。在勒芒（18 世纪的居民为 14 000 人）四郊，同样也分散存在着许多精纺毛料工场。[320]维尔四郊的造纸工业也是如此。[321]

1775 年 6 月，在厄尔士山区，一位善于观察的旅行家从弗赖堡前往奥古斯图斯堡，在途中经过的许多村子里，他到处看到人们纺棉花和用麻线、金线和丝线编织黑色、白色或金黄色的花边。那时正值夏季，所有的妇女都在屋门口一棵椴树的树荫下工作；姑娘们在一名老掷弹兵四周围成一圈。人人都专心致意，包括那位老兵在内。这是为生活所迫。编织花边的妇女只是为了吃一块面包或者沾一点盐调味的煮土豆，才放下手里的活计。她在周末把成品或者送往邻近的市场（这是例外情况），或更经常地交给“花边老爷”（Spitzenherr），后者供给来自荷兰或法国的原料和图样，并事先订购其产品。到了这时候，她才买回食油，肉和大米，准备做周末美餐。[322]

278 家庭劳动于是在商人的主持、推动和组织下，导致了一系列家庭作坊和行会作坊的形成。一位历史学家说得好："分散只是一种表面现象；种种事实表明，家庭劳动已陷入一张无形的蛛网之中，而蛛丝则掌握在几个包买商手里。"[323]

虽说如此，所谓蛛网还远没有把一切都包括进来。还有广大的地区，生产仍脱离商人的直接控制。英国许多地区的羊毛加工业无疑处于这种状态；在朗格多克地区，贝达里约四郊的制钉工业可能也是如此；特鲁瓦的亚麻加工业在 18 世纪肯定还不受包买商的控制。而在许多其他地区，甚至到 19 世纪，情况还没有变化。这种自由生产有个前提条件：在附近的市场，容易取得原料，成品一般也在那里销售。在 16 世纪的西班牙，每逢冬末春初，呢绒织工带着自己的产品参加交易会；直到 18 世纪，英国的许多村民还把他们的织物直接送往市场。

1740 年前后，位于中央高原的特别贫穷的热伏唐地区还不存在包买商。在这个生活条件十分艰苦的地区，每年"有六个多月冰封雪锁"，大约 5000 农民只得耽在家里从事纺织。他们每织完一疋，"便立即送到最近的市场……因为市场上售货的人数同布匹数一样多；货款始终用现金付清"，这对穷苦的农民显然具有吸引力。他们的呢料虽然都用当地的优质羊毛织成，却"售价很低，除爱斯考特哔叽外，约在 10 至 11 苏之间，最高不超过 20 苏……顾客一般是热伏唐省的商人，他们分布于设有缩绒工场的七八个小城市。如马尔沃若勒、朗戈涅、拉卡努尔格、圣谢利、索格和芒德等"。货物在交易会和集市出售。"在两三小时内，货物出售一空，顾客来到店铺门口，铺主向他介绍货物，任凭顾客挑选"，交易做成后，顾客用尺子复核长度。每笔交易都上账，记下工人的姓名和所付的价款。[324]

就在同一个时期，一位名叫考尔松的企业主开始在风气未开的热伏唐省试行包买商制度和制造灯芯绒。他在致朗格多克三级会议的呈文[325]中讲述了他的努力和成功，并指出如果要他坚持下去，就必须给他帮助。考尔松是个包买商兼企业主，竭力要推广他特有的织机、染缸和织染工艺（特别是由他发明的一种用酒精火焰"烧灼"布上细毛的机器）。但他的根本任务是要建立一个高效率的家庭劳动网，特别要推动纺纱女工纺出"又细又匀的纱线"。这一切都要付出很高的代价，尤其因为"在热伏唐，一切都用现金交易，纺纱和织布都要预支一半定金，当地居民的贫困使他们在短期内不能改变这一习俗"。关于报酬问题，呈文中只字未提；但我们就是不知道也可以起誓保证，肯定很低。否则，他又何必到一个落后地区去作这些努力！

包买商制度在德国 279

包买商制度虽然由德国历史学家在谈到他们本国情形时首先予以披露、命名、查考和解释，但它并不在德国诞生，然后再传到国外。如果一定要找到包买商制度的故乡，最可能的不是尼德兰（根特、伊普尔），便是意大利的工业地区（佛罗伦萨、米兰）。这个制度 280
迅速遍布西欧各国，在德意志地区更广为繁衍，从历史研究的现状来看，该地区是观察包买商制度的最佳场所。赫尔曼·凯伦本兹在一篇尚未公开发表的论文里对此作了全面、详尽和有说服力的介绍，我在这里仅概述此文。包买商制度是旨在控制，而不是改造

织工的休息，旺·奥斯塔德(1610—1685)作画。典型的家庭劳动，织机安放在堂屋里。

手工业生产的商业资本主义不可否认的首要特征之一。包买商最关心的乃是销售。因此，只要商人有利可图，包买商制度就能触及任何生产活动。各项条件都推动包买商制度的发展：技术的全面进步，交通的加速，资本业已积累并掌握在善于理财的金融家的手里，最后是从1470年开始的德国采矿业的高涨。

德国经济的活跃具有众多的标志，如价格上涨早于其他地区，经济中心从一个城市向另一个城市的转移。在15世纪初，经济中心是多瑙河上的雷根斯堡；纽伦堡接着异军突起；然后是奥格斯堡及其商人金融家在16世纪取而代之。各种迹象表明，似乎德意志不断在带动欧洲邻国，不断在适应欧洲邻国命运的同时，适应自身的命运。包买商制度在德国利用了这些有利条件。如果把包买商建立的所有联系画在一张地图上，德意志全部地域便被许多横七竖八的细线所覆盖。各项活动陆续通过包买商网发展起来。吕贝克早在14世纪建立了呢绒手工工场；集中在维斯马的啤酒作坊里的“男女仆役”已以雇佣劳动者面目而出现；罗斯托克的面粉工场和麦芽制造业的产品也归包买商收购。但是就15世纪而言，从尼德兰（其集中程度比德意志高得多）到瑞士（巴塞尔和圣加伦的棉布）广大的纺织业是包买商制度最好的活动领域。制造棉麻混纺的粗斜纹布需要通过威尼斯进口叙利亚的棉花，因而在这个部门，商人既然掌握来自远方的原料，势必起着举足轻重的作用，无论在乌尔姆或在奥格斯堡都是如此，家庭劳动将推动奥格斯堡单面绒布制造业的发展。[326]包买商制度此外在制桶业、造纸业（纽伦堡的第一个水力造纸工场于1304年出现）、印刷业乃至念珠制造等方面都有一定的发展。

采矿业和工业资本主义

随着采矿业在德国以及在广义上的中欧（即包括波兰、匈牙利和斯堪的纳维亚各国在内）的兴起，资本主义的发展已跨出了决定性的一步。商人掌握了矿山生产，并着手加以改进。采矿业的革新发生在15世纪末。这个关键时期其实并没有发明采矿业和矿工，但它改变了经营条件和劳动条件。

采矿业是个历史悠久的行业。中欧地区早在12世纪已发现
281 有采矿团体的存在;在13和14世纪,随着许多德国矿工迁往东欧地区,采矿组织的规则得到了普及。对这些小集体来说,只要能在土地表层达到矿藏,一切就很顺利。但一旦需要深入地下,开采便遇到一些困难问题,挖掘坑道和支撑木架,从井下到地面的提升工具,时刻不停抽走积水;为了解决这些问题,技术困难(工人往往自动会想出新办法)不如经费困难那么大。采矿活动需要安装和更新相当多的设备。15世纪末的这个转变为富商打开大门。他们利用资本的力量,从远处控制矿井及其附属的工业企业。

这一演变在各地几乎都于15世纪同时完成:哈茨和波西米亚的银矿;历史悠久的铜矿中心蒂罗尔地区的阿尔卑斯山;下匈牙利从坎尼斯堡到诺伊索尔,沿着陡峭的格拉纳河谷的金矿和银矿。[328]因此,原来独立经营的自由矿工都变成依附资本的雇佣工人。工人(Arbeiter)一词也正是在这个时期方才出现。

资本的投入导致了生产的飞速进步,这种情况并不仅仅在德国发生。在克拉科夫附近的维利契卡,农民用铁制浅口器皿蒸发盐卤提取岩盐的方法已经过时。挖掘的坑道和盐井深达300米。用马力铰车推动的庞大机器把大块岩盐提升到地面。鼎盛时期(16世纪)的年产量达40000吨;矿上雇佣3000工人。从1368年起,开矿已得到波兰国家的合作。[329]离克拉科夫不远,但在上西里西亚境内,奥尔库什四周的铅矿在15世纪末年产约300至500吨之间,到16和17世纪则达1000至3000吨。在这里,困难不是矿井过深(井深仅50至80米),而是地下水太多。必须挖很长的用木架支撑的坡状坑道,使水流往低处,同时还必须增添马拉唧筒和

人力。由于岩石坚硬，一名工人8小时工作仅掘进5厘米。所有这些困难需要增加投资才能解决。矿井自动落到资本家的手里：五分之一的矿井归波兰国王西吉兹蒙特·奥古斯都；另一个五分之一归贵族、国王军官和附近新城市的富裕居民；剩下的五分之三归克拉科夫的商人；这些商人控制波兰的铅，如同远在奥格斯堡的商人占有波西米亚、斯洛伐克、匈牙利或蒂罗尔的金矿、银矿和铜矿一样。[330]

对于如此重大的收入来源，商人们巴不得实行垄断。但他们力有未逮：即使富格尔家族也功败垂成，未能建立对铜的垄断；赫希斯泰特尔家族力图实行对汞的垄断，终于在1529年破产。由于需要投资的金额很大，任何商人一般不能独立承担一个矿。富格尔家族确实曾长年主持西班牙阿尔马登汞矿的全部经营，这种情形究属例外。在通常情况下，正如一艘船的所有权分为若干“开”，282
一个矿的所有权分为若干“股”，往往是64股或128股。这种股份制能够通过赠送干股让王公成为企业的股东，王公对地下矿藏保留实际权利。萨克森的奥古斯特一世于1580年拥有2822股。[331]国家因此始终在采矿企业中占一席之地。

矿业史上这个辉煌的时期，或者说平稳发展的时期，并没有持续很久。效益递减律将不可避免地起作用：采矿业在经历了繁荣以后，接着便逐渐衰落。1525至1526年间下匈牙利旷日持久的工人罢工无疑是衰落的先兆。十年过后，种种迹象表明采矿业更江河日下。有人把原因归诸美洲矿业的竞争；另有人则认为，经济萎缩一度打断了16世纪的发展势头。无论如何，在15世纪末跃跃欲试的商业资本主义很快变得谨慎起来，并且放弃那些不赚钱的行业。投资的增减是任何资本主义活动的典型特征：经济环境决定着资本主义活动的前进和后退。一些著名的矿产被交给了国家：赔本买卖归国家，这早有先例。富格尔家族留在蒂罗尔地区的施瓦茨，是因为他们在那里同时开采铜矿和银矿，还能得到丰厚的利润。富格尔家族在匈牙利的铜矿先后交给奥格斯堡的其他商行经营：朗格努埃商行，豪格商行，林克商行，魏斯商行，帕累商行，斯坦尼格商行，最后还有亨克尔·冯·多纳斯马克商行和雷林格商行。铜矿后来又出让给意大利人。这一系列更替使人想到必定有过失败和挫折，或至少利润微薄，因而矿主宁可放弃。

然而，商人虽然把大部分矿产交给王公，却依旧扮演矿产品和金属产品销售者这个风险较小的角色。人们于是不再用雅科布·施特列台的内行的眼光去认识矿业史以及资本主义的历史。[332]如果以上提出的初步解释是正确的——这个解释应该是正确的——经营采矿业的资本家只是撤出了原料生产者这个危险的或不可靠的岗位；他们退一步从事半成品制造和金属冶炼，或者仅仅负责推销。他们与开矿保持一定的距离。

这些前进和后退也许需要大批具体例子作证明。但对我们来说，根本问题不在这里。随着采矿工业的发展壮大，我们不是看到了真正的无产阶级——工人——的出现吗？这些工人是单纯的劳动力，“赤裸裸的劳动”，或按资本主义的传统定义来讲，是确保资本主义存在的第二要素。矿业的发展造成了劳动力的大规模集中（就当时而言）。在1550年前后，施瓦茨和法尔肯施泰因（蒂罗尔地区）的矿山有职业工人12000人，用于在井下坑道抽水的工人即达500至600人。这批工人不全是雇工，还有一些例外：如负责

283

15 世纪库特纳霍拉(波西米亚)的银矿砂市场。矿砂在代表国王的矿山负责人监督下出售。矿砂陈列在桌子上,顾客围桌而坐。库登贝格·格拉杜瓦尔作画,细部。

运输的小业主,还有独立的矿工小组。但所有人或几乎所有人都依赖大雇主推行的食品供应制，这种供应制对工人是一种额外的剥削，因为供应的小麦、面粉、油脂、衣服和其他便宜货的价格都对卖方有利。矿工性格暴躁、动辄辞职不干，这种交易在他们中间经
284 常引起争执。总之，劳动的世界正在形成。在17世纪，洪斯吕克山炼铁厂四周开始出现工人住宅。炼铁厂通常是资本主义企业，但铁矿仍实行自由开采。最后，各地普遍建立了劳动等级制，最高一级是工长，代表商人；在他的手下有工头。人们怎能看不到这些新生的事物在许多方面预示着未来的时代。

新大陆的矿山

从16世纪中叶开始，资本主义在采矿方面有所后退，这种缓和的而又明显的后退是个不可轻视的事实。因为欧洲正在发展经济，它的后退行动似乎是为了把采矿和冶金工业这个包袱卸给附属它的边缘地区。在欧洲本土，不仅效益递减律限制利润，而且“喷火的工厂”破坏森林资源，木柴和木炭价格飞涨，高炉不得不经常停工，徒劳无益地占用固定资本。另一方面，工资在上涨，因而从整体来看，欧洲经济需要同瑞典换铁和铜，同挪威换铜，不久同遥远的俄国换铁，从美洲取得金银，向暹罗买锌（英国康沃尔郡不计在内），从中国取得黄金，从日本取得银和铜，这就不足为奇了。

寻找替代并不始终是可能的。例如美洲银矿所不可缺少的汞就是如此。秘鲁万卡韦利卡汞矿于1564年被发现，[333]开发进度缓慢，产量不足，因而仍需欧洲阿尔马登和伊德里亚汞矿的供应。值得注意的是，资本对这些矿山并未丧失兴趣。直到1645年，阿尔马登矿仍是富格尔家族的一统天下。[334]伊德里亚矿于1497年

画面远景为波托西山丘：工人和驮畜在攀登山坡。近景为一个院子，这里进行银矿砂加工：一台水轮把矿砂碾碎，锤子接着把碎砂锤成粉末，矿粉在铺石围场中与汞混合，由印第安人用脚踩成糊状。与水轮相接的水渠，水源来自山上的融雪和装满水库的雨水。在山丘的一边，印第安人的棚屋依稀可见；山丘的另一边，在院子的前方，可以想象是18世纪常见的平直如砥的城市街道。玛丽、海尔默：《十八世纪末的波托西》，载《美洲文化研究学刊》，1951年，第40页。

被发现，在1508至1510年间着手开采，商人不断同奥地利国家争夺对该矿山的垄断，国家于1580年终于把整个矿山抓到手里。[335]

资本主义逐渐放弃了欧洲的矿山生产，那么在远方的矿山，资本主义是否全力投入到生产中去？在瑞典和挪威，基本上可说是全力以赴，但就日本、中国、暹罗或美洲而言，就不是如此了。

在美洲，秘鲁基多附近手工业方式的黄金生产，巴西内地分散的淘金活动，与采用现代技术的白银生产恰成鲜明对比，新西班牙于 1545 年，秘鲁于 1572 年，开始使用从欧洲引进的汞齐炼银法。在波托西山脚下，庞大的水轮把矿石碾碎，以便混合。那里的设备和原料都十分昂贵。资本主义在这里栖身，确有很大可能：无论在波托西或在新西班牙，据我们所知，一些交好运的矿工曾突然发了大财，但这是例外情形。一般规律仍然是商人获得利润。

285 首先是当地商人。矿工在杳无人烟的旷野住下，如在墨西哥北部或在秘鲁和安第斯山的不毛之地。食物供应是个大问题，这比欧洲有过之而无不及。供应问题在欧洲已经存在，企业主向矿工提供必要的食物，并从这项交易中赚一大笔钱。在美洲，供应更成了压倒一切的问题。巴西的淘金活动是如此。墨西哥北部矿区也是如此，需要从南部输送大批食物。萨卡特卡斯于 1733 年消费 8.5 万法内格玉米（一法内格等于 15 公斤）；瓜纳华托 1746 年消费
286 20 万法内格，1785 年为 35 万。[336]但在这里，不是矿产主亲自保障供应。商人用食物、织物、工具和汞向矿山主换取金银，用易货体制或合伙体制捆住矿山主的手脚。商人或明或暗地成为矿山的间接主人。但交换并不到此为止，以后的步骤将由商业网的不同接力站承担：利马，巴拿马，农布雷-德迪奥斯或贝洛港的交易会，哥伦比亚的卡特赫纳，最后抵达塞维利亚或卡迪斯，欧洲分销网的首站。另一个商业网由墨西哥经韦拉克鲁斯到哈瓦那，再到塞维利亚。在矿砂生产这个阶段，没有多少利润可得；而在交换的长过程中以及通过其中的欺诈，才有厚利可谋。

盐、铁和煤

欧洲仍保留某些采矿活动，如盐、铁和煤的生产。没有任何一个盐矿被放弃，而且由于采挖岩盐需要众多设备，盐矿很快受商人的支配。另一方面，盐田开发是小本经营，商人仅集中控制运输和销售，葡萄牙的锡图巴尔和朗格多克的贝该都属这种情形。可以想象，大西洋沿岸和罗讷河谷也有一些售盐的大企业。

铁矿、高炉和锻铁厂长期是规模有限的生产单位。商业资本很少直接介入。在 1785 年的上西里西亚，在 243 个厂（高炉）中，191 个归大地主（庄园主）所有，20 个属普鲁士国王，14 个属不同的王公，2 个属教会事业，仅剩下 2 个属布雷斯劳的商人。[337]这是因为冶铁工业趋向于自成垂直的体系，而在这一体系的基层，拥有不可缺少的矿藏和森林的地主起着决定性作用。英国的乡绅和贵族往往向设在他们土地上的铁矿、高炉和锻铁炉投资。但这些企业长期归个人所有，产品没有稳定市场，技术简陋，固定设施不太昂贵。最大的开支是原料、燃料和工资。这笔款子靠信贷解决。必须等到 18 世纪，大规模生产才有可能，技术进步和投资才能适应市场的扩大。1729 年安布罗斯·克鲁莱的大型高炉其实比当时大啤酒厂的规模还略为小些。[338]

在采煤方面，中小企业也长期领先。在 16 世纪的法国，只有农民开采浅层煤炭，供自用或供外销，如利用卢瓦尔河或日伏尔至马赛的运输便利。同样，纽卡斯尔的巨大财富也奠定了一个顽强而古老的行会组织。到了 17 世纪，在整个英国，“平均每有一个深井〔用现代装备开采〕，就有 12 个用简单工具采掘的……容易开采的浅层煤矿”。[339]如果说有革新、利润和商业手腕，那是在日益扩大的销售领域的事情。南海公司于1731年准备派才刚捕鲸归来
287 的船只去纽卡斯尔和泰恩河各港口装煤。[340]

但到了18世纪，一切都已变样。即使在落后于英国的法国，商事院和有关当局对开矿申请应接不暇，似乎法国没有一个地区的地下不藏有煤炭或至少泥炭。泥炭的使用确实在增长，虽然增长速度不如英国快。朗格多克新建的玻璃工场，诺尔地区阿拉斯或贝蒂纳的啤酒酿造工场，[341]阿莱斯的锻铁工场都使用泥炭。因此，根据不同的环境和地区，商人和投资人对利用泥炭表现不同程度的兴趣，特别是负责当局已经懂得，外行在这方面不能起重要作用。苏瓦松地区的财务总管于1760年3月在回答一份采矿申请时写道：必须“求得博兰和勒诺桑这类商行的帮助”，唯有它们才能“筹集必要的开矿经费，而开矿又只能由行家来干”。[342]昂赞煤矿于是成立了，关于这个煤矿的光荣历史，我们只对初期感兴趣。它很快取代了圣戈班的地位，成为仅次于东印度公司的法国第二大企业。据说在1750年，那里已有“火力唧筒”，即纽可门的机器。[343]不过，我们这里不忙去深入探讨工业革命的事。

手工工场和制造厂

在大多数情况下，前工业以手工业和包买商制度的无数基本单位的形式出现。在这些分散的基本单位之上，又出现了更明显地带有资本主义性质的组织：手工工场(menufactures)和制造厂(fabriques)。

这两个名词往往可以互相换用，不会因此引起误解。在马克

思以后，一些历史学家更多地用手工工场一词表现依靠双手劳动的手工工匠的集中（特别在纺织业），而制造厂一词则用来表明，矿井、冶金设施或造船厂已需要装备和使用机器。法国驻热那亚的一名领事曾谈到，都灵建立了一个拥有一千织工的金银线锦缎厂，他这样写道：这家“制造厂……久而久之……将给法国的手工工场带来巨大危害”。[344]对他说来，这是两个同义词。其实，按照传统留给19世纪的工厂一词（usine）对历史学家所说的制造厂（fabrique）更加合适，该词在18世纪已经存在，虽然并不常用。1738年，有人申请批准，在埃松附近创办一家工厂（usine），“以制造为制锅业所需的各种铜线”[345]（这家工厂于1772年将被称作铜线手工工场）。1768年，色当地区的几名铁匠和磨刀匠要求在伊利磨坊附近[346]开办“制造剪子的工厂”（这是一种用于修剪毛毯的大剪子）。又如，迪特里希男爵于1788年希望，禁止“建立数量太多的工厂”（也就是说，高炉、锻造工场、水力锤、玻璃工场和锻锤）的法 288
令对他不适用。[347]可见没有理由说，工厂一词在18世纪不能使用。我还发现，企业主（entrepreneur）一词在1709年已开始使用，[348]虽然比较少见。据多札的考证，“实业家”（industriel）作为企业主的含义最初于1770年由加里阿尼教士使用；自1823年以后，由于圣西门伯爵的关系，该词就变得通行起来。[349]

这些表过不谈，为叙述方便起见，我们且遵从关于手工工场和制造厂的习惯区分。在两种情况下，由于重点是要把握住生产集中的进展，我将略过不谈细小的单位。手工工场一词有时适用于很小的企业。圣默努尔德有一家“哔叽手工工场”，1690年前后仅集中5人；[350]茹安维尔则有一家“12名工人的粗呢手工工场”。[351]

据奥尔士夫·罗伊特具有抽样调查价值的研究,[352]在18世纪的安斯巴赫和拜罗伊特公国,第一类手工工场的工人人数在12至24人之间。在1760年的马赛,38家肥皂工场加在一起,雇佣的工人不过一千来人。这些工场虽然字面上符合萨瓦里·台布吕斯龙的《辞典》(1761年)对"手工工场"所下的定义:"多名工人和工匠为加工同一件活计而集中工作的场所",[353]但这种工场恐怕就降低到手工作坊的水平。

肯定还有另一种规模的手工工场;虽然一般说来,这些大单位未必一律集中,但它们的主要设施确实都安装在一个中央建筑内。早在1685年,一本题为《发现金矿》的英国书[354]讲述手工工场怎样"耗费大笔开支,兴建高大厂房,使羊毛拣择工、梳理工、纺车工、织机工、缩绒工以及洗染工都在一起工作"。人们可以猜到,这里所说的"金矿"就是呢绒手工工场。不过,除了集中的工人以外,手工工场总是——这几乎成了没有例外的规律——在其所在城市和附近乡村还有一些分散从事家庭劳动的工人。由此可见,手工工场的确位于包买商制度的中心。旺洛贝家族在阿布维尔的细呢工厂雇佣将近3000工人,但在这个数字里,不知有多少人是附近的家庭劳动者。[355]奥尔良的一家织袜手工工场于1789年在厂内雇佣800人,但在厂外使用的劳力却是这个数字的一倍。[356]玛丽-泰莉莎在林茨创办的呢绒手工工场共有15600工人(1775年达26000人)。数字很大,但确实无误;正因为中欧工业落后,需要迎头赶上,手工工场的工人人数往往很多。但在这个数字中,三分之二的纺织工人从事家庭劳动。[357]中欧的手工工场还经常在农奴中招收工人,例如在波兰以及波西米亚,这顺便又一次证明,一种技术形式对它遇到的社会环境并不在乎。何况,人们在西欧也能找到类似的奴隶劳动,因为某些手工工场使用贫民习艺所或收容懒汉、罪犯、孤儿的教养院的劳动力。除此以外,这些工场仍照常使用家庭劳动,如同其他手工工场一样。

人们可能以为,手工工场的壮大过程是从内部到外部的延伸。但如果想到手工工场的诞生,相反的情形或许更合乎事实。手工工场在城市内往往是家庭劳动网的终点,是生产过程最后结束的场所。这项扫尾工作,丹尼尔·笛福告诉我们,在羊毛加工中几乎 289
占整个工作量的一半。[358]因此,有相当数量的扫尾工序需在同一厂房中完成,而该厂房今后还将不断扩大。在13和14世纪,托斯卡纳的羊毛工业是个庞大的包买商网。弗朗赛斯科·达蒂尼在返回普拉托后(1383年2月)建立的羊毛加工公司是一个有十来个 290
人工作的店铺,而分散在普拉托周围500公里内的成千个其他人也都为公司工作。但一部分工作逐渐趋向集中(机织、梳理);一所手工工场于是开始形成,虽然其发育过程极其缓慢。[359]

为什么许多手工工场满足于承担最后的工序?为什么许多其他的手工工场在几乎包揽生产全过程的同时,又把一大部分工作交给家庭劳动完成?首先,终端工序,如缩绒、洗染等,需要精巧的技术和相当多的设备,必然超出手工业生产的阶段并要求投资。另一方面,对商人来说,控制最后一道工序,就能掌握他最关心的事,即产品的商品化。城市和乡村的劳动力价格差异也起一定的作用。例如,继续在价格低廉的外省市场收购呢绒毛坯,对伦敦只有好处,它从此仅仅负责能大大提高织物价值的整理和印染工序。最后也是最主要的原因:手工工场使用家庭劳动,就可能根据变化

玻璃加工,《让·德·曼特维尔游记》的插图,约1420年。

很大的需求调节生产,而不致解雇熟练工人。每当需求发生变化,只要对家庭劳动有所增减就够了。但手工工场的利润必定相当有限，发展前景很不稳定，这才使它不能完全依赖自身，而要求助于包买商制度。这显然并非出于兴趣，而是迫于无奈，归根到底是由于力不从心。

手工工场在工业中完全处于少数地位。各种统计资料都指出这个事实。弗里德里希·吕特格[360]认为："手工工场虽然经常被人提到，它在生产中所起的作用其实比人们设想的要小。"德国总共约有一千来家大小不等的手工工场。就巴伐利亚而言，[361]估计手工工场在国民产值中的比重应在1％以下。为了说明这个问题，肯定还需要举出其他数字，但可以保证，得出的结论总是悲观的。

尽管如此，手工工场却是技术进步的工具和典范。手工工场产值份额的微薄毕竟证明一个事实：前工业在其发展过程中遇到困难。正是为了打破这一恶性循环，重商主义国家才经常出面干预，才从财政上给予资助和推行国家的工业化政策。也许除荷兰外，包括英国在内，任何欧洲国家都可引以为例：英国工业发展初期也曾推行严厉的保护主义关税制度。

在法国，国家的干预至少可追溯到路易十一在图尔建立丝织工业：当时已需要通过在本国生产商品，不向外国购买，以减少贵金属的外流。[362]所谓重商主义，"民族主义"，归根到底是"重金主义"。至于国家的座右铭，这里可以借用政治经济学之父安托尼·德·蒙克雷斯蒂安的名言："自给自足。"[363]路易十一的继承人尽可能按照老办法行事。亨利四世尤其热心，在他去世的1610年，全国共有47所手工工场，其中40所是由他创建的。柯尔贝尔的热心毫不逊色。克洛德·普里[364]认为，柯尔贝尔创办手工工场的

附加动机是要同当时的经济萧条作斗争。是否因为这些手工工场在创建时就比较勉强，所以它们中的多数很快便消失了？后来只
291 留下官办的或享受国家优待的手工工场，如博韦、欧比松、萨沃纳里、戈布兰等，在所谓皇家手工工场中，1665 年建于阿布维尔的旺洛贝手工工场将维持到 1789 年，建于同一年并于 1695 年部分地迁往圣戈班的制镜工场到 1979 年依然存在；在朗格多克地区的维勒纳夫皇家手工工场于 1712 年仍十分活跃，共有 3000 工人，这证明勒旺贸易维持了该工场产品的销路。[365]

18 世纪的经济高涨使兴办手工工场的计划犹如雨后春笋般地出现。计划负责人纷纷向商事院陈述意图和申请特许，并且千篇一律地以捍卫普遍利益为理由。他们的胃口很大，往往超过地方的范围，以全国市场为目标，这也证明全国性市场开始存在。贝里地区一家制造厂，“生产铁和退火钢”，[366]居然申请一份适用于全法国的特许证。但对已经或将要诞生的手工工场来说，最大的困难似乎是如何打开巨大的巴黎市场，而巴黎的六大行会则以全体行会的名义顽强地守住自己的阵地，这六大行会是行会中的佼佼者，它们本身代表着大资本家的利益。

商事院 1692 至 1789 年间的文书既不完整，又很杂乱，其中记载了许多申请，有的是手工工场希望首次得到或再次得到某种优惠，有的是创办手工工场的申请。试举若干例子，便能看到这个活动领域正日趋多样化：1692 年，托内尔和沙斯蒂永的针织花边，1695 年，博蒙昂费里耶尔的白铁；1698 年，里昂的勒旺式红黑双色皮革和英国式小牛皮；1701 年，圣克卢的陶瓷；比埃芙尔河畔安东尼的细纱漂白；1708 年，圣弗洛朗坦的哔叽；图尔的淀粉；1712 年，

蓬德拉尔什的英国式和荷兰式呢绒;1715 年,安东尼的蜡烛;阿布维尔的割绒地毯;吉威的黑肥皂;沙隆的呢绒;1719 年,蒙特罗市郊圣尼古拉的陶器;波城的呢绒;1723 年,马赛的呢绒,塞特的炼糖和制皂;1724 年,里尔的陶瓷;科斯恩的钢铁浇注;勒阿弗尔市郊贾贡维尔的蜡烛;1756 年,勒皮的丝绸;1762 年,勃艮第的福尔热的铁丝和镰刀;1763 年,莫雷附近圣马梅的蜡烛;1772 年,埃松附近吉拉磨坊的铜;图尔的蜡烛;1777 年,热克斯的陶瓦;1779 年,朗格勒附近圣赛尔格的纸;里尔的玻璃瓶和窗玻璃;1780 年,马赛的珊瑚加工(三年后,手工工场宣布有 300 工人);萨尔路易的"德国式圆铁、方铁和箍铁;比奇的纸;1782 年,纳维尔的绒布和棉布床单;1788 年,圣维隆的棉布;1786 年,图尔的英国式手帕;1789 年,马赛的钢铁浇注。

手工工场的申请书以及商事院在作出决定时陈述的理由都为我们了解手工工场的组织提供了宝贵的资料。我们因此知道,1723 年的卡尔卡松是法国"呢绒手工工场最兴旺的城市",是"朗格多克手工工场的中心"。柯尔贝尔五十年前在朗格多克创办皇家手工工场,以便向勒旺地区出口呢绒,制止货币外流;开创伊始就困难重重,尽管朗格多克三级会议大力相助。但在后来,手工工场十分繁荣,因而一些未获特许优惠的制造商也在朗格多克站稳了脚跟,特别在卡尔卡松。单是这些制造商就占去产量的五分之四。从 1711 年起,决定就制造的每匹呢绒发给他们一小笔奖金, 294
"以使他们与皇家手工工场的企业主之间的不平等不致过大"。确实,皇家手工工场继续每年接受补贴,免受行会检查的好处还不算在内,所谓检查是指核实织物的质量是否符合本行业的规格要求。

奥朗日的印花布手工工场(该城市一座私人住宅中的壁画片断,1764 年由 J.C.罗赛迪绘制)。在印花大厅中,有手工工场创办者瑞士人让·鲁道夫·维特及其妻子,一名职员拿着一块印刷模板给厂主的一位瑞士朋友看。左右两边是其他车间。工人人数很多,1762 年约有 600 人。但是该手工工场并不像凡尔赛附近的茹伊昂若萨手工工场那么兴旺。经过几次改组后,它终于在 1802 年关门。

皇家手工工场另由工场督察隔相当长时间才抽查一次，但它们每年必须制造合同规定的数量，而其他工场则“有停工的自由，如果由于羊毛涨价，贸易被战争中断，或其他原因，它们觉得无利可图”。虽然如此，当卡尔卡松的一名制造商设法进入皇家手工工场的行列并且竟然取得成功，“其他制造商，以及浆纱工，绞合工，织工，印染工”必定群起抗议。决定被退回商事院复议，终于被撤销。我们顺便得知，商事院认为“目前增加皇家手工工场”没有好处，尤其是巴黎的经验已经证明，在城市兴办皇家手工工场是众多冲突和弊端的根源。假如圣台尼先生的申请得以批准，将会发生什么事情？他所创办的手工工场将成为非熟练工人的集合场所，这些工人就会全靠优惠而就业谋生。由于这个原因，工人将纷纷被吸引过去。[367]可见，行会法规束缚的工场和打着国王旗号的工场显然处于对立状态，国王的旗号能使一个生产单位不受一般法规的约束。这种情况有点像特许航运公司，它们也不受一般法规的约束，但经营的规模要大得多。

旺洛贝家族在阿布维尔开设的手工工场[368]

荷兰人约斯·旺洛贝于1665年根据柯尔贝尔的创议在阿布维尔创办的皇家呢绒手工工场是个实力雄厚的企业，直到1804年方才关闭。最初，约斯·旺洛贝从荷兰随身带来50来名工人，但除了这一批以外，手工工场的人员（1708年有3000工人）完全在当地招聘。

组成这一手工工场的许多大型车间长期分散设在市内。只是在1709至1713年间，才在城外建造了被称作杆子房的大厂房

(“杆子”系“三角长木杆……作晾晒呢绒用”)。建筑物包括供主人使用的主楼以及充当机织车间和剪呢车间的两座侧楼。楼房背靠城墙,四周围有水沟和篱笆,自成一个对外封闭的小天地:所有入口都由理应穿上皇家制服的“瑞士卫兵”看守(蓝、白、红三色)。这就十分便于进行监视、维护纪律和工场场规(如禁止工人私带烧酒入内)。何况,老板足不出户,“就能对多数工人的活动一览无遗”。但大厂房(价值30万里佛)不包括仓库、洗涤房、马厩、铁匠炉或磨 296
刃砂轮。毛纺女工在市内各个车间分散工作,此外再加上相当数量的家庭劳动,因为必须有八名毛纺女工,才能供上一台织机的需求,而手工工场的织机却有几百台之多。在远离城市、水清如镜的布雷勒河河边,建造了一台缩绒机,以清除毛织物的油脂。

手工工场的生产集中虽已取得相当进展,但未臻完善。不过其劳动组织肯定合乎现代化要求。分工已成惯例:企业主要制造精梳呢绒,其产品经过“52双不同的手”。手工工场自己负责供应漂白土(一种被称作“贝朗德尔”的小船从奥斯坦德地区运来)以及塞哥维亚的细羊毛,这是西班牙最好的羊毛;先是“洛林的夏尔号”,该船沉没后则由“金羊毛号”在贝莱纳或在毕尔巴鄂装货后,沿索姆河逆流而上,抵达阿布维尔。

似乎一切都应顺利进行,事实上,进展也相当顺利。旺洛贝家族内部曾有过利益纠纷,我们且撇开不谈。主要问题是借贷双方互不相让,步步进逼。在1740至1745年间,每年平均出售呢绒1272匹,按每匹500里佛计算,共636000里佛。这笔款子等于流动资金(工资,原料,杂费)加利润。难处在于既要腾出工资总额15万至20万里佛,又要定期维修和更新固定资产,价值100万里佛，甚至更多。有时出现银根紧缺，简单的解决办法是解雇工人。工人的第一次抗议在1686年爆发；接着是1716年一次闹得很凶的罢工。其实，工人始终在半失业状态下生活，手工工场每次进行收缩，只留下它选中的人员——工头和熟练工人。新企业的一个趋向正是拉开职务和工资的档次。

1716年罢工只是在一支小部队到达后方始收场。为首分子遭到逮捕——罢工总是有人领头——后来又得到宽恕。阿布维尔的地方官吏对闹事者显然没有好感，这些人"有钱时大吃大喝，不为饥荒时预留一点积蓄"，"不明白手工工场不是为他们而开设的，倒是他们自己本应为工场做工"。秩序断然得到恢复，这从一名旅行家几年以后的观感中可以看出；这位旅行家于1728年经过阿布维尔，对手工工场赞扬备至："3500名男工和400名女工"在荷兰式厂房内工作，"按鼓乐的节拍操作"，女子"由女工头带领，别在一处工作"。他得出结论："一切安排都井井有条，一切活动都循规蹈矩"。[369]

实际上，如果没有政府的庇护，这个企业就不可能维持那么长久。尤其是它恰好设在十个具有行会传统的工业城市，这像是一块巨石被扔进沼泽，势必要被淹没。对手工工场的敌意不但普遍存在，而且花样翻新，层出不穷。过去和现在不能和平共处。[370]

297 资本与会计

我们需要了解17和18世纪大工业企业的收支概况。但除圣戈班制镜手工工场外，我们对其他工场的情况了解很不系统。有一点没有疑问，固定资本和流动资本的作用逐渐增大。建厂投资

295

从这块印花布可以看到手工工场欣欣向荣时代的厂房以及自1760年创办以来先后发明的新机器。特别是布料的浸洗和铜板印花(不再用木板)。图样设计者是J.B.胡埃,茹伊昂若萨手工工场创始人奥伯肯普的画师。

往往需要巨款。根据F.L.纽斯鲍恩的估计，1700年在伦敦办一家有40名工人的印刷厂，投资约在500和1000英镑之间；[371]办一家炼糖厂，投资在5000和25000英镑之间，而工人数则不过10至12人；[372]办一家酒厂，投资至少应有2000英镑，可望得到的利润一般很高。[373]1681年，一家呢绒手工工场在哈丁顿郡的新米尔斯开工，共有资金5000英镑。[374]长期处于手工作坊状态的啤酒厂逐渐扩大了规模，开始能生产大量啤酒，但是设备支出也很大：1740年间向75万伦敦居民供应啤酒的"白面包公司"，资金达2万英镑。[375]

耗资巨大的设备需定期更新。至于更新的周期，这要进行长时间的调查才能弄清楚。何况，根据不同的工业，主要困难有时来自固定资本方面，有时来自流动资本方面。但在更多情况下，流动资本方面的困难大于固定资本方面。大型手工工场经常出现银根短缺。柯尔贝尔在朗格多克创办的维勒纳夫皇家手工工场于1709年获准延长特许优惠十年，该工场却于1712年1月遇到了困难。[376]为了能继续交出荷兰式和英国式呢绒的订货，工场要求贷款5万图尔里佛："我需要得到这笔款子，以支付3000多名工人的工资。"一般说来，这是因为资金周转不灵的缘故。[377]

1721年1月，设在沙隆的一家已有三十来年历史的皇家呢绒手工工场也濒于破产。工场主比埃尔和若弗鲁瓦·达拉斯曾向商事院求助，商事院于1717年7月24日拨给工场一笔36000里佛的无息贷款，在18个月内付清，从1720年起分十年偿还。虽然这些贷款没有全部按期履行，达拉斯兄弟于1719年10月已把绝大部分领到了手。但这丝毫解决不了他们的问题。首先是由于羊毛价格“猛涨”。其次，他们把“全部资金”用于制造呢绒，并把产品“按照赊账半年至一年的惯例卖给零售商，而零售商则利用银行券丧失信用，在纸币贬值前夕以此抵债”。他们因而是约翰·劳制度的受害者，他们不得不把银行券“贱价”卖出，以偿付工人每天的工资。最后，真是祸不单行，他们又被人从他们租了三十多年之久的一所房屋中赶了出来，它们曾花了 5 万里佛才把这所房屋改为手工工场。在他们用 1 万里佛买下（其中 7000 里佛暂且欠着）的新楼房中，他们还必须花 8000 里佛，重新安装织机、染缸和其他的“生产必需用具”。他们为此请求并获准延期偿还贷款。[378]

另一个例子，1786 年正赶上经济不景气，色当的皇家手工工场（正式名称为劳朗·于松遗孀与卡莱兄弟公司）是由同一家族经 298
营了九十年之久的老字号，竟有 6 万里佛的账面亏空。出现亏空的原因是发生了一起火灾；此外，在劳朗·于松死后，手工工场不得不出让部分旧厂房和另行建造新厂房（我猜想大概由于遗产分割）；最后，还因为向新英格兰——即独立后不久的北美起义者——的出口不幸失算，致使资金“未能收回”。[379]

相反，圣戈班手工工场[380]在 1725 至 1727 年后似乎一帆风顺。工场创办于 1665 年，正值柯尔贝尔当政期间，它获得的特许优惠一直被延长到法国革命，虽然主张自由兴办实业的人对此曾多次抗议，1757 年那次尤其强烈。手工工场一度经营不善，于 1702 年导致破产，尽管在前进的道路上出现了这个重大事故，企业在换了新的领导和新的股东后，又继续办了下去。由于法国镜子的内销和出口归它独家垄断，也由于 18 世纪经济的全面高涨，圣戈班手工工场在 1725 至 1727 年后有了明显的扩展。下面的图

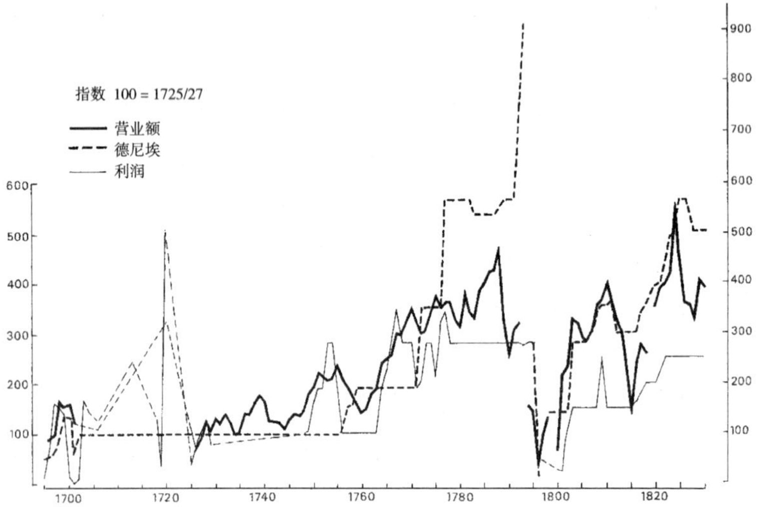

20. 圣戈班的成就

请参见正文的有关说明，特别是有关“德尼埃”的说明。图表摘自克洛德·普里的论文《1665 至 1830 年间的圣戈班皇家手工工场》，打字稿共 1297 页。论文如能出版，将有很大价值。

表指示营业额和股东红利的升降曲线以及“德尼埃”价格的演变（不应把“德尼埃”与在交易所挂牌的普通股票等量齐观）。圣戈班
299 手工工场并不享有当时的英国合股公司或在法国根据 1807 年商法成立的股份有限公司那种行动自由。

手工工场依靠巴黎的包税人于 1702 年进行了改组，这里的包税人是指一些银行家和金融家，他们当时想把资金稳妥地用于购买地产或股票。在手工工场改组时，创办资本分作 24“苏”，每“苏”又分作 12“德尼埃”，总共有 288“德尼埃”，归 13 名新股东所有，各人所占份额不等。这部分股份又随着遗产继承和出让而分散到不同的人手里。圣戈班手工工场于 1830 年共有 204 名股东，

某些股东拥有的份额极小，仅为八分之一或十六分之一“德尼埃”。由于分割遗产时要确定“德尼埃”的价值，我们得以看到“德尼埃”的行市不断在提高。

资本显然大大增加了。但能否把增资原因局部地归因于股东们的态度呢？1702 年时的股东是商人和包税人；但在 1720 年后，大贵族也占一定的份额，因一些贵族后裔同包税人的财产继承人缔结了婚约。例如，若弗兰小姐是手工工场出纳主任与因其沙龙而闻名的若弗兰夫人的女儿，她嫁给拉费台-安博侯爵。手工工场因而逐渐不再由真正的商人控制，而是落到一些贵族的手里，这些贵族满足于定期的和有限的红利，而并不索取全部利润。这不正是保全和扩大资金的一个方式吗？

关于工业利润

想在工业利润问题上作一个整体判断，简直是难上加难，如果不说完全不可能。这个困难严重地影响了我们对以往的经济生活，特别是对资本主义的历史认识。我们必须拥有数字，可靠的数字，系统的数字。历史研究昨天已为我们提供了大量价格曲线和工资曲线，如果它今天能为我们按照规定的程式记录利润率，其结果将能对问题作出可靠的解释。我们将更好地懂得：为什么资本在农业中除地租外不能指望得到别的东西；为什么前工业这个变化无常的世界对资本家似乎是个陷阱或危险地带；为什么资本家还是留在这一散漫的活动领域的边上比较有利。

可以肯定，资本主义的选择只能加大工业和商业之间的距离。商业是市场的主宰，力量在它的一边，工业利润随时遭受商人的践

踏。这在现代工业不难繁荣兴旺的中心，如针织品工业或花边工业，可以看得十分清楚。在18世纪的卡昂，花边工业无非是开设
300 徒工学校，使用童工，创办作坊和手工工场；这样就使工人对集体劳动纪律开始适应，否则工业革命不会如此迅速地完成"痛苦的嫁接"。卡昂的这些手工工场后来都衰败了，只是其中的某一家公司，在一位兼营批发业务的青年企业家的主持下，得以恢复生产，他批发出售的商品包括他自己的工场出产的花边。因而当花边工业重新繁荣时，也就不可能测定手工工场在其中所占的地位。

面对庞大的工业部门，我们的衡量手段更付阙如，说明这一点没有任何困难。利润率不是一个容易捉摸的量值；尤其它没有利息率[381]那种能通过抽样调查而加以确定的相对规律性。它善藏多变，轻易不露真相。让·克洛德·佩罗那部颇多新意的著作指出，测量利润率并非绝对不能做到，假如不能摸清企业的情形（我们并非始终了解不到企业的情形），人们可以划定一个范围，甚至在必要时，选择城市或省区作参照单位。至于整个国民经济的情形，那就不必多想了。

总之，调查利润率是可能的，但其困难之多，令人望而生畏。利润是无数条线不完全的交叉点；[382]这些线还有待定位、描绘和重新构成，必要时甚至有待想象。它们无疑是许多变量，但让·克洛德·佩罗已经证明，能够根据一些相当简单的关系画出近似的曲线。应该有一些大致的相关系数可能被得出：已知X，就能对Y的量值有一定了解……可见，正如我们业已知道的，工业利润处在劳动价格、原料价格和资本价格的交叉点上，处在市场的门口。让·克洛德·佩罗因此指出，利润，无比强大的商人的利润，不停

在侵蚀工业“资本主义”。

总之，历史研究在这方面最缺少的东西，是一种方法的模式，也就是模式的模式。假如没有弗朗斯瓦·西米昂，尤其假如没有厄内斯特·拉布鲁斯，历史学家不久前对价格和工资问题进行的研究就不会如此轻松愉快。我们现在正需要找到一股新的冲劲。我们这里即使不能明确说出一个可能适用的方法的要点，至少应指出这个方法需要满足的要求：

1）首先收集已知的利润率，或至少是业已揭示的数据，暂且不论其可靠性（以后会有时间进行辨别），即使它们在时间上受限制，甚至显得时断时续。我们因此得知：

——一家属于克拉科夫主教“封建垄断”的钢铁厂，位于克拉科夫附近，1746 年达到 150％的利润率，在随后几年内又跌到 25％；[383]

——米卢斯印花布行业[384]在 1770 年间利润高达 23％至 25％，但 1784 年则在 8.50％上下；

——关于维达隆-莱-阿诺奈的水力造纸厂；[385]现掌握 1772 至 1826 年的一系列数字，以 1800 年划界，前后呈鲜明对照（1800 年前，除 1772、1793 和 1796 年外，利润率低于 10％，1800 年后的利润率迅猛上升）；

——据我们所知，当时德国的利润率很高，奥格斯堡的棉花大王冯·舒勒于 1769 和 1781 年间曾实现年利润 15.4％；克雷菲尔德 301
的一家丝织手工工场五年内（1793—1797 年）的利润在 2.5％和 17.25％之间摇摆；于 1734 至 1735 年在法兰克福和赫希斯特建厂的博隆加洛兄弟烟草手工工场于 1779 年拥有 200 万塔勒尔……[386]

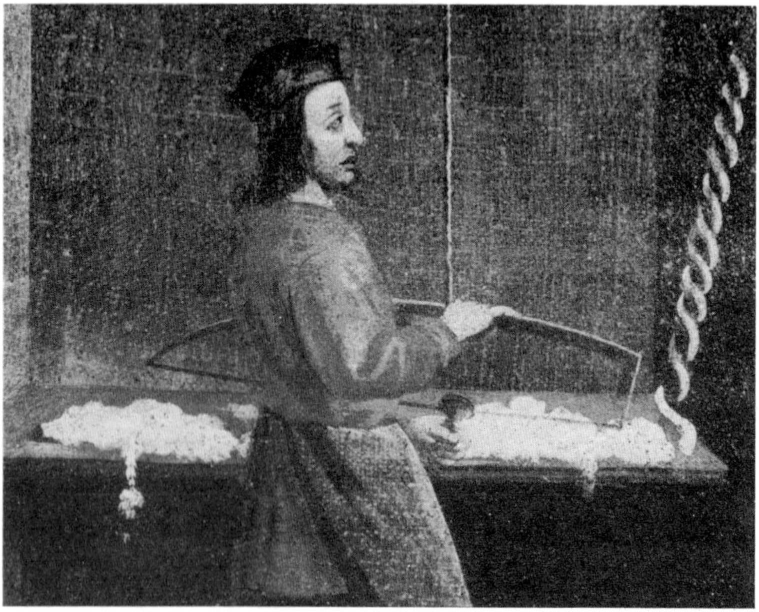

17 世纪威尼斯的弹棉花工人

——诺曼底地区离巴约不远的利特里煤矿，其折旧投资为 70 万里佛，1748 至 1791 年间每年实现利润总在 16 万和 19.5 万里佛之间。[387]

我这里暂且打住，不再一一列举指示性数字。数字将排列在一张适当的图表中，我用红笔画出 10%的线条，这条线将权充分界线：10%以上是最佳成绩，10%左右表示基本成功，在零左右或在零以下则意味着彻底失败。我们首先注意到，但并不感到惊奇，这群数字的变化幅度很大，有时出人意外。

2）按照不同地区、新旧部门和经济环境进行分类，并事先接受经济环境中种种神秘莫测的因素，各工业部门的利润并不同时起落。

3)尽可能远地向后倒退,即向16世纪、15世纪乃至14世纪追溯,努力取得较长的时间距离,也就是说,不让18世纪末的统计数字垄断一切,而用长时段的尺度考察问题。总之,根据物价史杰 302
出的成功经验,从头开始研究工业利润史。这是可能的吗？我敢保证,在1600年的威尼斯,人们能够算出呢绒制造商的利润。在蒂罗尔地区的施瓦茨,富格尔家族的所谓"铁和动物脂贸易"(可以猜到这是工贸合一的企业)于1547年实现利润23%。[388]一位名叫奥利韦拉·马尔克的历史学家更加出色,他对14世纪末葡萄牙的手工劳动进行了相当深入的分析。对于一个特定的产品,他能够区分出劳动T和原料M各自所占的份额。就鞋靴而言,M=68%至78%;T=32%至22%;同一个比率适用于马蹄铁,鞍具(M=79%至91%),等等。其次,在劳动T中再扣除留给工匠师傅的"余额"(利润加资本),这一份额即为利润,占劳动报酬的二分之一、四分之一、六分之一和十八分之一不等,即在50%至5.5%之间。如果再把原料计算进去,利润率很可能微乎其微。

瓦尔特·霍夫曼定律(1955年)[390]

总之,我们应该从生产出发。在这些尚未探测清楚的广阔领域中,是否存在一些"倾向性规律"能多少说明我们的问题呢？

大约十年前,在与弗朗克·斯普纳合作共事时,[391]我曾经指出,据我们所知,16世纪的工业生产曲线通常呈抛物线形状。美洲的矿山,翁斯科特的丝毛哔叽,威尼斯的毛料,莱顿的呢绒生产,这些都是很能说明问题的例子。当然,单凭这少数例子,不能得出普遍的结论:我们掌握的价格曲线很多,生产曲线却很少。不过,在前工业经济时代，某个城市工业或某种出口产品与时尚一样骤起骤落，产品间的相互竞争以及优胜劣败，工业中心地的不断迁移，都使人想到这种迅速上升和急剧下降的曲线。

让-克洛德·佩罗关于18世纪卡昂的近著对先后在这个诺曼底城市的活动范围内占主要地位的四个工业部门——中高级呢绒；针织；棉布；以及“典型”的花边行业——进行了仔细的研究，进一步丰富和证实了这些观察。这在大体上就是短促成功的历史，也就是说，一连串的抛物线。外来的影响自然也起作用，例如勒芒精纺织品的发展对卡昂纺织业是个沉重打击。但就这四个工业部门在当地的命运而言，有一点不能不看到，即总是随着一个部门的衰落，另一个部门方才兴起，反之亦然。例如，当羊毛工业因几乎无利可图而被放弃时，“织袜工业必定是竞争对手”。[392]针织品的兴起和毛织品的衰退在1700至1760年间完全是同时发生的。[393]针织工业又逐渐把主要地位让给棉布业。印花布接着又被花边所
303 代替，花边本身也完全沿着抛物线先进后退，似乎规律不容许任何例外。卡昂的种种情况确实表明，任何新兴工业的繁荣必定损害衰败工业的利益，为使几种工业活动能同时繁荣，似乎城市最感
304 缺少的并不完全是资本，反倒是成品市场和原料来源，特别是劳动力的来源。在这种情况下，总是效益最高的生产部门被人们所选中。

在各经济部门间的联系尚不紧密的当时，这一切似乎十分自然。令人感到意外的是，在瓦尔特·霍夫曼的著作中，引用许多统计数字为证，同样的抛物线竟被当作适用于19世纪和20世纪发达国家的一条普遍“规律”而被提出。霍夫曼认为，任何特殊的工

业（例外正证实了规律）都有三个必经阶段：扩展、顶点、回降，说得更清楚些，“在扩展阶段，生产增长率有所提高；在随后的阶段，增 305 长率开始衰退；最后是生产绝对下降”。就 18、19 和 20 世纪的情况而言，霍夫曼遇到的例外是四种非典型工业：锡、纸、烟草和大麻。他指出，这也许因为四种工业的节奏比其他工业更长，所谓节奏是指抛物线起点到落点之间的时间距离，其长度视不同的产品以及不同的时代而异。凑巧的是，斯普纳和我都曾注意到，16 世纪锡的生产并不遵循这条规律。

所有这一切都能说明一定的问题，但这不等于说，我们立即能把事情解释清楚。困难在于如何弄清这里涉及的特殊工业同包围该工业的并决定其运动的经济集合体之间的联系。

集合体可能是一个城市，一个地区，一个民族，或一组民族。同一个工业部门可能在马赛死亡，而在里昂壮大。17 世纪初，当英国原来大批运销全欧和勒旺地区的厚呢突然在西欧不再流行，并在东欧变得过分昂贵时，威尔特郡等地出现了生产过剩和失业现象。于是便转产织造在当地印染的薄呢，这就要求不仅改变乡村中的织机机型，而且改变城市中的精加工设备。根据不同的地区，这一转产的完成很不平衡，因而在“新型毛织品”问世后，区域生产状况有所变更，有的地区重振旧威，有的从此一蹶不振。总的说来，英国呢绒生产的地域分布出现了彻底变化。[394]

但有的集合体包括的范围比民族更广。意大利于 1600 年丧失了它的一大部分工业生产，西班牙在同一时期也丧失了在塞维利亚、科尔多瓦、托莱多、塞哥维亚和昆卡等地区一大部分织机生产，[395]意大利和西班牙的这些损失相反却变成联合省、法国和英

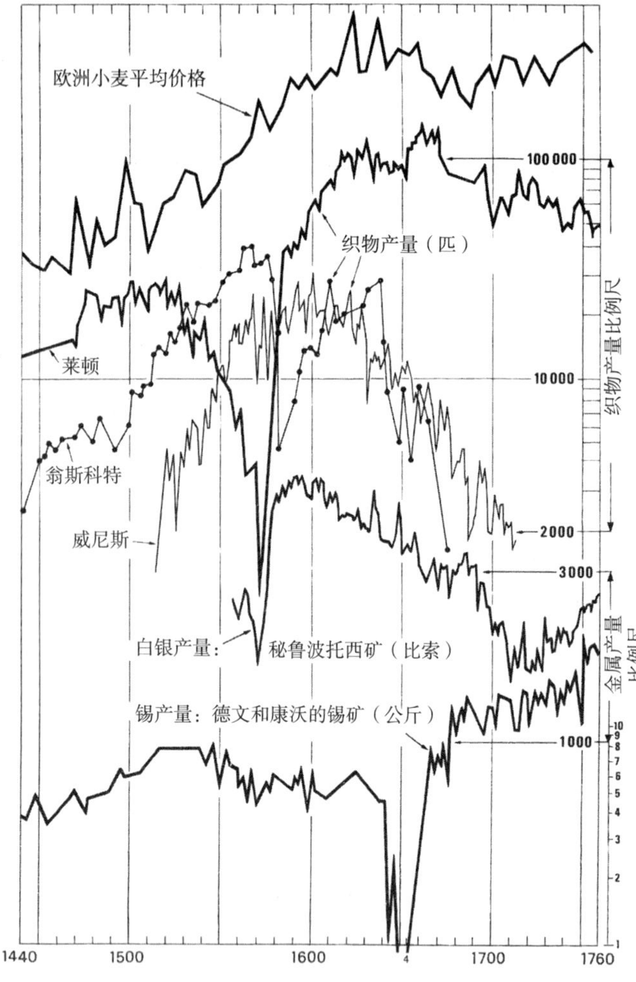

21. 工业生产曲线是不是抛物线？

早在16世纪，工业生产曲线呈抛物线状，与霍夫曼（《1700至1950年的英国工业》，1955年版）就当代情形得出的结论相同。请注意德文郡锡矿生产曲线异乎寻常的偏差。莱顿先后存在两条抛物线。图表由弗朗克·斯普纳制作，《剑桥欧洲经济史》第IV卷，第484页。

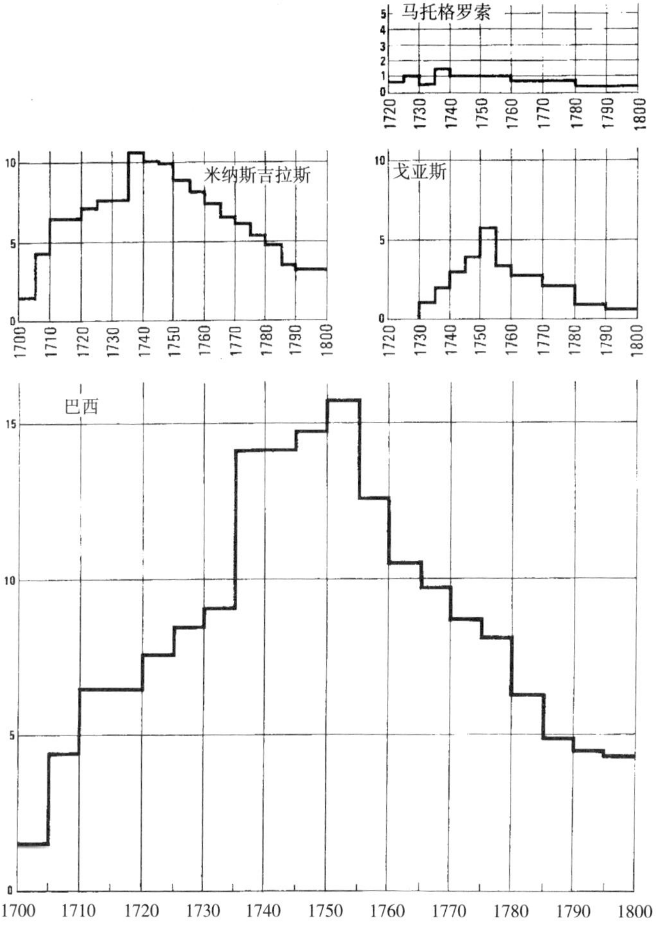

22. 18 世纪巴西的黄金生产

国的得益，这一切恰好证明：欧洲经济是个用它自身逻辑便能加以解释的协调的集合体；在这个协调体系具有世界经济的流动性、结构性和等级性的情况下，成功与失败之间有着紧密的联系。皮埃尔·古鲁[396]曾设想把个人的财产和财富按照人的年龄，即按青年期、壮年期、老年期分类。这是根据抛物线得出的想法。工业也分青年、壮年或老年：青年工业笔直上升，老年工业笔直下落。

然而，工业的寿命是否像人的寿命一样随着时间而延长？关于15至18世纪时期，假如我们也拥有许多类似霍夫曼绘制的抛物线，我们大概将能澄清一个重大差别：与今天的情形相比，当时的节奏更加短促、紧张，曲线更加狭窄。旧经济时代的任何工业生产很快就会在原料、劳动力、信贷、技术、能源及内外市场等方面像在一个瓶口那样被卡住。我们在今天的发展中国家每天都能看到这种情形。

306 运输以及资本主义企业

与世界同龄的运输工具往往几百年固定不变。在本书第一卷里，我曾谈到过这种古老的基础设施，它形式繁多，设备简陋，如木船，帆船，手推车，马拉车，驮重牲畜，“铃铛马帮”（这些带着铃铛的马匹把斯坦福郡的陶瓷和外省的呢绒运往伦敦），西西里式的骡帮（每头牲畜被系在前面一头的尾巴上），[397]或者1815年前后沿着伏尔加河用人力拉纤前进的40万名船夫。[398]

运输是必不可少的、最后的生产过程；运输速度加快了，一切都将畅行无阻。叶卡特琳娜二世派驻伦敦的大使西蒙·沃龙佐夫认为，英国的繁荣全靠交通在五十年内至少增长四倍。[399]18世纪经济开始起飞时，使用的交通工具还完全是旧式的，还没有采用真正革命的新技术。在法国尚未建造宽广的皇家大道前，康替龙[400]

已提出一个两难推理：为了发展运输，必须繁殖许多马匹，而养马太多，就会夺走人的口粮。

正如蒙克雷斯蒂安、配第、笛福或加里阿尼教士所指出的，运输本身是一门工业。加里阿尼教士说："运输业是一种手工工场"。[401]这是资本主义没有深入其中的老式手工工场。正因为如此，只是几条交通要道才真正有利可图。其他的道路，次等的、普通的和差劲的，就留给满足于蝇头微利的人使用。可见，测定资本主义的影响，也就是测定各运输部门的"效率"，看它们究竟是现代的或陈旧的；资本主义对陆路运输影响很小，对"江河舟楫"影响有限，但对海上运输则影响突出。但即使在这最后的部门，资本也是有选择的，并不想把一切都抓到手里。

陆路运输

人们通常认为陆路运输效率不高。几百年期间，道路停留于自然状态，或差不多如此。所谓效率不高当然是相对而言：过去的交换与过去的经济相适应。车辆、牲畜、专差、托运、驿站都根据某种需求而发挥自己的作用。总而言之，人们没有足够重视威纳尔·桑巴特过去的一个论据，[402]这个今天已无人知晓的论据一反常情地证明，陆路运输的货物比内河运输的数量大得多。

桑巴特通过相当巧妙的计算，为18世纪末的德国确定一个数
量级。假定用于运输的马匹数量约为4万匹，就能确定车辆和驮 308
畜的运输量每年为5亿吨公里（顺便指出，铁路运输量1913年在同一区域内竟等于前者的130倍，这表明铁路的革命打破了重重阻隔）。由于船只数量增多，加上平均装载量和往返航程的增加，

内河航运量每年约在 8000 至 9000 万吨公里之间。在 18 世纪末和 19 世纪初的整个德国莱茵河、易北河和奥得河的运输业务十分繁忙，但内河运输量和陆路运输量却是 1 与 5 之比，后者领先。实际上，所谓 4 万匹马仅指专门从事运输的牲畜，农庄的大量马匹还不计在内（拉瓦锡时代的法国有 120 万匹）。农民利用这些马匹完成大量经常性的或季节性的运输任务。陆路运输量可见是被桑巴特估计过低了，不过，为数可观的木排在计算内河航运时确实也被忽略了。

能否以德国为例进行全面引申？这在荷兰肯定行不通，荷兰的运输大部分经由水路。英国可能也行不通，那里可通航的小河和运河四通八达，桑巴特估计水陆运输量恰好相等。相反，欧洲其他地区的水路不如德国便利。法国的一份文件于 1778 年不无夸大地说："由于江河行船之艰难，运输几乎全靠陆路。"[403] 值得注意的是，杜吞[404] 于 1828 年指出，在交付运输的 4600 万吨货物中，480 万吨经水路，其余的经陆路（近程占 3090 万吨；远程为 1040 万吨）。大致上是 1 与 10 之比。1800 至 1840 年间，车辆的数量增加了一倍。[405]

陆路运输量增大的原因，一方面是短途运输占很大比例，路程既短，用车并不比用船更贵：如 1708 年从奥尔良向巴黎运输小麦，无论经陆上大路或经奥尔良运河，费用相等。[406] 此外，由于水路运输并不连续，在不同水系之间需要衔接，而有时衔接又十分困难，相当于在西伯利亚或北美弃船上岸后采用的人力搬运。在里昂和罗阿讷之间，也就是在罗讷河和卢瓦尔河之间，400 至 500 套牛车常年从事转运工作。

307

拉德洛(什罗普郡)的托运业。J.-L.阿加斯(1767—1849)作画。传统的陆路运输已臻完善:路面平整,辕马增多。可与勃鲁盖尔画中常见的那种往昔的道路作个比较。

但根本的原因是经常存在一支庞大的农民运输队伍,既然这是农民的副业,所收的运费便低于真正的成本。这支后备运输队伍可供任何人使用。莱茵河畔的洪斯吕克、黑森、图林根等农村地区[407]专门从事运输。某些村庄(如 16 世纪巴鲁瓦地区的伦贝库村[408])村民的"手推车"远届安特卫普;阿尔卑斯山区农民早就经营从一村到另一村的接力运输。[409]除开这些专业运输人员外,还有大批农民以赶车为副业。法国 1782 年 4 月 25 日敕令声称:"车

辆运输应绝对自由;除创办运输公司〔定期载运旅客及不超过一定重量的包裹〕需经特许外,其余不受任何限制……运输自由为发展
309 商业所必须,不得对它有丝毫损害:农民可使用其马匹,临时充当车把式,也可随时放弃该项职业,不必办任何手续。”[410]

农民从事运输的唯一缺点在于其季节性。但人们对此多半还能迁就。例如,朗格多克的盐从贝该启运,在大商人的监督下编成船队沿罗讷河逆流而上;盐在塞塞勒卸船后,经陆路运往日内瓦附近的小村庄勒贡弗尔,再转水运。一位名叫尼古拉·布拉马奇的商人于 1650 年 7 月 10 日自日内瓦写道:“若不是秋收开始,我们在几天之内将得到盐”;7 月 14 日又说:“运盐事宜正在进行中,我们每天都收到一定数量,如果秋收不拖后腿,我希望在 15 天内全部运达……目前业已收盐 750 车”;9 月 18 日:“余欠将在一两天内运达,虽然目前正值播种季节,车辆往来并不十分频繁。但一旦播种结束后,我们将很快把盐收齐。”[411]

一个世纪过后,1771 年 7 月 22 日,在福西尼地区的博纳维尔,由于小麦不足,财务总管决定紧急调运黑麦:“肚子一闹饥荒,不挑面包黑白。”但他给萨朗什的行会理事写信说:“目前正值秋收大忙季节……不能随意抽调乡村的车辆,否则就会影响收成。”[412]我们这里不妨听一名锻铁工场主作何议论(共和六年风月二十三日):“忙于犁耕土地的农民不能再出车去搞运输”。[413]

在这种利用农闲时间自发从事运输的劳动力和由国家早就陆续建立的定期运输系统之间,还有一种逐渐组织起来的专业运输,但在绝大多数情况下,这种专业运输规模还很小。这是一些拥有几匹马和几名车夫的小业主。汉诺威的一次有关调查表明,陆上

运输还照旧保留手工业性质。如同在16世纪一样。德国从北到南都实行“自由的”或“不正规的”运输(即瑞士所说的“Strackfuhrbetrieb”),“如水手一般”远行异乡客地,数月不归,有时不免陷于困境。他们最兴旺的时代是在18世纪,但到19世纪也还存在。这些小业主似乎纯属独立经营者。[414]

所有的运输都依靠旅店作为驿站,这在16世纪的威尼西亚已经可以看到,[415]在17世纪的英国看得更加清楚,旅店在英国已成为一个商业中心,与今天的乡村旅店没有丝毫共同之处。索尔兹伯里是威尔特郡的一个小城市,那里的旅店于1686年能接待548名旅客和865匹马。[416]法国的旅店主实际上兼营运输业,因而政府于1705年曾想创办“车辆经理处”,并且一度在巴黎试办成功。它把好处抓到自己手里,而把种种罪过硬栽在旅店主头上:“国内的赶车人全都抱怨说,近几年来,巴黎和其他城市的客栈和旅店已把所有车辆运输控制起来,因而赶车人不得不在旅店接受委托,不再认识通常托运货物的货主。至于运费,全凭旅店主的高兴,说给多少便是多少;旅店主又故意让赶车人淹留客地,迫使他们把赚得 310
的运费花光,以致无以为继。”[417]同一份文件指出,巴黎的车辆运输最后归五六十家旅店包办。雅克·萨瓦里[418]1712年在《商人大全》中指出,作为真正的“车辆经理处”,旅店负责征纳各种捐税,向赶车人预付车资,再从商人那里收取运费。这个画像与前面的画像相同,但显得比较亲切,虽然不一定更加符合原貌。

人们因此容易懂得,许多外省旅店何以这样富有。一名意大利人于1606年对特鲁瓦一家旅店设备的讲究赞美备至,女店主及其女儿“端庄华贵”,“貌美如希腊女神”,餐桌上摆着豪华的银器,床帷堪供主教享用，食物十分精美，核桃油拌鱼的味道好得出奇，再“配上勃艮第的白葡萄酒，像科西嘉酒一样混浊，据说由纯葡萄汁酿成，品味比红酒更佳”。这个意大利人顺便补充说，“马厩里喂着40多匹辕马”，他显然不明白前面的事在很大程度上要用后面的事作解释。[419]

私营运输同公营运输之间的冲突比赶车人同旅店主之间的矛盾更加严重。运送旅客和小包裹的皇家运输处的车辆包办人有心垄断全部车辆运输。但对他们有利的敕令颁发后从未见效，商人们始终强烈反对。其实，这里的问题不仅涉及运输自由，而且关系到价格。萨瓦里·台布吕斯龙指出：“车辆运输的价格自由对商业至关重要，因而巴黎六大行会在1701年的呈文中称它是贸易的股肱之倚，并且大胆地指出，他们需花25至30里佛的运费交皇家运输处托运的货物，如果改交普通马车夫运输，只需付6里佛，因为车辆包办人的价格确定后从不降低，而与其他人打交通，价格的高低总好商量，商人与赶车人一样作得了主。”[420]这段话的最后几句应该重读一遍，才能明辨它的实质内容，才能弄清赶车人和小业主的运输自由何以得到保护和保存。苏利《回忆录》中有一段简短的话，如果我没有解释错，这是他请一些小车行主把投入萨瓦战争的皇家炮队所需的炮弹运往里昂。他写道：“我很高兴看到这一切在16天内运达里昂；如果通过普通途径进行这项运输，将历时两三个月，并且开支巨大。”[421]

一些大运输公司，如勒德雷公司、克兰豪斯公司、[422]阿诺纳公司、左尔内公司[423]等，开始在本国的或国际的交通干线经营运输业务，例如从安特卫普或汉堡前往意大利北部。从一些简要的

311

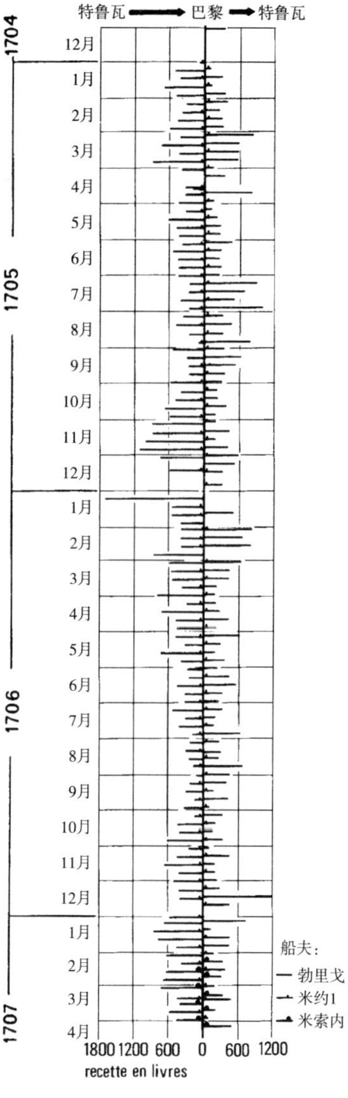

23. 马拉驳船沿塞纳河在巴黎和特鲁瓦之间的往返

雅克·马丁的图表表明,如果单从收入来看,下水的运输收入比上水收入更多。下水共 108 个班次,上水为 111 个班次:两个方向的数量基本相等,平均每月不到四次往返,每周将近一次。由于 1705 年 12 月空缺了一两次往返,1706 年 1 月首次下水航班的收入急剧增加。根据国家档案馆 2209 号案卷。

资料看来，一家运输公司于 1665 年沿这条路线（或部分路线）活动，那就是费埃希公司。过了二十多年后，为了谋求某些优惠，该公司为自己大唱赞歌，声称它每年在法国的开支达 30 万里佛，“分享此款者，有公司指派在沿线各城市的职员，以及旅店主、马蹄铁匠、车匠、马具皮件匠与国王的其他臣民”。[424] 这些大公司多数在瑞士联邦或南德意志设有基地，车辆在这里起着决定性作用，因为
313 要把阿尔卑斯山的南北两侧连成一片，实在很不容易。组织运输
涉及雷根斯堡、乌尔姆、奥格斯堡、库尔等城市，此外也许还要加上马车、莱茵河水路和山区骡帮的会合地巴塞尔。当地的一家运输公司据说拥有上千头骡。[425] 在阿姆斯特丹，自然已建立了现代化的运输机构。小里卡尔[426]写道：“我们这里有些很富的人，商人有什么货物需要发送，都同他们联系，因而人们称他们是送货人。送货人雇有赶车人，专门为他们从事运输工作。”从伦敦发货同样方便，但在英国其他地区，车辆运输的专业化实现较晚，商人和制造商直到 17 和 18 世纪仍在各条大道上忙碌奔波。[427] 在德国，甚至到 19 世纪初，商人参加莱比锡交易会也自带车马商品。[428] 法国的进步并不十分迅速：“专门从事车辆运输的大企业只是在 1789 年后方才诞生。1801 年约有 50 家，1843 年约有 75 家。”[429]

陆路运输不但历史悠久，而且四通八达，商人因而尽可坐享其成。在运输系统中存在的大量竞争起着有利于资本主义的作用，或正如巴黎六大行会大胆地指出的，在运输方面，“他们同赶车人一样作得了主”，他们又何必再按照资本主义的方式去组织（或者说改组）运输系统呢？且不论他们究竟“同赶车人一样作得了主”，还是更能作主。

312

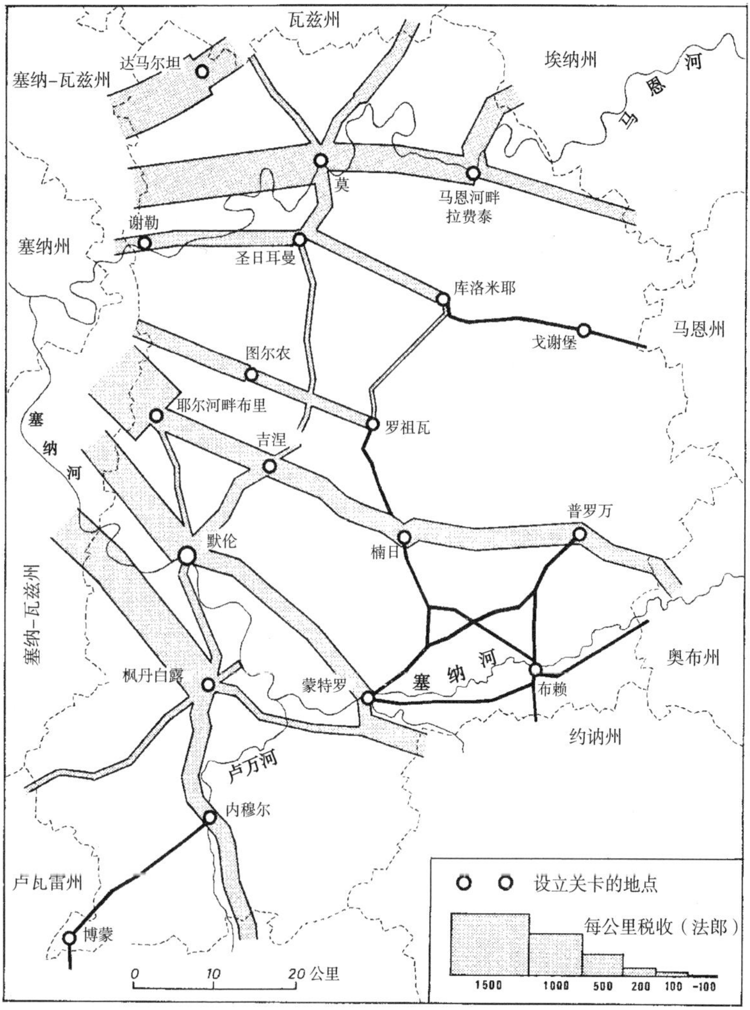

24. 1798 至 1799 年塞纳—马恩州的陆路交通

该图由居伊·阿尔贝洛根据共和七年牧月三十日的养路捐收入情况而绘制，见《共和七年的税卡》，载《经济、社会、文明年鉴》，1975 年 7—8 月合刊，第 760 页。

内河航运业

人们对江河湖泊的舟楫之利颇多赞美，从小船、驳船、大船、木筏到飘浮的树干，走的都是水路，运输方便，价格低廉。话虽说得不错，但有一定的限度。

内河航运业的一大缺点是速度缓慢。当然，下行的马拉驳船可在24小时内从里昂到达阿维尼翁。[430]但为使一队首尾相接的货船从南特沿卢瓦尔河逆流而上，把布列塔尼的小麦运往奥尔良，奥尔良市的财务总管于1709年6月2日“与船户进行了协商，要他们在各种水流和风向条件下昼夜兼程，否则花三个月时间也不能到达”。[431]这里的行船速度还不到每天12公里，低于威纳尔·桑巴特为德国内河航运业估计的速度。里昂粮荒成灾，等着从普罗旺斯运来小麦；财务总管十分担心（1694年2月16日）船队在六星期内不能到达。[432]内河航运本来速度不快，它还受枯水或旺水、风向和“封冻”等自然条件的制约。在罗阿讷，[433]每当因水流条件误了船期，船主按规定应请公证人提供证明。还有很多其他障碍：尚未打捞的沉船残骸，渔民设置的隔栅，水力磨坊的取水口，航标的丢失，不是始终都能避开的浅滩或礁石。最后还有无数税卡，每条船都要停下缴纳过境税。似乎故意同内河航运作对，卢瓦尔河上和莱茵河上的税卡达几十处之多。法国在18世纪采取了
314 一系列措施，撤销新设的和乱设的各种税卡；对于因撤销税卡而引起的补偿问题，国王感到左右为难。[434]

开辟运河是现代弥补内河运力不足的合理办法：由于水闸的原因，运河航行仍然缓慢。奥尔良运河长18法里，有30个水闸；

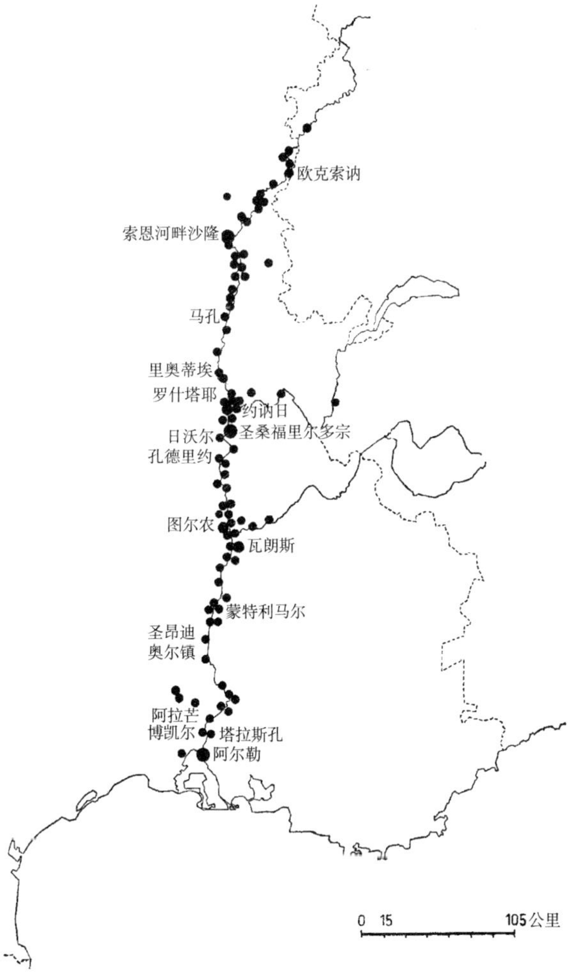

25. 16世纪中叶索恩河和罗讷河沿岸的过境税卡

夏尔·卡里埃尔认为，罗讷河的税卡并不像当时人和历史学家所说的那样，对航运业构成重大的障碍。但每天在河上运输的船只毕竟要在那么多的税卡停靠，手续又是那么麻烦！以上简图摘自里沙尔·加斯贡的著作《十七世纪的大商业和城市生活，里昂及其商人》，1971年版，第I卷，第152页。

布里亚尔运河长12法里,有41个水闸。[435]吕贝克至汉堡的运河
315 上水闸很多,因而据1701年的一名行人说,“从汉堡到吕贝克如走这条路,有时需要将近三星期,尽管如此,运河上来往的船只仍如穿梭”。[436]

最后一个困难也不小:船夫是些一触即跳和不受约束的人,他们抱成团体,互相支持。直到19世纪,在这群与众不同的人身上,还能看到以上的特点。各国政府当局都试图驯服这伙惹祸生事之辈。各个城市都对他们进行监督和调查。巴黎从1404年开始就塞纳河沿岸的各码头的船户编制名册。甚至把人和货物从一岸送往另一岸的“摆渡人”也必须遵守巴黎市于1672年制定的所谓船户行规。[437]

国家还关心创办驳船定期航班,并为此颁发了一些特许状,拉弗亚德公爵获许在卢瓦尔河经营驳船运输(1673年3月);[438]热伏尔公爵获得“在罗讷河经营驳船的特权”(1728年),并以20万里佛高价出售。[439]关于运输的价目,在岸上和水上的接待条件,由驳船或由其他船只承运,是否拉纤等,开始制定一系列的规定。在鲁昂至巴黎的塞纳河上,设置了具有垄断性的运输户世职,每一世职价值1万里佛。[440]在运输经营者和旅客之间,在驳船和其他船只之间,在商人和船户之间,争端几乎层出不穷。

例如,在1723和1724年,索姆河的船户与亚眠、阿布维尔和圣瓦莱里的商人发生了尖锐的冲突。[441]这些船户又称作“格里邦尼埃”,得名于他们使用的船只“格里邦”(gribanes),按照当时的规定,这种平底驳船载重不得超过18或20吨。船户们抱怨运费自1672年确定后从未调整,而五十年来,由于物价上涨,运费显得

太低，他们为此要求增加一倍。皮卡第财务总管肖夫兰宁肯取消任何统一定价，而是如我们今天所说的那样，让船主和商人间的供求关系起作用，商人有“委托任何人运输其货物的自由，价格由他们同承运人商定”。如果交易单凭双方的意愿，船户们将丧失一项得自行会的权益，即强制货主按照船只等候的顺序装货。

我们从争论中获悉关于运输行规的一些有用情况。特别是对运输的货物，如有任何侵吞或损害，肇事者将受到行会的惩罚。船户在圣瓦莱里装货后前往亚眠，途中在阿布维尔停靠不得超过一个晚上，“否则将承担由此造成的一切损失，驳船将首先被交给债权人扣押，不论债权人的身份，即使是驳船的主人”。这最后半句话提出了驳船主人的问题，驳船在这里作为“生产资料”由非主人使用。[442]

我们通过罗阿讷的情形可以把问题看得更清楚。[443]罗阿讷位于卢瓦尔河上通航水道的起点，又有陆路与里昂相接，也就是说，与罗讷河相联系，因而在从里昂出发经卢瓦尔河和布里亚尔运河把首都和地中海连接起来的中轴线上占据关键位置。罗阿讷的居民，包括商人、赶车人、木匠、船员、桨手、苦力等，他们的活动至少有一半与运输直接或间接相联系；杉木船顺水把货物运往下游（船只到达终点后即予拆毁），栎木船备有一间客房，接待富裕的旅客。316
在运输户中，迅速出现了分化，一方面是带着帮工和徒工躬亲劳作的船户，另一方面是商人，是小型的资本家，他们让代理人和船工驾驶他们拥有的船只。劳动者与劳动工具相分离已是常见的现象。经营水上运输的商人住着讲究的房屋，婚嫁都要门当户对，他们是依赖他人艰苦劳动为生的少数压迫者；在卢瓦尔河从事运输是项艰苦的营生，特别是从 1704 年开始，圣艾蒂安矿区的煤炭需从圣朗贝尔外运，罗阿讷上游的河道水流湍急，行船需冒一定的风险。由于必须向巴黎运煤（特别是运往塞夫勒的玻璃工场），由于博若莱的葡萄酒从陆路抵达罗阿讷以及下游各港口，然后转运巴黎，卢瓦尔河的运输业突然改变了面貌。在罗阿讷、德西兹或迪关经营水运的商人从这两项好生意中获得很大利益。有的商人变成
317 了名副其实的运输企业家。最大的一家运输公司名叫贝里·拉巴尔，附设一个造船车间。该公司的重大成就是它几乎完全确立了对煤炭运输的垄断。1752 年 9 月 25 日，一些运输小业主在罗阿讷扣留了贝里·拉巴尔公司满载煤炭的船只，声称将由他们把船驶往巴黎；这个事件正是社会冲突的一个典型例子，这种冲突并不因事件结束而平息。确实，资本主义在一定程度上已经存在，但无数的传统和障碍，来自行政的或行会的，使资本主义不能有一个广阔的活动场所。

相比之下，英国将在自由的道路上走得更远。对旅店主、商人或任何中间人说来，组织运输真是最简单不过的事了。煤炭可在英国陆地和内河通行无阻，即使借道亨伯湾从一条河转入另一条河也能顺利通过，只是出海远航才要纳税。煤炭抵岸价格之所以提高，仅仅因为运费与转驳费不轻：伦敦的煤价比纽卡斯尔矿场至少贵四倍多。当煤炭再从首都运往外省时，到达目的地后的价格为离岸价的十倍。[444] 荷兰运河众多，水上航运更加自由。马拉驳船船身较小，载客 60 人，驾船者两人，外加一匹马，[445] 相隔一段时间从每个城市出发。驳船夜间继续航行，船上有客舱出租。旅客可在晚间从阿姆斯特丹动身，在船上过夜，次日早晨到达海牙。

马拉驳船，吕依斯达尔作画。荷兰的江河水道上，船只往来繁忙。典型的马拉驳船由一匹马拉纤。但有的驳船更加宽敞和豪华，带有供旅客过夜的舱房。

海上航运

从事海上航运，下的赌注和冒的风险都更大。大海意味着财富。不过，海上航运同样不是资本的一统天下。无论在什么地方，繁忙的低层次的海上活动：如数以百计的小船，有时甚至不装甲板，从那不勒斯到里窝那或热那亚，从科西嘉角到里窝那，从加那利群岛到安的列斯群岛，从布列塔尼到葡萄牙，从伦敦到敦刻尔克，运送各类货物；又如英国和联合省沿海无数从事近海航行的贸易船；或如热那亚和普罗旺斯的由内河入海的轻帆船，专供不怕海浪的性急旅客作短途航行。

实际上，海上运输的这个低层次与农民的内陆运输相对应，属于地方性交换的范围。农村与大海相通，二者之间有着基本的联系。请看瑞典、芬兰和波罗的海各国的海岸线，以及石勒苏益格、荷尔斯泰因和丹麦的海岸；再看汉堡到多拉德湾的海岸，始终活跃而命运多变的小港埃姆登就在这里；最后请看挪威至少直到罗弗敦群岛的蜿蜒曲折的海岸，你将发现那些地区（例外正证实规律）的都市化程度在16世纪仍然很差。沿着这些海岸，麇集着众多构造简单的村民小船，它们运输各种货物（数量不多，而品种多）：小麦、黑麦、木材（板条、厚木板、木箱板、椽檩、木板桶），柏油、铁、盐、
318 香料、烟草和布料。沿着奥斯陆附近的挪威峡湾，这些船只排成长队，浩浩荡荡地把木材等货物运往英国、苏格兰或附近的吕贝克港。[446]

当瑞典在哈兰省站稳脚跟并控制海峡（通过1645年布勒姆瑟布鲁和约）时，它把活跃的农民运输船接收过来，向外国运送建筑所需的石子和木材，有时带回整船的烟草；或者，这些船只在挪威和波罗的海各港口之间忙过一个夏天以后，带着赚得的现金，在冬季坏天气到来前返回海峡。这些船只将在斯卡尼亚战争（1675—1679年）中发挥作用，正是它们于1700年把查理十二的军队运往邻近的西兰岛。[447]

随便翻开历史资料，我们将能看到，芬兰的农民兼顾水手和小商人的营生，他们是光顾雷瓦尔（塔林）和赫尔辛福斯（建于1554年，即赫尔辛基）的常客；还有吕根岛和奥得河出海口各村庄的农民，他们常去但泽；还有位于日德兰半岛隘口处的霍伯逊居民用小驳船运送小麦、当地猪油或火腿前往阿姆斯特丹。[448]

以上例子以及许多其他例子，其中当然包括爱琴海，都展示一种古老的航海活动，建造船只的人也就是装货上船和出海航行的人，他们身兼海上贸易所要求的各项任务和职责。

中世纪欧洲的情形真是最清楚不过的了。从贝尔根法规(1274年)、奥莱龙案例汇编(1152年)或奥洛纳"陈规"来看,商船出海航行采用"公账制"。[449]船只归使用者团体共有;奥莱龙案例汇编指出:"船属于几名伙伴所有"。他们在船上各有特定的位置,需要时在那里装载他们的货物;这就是所谓"区划制"。小团体决定旅行路线和动身日期,每人先在自己的"分区"装完货物,然后相互援手。每人在船上"各司其职",轮流操作、值夜、分担劳务,虽然按照规定可随身携带一名雇来的"仆役",仆役由雇主提供吃喝,代替雇主从事劳务,特别在到达港口后,使雇主能够脱身"洽谈商务"。船只由三名海员驾驶:领航、驾长和大副,这三名雇佣人员受船长指挥,船长由合伙的商人选出,因而没有言出法随的权威。由于他本人也是入伙商人之一,他有事要与大家商量,只是因承担这临时任务而接受一些荣誉性礼物:一顶帽子,一双鞋或一瓶酒。因此,满载商品的船只简直像是一个共和国,只要合伙商人之间能够按照习惯要求同心协力。这种情形与矿山在受资本主义控制前实行的帮工制十分相似。合伙商人在计算和分配等问题上不费很多时间:他们不必付运费,因为每人都以实物或以劳务形式支付了;至于一般性开支,如旅途中的伙食供应和所谓"起航费",则从公账中提取,这种公账在马赛被称"公钱柜",在奥洛纳被称作"大钱袋",如此等等。可见,"各种开支都不记账",我从路易·布瓦特的著作中借用的这句话[450]把事情说得一清二楚。

可是,早在15世纪前,某些船只的载运量已极度增加,以往的 319
合伙制在技术上已无力胜任建造、维修和驾驶这些船只的任务。大船不再实行"区划制",而实行"份额制",在更多的情况下,一艘船可分成24“开”(这一规律并不普遍,根据1507年3月5日的一张契约,一艘马赛的船“被分成11份,而这11份中的每一份有时还可分成两小份或四小份”)。船份持有人每年领取红利,但他并不出海航行。如他在领取我们姑且简单地称之为“开票”的红利时遇到困难,他便请法官进行仲裁。16世纪拉古萨的近千吨巨舶(少数甚至超过千吨)为我们提供了船份制的典型例子,这些大船的船东当时分布在地中海沿岸各基督教国家的港口。一艘帆船刚到热那亚、里窝那或另一个什么港口;“开票”持有人便试图索取其应得的红利,有时不惜使用威胁手段:船长于是应说明情况和提交账目。

以上的例子极好地说明了海上航运的演变,这一演变在北海、联合省和英国反复出现,并产生两倍、三倍的后果。

321 一方面,船只和出资人之间的联系日益增多。据我们所知,有的出资人是船东(17世纪的一名英国富翁在67艘船拥有股份),[451]有的供应给养,如向捕鳕船供给食物或工具,船只返回时可得三分之一或其他份额的利润。

另一方面,必须想到,除开按照一定比例(船份)分担风险和红利的真正商业活动外,还有常见的所谓“风险贷款”,这种贷款与进行中的商业活动以及与船只航运逐渐脱离,而几乎成为一种单纯的金融投机。写于1698年的《经商指南》一书[452]津津乐道地解释了风险贷款究竟意味着什么。大家知道,风险贷款是一种航海贷款,也就是从前所说的——请注意此词——航海高利贷。贷款人采用的办法是根据行程的长短确定利息为30%、40%或50%(如去印度,往返可能达三年多时间)。答应贷款后,你立即按正规手

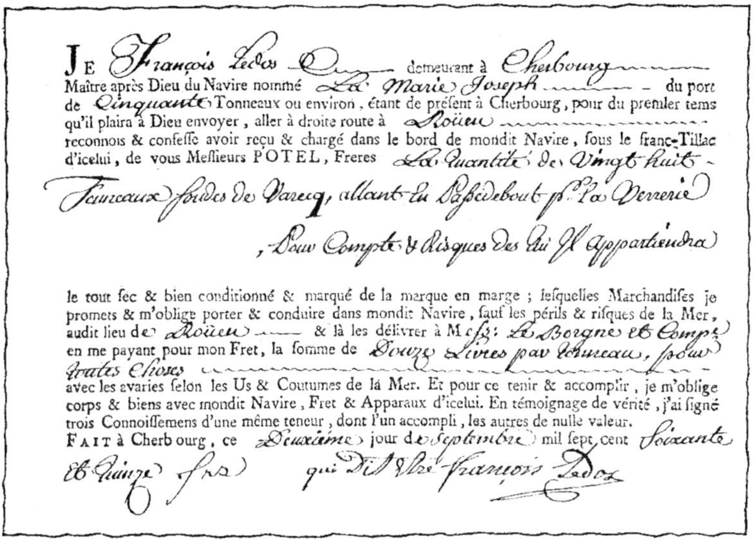
JE François Ledos demeurant à Cherbourg
Maître après Dieu du Navire nommé La Marie Joseph du port
de Cinquante Tonneaux ou environ, étant de présent à Cherbourg, pour du premier tems
qu'il plaira à Dieu envoyer, aller à droite route à Roüen
reconnois & confesse avoir reçu & chargé dans le bord de mondit Navire, sous le franc-Tillac
d'icelui, de vous Messieurs POTEL, Freres La Quantité de Vingt huit
Tonneaux soudes de Varecq, allant en Passedebout p. la Verrerie
, Pour Compte & Risques de qui Il Appartiendra

le tout sec & bien conditionné & marqué de la marque en marge; lesquelles Marchandises je
promets & m'oblige porter & conduire dans mondit Navire, sauf les périls & risques de la Mer,
audit lieu de Roüen & là les délivrer à Mess: Le Borgne et Compe
en me payant pour mon Fret, la somme de Douze Livres par tonneau, pour
toutes Choses
avec les avaries selon les Us & Coutumes de la Mer. Et pour ce tenir & accomplir, je m'oblige
corps & biens avec mondit Navire, Fret & Apparaux d'icelui. En témoignage de vérité, j'ai signé
trois Connoissemens d'une même teneur, dont l'un accompli, les autres de nulle valeur.
FAIT à Cherbourg, ce Deuxième jour de Septembre mil sept cent Soixante
et Quinze
qui Dit Etre François Ledos

瑟堡一船主的“载货知照”。国家档案馆卷宗号 62. AQ33。为作比较，请参看萨瓦里的《辞典》，第 2 卷，第 171—172 页。

续办理保险，投保的资金应是本金加利息，保险费率为 4％、5％或 6％。如果船只在海上失事或遭海盗劫掠，你将能收回本金加预期的利益，减去保险费。你仍然赚得很多。《经商指南》接着说：“今天有些人十分精明，他们的贷款不仅要以船只作抵押，而且要有信誉卓著的商人作担保。”还有更精明的办法，你先借进放出的贷款，如在荷兰借款，那里的息率比英国行市低两至三个百分点，如果一切顺利的话，你就能不拿出资金而赚钱。这是把当时的交易所业务搬到海运方面来，而买空卖空正是交易所投机的精髓。

另一种演变正在同时进行。随着海运事业的扩张，海运正分

320

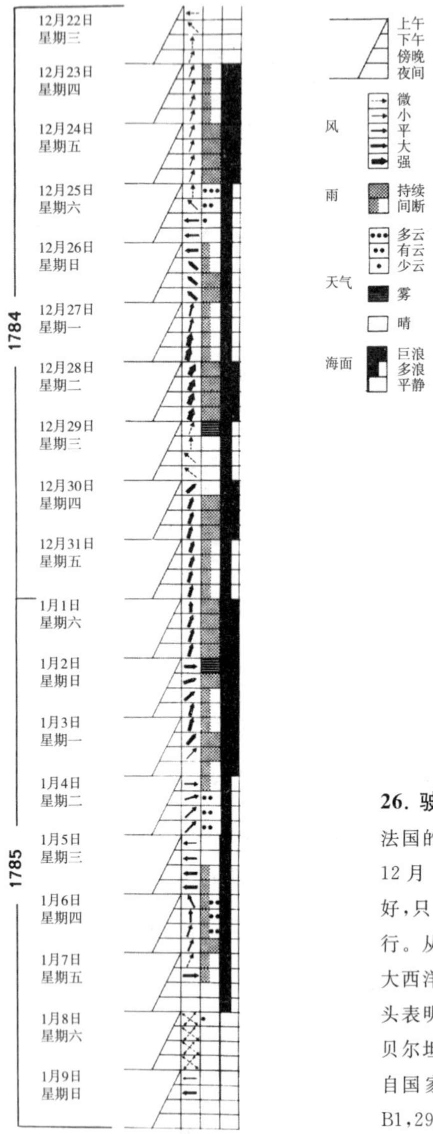

26. 驶出港口

法国的轻巡航舰“猎兔狗号”于 1784 年 12 月 22 日进入卡迪斯湾；该舰运气很好，只等到 1785 年 1 月 9 日，便继续航行。从船上记载的《风向日记》可以看到大西洋气候条件的逐日变化。图上的箭头表明风力和风向。心灵手巧的雅克·贝尔坦绘制了这一杰出的图表。资料来自国家档案馆，卷宗编号 A.N.，A.E.，B1，292。

成几个不同的部分，这首先在荷兰是如此，接着在英国也是如此。第一个突出的事实是造船业开始作为独立的工业而出现。在萨尔丹和鹿特丹，[453]一些独立的造船主接受商人和国家的订货，并能相当出色地满足要求，虽然造船业当时还处于半手工业状态。甚至在 17 世纪，阿姆斯特丹不仅是订造与出售新船的场所，而且是买卖旧船的庞大市场。此外，一些经纪人专门为运输者联系待运的货物，或为商人联系运输的船只。当然，还有一些保险人，他们已不再像过去那样是兼营保险业务的商人。保险事业开始普及，但并非所有的运输者和商人必定实行保险。即使在英国也是如此。虽然我在前面已经提到，英国的劳埃德公司经营保险业务取得很大成功。

可见在 17 世纪，特别在 18 世纪，远洋航运方面的投资和活动十分活跃。由于“起航费”数额很高，周转时间长达几年，投资者和造船主（虽然该词很少出现）已成为必不可少。甚至国家也从中硬插一手，这种情形本身并不新鲜：15 和 16 世纪的意大利商船由威尼斯市政会议建造，然后交给贵族作远程商业航行之用。同样，葡 322
萄牙的帆船，16 世纪海上的庞然大物，是里斯本国王的财产；东印度公司的大船（我在后面再谈）可以说具有资本主义性质，但也归国家所有。

可惜的是人们对这些船东团体的细节及其资金来源（肯定来自很多方面）了解甚少。下面的几个例子显然选择不当，因为都是失败的例子。但是历史学家受到资料的限制，失败继之以诉讼，留下的痕迹因而比成功的航行更多。

1787 年 12 月，巴黎的两位银行家还不知道“卡纳特号”事件

阿姆斯特丹造船厂。腐蚀版画。L.贝寇森(1631—1708)作画。

将如何收场,这艘船于 12 年前(1776 年)由贝拉尔兄弟公司在洛里昂建造,准备前往法兰西岛(毛里求斯)和波旁岛(留尼汪岛),然后去本地治里、马德拉斯和中国。借方以该船的船身和货载作抵押,向银行家借得风险贷款 18 万里佛,息率为 28%,为期三十个月,为谨慎起见,银行家们在伦敦的朋友处投了保险。“卡纳特号”从未到达中国,在通过好望角时,船身出现漏水,无法继续航行。经修理后,终于从法兰西岛驶到本地治里,在那里,再次出现漏水。
323 该船于是离开了本地治里的敞开锚地,沿恒河驶往金德讷格尔进行修理,从 1777 年 9 月 25 日至 12 月 30 日在那里躲过冬天的季风。随后,在满载孟加拉的货物后,该船又前往本地治里,然后返航欧洲,一路平安。不料 1778 年 10 月,在西班牙海岸边,该船被英国海盗所劫持。如果能让伦敦的保险人给予赔偿,事情倒也比较好办,但保险人的律师在法庭上声称,“卡纳特号”从法兰西岛开始已故意改变了航线,因而赢得了胜诉。银行家们便转身去找船东,“卡纳特号”之所以偏离原定航线,责任应由船东承担。于是又要打一场新的官司。[454]

另一件事是南特的哈尔洛-孟肯豪塞合股公司于1771年破产,[455]但财产直到1788年9月尚未得到清理。在债权人中有一个名叫威尔海米的“外国人”(我们对他没有更多的了解),他在造船主已出海的五艘船上拥有六十四分之九的股份(约等于61300里佛)。债权通常分为优先(第一位)和普通(第二位)两种。人们找到了一些正当的理由,推翻布列塔尼高等法院的裁决(1783年8月13日),而把威尔海米列入第二类,并得到商事院的认可(1788年9月25日)。威尔海米大概未能收回他的投资。至于他是否保了险,这也不清楚。总之,这个故事给人的教训是,面对巧言善辩的律师,即使你把所有王牌都抓到手,你仍可能输理。我得承认,对于律师从容不迫地推理论证,我怀有特别的爱好。

即使经过保险的风险贷款也并非毫无保险,只是风险较小,值得碰碰运气,因为远程贸易投资大,时间长,红利也就丰厚。风险贷款几乎是大资本投资海洋运输业的唯一途径,这丝毫不令人奇怪,因为风险贷款是一项复杂的投机活动,其目标实际上主要瞄准着商人的利润,而并非运输者的利润。对于普通的短途运输(或者对于那些在圣路易时代显得很长,但现在已变成十分普通的航程),大资本听任小角色去逞能。这同陆路上的车辆运输情况相同。

例如在1725年,一些英国小船在阿姆斯特丹和联合省其他港口[456]争先恐后地接受远届地中海的运输任务,运费开价大大低于惯常的行市，因而使常走这条航线，装有重炮，必要时可抗御柏柏尔海盗的荷兰船或法国船无事可做。这个事实证明，大船不一定处处都胜过小船。如果我们拥有借以计算的资料，我们可以看到，凡在利润较小的领域里，小船有更多的可能胜过大船。一位名叫威尔弗雷德·布吕莱茨的比利时历史学家就此问题写信给我说："我曾对16世纪末年几艘荷兰船的13次旅行算过一笔账，其中多数是在伊比利亚半岛和波罗的海之间航行，另有一次前往热那亚和里窝那。算账结果表明，纯利润总计在6%左右。有几次航行的利润当然较高，但另一些航行却让船主亏本，还有的是不赚不
324 赔。"由此可见阿姆斯特丹于1629和1634年筹建海运保险公司的计划终告失败的原因。商人反对这项计划，他们的理由之一是拟定的保险率超过了可预见的利润率，或者说负担过重。在17世纪初，情形也确实如此。但在后来，仍有许多小船为小企业主工作，我们在以下事实中将找到证据：往往船主只是一人，不是由几名船东共有。在波罗的海从事贸易或参加"环行"（即驶往鲁昂、圣瓦莱里、伦敦、汉堡、不来梅等附近港口，每艘船轮流载货）的荷兰船只，绝大多数属于这种情况。18世纪汉堡的船只绝大多数也属于这种情况。

可以计算的实际情形：资本和劳动

如同对于工业活动一样，为了确切计算运输的利润，我们必须从内部去进行观察，并试图得出一个计算模式。既是模式，那就要抛弃次要的、非典型的和偶然的因素。在涉及过去的航行时，偶然的和次要的可变因素简直不计其数。在成本方面，存在大量可变

因素;如果说有规律可循,这些可变因素恰巧躲开了规律。在“海上风险”这个名词下面,可列出无数种灾害:其中有战争、劫掠、报复、征用、查封;变化不定的风向有时使船滞留港内,无所事事,有时则使船偏离航线;还有不断出现的海损(船舱漏水、桅杆折断,船舵待修);还有在岸边或海面触礁,货物或能捞回,或者无法打捞;风暴迫使船只减少压舱,并把部分载物扔进大海;船上发生火灾,使船面燃起熊熊大火,连吃水线以下也被火吞没。甚至当终点港已遥遥在望时,也可能大难临头:西印度航线有多少条船在通过巴拉美达的圣吕卡沙洲时不幸失事,而那里距塞维利亚只差几小时的平衡水路!有位历史学家曾说过,一条木船能维持20至25年。我以为,假如一切都很顺利,这是木船最长的寿命。

与其去设想一个模式,聪明的办法还是满足于研究具体实例,注意几条船的前后经历。但是账目对一条船的长期效益并不关心,更注意的是每次往返航程的结算,而且对支出项目的分配不总是列得一清二楚。圣马洛的七艘船于1706年远航太平洋沿岸,[457]有关这次远航的账目总算提供了几个有价值的数字。试举其中的“马里波号”为例:按整数计算,起航费的支出达235315里佛;旅途中的开支为51710;返回时为89386,合计支出376411。如果把这些支出按固定资本和流动资本分类,就得到以下数字:流动资本(船员的食物和工薪)251236里佛,固定资本(买船款,坞修费,装备费,很少的一般费用)125175里佛,差不多是2与1之比。除这些数字外,我们的图表还提供另外六条船的数字:所有这些见证有某些相似之处。我们对这个巧合虽然不必过分重视,但应该 325
注意到,于1465年前往中国作远程商业航行的一艘日本船的账目

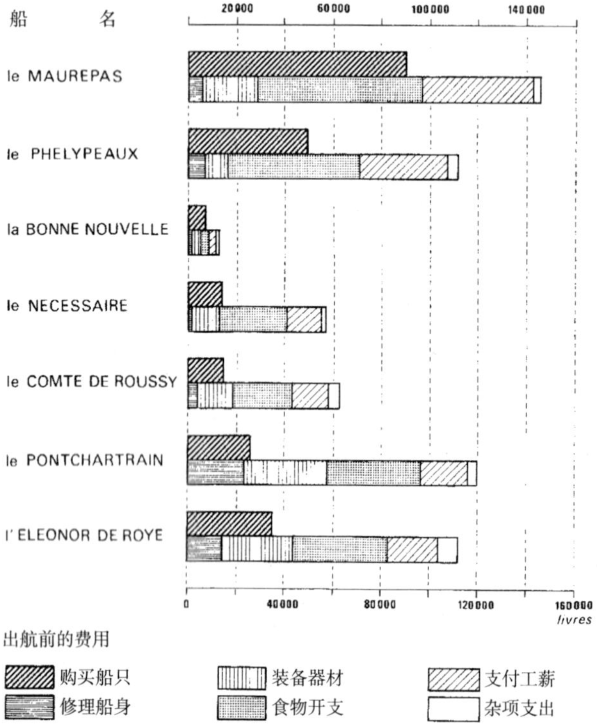

27. 根据圣马洛七艘船的账目算出的固定资本和流动资本

这些船只前往南海，返回法国后于1707年算了一笔账。最大的支出是船员的食物和工资。流动资本占着首要地位。资料来自国家档案馆，卷宗号殖民地部 F^2 A，16。图表由让尼纳·费埃德-雷库拉夫人绘制。

也提供了相同的见证，[458]并且有精确数字为依据。桅具和船身价值400贯；船员在预定的12个月航程中的伙食为340贯，工资为490贯；流动资本和固定资本的比例是2与1之比。

可见，直到18世纪为止，无论对船只或对大多数手工工场，流动资本的支出大大超过固定资本总额。只要想到航程很长及其带来的后果——投资周转缓慢，需支付船员许多个月的工资和伙食——就会觉得这个结果很合逻辑。但正如手工工场一样，流动资本和固定资本的这个比例关系在18世纪趋向于颠倒过来。以下是18世纪下半叶南特的三艘船的航行总账，它们是“双诺通号”（1764年），“玛格丽特号”（1776年，圣多明各），“苏弗朗大法官号”（1787年，安的列斯群岛）。对这三次航行来说，流动资本和固定资本的比例分别是47781里佛比111517；46194比115574；
28095比69827（顺便指出，它们的航程没有圣马洛几艘船那么 326
长，后者远届秘鲁沿岸）。[459]在以上三种情况下，比例关系大致是1与2之比，与1706年时的情况恰好颠倒过来。

这些抽样调查既不完善，又很局限，因而问题并未解决。但问题却已被提了出来。固定资本的比重有了很大增加。人不再在支出账上占第一位。机器开始领先，而船只也是机器。这个认识目前尚立足未稳，如果它能得到证实，将具有很大的意义。我们将能把它同拉尔夫·戴维斯、道格拉斯·诺斯、加里·华尔顿的见解作一比较，他们指出，1675至1775年间，北大西洋运输业生产率约增长了50%（年增长率为0.8%）。[460]流动资本和固定资本比例关系发生变化的原因究竟是什么？船只构造的复杂（例如，船身包铜）和船价上涨无疑是个原因。但为确切衡量船价上涨的意义，必须把它同18世纪物价的普遍上涨相联系，同时应了解船身的寿命及材料的折旧率是否发生了变化。此外，船员的工资以及船上伙食的价格和质量是否出现相对下降？或者船员人数与船只吨位的比例有所减低，而高级船员（船长、管事、领航、文书）和水手更能适应他们的任务（直到18世纪初，水手往往是些没有熟练技术的普通劳力)?“拉夫制”虽然只把嫌疑犯押上军舰充当水手,但这也是一个见证,说明整个海上生活状况的恶劣;但在这些背后又掩盖着什么事实呢?以上提出的所有问题至今没有令人满意的答复。

话说回来,船只的生产率同所运货物的数量、价值和命运有联系。我们前面计算的仅仅是运输开支。如果船主简单地以运输为业,他只要根据这些支出去收取运费,以保证其应得的利润。16世纪在地中海通常从事短途运输的拉古萨大帆船就是这么做的。地中海或别处的成千上万艘中小船只也是这样。这是一个困难、危险和收入不高的职业。我们以上为进行计算而举的实例都不涉及租船。这是商人们为装运自己的货物而造的船,因此参与商业活动的船只超出了运输的范围,或不如说运输被纳入商业的范围。确实,在从事远程贸易时,同所运货物的价值相比,航行的风险和成本是如此之高,因而不能把运输想象是单纯的租船业务。我们下文还要谈到这个问题。在正常情况下,远程运输作为商业活动的组成部分,分担商业支出和商业风险。

327　失败多于成功

这冗长的一章可以用几句话作概括。它首先描绘了生产的各个领域,接着又查清资本主义对这些领域的入侵,资本主义即便进入这些领域也不把根子扎得很深,通常只是浅尝辄止。总而言之,前工业时期的资本主义在这些领域的努力,失败多于成功。

除开个别例外,当时的资本家,也就是说,兼顾众多活动的“大商人”,并不全力以赴地投身到生产中去。他从不是立足于土地经营的地主:虽然他往往收取地租,他真正的利润和关注却在别处。他也不是恪尽职守的工场主或运输承包人。当一名商人拥有一艘船或船的一部分时,当他控制一个包买商系统时,这始终取决于他们的真正身份,这是因为市场、交易所、交换网、一系列的交换环节以及真正产生利润的销售部门要求他这样做。

例如前面谈到的佩雷兄弟自己有船,但对这些大力开展安的列斯群岛贸易的波尔多商人说来,节省租船开支只是一个十分次要的原因。自己有船,就能选择开航的日期和及时到达目的地,甚至有单独抵达的机会;自己有船,就能自由调动船长,让他执行这项或那项指令,或根据当地情况作些变通。各种商业机遇因而都掌握在自己手里。同样,我们已经谈到的于1706年购买和装备了圣马洛船的那些商人,他们首先关心的是交船运往智利和秘鲁海岸的货物以及返程时载运的货物。在战争时期从事这项冒险活动需要保密,但许诺的利润很高(后来果真兑现了),必须自己是船的主人,才能稳操胜券。运输在这里又一次处于次要地位,被一系列其他活动所淹没。同样,在柯尔贝尔去世后不久,巴黎十分富有的服饰用品商在呢绒手工工场投资,主要是为了取得在法国和外国出售这些呢绒的专利权。每当专利权出现问题,他们都奋力加以维护。[461]

总之,资本主义很少有理由离开自己的领域。只是出自贸易的需要或受到利润的诱惑,资本主义才与生产相结合。只是在工业革命时,当机器改变了生产条件,以至工业将成为有厚利可图的部门时,资本主义才侵入生产部门。资本主义将因此而受到深刻的改造，尤其将扩大范围。但是资本主义并不因此改变见异思迁的性格，因为随着时间的迁延，在19世纪和20世纪，资本主义将有工业以外的其他选择。工业时代的资本主义远不仅仅与工业生产方式相结合。

汉译世界学术名著丛书

十五至十八世纪的
物质文明、经济和资本主义

第二卷

形形色色的交换

下 册

〔法〕费尔南·布罗代尔 著

顾良 施康强 译

商务印书馆
创于1897 The Commercial Press

第四章

资本主义在自己家里

资本主义虽然在流通领域就像在自己家里一样，但它并不完全占据这个领域。它通常在活跃的交换场所才如鱼得水。它对传统的交换，对小范围的市场经济兴趣淡薄。即使在最发达的地区，它承担一些任务，分担另一些任务，对它不愿接受的其他任务，它干脆撂开不管。在这些选择中，国家有时与它通力合作，有时给它处处作难；唯独国家有时能替代它，排斥它，或者强制它接受它不愿扮演的角色。

另一方面，大商人毫不困难地把收集、贮存和零售的日常小事以及普通的市场供应推给店铺主和零售商去做，这类小事受到陈规旧例的束缚，不能有很多的回旋余地。

资本主义处在一个不断扩大的“集合”的内部，后者在自身的运动中承受和支撑资本主义的向上运动。资本主义在商品社会中所处的这个巅峰地位大概是个重要的实在，因为这一地位能使资本主义获得法律上或事实上的垄断，并且操纵物价。总之，我们应该从这个高度去发现和观察本章的全貌，进而了解逻辑推理过程。

330

《在国外经商的银行家兼大商人》,1688 年的版画。

在商业社会的高层 331

无论何地，商业生活的现代化始终伴随着强有力的劳动分工。这并非因为分工本身势在必然。正如亚当·斯密所指出的，市场的扩大和交换的发展推动了分工，并使分工达到新的高度。归根到底，动力还是来自经济生活本身，它使一些人突飞猛进，让另一些人去完成次等任务，从而造成商业生活中极度的不平衡。

商人的等级

在任何一个时代，从没有一个国家的商人处在唯一的和相同的水平上，他们之间从不是平等的和可交换位置的。西哥特人的法律已谈到“外洋商人”，[1]这些与众不同的商人漂洋过海，贩卖勒旺地区的奢侈品，他们显然是在罗马帝国末期已在西方的“希利人”(Syri，操希腊语的犹太徒和基督徒)。

在11世纪的经济复苏后，不平衡在欧洲变得越来越明显。意大利城市自从与勒旺地区恢复贸易后，那里的大商人阶级便开始形成，这些富商巨贾随即取得了城市贵族的资格。由于随后几个世纪的繁荣，商人的等级化趋向更有所发展。金融业正处在这一演变的顶峰。还在香巴尼交易会那时候，锡耶纳的布翁齐诺利家族主持“大桌”公司，这家大商行专门经营银行业务，马里奥·乔达诺为该公司写了一本书，标题是《二百家族中的路特希尔德》。[2]意大利后来成了西欧各国的榜样。例如在13世纪的法国，大商人在贝荣纳、波尔多、拉罗歇尔、南特、鲁昂等地的影响已很明显。阿罗德、鲍潘、巴培特、皮茨多埃、帕西、布尔顿都是巴黎著名的大商人，在 1292 年人丁税册中，季尧姆・布尔顿是巴黎的纳税大户之一。[3]据弗里德里希・吕特格认为，[4]德国从 14 世纪开始出现零售商和批发商的区分，原因如下：贸易距离的延长，使用不同货币的必要，分工的加强（店员、经销人、仓库保管），以及由于经常使用信贷而必须采用簿记。在这以前，大商人保留其零售铺，他与仆人和学徒的生活水平相同，就像工匠师傅与其帮工一样。等级分化已经开始，虽然远未完成：在很长时期内，各地的批发商继续从事零售，甚至在佛罗伦萨，甚至在科隆，也是如此。[5]但大宗贸易无论在社会还是在经济方面开始与普通的小商业有了明显的区分。此事确实非同小可。

所有的商业社会迟早都会制造这样的等级体系，这在日常的语言中可以看出。伊斯兰地区的“塔依尔”（tayir）是在家里指挥经销人和代理人行动的大进出口商人。他与集市的小店主（hawan-
332 ti）毫无共同之处。[6]孟利克师傅于 1640 年经过印度的阿格拉，当时这还是一座大城市，当地人称小商人为“索达戈尔”（sodagor），即我们在西班牙所说的“杂货商”（mercader），但有些人另有“卡塔利”（katari）的特殊名称，这是当地以经商为职业的人的最高称号，意思是“极其富有和信誉卓著的大商人”。[7]西欧的语汇也反映类似的差异；批发商（négociant）是法国的 katari，是商人中之佼佼者；这个词（négociant）于 17 世纪出现，但并未立即取代原已存在的 marchand de gros、marchand grossier、magasinier 或 grossier 等词（都是批发商的意思）；里昂称批发商为 marchand bourgeois。在意大利，零售商（mercante ataglio）和批发商（negoziante）的地位相距甚远，正如英国 tradesman 和 merchant 之间有很大差别一样，后者在英国各港口专门经营远程贸易；在德国则有小商贩(Krämer)、商人(Kaufmann)和大商人(Kaufherr)的区分。科特吕格利于 1456 年已看到，经营商业和普通售货之间有着天渊之别。[8]

这不是简单的用词不同，而是能使当事者为之感到屈辱或引以为荣的社会差异。站在金字塔顶上的是那些目空一切的金融家。[9]曾向马德里的菲力浦二世放款的热那亚商人鄙视任何商品交易，用他们的话讲，这是"小店主和小商贩"的行当；批发商也同样鄙视店铺主。翁弗勒尔的大商人夏尔·利翁于 1679 年抗辩："你可别把我当作零售商，我不卖鳕鱼，而从事经销业务。"从事经销业务意味着是批发商。[10]反过来，零售商则表现忌妒乃至愤恨。安特卫普的这名威尼斯人经商看来并不十分顺利，他怀着一股怨气斥责"为宫廷和尤其为百姓所深恶痛绝的大公司"，这些公司的人"以炫耀财富为乐"。人人都说，"这些大银行吞噬""贫民小户"，其中当然也包括小商人。[11]不过，小商人反过来又傲视那些用自己双手劳动的工匠铺主。

专门化仅在下层进行

在商人等级的下层，麇集着大批小商贩，有沿街叫卖的，有"走乡串县赶集的"，[12]有摆摊的，开小铺的，以及形形式式谋求蝇头微利的小本经营者：各种语言都有成套的名称用以确指种类繁多的下层商人。此外还加上由商人世界派生的，并在很大程度上依赖这个世界生活的其他职业：出纳，会计，经销人，代理人，不同名称的经纪人，赶车的，航船的，送信的，打包的，以及各种苦力和脚夫……每当一艘马拉驳船到达巴黎，船还没有靠上塞纳河的码头，便有许多脚夫从摆渡船中蜂拥而出，抢上驳船卸货。[13]商人世界就是这么一个由许多既统一又矛盾的和逐级依赖的成分组成的集合体，其中有为低价收购一袋小麦而走遍穷乡僻壤的小商贩，有穿着
334 讲究或衣衫破烂的店铺主，有坐镇港口向渔船提供给养的资产者，有巴黎、波尔多等大城市的批发商。所有这些人形成一个整体。与他们形影不离的，还有令人憎恶但又不可或缺的高利贷者，从为大人物效劳的金融家直到锱铢必较的抵押放款人。据杜尔哥认为(1770年)，[14]再没有比"在巴黎被称作星期借款更凶的高利贷；这种借款意味着，如借三里佛的一枚埃居银币，每周的利息为二苏，也就是说，如借一百里佛，过一年后，本利将达一百七十三又三分之一里佛。这个利率确实很高，但巴黎中央菜场和其他集市的食品零售商确实都以这个利率借款。借款人对借贷条件并无抱怨，他们如果借不到钱，便不能经营他们赖以为生的商业；贷款人并不因借贷而致富，因为利息虽高，但它只是对资本所冒风险的补偿。只要有一名借款人无力偿还债务，就能抵销从三十名借款人那儿得到的利息"。

可见，在社会这个大共同体内，还有商人的小共同体。我们不能忽视这个小社会，而是应该全面地认识它。菲力浦·吕兹·马丁[15]一门心思地研究这个商人社会及其特殊的等级制度，他这样做是正确的，否则资本主义将很难被理解。在美洲被发现后不久，西班牙碰上了千载难逢的好机会，但国际资本却从西班牙手里成功地夺走了这个良机。一个三级金字塔建立了起来：基层是农民、

牧民、养蚕者、工匠、商贩和“星期借款”的借款人；在他们之上的是操纵他们的卡斯蒂利亚资本家；最后，高高在上指挥一切的是富格尔家族的代理商以及即将显示其威力的热那亚商人……

333

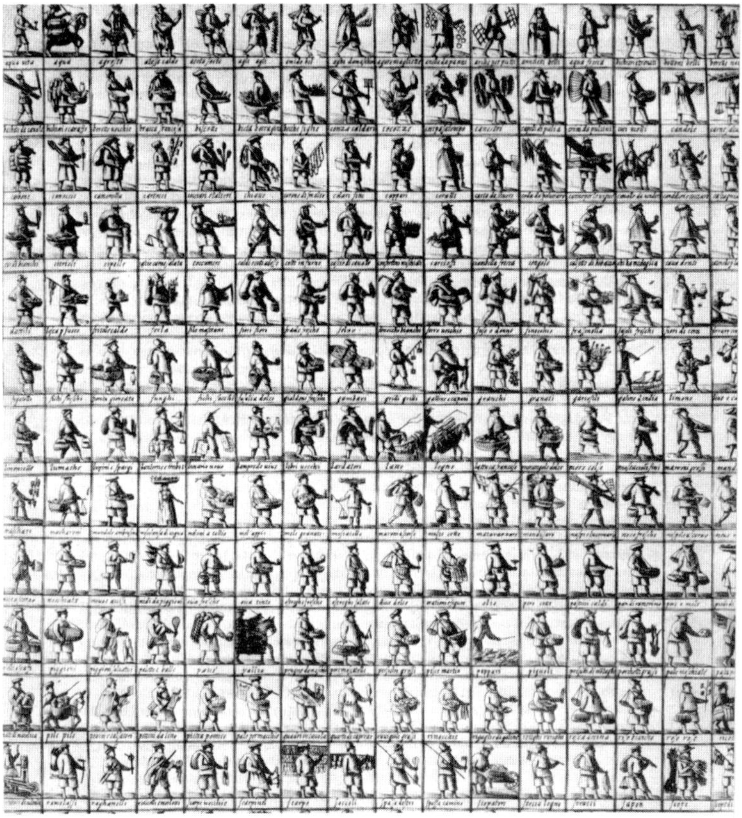

罗马的市声。罗马至少有192个小行业，这表现了经济底层的劳动分工。其中有的销售各种农产品（包括草秸）、林产品（从蘑菇到木炭）、渔产品和手工产品（肥皂、扫帚、木鞋、篮筐），有的从事贩卖（鲱鱼、纸张、针、玻璃器皿、烧酒、旧衣），有的提供劳务（磨刀、劈柴、拔牙、烹饪）。

这种商业金字塔，这个特殊的社会，我们在整个西欧和所有的时代都能找得到。它有其独特的运动。专门化和劳动分工通常在其中自下而上地在展开。如果人们把分工过程叫作现代化或合理化，这种现代化首先表现在经济的底层。交换的任何发展都决定着店铺的更加专门化，以及在众多的商业辅助人员中诞生特殊的职业。

奇怪的是，批发商并不遵循规律，很少专门经营某个行业。甚至店铺主发了财，变成批发商以后，也立即从专门化向非专门化过渡。在18世纪的巴塞罗那，每当店铺主的地位上升到一定程度时，便开始经营各项买卖。[16]卡昂一位名叫安德烈的企业家于1777年从父亲那里继承了濒于破产的花边制造厂，他通过扩大购销范围来摆脱困境；他访问了雷恩、洛里昂、鹿特丹、纽约等城市。于是摇身一变而成为商人，不仅经营花边，而且兼营布匹、食品和皮毛。[17]此事不足为奇，因为作为商人，他受到商业规律的制约。一旦变成和充当批发商以后，他不仅有权利，而且有义务去接触很多的东西，如果不是所有的东西。我曾说过，在我看来，这种多方面发展不能用大商人出于谨慎、希望分担风险的考虑来解释（否则，小商人又为什么不这样做）。这种很有规律的现象也许要从更广的方面去解释。今天的大资本主义本身不是具有多种职能吗？当今的一家大商业银行可大致比作大革命前夕米兰的安东尼奥·格
335 雷比公司。这家公司主要从事银行业务，但又经营伦巴第的烟草和盐业专卖，在维也纳为西班牙国王大量收购伊德里亚的汞。不过这家公司在工业活动方面没有任何投资。它在意大利、卡迪斯、阿姆斯特丹，甚至在布宜诺斯艾利斯分设的许多子公司也经营

多种业务，但同样仅限于商业方面，从购买瑞典的铜（用以包裹西班牙船只的外壳）到吉丹尔的小麦投机，到经销意大利的棉布丝绸和向阿姆斯特丹市场提供各种产品；且不说它为汇兑业务一再使用米兰这一商业重镇与世界各大商埠之间的联系。还必须加上走私活动，如偷偷地把美洲的银条在卡迪斯装船。[18]另一个例子，荷兰的特里普公司于17世纪不断转移活动中心和改变经营范围。在某种程度上，它从一种垄断转向另一种垄断，从与一方合作转向与另一方合作，遇到对手威逼太甚，便毫不犹豫地与它拼个你死我活。在贸易方面，它首先经营武器、柏油、铜和火药（波兰、印度乃至非洲的硝石），而且从不间断；它广泛参与荷兰东印度公司的活动，并为这家大公司提供了几任总裁；它还拥有船只，发放贷款，经营锻铁厂、冶金厂和其他工业企业；它在弗里西亚和格罗宁根挖掘泥炭，在瑞典拥有辽阔地产以及其他重大利益，与非洲的几内亚和安哥拉以及与南北美洲进行贸易。[18]毫无疑问，在19世纪，当资本主义引人注目地投入广大的工业新领域时，它似乎逐渐变得专门化，通史往往把工业当作最终赋予资本主义“真正”面貌的归宿。事情果真如此吗？依我之见，在使用机器生产的第一个高潮过去后，高级的资本主义又回到一种兼收并蓄和不可分割的状态，似乎无论在今天或在雅克·克尔的时代，占据这些制高点的好处恰巧是不局限于一种选择，而是具有高度的适应性，因而不朝专门化方向发展。

合理的劳动分工只是在批发商以下进行：R.B.韦斯特费埃德著作中列举的17世纪末伦敦众多的商业中间人等级[19]——店员、经销人、经纪人、出纳、承保人、承运人或者早在17世纪末在拉罗歇尔和其他港口分担船只“起航费”的船东——，他们都是有效地经营某项专门业务并为商人提供服务的辅助人员。即使专门的银行家（当然不是“金融家”）也听命于批发商；在条件有利的情况下，批发商毫不犹豫地兼营保险、造船、银行和经销等业务。而且批发商总是能获得最大一部分利润。但在18世纪大商埠之一的马赛，据夏尔·卡里埃尔指出，[20]银行家不占至高无上的地位。

总之，在商业社会不断的改组中，具有多种职能的批发商的地位长期不受侵犯，惟其如此，随着下层结构的一再分化，批发商的
336 地位不断在提高和上升。在伦敦和英国其他的活跃港口，批发商于17世纪逐渐壮大，成为在困难时期唯独能够赢利的商人。笛福于1720年指出，伦敦的批发商有越来越多的仆人，他们甚至还想同贵族一样有“跟班的”。于是出现了无数穿蓝色号衣的仆役，这些所谓“商人号衣”竟是如此普遍，因而贵族不再让他们的仆役穿蓝色号衣。[21]对大商人来说，他的生活排场，他的娱乐方式，总之，一切的一切，都发生了变化。依赖全世界的钱财致富的进出口商人成了大人物，只搞国内贸易的中等商人不能望其项背。据1763年的一名见证人说，中等商人“虽然在其岗位上做十分有用的工作，却无问津高位尊荣的任何权利”。[22]

在法国，至少从1622年开始，大商人逐渐变得阔绰起来。他们“身穿绸衣和长绒袍子”，把各种下贱活计交给伙计去做。“他们上午去汇兑市场……看不出像是商人的样子，或者去新桥，在槌球场上谈生意”（这是在巴黎，槌球场是指“切莱斯廷会”修院附近的榆树滨河路，汇兑市场设在现今的大理院）。[23]他们的行为举止与店铺主已没有任何共同之处。何况1629年法令允许贵族从事远

洋贸易,而不丧失贵族资格。再后来,1701 年法令进一步允许他们做批发生意。在一个依旧轻视商人的社会里,这是对商人地位的一次重新评价。法国商人在这个社会里感到不自在,这从他们于 1702 年致商事院的请愿书可以看出。他们的要求只是进行一次职业清理,使商人从此与任何体力劳动者区分开来,后者包括药剂师、金银首饰匠、皮毛加工匠、针织工、酒商、织袜工、估衣商以及“具有商人资格但要自己做工的成千种其他职业”。总而言之一句话,商人的资格将只属于那些“出售商品但不用自己花费力气和增加劳动”的人。[24]

在整个欧洲,18 世纪是大商人的鼎盛时期。让我们仅仅强调这样一个事实,批发商的兴旺全靠底层经济活力的发展,前者随后者水涨船高。虽然熊彼得关于企业主占先的思想包含部分真理,被观察到的事实表明,在多数情况下,革新者是风云际会的人物。但革新者成功的秘密是什么?换句话说,怎样才能被幸运所选中?

商业的成功

有一项条件决定所有其他条件:必须在事业开始时已达到一定的高度。无论今天和昨天,白手起家取得成功的机会十分难得。克洛德·卡莱尔就 16 世纪的巴塞罗那所提供的生财之道适用于所有的时代:“要在大商业中赚钱,最好的办法……是自己已经有钱”。[25]安托尼·霍格尔是出生于圣加仑商人家庭的年轻人;就在 1698 年,即在只带来短暂休战的里斯维克和约签订后不久,他从父亲那里得到一笔 10 万埃居的资金,“看他能有多大出息”。他在波尔多做成了“几笔好交易,因而不到一个月就把本钱增加两倍”。

337

《批发商大全》一书的卷首画，雅克·萨瓦里著，1675 年。

在随后的五年里，他在英国、荷兰和西班牙积聚了大笔资金。[26]加 338
布里埃尔·居利安·乌佛拉尔（后称乌佛拉尔大亨）于1788年仅18岁，用他从父亲（旺代地区昂蒂埃的富有纸商）那里得来的钱在南特经商，并获取大笔利润。大革命初期，他囤积大量纸张，投机再次成功。他随后前往波尔多，每次投机均告得手。[27]

对一个经商新手来说，有钱等于得到所有人的推荐。法兰克福的雷米·本萨在与有三名大商人担保的一名鲁昂经销人订立契约时感到犹豫，他写道："我对杜加尔先生颇有好感，这是一个工作勤奋和恪守信用的年轻人。可惜他没有产业，至少据我所知是这样"。[28]

经商新手的另一个机遇是要在开始时赶上好的经济气候。但这不能保证他有成功的把握。贸易环境常会风云突变。每当商业转向繁荣，天真的小企业家纷纷投资经商。眼看风调雨顺，他们信心十足，甚至有点趾高气扬。坏天气出其不意地接踵而来，无情地给他们带来灭顶之灾。能够逃脱这无妄之灾的只是少数量幸运、最机敏的人或事先留有储备的人。据此，我们将得出什么结论：大商人恰恰是顺利渡过难关的人。他之所以能够做到，这当然因为他有王牌在手，并且懂得使用；如果事态发展很不顺利，他还有韬光养晦的手段。M.G.比斯特在研究阿姆斯特丹最大的六家公司的银行账目时指出，这些大公司全都安然渡过1763年突然降临的严重危机，未受重大损失，除一家例外，但其损失也很快得到弥补。[29]1763年正值七年战争结束，这场资本主义危机震撼了欧洲的经济心脏，并导致了从阿姆斯特丹到汉堡，再到伦敦和巴黎的一连串商业破产。只有商界巨擘得以幸免于难。

若说资本主义的成功建立在金钱基础之上，这似乎是句大实话，因为资金对任何企业都不可缺少。但金钱除可用于投资外，还有别的用途。有了金钱就有了社会地位，以及随之而来的一系列保障、优惠、合谋和保护；就有可能在各种买卖和各项机遇中选择，而选择同时是一种诱惑和一种特权；就有可能挤进一个不对外开放的小圈子，保护蒙受威胁的利益，弥补遭受的损失，排挤竞争对手，等待收回长期投资的优厚利息，甚至获得王公的眷顾和关照。最后，有了金钱，也就有了取得更多金钱的自由，因为人们只肯把钱借给富人。信贷逐渐成为大商人不可缺少的工具。大商人的自有资金，即“本钱”，很少能满足他的需求。杜尔哥写道：[30]“世界上没有一个商埠不靠借钱来发展企业；也许没有一个商人能不求助于别人的腰包。”一位匿名作者在《商报》(1759 年)[31]撰文惊呼：“一家资金为 20 万至 30 万里佛的商号，每年的营业额却高达几百万里佛，经营者应该精于组织，工于心计，善于谋略，并且具有极大的勇气！”

339 但据笛福认为，整个商业界从上到下都处在相同的境地。无论是店铺主或批发商，手工工匠或工场主，所有人全都依赖信贷为生，也就是说，依赖期货买卖为生，因为正是期货买卖能用 5000 里佛的资金达到每年 30000 里佛的营业额。[32]每人提出或接受的付款期限其实是一种“借贷方式”，[33]期限甚至有弹性：“在二十个人中间，没有一个人遵守约定的时间，人们对此一般不抱任何期望，商人间在这方面很容易彼此通融”。[34]在商人的账本上，除开存货以外，必定有债权栏(资产)和债务栏(负债)。聪明的办法是力求二者的平衡，而绝不是放弃这种足以使贸易额增加四五倍的信贷形式。[35]整个商业体系的存亡取决于信贷。一旦信贷停止，发动机就会卡壳。关键在于，这是一种为商业体系固有的并由该体系产生的信贷，一种“内在的”和“不计利息”的信贷。笛福认为，这种信贷的蓬勃发展正是英国经济繁荣的秘密，也是英国远播国威的秘密所在。[36]

大商人让他的顾客从这些内部便利中得益，并且自己也从中得益。与此同时，他还经常使用另一种信贷形式，即向商业系统以外的放款人和出资人借钱。这是需要支付利息的现金借贷。这与前一种信贷形式有天渊之别，因为建立在这个基础上的商业活动在活动结束时应保证取得明显高于息率的利润率。笛福认为，这不是普通商业所能做到的事，在他看来，“有息借贷是啃食利润的蛀虫”，即使以5％的“合法”利率计算，也足以抵销全部利润。[37]借用高利贷更是一种自杀行为。如果大商人能不断举债，利用“他人的钱袋”和外来信贷，他的平均利润肯定大大高过普通商人的利润。我们在这里再次面对一条分界线，它指出了交换领域内一个特权部门的特点。K.N.乔杜里[38]在他的一部著作（我们将广为引证）中问道：为什么素负盛名的东印度公司的业务范围不包括分销？为什么东印度公司在预先通知的日期在仓库门前拍卖货物？这难道不仅仅因为拍卖是用现金交割的吗？这是避免大宗贸易诸如付款期限过长等积弊的一个方法，借以尽快地、不失时机地收回资本和重新投入利润丰厚的远东贸易中去。

出　资　人

马克思说过：“积累啊，积累啊，这就是摩西和先知们！”[39]我们也完全可以说："借贷啊，借贷啊，这就是摩西和先知们！"任何社会都通过积累，拥有一定的资本，一部分是一潭死水般的积蓄，另一部分是通过活跃的经济渠道发挥良好作用的资本，而在昨天的世
341 界，最活跃的是商品经济。如果商品经济这股活水不足以同时打开所有可能的阀门，势必就有部分资金流通不畅，甚至可以说，出现腐化变质。只是当积累的资金得到最大限度的利用时（百分之百的程度显然从未达到），资本主义才完全站稳脚跟。

资金投入经济生活决定着息率的变化，息率则是表现经济和贸易的健康状况的重大指标之一。息率在15至18世纪的欧洲几乎不断下跌，息率在1600年的热那亚低得可笑，在17世纪的荷兰，接着在伦敦，息率以惊人的速度下跌，这主要因为积累增加了资本总额，由于通货充沛，借贷利息相应下降，商业营业额虽有增长，却往往跟不上资本形成的速度。另一个原因，在这些欣欣向荣的国际经济中心，借贷的需求相当强烈和频繁，因而很早就实现了投资和积储的结合，建立了易于进入的融资市场。商人在马赛或卡迪斯借款比在巴黎容易，而且息率也比巴黎低。[40]

在出资人中，我们不能忘记大量越来越多的小角色，他们的资金是清白无辜地积攒起来的。在汉萨同盟或意大利各港口，以及在16世纪的塞维利亚，都存在一些小放款人或小发货人；小发货人把几件货物委托出港的船只带走，当船只返航时，他们往往急于把带回的货物脱手，因为他们立等钱用。1557年的里昂大借款吸引了大批小放款人。奥格斯堡的赫希斯泰特尔家族在筹集了小放款人的资金后，由于汞业垄断未能成功，于1529年破产。在18世纪初，"J.-B.布吕尼〔马赛大商人〕的跟班在'圣·约翰·巴蒂斯特

号'存下300里佛，R.布吕尼〔也是一名大商人〕的女仆玛格丽特·特吕范姆为建造〔玛丽安娜号〕投资100里佛，而她的年工资不过60里佛”，[41]这些都是值得重视的事实。或据1705年的一份揭帖说，巴黎某女佣竟在五大包税所拥有1000埃居的巨款，我们对此不一定完全相信。[42]

340

货币兑换商。《圣马太的志向》，约翰·旺·赫梅桑作画，1536年。

除小放款人外，还有中等放款人。如向菲力浦二世提供短期贷款的热那亚商人，本身就依靠中间人为他们在西班牙和意大利放款人中征集贷款。国王用西班牙年金债券(juros)充当借款的担保。交给热那亚银行家的空白债券接着公开发行，银行家保证支付利息，这样，银行家一举筹得本金总额，他本人只不过订立一项低息借款契约而已。当国王偿回债款时，银行家便把同等面值的债券退给国王，按原先商定的息率计息。人们或许能在锡曼卡斯档案馆找到年金债券认购人的名单。我曾有幸发现一张名单，当时因不懂它的价值，忘记记下其档案编号。

中小贷款很少具有投机性质，了解这些贷款的总额以及贷款
342 人的数量和社会地位，想必是不乏兴味的。19 世纪的大事之一正是年金债券购买人的增多。这个现象在 18 世纪的英国和荷兰逐渐普及，在威尼斯、热那亚或佛罗伦萨冒头的时间更要早得多。一位历史学家曾说，在 1789 年认购路易十六公债的人约在 50 万左右，其中以巴黎人为主。[43]这个数字还有待证实，虽然并非不可能。总之，有一点是清楚的，即小笔积蓄经常用于购买国家的年金债券，很少用于商业投资。

中等放款人往往有相同的想法，他在贪图厚利和求得保险之间徘徊，而且往往是后一种选择取胜。不要以为《投资指南》(1673年)[44]一书只是鼓动人们去大胆冒险。该书说道：“今天没有人再吹嘘家里存着闲钱……总有许多投资机会可供选择，特别自最近以来，经常发行各种年金债券，机会就更多了。”这个建议其实是要人们认购不担风险的年金债券。

真正的和举足轻重的出资人通常是些大人物，他们于 18 世纪末被冠以“资本家”的专门称号。作为商业活动的旁观者，他们在别人巧妙的怂恿下，有时难免会轻举妄动（笛福认为，发迹后退休的商人容易丧失理智），但在多数情况下，他们的决定都经过精打细算。任何富翁或迟或早总要加入这类出资人的行列：经常借用

包税人名义掩盖自己真实身份的法国长袍贵族；[45]身为市政官吏的荷兰大放款人；威尼斯的城市贵族（16世纪的一份文件告诉我们，他们以保险人资格为市政会议委任的小包税人提供担保）。[46]可以肯定，这种担保不是免费提供的。在拉罗歇尔，商人和船主有“为他们出资的专门班子”。[47]热那亚商业界的上层人士，即人数不多的所谓旧贵族，都是出资人，关于他们的活动，我们后面还有机会谈到。从1614年起，在阿姆斯特丹银行的支持下，当地曾开设了一家发放商业贷款的银行。到了1640年左右，这家银行改营信托业务，把贷款职能让给私人资本。[48]荷兰的胜利是信贷的胜利，即使外国商人在荷兰也容易取得贷款。在17世纪的伦敦，金融市场已不是那么简单了。[49]现金十分匮乏，发展信贷势必要求助于专事证券交易、抵押借贷和土地买卖的中间人或掮客，特别是那些组织认购英国国家债券的金融家，他们已是名副其实的银行家；伊萨克·品托强调指出，英国的国家债券将迅速变成真正的辅助货币。[50]

在18世纪中叶，当法国尚未开始在商业方面赶上荷兰和英国前，那里的情形与别国迥然不同。信贷系统在法国很不健全，几乎处于地下状态。社会环境不利于信贷的发展。不少放款人由于其地位（作为国王的官吏）和身份（害怕因此失去贵族的资格）而希望在放款时能保守秘密。借款人也怕张扬，担心有损自己的信誉。343
在某些商界人士中，举债的公司容易遭到怀疑。

1749年，[51]鲁昂的一名大商人，名叫罗伯特·杜加尔，通过正当途径掌握了某些工艺秘密，有志在鲁昂市郊达尔讷塔勒创办一家棉布印染手工工场。万事齐备，独缺资金。在有进项以前必须先行借款。杜加尔的合伙人之一小卢维主持这项困难的集资事务。他跑到巴黎去四处活动,想用债据和期票换取现金。他的意图是到期偿还,然后重新再借。根据他留下的信件,我们可寸步不离地跟随他活动,他来回奔走,磨破嘴皮,有时成功,有时失望,不断拜访同一些人家,尽量恳求,有可能的话也动之以友情。他对开始感到不耐烦的杜加尔写信说:“让我再试试,凡做任何事情,总是需要时间,尤其是眼下这件事情,人们更是要考虑再三……换个别人,胆子比我大些,头脑比我灵活些,也许走一趟就能把事情办妥。我怕把门关死,一旦门被关死,那就坐蜡了。”[52]他因此试行各种折中办法。除发放债据(有的背书不记名)和提供期票外,卢维写道,“我们想请他们〔指那些审慎的贷款人〕以购买股份的方式贷款,我们在五年后将把本金随逐年增加的红利一起偿还”。这些贷款人是另一名合伙人达里斯托瓦的亲戚。卢维还告诉我们:“达里斯托瓦先生去他的亲戚家吃晚饭;我刺了他几句,让他犯点嘀咕”(1749年12月5日)。关于这类需要读上三遍四遍才能弄懂的繁杂手续,这里正有一个极好的例子。他于1750年1月28日对罗伯特·杜加尔解释说:“你可以开20000里佛的支票一张,由勒录先生于2月20日至3月2日付款,另一张20000里佛的支票将于12月2日付款,这关系到我们的信誉:我为此已把可靠票据送出典押。或者,如果你更愿意的话,我代你开出由他付款的支票,并把业已被接受的票据寄你。两种办法由你选择。”小卢维在放弃了他在达尔讷塔勒手工工场的股份后(该工场于1761年呈报破产),终于栽了跟斗,并于1755年2月去伦敦躲债,“住在考勒曼街的斯蒂尔夫人家”,这些当然只是次要的细节。小卢维究竟是何许人呢？他是个能说会道的中间人，他“自告奋勇代人筹款”，为了借到款项，“不惜多次登门告借”，常因借款不能偿还而被索取抵押，而且每当在波尔多和伦敦出现企业破产，各交易所突然全都关闭时，竟不能把资信最好的票据贴现。总之，在他当时所在的那个商埠，正常的商业信贷丝毫没有组织起来。罗伯特·杜加尔是个大商人，经营包括海岛贸易在内的各项业务。他本不难解决信贷问题。尤其奇怪的是，资金在巴黎并不短缺。在巴黎、鲁昂和卡迪斯设址营业的勒科特银行拒绝接受存款，“我们自有的银根太松”“库内存有闲散资金”，这种状况于 1734、1754、1758 和 1767 年多次出现。[53]

信贷和银行 344

在近代和中世纪的欧洲，银行肯定不是什么新发明。银行和银行家在古希腊古罗马时代业已存在。伊斯兰地区很早就有犹太放款人的出现，使用汇票等信贷工具也远在西方前面，从 10 至 11 世纪已经开始。在 13 世纪基督教控制的地中海地区，货币兑换商（无论是在各交易会流动的或在巴塞罗那、热那亚或威尼斯定居的）可算是最早的银行家。[54] 据费德里哥·梅利斯[55] 认为，在佛罗伦萨以及托斯卡纳其他城市，银行产生于各商业公司的互助需要。在这项活动中，主动的一方，即需要得到贷款的公司，起决定的作用，它使被动的一方，即提供资金的公司，间接地参加一项本质上与它无关的商业活动。

我们且把这些起源问题搁下不谈。我们也不谈在公营银行（巴塞罗那的兑换银行〔Taura de Cambis〕建于 1401 年；热那亚的圣乔治银行〔Casa di San Giorgio〕建于1407年，在1458至1596年间停止银行活动；里亚托银行〔Banco di Rialto〕建于1587年；阿姆斯特丹银行〔Bangue d'Amsterdam〕建于1609年；威尼斯的流通银行〔Banco Giro〕建于1619年）成立前后私营银行的一般演变。大家知道，在英格兰银行于1694年建立前，公营银行只办理存款和转账业务，不经营借贷或我们今天所说的有价证券业务。这些活动很早已属私营银行的业务范围，例如一些被称作"写字间"(di scritta)的威尼斯银行，或者那不勒斯的银行（它们在16世纪的许多文书保存至今）。

但我们这里并不打算多谈这些具体实例，只想看一看信贷在何时和怎样逐渐形成制度，银行活动在何时和怎样逐渐占据经济的主导地位。在西欧，银行和信贷异常膨胀的现象大体上彰明较著地可看到三次：1300年前后的佛罗伦萨；16世纪下半叶和17世纪前二十年的热那亚；18世纪的阿姆斯特丹。三次膨胀在起步时都十分有力，似乎在宣告金融资本主义迟早会大获全胜，但在中途却都出了故障。人们从这个事实中能得出什么结论？银行的演变必须等到19世纪才完满结束。三次试验都获得巨大的成功，但以三次失败，或至少是三次退却而告终。我们的目的是要从粗线条去观察这些试验，从而指明它们的共同点。

在13和14世纪的佛罗伦萨，信贷不但涉及城市本身的全部历史，而且涉及与佛罗伦萨相竞争的意大利其他城市，涉及全部地中海和整个西方。大商号和大银行在佛罗伦萨的建立，只有联系不晚于11世纪开始的欧洲经济复兴运动才能被理解，正是这场经济复兴运动使意大利在欧洲领先达几百年之久：热那亚的商船于

13世纪在里海航行；意大利的旅行家和商人到达印度和中国；威尼斯人和热那亚人扼守黑海的要冲；一些意大利人在北非各港口寻找苏丹的黄金；其他人则去法国、西班牙、葡萄牙、尼德兰和英国。佛罗伦萨商人到处从事香料、羊毛、五金、金属、呢绒、丝绸等 346
买卖，特别是经营金融业。他们开设的半商业半银行性质的公司在佛罗伦萨可找到充裕的现金和比较便宜的信贷，因而构成一个实力雄厚和卓有成效的金融网。从布鲁日到威尼斯，从阿拉贡到亚美尼亚，从北海到黑海，货款的冲账、转账和移交在子公司之间可顺利进行；中国蚕丝在伦敦出售后换取成包的羊毛……在一帆风顺的情况下，信贷和证券堪称是货币的最高形式。它们不知疲倦地飞快地流通。

佛罗伦萨商行的丰功伟绩，无疑是征服和奴役了遥远的英格兰王国。为了控制这个岛国，他们必须排挤放高利贷的犹太人，取代汉萨同盟和尼德兰商人的地位，压倒当地商人的顽强抗御，并战胜其他意大利商人的竞争。佛罗伦萨商人继承了里卡迪开创的事业：卢卡的这位商人率先资助爱德华一世征服威尔士；不久以后，弗雷斯科巴尔第贷款给爱德华二世，支持他同苏格兰开战；巴迪和佩鲁齐的支持使爱德华三世能向法国寻衅，从而揭开所谓百年战争的序幕。佛罗伦萨商人的胜利，不仅表现为岛国历任君主都听他们的摆布，而且在于他们掌握了佛罗伦萨毛织业以及大陆各毛织工场所不可缺少的英国羊毛。

在英格兰的冒险事业于1345年以巴迪家族的破产而告终，人们曾称巴迪家族为“泥足巨人”，但巴迪家族确实称得上是巨人。就在这灾难的一年，爱德华三世欠了巴迪和佩鲁齐一笔巨款（欠巴

345

14 世纪末的一家意大利银行。上面的屋子里放着银箱，是清点铸币的办公室；下面是存款和划账的地点。

迪 90 万弗罗林，欠佩鲁齐 60 万弗罗林），款项之大竟与两公司的资本不可相比，显然客户的存款也被借出（公司资本和存款的比例可达 1∶10）。编年史家维拉尼指出，这是“佛罗伦萨有史以来最严重的灾难”。这场灾难加上伴随着它的其他灾难把城市压垮了。除爱德华不能偿还债务外，16 世纪中叶的经济萧条以及随后发生的黑死病也是重要的原因。

佛罗伦萨的银行财富于是在热那亚和威尼斯的商业财富面前黯淡失色，商业霸主威尼斯于 1381 年在基奥贾战争中取得了胜利。佛罗伦萨的试验显然是近代银行业的先驱，在国际经济危机的打击下终于失败。佛罗伦萨仍保留其商业活动和工业，甚至于 15 世纪又恢复其银行活动，但已不像以往那样扮演世界先驱的角色。梅迪契家族不能与巴迪家族相提并论。

第二次试验在热那亚进行。1550 至 1560 年间，继 16 世纪初的迅速高涨后，欧洲经济在发展速度放慢的同时，呈现某种畸形。美洲白银大批运到欧洲，一方面损害了掌握中欧白银生产的德国大商人的利益，另一方面又造成了黄金匮乏和金价上涨，而黄金仍是国际贸易和汇兑支付所使用的货币。热那亚人最早懂得这一变化。他们主动代替上德意志商人向西班牙国王贷款，从而控制了美洲的财源，热那亚城因而继安特卫普之后，一跃成为欧洲的经济中心。从此开始了一次比 14 世纪佛罗伦萨的试验更加奇特和更 347
现代化的试验，也就是说，在各交易会或各商埠之间辗转传递汇票的基础上展开的信贷试验。安特卫普、里昂、奥格斯堡、坎波城等地当然早已使用过汇票，这些商埠也并不顷刻间便变得无人光顾。但热那亚确实使票据的作用变得越加重要。据认为富格尔有一句名言，他说与热那亚人谈交易，用的是票据，而与富格尔谈交易，则必须用现金，这证明旧式商人不能适应这种商业新技术。可是，热那亚人通过向西班牙国王贷款，能在美洲船队返回欧洲时获得本洋和银条，从而使热那亚市成为白银的重要市场。再通过在威尼斯或佛罗伦萨用白银购买汇票以及签发自己的汇票，他们更能左右黄金的流通。热那亚人的伟绩在于他们成功地从西班牙取得白银，然后用黄金在安特卫普向西班牙国王支付相应的款项（为了战争的需要，向士兵发饷主要用金币）。

1579 年，随着我们曾经谈到过的皮亚琴察大交易会的出现，[56]热那亚的信贷体系开始高效运转。这些交易会集中众多的批发交易和国际支付业务，安排"冲账"（clearing），或用当时的话说，安排"会面"（scontro）。只是到 1622 年，这个巧妙的结构开始瓦解，热那亚在信贷方面的一统天下也随之结束。这一崩溃的原因究竟何在？人们长期以为，这是美洲白银到货减少的缘故。但米歇尔·莫里诺的研究成果[57]推翻了问题的假设，使这个观点不能成立。美洲的"财源"并没有灾难性地减少。运抵热那亚的整箱本洋也未曾有过间断。根据我们掌握的证据，事情甚至恰恰相反。贵金属始终源源不断涌向热那亚。由于 17 世纪末的经济复苏，该城市还能吸收 500 万至 600 万本洋，或至少如 1687 年那样，有这么一笔现金在市内流通。[58]在此情况下，热那亚衰退原因的问题又变得神秘莫测了。据菲力浦·吕兹·马丁认为，西班牙年金债券（juros）的认购人不再向热那亚商人兼银行家（他们名义上是西班牙国王的贷款人）提供必要的资金。由于孤立无援，热那亚商人只能把他们的贷款从西班牙撤回。这种说法是可能的。但我又想到另一种解释：汇兑活动之所以可能，必须是汇票流通的各商埠之间实行不同的贴现率，传汇票在流通过程中得以增值。在现金“特别充裕”[59]（bestial larghezza）的情况下（这是当时的说法），汇票行市便居高不下。如果水量过大，被淹没的磨坊水轮便不再转动。在1590至1595年间，各地市场上充斥着大量白银。总之，由于这个原因或别的什么原因，热那亚的信贷体系终于垮台，或至少可以说，证券丧失了主宰信贷运行的权力。在欧洲商业巅峰建立起来的一种巧妙的现代化信贷体系又一次难以为继，甚至坚持不到半个世纪，似乎这类试验超过了旧制度下的经济可能性。

但新的尝试将在阿姆斯特丹重新开始。

到了18世纪，在商业活动的上层又恢复了银行的有效统治， 348
这种统治表现为阿姆斯特丹、伦敦、巴黎和日内瓦的四角联盟。奇迹出现在阿姆斯特丹。形形色色的信贷证券在那里占有空前重要的地位。欧洲的整个商品交易似乎被活跃的信贷和贴现运动所操纵和推动。然而，如同热那亚一样，阿姆斯特丹的繁荣未能坚持到底，在18世纪末便失去了金融中枢的地位。银根窘迫的荷兰银行向欧洲各国发放贷款，如果有借无还，终于不能自拔。1789年法国的破产对荷兰这架精确的时钟是个致命的打击。证券市场再次一蹶不振。如同每次失败一样，这里涉及的问题可能有上百个，但归根到底还是一个：建立一个能够协调商品流通、现金流通和信贷证券流通的稳定可靠的银行制度也许为时尚早。从1778年开始的经济危机和周期性萧条也许只是导火线，加快了按照事物逻辑几乎不可避免的演变。

货币不是藏起，便是流通

人们惯于根据工资、价格和生产来衡量经济的发展速度。也许还应注意另一个指标，即至此几乎不可衡量的货币资本的流通情况。资本可被积累，被使用和被藏起。它有时被藏在保险箱里：存储是以往经济中始终起作用的消极因素。货币往往为保值而用于购买土地等不动产。但在某些时期，紧紧锁着的保险箱也可能被打开，使资金进入流通，借给希望得到资金的人任意使用。我们可以说，1750 年那时在荷兰借钱比 1979 年的今天更加容易。但总的来讲，直到产业革命发生，生产性投资遇到许多障碍，根据不同的情形，其原因或者是由于资金匮乏，或者是由于难以使用已有的资金。

不论利率高低，都有借钱容易和借钱难的时候。或者一切都易如反掌，或者一切都难如登天，即使世界表面上的主人对此也无能为力。卡洛·西博拉[60]指出，在勒卡托-康布雷齐和约签订后不久(1559 年)，整个意大利地区的资金借贷变得比较容易，从政治上看，和约肢解了意大利，但在一定程度上，它也保障了意大利的平静和安全。同样，在 1598、1604 和 1609 年和平达成后的一段时间里，资金借贷都曾显得比较容易，不过这次是在整个欧洲的范围内。话说回来，资金的使用方式在各地并不一致。在 17 世纪初的荷兰，商业资本主义正与日俱增。而在同一时间的威尼斯，从商业赚来的钱被用于向资本主义农业投资。在别的地方，人们不惜花费惊人开支，追求辉煌的文化成就：西班牙的黄金时代，尼德兰大公或英国斯图亚特王朝的穷奢极侈，或者以路易十三风格闻名的亨利四世风格,无疑都动用了国家的积累。到了18世纪,奢华与商业投机或金融投机同时发展。伊萨克·品托[61]谈到当时的英国时指出:“再没有人把钱存储在保险箱里”,甚至悭吝人也发现,“让资金流通”,购买国家债券及英格兰银行或大公司的股票,比把资 349
金搁置起来或购买房产或土地(在16世纪的英国,这是一项有利可图的投资)更合算。笛福于1725年在鼓吹大小商业投资时说过,一块地产只是个水塘;一家商号却犹如涌泉。[62]

但即使在18世纪,总的来看还是死水一潭!存储货币有时也不无道理。在1708年的法国,政府为应付战争困难而动员全国的力量,纸币发行量成倍增加:劣币驱逐良币,后者便藏匿不见。尤其在布列塔尼,那里通过与南海富有成果的贸易,取得了大量的白银。德马雷财务总管于1708年3月6日接到他的一名下属从雷恩寄来的报告,报告人说:“我昨天拜访了本市的一位大财主,他多年经营海上和陆地贸易,精谙此道,且与外省各大批发商保持良好关系。他对我说,据他了解,肯定有三千多万比亚斯特被藏了起来,有六千多万金银币要等纸币〔由路易十四政府付诸流通〕完全匿迹,金属货币〔其兑换率经常变动〕重获合理地位,贸易得到局部恢复后,才会重新出现。”[63]这里说到的比亚斯特是圣马洛商船航行从秘鲁沿海带回的;至于恢复贸易(也就是说西班牙王位继承战争于1701年结束),则要等到乌得勒支和约(1713年)和拉施塔特和约(1714年)签字以后。

所有的商人都持这种谨慎的态度。在乌得勒支和约签字几个月以后,法国驻热那亚领事写道:“信心不足造成了银根紧缩,如同市内大多数商品交易一样,信贷活动相当冷落。有钱人的钱袋卡得很紧”。[64]只是当“印度之路”的商人在卡迪斯恢复白银供应后，钱袋才重新打开；没有白银，便没有黄金，也就没有可靠的收入，“大钱袋”就不会打开，也不会装满。热那亚市于1627年也曾经历同一局面。由于西班牙在破产后没有采取任何措施减轻向国王贷款的商人们的损失，商人们于是决定不再对菲力浦四世出借一个苏。米兰总督和西班牙大使不断向商人提出请求，甚至施加压力和威胁，但也无济于事。热那亚市似乎拿不出一分钱来；商业全告停顿，没有一笔汇兑可以成交。威尼斯驻热那亚领事在好几封信里叙述了种种困难，他甚至怀疑这种“困境”是由商人为拒绝贷款而故意使用的一种外交手段。[65]人们如果知道当时在西班牙的热那亚人正把整箱的里亚尔运往热那亚和堆放在高楼大厦的保险箱里，便会相信这种怀疑是有根据的了。

何况，这些里亚尔将有重新出头的日子。商人把钱储存起来，只是为了等待新的机会。例如在1726年，正当准备破除法国东印度公司的专利贸易时，南特有人在一封信中写道：“只是当我们的
351 商人考虑究竟应为自己的利益参与皇家商务〔东印度公司〕还是与颇有经济实力的圣马洛商人合伙时，我们才真正了解我们这个城市的资产和力量。他们决定采用后一个方案，以免利益相互妨碍，新设立的公司称作圣马洛公司。我们原以为入股资金总共不过400万里佛，商人们认购的股份竟达1800万……我们希望通过向宫廷提供巨款，赎取东印度公司专营贸易的特权，该特权使王国陷于破产境地，希望贸易从此到处都能自由进行”。[66]这些心机纯属枉然，因为直到发生约翰·劳风波后，东印度公司始终保留了特权。但普遍规律在这里仍起了作用：一旦局势恢复平静，好机会重

新出现,“留在王国的资金又转到商业中来”。[67]

难道全部资金都投入商业吗?我们不能回避以下的事实,即在18世纪,货币积累远远超过资本需求。例如,英国肯定没有动用其全部货币储备来支持产业革命,它本可以做出更大的努力,投入更多的资金。法国在西班牙王位继承战争期间的货币储备大大超过路易十四政府发行的8000万至10000万纸币。[68]法国的动产大大超过产业革命前的工业需求,这就说明,如约翰·劳体系这样的事件能够发生,18世纪的煤矿也能够迅速地和顺利地为开发煤业筹到必要的固定资本和流动资本。[69]商业信件[70]也充分证明,在路易十四时代的法国,用让迪·达·希尔瓦的话来说,是游资过多,“闲得发慌”,不知作何用处。例如,在18世纪下半叶的马赛,资本拥有者愿以5%的利率把钱借给商人,竟很少有人接受。对于愿意“惠顾”借款的人,他们无不千恩万谢(1763年)。马赛当地拥有足够的资金,因而商人经商不愿使用有息贷款,他们用自己的资金以及分担风险的合伙人的资金足以应付。卡迪斯也是同样情形。商人拒绝别人提供贷款,即使利息仅4%,声称“自己的资金已嫌太多”。这不仅在1759年的战争时期,而且在1754年的和平时期。

不能因此得出结论说,商人在18世纪下半叶从不借款,提供的贷款到处都无人问津。事实正好相反,罗伯特·杜加尔在巴黎的遭遇就是个证明。我们只是说,出现银根松,游资多,因而无从投资的情形要比人们通常所想的更加频繁。从这个观点看,再没有比在法国大革命前夕前往米兰旅行更说明问题了。米兰市和整个伦巴第当时正值改革税务和金融机器,经济生活的高涨已使国家摆脱了财政困难。面对银行、贵族世家、宗教机构、包税人和实力雄厚的商人集团，国家已变得相当强大，能够着手改革世代相沿的陋规；在这以前，米兰和伦巴第的资产者和贵族已逐渐吞噬了国家，并把几乎所有的公共税收职位改变为私人牟利机构。可行的
352 办法只有一个：以不同的名义赎买国家已出让的收益；由此必须偿还巨额资金。推行这项政策的步骤相当迅速，伦巴第市场上现金充斥，这给原来的年金收入者提出一个问题：对这突然出现的大笔资金，应该怎么办？虽然我们对这些资金的确切用途并不了解，但据我们所知，资金很少被用于购买土地、利息为3.5％的国家公债或城市不动产，它们多数通过银行和汇兑途径投入当时席卷米兰的国际贸易潮流，格雷比公司正是一个典型例子。值得注意的是这笔巨款并未被用于工业投资，虽然伦巴第拥有纺织和冶金企业。原因十分简单，出资人认为工业投资无利可图，这种认识仍然建立在由来已久的怀疑和老经验的基础之上。然而，就在那时，产业革命在英国已经开始。[71]

我们不应该把储蓄和积累看作单纯的数量现象，似乎一定的储蓄率和一定的积累量能够自动促进投资和提高增长率。事情其实要复杂得多。每个社会都各有其储蓄和支出的方式和偏爱，各有其多投资和少投资的理由。

政治在资本的形成和使用中也起一定作用。例如，税收制度决定税款的集中、分流和使用，其效率与效益自有差别。法国的税制意味着巨额税款落进包税人和财务官的腰包。根据最近的研究报告，[72]财务官把聚敛的财富大量用于建设性投资。从柯尔贝尔时代开始或在路易十五时代，他们纷纷投资成立商业企业和手工

350

18 世纪的马赛港(细部),约瑟夫·维尔纳作画。

工场,特别是享有优惠权的公司和工场。这也许是事实,但我们也应承认皮埃尔·维拉尔说得对,作为资金供应渠道,18 世纪加塔洛尼亚实行的包税制比法国的包税制效率更高,因为在加塔洛尼亚,“包收租税由商人和手工业主分散掌握,他们所得的收入便作为商业资本和工业资本投入流通,甚至被用于农业现代化的投资”。[73]至于英国的体制，税收变成偿还国债的担保，赋予国家空前的平衡和实力，因而这是让税金加入流通的一种更有效的方式，虽然当时人并不始终意识到这一点。

353

资本主义的选择和战略

对于经济生活向它提供的投资可能和发展可能，资本主义并不全都接受。它不断注视形势变化，以便朝它偏爱的某些方向展开活动，这也就是说，资本主义能够和善于选择自己的活动范围。然而，资本主义的优越性与其说是它能进行选择——选择本身随着环境和时代的变化而变化——不如说它有制订战略和改变战略的能力。

我们应该指出，在本书关注的几个世纪里，大商人虽然人数很少，却控制着远程贸易这个关键的战略位置；他们消息灵通，这在信息传递缓慢和昂贵的时代更是无敌的武器；他们一般还得到国家和社会的配合，因而始终能够心安理得、若无其事地绕过市场经济的规律。对别人有强制性的东西，对他们不一定有强制性。杜尔哥[74]认为，一名商人躲不开市场，躲不开市场价格不可预见的变动：这番话勉强只算说对一半！

资本家的精神

桑巴特竭力主张，必须认定资本家有一种“精神”，它既是其地位优越的根源，又体现其永恒不变的特性：擅长算计，讲求理智，合乎逻辑，超脱人的普通感情，而这一切的最终目的则是为了狂热地追逐利润。这种观点现在已不再有很多人相信了。同样，熊彼得关于资本家在创业时扮演带头人和革新者的角色的说法，如今也很少有人附和。资本家身上能够具有所有这些品德吗？根据我们的认识和解释，能够选择不等于每次都能用山鹰般的敏锐眼力，找到正确的途径和最好的答复。我们不能忘记，资本家站在社会生活的一个梯级上，他往往见到与他地位相同的其他人的决策、建议和主张，并据此作出自己的判断。资本家的办事效率既取决于他作出的判断，又取决于他所在的场所，看他是位于商业活动和决定中心的汇合点还是处于边缘；在任何时代，商业活动和决定中心都有特定的汇合点。路易·戴米尼[75]和格里斯托夫·格拉曼[76]有充分理由对领导荷兰东印度公司的“十七董事”的才智表示怀疑。不过，如果命运让你出生在 17 世纪的荷兰，跻身于机构庞大的东印度公司的主宰人行列，难道为做好生意就需要有才智吗？拉布吕耶耳[77]写道：“我敢说有一些蠢货和笨蛋，他们享尽荣华富贵，却从来不动脑子和不费力气。他们或者坐享其成，或者全凭机遇。真可以说是饭来张口，衣来伸手。” 354

人们经常责备资本家追求最大限度的利润，但我们切莫以为，这种说法能够解释商人的全部行为。雅各布·富格尔在别人劝他退出商界时说过，在他的末日来临前，“总要尽可能赚钱”。[78]这句话已成为众人传诵的名言，但正如所有的历史名言一样，令人半信半疑，即便他真的说了这句话，它毕竟只是一个人在某个时间的片言只语，不能体现一个阶级或整整一类人的基本特征。资本家也是人，与其他人一样，他们的表现各不相同：有的工于计算，有的孤注一掷，有的鄙吝，有的挥霍，有的才智超群，有的至多是“运气很好”。加塔洛尼亚有一篇杂文(1809 年),[79] 断言“商人所关心的只是不择手段地增加其资本”;在我们见到的商人信件中,证实这一论断的例子有成千上万:毫无疑问,商人为了赚钱而努力工作。但这远不等于说,利欲、节俭、理性或爱好在深思熟虑后进行冒险可
355 以用来解释近代资本主义的诞生。波尔多商人让·佩雷写道:“商业上赚大钱靠的是投机”,[80] 这句话似乎鲜明地反映出他的商业生涯的动荡。但这位喜爱冒险的商人还有一个十分稳健的兄弟。弟兄二人虽然品性殊异,却同样发财致富。

仅仅用人的某种气质来体现资本家的特性,这种“唯心主义”解释不过是威尔纳·桑巴尔和马克斯·韦伯为了躲开马克思的思想而走的一个旁门。平心而论,我们没有必要跟在他们后面亦步亦趋。但我以为,也不能完全都用物质因素、社会因素或社会关系来解释资本主义。在我看来,有一点是没有问题的:资本主义不可能起源于单一的因素:经济、政治、社会、文化和文明都曾对它产生过影响。历史也往往作为力量对比的最后裁决者起作用。

远程贸易或巨额利润

远程贸易在商业资本主义诞生过程中无疑起着头等重要的作用,并且长期是商业资本主义的基干活动。今天要证实这个普通的道理,却颇费唇舌,因为许多历史学家往往异口同声地反对它,虽然理由有的站得住,有的难以成立。

站得住的理由:对外贸易(蒙克雷斯蒂安的著作中已见到这个与国内贸易相对应的说法)在整个贸易活动中无疑只占很小的份额,任何人不会对此提出异议。兰斯富商让·马依费于1674年1

荷兰东印度公司的全体董事。版画，选自《尼德兰联合省简史》，阿姆斯特丹，1701年版。

月给他的一位荷兰客户写信说："你别以为波托西的矿产收入能超过兰斯山区和勃艮第山区的美酒"；[81]他的这种说法未免有点自吹自擂，马布利教士的说法看来比较合乎情理："粮食贸易比秘鲁更有价值"，[82]换句话说，粮食贸易对进出口的结算影响更大，货款总额高于新大陆生产的贵金属。让-巴蒂斯特·萨伊（1828年）更危言耸听地说："法国鞋匠创造的价值比新大陆所有矿山都高"。[83]

这个道理一旦被确证后，历史学家便不难用自己的观察所得加以阐发，但我并不始终同意他们的结论。雅克·希尔在谈到15世纪的地中海时反复说（1964年），在贸易方面占首要地位的不是香料和胡椒,而是小麦、羊毛、食盐等大量近距离交易。彼得·马赛厄斯用数字证明,在产业革命前夕,英国对外贸易额大大低于国内贸易额。[84]同样,在巴黎大学一次学术讨论上,马加拉埃斯·戈蒂诺在回答厄内斯特·拉布鲁斯提出的问题时欣然同意说,葡萄牙的农产品价值超过胡椒和香料的远程贸易额。遵循同一条思路,始终想要贬低美洲的发现在短时段中重要性的弗里德里希·吕特格[85]断言,在15世纪,塞维利亚和新大陆之间刚开始的贸易只是涓涓细流,同欧洲范围内的区域间贸易相比,不过1%而已。
356 他的断言也有道理。我自己曾经想过,16世纪地中海上的小麦交易额不过100万公担,占居民消费量的1%,这个数字与整个粮食产量和地区贸易额相比都还微不足道。[86]

以上评论足以表明——指出这一点可能已不再有必要——当今的历史学正在研究被以往历史学遗忘的多数人的命运;人们因此研究的不再是贵族和路易十四,而是农民和"两千万法国人"。[87]但这并不降低少数人的历史价值;在历史上,少数往往能比数量众多、价值巨大但又暮气沉沉的人、物或商品起更有决定意义的作用。恩里格·奥托[88]在一篇立论扎实的文章里指出,在美洲贸易的推动下复兴的塞维利亚,西班牙商人的营业额高于热那亚商人兼银行家的营业额。但这并不妨碍,正是热那亚商人兼银行家创立了远洋信贷,没有这种信贷,"印度之路"的商业流通路线便不可能畅通。有了远洋信贷,热那亚商人兼银行家便居于有力地位,能在塞维利亚市场上为所欲为。无论过去或现在,历史并不按照全民投票的理性法则作出决定。有许多论据可以说明,少数能够胜过多数。

首先，德国历史学家所说的“远程贸易”(Fernhandel)创造出历来自成体系的“远程商人”(Fernhändler)集团。他们生活的城市只是他们商业活动的一个组成成分。莫里斯·道勃[89]指出了他们怎样进入介于手工工匠与羊毛、丝、棉等远方原料之间的流通渠道。他们还在成品出厂与运销之间发挥了作用。巴黎的大服饰商其实也是 Fernhändler(远程商人)，他们于 1684 年致国王的一篇冗长呈文说明了这一点；针对呢绒商人想禁止他们出售呢料，服饰商在呈文中说，作为参与开办大型手工工场的奖励，他们获得这项准许已达二十年之久。他们还说，他们“维持和保全的不仅仅有呢绒手工工场，而且有图尔、里昂和国内其他城市的所有服饰〔指丝绸〕手工工场”。[90]接着补充说，他们通过主动提供帮助和推销产品，使色当、卡尔卡松和卢维耶那些制造英国式和荷兰式呢绒的手工工场办得很有起色；他们向国外推销产品，负责供应西班牙羊毛和其他原料，实际上是他们支持着这些手工工场的活动。这也等于说，服饰商控制着这项工业的命脉。

远方国家的货物最后也在进出口商人的掌握之中：中国或波斯的丝，印度或苏门答腊的胡椒，锡兰的桂皮，马鲁古群岛的八角茴香，安的列斯群岛的蔗糖、烟草和咖啡，基多地区或巴西内地的黄金，新大陆的银块、银锭或银条。远程商人因此攫取了矿山和种植园的劳动“剩余价值”，以及马拉巴尔沿海或南洋群岛原始农民的劳动“剩余价值”。有人或许会说，涉及的商品数量很小。但据一位历史学家[91]说，在地理大发现前，欧洲约消费 10 000 公担胡椒和 10 000 公担其他香料，这要用 65 000 公斤白银换取(约等于 30 万吨黑麦，能养活 150 万人)；我们可以认为，奢侈品贸易的经济影 357

响也许被低估了。

何况，同一位历史学家还具体介绍了这种贸易的利润：一公斤胡椒在印度产地值1至2克白银，在亚历山大港的价格达10至14克，在威尼斯达14至18克，在欧洲各消费国则达20至30克。远程贸易肯定创造超额利润：这是利用两个市场相隔很远，供求双方互不见面，全靠中间人从中撮合而进行的价格投机。必须有许多互不联系的中间人，市场竞争机制才会发挥作用。如果市场竞争机制终于发挥作用，如果超额利润在某条路线上终于消失，那么总有可能在别的路线上，通过别的商品，重新出现超额利润。一旦胡椒得到普及，价格跟着下降，茶叶、咖啡、印花布就会站出来取代胡椒这位年迈体衰的老王上。远程贸易固然要冒风险，但往往能获得超额利润，就像开奖中彩一样。小麦不算是大批发商看得上眼的“王牌”货，但在某些情况下，当然是在闹饥荒时，也就变为奇货可居。地中海地区于1591年发生饥荒，几百艘满载小麦或黑麦的北方帆船改道驶向南方。一些原来并不专门从事粮食贸易的大商人与托斯卡纳大公一起进行投机活动。为使波罗的海的帆船改道载运粮食，他们肯定出了高价。但在饿殍遍地的意大利，他们也以高价出售粮食。嫉妒者声称，这些大商人的利润竟达300%，其中最著名的有希门内斯家族，这些原住安特卫普的葡萄牙商人不久迁居意大利。[92]

我们已谈到那些穿过辽阔的巴西腹地或者抄布宜诺斯艾利斯近道偷偷来到波托西或利马的葡萄牙商人。他们所得利润之高令人难以置信。俄国商人向中国顾客出售皮毛，在西伯利亚赚了大钱，或者通过正当途径，利用伊尔库茨克以南很晚才开设的恰克图交易会[93]（这个交易会的成交额三年内增加了四倍），或者通过地下贸易（其利润要增加三倍[94]）。这些难道是无稽之谈吗？英国人后来想到能通过海路使加拿大北部的皮毛与中国顾客会面，他们也因此赚了大钱。[95]另一个发财场所是17世纪头几十年的日本，长期被葡萄牙商人视为禁脔。每年总有一艘大商船载着二百来名商人，扬帆从澳门起航，驶往长崎，他们将在日本逗留七八个月，挥霍无度，支出达25万至30万银两，日本百姓“从中得到不少好处，这是日本百姓对他们始终十分友好的原因之一”：[96]事实上日本人好比拣了他们的残羹剩饭。我们还曾谈到过阿卡普尔科的大帆船每年朝马尼拉方向的航行。在这里，也由于两地市价不一致，产品在穿越大洋时陡然身价百倍；少数人利用了巨大的价格差异，发了横财。舒瓦瑟尔的同时代人德·贝利亚蒂教士说：“唯有墨西哥商人对通过销售中国货推动帆船航行感兴趣，因为这项贸易使他们下的本钱每年都能加倍……这项贸易目前由少数批发商在〔马尼 358
拉〕进行，他们买进中国货后，把货发往阿卡普尔科，帆船返程时再带回比亚斯特交给他们。”[97]据一位旅行家说，在1695年，从中国运水银前往新西班牙，可有300％的赚头。[98]

这类例子多不胜举，它们说明，在通信困难和不正常的旧时代，单靠距离就足以制造超额利润。1618年的一份中国文件说：“由于该地〔苏门答腊〕甚远，前往者获利倍矣”。[99]贾巴蒂斯塔·热梅利在进行环球旅行过程中，逐站搭运这种或那种商品，商品的挑选每次都很认真，务求在到达下一站时能提高其价格，以便补偿旅途开支；他这样做，当然只是模仿途中遇到的商人而已。在1639年，一位欧洲旅行家[100]对爪哇商人发财致富的方式愤懑不平，他说:他们“去望加锡和苏腊巴亚收购稻米,1 萨塔(sata)铜钱买 1 甘坦(gantans),在售出时则加倍索价。他们在巴朗比昂收购椰子,1000 铜钱买 100 个,运到万丹零售,售价为 200 铜钱卖 8 个。他们也收购椰子油。他们以 150 贯铜钱换 800 甘坦的价格买进约尔丹、杰里西、巴蒂和伊瓦马的盐,转运到万丹出售,3 甘坦即索价 1 贯。他们运往苏门答腊的盐数量相当可观”。作为容量单位,甘坦的确切价值对了解这段文字的实质并不十分重要。读者想必已顺便看到,中国式的货币铜钱在南洋群岛流通很广;至于萨塔,它大概就是千文一贯。更值得重视的是要确定以上列举的供应点的位置,并测出它们与万丹市场的距离。例如,万丹和望加锡相距 1200 公里以上。买价和卖价的差别竟是如此之大,即使在扣除运费后,利润仍然很高。顺便指出,这里涉及的并不是贵重商品(J.-C 旺勒尔把贩运贵重商品说成是远东地区典型的远程贸易),而是盛产香料各岛屿需要不断进口的食物,即使取自远方也在所不计。

最后的论据,无疑也是最好的论据:说小麦对葡萄牙的商业价值比胡椒和香料更高并不完全恰当。胡椒和香料完全通过市场出售,而历史学家估计的是小麦产量,而不是销售量。生产的小麦只有小部分经过市场出售,绝大多数由生产者自己消费掉。此外,正如加里阿尼[101]所指出的,提供出售的小麦给农民、地主和转售商留下的利润十分微薄,再分散到许多人的手里,真是所剩无几。因而在这过程中,没有或只有很少的资金可供积累。西蒙·吕兹[102]在葡萄牙经商,一度曾进口布列塔尼的小麦,他想起这段经历时总要生气。他说,贸易利润主要被用于支付运费,让运输承包人坐收其利。我们还可回顾笛福关于英国国内贸易的见解，笛福认为英国国内贸易令人赞美，因为它经过许多中间人转手，而每个人在经手时都得到一点好处。不过，从笛福本人附举的例子来看，这份好处实在太少。[103]远程贸易（Fernhandel）不容置疑的优点正是它允许实行集中，从而使它成为推动资金流通和资本积累的无与伦比 359
的动力。简单地说，我们不能不同意德国历史学家或莫里斯·道勃的见解，他们认为，远程贸易是创造商业资本主义以及商业资产阶级的一个主要工具。

接受培训和打听消息

没有习艺阶段，没有预备教育，没有对相当复杂的经营手段的了解，也就不可能有商业资本主义。早在14世纪，佛罗伦萨已组织了世俗教育。[104]据维拉尼说，1304年约有8000至10000名男女儿童上小学读书（城市居民当时不到10万人）。1476年5月，尼古洛·马基雅弗利正是被领到“圣三会桥头”语法教师马蒂奥开办的小学里读书，学习多纳特的简明语法。在这8000至10000名孩子中，约有1000至1200人将进入高一级的学校，专门学习商业。学生在那里学算术和簿记，直到15岁为止。在学完这些“技术课程”后，学生已经能够记账，我们今天还能找到这些账本，它们确切地记载着赊销、经销、商埠间划账以及公司股东分红等项账目。随后再进店铺习艺，未来商人的培训过程至此便臻完成。有的学生间或上“高等学府”深造，例如在波洛尼亚大学学法律。

由此可见，商人不仅接受实际培训，有时还具备真正的文化素养。因此，在梅迪契家族即将实现其统治的佛罗伦萨，商人是人文主义者的朋友，任何人对此不会感到惊讶。某些商人还是优秀的拉丁语学者；他们不但喜爱写作，而且下笔生花；他们熟读《神曲》，撰文时情不自禁会引用有关章节；他们使薄伽丘的《十日谈》风行全国；对阿尔贝蒂文笔细腻的《论家庭》推崇备至；大力弘扬新艺术，拥护布鲁内莱斯基，反对因袭中世纪作风的吉贝尔蒂；总之，他们的肩上承担着新文明的一大部分。用我们常说的话来说，这种新文明就叫文艺复兴。这些也是金钱的德行：一种特权要引出其他特权。理查德·埃伦贝格[105]在谈到罗马时声称，凡在银行家居住的地方，就有艺术家的存在。

我们不要以为整个欧洲都符合这个模式。但各地商人都需要学习商业实践和商业技术。雅克·克尔在他父亲的铺子里，特别是在1432年乘坐纳博纳的大木船去埃及旅行过程中，学会了经商，这似乎决定了他的命运。[106]鼎鼎大名的富豪雅各布·富格尔(1459—1525)确实聪明过人，他在威尼斯学会了在当时德国尚未用过的复式簿记(partita doppia)。在18世纪的英国，商人习艺的年限按规定为七年。商人的儿子或贵族家庭中准备以经商为业的幼子往往在勒旺的士麦那见习一段时间。他们不但得到当地英国
360 领事的疼爱，而且，不管事情是真是假，反正士麦那名声在外，被称作世界上利润最高的商埠。他们因而一开始便对商业利润发生兴趣。[107]早在13世纪，汉萨同盟各城邦已派未来的商人去殊方异域的商行学做生意。

总之，我们不要低估经商需要的知识：确定货物购进和出售的价格，计算成本和汇率，换算度量单位，计算单利和复利，编制一项交易的“模拟结算”，管理货币、汇票、支票和其他信贷凭证。要学

会所有这一切，绝不是轻而易举的事。即使积有丰富经验的商人有时也觉得需要如我们所说的“重新培训”。何况，当人们看到14世纪传下来的账本时，人们不由得对这些杰作表示赞叹。今天，在全世界范围内，每一代历史学家中不过产生两三名专家，能够读懂这些卷帙浩繁的账册，他们而且不得不独自学着阅读和解释。若 361
要真正读懂账册，当时商人的教科书能提供宝贵的帮助，较早的有贝格洛蒂的课本（1340年），较晚的有雅克·萨瓦里的《商人大全》（1675年）。但要把这种专门本领学到手，单靠教科书还是不够的。

研究商人信件比较容易，近几年来，自从人们注意去寻找，已经发现了大量此类信件。除了威尼斯13和14世纪的某些信件还不够老练外，商人通信很快达到了相当高的水平，并且随后保持了这个高水平，因为高水平正是以高昂代价交换大批信件的理由和根据。了解商情比学会经商更加重要，而信件首先是一种消息来源。通信双方所关心的业务活动，如发出和收到的订货单、货物和支付凭证的买卖或寄发等，只是信件的部分内容。紧接着必定还有一些实用的小道消息，包括政治、军事、收成、抢手货等；通信人还仔细记述当地物价的波动，现金和信贷的松紧，必要时还报告进港出港的船只数量。信件末尾总有一份价目表和汇兑牌价，多数情况下作为信后附言；这种例子我们能够举出几千个。你不妨还可看看《富格尔新闻》，[108]那里刊载的都是这家奥格斯堡公司让国外众多客户寄回来的消息。

用这个方法了解商情的缺点是信件耽搁时间较长，而且不一定能送达，甚至在18世纪末还依然如此。因此，认真的商人每次

药铺店主在算账。伊索涅古堡的壁画,15 世纪末。

发信时,总是留心把上一封信的抄件附带寄出。当一封信带有紧急指令或重要的内容消息时,那就需要"即派经纪人来"(subito habi il sensale)。这是一名商人于 1360 年给他的同行的劝告,实际上对所有时代都适用。经商贵在不失时机。首要的条件便是寄出和收到大量信件,参加众多的信息网,及时了解有哪些好生意可做,有哪些坏生意应像瘟疫一般避开。1688 年,路易十四派驻联合省的大使达服伯爵密切注视在南特敕令撤销三年后仍不断从法国拥入联合省的新教徒。他记述说，有一个刚到的，名叫蒙奇诺，“身躯高大，像是加斯科尼人……他带的现金约有四万埃居。我今天上午跟他谈过话。此人做很多生意，不分昼夜地写信”。[110]我要着重指出这最后一句话，它让人感到意外，似乎不该在这里出现；其实并不奇怪，它正好符合阿尔贝蒂所描绘的“手指染有墨迹”的商人传统形象。

接到的消息并不始终确实可信。随着情况的变化，“事物能转向反面”。一项计算错误，一封信件晚到，都能使商人丧失一次机会。路易·格雷夫勒 1777 年 8 月 30 日从阿姆斯特丹给他兄弟写信说，“对我们没有做成的好生意”，再去想它又有什么用处。“在商业生涯中，必须向前看，而不是向后看。干这一行的人若用心分析过去，没有一个人不会发现他曾有一百次发财的机会或破产的危险。就我来说，如果我数一数已错过的所有好机会，真该有理由去上吊。”[111]

尚未被泄漏的消息往往有特别好的效果。路易·格雷夫勒于 362
1777 年写信给与他合伙做靛蓝生意的一位波尔多商人说：“请记住，如果消息传了出去，我们的事只能告吹……只要有人竞争，那就只剩清汤可喝，对这种货物或许多其他货物，情况都是如此。”[112]同年 12 月 18 日，当美洲战争转为全面战争时，他写道：“为此，要比任何人更早知道有关事态发展的可靠情况，此事至关重要，应尽一切可能去做。”[113]《论美德》(作者也是一名商人)嘱咐说：“比任何人更早知道：如果你收到一包给你和给其他商人的信，你首先要打开给你的信。等办完了你的事情，然后才是把信交给别人的时候。”[114]这是在 1360 年的事。但在今天，在实行自由竞争的法国，正如大家所知道的，几位“少数幸运者”可能于1973年接到这样一封信，邀请他们认订一份昂贵的刊物，作为交换，他们每周可得到几页打字稿，了解优先提供的消息。“你们完全意识到，消息一旦被泄露，便丧失其90%的价值。还是比别人早知道两三个星期为好”；你的行动将因此变得“更有把握和更有效率”。我们的读者“绝不会忘记，他们曾最早得知总理即将辞职和美元即将贬值的消息”！

我们已经说过，阿姆斯特丹的投机者根据或真或假的消息作出他们的决策，他们也想出一套保证自己优先得到消息的办法。这套办法偶尔被我们发现，例如在1779年8月，当法国舰队进入英吉利海峡而导致恐慌的时候。荷兰投机者没有利用正常的邮船航班，却布置轻舟快航，在荷兰和英国之间及时联络：从荷兰斯海弗宁恩附近的卡特韦克出发，到达英国哈里奇附近的苏尔，“那里没有港口，只有一个简单的停泊场……这并不耽误时间”。按最快速度，伦敦到苏尔仅需10小时，苏尔到卡特韦克12小时，卡特韦克到海牙2小时，海牙到巴黎40小时，伦敦到巴黎共需72小时。[115]

以往商人最想了解的东西，除有关投机的消息外，就是我们今天所说的“短期市场预测”，用当时的话来说，叫做“市场的松紧”。欧洲各国语言从意大利商人的行话中借用了这些说法（松＝larghezza，紧＝strettezza），它们是商情起伏的标志。它们决定着，商人应根据市场上的货物、现金或信贷（就是说汇票）的多少采取适当的行动。布翁维齐于1571年6月4日自安特卫普写道：“鉴于银根较松，我们决定把注意力转向商品。”[116]我们已经看到，西蒙·吕兹不像布翁维齐那么明智；在十五年后，当意大利各商埠的现金突然泛滥成灾时，他竟然大动肝火，认为佛罗伦萨银根过松几乎是对他个人的冒犯，因为这使他惯常的汇票买卖落空。

西蒙·吕兹确实没有摸清情况。当时的商人通过观察已积累了一定的经验；他们善于搞短期交易。我们今天已明了过去经济的基本法则，但在当时，要使它们成为集体的知识，即便只是商人和历史学家集体的知识，还需要有相当的时间。在 1669 年，荷兰 363
和联合省对市场销售不旺和存货过多感到头痛：[117] 物价下跌，生意半死不活，船只租不出去，市内仓库装满了卖不出的存货。几名大商人仍在买进，他们认为这是阻止他们的存货大幅度跌价的唯一办法，他们的腰背还相当硬，能够支持这项反跌价的政策。可是，对于这场逐渐导致商业瘫痪并且时间长得出奇的危机，所有的荷兰商人同外国大使一起讨论了几个月，也没有弄懂其原因。他们最后终于明白，波兰和德国农业歉收起了一定作用；歉收触发了一场在我们看来是旧制度下典型的危机：顾客没有足够的购买力。这个解释是否足以说明问题？除了德国和波兰的小麦和黑麦外，荷兰还有别的生意可做，因而这是一场范围更广的，无疑是全欧性的危机；时至今日，这类危机间或重新冒头，其原因始终不能完全弄清楚。

因此，对于那些往往连当时的经济思想也弄不明白的人，我们今天不要过分苛求。假如他们大胆地做些尝试，那也是迫不得已：他们必须找到一些论据，用以说服王公大臣，使威胁他们的某项决定和命令不被采纳或被撤销，或使某个被他们吹得天花乱坠，据说有益于普遍利益，因此值得用优惠、垄断或补贴等手段支持的计划得以保留。即使在这种情况下，他们也很少脱出自己行业的狭隘范围。对于最早的经济学家——他们的同时代人，他们其实并不感到厌烦或者无动于衷。当《国富论》出版时（1776年），约翰·普林格尔爵士声称，不可能期待一个没有搞过商业的人在这领域发表高明的见解，否则岂不等于要一名律师高谈阔论物理学！[118]普林格尔的说法反映了当时许多人的想法。"经济学家"容易遭人耻笑，至少在文学家中间，其中包括马布利，饶有风趣的塞巴斯蒂安·迈尔西埃，甚至伏尔泰（《有四十埃居的人》）。

"没有竞争者的竞争"[119]

商人遇到的另一种麻烦是通常的公开交易必须严格遵守规章制度。想摆脱这种麻烦的不仅是大商人。阿兰·埃佛利脱介绍的私下交易[120]反映着发展、壮大和演变中的市场经济在各个梯级上鼓动创业精神的需要。由于私下交易往往属于违法行为（例如，在法国比在英国更不被容忍），只是一些活跃的商人集团从价格考虑，或者为了迅速完成大笔交易，才想方设法去摆脱行政部门继续对传统的公开交易施加的监督和约束。

因此存在两个流通领域：受监督的交易，自由交易或力图不受监督的交易。如果我们能用红蓝两色绘制图表，我们将看到，这两
364 个领域各有疆界，但又互相补充和互为伴侣。问题是要知道哪个领域最重要（无论在开始和以后，都是传统的公开交易为主）；哪个领域最公平，最能诚实地发挥竞争和调节作用；此外还要知道是否一个领域能抓住、截获和幽禁另一个领域。如果对市场的陈旧规章作一番仔细考察，看一看德拉马尔在《警察论》中陈述的各种细

节,人们就会发现,制定规章的本意是要做到公平交易和保护城市消费者的利益。如果所有商品都必须实行公开交易,公开交易便成为供求双方具体接触的工具,而市价的变化便只是这种接触的表现,只是维护生产者之间以及零售商之间真正竞争的一个方法。从长远的眼光看,交换的扩展势必要求推翻日趋荒诞的陈旧规章的束缚。但私下交易的目的不仅是通过直接接触而提高效率,它还趋向于取消竞争和在基层催促微型资本主义的诞生,这种微型资本主义实质上与发生在交换的高级层次的资本主义遵循同样的道路。

这些微型资本家有时能很快积聚小笔财产,他们的惯技就是通过垫款和初级信贷摆脱市场的价格:在收获前买下小麦,修剪前买下羊毛,采摘葡萄前买下葡萄酒,利用囤积食品来左右物价,最终把生产者置于自己的控制之下。

然而,在日用品供应领域,他们很难走得太远,否则会激起群众的不满和愤恨,甚至受到控告;在法国,举报信通常送交本市的治安法官,本省的财务总管,直至巴黎的商事院。商事院的辩论表明,即使对明显的小事,它都认真处理:由此可见,高层人士完全明白,"在小麦问题上"轻举妄动是十分危险的,因为这会引起群众不满,甚至造成连锁反应。[121] 一些小型舞弊或违法交易之所以能暂时瞒过监督和建立卓有成效的垄断,这是因为它们超过当地市场的梯级,并由一些组织严密的资本家集团所掌握。

例如,为了控制巴黎的食肉供应,一群商人与某些大屠宰商合伙兴办一项大买卖。为他们效力的有诺曼底、布列塔尼、普瓦图、利穆赞、布尔博内、奥弗涅和沙罗莱等地区的集市商贩,这些商贩

这帧装饰图案表现18世纪荷兰北方霍伦集市上的牲畜买卖。

约定，通过抬高价格，把通常赶往本地集市的牲畜转送到他们光顾的交易会；此外，他们还以屠宰商付款不爽快为理由恐吓牲畜饲养者，让后者别把牲畜直接送往巴黎。他们于是自己向生产者收购。据一份致财务总监的详细报告说（1724年6月），“此事关系重大，他们合伙买下的牲畜占普瓦西集市交易数量的一半还多，然后便任意抬价，因为别人只得从他们手中转买”。[122]必定是巴黎有人泄露天机，这一贸易的性质才被他人知晓，虽说它以巴黎为中心，其众多活动却分散在相距很远的几个畜牧区进行，而且表面上并无关碍情形。

另一件大买卖：送呈商事院的一份报告[123]于1708年指出，一
365 些“经销黄油、奶酪和其他食品的商人，人数颇多……在波尔多俗称油脂商”，包括批发商和零售商，结成了一个“秘密团体”；1701年宣战时，他们“囤积了大量货物”，然后以高价出售。国王为应付局面，便向外国商人发放了通行证，虽在战时也特许他们把这类食品运来法国。“油脂商”的对策是：他们买下“抵达港口的所有船只装载的此类货物”。物价因而居高不下。报告接着说，“通过这种

垄断”,他们终于赚了许多钱;报告为此建议采用一个相当复杂和出人意外的办法,从商人那里要回一点利润。我们在报告的眉批中见到:此举不错,但会得罪这些商人,尚需三思而行,“因为据说其中有六十多名大富商”。[124]

这类活动并不少见,但我们掌握的材料仅限于因受到行政干预最终失败的活动。例如,在 1723 年,旺多姆瓦的葡萄酒经纪人在采摘葡萄前不久,想到要垄断全部酒桶。当地居民和葡萄种植者进行控告,当局决定禁止这些经纪人收购酒桶。[125] 在 1707 年或 1708 年,比耶姆河的玻璃手工工场起而反对“三四名商人全部垄断大玻璃瓶的贸易,由他们派人运往巴黎,他们仗着有钱,排挤一般承运户和条件较差的其他人”。[126] 六十来年过后,圣默努尔德的一名商人和克莱蒙-昂纳尔戈讷的一名公证人曾有同样的想法。他们创办了一家公司,与阿戈讷河谷的“所有玻璃工厂主”商谈了 366
十个月,以便“收购这些工厂九年中制造的全部瓶子,并明文规定,产品只能卖给这家公司或由该公司代销”。结果是:通常就近向这些玻璃厂购买瓶子的香巴尼地区葡萄种植者突然发觉瓶子价格上涨了三分之一。尽管连续三年葡萄收成不高,瓶子的需求因而不旺,“这家拥有百万资产的公司控制着各工厂的全部产品,认为自己所订的价格十分恰当,丝毫不肯降价,甚至等待一次丰收,好把价格再行提高”。1770 年 2 月,埃佩尔内地区的市长和市政法官在兰斯市的支持下提出控告,终于使这些“百万富翁”就范:他们仓促退却,但仍不失面子:原订合同宣布撤销。[127]

铁商为控制国内全部或部分生铁生产而建立的垄断或所谓垄断,无疑更加事关重大。我们很想对此问题有较多的了解,可惜历史资料语焉不详。据1680年间的一份报告揭发，为了制服法国炼铁工场主，“巴黎所有商人串通起来”，从国外取得生铁供应。他们每周在莫贝尔广场的一名商人家里聚会，以集体采购的方式，强制生产者接受越压越低的价格，但并不改变他们自己的售价。[128]另一份报告于1724年对里昂的“两名富商”提出控告。[129]在这两个案件中，被告都进行抗辩，赌神发咒地诉说自己受了冤枉，并找到一些权威人士为他们作证。他们终于未被提起公诉。人们不禁会问：这究竟证明他们的无辜或是他们的强大有力？六十多年以后，在1789年3月，同一个问题又重新提出，商事院代表在报告中指出，铁的贸易在里昂市占有重要地位，正是经常光顾博盖尔交易会的“里昂商人向弗朗什-孔代和勃艮第的炼铁工场主提供贷款”。[130]

总的说来，肯定会有一些间接的、受当地习惯保护的小规模良性垄断能够与正常的商业活动相适应，因而不再激起别人的反对，或几乎不再有人提出抗议。在这方面，我们对敦刻尔克小麦商人的灵活机智表示钦佩。每当一艘外国船来到港口出售其载运的粮食时（例如，1712年末，西班牙王位继承战争即将结束，商业联系正趋恢复，成群的15至20吨的英国小船来到敦刻尔克），按照规定，在码头出售的粮食起售量不得低于100拉齐埃尔（razières），这里的拉齐埃尔作为水的容量单位，比普通的拉齐埃尔大八分之一。[131]因而只有大商人和个别头面人物才有条件在港口趸批；至于其余人，则在离港口几百米远的城里零买。在这几百米的距离之间，小麦价格大大提高：1712年12月3日，两边的小麦牌价分别为21和26至27。除开这25％的利润外，还要加上两种不同的拉齐埃尔容量相差八分之一的额外好处。读者想必能够理解，起草并向总监呈递这些报告的下级官吏对富商的欺行霸市迟早会流露出他们愤懑不平，其中一人写道："平民百姓由于不能大笔购买，得不到任何好处。如果下令让市内每人都能购买 4 至 6 拉齐埃尔，这将减轻大众的负担。"[132]

国际规模的垄断 367

我们现在再看更大规模的垄断和大宗进出口贸易。前面所举的例子已使我们可以预见到，由于不同销售地点之间和在贸易中牵涉的不同人员之间相隔距离很远，远程贸易实际上不受任何监督，这就给商人提供很多方便，使他能随意绕过市场而不受惩罚，他通过法律的或事实的垄断来消除竞争，拉开供求双方的距离，因而使进出口差价的比率完全取决于唯一了解长链两端市场情况的中间人。为了进入能获高额利润的这些流通渠道，不可或缺的条件是：拥有足够的资本，能在当地获得信贷，商情灵通，有客户往来，在沿途的战略要点有能参与秘密的合伙人。萨瓦里·台布吕斯龙的《商人大全》，乃至《贸易辞典》，都在国际竞争的范围内，为我们列举了一系列可供使用的商业手段；但如果人们相信自由兴业的原则能保障最大限度的经济效益、物价平稳和供求平衡，这些商业手段都是大可商榷以致令人失望的。

马蒂约·德·圣让神甫(1646 年)对这些商业手段猛烈开火，指责它们是外国压在可怜的法兰西王国身上的负担。荷兰商人大量购买葡萄酒和烧酒。"作为奥尔良、博让西、布卢瓦、图尔、昂儒和布列塔尼等地区的葡萄酒集散地"，南特变成了荷兰商人的活动中心之一;因此,葡萄种植成倍增加,卢瓦尔河流域的小麦种植减少到危险的程度。葡萄酒过剩迫使生产者烧掉一大批或“改作烧酒”,但制造烧酒需要消耗大量木柴来加热;附近的森林资源于是减少,燃料价格不断上涨。农民的境遇本已十分困难,荷兰商人又生财有道,以预付形式在收获前向农民买下产品,“这是违背良心的一种高利贷”。相反,如果他们只是先付定金,待收获后再按葡萄酒的市价算账,这样做倒还不离规矩。但在葡萄采摘前压低市价,实在太容易了。神甫接着说:“外国先生们主宰和左右着我国葡萄酒的价格。”另外一个别出心裁的办法是:他们向葡萄种植者供应德国式的酒桶,“以便把酒运往别国后,让人以为这是莱茵河葡萄酒”,人们已经猜到,莱茵河葡萄酒的售价较高。[133]

再有一个办法:在市场上故意制造货物的供应紧张,当然,要有足够的钱,才能等待足够的时间。1718 年,英国的土耳其公司,或称“勒旺公司”,决定“前往土耳其的船只行期推迟十个月,这个行期随后又多次推迟,公司并公开宣布推迟行期的目的和意图,是要抬高英国货在土耳其的价格和生丝在英国的价格”。[134]这样就能使公司在两头同时得利。波尔多商人在同马提尼克的贸易中,对开船日期和运算数量同样作周密的计算,务使欧洲商品在马提
368 尼克相当紧缺,以便提高价格,有时高到惊人的程度,而返程带走的蔗糖尽量靠近收获季节收购,却是为了价格便宜。

往往最让人动心的办法,其实也是最容易的办法,莫过于对某种大销量商品实行垄断。垄断确实始终存在,既有私下的、隐蔽的,也有冠冕堂皇的和众所周知的,有时甚至还得到国家的优惠。昂利·比兰纳[135]指出,在 14 世纪初,布鲁日有人指责罗伯特·

德·卡塞尔“力图建立一个名叫艾尼格(enninghe)的机构,以便买下佛兰德进口的全部明矾和控制其价格”。任何商行都想垄断一种或几种货物。在15世纪末控制巴塞罗那对外贸易额半数的“大公司”(magna societas)竭力想把宝贵的对外贸易垄断起来,虽然这种想法没有用明确的话说出来。何况,在当时,垄断一词的含义已众所周知。奥格斯堡市的史官康拉德·波廷格是位人文主义者,又是商人的朋友,娶了韦尔瑟家族的女子为妻,他曾直截了当地说,垄断就是“把财富和所有商品集中在一个人手里”。[136]

实际上,在16世纪的德国,垄断已变成一个常用词:卡特尔, 369
辛迪加,囤积居奇,甚至高利贷,都可不加区分地被当作垄断而受到攻击。富格尔、韦尔瑟、赫希斯泰特尔等几个大商行的经营网比整个德国还大,舆论界对此感到震惊。中小企业担心今后的日子难过,便对分别把汞、铜或银一口独吞的大垄断企业,群起而攻之。纽伦堡帝国议会(1522—1523年)公开谴责大商行,全靠查理五世皇帝先后于1525年3月10日和5月13日发了两项敕令,大商行总算渡过了难关。[137]很有意思的是,像乌尔利希·冯·胡滕这样的真正革命家,他的杂文攻击的矛头不是指向金属矿藏(德国及其邻国拥有丰富的金属矿藏)的开采,而是指向亚洲香料、意大利或西班牙的红花以及生丝的贸易。他高呼:“打倒胡椒、红花和生丝!我最大的心愿就是让那些不能离开胡椒的人治不好他们的痛风病或法国病”。[138]为了反对资本主义而抵制胡椒,这究竟算是谴责奢侈或是揭露远程贸易的权势?

垄断是力量、巧计和智慧的产物。17世纪的荷兰商人被认为是这方面的行家里手。垄断武器贸易的二巨头的历史已为大家所

纽伦堡的秤砣，雕塑作者为亚当·克拉夫脱，1497 年。

熟悉，这里不用多费笔墨：路易·德·吉尔在瑞典开设铸炮厂，他的姑表兄弟艾利亚·特里普则为他掌握瑞典的铜。我们只需指出，阿姆斯特丹的大宗贸易被少数大商人所控制，许多重要产品的价格全凭他们说了算：鲸须和鲸油，糖，意大利丝，香水，铜，硝石。[139] 垄断的一件实用武器是建造庞大的仓库，其规模和代价都超过宏舸巨舶。仓库里能存放供联合省消费十至十二年的小麦[140]（1671年），还有鲱鱼或香料，英国的呢绒或法国的葡萄酒，波兰或东印度的硝石，瑞典的铜，马里兰的烟叶，委内瑞拉的可可，俄国的皮毛和西班牙的羊毛，波罗的海地区的大麻，勒旺地区的丝。规则照例不变：用现金向生产者低价买进，能预付货款更好，囤积货物，然后等着（或促使）市价上涨。每当战争一触即发，紧缺的外国产品行将涨价时，阿姆斯特丹的商人便把五六层仓库装得满满登登，以致在西班牙王位继承战争前夕，到港的船只因仓库缺少货位而不能卸货。

荷兰商人利用其经济优势，于17世纪初不仅剥削卢瓦尔流域地区，甚至还剥削英国：通过英国或荷兰的经济人，走遍城乡每个角落，向生产者直接收购，"从第一手并在一年最便宜的季节取得"（这与埃佛利脱描绘的私下交易略有差别）；[141]通过现金付款或对未织出的布或未捕获的鱼预付定金，压低收购价。结果是法国或英国产品被荷兰商人以等于或低于法国或英国的市价销往外国，这种情况一再使法国观察者惊诧莫名，除了荷兰运费低廉以外，他们找不到别的解释。

在波罗的海地区，荷兰商人利用类似的政策长期确保了对北欧市场几乎绝对的控制。

1675年，当雅克·萨瓦里的《商人大全》出版时，英国商人已 370
经打入波罗的海地区，虽然他们还不能与荷兰商人平分秋色。法国商人也想在那里插上一脚，但他们遇到重重困难。一个不小的困难就是必须为此筹集巨额资金。运往波罗的海地区的货物实行赊销，而在当地收购却需付现金，使用"在整个北欧都能流通的"名叫里克斯达尔（rixdalle）的荷兰银币。这种银币应在阿姆斯特丹或在汉堡才能换得，他们必须在当地有人代办一切。在波罗的海各港口，他们也必须有商务代理人。最后一个困难是英国商人，尤其是荷兰商人从中作梗。荷兰商人“尽一切可能……让法国人泄气和厌烦……他们削价出售商品，甚至不惜赔本，在当地又抬高收购价格，使法国人有亏无赚，从此洗手不干。无数例子表明，从事北欧贸易的法国商人由于荷兰商人使坏而纷纷破产，他们的商品不得不亏本抛出，否则就会卖不出去”。[142]荷兰的这一政策显然是精心设计的。1670 年 9 月，当法国北方贸易公司组建时，约翰·德·维特亲自出使但泽，争取从波兰和普鲁士取得新的优惠，“以预防法国商业的打入”。[143]

在这前一年，正当我们刚说到的销售危机期间，荷兰人的反应相当说明问题，据蓬博纳报告说：18 艘印度船已经或即将到达。市内已经出现涨库现象，再来新的货物，又该如何安排？公司只想出一个办法：把“大批胡椒和棉布”向欧洲廉价倾销，“以使经销这些货物的其他各国商人，特别是英国商人，不再能从中牟利。这是荷兰人在与邻国进行贸易战中一贯使用的武器。他们为了不让别人得利，自己也就不再牟利，这最后可能使他们自己受害”。[144]实际上，对富有的荷兰商人来说，要这种手法和其他手法都不在话下。印度船队运到的大量货物于 1669 年夏季出售，阿姆斯特丹商人为维持原有库存的价值，以低价把货物全部买下。[145]

世界各大商埠其实都想建立国际垄断，威尼斯是如此，热那亚也是如此。雅克·萨瓦里以宝贵的生丝交易为例对国际垄断问题作了详细解释，[146]生丝交易在法国工业生活中起着重要的作用。

墨西拿的生丝主要用于制造图尔和巴黎的锦缎和波纹绸。但墨西拿丝比勒旺丝更难取得，因为佛罗伦萨、卢卡、里窝那或热那亚的商人和丝织工匠对此无不垂涎欲滴。法国商人实际上没有第一手买到生丝的可能。西西里的生丝市场被热那亚商人所控制，要买生丝就必须通过他们。生丝由产丝农民在乡村集市出售，唯一的条件是顾客应付现金。在原则上，贸易是自由的，但实际上，当热那亚人同许多意大利商人一样在16世纪末投资购买土地时，他们选择了“产丝最好最多的地方”。他们因此便于向产丝农民定购； 371
如果赶上丰收年景，生丝价格可能下跌，他们只要在交易会或集市高价买进几包生丝，就能使市价回升，从而使他们原有的存货也可待价而沽。此外，他们在墨西拿享有公民权，可免缴向外国人征收的各项杂税。图尔的两名丝商与一名西西里商人商定携带40万里佛来到墨西拿，他们认为足以能打破热那亚的垄断，结果却大失所望。他们终于失败了，与荷兰人同样狡猾的热那亚人着实给他们一个教训。热那亚人在里昂推销生丝，其售价低于图尔商人在墨西拿所付的收购价。里昂商人当时往往为热那亚商人充当代理人，据1701年的一份报告说，[147]他们与热那亚商人私下串通，乘机损害他们的竞争对手——图尔、巴黎、鲁昂和里尔的手工工场。在1680和1700年之间，图尔的织机数量从12000台下降到1200台。

最大的垄断是大商业公司事实的和法律的垄断。在这些大商业公司中，当然应首推印度公司。这就涉及另一个问题，因为这些享有特殊优惠的公司是在国家一贯支持下成立的。关于这些跨越经济和政治两个领域的垄断，我们隔一会再谈。

一次失败的垄断尝试:1787 年的胭脂红市场

有人可能认为我们过高估计了垄断的作用。我想请他们听一听关于 1787 年霍普商行进行胭脂红投机的一个相当奇特的故事:这家大企业当时正在阿姆斯特丹市场推销俄国和别的国家的债券。[148]为什么这些大金融家竟搞起了胭脂红的投机?首先因为商行负责人认为,在经济危机期间(这场危机至少可上溯到 1784 年,即“第四次”对英战争行将结束的时候),他们注意了债券,忽视了贸易,如今也许该是搞点商品交易的时候了。新西班牙生产的胭脂红是织物的一种高级染料,另一个重要细节是它比较便于保存。昂利·霍普根据他得到的消息,相信胭脂红下一年将会歉收,欧洲的现有库存不多(据别人对他说,还有 1750 包,分别存在卡迪斯、伦敦和阿姆斯特丹);由于价格几年来接连下跌,顾客倾向于需要多少才买多少。他的计划无非是在各大商埠同时(为了不惊动市场)低价收购,至少购进现有库存的四分之三。然后再抬高价格,把货物重新抛出。预计需要资金 150 万至 200 万荷兰盾,这是一笔大数目。昂利·霍普认为,即使不能如希望的那样有很大赚头,也绝不可能赔本。他在每个商埠都得到一家商号的合作,伦敦的巴林商行甚至出资四分之一。

这场投机最后以彻底失败而告终。首先由于潜在的危机,价格提高不多;其次由于信件传递缓慢,以致命令的传达和执行都误
372 了时间。最后尤其因为在陆续收购过程中,人们发觉现有库存量要比原先提供情况者所说的大得多。霍普坚持要在马赛、鲁昂、汉堡,甚至在圣彼得堡把全部货物吃进,但在计划执行过程中连遭挫

折。最后，他拿到手的货物比他预计的多一倍。勒旺地区因俄土战争，销售不旺，法国则因纺织工业危机，胭脂红销路也不好，霍普因而很难再把货物推销出去。

总之，这项活动最后亏损很大，资产极其雄厚的霍普商行不哼不哈地认了账，继续从事其收益丰硕的外国债券投机。但通过这个插曲，通过商行档案中保存的大批信件，我们对当时经济生活的风貌也就一目了然。

根据这个具体例子，人们会怀疑 P.W.克莱茵的论据是否恰当。[149]这位研究特里普大商行的历史学家从不否认，自 17 世纪起，阿姆斯特丹的大商业建立在相当完善的，至少是反复产生的和一再被追求的垄断的基础上。但在他看来，垄断的产生，根源在于它是经济进步乃至经济发展的条件。他解释说，建立垄断以后，大商业等于保了险，就能确有把握地应付各种风险；没有安全感，人们不会一再进行投资，市场就不能持续地扩大，新技术也就无人问津。垄断或许要受道德的谴责，但它毕竟对经济有利，最终对公众也有益。

为了接受这个论断，必须从一开始就确信创业精神的可贵。克莱茵引证熊彼得的论点，人们并不感到奇怪。但经济发展、创业精神和技术革新的动力始终来自上层吗？唯有大资本才是这一切的动力吗？如果我们回过头来再看霍普商行这个实例，怎么能说建立胭脂红垄断竟是为了寻求安全？商行不是自愿接受投机风险的吗？最后，商行又搞了什么革新？又在什么地方对公益有利？一百多年以前，没有荷兰商人从中插手，胭脂红已成为染料之王，成为塞维利亚所有批发商的“王牌货”。霍普商行在全欧洲搜罗的胭脂红库存，原本根据工业的需要分布各地；照例是或应该是工业需要决定库存分布。这次垄断尝试的明确目的是要把胭脂红库存集中到一双手里，促使胭脂红价格暴涨，试问这对欧洲工业又有什么好处？

P.W.克莱茵确实没有看到，阿姆斯特丹的整体地位本身是一种垄断，垄断的目的不是寻求安全，而是为了建立统治。我们不妨套用一句名言，说“对阿姆斯特丹有好处的，对世界其他地方也有好处”，只有在这个条件下，克莱茵的全部理论才能成立。

373

哈勒姆运河码头上的卸货吊车。格里特·贝尔凯特(1638—1698)的画作。

货币的欺诈

还有一些其他的商业优势,其他的垄断,它们显得十分自然,因而连受益者本人也视而不见。集中在大资本家四周的高级经济活动实际上在制造一些常规性结构,天天都为大资本家提供方便,而后者却并不始终都意识到。特别在货币方面,他们所处的有利地位就像今天在一个货币贬值的国家里拥有硬通货一样。唯独富 374
人才能支配和保存大量金币和银币,而普通百姓手里从来只有辅币或铜板。这些不同货币相互保持的关系,犹如在同一种经济中并存的硬通货和软通货;人们想在二者之间人为地维持一种固定的比价,这其实是行不通的。比价持续不断地在波动。

在实行复本位制或不如说三本位制的时代,货币其实不是一种,而有几种。它们互相敌对,正如富裕和匮乏互不相容一样。经济学家兼历史学家雅各布·旺·克拉夫伦[150]认为,十分简单,货币就是货币,不论以金币、银币、铜币或纸币的形式而出现;这种看法是错误的。重农主义者梅尔西埃·德·拉里维埃尔在《百科全书》中写道:“货币可比作推进商品贸易的一条河。”这个说法同样不对,除非把河这个词改作复数。

金和银互相冲突。它们的比价不断导致两种金属从一个国家向另一个国家,从一种经济向另一种经济的猛烈运动。1785 年 10 月 30 日,法国决定[151]把金银比价从 1∶14.5 改为 1∶15.3,以便遏止国内的黄金外流。我曾经说过,在 16 世纪以及后来的威尼斯和西西里,金价过高使黄金完全沦为一种劣币,而根据所谓格雷欣法则,“劣币驱逐良币”。在当时情况下,良币是为勒旺贸易所必须的白银。土耳其注意到了这种不正常状况，大批“撒奇尼”金币抵达威尼斯，以当地的有利比价换成白银。在整个中世纪时代，西方在货币领域始终表现为黄金和白银的此消彼长，间或也出现一些波折、反常和意外，我们在现代还可见到这些情形，只是程度不如以往罢了。

不是所有人都能利用金银之间的这种互为消长的关系，都能根据自己是有进项或有支出，在两种金属中作出选择，唯独经手大笔货币或信贷证券的人才有这种特权。马莱斯特洛瓦于 1567 年写道：货币是个“只为少数人所得知的秘密”，[152]他这样说肯定是正确的。参与这项秘密的人自然会乘机牟利。例如在 16 世纪中叶，随着美洲白银不断运到，黄金恢复并长期保持了它的优胜地位，财富的等级当时经历了一次全面调整。在这以前，白银曾是稀少的（相对地说）和可靠的价值，“银币留作积储，黄金在大笔交易中扮演通货的角色”。在 1550 至 1560 年间，[153]情况又翻了过来，热那亚商人在安特卫普市场率先抛出白银和购进黄金，并且因有先见之明而坐享厚利。

另一种更普遍、更不易察觉和几乎让人习以为常的欺骗，是硬通货（金银）同软通货（掺银的铜币或者纯粹的铜币）的比价。卡洛·西博拉很早用了 change（兑换、汇兑、汇率）一词来表达这种比例关系；该词含义模糊，雷蒙·德·罗维尔为此十分恼火。[154]不过，如果照雷蒙·德·罗维尔的建议，采用 change interne（内部汇兑）的说法，或者按让迪·达·希尔瓦的主张，称这为 change vertical（纵向汇兑），而把货币和证券从一商埠汇到另一商埠的真正汇兑则称作 change horizontal（横向汇兑），这也帮不了我们大忙。

汇兑(change)一词既然存在，使用这个词也是合情合理的，因为这里关系到金币或银币折算成软通货时的购买力；关系到实际价值 376
与官方牌价不符的几种货币之间强制推行的一种比价(但不被遵守，因而容易变化)。在战后的欧洲，与当地货币相比，美元不是曾自动享有某种溢价待遇吗？或者美元在"黑市"上高于官方汇价出售，或者用美元购物合法地享有 10%至 20%的折扣。正是这个形象使我们最能懂得，金币和银币拥有者何以对整个经济具有自动提款权。

一方面，人们总是用劣币支付小笔的零售货款，在集市向农民购买食物，向零工或工匠发放工资。蒙塔纳里(1680 年)[155]说得好，软通货是"为靠每天劳动生活的升斗小民所准备的"。

另一方面，与硬通货相比，软通货总在贬值。在一国范围内，不论货币形势如何，一般百姓长期遭受不断贬值的危害。例如，在 17 世纪初的米兰，零钱包括"台林"(terlines)和"赛辛"(sesines)两种硬币，它们原来掺银，后来变成单纯的铜币；含银的"巴帕利奥尔"(parpagtiole)价值较高。由于国家的忽视，"台林"和"赛辛"的行市不断下跌。[156]法国的情形同样如此，1738 年 8 月，阿尔让侯爵在他的日记中写道："二苏硬币的价值今晨减少了一里亚，占其总值的四分之一，贬值幅度真大。"[157]

以上种种都产生一定的后果。在集中了无产阶级和半无产阶级的工业城市，与容易上涨的物价相比，货币工资日趋下降。这是里昂手工工匠于 1516 和 1529 年起而反抗的原因之一。在 17 世纪，原来主要危害大城市的内部贬值像瘟疫一般传染到工业和工匠大众寻求避难地的小市镇。我是从让迪·达·希尔瓦那里得

375

称黄金的女子。约翰·戈萨尔·马比斯作画,16 世纪初。

知这个重要细节的，他认为，里昂把它的货币剥削网撒到周围的乡村。[158]这个说法是否真实，显然有待证明。无论如何，已有证据表明，货币并不像经济学家所说的那样是一种中性流体。货币肯定是交换的出色助手，但也是为特权者效劳的一种欺骗手段。

对商人和有钱人来说，办法很简单：把收到的铜币立即再投入流通，只保存有价值的铸币，铸币的购买力比名义上同它们对等的所谓"黑币"要高得多。请看一册商人课本（1638 年）[159]对出纳员提供的建议："在付款时，把手伸向即将跌价的货币。"这当然也等于说，要尽可能积聚硬通货。威尼斯推行的政策是要摆脱铜币，于是把成桶的铜币送往勒旺地区各岛屿。16 世纪西班牙商人所玩的花招相当简单，他们把铜运到新卡斯蒂利亚的昆卡，在造币所铸成铜币，把铜币借给需要用钱购买原料的毛织工场主，并且特意讲 377
定，在工场主出售其呢绒的城市或交易会用银币偿还。[160]在 1574 年前后的里昂，不仅禁止掮客"为囤积目的套购商品"，而且不准"去旅店或登门上别人家里收购金币银币和任意抬价"。[161]在 1601 年的帕尔马，人们想一举结束货币兑换商（bancherotti）的活动，指控他们的罪名是收集金银良币，使之在市内消失，以便再引进劣币。[162]请看外国商人，特别是荷兰商人，在法国的行事方式（1647 年）："他们把质量和信誉都远不如我国货币的本国货币交给他们的经纪人，用以支付他们购买的商品；他们又把我国最好的铸币留下来寄回本国。"[163]

再没有比兑换货币更简单的事了，但真要以此为业，又必须处于有力的地位。所以，我们就要仔细想一想，货币史上何以经常出现劣币入侵。劣币入侵并不始终是自发的或无害的行动。伊萨

克·品托[164]曾给往往银根紧缺的英国出了一个主意，要它“以葡
378 萄牙为榜样，增发小额辅币”，这个乍一看使人感到有点吃惊的建议其实是认真的。它究竟意味着什么？也许是要在商业生活的高层有更多可资周转的货币？品托是葡萄牙人，又是银行家，他说这话自然不是无的放矢。

钱币兑换店，木刻画，16 世纪。

关于货币的欺诈行径，我们是否都说尽了？肯定没有。要说欺诈，主要不是指通货膨胀吗？夏尔·马东·德拉古尔（1788 年）对此问题作了十分清楚的解释。他说：“不断从地下采掘出来的金银每年流向欧洲，增加欧洲的货币总量。各国并不因此真正变得

更加富有，但他们的钱财愈积愈多；食物和各种生活必需品的价格跟着上涨，必须拿出更多的金银，才能得到一块面包、一所房屋和一件衣服。工资最初不以相同的比例增加〔我们知道，工资增长确实落后于物价〕。观察敏锐的人痛苦地注意到，当穷人为维持生活而需要挣得更多的钱的时候，这一需要有时却使工资下降，或至少为长期维持已与支出不成比例的原工资充当借口；所以，金矿向富人的利己主义提供进一步压迫和奴役劳工阶级的武器。”[165] 对德拉古尔单纯用定量分析来解释价格上涨一事，这里姑且不谈；但今天有谁会不赞同这位作者的见解：通货膨胀在资本主义制度下远不是对所有人都不利的？

特别高的利润，特别长的期限

我们已经就各种资本主义活动，自觉的和不自觉的，作了全面介绍。但为理解资本主义活动的优越性，我们最好应举出几个关于商业利润率的确切数字，并且把它们同农业、运输业或工业中最有利可图的活动作个比较。弄清事情真相的唯一办法是深入“经济成果的核心”。[166] 昨天如同今天，资本主义仅仅在高利润场所存在。可以肯定：在 18 世纪的欧洲各地，商业高利润都超过工业或农业的高利润。

可惜这方面的考证尚未深入进行。历史学家的处境像是一名闯进禁区的记者。他猜到大概发生了什么事情，但很少掌握证据。数字并不缺少，但或者不完整，或者不可靠，再或者两种毛病兼而有之。今天的商人是否比普通的历史学家更能读懂这些数字？我对此表示怀疑。我们掌握阿姆斯特丹的霍普商行五十年内

(1762—1815 年)投资和利润的年度报表,以及向股东分发的红利金额。表面上看,真是一些既确切又宝贵的数字,利润率还算合理,往往在 10%左右。M.G.比斯特指出,霍普家族财富的不断增多显然不靠这些利润,而且这些利润几乎完全重新转化为资本。因为,每个股东各有为我们不了解的私人的买卖和账目,而这才是他们“真正的利润”所在。[167]

379 每份文件最好应该多看几遍。为了把一笔生意的账算清,必须看到它从头到尾的全过程。例如,怎能接受法国东印度公司的那种简单的报账方式:从 1725 到 1736 年,公司在印度的买价和在法国的卖价相差 96.12%?[168]在如同多级火箭那样互相制约的一系列交易中,最后一项交易对其他各项似乎不起作用。我们需要了解各项开支,包括起航费、旅途开支和修理费,最初的商品和现金总额,在远东的平行活动和利润,等等。只是掌握了所有这些情况后,我们才能够计算或试图进行计算。

同样,关于向菲力浦二世及其继承人贷款的热那亚商人的账目,我想恐怕永远也弄不清楚。热那亚商人借给西班牙国王的款子数额很大(利率往往不高,第一阶段的情形还很不清楚);他们通过城市间的汇兑赚钱,我们对有关情形知道不多;他们依靠倒卖年金债券赚钱,我们在前面已经作了解释(但究竟赚了多少,还是个问题);最后,由于买者用白银付款,在热那亚卖出这些银币或银条时,他们通常能得 10%的额外好处;[169]当热那亚商人与天主教国王的官员进行讨论时,他们有理由说契约规定的利率不高;官员的答复是,实际利润高达 30%,这也并非纯属夸张。[170]

另一条规律是,利润率单独不能决定一切,还应看到投资总额。如果以借款方式从事的投资数额巨大(热那亚商人是这种情况,霍普商行也是这种情况,一般说来,18世纪所有的放款都是这种情况),即使利润率不高,利润终究是个大数目。我们不妨把这种情况同杜尔哥谈到的按星期计息的高利贷者或乡村高利贷者作个比较;这些高利贷者所要的息率有时极高,但他们是把自己的钱借给小借款人;他们不过从农民那里得到装满一只羊毛袜的钱币或夺得几块土地,他们必须经过几代人的努力,才能置起一份中等家产。

另一个值得注意的要点是:利润与一条相当长的链条环环相扣。一艘船从南特开出,又回到南特;船所需的开支不在起航时(除个别例外)用现金结清,而是用6至18个月的期票支付。如果我是参与这笔生意的商人,我可等船回来,在"卸货"以后再付款,而我交出的期票就是信贷,这种信贷一般从荷兰放款人、当地金融部门或其他出资人那里得到。如果一切账目都合规矩,我的投机目标是要获得借款息率和实际利润率之间的差额利益;这是一种不用本钱的空头交易。正如交易所的投机一样,风险自然会有。"圣伊莱尔号"[171]于1775年12月31日回到南特。小贝尔特朗所得到利润相当可观(投资280000里佛,得利150053里佛,占53%)。但船只返航之日往往就是拖欠开始之时;账目不立即结清,留下一些"尾巴"。[172]这些尾欠是商业生活中的一个麻烦。小贝尔特朗的投资被立即偿还,但红利却要等二十年以后,即在1795年,方才交给他!

这当然是一个极端的例子。不过,每次清账总是那么拖泥带水,似乎现金已被投资所吸引,无力再立即结清欠账。这至少在法国是如此，其他各国大概也是如此。

380 最后，做高利润的生意不比种地，可以每年稳稳当当地取得收成。利润率不断在变化。生意会由好变差；如果固守一条线路，贸易利润往往渐趋疲软，但大资本几乎总是能够及时转到另一个方面去，利润又重新坚挺。法国东印度公司依靠专营贸易权在美洲和法国之间进行烟草贸易，利润率简直高得惊人，但也呈下降趋势：1725 年为 500％（在向股东分发红利前）；1727 至 1728 年为 300％；1728 至 1729 年为 206％。[173] 圣马洛的“圣母升天号”从太平洋归来，根据该船的账目，出资1000里佛的人可得“本利2447里佛”，利润率为 144.7％。“圣让·巴蒂斯特号”的利润率为 141％，另一艘船的利润率为 148％。[174] 在大革命前夕，对群岛和对美国的贸易收益有所下降；勒旺贸易停滞不前，平均利润率仅 10％；唯有印度洋贸易和对华贸易正趋上升，东印度公司以外的大商业资本纷纷转到这里。在这方面，如果计算月利润率，前往马拉巴尔海岸单程需 20 个月（航速较慢），再加回程，平均利润率为$2\frac{1}{4}$％；对华贸易比较顺利，利润率为 $2\frac{6}{7}$％；科罗曼德尔的贸易利润率为$3\frac{3}{4}$％；印度洋贸易为 6％（航行时间为 33 个月，总利润率达 200％）。[175] 最后一个数字破了记录。1791 年，“苏弗朗船长号”从南特出发开往法兰西岛和波旁岛（支出为160 206里佛，收益为204 075里佛），利润率超过 120％；而在 1787 年，一艘类似的船只，名称也相像，叫做“苏弗朗法官号”，从南特出发开往安的列斯群岛，支出为97 922里佛，收益为34 051里佛，利润率仅 28％。[176] 如此等等，影响利润率的各种因素随着商情的变化而变化，世界各地莫不如此。例如，但泽于 1606 至 1650 年间在波兰国内收购黑麦，转手卖给荷兰商人，平均利润高达29.7%，但上下波动之大令人不解：最高为1623年的201.5%；最低为1621年的负45.4%。[177]这自然就很难得出什么结论。

不过，可以肯定的是，只有经手大笔款项的资本家（包括他们自己的钱和别人的钱）才能达到高利润的天空。资金流转起着决定的作用，这也是商业资本主义的信条。为了熬过等待、动荡、撞击、限期等不免出现的困难，必须手里有钱，才能有更多的钱！例如，于1706年到达秘鲁的七艘圣马洛船[178]在出发时需要1681363里佛的巨额支出。船上装载的货物只值306 199里佛。这些货物是这次航行的心脏，因为在前往秘鲁的途中，船上不带任何现金。必须把货物在秘鲁出售，装上新的货物运回法国，其价值至少应等于原价的五倍，才能差不多抵销支出。如果在航行结束时的利润率要达到145%（据我们了解，当时在同一航线上航行的另一艘船就是这种情况），那就必须在其他情形不变的条件下，让返程货物的价值等于原价的6.45倍。因此，当我们听到英国东印度公司经理托马斯·曼解释说，从1621年开始，寄往印度的钱在返回英国时增加四倍，[179]我们也就不会感到惊奇。简单地说，为 381
了能够参与这些赚钱的交易，必须以这种或那种方式先掌握足够的钱，否则就别打这个主意。旺·林兹肖滕于1584年前往果阿。这位荷兰旅行者负有间谍使命，他从这个远方城市写信回来说："我原想去中国和日本旅行，从这里到这两国与到葡萄牙是同等距离，也就是说，路途要花三年时间。如果我有二三百杜加，很容易就能换成六七百。我以为除非发疯才会两手空空地去干这样的事，必须先有相当本钱，才能指望牟利。"[180]

贵人下乡。彼得罗·隆吉(1702—1785)作画。请与本书第257页的画幅作一比较。来访者是威尼斯的城市贵族，他们把商业财富用于购置地产，亲自进行资本主义方式的经营。他在这里会见的不是日子过得火红的农庄主，而是雇佣工人，他们在贵人到达时躬身致礼。

这里可以得出一个印象(由于历史资料的分散和不足，我们只
382 能说是印象)，经济生活中总有一些领域是高利润领域，而这些领域不断在变化着。每当在经济生活的本身的冲击下，高利润领域开始转移时，总有一种资本捷足先登，占领阵地，并且繁荣发达。

但请注意，一般说来，高利润领域不由资本所创造。利润的这种转移是理解资本主义在勒旺、美洲、南洋群岛、中国、黑奴买卖之间或在贸易、银行、工业或土地之间随机应变的一把钥匙。一个资本家集团(例如16世纪的威尼斯)有时会放弃优越的商业地位，转而向工业投资(这里指的羊毛业)，甚至向农业和畜牧业投资，这是因为它同商业生活的联系当时已不再是高利润领域。再举18世纪的威尼斯为例，该城市那时曾试图重新打进勒旺的贸易，因为这一贸易已再次变为有厚利可图。不过，它并不一门心思扑在这上面，也许因为它从农业和畜牧业暂时还有高额收益可得。在1775年前后，养一圈羊"在好年景"每年可提供的收益为最初投资的40%，这个成果肯定会"引起任何资本家的喜爱"(da inamorare ogni capitalista)。[181]当然，威尼西亚的土地好坏不一，不是所有的土地都能达到这个水平，但总的来讲，正如1773年的《威尼西亚评论》(*Giornale veneto*)所说，"用于这些活动〔农业活动〕的钱总比包括航海冒险在内的其他投资方式赚得更多"。[182]

可见很难在工业利润、农业利润和商业利润之间排定一个一成不变的先后次序。习惯的排列次序——先商业，后工业，再农业——大体符合实际，但也包含一系列例外，这就可以解释资本何以从一个部门转向另一个部门。[183]

我们要强调资本主义在其整个历史过程中始终具有的基本品质：久经考验的可塑性以及应变能力和适应能力。从13世纪的意大利到今天的西方，如果资本主义果真如我所想的那样具有一定的同一性，那就必须首先从基本品质方面去确定和观察这种同一性。今天有一位美国经济学家[184]在谈到美国时说，"上个世纪的历史证明,资本家阶级始终能为维护其霸权而控制,引导各种变化";除个别地方可说得缓和一些外,人们难道不能把他的话从头到尾地应用于欧洲资本主义的历史?在全球经济的规模上,必须注意不要把资本主义看得过分简单,以为它的成长必定经历几个阶段,从商业阶段到金融阶段,再到工业阶段,而工业阶段则是成年阶段,唯一"真正"的资本主义阶段。在所谓商业阶段或在所谓工业阶段(这两个词分别包含许多不同的形态),资本主义都有一个基本特点,即在出现严重危机或利润率显著减少时,几乎随时都能从一种形态转变为另一种形态,从一个领域转移到另一个领域。

383

商行和公司

我们这里主要并不研究商行和公司本身,而是要把它们当作路标,并在它们的指引下,看到经济生活和资本主义活动的整体。

商行(société)和公司(compagnie)虽然形式和职能都有相似之处,却是应该作出区分的:商行与资本主义本身休戚相关,它先后曾以一系列不同的形式而出现,这些形式标志着资本主义演变的不同阶段;大公司(如东印度公司)同时关系到资本和国家,国家壮大起来,势必要强行干预;资本家只得服从,抗议,最后就溜之大吉。

商行的发展初期

从贸易开始或重新开始的那时起,就有一些商人合伙经营,他们舍此没有别的选择。罗马时代曾出现过商行,它们的活动顺利地和合乎逻辑地扩展到整个地中海。此外，18 世纪的商法学家还引证罗马法的先例、用语乃至精神，他们这样做并不显得过分勉强。

为了找到西方商行的最早形式，必须追溯到很早以前，即便不是古罗马，至少也是地中海重获生机的 9 世纪和 10 世纪。阿马尔菲、威尼斯和其他城市当时的规模还小，才刚起步。货币重新出现。朝拜占庭方向与伊斯兰的大城市重开贸易，意味着交通已很便利，已有为远距离商业活动所必需的资金积聚，也就是说，已存在比较强大的商业单位。

有一种早期的形式，叫做“海帮”（societas maris），也叫“真帮”（societas vera），“人们由此猜想，这种合作形式最初是绝无仅有的”。[185]还有一些别的称呼，如“合伙”（collegantia）或“合约”（commenda）。“海帮”其实是留在陆地的合伙人（socius stans）和登船出海的合伙人（socius tractator）之间的一种双边合作形式。马克·布洛赫认为（在其他一些人以后），假如登船出海的合伙人（le tractator，我们可译作“贩运人”）不为出海贸易提供资金（他往往也出资，不过为数甚少），这便是早期的劳资分工。此外也还可能有一些令人意想不到的合伙形式。我们暂且先把问题搁下，以后再谈有关的争论。[186]“海帮”通常为一次航行而订约；这是一种短期行为，虽然当时在地中海的航行需持续几个月之久。无论在热亚那公证人乔伐尼·斯克里巴（1155—1164 年）的公证文书或在 13 世纪马赛一位名叫阿马里克的公证人的文书中，都曾提到过（前者提到 400 次，后者提到 360 次）“海帮”的合伙形式。[187]在汉萨同盟的沿海城邦，也可见到商行的这种原始

形式。正由于它的简单,这种形式维持了很长时间,在16世纪的马赛和拉古萨还可找到。在威尼斯自然也是如此,还有别的
384 地方。晚到1578年的时候,在葡萄牙,“贩运人”(tractado)区分两种不同的合伙契约,我们立即会认出第二种,即是两人“在一人出钱和另一人出力的情况下”订立的契约。[188]我在兰斯一名商人(1655年)下面一句啰嗦的话里好像找到了这种劳资合作的影子。他在日记中信手写道:“可以肯定,你不能够与没有资金的人合伙;他们要分一份利润,亏空却全落在你的头上。这种做法相当多,但我从不主张这样做。”[189]

回过头来再谈“海帮”。在费德里哥·梅利斯看来,它只能由船只陆续启程来解释。船只开出后还要回来。只要有船开出,就有建立“海帮”的可能和必要。内陆城市的情况便不同。它们参加意大利和地中海的贸易,比沿海城市落后一步。为了挤进贸易网去,它们必须克服一些特殊的困难和特殊的阻力。

公司(compagnia)是这些阻力的产物。从词源来看,公司(cum共,panis面包)本是父子、兄弟和其他亲戚紧密结合的家族合作形式,是分享面包,分担风险、资金和劳力的联合体。这种公司后来将称作无限责任公司,全体成员所负的连带责任原则上是无限的(ad infinitum),也就是说,责任不以他们入股的份额为限,而要涉及他们的全部财产。只要想到公司不久还接纳其他人的加入(带来资金和劳力),并吸收储蓄(佛罗伦萨的大公司拿出十倍于其资本的现金,不是一件难事),人们便能够理解,这些企业是资本家使用的重要工具。巴迪公司在勒旺地区和在英国建立据点后,一度把整个基督教世界纳入它的商业网。这些大公司寿命之长真

385

IN-LADINGE
In een extraordinair wel-bezeylt
FLUYT-SCHIP
OP CADIX

MEn laet een ieghelijck weten, dat tot OOSTENDE par CADIX aen Ladinghe leght voor de tweede mael op die Vojagie, het extraordinair wel bezeylt Fluyt-Schip ghenaemt de *Jeff. Mary*, over dry weken ghearriveert van Cadix, Cartagena, Trypoly, en Trepana, daer voor Meeſter blyft op Cammanderen den Capiteyn ofte Schipper *Pieter Roelaud* van Amſterdam, voorſien met ſijn Turckſe Paſſen, de Vreghten zyn gereguleert de Canten tot Twee Realen de hondert guldens weerde, de Rauwe Lynwaten tot Twee Ducaten par Ballot van 12. tot 16. Stucken, en grooter naer advenante gelijck oock de Gaerens en ander Manufacturen, alles out gelt als voor de prematica: en dito Schip ſal met Godt, weder ende wint dienende, zeylen op den 16. a 17. Mey 1715. goet ofte geen: die daer in gelieven te Laden ſullen hun addreſſeren aen d'Heer *Thomas Ray*, of den boven-genoemden Capiteyn tot OOSTENDE.

Elck zegg'het den anderen voorts.

宣布“朱弗劳·玛丽号”(一艘“特别出色”的运输船)即将从奥斯坦德开往卡迪斯的广告传单。其中运费价目开列如下:“价值一百弗罗林的花边付运费二里亚尔;每包为12至16匹的毛坯布付二杜加”。

是令人惊讶。在老板或经理去世后，公司稍加改组，便继续运转。作为历史学家，我们可以看到，保存下来的契约几乎都不是新订的契约，而是展期的契约。[190]所以，为简单起见，我们就把这些公司称作巴迪公司、佩鲁齐公司等。

意大利内陆城市的大商行，在个体规模上，最终比沿海城市的大商行要大得多，沿海城市的商行数量众多，但规模较小，寿命也短。在远离海岸的内陆，实行了必要的集中。费德里哥·梅利斯举例作了对照：热那亚的斯皮诺拉家族单独开办了 12 家企业，而在 1250 年的佛罗伦萨，20 名合伙人与 40 名从属者合办一家赛尔奇商行。[191]

实际上，这些大商行是卢卡、皮斯托亚、锡耶纳以及最后的佛罗伦萨挤进大商埠行列的手段和结果。这些城市并非一开始就是大商埠。门在某种程度上是被撞开的，它们的力量在一些领域表现特别强劲：作为第二产业的工业；第三产业的服务、贸易、银行业。总之，公司(compagnia)不是内陆城市的偶然发现，而是根据需要所设计的一种行动手段。

以上所述不过是我借用了安德列·赛约的观点。[192]赛约从锡耶纳的实例出发，认为这些观点只适用于意大利的内陆城市。依我之见，这一规律同样适用于设在半岛以外的欧洲大陆上的各种
386 商行。例如德国中部拉芬斯堡“大商行”的情形就是如此。拉芬斯堡是施瓦本地区邻近康斯坦茨湖的一个小城市，那里的地形崎岖不平，居民以种植和加工亚麻为业。这家大商行由三个家族商行联合组成，[193]从 1380 到 1530 年维持了一个半世纪之久，但它似乎每隔六年就改组一次。在 15 世纪末，80 名合伙人汇集的资金

达 132000 弗罗林，这笔巨款处在韦尔瑟公司和富格尔公司同期筹集的资金（前者为 66000，后者为 213000）的半中间。[194]它的据点除拉芬斯堡外，还设在梅明根、康斯坦茨、纽伦堡、林道和圣加伦；它的子公司分布在热那亚、米兰、伯尔尼、日内瓦、里昂、布鲁日（随后为安特卫普）、巴塞罗那、科隆、维也纳和巴黎。一大批合伙人、代理人、职员和练习生作为商行的代表光顾欧洲各大交易会，特别是美因河畔法兰克福的交易会，而且有时步行前往。加入大商行的商人是些批发商，他们仅限于商品贸易（麻布、毛料、香料、红花等），几乎不搞金融业务和信贷，只在萨拉戈萨和热那亚设有零售店铺，这在一个兼营海陆贸易（陆上贸易经由罗讷河谷，海上贸易以热那亚、威尼斯或巴塞罗那为起点）的庞大商业网中是罕见的例外。该商行的文书于 1909 年被偶然发现，阿洛伊斯·舒尔特[195]据此就 15 和 16 世纪交接时期的欧洲贸易问题写了一部重要著作；透过这些德意志商人，并在他们宽广的活动范围中，整个基督教世界的商业生活几乎可以一目了然。

拉芬斯堡的“大商行”（magna societas）没有随着地理大发现而进行必要的革新，没有在里斯本和塞维利亚设点营业，这是一个值得注意的特点。我们究竟应该认为：“大商行”在旧体制中陷得太深，无力打开通向现代化大商业的一条新路，或者这是因为它不可能改组直到 1530 年还保持原状的商业网？老方法自然要负一定责任。合伙人的数量在减少；老板们、商行的掌舵人（regierer），纷纷购买土地和退出商界。[196]佛罗伦萨式的长寿命大公司却并不随“大商行”的消失而消失。它一直保持到 18 世纪，甚至更晚的时候。这类以家庭为模式、为核心的大公司保护祖产，维持家族的生计，从而也保证了自身的存在。家族商行世代相传，不断在改组和重建。卢卡商人布翁维齐设在里昂的公司经常更换招牌：1575至1577年称作路易·布翁维齐继承人公司；1578至1584年称作贝努瓦和贝纳丹·布翁维齐公司；1584至1587年称作贝努瓦、贝纳丹、艾蒂安和安托尼·布翁维齐公司；1588至1597年称作贝纳丹、艾蒂安和安托尼·布翁维齐公司；1600至1607年称作保尔·艾蒂安和安托尼·布翁维齐公司，如此等等。公司始终是又从来不是同一家公司。[197]

根据法国1673年法令，这类商行被称作“通用公司”，后来又得到“自由公司”或“无限责任公司”的名称。直到较晚的时代，我们仍要特别强调它们具有的家庭或准家庭特征，即使它们并不真由一家人所组成。以下是南特一家商行(1719年4月23日)创办时订的契约(立约人之间没有亲戚关系)：“为了使奖金不被动用，
387 除家庭生活费用和日常开支外，不得从商行支取一分钱；一人取钱时，应通知另一人同时支取同等数目，以便不必为此立账……”[198]“在手工工场和小商店中，私人生活和贸易活动的相互渗透更要严重得多”。[199]

两合公司

所有的集体责任公司都碰到如何区分无限责任和有限责任这个难题。后来想出了一个办法：成立两合公司，用以区分企业经营人的责任和满足于提供资金、只愿对这笔投资负责的投资人的责任。这种有限责任制的采用在法国比在英国更加迅速，英国的两合公司将长期有权向股东提出增资的要求。[200]费德里哥·梅利斯

认为，[201]两合制在佛罗伦萨的发展最引人注目(但不早于16世纪初，已知的第一个契约于1532年5月8日签订)，它使志在扩张的当地资本家能够参与一系列近似今天的“控股”之类的活动，我们可以从两合公司的登记册上了解到它们的规模，分布和存在时间。

两合制在欧洲各地发展，逐渐替代建立在家庭基础上的商行。两合制的兴旺其实只是因为它在解决新困难的同时，能够适应经营业务的多样化，并且满足日益频繁的远距离组合的需要。此外，还因为它能够接纳宁愿隐姓埋名的人参加。有了两合制，南特的爱尔兰商人就能与科克郡的爱尔兰商人合伙经商(1732年)，[202]“绕过……在大革命前始终有效的关于禁止外国人参加法国航运企业的法国法规”。同样，法国商人就能与非洲沿海的葡萄牙驻军司令或与西班牙在美洲的“官员”，[202]甚至与一些唯利是图的船长合伙经商，就能在圣多明各、墨西拿或别的什么地方有一名听话的合伙人就近照管业务。在巴黎注册的商行，尽管其票据付款地点为巴黎，其成员并不都是巴黎人。例如，1720年6月12日创办的一家商行(前后只维持了一年)，“经营银行和商品购销业务，创办人是:约瑟夫·苏易士，前波尔多市商事法官，家住巴黎圣奥诺兰街;让和比埃尔·尼古拉，住布洛瓦街;弗朗斯瓦·安培住圣德尼关厢区格朗街;雅克·朗松，在毕尔巴鄂经商”。[203]这位雅克·朗松，在宣布商行解散的文书中，以法国议员和毕尔巴鄂银行家的身份出现。

由于我们掌握的有限资料说得并不十分明确，我们怎么使两合公司(或者可称作“有条件公司”或“合约公司”)[204]同无限责任公司区分开来？我们不妨说，凡某个合伙人的责任有限制，那就是两合公司。法国 1673 年的法令说得好："两合公司合伙人的责任
388 以其出资额为限。"[205]以下是 1786 年 3 月 29 日在马赛订立的公司文书（手写文书）：合伙人（是名妇女）"对超过其付出资金的公司债务和承诺概不负责"。[206]这句话倒是把事情说清楚了，但情况并不始终都是如此。另一些合伙人选择两合公司，只是因为这使他们能够躲在暗处，即使他们投资很多和分担风险。1673 年法令要求两合公司向公证人提供合伙人的姓名和签字，但它既然只提到"商人和批发商合办的公司"，那就容许作这样的解释：在向商事法官备案的文书中，凡"不以经商为业"的人可不必列入合伙人名单。[207]一些贵族因此免于因经商而被剥夺贵族资格；国王的一些官吏则隐瞒了他们在某些企业中的股份。这无疑说明两合公司在法国特别风行的原因：即使在 18 世纪出现经商热的时候，商人仍被排斥在上等社会之外。巴黎不是伦敦，也不是阿姆斯特丹。

股份公司

正如人们所说，两合公司同时是人员的集合和资本的集合。最后出现的股份公司只是资本的集合。公司资本与公司本身构成一个不可分割的整体。股东拥有公司资本的一些份额，一些股份或股票。英国人称这些公司为股份有限公司（joint stock companies），stock 一词具有资本或资金的含义。

法律史学家认为，只是当股票不仅可以转让，而且可以在市场上议价出售时，才谈得上真正的股份公司。如果不苛求这后一项条件，欧洲可以说很早就有了股份公司，在已知的英国第一家股份

公司莫斯科公司(于 1553—1555 年成立)以前，别的股份公司早已出现了。在 15 世纪前，地中海航船的产权往往分作几份(威尼斯称之为 partes，热那亚为 luoghi，大多数意大利城市为 caratti，马赛为 quiratz 或 carats)。这些份额可以出售。同样，在整个欧洲，矿山也归一些人共有，如 13 世纪锡耶纳附近的一个银矿，早先的盐矿和盐田，施蒂里亚地区莱奥本的冶炼场，雅克·克尔拥有部分股份的一个法国铜矿。随着 15 世纪的经济高涨，中欧的矿山由商人和王公共同负责开发，其所有权被分成好些股份(kuxen)，这些可以转让的股份便成了投机的对象。[208] 杜埃、科隆、图卢兹等地的磨坊也实行股份制。在 13 世纪的图卢兹，[209] 磨坊被分为若干股(uchaux)，股主(pariers)能够把自己的股份当作不动产出售。图卢兹各磨坊的股份制结构从中世纪到 19 世纪没有变化，在大革命前夜，股主在磨坊文书中自然变成了“股东先生”。[210] 389

在这追溯历史先例的过程中，热那亚的情形虽然十分引人注目，人们通常赋予它的地位看来是过高了。由于它的政治衰弱和需要，圣乔治共和国允许在国内建立两种商行：康培尔(compere)和毛纳(maone)。毛纳(maone)是由几部分组成的联合体，它们承担的任务实际上属于国家职能：攻打休达(据说第一个毛纳因此于 1234 年应运而生)或于 1346 年开垦希俄斯岛：这一任务由吉乌斯蒂尼亚尼家族完成，该岛始终处在他们的控制之下，直到 1566 年被土耳其人征服。康培尔是用国家收入作担保的国家公债，下分“罗卡”(loca)或“鲁吉”(luoghi)。康贝尔和毛纳于 1407 年联合组成圣乔治商行(Casa di San Giorgio)，真正的国中之国，是了解热那亚共和国神秘莫测的历史的一把钥匙。但康培尔、毛纳和圣乔治商行是否算真正的股份公司？关于这个问题，至今还有两种意见在争论。[211]

总的说来，除享有贸易优惠的大商业公司外，股份公司的发展并不十分迅速。在这方面，法国是个好例子。股票(action)一词很晚才被用开，当它以白纸黑字的书面形式出现时，那也还不一定是容易转让的股票。经常的情形是有名无实。另外的名称有“份额”(parts d'intérêts)、“苏”(sols)或“息份”(sols d'intérêts)，含
390 义同样模糊不清。1765 年 2 月 22 日，一家“代收年金公司”转让“公司全部股份二十一苏中的二苏六德尼埃”[212](一苏等于十二德尼埃)。两年过后，在 1767 年，也是在巴黎，博兰公司使用了股票(action)一词，但它对公司 400 万里佛资本的组成情况却作如下介绍：票面为 500 里佛的单利借据 4000 张；票面为 100 里佛的单利借据 10 000 张；票面为 500 里佛的年金借据 1200 张；票面为 100 里佛的年金借据 4000 张。所谓单利是指承担风险和分享利润的股票；所谓年金可以说就是利息为 6％的债券。[213]

“股东”一词也迟迟不被接纳。至少在法国，该词以及“银行家”一词都带有贬义。约翰·劳的一名秘书墨龙[214]在约翰·劳制度破产十二年后(1734 年)写道：“我们不想硬说股东比食利者对国家更有用。对这种可恶的偏见，我们离得越远越好。股东取得收益的方式同食利者完全一样，谁也不比谁劳动得更多；二者分别为取得股票或契约〔地契〕所拿出的钱都是可应用于商业和农业的流动资金。但这些资金的表现形式却不同。股票在转让时不用办手续，更便于流通，因而更能增值，并能用于应付意外的急需。”商订契约既费周折，又需公证人在场；这是一家之主为防止“未成年继

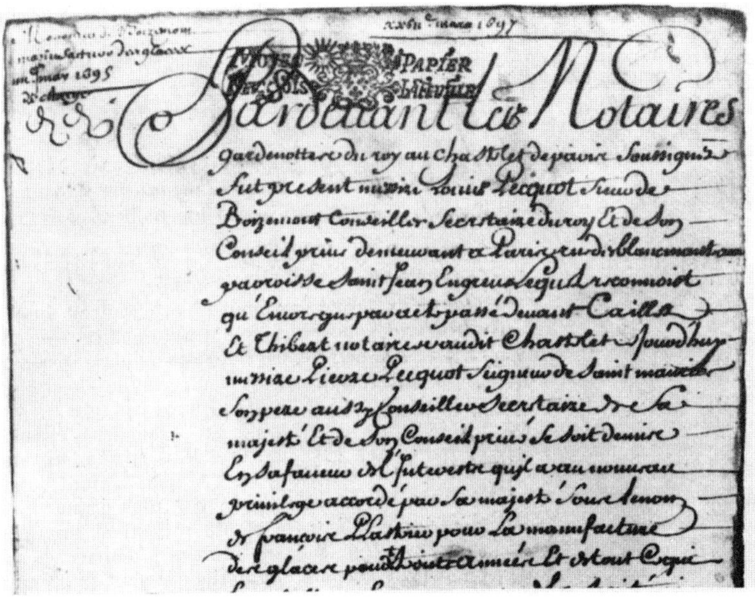

迄今所知，圣戈班镜子手工工场的股份于1695年首次出售。

承人肆意挥霍”的所谓“稳妥型投资”。

尽管股票有以上优点，股份公司的推广却极其缓慢；根据抽样调查，各地的情形无不如此，如在18世纪的南特或马赛。股份公司通常在现代化的保险行业中首先出现。有时也为了武装私掠船而组建股份公司：英国在伊丽莎白时代发生的事于1730年在圣马洛重现。一份致国王的呈文说：“大家知道，在圣马洛以及在王国的其他港口，根据历来为建造私掠船而制定的规矩，从未有过一条船不是通过认购数额微小的股份而募集资金的，这种集资方式使私掠船的受益者遍布王国的每个角落。”[215]

这段文字相当说明问题。股份公司是向更广大的公众筹集资金的手段，也是在更大的地域和从更广的社会阶层吸收资金的手段。因此，鲁昂、勒阿弗尔、莫尔莱、翁弗勒尔、迪耶普、洛里昂、南特、贝兹拿、伊沃托、施托尔贝格(艾克斯拉沙佩勒附近)、里尔、布雷斯等地都有人与博兰公司(1767 年)保持联系，与该公司合作或参与公司的活动。[216] 假如赶上好机会，公司的商业网将扩展到整个法国。股份公司自然是在巴黎发展最快；在路易十六时代的巴黎，商业十分活跃。1750 年成立了航海保险公司，该公司于 1753 年改称通用保险公司；此外还应提到昂赞矿产公司，卡尔莫煤矿公司，日索尔运河公司，布里亚尔运河公司，包税股份公司，内河水利公司等。这些公司的股票在巴黎挂牌标价，公开出售和自由流通。通过一次“不可想象的动荡”后，内河水利公司的股票于 1784 年 4 月从 2100 里佛跃升到 3200 和 3300 里佛。[217]

如果我们再把荷兰和英国包括进来，有关的例子还可举出更多，但那又有什么必要呢？

391 ## 发展并不迅速

根据商法史学家的说法，商业公司的发展经历了三代：建立在家族基础上的商行，两合公司，股份公司。发展的脉络很清楚，至少在理论上是如此。其实，除个别例外，商行保存着陈旧的、不完善的性质，其原因主要是它们的规模很小。翻开巴黎商事法院留下的档案，总会看到一些性质不定或性质不明的商行。小商行在其中占绝大多数，似乎小商人为不被大商人吃掉而联合起来。[218] 你会接连看上十份筹集小笔资金的合股契约，而不一定遇到一个糖厂，接连看上二十份合股契约，而不一定遇到一家银行。这不等于说富人不会联手办企业。丹尼尔·笛福[219]对1720年前后的英国作了正确的观察。一般是哪些商人经常办商行？他说，是富有的服饰用品商、布商、兼营银行业务的金饰商和其他大商人，以及某些从事对外贸易的商人。

这些大商人是少数。而且，就是那些与大商人有关的商行、公司和"企业"，[220]如果享有专利权的大公司或大手工工场不算在内，它们的规模在我们看来长期都是小得不值一提。在阿姆斯特丹开设一"营业所"，至少只有二三十名雇员；[221]大革命前夕巴黎最大的银行，路易·格雷夫勒银行，只用三十来名职员。[222]一家商行规模再大，设在老板的住所，地方还都绰绰有余。所以商行长期保留着家庭的乃至家长制的性质。笛福指出，职工住在批发商家里，同桌吃饭，外出须向批发商请假。在外面住宿，那就想也别想！1731年在伦敦上演的戏剧中，一名商人厉声斥责其职员："巴恩维尔，你昨晚不该不打招呼就在外面过夜。"[223]这正是古斯塔夫·弗赖塔在其小说《借方和贷方》中描绘的场景。故事情节就在一个德国批发商的家里展开。当维多利亚女王在位时，英国大商行中的老板和雇员还在一种家庭气氛中生活："在许多商行里，每天开始工作前举行合家祈祷，帮工和学徒全都参加。"[224]由此可见，社会现实、精神状态和其他事物都并不飞速发展。常见的仍是为数众多的小商行。只是当商行与国家相结合后，商行的规模才明显扩大；作为规模最为庞大的现代企业，国家在自身的壮大过程中，帮助其他企业发展壮大。

大商业公司的前身

大商业公司是商业垄断的产物。大体上讲，它诞生于17世纪的西欧和北欧。这些都是老生常谈，但也并非没有道理。如果说意大利内陆城市创造了佛罗伦萨式的商行(称作“公司”)，并依靠这个武器打通地中海和欧洲的流通渠道，那么，联合省和英国接着也利用它们的公司来征服世界。

392 这个说法本身完全正确，但从历史的眼光看，它却没有把这一惊人现象的位置放正。大公司的垄断具有双重的或三重的特征：垄断意味着十分强烈的资本主义活动；没有国家给予的优惠条件，公司就不可能实行垄断；公司依靠垄断独占了与许多地区的远程贸易。早在荷兰东印度公司前，有一家公司取了“远方公司”(Compagnie van Verre)这个意味深长的名称。不过，无论远程贸易，国家给予优惠条件或资本建立勋业都不是从 17 世纪初开始的，在远程贸易(Fernhandel)的舞台上，资本主义和国家早在 1553 至 1555 年英国创办莫斯科公司前已经携手合作了。威尼斯大商业在 14 世纪初的活动已遍布整个地中海和包括北海在内的欧洲；威尼斯的帆桨船于 1314 年抵达布鲁日。到了 14 世纪，面对全面的经济萧条，威尼斯当局制定了所谓“商船制”：国家负责建造和装备(即承担起航费)大帆桨船，然后出租给城市贵族兼商人使用，以推动商业的发展。事情逃不过吉诺·吕扎托的仔细观察，他指出，这是一种有力的“倾销”政策。“商船制”直到 16 世纪初期继续在起作用，它是威尼斯争夺霸权的一项武器。

在华斯哥·达·伽马完成环球航行和美洲被发现后，面对更大的地域，一些类似的制度纷纷建立。欧洲资本主义虽然从中得益不浅，但在当时没有取得惊人的突破。这是因为西班牙国家强制推行了“西印度事务院”(Consejo de Indias)、“贸易商行”(Casa de la Contratacion)和“印度之路”(Carrera de Indias)。怎么摆脱这些接二连三的束缚和监督？在里斯本，国王兼营商业；努涅斯·迪亚斯[225]恰如其分地称之为“君主资本主义”。“印度公司”拥有船队和代销网，实行国家对贸易的垄断。商人对此只得随遇而安。

这些制度维持了很长时间，葡萄牙直到1615至1620年间，西班牙到1784年。因此，伊比利亚半岛的这两个国家之所以长期不愿建立大商业公司，这是因为国家已为里斯本、塞维利亚和卡迪斯的商人展开远程贸易提供了便利。机器已经开动，而在开动以后，又有谁来让它停下？人们往往说，西班牙通过“印度之路”模仿威尼斯，事情确实如此。但说里斯本模仿热那亚，这种比较就不那么恰当。[226]在威尼斯，一切以国家为重，而在热那亚，则是一切以资本为重。在现代国家业已建立的里斯本，一切条件都已具备，只缺热那亚的商业自由。

国家与资本是两股谁也离不开谁的力量。它们在联合省和英国怎样相互配合呢？这是在研究大公司历史时遇到的主要问题。

三　率　法

一家公司的垄断取决于三项条件的会合：首先是国家，它的效率能高能低，但国家本身总是存在的；其次是商业世界，即资本、银行、信贷和顾客，这个世界对垄断或敌对或赞成，或者两种态度兼而有之；最后还需要在远方开辟一个贸易区，许多问题都仅仅取决于这个贸易区。

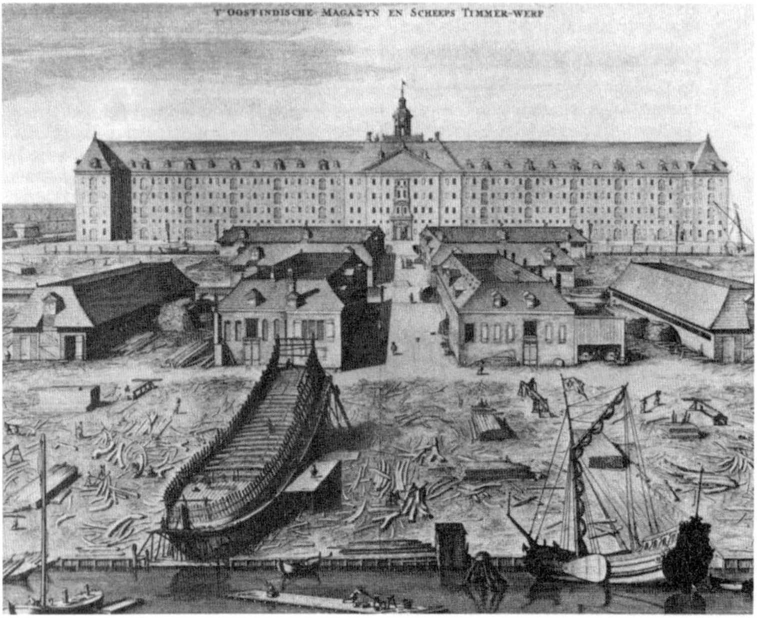

荷兰东印度公司在阿姆斯特丹的船坞和仓库。J. 米尔德的版画，1700 年左右。

国家始终存在着：国家在作为商业活动基地的国内市场分配
393 和保障优惠权。但优惠权不是无偿的礼物。任何公司都以纳税作报答，而税率又与现代国家始终摆脱不了的财政困难相联系。各公司不断要为垄断付出代价，而且垄断的每次展期都要经过长时间的讨价还价。甚至联合省这样一个表面上结构松散的国家也善于向富有的东印度公司征税，强迫它拿出钱来，要求它支付各项杂税，并向股东们开征资金税（一个使该项措施更显严厉的细节：要根据交易所的行市，计算股票的真正价值）。律师彼得·旺达姆是对当时荷兰东印度公司认识最深的人，他的一句话说得好：“这家公司每年上交给国家大笔款项，国家对它的存在应该感到高兴，国家从印度的贸易和航运中所得的利益等于股东的三倍。”[227]这句话可适用于与荷兰东印度公司对立的其他公司。

我不想就这个一般性问题多费唇舌。然而，每个国家都通过自己施加的影响赋予本国的公司某种特色。1688 年革命后的英国公司比荷兰公司更加自由，因为荷兰公司为以往的成就背了包袱。在法国，就东印度公司而言，它的成立和改组都由政府随意决定，它处在政府的控制之下，好像脱离开国内的生活，悬在半空之 394
中，公司的管理又接连不断地落在一些无能之辈手里。有哪个法国人会看不到这些差别？1713 年 7 月，一封伦敦来信宣布将成立一家借约公司（即南海公司，该公司从成立起就拥有原为法国人掌握的向西属美洲供应黑奴的专利权）。信件说：“黑奴供应事宜已交给一家私人公司；宫廷的命令在这里丝毫不影响私人的利益”。[228]这样说未免言过其实。但在 1713 年后，英吉利海峡两岸在商业方面的区别已经很大。

简单地讲，必须弄清国家和公司在什么高度和根据什么方式保持关系。公司若要发展，条件是不能像在法国那样，国家随便进行干预。相反，在有一定经济自由的条件下，资本主义便能占领阵地，适应种种行政障碍或困难。比英国东印度公司成立只晚几个月的荷兰东印度公司是取得了激动人心的和令人神往的成果的第一家大公司；我们应该承认，它的结构十分复杂和奇特。公司共设六个独立的分公司（荷兰、泽兰、德尔夫特、鹿特丹、霍伦、恩克赫伊曾），在这之上，建立“十七董事”（Heeren Zeventien）的共同领导，其中八名董事来自荷兰分公司。城市资产阶级经由各分公司的媒介，得以加入这个获利丰厚的大企业。地方分公司的经理(Gewindhebbers)选举十七董事，他们因此也能参与总公司的领导。不妨顺便指出，透过东印度公司的这种分散性，我们可以看到，从尼德兰联省共和国一般经济似乎平整如镜的水平面下，一些个别的城市经济已崭露头角。但这丝毫影响不了阿姆斯特丹的统治地位，也不妨碍在东印度公司的迷宫里，几个大家族始终保持统治地位。在十七董事和十九董事(西印度公司创立于1621年，设十九名董事)的名单中，几个大家族始终占有席位，如阿姆斯特丹的比克尔家族或泽兰的朗普辛家族。他们的后盾不是国家，而是金钱和社会。至于英国东印度公司、南海公司或英格兰银行，人们可以看到同样情形；还可举英国哈德逊湾公司为例，例子虽小，却能清楚地说明问题。所有这些大企业归根到底都落在几个小集团的控制之下，他们抓住自己的特权不放，从不想到要变化或革新，可说是些顽固透顶的保守分子。腰缠万贯之人不肯再冒风险。我们甚至可以不恭敬地认为，他们算不上是商业智慧的化身。人们常说东印度公司从基础上开始腐化，其实腐化也始于上层。说实在的，东印度公司之所以能维持这样长的时间，只是因为它把持着当时最有利可图的贸易。

公司的命运要根据它们垄断的贸易地域而决定。地理是首要的因素！实践表明，亚洲贸易是这些大规模试验的最可靠的基础。无论大西洋(对非洲和对美洲的贸易)或欧洲各海(波罗的海、白海和辽阔的地中海)提供的活动场所都不如亚洲长久。请看英国历
395 史上莫斯科公司、勒旺公司和非洲公司的命运，荷兰历史上东印度公司的最终失败更加说明问题。对大商业公司来说，成功与地域

的关系不带丝毫的偶然性。这难道因为亚洲贸易只涉及诸如胡椒,香料,丝,印花布,中国的金,日本的银,以及茶,咖啡,漆器等奢侈品?欧洲处在发展的过程中,它对奢侈品的欲望愈益强烈。18世纪初大莫卧儿帝国的崩溃使西方商人对印度垂涎三尺。亚洲贸易路途遥远,困难重重,前景莫测,这一切使它成为大资本的禁脔,因为唯有大资本才能拿出巨额现金投入流通。这种情形如果不绝对排除竞争的可能,至少使竞争变得困难;竞争的起点已经达到一定的高度。一名英国人于1645年写道:"私人一般不可能作如此旷日持久、代价昂贵和险象环生的旅行。"[229]这种看法其实带有一定的倾向性,并不完全正确,这是在英国国内和国外为公司反复开脱的辩护词,因为后来的事实表明,许多私人本可以筹集必要的资金。亚洲的最后一个礼物是:在那里服务的欧洲人能就地取得生活资料。特别兴旺的印度洋贸易在整整一个世纪里是葡萄牙独占的生财之道,在随后的两个世纪里,它又使荷兰集团财源茂盛,直到英国鲸吞了印度为止。

英国真的鲸吞了印度吗?欧洲的成功建立在定期举行的地方交易基础之上,这就证明原有的经济相当强壮有力,还能维持下去。在这几百年内,欧洲的一个有利条件是它要开发的对象是人口稠密和经济发达的文明地区,那里的农业和手工业生产为出口做好了准备,到处都组织了有效率的商业中间环节。例如在爪哇,荷兰人依靠中国人从事产品的收购和集中。欧洲在远东可利用原有的稳固基础,不必像在美洲那样白手起家,唯有白银使欧洲得以撞开远东的大门。军事的和政治的征服终于巩固了英国的统治地位,并彻底打破原有的平衡。

英国的大公司

英国兴旺发达的时间并不很早。1500年前后的英国还是一个没有强大海军和以农村人口为主的“落后”国家，财源只有两个：大量的羊毛生产和有力的呢绒工业（呢绒工业的发展逐渐吸收了羊毛生产）。这一工业在很大程度上与乡村相联系，在英格兰的西南部和东部生产结实的绒面呢，在约克郡西区则生产一种起绒的薄呢。当时英国的首都约有居民75000人，即将变成，但此时还不是一个畸形的都会；君主制在红白玫瑰战争后得到了加强，行会盘根错节，交易会十分活跃。但英国仍是一个传统经济的国家，还没有变成一个贸易大国。不过商业生活开始与手工业生活相脱离；情形与文艺复兴前的意大利城市大体相同。

396 英国大商行当然是在对外贸易的范围内首先建立。我们能够观察到的两家最大的商行是：经营羊毛出口的“中心市场商行”（the merchants of the staple），这里提到的中心市场是指加来；经销呢绒的“冒险商公司”（merchants adventurers）。二者都属于一种古老的组织形式。“中心市场商行”经营英国羊毛，但羊毛将停止出口，我们且搁不不谈。“冒险商公司”[230]中的“冒险商”一词的含义带有一定的伸缩性（其实是指所有从事对外贸易的商人），他们向尼德兰出口呢绒坯料，并为此订立了一系列协定（如在1493至1494年，在1505年）。伦敦的“纺织品商”和“杂货商”逐渐在广大冒险商中占首要地位，并竭力排斥在特威德河以北形成对立集团的外省商人。这些伦敦商人从1475年起实行联合行动，包租相同的船只送货，统一纳付关税和争得优惠，公然对“纺织品贸易”实行垄断。国王于1497年进行了干预，要求以伦敦为大本营的这家纺织品公司容许外地商人前来首都。但外地商人仍然处于低人一等的地位。

"冒险商公司"的第一个突出特点是，商人的真正活动中心不在英国，而长期在安特卫普和贝亨奥普佐姆，这两个地方的交易会相互争夺，吸引他们前往。待在尼德兰，这对公司来说，就能在两个城市间左右逢源，从而更好地维护它的特殊地位。尤其，主要交易——卖出呢绒，买进香料和取得白银——都在这些大陆市场上进行。正是在这里，才能与最活跃的世界经济息息相通。伦敦是老年商人的天下，市场动荡和旅途颠簸都使他们望而生畏。青年人则去安特卫普。伦敦商人于1542年向枢密院抱怨，"安特卫普的年轻人"竟对伦敦"大佬"们的意见置若罔闻。[231]

但我们这里特别要指出，"冒险商公司"带有浓厚的行会性质。公司的纪律与在一个城市的小范围内行会要求其成员遵守的纪律十分相似。它的章程得到国家认可，如1608年皇家法规[232]津津乐道地列举各项规定。公司成员互为"兄弟"，他们的妻室互为"姊妹"。兄弟们应一起出席葬礼和其他宗教礼仪。他们不准做坏事，说粗话，喝醉酒和当众出丑，例如：不在铺子里坐等邮件送来，而是迫不及待地亲自去取；不得弯腰曲背地亲自搬运货物。此外还禁止争吵、辱骂和斗殴。公司是个伦理组织，具有法人地位，还有类似政府的管理机构（总督、议员、法官、秘书）。它享有贸易垄断权和永恒继承权。从以上情形看来，人们可以根据约瑟亚·柴尔德后来用的名称，称冒险商公司为"有规章公司"（regulated company），换句话说，它的组织形式大致相当于北海国家的"行会"和"汉萨"

(gildes, hanses)。

由此可见,冒险商公司没有丝毫新颖独到之处。它的起源无疑可追溯到15世纪以前,它不等英国国王表示同意便自己成立
397 了。根据迈克尔·博斯坦的推断,[233]由于呢绒销售量下降,商人们需要加强团结,应付局面,于是便组织了公司。但这不是一个股份公司,公司成员(除非系遗产继承或在公司一成员处学艺结业,凡加入公司者均需缴纳特许费)经商时自负盈亏。总之,这是一种古老的组织形式,它根据英国经济发展的需要(从出口羊毛过渡到出口呢绒坯料),增添了一项新职能:有效地汇合和协调个体商人的活动,但并不实行合并;它出色地发挥自己的作用。从冒险商公司过渡到具有共同资产的统一的大公司,即股份公司,本是十分容易的事。然而,日趋衰败的冒险商公司的组织形式一直保留到1809年;就在那年,拿破仑夺得了汉堡(从1611年以来汉堡一直是冒险商公司的巩固据点),[234]冒险商公司就此寿终正寝。

关于冒险商公司的这些细节足以使读者了解所谓"有规章公
398 司"的大致情形。股份公司随着16世纪末和17世纪初经济的突飞猛进[235]而日益增多,但远没有立即占多数。它们在营业性质相同而又属于另一种类型的公司中脱颖而出,它们有时甚至比另一种类型的公司优越,因为于1555年成立的莫斯科公司和于1581年成立的勒旺公司先后于1622年(另一次在1669年)和1605年变为"有规章公司",非洲公司则于1750年改变了股份公司的性质。甚至在1599年成立并于次年获得贸易特权的英国东印度公司也不例外。它在1698至1708年经历了一场奇怪的危机,在此期间它部分地改组为"有规章公司"。

约克郡冒险商会所的裁判厅

何况，英国东印度公司成立时的资金大大低于荷兰东印度公司，在刚成立后的一百年内，它还远不是真正的股份公司。公司资金需在每次出航时筹集，每个商人在船只返回后收取本利。每个股东长期有权抽回股金。事情后来逐渐发生变化。从1612年开始，不仅为下次航行，而且为计划进行的一系列航行建立账目。到了1658年，公司的资本开始固定下来。在1688年前后，股份能在伦敦交易所买卖，就像荷兰公司的股份在阿姆斯特丹交易所一样。荷兰式的股份公司慢慢被英国所接受，时间差不多长达一个世纪。

公司和经济环境

西欧和北欧各大公司的全面胜利，涉及经济环境和历史年表的问题。就在 1580 至 1585 年前后，阿姆斯特丹开始兴旺发达。1585 年，亚历山大·法尔内塞夺回安特卫普，从此决定了这个濒临斯凯尔特河的城市的命运。安特卫普的商业即使没有被破坏殆尽，也足以使阿姆斯特丹在竞争中稳操胜算。可是，东印度公司的成立（1602 年）离 1585 年几乎相差二十年，也就是说，是在阿姆斯特丹的崛起以后。至少可以说，不是东印度公司造成了阿姆斯特丹的兴旺，反而是阿姆斯特丹的兴旺部分地促成了东印度公司的成立。东印度公司成立后，几乎立即取得了成功。成立时间略早的英国东印度公司也是同样情形。

约在 1664 至 1682 年间，法国人为建立大商业公司所作的努力屡遭挫折：建于 1664 年的东印度公司“很早遇到财政困难”，其专营贸易权于 1682 年被撤销；建于 1670 年的勒旺公司于 1672 年开始走下坡路；建于 1669 年 7 月的北欧公司“一垮到底”；成立于 1664 年的西印度公司[236]于 1674 年被取消。东印度公司的局部成功抵销不了这一系列的失败。何以在法国遭到失败的事在英国和荷兰都能成功？这个问题需要作出解释。法国公司失败的原因，主要在于商人对政府的不信任，商人的财力相对薄弱以及法国资本主义尚不成熟。此外，商业网格局已定，再要打进去就十分困难：好位置已被别人捷足先登，为保住有利地位，他们不惜以兵戎
399 相见。让·默弗莱[237]写道：“更有甚者，外国公司在本世纪上半叶业已成立，它们取得的利润之高令人咋舌，由于经济形势发生了变

化，如此高额的利润如今已不复可得。”法国没有选得好时机，柯尔贝尔动手太晚了。特别是半个世纪的空前发展已使北欧地区，特别使尼德兰处于领先地位，足以应付可能的竞争乃至经济不景气。

同一种经济气候能在不同地点导致不同的后果。例如，在两个世纪的交替时期（1680—1720 年），整个欧洲处境困难，但在英国出现的动乱和危机却给人一种普遍进步的印象。难道在经济萎缩和停滞时期，有的国家能不受影响或比别的地区少受影响吗？总之，在 1688 年革命后，英国在各方面都加速发展：按照荷兰的方式建立起强有力的公共信贷；创办英格兰银行于 1694 年一举成功，稳定了国家的资金市场，并赋予商业以额外的冲力。商业的发展极其顺利：汇票和支票在国内市场的地位与日俱增。[238]对外贸易的数额和门类在扩大：格里高利·金和达符南认为，外贸是发展最迅速的部门。[239]人们热衷于对股份公司投资：股份公司于 1688 年原有 24 家（苏格兰包括在内）；1692 至 1695 年又成立了 150 家，但不是所有的公司都能一直维持下去。[240]1696 年危机期间，货币改革提出了严厉的警告，随之倒闭的不单是经营不善的企业。几千名股东跟着受到了损失。于是颁布了 1697 年法令，把股票经纪人的人数减少到 100 名，从此结束了那种一哄而起的局面。[241]虽然如此，在整整一段混乱时期内，尽管威廉三世和安妮女王政府的横征暴敛，直到 1720 年发生南海公司的骗局前，投资热始终未见消退。

在这种气氛下，面对私营企业的竞争，大商业公司已很难保住它们的特权。俄罗斯公司和勒旺公司的垄断终于被废除。东印度公司的资本虽已大大增加，但它是否也会遭到同样的厄运？由于实行了新的经济自由，第二家公司已经成立，新老公司在交易所恶斗，直到1708年仍不知鹿死谁手。

一艘东印度商船行将出发（1620年前后），亚当·维拉尔特作画。

我们不想丑化在这些年里形成的咄咄逼人的资本主义，但有一件怪事值得提到。1698年8月，老公司的商人打算把他们在印度的某些设施让给新公司的商人，或者甚至让给法国东印度公司。蓬夏特朗于1698年8月6日写信给塔拉尔说：[242]“法国东印度公司经理得到通知，英国老东印度公司准备出售在科罗曼德尔海岸的默苏利珀德姆的商业设施，并可以就此进行商谈。国王陛下希望你悄悄地了解这项通知是否确实，他们是否有权出让这些设施和他们的意图何在。”打着重号的文字在原件里用密码写成。当时在乌得勒支的塔拉尔在8月21日致大臣的复信[243]中说：“可以肯定，英国老东印度公司愿意出售其设施，新东印度公司为了压价，回答说他们无意购买，也用不着购买。老公司的伦敦富商恐怕会吃亏不小，但我怀疑他们敢同外国商人做这笔生意。”十年以后，新 400
老两家公司合并，问题就此得到解决。

这一切可与荷兰人的态度相比较：远东贸易在荷兰长期处于垄断之下，一般荷兰商人不得问津；他们在恼恨之余，便向法国、丹麦、瑞典和托斯卡纳提供资本，唆使这些国家成立东印度公司。这也说明 18 世纪末和 19 世纪初英属印度的气氛；那里的英国商人当时群起反对东印度公司的贸易特权（特权直到 1865 年方才废除），他们不仅得到公司当地职员的暗中支持，积极从事对中国和南洋群岛的走私贸易和向欧洲贩运白银的欧洲其他各国商人也从中相助。

公司和商业自由 401

彼得·拉斯莱脱想使我们相信，“将要成为今日商业机构之楷模”的英国东印度公司和英格兰银行在 18 世纪初以前对英国“整个工商业活动影响甚微”。夏尔·博克瑟说得更加肯定，但没有提供任何确切的根据。[244]在他看来，大商业公司不是主要的。W.R.司各脱的论据比较具体；他估计各股份公司筹集的资金于 1703 年可达 800 万英镑（比以前有了明显的增加）；而据格里高利·金认为，国民收入于 1688 年已达 4500 万英镑，国有资产则超过 6 亿。[245]

我们熟悉他们的这些看法，也明白他们的论证手法：每当尖端部门与整个经济活动相比，后者因其数量之大能使前者成为平淡无奇，甚至不足挂齿的例外。我对此不敢苟同。事情的重要与否要看它们的后果；既然这里产生的后果涉及经济的现代化，未来商业机构的楷模，资本的加速形成以及殖民活动的开端，我们就必须多问一个为什么。何况，由大公司的垄断激起的抗议风暴表明，这个问题值得深思熟虑。

早在1700年前，商界就不断咒骂垄断。他们表现了怨恨、愤慨、希望和妥协。但从当时的见证来看，公司的垄断在17世纪还能勉强让人忍受，而到下个世纪却惹得怨声载道。南特市的商人代表台斯卡卓在他的一份报告(1701年)[246]中直截了当地说："专营公司的垄断对贸易是有害的""公司的疲沓和无能与一般人的能干和勤快恰成对照"。他接着又说：商人们如今都能随意前往东印度和中国，去几内亚从事黑奴买卖，去塞内加尔收购黄金、皮张、象牙和橡胶。同样，鲁昂的商人代表尼古拉·台斯那瑞于1704年6月3日[247]指出："所有的专营公司对扩展贸易弊大于利，而对国家来说，贸易掌握在全体臣民的手中比被少数人独占更加有利。"从1699年的一份官方报告[248]看来，甚至专营公司的拥护者也认为，不应"剥夺普通百姓的贸易自由，在一个国家里，不应该存在专营特权"。在英国，"凡在英国公司能够经商的地方，冒险商或其他未经登记的商人也能经商"。东印度公司于1661年已把印度洋贸易交给个体商人经营。1688年的革命其实是商人的革命，在这以后，当局迫于舆论压力，宣布停止东印度公司的专营特权和开放印度贸易。但在1698年后，尤其从1708年起，一切又恢复原状，"专营贸易"照旧成为东印度公司的特权。

法国也曾经历过这样的波折。柯尔贝尔曾于1681年12月

20日和1682年1月20日下令宣布印度贸易自由，东印度公司仅 402
保留货物运输和仓储方面的业务。[249] 于1712年，东印度公司主动把它的特权有偿出让给圣马洛的一家公司。[250] 东印度公司至此依然存在吗？阿尼松于1713年5月20日[251] 自伦敦写信说："法国东印度公司的破败不堪使国旗和国家蒙受羞辱"。不过气息奄奄的机构自能苟延残喘。这家公司顺利渡过了约翰·劳币制改革的动荡岁月，于1722至1723年又重整旗鼓，资产颇丰，唯现金尚嫌不足。这种情形好歹一直拖到1760年前后。1769年，在经济学家众口一词的猛烈攻击下，垄断终于停止，法国商人从此可以自由地开展对印度和中国的贸易。[252] 卡洛纳及其周围的一伙人于1785年曾接济已沦为英国东印度公司附庸的法国东印度公司，经几次投机失败后，法国东印度公司于1790年大革命期间被撤销。[253]

仍然是三个层次 403

我们在确定资本主义的位置时，必须一方面拿它同各经济领域相比较，另一方面拿它同各商业梯级相比较，资本主义处在最高的一级。这里，我们又回到了本书一开始提出的[254] 关于三个层次的模式：形式多样、自给自足和墨守成规的"物质生活"；建立在"物质生活"基础上的经济生活，它的轮廓比较分明，相当于我们所说的市场竞争的经济；最高一层是资本主义活动。如果在实地有一目了然的线条能为这种划分充当鲜明的标记，一切将显得清晰明朗。实际生活当然没有那么简单。

首先，很难在资本主义和经济之间划出截然的分界线，而二者的对立我们以为是有决定性的。“经济”一词，在我们使用的含义上，是个“透明的”和“正规的”世界，在这个世界里，每人能够凭着共同的经验，预先知道交换过程将怎样展开。为日常生活所不可缺少的城市集市交易历来属于这种情形，一手交钱一手交货，当场银货两讫。零售铺也属于这种情形。所有的正规贸易都属于这种情形，哪怕距离很远。正规贸易的起因、条件、途径和结果都是公开的：西西里的小麦，勒旺地区各岛屿的葡萄酒和葡萄干，普利亚的盐（如果国家不加干预）或油，波罗的海的黑麦、木材、柏油等。总之，有着无数条由来已久的贸易渠道，有关的路线、日程和价格差异都为人所共知，因而人人都能投入竞争。如果由于这种或那种理由，投机商对一种商品发生了兴趣，一切将变得复杂起来；这种商品将被囤积，然后大批运往远方销售。例如，波罗的海的粮食本在市场经济的正规贸易范围之内：但泽的收购价跟着阿姆斯特丹的出售价变动。[255]但小麦被放进阿姆斯特丹的仓库以后，它的地位便发生变化，从此成为唯有大商人能加以操纵的投机对象，他们把小麦运往饥馑地区谋取暴利，或运往别的地点换取紧缺商品。在一国范围内，特别对小麦这样一种商品来说，确实会有一些小规模投机的存在，即所谓微型资本主义，但与整个经济相比，这不过是沧海一粟。资本主义只在发生非常情况，遇到特殊商品或在需要几个月乃至几年的远距离联系中才大展宏图。

那么，我们能否以透明（再用最后一次这个词）和市场经济为一方，而以投机和资本主义为另一方？这难道仅仅是个用词问题，或者我们发现了一条具体的边界，而且当事人本身也多少意识到这条界线的存在？当萨克森选侯想用收入为 300 荷兰盾的四张矿业股票(kuxen)奖励路德时，后者回答说："我不要股票！这是投 404
机的钱，我不愿让它财运亨通。"[256]这话说得多么透彻，甚至有点过分，因为路德的父亲和兄长曾是曼斯菲尔德铜矿的小矿主，也就是说，处在资本主义界线的应受谴责的那一边。让-保尔·里沙尔平心静气地观察了阿姆斯特丹的生活，他对形形色色的投机活动同样持保留态度。他说："商业精神在阿姆斯特丹占统治地位，这里做任何事都必须讨价还价。"[257]这当然是另一个世界。汉堡贸易史的作者约翰·格奥尔格·毕希认为，阿姆斯特丹和其他大商埠的交易所投机[258]"不是正常的商业交易，而是狂热的赌博"。分界线又一次被画好了。站在这条界线的另一边，艾米尔·左拉(1891 年)通过正在准备新开一家银行的商人之口，[259]说出以下的话："老实的人，用他劳动所得的合法而微小的报酬，来使他的日常生活得到协调，这种生活便是极端平凡的一片沙漠，一切力量都会酣睡而蜷伏的一个泥沼……但是，投机事业，甚至于可以说是生命的一种引诱力，这是叫人斗争、叫人生活的一种永恒的欲望……不投机，我们就不能够经营商业。"

这些话毫不掩饰地表明，作者已经意识到两种生活方式和工作方式的区别，两个经济世界的区别。毫无疑问，这仅仅是文学。但在这以前一个多世纪，加里阿尼教士(1728—1789)用完全不同的语言指出了同一条经济分界线，也可以说，同一条区分不同人的界线。针对重农学派的主张，他在《关于小麦贸易的对话》(1770 年)[260]中提出了曾轰动一时的见解，说小麦贸易不能使国家致富。请看他怎样进行论证：小麦的"价值和重量与其体积最不成比例"，这种食品运费昂贵，难以保存，容易变质及蒙受虫害鼠耗；小麦“认定在夏季来到世界”，又在海上波涛汹涌、陆上道路泥泞的冬季，即在“最不好的季节”，才作为商品进入贸易。不仅如此，最糟糕的是“小麦到处生长，没有一个国家不生产小麦”。任何国家都不能独霸。试与气候温和地区生产的植物油和葡萄酒相比较：“贸易可靠、稳定而有规律。普罗旺斯历来向诺曼底出售植物油……一方提出要求，另一方如数交货，年年如此，不可能有任何变化……法国农业生产的真正财宝是葡萄酒和植物油。整个北方都很需要，但又不能生产。贸易关系于是便建立起来，逐渐深入发展，不再变成投机活动，而是成为一种惯例。”至于小麦，则始终不能步入正轨；人们永远弄不清楚需求来自何方，谁能满足这一需求；不清楚供货是否为时已晚，落在别人的后面。这要冒很大风险。所以，“资金不多的小商人”做葡萄酒或植物油生意能有利润可得；“做这种生意，小本经营甚至赚头更大。节俭和诚实使小商生意兴隆……但从事小麦贸易，必须找实力雄厚和手段高超的商人”。只有这些大商人消息灵通；只有他们能冒风险，“由于多数人因风险而却步”，他们得以实行垄断，并“赚取与风险成正比的利润”。以上是小麦对外贸易的情况。在国内贸易方面，例如在法国各省之
405 间，各地丰歉不一也为投机开了方便之门，但利润不能与对外贸易同日而语。“马车夫、磨坊主和面包师傅各自从事小型的投机活动。对外贸易的规模大，风险和困难也大，由这种性质所决定，它必须实行垄断；相反，短距离的国内贸易则规模太小。”加上中间经手的人太多，每人分得的利润极其有限。

根据我们的三层次模式，即使像小麦这种欧洲到处都有的商

品也分几种情形：供自己消费的小麦，位于物质生活的底层；短途的正规贸易，小麦从农民的谷仓运往邻近“具有位置优势”的城市；省与省之间，有时可能成为带有投机性质的非正规贸易；最后，在发生连年饥荒的尖锐危机时期，小麦成为远程贸易的货物，也是大商人把持的远程投机商品。每一种情形代表着商业世界的一个等级：每换一个等级，就换了不同的当事人和经济活动者。

407

第五章

社会或“集合的集合”

谈到社会，这就意味着重新讨论前几章已经提出的和或多或少解决的所有问题，再加上社会本身所包含的种种难题。

社会是散漫而无所不在的实在，它像我们呼吸的空气一样，包围我们，向我们渗透，指导我们的全部生活，但有时候，我们却感觉不到它的存在。青年马克思写道：“正是社会通过我的头脑在进行思考。”[1]历史学家往往停留于事物的表面，以为自己仅需在事后评说某些个人的千秋功罪。其实，历史学家的任务不仅要重新找到“人”（这个说法用得太滥），而且要认出相互对立的、大小不等的社会集团。吕西安·费弗尔[2]指出，社会学一词可惜为哲学家所创造，从而使他本人喜欢的那种历史学丧失了对它适合的唯一名称。在涂尔干（1896 年）[3]倡导下，社会学的崛起，对整个社会科学来说
408 无疑是一种彻底的变革，一场哥白尼式或伽利略式的革命，其影响至今还让人感觉到。昂利·贝尔当时指出，经过实证主义多年的沉闷统治，现在是回到“一般观念”[4]去的时候了：“社会学重新把哲学引入历史学。”今天，在我们历史学家看来，社会学对一般观念未免过分热衷，而它最欠缺的偏偏是历史意识。我们现在有历史经

济学，却没有历史社会学，[5]其理由是不讲自明的。

首先，经济学在一定意义上是门科学，社会学则恰恰相反，它说不清自己的研究对象。什么是社会？自从乔治·古尔维奇去世后（1965年），再没有人提这个问题了，而古尔维奇所下的定义并不能使历史学家全部满意。他说到的“总体社会”像是裹在社会因素上的一层玻璃外壳，薄得不能再薄，一碰就碎。历史学家认为，总体社会从属于具体，它只能是众多活生生的实在的总和，不论这些实在之间有无联系。因此，它不是一层外壳，而是几层外壳以及其中的多种内容。

正是在这个意义上，由于没有更好的选择，我已习惯于把社会说成是“集合的集合”，是我们在历史学各研究领域中接触到的全部事实的总和。这是从数学家那里借用的一个概念，这个概念用来是如此方便，因而连数学家自己也不肯贸然使用。我们这里也许是用一个大而无当的词来说明一个简单不过的道理：一切事物都是和只能是社会因素。不过，下定义的好处是能为初步观察提供可能的前提和必要的规则。如果定义有助于观察的开始和进行，有助于组合事实和逻辑推理，定义就是有用的和合理的。“集合的集合”一词使人有益地想到，任何社会实在，从其本身来观察，无不处在一个高级集合之中；作为可变的集合，它要求有更加广泛的其他可变集合的存在和配合。约翰·劳的秘书让-弗朗斯瓦·默隆于1734年说过：“社会各部分之间有着十分密切的联系，因而打击一个部分，必定影响其他部分。”[6]这与今天流行的如下说法有异曲同工之妙：“社会过程是个不可分割的整体”，[7]“唯有通史才能算是历史”，[8]其他例子还有很多，这里且不一一列举。

当然，这个总体实际上必须分割成范围较小、更便于观察的集合。否则，怎么摆弄社会这个庞然大物？约瑟夫·熊彼得[9]写道："研究者用自己的手，有选择地、人为地从社会整体中抽出经济事实。"另外的研究者又随其所好从中抽出政治实在或文化实在……《英国社会史》是乔治·麦考莱·特里维廉[10]的一部名著，作者通过这个标题想要说明，这是一部"脱离政治的民族历史"，好像能够把国家这个首要的社会实在与伴随它的其他实在相分割似的。可是，任何历史学家、经济学家和社会学家都不能不进行这类分割，虽然分割从一开始总是人为的，无论是马克思关于经济基础和上层建筑的划分，或者是我前面所作种种解释的基本论据——三一率。这些分割从来只是解释手段，关键是要看它们能否使我们有效地抓住重要问题。

409 何况，每门社会科学在划分其领域时，无不采用这种做法。这样分割实在，既出于建立体系的考虑，也因为势在必然：我们中间哪个人不是对知识的某一部门有着某种天生的特长或爱好，却与其他部门无缘？社会学和历史学是两门综合性社会科学，它们被分为众多的专科：劳动社会学，经济社会学，政治社会学，认识社会学，政治史，经济史，社会史，艺术史，思想史，科学史，技术史，如此等等。

因此，我们在社会这个大集合中划分几个集合完全是件平常的事，其中最为人熟知的集合：首先自然是经济；社会阶梯或社会框架（这是为了避免"社会"这个说法，因为在我看来，社会是"集合的集合"）；政治；文化。这些集合各自又可分解成几个集合，并依此类推。根据这个格式，总体历史（或说总体化历史更为恰当，就是说，它力图无所不包，但永远不能囊括一切）先要研究至少以上四个体系的本身，然后再研究它们之间的从属关系或交叉关系，这些关系数量众多，每个体系所特有的可变因素不应先验地为共同的可变因素所抹煞，后者同样也不应为前者所抹煞。[11]

理想的办法是先就一个问题进行全面的叙述，并且一气呵成，但这是不可能实现的理想。值得推荐的办法是在进行分类的同时，仍然保持总体化的眼光：总体化眼光势必在解释中露头，趋向于重建整体，建议大家不要相信社会的简单性假象，而在使用等级社会、阶级社会或消费社会这类常用术语时，首先想到这些说法所包含的整体判断。不要相信商人等于资产阶级，商人等于资本家，贵族等于地主这类简便的等式，[12]不要以为资产阶级或贵族这些词确指界线分明的集团；划分阶级或阶层的界线虽然不难找到，但这些区划具有“水一般的流动性”。[13]

进一步说，不要想当然地以为，一个部门始终胜过另一个部门或所有其他部门。例如，我不相信政治史确凿不移的优势，不相信国家神圣不可侵犯的崇高地位。国家有时几乎能决定一切，有时又几乎不起任何作用，这随情况而异。保尔·阿达姆在他准备发表的《法国史》打字稿中指出，从我的关于地中海的那部著作中可以看出，菲力浦二世的政治作用绝对超过其他一切的作用。这是他把自己的看法强加于一幅复杂的图画。实际上，各个部门，各个集团和各个集合，不断在或紧或松地包围着它们的但从不让它们完全自由的总体社会中互相影响，它们在梯级中的位置始终在变动着。

这种情形在居世界前列的欧洲比在别的地区看得更加清楚。

从 11 或 12 世纪开始，或更有把握地说，从 16 世纪起，迅速发展的经济往往走在其他部门的前面；经济强迫其他部门跟上它的步伐，经济业已确立的领先地位无疑是欧洲大陆现代化进程开始较早的根源之一。但也不能因此认为：在起步的这几个世纪以前，经济的
410 地位无足轻重。1622 年的一名法国随笔作家[14]写道：“任何城邦、共和国或王国主要都靠小麦、葡萄酒、肉类和木材维持生存”，今天恐怕没有任何人会这样写了。此外也不能认为，面对经济这一孕育着众多革命性变革的新生力量，社会的其他部门没有发挥它们的作用，在长达几个世纪的时间内，既没有起过（或很少起过）加速作用，也没有成为障碍、逆向或制动力。任何社会在前进中总要遇到社会逆流的冲击和陈腐势力的阻挠，遇到一些历史结构的顽强抵抗，在历史学家眼里，这些结构的突出特点正是其寿命的恒久。这些结构是可被看到和可被捉摸到的，在一定程度上，也是可被测量的：它们的寿命就是度量单位。

弗朗斯瓦·富尔凯[15]在一本论辩参半的小册子中采用另一种说法，他把这些对抗归结为“欲望”和权力的冲突：一方面是并非出于需求，而是怀有欲望的个人，个人可能怀有欲望，就像运动中的物体可能带电一样；另一方面是镇压性的权力机构（任何权力机构都是镇压性的），它以社会平衡和社会效益的名义维持秩序。我赞成马克思的见解，认为需求是一种解释，也同意富尔凯的看法，相信欲望是一种同样广泛的解释（但欲望是否能不包括需求？）相信政治权力机构，还有经济权力机构，都是一种解释。不过，这些不是唯一的社会常数，还有其他的社会常数。

从中世纪到 18 世纪的欧洲经济发展正是在冲突力量的这个

整体中完成的，资本主义随着欧洲的经济发展而诞生，虽然它在各国的进展速度不尽相同，形式也多种多样。下面我们将着重说明资本主义曾遇到的阻力和抵抗。

社会梯级 411

不论用单数或复数，社会梯级都确指“社会”一词基本的和普通的内容；为叙述方便起见，我们把“社会”一词提到高一级的地位。我宁肯说“梯级”(hiérarchies)，而不说阶层(strates)、等级(catégories)或社会阶级(classes sociales)，虽然在任何一个有相当规模的社会里，都存在着阶层、等级乃至种姓[16]和阶级。不论阶级是否已经外化，就是说，不论它们是否具有清醒的阶级意识，它们都处在永不休止的阶级斗争中。所有的社会莫不如此。[17]我难得在一个问题上不同意乔治·古尔维奇的意见，他认为阶级斗争的先决条件是要各阶级都清醒地意识到斗争和对抗，而这种意识在工业社会前并不存在。[18]可是，相反的证据很多。阿兰·图兰纳或许说得对：“凡在部分产品被从消费中抽出并用于积累的任何社会”，必定隐藏着“阶级冲突”。[19]这也就等于说，所有社会都存在阶级冲突。

现在再回到我们偏爱的梯级一词。这个词顺理成章地适用于人口稠密社会的全部历史，不存在太多的困难。人口稠密的社会全都呈阶梯状发展，从不横向呈水平面发展。1446 年前后，葡萄牙探险家在撒哈拉的累斯卡特角大西洋沿岸，与间或出售黑奴和黄金的柏柏尔小部落有所接触。他们惊奇地注意到，柏柏尔人没有国王；[20]但仔细一观察，柏柏尔人组成氏族，并有他们的氏族首领。台湾的原始民族于1630年也同样使荷兰人感到吃惊："他们没有国王或君主，长年累月在进行战争，一个村庄攻打另一个村庄。"[21]即使如此，一个村落就是一个群体，一个等级系统。甚至按真实社会相反的形象设计的乌托邦社会，通常仍然是梯级社会。甚至高踞奥林匹斯山上的希腊诸神也在梯级社会中生活。总而言之，没有骨架，没有结构，便没有社会。

我们今天的社会，不论属于什么政治制度，并不比以往的社会更加平等，只是受到激烈反对的特权没有以往那样心安理得而已。在以往的等级社会里，保住自己的身份是一种美德，是自尊自爱的表现。只有冒用名义、到处招摇的僭越者才是可笑的和可被谴责的。在18世纪初期，针对奢侈成风和纲纪混乱的流弊，有人建议法兰西国王向亲王、公爵、其他封爵以及他们的妻室颁发类似"马耳他骑士团和圣拉扎尔骑士团骑士"佩带的蓝色绶带；向其他贵族颁发红色绶带；要求军官、军士和士兵必须穿制服，要求包括贴身男仆和膳食总管在内的仆役必须穿号衣，"帽沿不得镶饰带或金银饰物"。这样做一方面能减少靡费，另一方面又使"小人物不能混充大人物"，岂不是一个理想的办法？

在一般情况下，财富和权力足以预防这种混淆：一边是奢侈和
413 权威，另一边是贫穷和服从。意大利有篇文章(1776年)[22]说："一部分人穷得饿死，另一部分人饱得撑死。"

社会的多元性

梯级制从不是单一的，一切社会全都千头万绪；社会不由自主

412

亨利六世时代的“王座庭”：法官、书记官以及站在下方的被告。15 世纪一部英国手稿的插画。

地在分化，这种分化大概正是社会的本质所在。

试举所谓“封建”社会为例：马克思主义或准马克思主义的历史学家和经济学家想方设法要为它下个定义，但他们不得不承认这个社会根本上的多元性，并作出相应的解释。[23]在进一步解释前，我特别要强调，对于封建主义这个经常使用的词，我与马克·布洛赫和吕西安·费弗尔一样感到本能的厌恶。他们和我都认为，由通俗拉丁语“feodum”（采邑）演化而来的这个新词[24]仅适用于采邑制及其附属物，而与其他东西无关。把 11 到 15 世纪之间的整个欧洲社会置于“封建主义”之下，正如把 16 到 20 世纪之间的整个欧洲社会置于“资本主义”之下一样不合逻辑。我们且把有关这方面的争论搁下不谈。我们不妨承认，所谓封建社会（另一个常用的说法）能够确指欧洲社会史的一个长阶段；我们把封建主义当作一个简便的标签使用，自然也未尝不可，因为这相当于把某一阶段称作欧洲 A，把随后的阶段称作欧洲 B。总之，从 A 到 B 的连接大概就在 10 至 13 世纪之间，即为某些著名历史学家[25]称之为真正文艺复兴的那个时期。

在我看来，关于所谓封建社会，最好的介绍当推乔治·古尔维奇所作的简洁概括，[26]他在仔细阅读了马克·布洛赫的杰出著作[27]后，就其结论作了进一步的引申。由几百年的积淀、破坏和萌芽所塑造的所谓封建社会，其实至少是五种不同社会、不同梯级的共存。最基本的和最古老的是支离破碎的领主社会，这个把领主和农民紧密结合在一起的社会，其起源时间今天已无从查考。其次是由罗马教会坚持不懈地建造的神权社会，它的根基虽然不如领主社会那么古老，但至少可追溯到罗马帝国时代，精神根基则可追溯到更远的时代；之所以需要坚持不懈，这是因为教会不仅必须争取新的信徒，而且必须保住原有的信徒。在早期欧洲的剩余财富中，一大部分被用于维持这一庞大的事业，如建造大小教堂和修道院，支付教士俸禄等。这些费用究竟是一种投资或者纯属浪费，还是一个问题。第三种是资格更浅的以领土国家为中心组织起来的社会，它在其他社会的夹缝中发展并寻求它们的保护，领土国家在加洛林王朝末年曾遇到挫折，但并未彻底失败。第四种是严格意义上的封建社会，它钻了国家力所不逮的空子而达到登峰造极的地步，这种上层建筑把贵族纳入到一个梯级体系中去，并试图通过梯级来控制一切，操纵一切。但教会并不完全受梯级体系的束缚；国家则迟早要破网而出；至于农民，他们对上层发生的骚动往往置身事外。最后一种即第五种社会是城邦，在我们看来，这是五种社会中最重要的一种。从10世纪和11世纪起，城邦作为独立的国家、独立的社会，独立的文
明和独立的经济开始出现和重新出现。它们是古老历史的产 414
物：古罗马通过城邦获得了新生。城邦也是崭新的存在。它的繁荣是现时的产物：城乡的大分工，有利的经济环境，贸易的复苏，货币的再现。通过货币这个乘数作媒介，从拜占庭和伊斯兰地区到西欧的电路便经由辽阔的地中海而接通了。后来，整个地中海变成了基督教的天下，再次推动了早期欧洲的发展，引起了翻天覆地的变革。

总的来讲，有几种社会并存着，不同程度地相互依赖着。体系、梯级、等级、生产方式和文化无不杂陈缤纷；觉醒、语言和生活艺术也都千姿百态。一切都应该使用复数。

乔治·古尔维奇在这个问题上没有搞错，但他过分匆忙地断言，组成封建社会的以上五种社会是对立的，异质的；脱离开一个社会，那就是走入真空和陷于绝望。实际上，这些社会不但共存，而且互相掺和，带有一定的整体性。城邦的居民来自附近的乡村和领主的土地，其中不仅有农民，也有贵族，甚至贵族群体；这些贵族生在农村，住在城里，保持坚不可摧的氏族联系。[28]作为教会中心的教皇，早在13世纪，已约请锡耶纳市的银行家代理征税事宜。爱德华一世在位期间，英国王室先后向卢卡和佛罗伦萨借款。领主很早就是小麦和牲畜的出售者，货物自然由商人买下。大家知道，城邦是近代国家的母型，换句话说，是近代国家和民族经济诞生时仿效的原型，又是不惜损害其他社会的利益，进行财富积累的最佳场所。

不仅如此，任何社会、次社会或社会集团，从家庭开始，都还有自己特殊的梯级制：教会和领土国家，城市贵族统治的商业城邦，还有封建社会，归根到底无非是一种梯级制；以领主为一方和以农民为另一方的领主制也是如此。一个结构严密的总体社会，不就等于一种梯级制得以全面推广，而不一定破坏其他的梯级制吗？

尽管如此，在分割一个总体社会的几个次社会中，总有一个或几个在压倒其他次社会的同时，准备整个社会的一次变革；变革的形成始终十分缓慢，在一次变革完成后，再等待下一次变革的发生，变革的矛头这次针对胜利的那个或那几个次社会。这种多元性既是产生运动又是阻碍运动的基本因素。认识到这一点，有关进化的一切概括，甚至马克思的概括，就变得比较清楚了。

纵向观察:特权者的人数有限 415

但是,如果从高处俯视整个社会,人们首先看到的不是这些次社会,而是在从上到下的整个社会中,财富和权力的根本不平等。无论怎样进行观察都只能表明,这种内在的不平等是社会的恒在法则。社会学家也都承认,这是一条没有例外的结构性法则。但是,应该怎样去解释这条法则?

人们一眼就看到的,是高踞金字塔尖的少数特权者。权力、财富以及一大部分剩余产品照例都归这少数人所有;统治、管理、领导、决策,保证投资和生产的连续进行,都由这少数人负责;财物、服务和货币最终也归他们掌握。在他们下面的是被统治的群众,地位不等的劳动者和众多的经济工作人员。最底层是大批社会渣滓、无业者的世界。

社会牌局的发牌当然并非一劳永逸,但重新发牌的机会很少,极其难得。人们拼命想提高自己的社会地位,却是枉费心机,往往需要几代人的努力才能成功,而一旦成功后,如果不再奋斗,也就不能维持下去。在迄今以来的人类社会中,这场社会战争永无宁日,通往成功的途径既有阳关大道也有羊肠小路。我们预先知道,国家、贵族、资产阶级、资本主义或文化都并不真正起作用,除非能以这种或那种方式控制社会的制高点。管理、行政、司法、宣传、财富积累乃至思想都被上层所垄断;杰出的文化也在上层社会加工和制造。

令人奇怪的是特权者的人数始终很少。既然存在着提高社会地位的可能,既然少数特权者的存在有赖于非特权者向他们提供剩余产品，那么，随着剩余产品的增多，特权者的人数也应增多。事实却完全不是如此，无论在过去或在今天。人民阵线有个宣传口号，说1936年的法国完全取决于相当隐秘但又无处不在的“二百家族”，这个政治宣传口号听来未免让人发笑。但阿道夫·梯也尔在早一百年前却十分严肃地写道：“在法国这样一个国家里……大家知道，一千二百多万个家庭中……至多只有两三百个家庭堪称巨富。”[29]再往前推一百年，一个与梯也尔同样坚定的秩序党人，让-弗朗斯瓦·默隆[30]说，“在一个有两千万人口的国家里，奢侈只限于一千来人的小范围”“如果一个有效的警察制度能做到让大家安居乐业，那么多数人的生活同样是幸福的”。

我们今天的民主国家与此有很大的不同吗？大家至少都知道查尔斯·米尔斯的《论权力和财富精英》，[31]该书强调指出，当前整个美国的重大决策被一个小得惊人的集团所左右。在美国，民族精英也由占统治地位的少数家族所组成，这些大家族历年很少变化。锡耶纳市一位名叫克罗蒂奥·托洛梅的作家于1531年1月21日致加布里埃尔·切塞诺的信大致也讲了这样的话，[32]他写道：“在任何共和国中，即使是大共和国，在任何国家中，即使是人
416 民国家，很少有50名以上的公民能登上发号施令的位置。无论在雅典或罗马，在威尼斯或卢卡，治理国家的公民人数不多，虽然这些国家是在共和国的名义下被治理的。”总之，不管在什么社会，在什么时代和在世界的什么地区，极少数人的统治已成为一条始终起作用的规律。这确实是一条恼人的规律，因为我们弄不懂其中的奥妙。但是刺眼的事实毕竟摆在我们面前，作出一致的证明。这里就不必再去讨论了。

在1575年瘟疫前的威尼斯，贵族（包括夫妇和子女）人数至多有10000人。这是威尼斯历史上的最高数字，占总人口（包括威尼斯共和国在内）5%，而人口数约在20万人上下。[33]在这10000人中，还应去掉那些破产贵族，他们往往下降到靠政府布施为生的地位，流落在圣巴纳巴的贫民区，并被不无嘲讽地冠以圣巴纳巴人的绰号。即使在减去破产贵族后，剩下的人也并不都是巨富。在1630年瘟疫后，富商人数大大减少，以致只剩十四五人能出任国家的最高职位。[34]据1684年的记述，在热那亚这个典型的资本主义城邦，执掌国柄的贵族（既靠爵位又靠金钱），在80000居民中也许至多占700人（家属不算在内）。[35]

伦敦市长夫人的排场。这幅写生选自曾于1621至1625年间访问伦敦的乔治·霍尔兹休埃的画册。

威尼斯和热那亚的富人比例是最高的。在纽伦堡，[36]从14世 417

纪起，权力由少数贵族所掌握（根据法律，共有43个贵族家庭），即在20000市内居民加20000乡镇居民中，贵族约占150至200人。他们拥有任命议会代表的特权，而议会则在少数富有的名门世家（有的世家可追溯到13世纪）中挑选七位元老（他们实际上决定一切，既管行政，又管司法，并且不受任何人的牵制）。由于这种特权的存在，相同的名字不断在纽伦堡的大事年表中反复出现。该市度过了德国14和15世纪期间的多次动乱，并且奇迹般地安然无恙。到1525年，元老们（Herren Alteren）断然决定转向宗教改革，居然就此一锤定音。在1603年的伦敦，正值伊丽莎白统治的晚年，大小事务都受不到200名大商人的控制。[37]在17世纪的尼德兰，当政的贵族，包括各城市和各省的官吏，在200万人口中
418 只占10000人。[38]作为一个自由的和富有的城市，里昂的地位与众不同，1558年11月8日，教士在向市府参事（市政实权由他们掌握）进言时毫不含糊地说："参事先生们，你们几乎都是商人……市内能有希望当上参事的人不到30人……"[39]16世纪安特卫普市"参议员"（即英国人所说的市议员）的人数也同样有限。[40]在1702年的塞维利亚，据一名法国商人说，"执政府由四五人组成，他们根据私人目的操纵贸易"，不惜损害其他商人的利益而发财致富。1704年的一份诉状毫不犹豫地指责"塞维利亚执政府的丑恶行径"。[41]在1749年的勒芒，毛哔叽的生产和贸易被八九名批发商所控制，他们是"库洛、维隆、台格朗日、蒙塔洛、加尼埃、诺埃、弗雷阿尔和博迪埃先生"。[42]敦刻尔克在旧制度末年因设有自由港而发财，这个约有20000居民的城市掌握在少数富商的手里，他们丝毫不想挤进贵族的行列，何况敦刻尔克市内根本就没有贵族。确

实，自由港的居民享有许多特权，人头税、盐税和印花税一概都不缴纳，他们再当贵族还有什么好处？敦刻尔克的资产阶级是个抱得很紧和世代相传的小集团。这些大家族是：福尔科尼埃、特累斯卡、科范、莱尔米特、施皮恩斯。[43]马赛也是同样情形。据A.沙博[44]说，“市政长官的职位……150年来始终被不到十来个家族所控制，众多的联姻关系和教父教子关系更使他们几乎亲如一家”。夏尔·卡里埃尔[45]就18世纪马赛的批发商作了统计：“不到总人口的1%；他们人数虽少，但拥有财富，并控制着整个城市活动和市政管理。”在佛罗伦萨，特权者(benefiziati)在15世纪有3000人或更多一些；到1760年只剩800至1000人，因而于1737年在梅迪契家族绝嗣后担任托斯卡纳大公的哈布斯堡-洛林家族不得不再封新的贵族。[46]在18世纪中叶，像皮亚琴察这样一个小城市(居民30000人)约有250至300家贵族，即1250至1500名特权者(夫妇子女)，占总人口的4%至5%。但这个较高的比例数包括富有程度不等的各种贵族。由于城市贵族是这个乡村地区唯一富有的阶级，皮亚琴察的人口必须再加上乡村的17万农民，合计共20万人，特权者的比例便降到1%以下。[47]

有人估计，在18世纪，整个伦巴第的贵族约占城乡总人口的1%，而这少数特权者却占有将近一半的土地；[48]对于这样一个反常的比例数，我们不应信以为真。举一个范围较小的例子：1626年前后，在克雷莫纳四周的160万佩提希(pertiche，意大利面积单位)土地中，“仅18家封建主拥有83.3万佩提希”，即占一半以上。[49]

在领土国家的范围内进行计算，也得出类似的结果。格里高

纽伦堡的城市贵族在市府大厅跳舞。他们人数不多。

利·金[50](1688年)估计，英国约有36000个家庭年收入超过200英镑，而英国总共约有1400000个家庭(我去掉了尾数)，占2.6%左右，这个统计数字大体上为历史研究所证实。为了得出这个数字，只得把勋爵、从男爵、乡绅、绅士、王室“官员”、大商人统统加在
419 一起，还有当时正春风得意的10000名法律界人士。以年收入200英镑以上作为标准也许使特权者的队伍过分扩大，这一队伍内部存在着很大的不平衡，据估计，大地主的最高收入平均每年达2800英镑。在乔治三世登基的1760年，由马西[51]提供的数字表明，曾进行了一次财富再分配，商人阶级从此走到地主阶级的前

面。但如果计算真正有钱有势者(政治上和社会上)的人数,据专家的意见,整个王国差不多有 150 户,即 600 至 700 人。[52] 在同一个时期,法国约有旧贵族 8 万人,新旧贵族总共有 30 万人,占法国人口的“1%到 1.5%”。[53] 至于资产阶级,怎么加以辨认?人们对什么不是资产阶级比什么是资产阶级知道得多,何况又缺少数字。据皮埃尔·莱翁的大胆推测,整个资产阶级约占总人口的 8.4%,但在这个数字中,大资产者又占多少?唯一可信的比例数是关于布列塔尼的贵族(占该地区总人口 2%),但大家知道,布列塔尼共有贵族 40000 名,大大高于法兰西王国的平均数。[54]

为了找到一个确实可靠的高比例数,必须研究波兰的情形:[55] 波兰贵族人数占总人口的 8%到 10%,“居欧洲之冠”。不过,这些波兰贵族并不都是富翁,许多贵族甚至很穷,有的简直是流浪汉,“其生活水平与农民没有什么差别”。富商阶级人数也少。可见, 420
如同别国一样,波兰真正享有特权的阶层在全国人口中只占很小的比例。

人数相对地更少的特权集团无疑是:为彼得大帝效劳的贵族,中国的高官,日本的大名,印度大莫卧儿帝国的王公(rajahs)和贵族(omerahs),[56] 此外还有对阿尔及尔土著居民实行恐怖统治的少数冒险成性的士兵和水手,以及在辽阔的西属美洲勉强落户定居的少数未必富裕的地主。在这些不同的国家,大商人的地位差别极大,但他们人数仍然不多。我们可借用伏尔泰的话作结论:在一个秩序井然的国家里,少数人“使役多数人,由多数人供养,并管理多数人”。

波兰贵族与商人在但泽谈生意。让-巴蒂斯特·哈曼地图集的卷首装饰图案(17 世纪)。

这果真能当作结论吗?我们至多又一次知其然,而不知其所以然。侈谈"集中"在经济领域和在别处的明显后果,这无非是隔靴搔痒。确实,集中本身又该作何解释?历史学家专心致志去解释社会的上层,照夏尔·卡里埃尔[57]的说法,这是"避难就易"。事情其实并非如此,少数特权者的问题不是一个容易解决的问题。他们怎样经过历次革命而得以保全?他们怎样使广大的下层群众俯首听命?在国家有时与特权者进行的斗争中,为什么特权者最后从不完全是失败者?马克斯·韦伯不为社会"深层"所迷惑,他强调“新兴统治阶级政治素质”的重要，[58]这样说也许并不错。旧社会上层人士（根据血统关系或财富水平）的素质难道不首先是旧社会的本质吗？

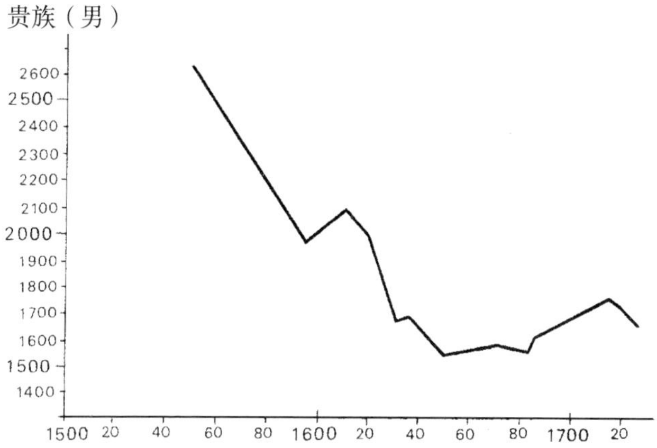

28. 威尼斯贵族

凡政治上对外封闭的特权阶级，其人数必定逐渐减少。这里举一个突出的例子：威尼斯新增加的贵族家庭不足以弥补空缺。1680 年后的略有回升是否反映着生活条件的改善？图表见让·若尔日兰的《启蒙时代的威尼斯》，1978 年版，第 653 页。表中引用的数字取自詹姆士·戴维斯的《威尼斯贵族统治的衰败》，1962 年版，第 137 页。

社会地位的变动 421

关于新兴阶级，上层社会的新旧更替以及社会地位的变动，关于资产阶级（单数或复数）或所谓中产阶级，这些问题说来都是老问题，但并不比前面的问题更加清楚。上层社会的新旧更替通常总是那么慢条斯理，那么无声无息，因而不能对之作出确切的衡量和观察，更不能作出断然的解释。劳伦斯·斯通[59]认为，经济高涨能加速社会地位的上升，这是可能的。赫尔曼·凯伦本兹[60]进一步指出，在经济活跃和发展迅速的沿海商业城市，人们的社会地位比在内陆城市更加容易变动。沿海和内陆的传统对立在这里再次出现。吕贝克、不来梅和汉堡等地的阶级差异没有反动的纽伦堡市那么大。但在马赛，甚至在波尔多，社会地位的变动难道不是同样容易吗？反过来讲，经济衰退将把晋升的大门关死，使人们的社会地位持久不变。彼得·拉斯莱脱[61]认为，在前工业时期的英国，社会地位不断下降的倾向比较明显，持这种意见的人不只是他一个。[62]那么，如果能就上层社会的人员进出算笔总账，随着近代的到来，掌握财富和权力的人究竟是更多或是更少了呢？佛罗伦萨、威尼斯和热那亚的一些可靠数字表明，享有特权的家族数量逐渐在减少，某些家族归于灭绝。同样，在奥尔登堡伯爵领地，中世纪末原有贵族200户，到1600年前后只剩下30户。[63]由于生物学上的原因，上层社会的人数逐渐在减少，遗产和权力更加集中在少数人的手里，但这种集中有一定的临界线，佛罗伦萨于1737年，威尼斯于1685、1716和1775年都曾达到过临界线。[64]到了那时候，就无论如何也必须开放门户，吸收新贵族，用威尼斯的说法，叫做“捐爵”。[65]于是，贵族的衰亡虽然在加速，但它同时却得到必要的补充，似乎社会有治愈创伤和填补空缺的天赋。

在某些环境下，这种情况屡见不鲜，例如彼得大帝对俄国社会的改造，或者英国红白玫瑰战争导致的危机。当这场屠杀结束时，在亨利七世(1485—1509年在位)及其子亨利八世(1509—1547年在位)的面前，曾经强烈抵制王权的旧贵族已所剩无几。他们在内战中损失惨重：原有的50名勋爵到1485年只留下29名。贵族以攻战杀伐为业的时代已一去不复返了。反对都铎王朝的波尔、斯坦福德、库尔特奈等大家族在战争中灭亡。于是，一些小贵族，一些购买了地产的资产者，甚至一些出身低微而得国王宠信的人，利用英国国土上所谓“政治地质”的深刻变化，填补了上层社会的空缺。这种现象本身并不新鲜，新鲜的只是这种现象的规模。在1540年左右，一个新贵阶级建立了起来，虽然形成不久，但其力量已经相当可观。

早在亨利八世去世前，还在爱德华六世（1547—1553年在位） 422
和玛丽·都铎（1553—1558年在位）的动荡和脆弱的统治期间，新贵族逐渐羽翼丰满，并开始与政府对抗。宗教改革，教会产业和王室财产的出售，国会的活跃，都对新贵族有利。伊丽莎白女王（1558—1603年在位）的统治虽然表面上似乎轰轰烈烈，贵族却巩固和扩大了他们的利益和特权。英国王室在1540年前曾大兴土木，这表明它活力充沛，而在这以后，便停止建造豪华宫殿；难道这是当时的一个时代特征？事情其实与经济环境无关，因为营建的使命已移交贵族承担。到16世纪末，英国农村出现了大批堪与宫室媲美的建筑，如朗利特、沃拉吞、伍克苏普、布尔格雷府邸、奥尔登比[66]等。随着贵族登上政治舞台，出现了海岛航海业的首次繁荣，农业收入的提高以及经济的普遍高涨，约翰·内夫称之为第一次产业革命，并非没有道理。为了扩大或巩固自己的地位，贵族至此已不再需要国王的庇护。当国王于1640年试图恢复王权时，已经为时太晚了。贵族和大资产阶级（不久将与前者并驾齐驱）度过了内战的艰苦岁月，并随着查理二世的复辟（1660—1685年在位）而兴旺发达。“经过了1688至1689年的附加骚乱，人们可以认为

423

在林肯郡的斯坦福拜伦，威廉·塞西耳于 1577 至 1585 年紧贴韦兰河建造了布尔贝格雷府邸。这是他众多府邸中留下的少数馆舍之一(当然经过了修缮)。

英国革命(始于 1640 年，甚至从某种观点来看始于更早的时候)已告成功”。[67]英国统治阶级的改组业已完成。

英国的以上例子虽然十分清楚，但历史学家在这个问题上仍争论不休。[68]在欧洲其他各国，资产者设法使自己晋升为贵族，或把女儿嫁给贵族子弟。然而，为了弄清这个过程的来龙去脉，必须展开进一步的研究，要把皮埃尔·布迪厄的激进社会学理论应用于过去，[69]并打一开始就承认任何社会的基本任务是实现社会上层的再生产；要沿着杜帕基埃、肖希南-诺加雷、让·尼古拉等历史学家的思路，承认某些社会变动具有决定性意义：一种阶梯制或等级制确立后，便不断在磨损，迟早总要垮台；一些新人于是进入社会上层，但在绝大多数情况下，总是为了恢复旧秩序。让·尼古拉认为，在查理-伊曼纽尔一世（1580—1630年在位）统治下的萨瓦，出现了无数次瘟疫、饥荒、歉收和战争等灾害，“利用局势的动荡不定，一些由商人、律师和官吏出身的新贵族正逐渐替代封建旧贵族”。[70]于是，一些享有特权的新富人挤进了贵族的行列，急剧的社会动荡虽然破除了以往的一些特权，并使新富人得以跻身贵族行列，但它也造成了农民生活的严重恶化。任何成果的取得都应付出代价。

怎样把握住变化？ 424

这一切显得十分简单，甚至过分简单。变化十分缓慢，比人们通常设想的更要缓慢。这样一种社会运动当然是不能测量的，但有一个尺度也许能够被使用，也就是说，试图通过与旧贵族相比较，大致测出真有希望提高社会地位的候选人数，即资产阶级中最富有的那部分人的人数。历史学家习惯于把资产阶级概括地分成大、中、小三个类型。在这里，我们倒是应该严格地只把上层资产阶级统计进来；我们可以承认，他们的人数不到资产阶级总数的三分之一。如果说18世纪法国资产阶级约占全国总人口的8%，大资产阶级就不大可能会超过2%，大致同贵族人数差不多。这个等号还纯属假定；但就威尼斯的情况看，那里的所谓“市民”（cittadini）其实就是大资产阶级，他们往往很富，起码也是生活相当优裕；他们在政府各部门担任要职（低级官职是出钱捐纳的），从1586年起更出任威尼斯驻外领事的要职，同时也掌管贸易和工业；这些“市民”的人数与贵族相等。[71] 1500年前的纽伦堡也是同样情况，贵族和富商的人数不相上下。[72]

社会地位的上升显然是指地位仅次于城市贵族（或贵族）的富商上升为贵族。上升的比例是多少？除少数特殊情形外，比例是很难测定的。由于统治阶层的人数长期停留在同一水平上，需要很长时间后才有所减少，社会地位的上升至多不过是填补空缺。据赫尔曼·凯伦本兹[73]认为，16世纪的吕贝克正是这种情形。城市贵族阶级，即大批发商家族，约有150至200户，他们每一代的人数平均递减五分之一，相应地由新人所替代。如果按一代以20年计算，而且为省事起见，暂定家族的户数为200，那么，在这个有25000居民的城市中，每年就有2户跨过统治阶级的门槛，进入上层社会。由于上层社会内部包括几个台阶（最高一级的12户贵族掌握实权），很难想象新进贵族能打破贵族圈子的原有规矩。他相当孤立，只得适应环境，接受传统和习俗，改变生活方式乃至衣着，必要时也改变思想。

话虽这么说，实际情形却十分复杂：统治阶级有时也会自动改变意识形态和精神状态，至少在表面上否定自己，接受或似乎接受新成员的思想以及社会经济环境向它推荐的思想。但这种改变从不是简单的或完全的，对统治阶级不一定就是灾难性的。实际上，经济高涨在使新成员进入统治阶级的同时，绝不会让旧成员无动于衷。旧成员也深有感触。阿尔丰·道普什[74]提醒大家注意小卢西达留斯对13世纪末贵族的讽刺，嘲笑他们在宫廷中不会谈些别 425
的，一味唠叨小麦、奶酪、鸡蛋和小猪的价格，奶牛产奶多少以及收成好坏。难道这个贵族阶级从13世纪起已经资产阶级化了吗？后来，贵族在兴业生财的道路上还将走得更远。在16世纪末的英国，贵族和绅士干脆参加在对外贸易推动下新办的股份公司。[75]新潮流一经兴起就不再停歇。到了18世纪，匈牙利、德意志、丹麦、波兰和意大利的贵族纷纷“从商”。[76]路易十六时代的法国贵族几乎对经商入了迷。据历史学家说，正是贵族最敢冒风险，最敢投机；相比之下，资产阶级显得胆小怕事，畏首畏尾，满足于食利。[77]也许不必为此感到惊奇，因为法国贵族虽然才刚开始经营私人工商业，但他们在王室收入和年金信贷方面的肆意投机却是由来已久，这在当时可算是“大买卖”了。

总之，上层人士心态的所谓“资产阶级化”，其原因不在于新成员加入了他们的行列（即使在新成员比平时更多的18世纪末），而在于产业革命当时正在法国发动。正是在那时候，大贵族，即“佩剑贵族以及在王室和王公家中任职的贵族”，参加了“各种以盈利为目的的大企业，如大西洋贸易，采矿和在殖民地经营种植园”。从此，新经济的所有重大集会都有这些商业贵族在场：昂赞和卡尔莫的煤矿，尼德布龙和勒克勒佐的钢铁企业，当时纷纷建立并促进了远洋贸易的资本主义大公司。因此，这些拥有巨额资产的贵族如果否定原来的想法和认识，向资产阶级靠拢，变得比较开明，希望限制王权，或者想如1688年的英国那样搞一场不带来动乱和破坏的革命，那也不足为奇。后来的事态发展可惜出乎他们的意外，这且撇开不谈。在1789年以前的几年里，法国继英国、荷兰或更早的意大利商业城市之后，在进行经济改造的同时，改造着社会的结构和人们的心态。

欧洲社会状况的同步演变

经济对社会地位的上升起一定作用，任何人都不会对此感到奇怪。令人惊奇的是，尽管国与国之间存在着明显的差异，社会状况以及与社会状况相结合并由社会状况所体现的经济状况却在整个欧洲趋向于同步变化。

例如，在我看来，朝气蓬勃的16世纪，或者说1470至1580年间，整个欧洲处于社会地位急剧上升的时期，其自发性堪与生物的成长相比。商人出身的资产阶级自动晋升到当时社会的上层。经
426 济的活跃使商人有时在旦暮间就赚得巨额财富，从而为他们社会地位的提高打开了方便之门。相反，到16世纪末，正赶上百年趋势的逆转，或者说由于跨界周期较长，欧洲大陆各国至少在相当长一段时间里又重新恢复了社会封闭状态。拿法国、意大利和西班牙的情形来看，似乎贵族上层在换掉一批旧人和补充一批新人以后，又把晋升的门路重新关死。这在勃艮第和在罗马是如此，[78]在西班牙也是如此，市政官吏曾争先恐后地补充贵族的空缺，在那不勒斯，“硬是设置了一些本可免去的王公爵位”。[79]

可见这是一个普遍的过程，而且具有双重性：在整整一百年内，一部分贵族消失了，他们的位置立即被替代，而在新人占了位置以后，大门又重新关上。比埃尔·戈贝尔用天主教联盟及其拼

死斗争来解释法国贵族的没落，他认为：“经济条件的影响，特别是经济环境的影响，……不应成为理由”，[80]我们对他的看法是否应表示怀疑呢？当然，我并不把天主教联盟和它带来的灾难绝对排斥在外，何况它们在一定程度上是16世纪末经济衰退的组成部分和表现形式。相似的局面在欧洲不同的社会中表现为不同的形式，这是十分自然的事。乔治·于贝尔的解释是专门针对法国而言的，但他也谈到了一个经商致富的新阶级经济地位的提高；关于这个问题，我后面再谈。这是一个普遍的过程。在16世纪，各地的社会状况和经济状况全都相同，经济状况和社会状况又带动其他一切。18世纪的情形也同样如此，在整个欧洲，普遍出现了社会地位提高的现象。西班牙有人撰文讽刺说，新贵族人数如此之多，以致每条河流、每个村庄和每块土地无不与一个贵族称号相联系。[81]

昂利·比兰纳的理论

昂利·比兰纳在《资本主义社会史的各阶段》中提出的理论至今仍有其价值，[82]这种理论撇开了社会状况的解释，而建议用在个人活动或家族活动范围内可以得到验证的正常社会机制作解释。

这位伟大的比利时历史学家用心研究了欧洲文艺复兴前业已存在的前工业时期的资本主义，他发现商人家族都寿命不长，不过延续两至三代而已。在这以后，他们不再经商，如果万事顺利，便去占据风险较小和较为荣耀的位置，如捐纳官职或更经常地购买领地，再或者双管齐下，比兰纳因此得出结论说，不存在世代相传的资本家家族：一个时代可有其资本家，但在下一个时代，便不再是相同的资本家。商人在利用方便的机会摘取了果实以后，就迫不及待地脱离商界，尽可能挤进贵族的行列；这不仅因为他们有提高自己社会地位的野心，而且因为曾经确保他们父辈获得成功的思想已使他们不能适应新时代的要求。

427 这个观点受到人们广泛的欢迎，因为它有许多事实作根据。赫尔曼·凯伦本兹[83]参照北德意志各城市的情形，认为商人家族的创造力在经过两三代人的时间以后已经消耗殆尽，他们开始追求食利者的平静生活，于是放弃商行，购置地产，以便取得贵族证书。在他主要涉及的16和17世纪，事情确实如他所说。我这里仅就“创造力”一词以及该词包含的创业者形象作一番议论。

不论与创造力有无关系，这些退缩和转移的现象在所有时代都是存在的。在15世纪的巴塞罗那，商人世家的子弟总有一天要“获取荣誉身份”，虽说食利者的太平日子肯定不是巴塞罗那商人的主要向往。[84]给人印象更深的是，在南德意志地区，“奥格斯堡的富格尔家族、韦尔瑟家族、赫希斯泰特尔家族、波姆加特奈家族、曼利赫家族、豪格家族和赫尔瓦特家族，纽伦堡的杜凯家族和英霍夫家族，以及16世纪声名显赫的许多其他家族”[85]纷纷消失，其迅速程度犹如遭了灭顶之灾。J.海克斯泰[86]在谈到所谓“都铎王朝时期英国中产阶级的神话”时指出，每个历史学家都把商业资产阶级向绅士和贵族的逐渐转变看作是他所研究的那个历史时代的特殊现象，其实这一现象在所有的时代全都存在。J.海克斯泰以英国为例毫不困难地证明了这一点。在法国，“柯尔贝尔和奈克尔前后相差一个世纪，他们不是全都抱怨金融界人士因追求平静生活而改当地主和贵族吗?”[87]鲁昂有一些商人家族于 18 世纪消失了,有的是因为已经灭绝,有的则是放弃商业,改在司法界就职,如勒让特尔(在当地素负盛誉,被称为欧洲最富有的商人家族)、普朗特洛兹等。[88]阿姆斯特丹也是同样情形,有人于 1778 年指出:“如果算一算市内的名门望族,祖先在革命时代(1566—1648)是商人的只占少数。旧商号不再存在:今天生意做得最大的商号都是不久前刚开张的新商号;贸易因此从一家商号转往另一家商号,因为生意自然被经营最活跃和最节省的商人吸引过去。”[89]这类例子多不胜举。但问题是否因此得到解决了呢?

商业公司的这些定期隐退如果在一定程度上来自创业精神的衰退,是否应该得出结论说,经济状况在这里丝毫不起作用?进一步说,把这个仅仅反映某家族一段短暂生活的现象看作是资本主义突出的社会风貌,这就等于把商人同资本家混为一谈。大商人必定是资本家,资本家不一定就是大商人。资本家可能是出资人,工场主、金融家、银行家、农庄主、公共资金经理人等。由此可能有中间阶段的存在,就是说,商人可能变成银行家,银行家变成金融家,前者和后者都能成为放款生息的食利者,从而连续许多代保持资本家的地位。热那亚商人早在 16 世纪前便向银行家和金融家转变,完好如初地度过了随后的几个世纪。阿姆斯特丹的情形也是如此:根据 1778 年的一份见证材料,有些家族已不再经商,但还必须了解它们的下落,看它们是否已转入资本主义活动的另一部 428
门,这在 18 世纪的荷兰有相当大的可能。即使有的资本确实离开商业,转而购置地产或官职,如果人们有可能长期追踪它在社会上的去向,人们将能发觉,它并不彻底脱离资本主义渠道,还会折回商业或银行部门，暗中参与动产或不动产投资，甚至被用于开办工矿企业，有时还会出现更令人意想不到的事情，如通过联姻和嫁奁的途径“带动资金的转移”。[90]在巴迪家族大破产后的一个世纪，该家族的某些直系继承人竟又成为梅迪契银行的股东；[91]看到这些，人们怎能不感到奇怪呢？

另一个问题：关于昂利·比兰纳谈到的资本主义各阶段；同商人家族相比，商人集团更值得重视（今天依然如此），作为商人集团的组成部分，商人家族接受前者的支持和扶植。如果我们考察的

在荷兰一所乡墅院内互相告别。彼得·德·胡格作画（1675年前后）。

对象不是富格尔家族，而是当时奥格斯堡的所有大商人，不是泰吕松家族和奈克尔家族的财产，而是新教银行家的财产，我们就能清楚地看到，每隔一个时期确实都有一个集团替代另一集团，但是每 429
个时期的期限都高于比兰纳所定的两至三代人的标准，而且替代的原因都能用经济变化作解释。

居伊·肖希南-诺加雷以朗格多克金融家的情形为例，对这个问题作出了唯一值得重视的论证。[92]这些金融家同时还是企业家、银行家、船东、批发商和工场主，甚至还兼任金融家和财政官员。他们几乎都是商人出身，多年经营，既审慎，又得法。他们不但在当地的商业活动中保持联系，而且结成密切的亲戚关系。通过在朗格多克一个区（行政单位）的观察，我们看到商人在组成成分、商业联系和家族联姻方面曾先后出现三种不同的形态。随着一种形态被另一种形态更替，相应地出现一次断裂和人员的大换班。见于1520至1600年间的第一种形态随着16世纪末的经济衰退而消失；1600至1670年间的第二种形态一直延续到1660至1680年的转折时期；最后是从1670年开始的第三种形态，维持到1789年为止，历时一个世纪以上。总的来说，以上情形证实了昂利·比兰纳的直觉；但十分清楚，这不是个人的兴衰，而是集体的运动，为时相当长的运动。

只是当社会让资本在店铺、商行、官职、地产或别的方案中作出选择时，资本才能经历不同的社会阶段。而一个社会完全可能表示反对和加以阻拦。请看犹太商人和犹太资本家的情形，这是一个反常的但又说明问题的实例：西欧不允许他们在金钱、土地和官职之间作出选择。我们当然不必闭着眼睛相信诺尔萨犹太银行的寿命长达六个世纪，[93]但这家银行确实创造了长寿记录。印度的银行家兼商人的境遇与犹太人相似，他们在种姓制的限制下，只能经管钱财，不得改业。同样，日本大阪的富商很难挤进贵族行列。他们因此陷于本业，无力自拔。开罗商人家族的情形则相反，据安德烈·雷蒙的[94]近著说，商人家族存在的时间比昂利·比兰纳指出的各阶段的时间更短：穆斯林社会不等资本积累完成，便把资本家扼杀。莱比锡商人在他们的资本积累的第一阶段，即在16和17世纪期间，也处于同样情况。富商们不是终身富有，他们的子孙后代迫不及待地购置地产，以图安居乐业。在经济发展初期，这种情形的出现不应归罪于社会，经济的不稳定性应负其咎。

法国的“绅士”或长袍贵族

总的说来，一个社会的寿命越长，它的结构必定越复杂。社会总是在变化，甚至可能在某个部门彻底变化，但它顽强地保持着它的主要构造和主要选择，几乎可以说，社会以不变应万变。为此，
430 如果想要了解社会，就必须同时了解它的过去、现在和将来，社会是长时段中稳定和偏差交替积累的结果。在这方面，16和17世纪的法国上层社会提供了一个十分复杂但又完全适用的例证。这个具体例子虽然本身只说明一个特殊的命运，但它在一定程度上也为欧洲其他社会充当见证。另一个优点是，许多论文已把法国情形考证清楚，乔治·于贝尔在他的名著《法国的绅士》[95]一书中又对这些论文作了进一步的发挥。

用绅士这样一个不正规的词确指法国资产阶级的上层——他们的父辈或祖辈因经商致富，但到了他们这一代，已不再开设店铺

或商行，总之不再依靠买卖货物的贱业为生，而是经营大片土地，开展金融业务和捐纳官职，把官职作为勤俭和保守的世家祖产留给后代——用这样一个词会使研究这几个世纪的所有法国史专家为之愤慨。但自从有关这个问题的讨论开始以来，人们很快看到这一讨论是有益的；为了讨论这个问题，必须先解决另一个问题：如何为一个正逐渐向贵族及其传统社会成就过渡的阶级（阶层，集团）下个定义，这个复杂而并不引人注目的阶级与好摆排场的宫廷贵族或穷极无聊的“乡村贵族”毫无共同之处，并且正在实践自己关于理想贵族的认识和形成自己的生活艺术。这个阶级或阶层要求，在历史学家的语汇中，必须有一个词或一种表达方式，能够体现它有别于其他社会形态（自弗朗斯瓦一世至路易十四即位初期）的个性。如果你不愿接受绅士这个说法，你也不能称它是大资产阶级。

资产阶级（bourgeoisie）一词是紧随资产者（bourgeois）一词而被用开的，这两个词大概在12世纪已开始使用。资产者指的是城市中享有特权的公民。根据法国不同的地区和城市，该词只是在16世纪末或17世纪末才广泛使用；18世纪使之普及，革命时期更登峰造极。凡在我们期待着使用资产者一词的场合，有时会出现这个词，但是长期内我们一直遇到的却是“有体面的人”（honorable homme）这个说法。这后一种表达方式具有验证的价值，它确定无误地指明农民与自由职业者之间很难逾越的和体现社会地位差异的第一个台阶。所谓自由职业主要指律师、检察官、公证人等法律工作者。他们多数是在资深的同行那里见习一段时间后独立开业，没有上过大学，即使受过高等教育的人多数也不过敷衍塞责而已。属于这类自由职业者的还有内科医生以及外科医生兼理发师，在后一种人中间，“穿长袍的圣科姆外科医生”，即真正科班出身的，[96]只占极少数。此外还可加上药剂师；像其他几种人一样，他们的职守往往“传给家人”。[97]商人——这里主要指，但并不仅仅指批发商——虽然不属于所谓自由职业，却完全有权算是“有体面的人”。在沙托丹，资产者（批发商）和工匠（店铺主）至少在表面上有着明显的区别。[98]

431 但单靠职业不足以制造体面，特权者还必须拥有一定的财产，相当富有，生活阔绰，在市郊置有土地，还有一项不可缺少的条件，住宅必须“门面临街”。直到今天，说一家商店“门面临街”，仍意味着是它的信誉很好。根据里特累的解释，“门面”“如同今天在教堂中那样，是指房屋的正面”，一所房屋有了门面也就取得正当地位……

这些就是地位在工匠、店铺主、壮工和农民之上的“有体面的人”，历史学家在法国各地都遇到他们，甚至在今天看来似乎微不足道的小市镇里也有他们的身影。通过查阅公证人的档案，或许能把这些初等特权者的财产弄清楚。这些初等特权者显然与本节所说的绅士无关。要成为或接近成为绅士，必须再爬高一级，达到“贵人”（noble homme）的地位。应该说明，“贵人”不具有贵族的法律地位，而是出自虚荣或反映社会实在的一个称号。贵人即便拥有领地，“以贵族方式生活，就是说，不以手艺或经商为生”，也不属于“真正的贵族”，而是“名不副实的和不完全的贵族，不无轻蔑地被称作城市贵族，其实还是资产阶级”。[99]相反，如果贵人在公证文书中又被称作“新贵”（écuyer），那他就非常可能被承认为贵族的一分子。

但这种承认意味着他仅具有贵族的社会地位，而不是法律地位，也就是说，这种地位是在日常实践中自发形成的。我们要着重解释挤进贵族行列通常应具备什么条件。在1520年以后，进入贵族行列明显地变得容易起来，新贵族的人数激增。这里且不谈国王出售贵族证书(数量极少)，也不谈捐纳可望借此晋升贵族的官职或出任地方司法和行政长官(即所谓敲钟贵族)，贵族资格的取得主要通过法律调查；只要有人担保被调查人“以贵族方式生活”(就是说，能够不劳而获)，并且他的父母和祖父母也众所周知地以贵族方式生活。这个途径之所以容易，因为特权者的财富允许他们采用贵族的生活方式，因为有担任法官的亲戚与他们沆瀣一气，最后还因为在16世纪，正如我们已经说过的，原有的贵族并不紧紧地抱成一团。在当时的法国，没有任何迹象能使人想起彼得·拉斯莱脱的名言：[100]贵族和非贵族之间的界线同基督徒和异教徒之间的界线一样分明；应该说这条界线是个无人区(no man's land)，很容易跨越。

问题变得复杂的原因在于，这些新贵族并不始终希望融合在传统贵族中。如果乔治·于贝尔说得对(他的看法很可能是正确的)，高级“贵人”肯定不会以“贵人迷”的形象出现。莫里哀的这个剧本第一次演出的日期很晚(1670年)，而我们这里涉及的时代是在16世纪初期，剧中的讽刺本是为了讨好宫廷贵族。茹尔丹先生当然并不纯属虚构，他代表着中等资产阶级，但如果认为在16世纪已经取得或几乎取得贵族资格的高级贵人竟怀着寻求“长生不 432
老药”[101]一般的热情争取被贵族阶级接纳，这种看法是不对的。

他们虽然有点虚荣心,但肯定不到这种程度。虚荣心没有促使他们把佩剑贵族的爱好和偏见统统接受下来,他们对习武、狩猎、决斗并不赞赏;相反,对于他们认为是不明事理、缺乏教养的人的生活作风,他们毫不犹豫地表示鄙视,甚至以书面的方式。

何况,在这个问题上,整个中等和上等资产阶级的想法完全一致。请看兰斯一个名叫乌达尔·科克尔的普通资产者的证词,[102] 这位相当富有的商人于 1650 年 8 月 31 日在其回忆录中写道:"以上便是那些自称出身高贵的绅士先生们的生活、境遇和状况;许多贵族的为人并不比他们好到哪儿去,他们只会训斥和欺压村里的农民。相比之下,城市中高贵的资产者和富商更接近贵族,因为他们宽厚大度,治家有方,处世行事堪为表率;他们各尽其能,不使任何人抱怨,对为他们工作的人必付以报酬,尤其是绝不会有卑劣的行径;而大多数的小佩剑贵族却是反其道而行之。如果还要继续比下去的话,佩剑贵族眼里只有自己,并且以为资产者应该用农民的眼光来看待他们……任何讲究信义的人都对他们嗤之以鼻。现在的世道就是如此,不要再到贵族中去寻找德行。"

变成了贵族的大资产者其实仍像以往一样,在城市住宅和乡间别墅过着平静和合理的生活。他们生活中的乐趣和骄傲,正是他们的人文主义文化;他们在图书馆中悠闲自得,乐此不疲;他们的重要特征是他们生活在一种氛围中,对拉丁文、希腊文、法学、古代史和民族史怀有强烈的热情。他们在各城市乃至市镇开创了许多世俗学校。他们与真正的贵族的唯一共同点,是拒绝从事体力劳动和经商,喜爱闲暇。对他们说来,闲情逸致,也就是阅读以及与同伴进行学术讨论。这种生活方式至少要求生活优裕,而这些新贵族一般都处在优裕的水平之上，他们已从三个来源建立起殷实的财产：经营有方的土地；主要向农民和乡绅发放的高利贷；在1604年设置官职税以前，已获得可转让和可世袭的财政官和司法官职位。然而，他们的产业除了自己挣下的，更多的是祖上留下的遗产。祖业不但保住了，而且又扩展了，就像滚雪球一样，使资产者的事业取得新的成功和突破。但最初走上轨道时的情形始终是相同的：所谓“绅士”(gentry)出身于商人家庭；这正是他们力图隐藏和不让外人知道的事。

并非每个人都能瞒过，据《莱斯托瓦尔日记》[103]的记述（此事当时尽人皆知），维勒鲁瓦的领主尼古拉·德·纳维尔（1542—1617）任国务秘书，几乎毕生执掌政府要务，忙于“批阅堆积如山的文牍”，[104]但他的祖父曾是鱼商，于1500年买下三块领地以及几项官职，通过婚姻承继了科尔贝附近的维勒鲁瓦领地。乔治·于贝尔举出许多类似的例子。可见事情瞒不住任何人，但
在16世纪，贵族不但不阻拦别人提高社会地位，反而援手相助。434
正是在这种气氛下，人们可以理解新贵族为何形成一个与原有贵族不相融合或格格不入的阶级，他们在贵族集团内部，依靠自己的政治势力和独有的关系网。何况这种不正常现象是不能永远保持下去的。

到了17世纪，情形就完全不同了。所谓新贵族经历了困难而严重的考验：经过宗教改革和宗教战争，他们既不皈依新教，又不加入天主教联盟，而是“圆滑地”选择中间道路，主张法国教会自主，结果两面挨打，但仍有回旋余地。在1600年以后，社会气氛以及经济、政治、文化等各方面全都开始变化。为了成为贵族，单靠

433

皮埃尔·塞吉耶(1588—1672)是个于16世纪依靠土地、官职和高利贷而建立起殷实家产的新贵族(见本书第530页)。他无条件地为君主制效力,因而在政治上平步青云。他于1635年执掌枢机,在审理富盖案件时表现冷酷无情。但他不失文人学士的优雅风度,让人画了一幅坐拥书城的肖像,手里还拿着一册。他的藏书很有名,后来遗赠圣日耳曼草场修道院。

几名证人在一名好说话的法官面前作证，已经不够了，必须提供系谱，接受严格的检验，原来的贵族也必须经过重新审查。社会地位的变动曾为法国“绅士”阶层提供人员补充，这种变动如今已不如以往那么顺利，特别是变动的机会越来越少。难道因为17世纪的经济不如上个世纪活跃吗？由亨利四世、黎塞留和路易十四恢复的王权变得带有压迫性，要求以高等法院法官为首的司法和财政官吏服从国王。尤其，国王给宫廷贵族以经费接济，使他们能够生存、繁荣和簇拥着太阳王占领舞台；用国王一位近臣的话说，[105]国王是在“演戏”，但要把戏演好，他就必须把行使权力的各种手段和可能集中在一个显而易见的狭小范围内。正是这些宫廷贵族与长袍贵族作对。长袍贵族遇到的障碍不仅来自宫廷贵族，而且来自同时给予他们力量又限制他们权力的君主。这就造成长袍贵族的政治地位和社会地位十分微妙。最后，反宗教改革运动的兴起，部分地是针对着这个集团，针对着他们的观念和思想立场。这个集团在某种程度上受到理性的启示，早已站在启蒙思想的一边，正准备为历史学创造一种科学的形态。[106]但突然间，一切都颠倒了过来，一切都同它“作对”，它一下成了耶稣会教士集中攻击的目标。因此，在发生冉森派事件和投石党事件时，它的作用十分微妙和复杂。在1649年初，直到达成吕埃伊和约为止（3月11日），高等法院控制着巴黎，“但不敢采取进一步的行动”。[107]

正是在这些困难以及一连串的危机中，绅士阶层逐渐变成所谓长袍贵族，这种二等贵族不与一等贵族合成一体，其贵族地位遭到一等贵族的否定。从此在两种贵族之间出现了明显的等级差别，国王则借机推行分而治之的政策。根据目前的调查，长袍贵族一词仅仅在 17 世纪初，最早在 1603 年出现，[108] 这肯定不是偶然的。我们不要小看这个语言上的证据。它标志着绅士阶层的命运的一个阶段已经结束。虽然有了比较贴切的名称，长袍贵族的地位却不如上个世纪那样稳定，态度也不那么狂妄，但它继续对法兰西的命运起着重要的影响。它使用各种等级制，以维持自己的地位：土地等级（领主），金钱等级，教会等级，国家等级（裁判所、初等法院、高等法院、御前会议），以及日后自会给它带来好处的文化等级。

这种进步不但复杂，而且缓慢，笨重，必须持之以恒方能见效。
435 乔治·于贝尔认为，长袍贵族从 16 世纪出现起直到大革命为止，始终是法国命运的中心，“创造其文化，经营其财富，促成民族和启蒙思想的诞生，促成法兰西的诞生”。许多著名人物的名字浮现在我们的脑海中，因而使我们很容易接受这个判断。但在一个重要方面应该有所保留：这个在一定程度上体现着法兰西文明的阶级，它的成功是靠整个法国大力支撑的，它的富有、稳定乃至知识的得来，也由整个法国付出了代价。长袍贵族为着自己的利益经营这笔物质的和文化的资本。若说是为了国家的利益，那恐怕又是另一码事了。

欧洲各国无不以这种或那种方式出现过社会高层的分化，都曾经历新旧统治阶级之间的明争暗斗。乔治·于贝尔的著作有一个优点，它紧紧抓住了法国的特点，强调了长袍贵族在其形成过程中和扮演政治角色时的特点，因而有益地提醒人们注意每种社会演变的独一无二的特性。原因到处都很接近，但解决方法却各有千秋。

从城邦到领土国家：奢侈和摆排场

可见，关于社会地位的变动以及人们面对金钱、出身、头衔或权力的诱惑时所采取的态度，没有什么特殊规律可循。从这个角度看，各种社会没有相同的年龄，没有相同的等级制，尤其没有相同的心态。

至于欧洲，社会明显地可分为两大范畴：一方面是城邦，也就是意大利、尼德兰和德意志最早发财致富的商业城市；另一方面是范围广阔的领土国家，它们逐渐摆脱中世纪的桎梏，仍带有历史的烙印。不到一百多年前，蒲鲁东曾写道：“在经济机制、政治实体、司法行政以及公共教育等方面，封建制还压得我们透不过气来”。[109]

两大范畴各有不同的特征，这已是老生常谈。写于 1702 年的一份法文报告指出：“在君主国中，商人不像在通常由大商人当政的共和国中那样受到尊重”。[110]这类说法，过去的或现代的，还可举出上百种。我们不必强调这个平淡无奇、显而易见的认识。我们只要注意优秀人物在具有悠久商业传统的城市和在由宫廷（例如，英国王室或法国王室）确定整个社会基调的领土国家分别有何表现。有人说得对：“城市〔这里指巴黎〕模仿宫廷。”[111]总之，在商人统治的城市和在王公统治的城市，生活方式各不相同。菲力浦二世时代有个名叫路易·奥尔蒂斯的西班牙占卜术士（“arbitrista”专门为人出主意、决疑难，以及劝人改恶从善）直截了当地对我们讲了这个道理。那是在 1558 年，西班牙正处于内忧外患之中；国王菲力浦二世不在国内，战争和国际政治的需要使他留在尼德

436 兰不能脱身。在当时西班牙的首都巴利阿多里德，尽管时世艰难和百物腾贵，绸缎皮裘和高级香水照例风行，奢侈和排场不让往年。然而，这个西班牙人指出，无论在佛罗伦萨或在热那亚，在尼德兰或在商业发达的邻国葡萄牙，这种奢侈都是见不到的。他说："在葡萄牙，没有人穿丝绸"。[112]里斯本是个商业城市，领葡萄牙风气之先。

威尼斯戴面罩的妇女。彼得罗·隆吉（1702—1785）作画。

在很早就受商人控制的意大利城邦(1229 年的米兰,1289 年的佛罗伦萨,至少在 1297 年的威尼斯),金钱是保障社会秩序的有效而不引人注目的黏合剂,用 18 世纪巴黎印刷商的行话来说,好比“强力胶水”。[113]城市贵族为维持统治并不十分需要炫耀和蛊惑。他们暗中操纵金融业务,已经足够,他们并非不知道奢侈,但他们尽量不露富,甚至保守秘密。威尼斯贵族穿的黑色长袍不是 437
一种身份标志;切扎雷·魏切利奥在《世界各地古今服装志》(16 世纪末)中解释说,“市民、学者、商人及其他人”也穿长袍。他补充说,年轻贵族喜欢在黑袍里面穿色彩鲜艳的绸衣,但他们尽可能把五色斑斓掩盖起来,“以表现在共和制下应有的节制态度”。威尼斯贵族不炫耀服饰并非出于自愿。同样,面罩不仅在狂欢节等公共庆祝活动时佩戴,这是不露形迹,不引人注目地混在人群中玩乐的一个方法。威尼斯贵夫人戴上面罩去咖啡馆或去原则上不合她们身份的公共场所。哥尔多尼说:“面罩这东西给人许多方便”“戴上了面罩,所有人便一律平等,达官们天天都能亲自了解百姓所关心的各种具体事情……总督也经常戴上面罩,微服私访。”在威尼斯,奢侈仅限于好讲排场的公共机构或者纯私人生活。热那亚的贵族穿着相当俭朴。节日庆祝都在乡村别墅或城市府邸举行,从不在街头和广场招人惹眼。据我所知,17 世纪的佛罗伦萨风行华丽的四轮马车,这在威尼斯自然不可想象,在街道狭窄的热那亚也不可能,但由于亚历山大·德·梅迪契于 1530 年的复辟,接着于 1569 年成立了托斯卡纳公园,佛罗伦萨共和国终于灭亡。即使在那个时代,佛罗伦萨贵族的生活也很俭朴,以致在一名西班牙人看来,与一般市民不相上下。阿姆斯特丹之所以成为欧洲的君子国,除了别的原因以外，还因为那里的富人特别注意俭朴，甚至威尼斯的来访者对此深有感触。在阿姆斯特丹的任何一条街上，荷兰总督与其他市民交臂而过，又有谁能分清各自的身份？[114]

从阿姆斯特丹或意大利的一个富有城邦来到近代国家的一个首都或某个王公宫廷，气氛就完全变了。到了这里，俭朴不再行得通了。社会身份最高的贵族对王公的豪华赞叹不已，并且也要炫耀自己的富丽。他们摆排场，讲阔气。铺张扬厉的目的是为了让人折服，以一种近乎仪注的方式表明自己出类拔萃，高人一等，从而拒人于千里之外。金钱的特权是看得见和摸得着的，与此相反，出身和身份的特权只是在别人承认时才有价值。启蒙时代的波兰贵族拉济维乌亲王能独自招募一支军队和用大炮加以装备（例如在 1750 年），他有一天在涅维茨小城像水一样畅开供应葡萄酒，“大量葡萄酒到处流淌，注入小溪，竟然置之不顾”，他之所以这样做，据维托德·库拉说，是要给参观者留下深刻印象（葡萄酒在波兰是一种十分昂贵的进口货），“让别人相信他的能力无限，并服从他的意志……这种浪费因而是在特定社会结构范围内的一种合理行动”。[115]那不勒斯同样有摆阔的风气，在革命家托马佐·康帕内拉幻想《太阳城》那个时候（1602 年），人们常说洛赛拉亲王法布里齐奥·卡拉法花钱“像那不勒斯人一样”，也就是说，“穷奢极侈”。正当平民绝粮，奄奄待毙之时，那不勒斯贵族却为“声色犬马”[116]
438 一掷千金。这些豪客诚然追求享乐（他们的收入可达十万埃居，而百姓的钱袋里却掏不出三埃居），但更主要的是他们有炫耀的需要：他们扮演自己的角色，满足别人对他们的期望，而百姓则在歆羡之余，转为憎恨。他们的表演是一种统治手段，一种需要。这些那不勒斯贵族必须常去西班牙总督府邸，求得他的青睐，他们不惜为此破产，豁出去一文不名地返回乡间。他们已迷上了大都会的生活，而作为欧洲最大的都会之一，那不勒斯的生活开支必定十分可观。比希那诺一家于 1547 年在那不勒斯兴建了壮丽的切埃雅邸宅。他们离开了卡拉布里亚的住宅，来到新居，像其他大贵族一样，在他们豢养的文人画家及其他食客的簇拥下，过着纸醉金迷的生活。[117]

这种虚荣虽说是“有报偿的”，因而也是合理的，但它往往会发展成为一种怪癖，甚至一种病态。费尼隆曾经断言，黎塞留“在索邦大学的每扇门窗上无不留下他的纹章”。[118]“在图尔和卢丹之间，耸立着一些古堡，人们至今可以见到”；在以黎塞留命名的这个小村庄，枢机主教建造的房屋当年就有一半空着。[119]这使人想起属于曼图亚公爵家族的韦斯帕齐亚诺·贡萨伽（死于 1591 年）的异想天开。此人竭力想成为独立的王公，但又没有更好的办法，便在萨比奥内塔这个小城市兴修种种出色的建筑[120]，包括华丽的宫室、古董陈列馆、私人花园、剧院（在 16 世纪尚属少见），以及为能举办合唱会和器乐合奏会而专门建造的教堂，近代化的防御工事，总之，一个真正的首都所需要的一切无不具备；而离波河很近的这个小城市从未起过经济中心或政治中心的作用，它勉强可算是个军事要塞，过去在当地曾建过一个城堡。韦斯帕齐亚诺·贡萨伽在萨比奥内塔过着王公般生活，但在他死后，城市很快被废弃遗忘。今天，它像戏剧的美丽布景一样耸立在田野中。

简单说来，存在着两种生活方式，两种作风：不是阔气，便是节俭，二者必居其一。凡在金钱社会尚未建立的地方，统治阶级势必照旧讲奢侈，摆排场，因为它不能过分指望金钱的暗中支持。炫耀既成风气，当然无孔不入，到处泛滥。凡在人们有时间和有兴趣根据某个细节（穿衣、吃饭、自荐、讲话）互相观察、衡量和比较并进而确定各自的身份的地方，就不可能绝对排斥自我表现。即使商业城市也并不把这种生活方式拒之门外。但如果城门开得太大，商业城市在经济和社会方面就会出现困难和混乱。1550 年后的威尼斯由于过分富有，因而不能清醒地判断自己当时的处境，其实形势已开始变得不妙。奢侈之风每天都刮，而且越刮越凶，花样翻新，层出不穷。限制奢侈的法律不断在增多，它们的作用却像往常一样，只是揭露而不是阻止奢侈性开支：盛大的婚礼和洗礼，妇女大量使用的所谓假珍珠饰物，女袍外面照例套上“长裙和绸上衣”。
439 因此，“裁缝师、绣花师和绘画师”被指责为应负罪责，受到众多的威胁。在富人家里，“婚礼几乎成为一种公共庆典……当时的回忆录尽是谈到庆典、竞赛、舞会以及喜庆装饰”，这证明市政当局对此不加干涉。奢侈的风气从私人方面向公共方面的过渡是个值得注意的迹象。[121]

关于英国，我们不要匆忙地下结论，说那里的演变朝相反方向进行。事情比这复杂得多。奢侈风气在 17 世纪盛行，不仅是宫廷，而且是贵族。当格洛斯特郡总监亨利·贝克莱勋爵“前往伦敦小住时，有 150 名仆人陪同”。[122] 在 18 世纪，特别是乔治三世
440 （1760—1820 年在位）期间，英国的有财有势人家已从摆阔气而变为讲享受。叶卡特琳娜二世派驻伦敦的大使西蒙·沃龙佐夫[123]对圣彼得堡宫中盛大而拘谨的场面已习以为常，他对英国朝廷的自由气氛特别欣赏，“一切都是自由自在，办事不拘任何形式”。其

实，英国的社会状况远不是用这句话所能说清楚的。如果从容地进行观察，就会发现情形是复杂多样的。在宗教改革后登上社会顶峰的英国贵族根基还浅。但由于利害关系和其他种种理由，他们都以土地贵族的面目出现。英国的大家族必须以一个大农庄为基地，而在这农庄的中心，成功的标志是一幢王公般的宅邸。正如人们所说，英国贵族同时是“富豪和封建主”。作为封建主，贵族不免要讲点排场，求得戏剧性的效果。1776 年，一些新贵族在阿宾登定居，“他们设宴招待邻近的绅士、农庄主和居民共几百人。教堂的钟敲得震天价响”。在军乐的导引下，人们骑马列队前进，晚间华灯齐明……[124] 从社会角度讲，即使只是为了确立贵族在当地的权力，这番热闹也肯定是必要的，但在这番热闹中，看不见有“资产阶级”的丝毫表现。当然，爱摆这种排场的人并不绝对不喜欢和不从事商业活动。从伊丽莎白时代起，最乐于投资远洋贸易的正是上层贵族。[125]

荷兰的情形又不同，居社会最高层的是市政官员，即法国的所谓“敲钟贵族”。他们是具有资产阶级性质的贵族。

如同英国一样，法国的情形相当复杂：各大商业城市开始意识到自己的特点和不断壮大的力量，朝着与受宫廷控制的首都不同的方向发展。图卢兹、里昂、波尔多等地的富商不喜炫耀。他们注意城市住宅的内部装修，尤其讲究乡村住宅的舒适，常“去离城骑马一天可达的乡间别墅小住”。[126] 相反，18 世纪巴黎的金融富豪一味想着模仿大贵族的生活方式，骄奢淫逸唯恐不及。

在文艺复兴时代的英国(16 世纪),宫廷中王公们的奢华和娱乐:伊丽莎白女王同她的宠臣莱斯特伯爵罗伯特·杜特莱在宫廷舞会上跳舞。

革命与阶级斗争

广大下层群众被牢牢控制在社会秩序的网下。一旦出现骚动,社会就把网眼收紧,或者另想别的控制办法。不平等是社会秩序的基石,国家的职责便是维护不平等。文化及其代言人往往只是宣传忍让、服从、克制和安分守己。最好的办法是让社会的基本群众在不打破普遍平衡的限度内自动演变。不禁止逐级提高社会地位。社会地位的变动不仅仅意味着上升到最高一级,而且还可意味着从一般农民转变为半农半商的富农;或者从富农转变为小土豪;或从小土豪转为小领主,"投标购置地产,经营英国式农庄,进一步向资产阶级发展";[127]或者从小资产者转变为拥有年金收 441
入的官员。在威尼斯,[128]"不在行会名册上登记的人被认为社会地位最低"。但这丝毫不妨碍他或他的一个孩子加入某个行会。从而迈出第一步。

所有这些涉及社会地位的小插曲,这些"为争身份"(如1624年西班牙流浪汉小说中一位主人公所说)[129]而作出的努力都可被认为是某种阶级意识的表现。何况,无数次对现制度的反抗[130]也证明这一点。据伊夫-玛丽·贝尔赛的统计,1590至1715年间,阿基坦地区的大小农民起义不下500次。据对一百来个德意志城市的调查,1301至1550年间曾发生了200起往往是流血的冲突。从1173到1530年,里昂在这357年内共发生126起骚动(平均三年一次多一点)。我们可以称这些冲突或骚动是暴乱、闹事、紧张状态、阶级斗争、偶然事件或社会新闻,但其中有些冲突的激烈程度只有用革命一词才名副其实。在本书谈到的五个世纪中,欧洲范围的冲突数以万计,它们并不都已得到一个合适的名称,有的还在档案中沉睡未醒。迄今为止进行的调查已能得出一些结论:有关农民骚乱方面,结论正确的希望居多;有关城市的工人骚动,结论容或有误。

关于农民骚动的研究,自从波里斯·鲍什涅夫发表他那令人耳目一新的著作[131]后,法国已完成了大量工作。由于历史学家的努力,法国在这方面暂且居领先地位,但明显的是,农民骚动并不限于法国。根据已知的全部事实,至少有一点不容怀疑:农民不断反抗国家、领主和军队的压迫,不断同外界环境、经济衰退、武装力量，以及同一切威胁他们或妨碍村社制存在的因素（村社制是农民求得自由的条件）做斗争。所有这一切在农民的头脑中趋向于成为同一件事。一名领主于1530年把猪赶到公有树林中去，那不勒斯的诺利斯伯爵领地的一个小村庄便奋起保卫放牧权，高呼："人民万岁！消灭领主！"[132]由此引起的一连串事件充分证明农民的传统心态和特殊生活条件，而这种情况一直延续到19世纪中叶。英戈马尔·博格指出，如果要试图说明什么是"长时段"及其单调、简单的反复，农民的历史可提供大批典型事例。[133]

初次阅读这波澜壮阔的历史，可能会得到这样一种印象，似乎永不平息的农民骚动几乎没有成功的希望。所谓反抗，那是"向天空啐唾沫"：[134]1358年法兰西岛地区的农民起义，1381年英国的农民起义；1525年的德意志农民战争，1548年吉耶纳地区抗纳盐税的暴乱，17世纪初俄国的波洛特尼科夫起义，1614年匈牙利的多饶起义，1647年震动整个那不勒斯王国的大规模农民战争，所有这些猛烈动荡无不以失败而告终。接二连三爆发的小规模闹事也同样如此。总之，现存秩序不能容忍农民的胡作非为；由于农村
442 幅员辽阔，农民骚动将危及整个社会和经济大厦的稳定。为了对付农民，国家、贵族、资产者以及教会和城市几乎始终结成同盟。农民起义随时都有死灰复燃的可能。

然而，农民骚动并不确确实实地完全失败。在严厉的镇压下，农民总是恢复服从，这一点并不错，但在经过暴动后，也往往取得一些进步。1358年的起义不是使巴黎四周的农民有了自由保障吗？农民逃离这个紧要地区，随后又返回居住，这也许不足以完全
443 说明夺回和保住原已取得的自由的经过。但1525年的德意志农

民战争是彻底的失败吗？易北河和莱茵河之间的起义农民没有像易北河以东地区的农民那样沦为农奴；他们保住了自由和原有的权利。吉耶讷的暴动诚然于1548年[135]遭到镇压，但盐税也被取消。君主当时正借用盐税的外力撞开村社经济的门户。有人可能会说，1789年秋冬季的大规模乡村革命在某些方面遭到了失败；不过请问：国有产业落到了谁的手里？废除封建权毕竟不是一件微不足道的礼物。

由于工业活动经常出现暴跌，就业很不稳定，有关工人骚乱的资料十分零碎，这使我们对情况不够了解。广大工人群众不断在集中，接着又分散，被赶往其他工作地点或其他劳动部门。反抗的成功条件是稳定的团结，工人的骚乱却缺乏这个条件。例如，里昂最初使用米兰和皮埃蒙特地区的织机，斜纹布生产发展十分迅速，雇佣工匠达2000人之多。随之而来的却是萧条和崩溃，偏偏又赶上物价上涨时期。“收入微薄的织布工人在市内已不能生活下去；有的便迁往福雷和博若莱地区工作”，但那里的条件十分恶劣，因而他们的产品“声誉不佳”。[136]实际上，斜纹布产地已经转移，马赛和佛兰德地区已成为新的中心。我们引用的这份1698年的报告最后得出结论说，“这一制造业的垮台对里昂是个很大的损失，因为其中部分工人仍留在里昂，成为以乞讨为生的无业游民。”假如在里昂的2000名织布工人中曾发生争取权益的斗争——是否发生，人们不得而知——这一斗争肯定也会自动熄灭。

另一个弱点是工人劳动的集中程度不足。当时因为劳动的单位往往很小（即使在一个工业城市中），工人（帮工系统）又喜欢在各地巡回，或者在城乡、工农之间摇摆。各地城市工人处于分裂状

农民袭击单身活动的武士。让·德·瓦夫兰:《英格兰编年史》,15世纪。

态,有的尚未摆脱陈腐的行会制度以及行会师傅的狭隘特权。自由劳动者在各地开始出现,但他们内部也不整齐划一:上层是相对地享有特权的工匠,他们为一个老板工作,但又或多或少地雇用帮工和仆人为自己工作(因而实际上是二老板);下一层是地位与前者相同,但只能依靠家庭劳动力的工匠;随后是广大的雇佣工人,更低一层是没有受过特殊训练的零工,如脚夫、杠夫、壮工、“小工”,其中待遇最好的论日计工,最差的则实行计件。

在这种情况下,工人运动和工人斗争的历史便表现为一系列互不相关、很少呼应的短暂事件,这是一种虚线状历史。人们反复断言当时的工人不存在任何阶级心态,但从人们了解较深的事件来看,这个结论恐怕是错误的。真实情况是,整个工人阶级处于不是报酬微薄便是面临失业的困难境地。工人只有使用暴力才能摆 444
脱困境,但他们却像今天处于严重失业时期的工人一样赤手空拳。暴力、愤怒和仇恨层出不穷,但上百次斗争尝试难得有一次半次的成功希望;法国大革命前夕造纸工人斗争的成功只是一个例外。[137]这类障碍不是轻易就能克服的。

几 个 例 子

里昂大概在1473年安装了第一台印刷机。[138]到1539年第一次大罢工(不是第一次骚动)前夕,约有一百多台印刷机在开动,这就意味着共有一千来人在以此为生,包括学徒、帮工(排字工、机器操作工、校对工)和师傅,其中多数不是本地人,而来自法国其他地区或德国、意大利和瑞士。规模以小作坊为主:印刷师傅一般拥有机器两台,个别生意兴隆者可达六台。器材设备的价格都很昂贵;此外,还必须拿出流动资金,用以发放工资、购买纸张和铅字。其实(工人不了解这一点),印刷师傅不是真正的资方代表,他们自己就处在出版商的掌握之下,有些大出版商甚至是市政府的组成成员。当局自然站在出版商的一边，印刷师傅好歹总得迁就他们依赖的这些权势人物。为了求得生存和增加利润，他们的唯一出路是压低工资和延长劳动时间；在这方面，里昂当局的支持是宝贵的和不可缺少的。

至于具体办法，当然不止一种，首先是改变支付报酬的方式：雇工的一日三餐原由师傅供应，由于食品价格不断上涨，便对“这些大肚汉”不再实行包饭，雇工从此只领现金工资，自己设法去小饭铺填饱肚皮。雇工被从师傅的饭桌上赶下来，自然大为不悦。另一个方案是雇用不付工资的徒工，必要时让他们上机器操作，虽然这在原则上是禁止的。更直截了当的办法，是区别固定工资，尽可能拉开报酬的档次：排字工每天工资 8 苏，小工每天 2.5 至 4 苏。最后是要求雇工从清早二时不停地干到晚间十时，其中只有 4 小时间歇就餐（简直让人难以相信），每人每天必须印刷 3000 页以上！人们可以想到，年少气盛者提出了抗议，要求改善劳动条件，揭发师傅过高的赢利，甚至使用罢工的武器。罢工，当时的说法为“叫歇”，[139]例如，当一名学徒根据师傅的命令上机器进行操作时，或者在别的场合，帮工们便高呼“叫歇”，丢下活计，离开店铺。不仅如此，罢工者还把被他们称之为“无赖”的“照旧上工者”痛打一顿，散发传单和提出司法诉讼。更有甚者，他们抛弃于 16
445 世纪初建立的包括雇主和工人在内的旧印刷行会，成立自己的团体（以“大肚汉”命名）；为了展开宣传，他们在里昂市举办的滑稽表演和节日庆典中创造了“拉高居伊大人”（拉高居伊的意思是排字错误）这个荒诞形象；该形象经过时，人人都能一眼认出，并表示敬意。里昂印刷工人罢工于 1539 年遭到失败，于 1572 年再遭失败，虽然也获得一点成果;这些并不使我们特别感到奇怪。

值得注意的是,在这小小的冲突中,一切都具有明显的现代特色。印刷业既然是个资本主义的现代行业,同样的原因产生同样的结果,各地爆发的罢工和冲突自然便具有现代的性质:无论在1539和1572年的巴黎,在1560年左右的日内瓦,或在1504年威尼斯的阿尔都·马努齐奥印刷所,情形都是如此。[140]

以上所举的早期工人斗争的例证不是个别的情形。从很早开始,肯定比人们所说的更早,劳动就表露出自己与资本的本质不同。纺织工业建立较早,推行包买商制度并集中大量劳动力,是观察工人早期阶级觉醒的极好场所。我们不妨看看17世纪的重要手工工场城市莱顿。我们还可从侧面观察1738年布里斯托尔附近的威尔特郡古老的毛织工业中心萨鲁姆。

莱顿的特点[141]在于,作为17世纪欧洲最大的呢绒城市(约在1670年,城市居民达7万人,其中工人4.5万人;1664年产量最高,达15万匹),为发展其制造业,曾吸引了几千名来自尼德兰南部和法国北部的工人。不仅如此,它还能单独完成制造呢绒、棉毛哔叽和丝毛哔叽所需的各道工序。我们不要以为莱顿的情形与诺里奇或中世纪时代的佛罗伦萨相似,纺织工序主要依靠邻近的乡村完成。莱顿的乡村十分富裕:它向阿姆斯特丹的广大市场提供农产品。正如大家所知道的,只有贫困的农村才广泛开展家庭劳动。因此,在17世纪中叶的工业繁荣时代,莱顿市只得自力更生,依靠自己完成从羊毛的洗、梳、纺直到织物的缩绒、修剪、整理等各项工作。为了做到这一点,它必须雇用大量劳动力。困难的问题是安排住宿：工人并不全都住在专为他们建造的工人区。许多人拥挤在按月或按星期付租金的房间中。妇女和儿童提供相当一部分必要劳动力。由于劳力不足，机器纷纷出现：马拉或风力缩绒机以及大工场中为“熨烫、压光、晾晒”所需的各种机器。有几幅画描绘了这些单纯为城市工业服务的机器，过去曾挂在呢绒市场作为装饰，如今保存在莱顿市博物馆。

这一切服从一个显而易见的前提：如果阿姆斯特丹生产高级毛料，哈勒姆紧跟时尚，莱顿则专门用低级羊毛制造廉价织物。为此必须不断压缩生产费用。行会制度虽然仍然保存，但与此同时，
446 一些手工工场开始发展起来，遭受无情剥削的家庭劳动也逐渐增多。由于城市发展迅猛（城市居民于 1581 年仅 12 000 人），少数企业家发了大财，但本地的资本主义框架却仍未建成。莱顿的全部经济活动受到阿姆斯特丹商人的操纵和牢固控制。

工人的集中只会促进劳资间的冲突。莱顿的工人人数很多，因而不可能不发生闹事和骚动，特别是市内的企业主无从去寻找比较顺从的农村劳动力。法国的官方代表，从驻海牙的大使或驻
447 阿姆斯特丹的领事开始，注意倾听工人的不满，希望鼓动一些工人去加强法国的手工工场，这个希望并不始终落空。[142]总之，如果欧洲出现了真正的工业城市，出现了真正的工人集中，莱顿可以当之无愧。

莱顿爆发了工人罢工，这更是理所当然的事。但有以下三点出人意外：根据波斯托缪斯的精确统计，罢工次数不多（1619 年，1637 年，1644 年，1648 年，1700 年，1701 年）；除 1644 和 1701 年的大规模罢工外，其他各次运动为期不长，只涉及工人中的某个类

莱顿的城市工业：毛纺机。伊萨克·旺·斯瓦南布格（1538—1614）的这幅画是莱顿呢绒市场中表现羊毛加工过程的组画之一：画中所见机器是当时技术条件允许下最先进的。

别，如织工、缩绒工等；最后，大概由于资料的原因，历史研究至今没有把这些罢工搞清楚。

我们必须认识到，在莱顿工人中，存在着不同的类别，如缩绒工、纺纱工和织布工等。部分工人分属几个不很牢固的行会，其他工人属于自由工匠（实际上仍受到严密监视和控制）。在这些情况下，工人不能结成一个紧密的整体，以致对直接支配和剥削他们的手工工场主以及站在这些老板背后操纵整个生产活动的商人构成威胁。然而，工人定期举行集会，用凑份子一类的办法筹集互助和救济基金。

莱顿纺织工业的一大特点，无疑是设置了有力的强制手段：监视、镇压、监禁和处决始终威胁着工人。市政当局拼命保护特权者的利益。尤其，手工工场主结成一个势力遍布整个荷兰和整个联合省的卡特尔。他们每隔两年举行一次“全会”（synode），以消除有害的竞争，确定价格和工资，必要时决定采取措施，对付可能或确实发生的工人骚动。这个现代化组织使波斯托缪斯得出结论说，阶级斗争的意识在雇主一级比在工人一级更加强烈。这不正是历史学家在查阅文献后得到的印象吗？工人虽然没有给我们留下太多的材料，以证明他们的斗争和感情，但在形势逼迫之下，他们毕竟也有自己的想法。公开以维护劳动者利益为己任的工人组织都遭到禁止。在我们的定期集会上，工人不能公开行动和公开讲话。老板的反应足以证明，工人的沉默肯定不是无动于衷，不是无知或屈服。[143]

我们要谈的最后一个例子的情形很不同，这里涉及的是一种较小的工业，因而也是在组织上更加符合当时规范的工业。在一定程度上，这个例子比大规模的莱顿毛纺织业更具代表性。

事情发生在威尔特郡离布里斯托尔不远的萨鲁姆。萨鲁姆是一个由呢绒制造商控制的和具有悠久历史的羊毛加工中心；这些呢绒制造商以经商为主，兼营手工工场。当地于 1738 年爆发了一场短暂的暴乱。呢绒制造商的一些财产遭到了抢掠。镇压接踵而至，三名暴徒被绞死，秩序得到了恢复。但这绝不是一件无足轻重的小事。

448 首先，在发生 1738 年暴乱的英格兰西南部，至少自 1720 年后，经常出现社会动荡。保尔·曼图在其经典名著[144]中特为介绍的民歌《呢绒制造商的喜悦》正是诞生在这个地区。民歌的出现大概可追溯到奥伦治的威廉统治时代（1688—1702 年）。这是一首在小酒铺中反复唱了多少年的相当古老的歌曲。歌曲用呢绒制造商自己的口吻叙述他们的所作所为，诉说他们的满意和忧虑。他们唱道：“全靠剥削和压迫穷人，我们捞够了宝贝，赚足了财富……全靠穷人的劳动，我们装满了钱袋。”他们轻易克扣工人的报酬，挑剔工作中的毛病，甚至不惜无中生有，“借口生意不景气”，降低工人的工资，“如果生意兴隆，工人从不知道”。这些可怜虫不分白天黑夜地工作，生产的毛料远销海外，货物一旦交出，他们便无法查问销售情况，只得一切都听制造商说了算。何况，他们“不干这项工作，便是丧失工作”，没有别的选择。

另一个很能说明问题的小事实：在 1738 年事件发生后，一些杂文于 1739 和 1740 年发表，文章的作者并不是工人，而是一些希望恢复和谐的好心作家。生意之所以难做，难道不正是因为法国等外国的竞争吗？雇主当然应该改变态度，但归根到底，总不能“迫使他们破产，像前几年里许多倒霉的雇主那样”。事情最后变得十分明朗了。栅栏两边的立场都已被说得一清二楚，对立确实存在着。随着 18 世纪骚动的不断增多，对立只会变得更加确定无疑。

秩序和骚乱

这些骚乱都带地方性，局限于狭小的地域。早先，在 1280 年的根特或在 1378 年的佛罗伦萨，工人起义也仅限于一城一地，但爆发起义的城市本身就是个独立的天地。目标近在咫尺。相反，1539 年里昂印刷工人的诉状却要送到巴黎的高等法院。是否因此可以认为，由于领土国家幅员广大和行动迟钝，它势必孤立和事先限制不相呼应的工人起义和工人运动，乃至使其无从产生？工人运动在地域上和在时间上的分散性使我们对这种种事件的分析遇到困难。我们很难用推测多于实证的一般性解释把它们归纳起来。

我这里说的是推测，因为骚动和秩序本来属于同一个问题：我们的讨论自动扩大了范围。现存秩序同时是国家、社会基础、文化反应和经济结构，再加上社会多种演变的总和。彼得·拉斯莱脱认为，一个处于迅速演变中的社会要求有一个比通常更加严厉的秩序；阿尔弗雷德·菲尔坎特主张，一个多样化社会给个人留下更多的行动自由，因而也便于个人提出可能的权利要求。[145] 以上的
449 泛泛而论不能使我们信服：一个被牢固控制的社会不易演变，一个多样化社会同时从许多方面阻碍个人的自由发展；一种障碍可能被推翻，但其他障碍仍然存在。

然而，国家的软弱，不论出于什么原因，无疑都为骚乱敞开大门。骚乱本身也表明权力的松弛，1687 至 1689 年以及 1696 至 1699 年期间动乱不止的法国便是如此。[146]路易十五和路易十六统治时代，“政治大权旁落”，法国所有的大中城市无不“犯上抗命”“结党营私”，巴黎自当一马领先，发生的闹事达六十多次。里昂于 1744 和 1786 年爆发了猛烈的抗议运动。[147]不过我们应该承认，无论在这里或在别的场合，政治和经济因素只是提供一个初步的解释。社会的不满情绪和不安心理要见诸行动，必须先做好语言、口

号和意识形态的准备，必须让社会能够心领神会，而这些条件正是在普遍情况下所缺少的。

举例来说，启蒙时代的全部革命思想旨在反对领主阶级不劳而获的特权，并以进步的名义保护包括商人、工场主和开明地主在内的积极公民的利益。在这场论争中，资本的特权被掩盖了。16至18世纪法国政治思想和社会立场的背景是君主、佩剑贵族和高等法院代表之间的权力冲突。帕斯吉埃、卢瓦索、杜博、布兰维里耶、丰特内尔、孟德斯鸠和其他启蒙时代思想家的各不相同和互为矛盾的思想也反映着这样的冲突。但在当时，作为新兴力量出现的资产者却在这些辩论中似乎被忘却。奇怪的是，在体现集体心态的1789年陈情书中，可以看到对于贵族特权的全面攻击，而对国王和资本的特权却几乎默不作声。

如果怀着今天的心态阅读过去的资料，人们立即能认识到资本的特权已经是确定无疑的事实，但在当时，认识到这一点却必须等很长的时间，大体上要等到工业革命的发生，这不仅因为18世纪的革命者本身就是“资产者”，而且因为资本的特权在18世纪利用了人们在其他方面的觉醒以及革命者对其他特权的揭发，躲过了注意。人们攻击旨在保护贵族利益的神话（布兰维里耶关于佩剑贵族的“天赋权威”，关于法兰克武士“一脉相传”的后代“对被征服国土的统治”，以及诸如此类的胡言乱语），攻击等级社会的神话。这样一来，与出身等级制相对立的金钱等级制就不再显得是一个独立的和有害的等级。人们把上层阶级的好逸恶劳与下层阶级的勤勉刻苦、有益社会相对立。资本主义于19世纪掌握全部权力，并且心境坦然，其原因无疑正在这里。模范企业家（公共福利的缔造者，勤劳节俭等资产阶级优良风尚的代表，向殖民地人民传播文明和福利的使者）的形象，自动带来社会稳定和社会幸福的自由主义经济政策的形象也都从这里产生。直到今天，这些神话仍然有着活力，虽然天天被事实所否定。马克思不是曾把资本主义和经济发展画了等号吗？这当然是在资本主义出现内部矛盾以前的事。

450

在水平面以下

抑制社会骚动的另一个因素，是在包括欧洲社会在内的所有旧社会中存在着人数众多的下层无产者。中国和印度的下层无产者往往沦为奴隶，否则不是极端贫困，便是依赖施舍为生。奴隶制在辽阔的伊斯兰地区普遍推行，在俄国也可找到，在意大利南部间或能够遇见；奴隶制在西班牙和葡萄牙也还存在，后又翻越大西洋，在新大陆广泛发展。

欧洲的多数地区未遭这一瘟疫的蔓延，但农奴制在欧洲相当一大片土地上却有持久的生命力。我们不要以为得天独厚的西欧是一切都尽善尽美的自由乐土。除有钱有势者外，西欧所有的人无不从事艰苦的劳动。波兰和俄国的农奴与西欧许多地区的分成制佃农不见得始终有很大的区别。[148]直到 1775 年法，特别是 1799 年法颁布时，苏格兰许多终身契约的矿工“是真正的农奴”。[149]最后，西欧各国对“一贫如洗”的小民百姓从不客气。[150]大批下层无产者始终无业或常年失业，成了令人诅咒的一个社会痼疾。

就西欧情形来看，于11和12世纪发生的深刻的城乡分工似

451

佛兰德农村的流浪者。《浪子》，热罗姆·博什作画，16 世纪初期。

乎把一大批背运的人彻底抛弃，致使他们无从就业。责任要由不公正的社会承担，不能保证充分就业的经济尤其应该负责。这些失业者大多生活无着，到处寻觅临时工作和栖身之地。其他的人，老弱病残或漂泊流浪者，更难加入社会的正常生活。落进这个地狱的人也分几个等级，用当时的话来说，他们是穷人、乞丐和流浪者。

凡劳动所得只够维持生计的个人，便是潜在的穷人。遇到丧失劳力，失去配偶，子女过多，面包涨价，冬季过冷，雇主解聘或压低工资的情况，穷人就必须求得救济，才能渡过难关。如果城市的赈济部门援手相助，他就算有了着落。贫穷还是一种社会身份。每个城市都有穷人。在威尼斯，如果穷人人数太多，便进行一次筛选，把不是本城出生的赶走，留下的则发给圣马克证书或证章，以示区别。[151]

朝不幸的方向再前进一步，便进入乞丐和流浪者的行列；这些地位低贱的人并不如正人君子所说的那样“无忧无虑地依赖他人为生”。我们特别应该指出，当时的文字材料往往把贫穷而不低贱的穷人同乞丐和流浪汉区分开来，后者被规矩人认为游手好闲和实属可恶。兰斯城的商人和资产者乌达尔·科克尔于1652年2月谈到有大批穷鬼进城：“他们不是寻求谋生出路的穷人〔指那些
452 愿干活、讲道理和值得予以救济的穷人〕，而是到处行乞的无耻家伙，无论麦麸面包、菜帮菜叶、猫狗小虫，他们什么都吃，还用浸泡贝类的水当作咸汤喝”。[152]以上是区分“真穷人”和假穷人“真乞丐”的最后分界线。[153]真穷人是好穷人，是经穷人办事处认可和登记注册的穷人，他有权获得公众的施舍，甚至能在富人街区的教堂出口处或者集市上恳求施舍，例如里尔一位穷妇人于1788年想出了一个乞讨的变通办法，即给摆摊售货的商人送上一个暖炉，供点燃烟斗之用。另一名穷人则宁愿在经常周济他的里尔店铺门前敲鼓。[154]

我们通常从城市档案中了解的有关穷人的事情，只是指生计

困难但还能维持的好穷人，他们处于贫穷的下限。里昂的大量档案资料[155]允许我们就16世纪的情形进行衡量和计算，这个下限，即所谓"贫困线"，根据实际工资和生活程度（即面包价格）的比例而确定。一般规律是每天食物开支占总收入的一半，也就是说，收入的一半必须超过全家所吃的面包的价格。工资的差距当时很大：如果确定师傅的工资为100，帮工的工资就是75，什么事都干的杂工为50，"散工"为25。这最后两类的工资接近下限，很容易就摆到贫困线以下。自1475至1599年，里昂的师傅和帮工保持在一般生活程度以上，杂工在1525至1574年间生活困难，在16世纪末（1575—1599年）的日子十分艰辛；散工的生活在16世纪初期已很困难，他们的处境后来日益恶化，终于到1550年后变得不可收拾。下面的图表简明扼要地概括这些数字。数字证实16世纪劳动市场的一落千丈；在16世纪，各项事业无疑都有进步，物价也有所上涨，而物价上涨照例使劳动者受累不浅。

里昂的贫困线

（贫困线被超越的年数）

	帮工	杂工	散工
1475—1499	0	1	5
1500—1524	0	0	12
1525—1549	0	3	12
1550—1574	0	4	20
1575—1599	1	17	25

材料摘自里沙尔·加斯贡《以里昂为例看16和17世纪的经济和贫困》，原载米歇尔·莫拉：《贫困史研究》，第2卷，1974年版，第751页。当可支配的日收入等于面包开支时，贫困线恰好达到。如低于面包开支，则贫困线已被超越（第749页）。

关于处在贫困线以下的流浪汉和乞丐的地狱，由于缺少历史

资料，我们还不甚了然。据说，在英国斯图亚特王朝时代，一半或
453 四分之一居民的生活水平接近或低于贫困线，[156]不过这里指的仍是或多或少接受救济的穷人。在18世纪，据说在50000名科隆居民中，约有12000至20000人是贫民；[157]克拉科夫的穷人占居民的30%；[158]里尔于1740年“有20000多人经常接受济贫公会和教区善堂的施舍，有一半以上的家长因贫困而免纳人头税”。[159]福西尼地区各小集镇的情形也是如此。[160]凡此种种，还是属于城市和乡村中的穷人的历史。[161]

乞丐和流浪汉的情况就完全不同。正如沃邦[162]所指出的，“缺衣少食迫使他们背井离乡，出外行乞”，他们“沿着乡间大道和城镇街巷”漂泊流离，有时成群结队地集体转移。斗殴时有发生，虚声恫吓更司空见惯，甚至还出现纵火、伤人等犯罪行径。各城市对这些不速之客深感恐惧，一旦发现，便立即逐走。但他们从一个门里出走，又从另一个门里回来，[163]衣衫褴褛，满身虱子。

早先，来敲富人家门的乞丐可能是上帝的使者和基督的化身。这种敬畏和同情的感情逐渐在消失。穷人急剧增多，吓坏了社会，他们给社会留下的印象只是懒惰、危险和可恶。社会接二连三地采取措施，制止乞讨[164]和流浪，流浪最后竟被当作不法行为。流浪汉在被逮捕后必受皮肉之苦，“被捆在车尾由施刑者毒打”；[165]剃光头，烙火印；吓唬他下次再犯时“不加审判”，立即绞死或罚服苦役；有的果真被送走服了苦役。[166]每过一段时间，便搜捕一次有劳力的乞丐：他们有的能进工场，但往往是干清理沟壑和修整城墙的苦工，不然便遣送去殖民地。[167]英国国会于1547年干脆决定，流浪汉将沦为奴隶。[168]这一措施两年后被撤销，因为议员们未能

决定，究竟由私人或由国家来接受这些奴隶，并负责强迫他们劳动！可是，人们至少已有这个想法。文笔洗练的人文主义者奥吉埃·吉斯兰·德·布斯贝克(1522—1572)曾是查理五世皇帝派驻美男子苏里曼身边的代表，他认为，“如果能按罗马法的要求，公正而温和地推行农奴制，就不必绞死或惩罚那些除了生命和自由以外一无所有，以致铤而走险的罪犯”。[169]

这个方案于17世纪终于占了优势。难道监禁和强迫劳动不就是一种奴隶制吗？流浪汉到处被关押，意大利在“穷人收容所”(abberghi dei poveri)，英国在“贫民习艺所”(workhouses)，日内瓦在“感化院”(discipline)，德国也有专用监狱(Zuchthäuser)。巴黎的拘留所有：于1662年为“关押”穷人而建立的大收容所，巴士底狱，文森堡，圣拉扎尔，比赛特尔，夏朗东，马特兰，圣特佩拉惹。[170]疾病和死亡是当局的帮手。每当天气骤冷，食物不足，即使不发生时疫，狱中死亡率也很高。在1710年4月的热那亚，收容所内堆满了死尸，只得关门；幸存者被转送拉扎雷监狱，被拘留在那里的罪犯幸而没有一人传染上瘟疫。“医生们说，得病的原因是 454
穷人去年受了寒冬之苦，再加上营养不良。”[171]去年冬天，这里指1709年的冬天。

然而，不断地死亡和粗暴的监禁都根除不了贫困顽症。乞丐之所以始终存在，是因为他们的成员不断得到补充。1545年3月，威尼斯的乞丐人数一下增加到6000多人；1587年7月中旬，17000名乞丐拥到巴黎城下。[172]18世纪中叶的里斯本，始终有着“10000名无家可归的流浪汉，其中包括常干小偷小摸的水手、逃兵、茨冈人、贩子、游民、走江湖的、残废人”，乞丐以及各色无赖。[173]城市的四效散布着一些公园、空地以及我们所说的贫民区，晚上出门很不安全。警察不时进行大搜捕，被抓的可怜虫，不论有罪无罪，统统被遣送果阿当兵，果阿是葡萄牙在远方的苦役地。从当时巴黎的情形看，据马尔塞布说，1776 年春，“约有 91 000 人无家可归，他们晚间找个破烂住所过夜，醒来后不知道第二天将如何谋生”。[174]

警察确实无力对付这伙四处漂泊流浪的人，他们在各地有同谋暗中帮助，有时甚至与真正的无赖串通（这种情况较少），后者在
455 大城市成立对外封闭的丐帮，这些叫花帮各有自己的等级、“乞讨区界”、加入方式、黑话和被称作“圣迹区”（cours des miracles）的叫花窝。巴拉美达的桑吕卡是西班牙歹徒的活动中心和不可攻克的堡垒，离塞维利亚不远，他们竟在这个邻近的大城市的警官中发展组织。西班牙文学，后来还有外国文学，夸大了他们的作用，一些典型的歹徒竟成了作品中的英雄，他们单枪匹马，轻而易举，就把社会搅得乱成一团。然而，这个带有浪漫色彩的反叛者形象不应使我们产生错觉。歹徒不是真正的穷人。

尽管经济有所增长，由于人口增长在相反方向起作用，18 世纪的贫困化现象更趋严重。贫困者人数还在扩大。让-保尔·古通[175]的看法或许有理，他认为，就法国的情况而言，原因应是 17 世纪末期开始的农村危机，以及接踵而来的歉收、饥荒和由土地集中（农业潜在的现代化进程）造成的其他困难。成千上万的农民离乡出走，就像英国圈地运动初期时的情形一样。

到了 18 世纪，穷人的范围几乎无所不包，而且一旦沦为穷人，便永难脱身：寡妇，孤儿，瘸子（1724年，一名截去双腿的残疾人，

尼德兰的乞丐，老勃鲁盖尔作画（1568 年）。这些双脚残废的叫花头顶烟囱帽、纸便帽或红色圆柱帽，身穿无袖长袍，庆祝狂欢节的开始，在市内结队游行。

赤身露体站在巴黎街头[176]），被逐走的帮工，找不到活干的杂工，没有俸禄和固定住所的神甫，老人，火灾受害者（保险事业才刚开始），战争受害者，逃兵，退伍的士兵和军官（退伍军官态度高傲，有时强求施舍）；所谓“做小买卖的”，讲道者（不论是否负有使命），“被主人搞大了肚皮的女仆，到处被逐的未婚先孕女子”，以及“以乞食和行窃为生”的孩子。还不算那些借音乐行乞的叫花，这些“乐师的牙齿同手弦琴一样长，肚子像低音号一样空”[177]解职的船员[178]和散兵游勇往往与小偷小摸和拦路抢劫者为伍。1615 年被萨瓦公爵解散的一支小部队就是这种情况。他们第一天劫掠乡村，第二天却要农民给他们开拔费，“去年冬季，他们逮农民喂养的母鸡，拔毛取乐……现在他们是口袋空空的士兵，摇着手弦琴在门口喝道：“军乐呵，可怜见，钱袋干瘪！”[179]军队是下层无产者最后的容身之地：1709 年的寒冬使路易十四有可能组织一支大军，经 1712 年德南一战，拯救了国家的危亡。但战争总有一个期限，开小差又像瘟疫一般蔓延，致使逃兵充塞于途。1757 年 6 月，七年战争即将开始；据一份布告说：“每天经过雷根斯堡的逃兵，数量之多令人难以置信；逃兵来自各个国家，他们大多只是抱怨纪律过严，或者声称是被强迫征募的”。[180]从一支军队投奔另一支军队的事常有发生。1757 年 6 月，奥地利士兵因女皇克扣军饷，“转到普鲁士军队服役，借以脱离贫困”。[181]罗斯巴赫的法国战俘加入弗里德里希二世的部队作战；拉梅斯利埃尔伯爵在摩拉维亚边境看到他们从一灌木林中冲出（1758 年），大为惊异，只见他们穿着“普瓦
456 图的团队制服”，与穿有二十来种军服的俄国、瑞典和奥地利逃兵混杂在一起。[182]往前再推将近四十年，即在 1720 年，拉莫特经国王准许，把在罗马的法国逃兵收编为一个团。[183]

那么多人背井离乡，这已成为旧社会中一个极其严重的问题。精明历练的社会学家尼娜·阿索都罗布拉[184]考察了 18 世纪末的波兰，“流动人口”（逃亡农奴、破落贵族、穷苦的犹太人以及形形色色的城市贫民）曾使需要劳动力的波兰第一批手工工场为之动心。但工场招募的工人名额有限，吸收不了太多的人，更何况，这些不受欢迎的人岂肯轻易驯服和就范。我们不能不承认，他们是些自

外于社会的人。“个人一旦脱离了他原来的集团，便变成很不稳定的因素，他与工作、住所和主人不再有任何联系。甚至可以大胆断言，他会故意躲避用稳固的人身依附关系来代替他刚切断的联系。”这些见解确实意味深长。如果先入为主，人们本可能认为，这么多人没有工作定会不断影响劳动力市场；在某些情况下，影响肯定会有，如必须赶紧完成的季节性很强的农活，或者城市里的许多粗活。但对一般的劳动力市场和工资来说，影响要比人们想象的相对地小些，因为多余劳动力并不真正都能派上用场。孔多塞于1781年把懒人比作“一种残疾人”，[185]不适宜工作的人。朗格多克财务总管于1775年甚至说：“无用之人占这么大的比例……劳动者人数的减少造成了城乡劳动力的昂贵以及人民税务负担和公益劳动的增加。”[186]后来，随着现代工业的出现，劳动力迅速从乡村或手工业直接向工厂转移。在一条如此短促的道路上，对劳动的喜爱或忍耐也就来不及丢失。

作为下层无产者的流浪汉虽然让人感到害怕，但他们有一个根本的弱点，即缺乏凝聚力；他们自发的暴力行动成不了气候。他们不构成一个阶级，而是一群乌合之众。有几名警察监视，再加上几名骑警巡逻，就足以使他们不能为非作歹。农忙季节打短工的大批来临之时，鼠窃狗盗、剪径打闷棍、纵火抢劫之类的事难免还会发生，但这类事情属于常有的社会新闻，不值得大惊小怪。“懒汉和流浪者”自外于社会，诚实百姓力图忘记这些“平民的败类，城市的垃圾，共和国的瘟疫，绞架的装饰品……他们人数众多，且又分散在四面八方，因而很难算清……只配罚做苦役，或者绞死，以示惩戒”。同情他们吗？那又为什么？“我听人说过，凡习惯过这种生活的人不能再改变;他们不费心思,不付地租和人头税,不怕失去任何东西,不依附任何人,白天晒太阳,晚上睡大觉,笑得痛快,四海为家,以天作被,以地为褥,他们像趋暖避寒的候鸟一样前往乐于施舍的富饶地区……自由自在……无牵无挂。”[187] 以上是兰斯一名商人就当时的社会问题对他的子女所作的解释。

457 ## 走出地狱

人们能不能走出地狱?有时是能够的,但从不是单身一人,而且脱身后必须立即接受严格的人身依附。必须设法加入某个社会组织,或者在与社会作对的人中间创立一个拥有自己法规的社会组织。私盐贩、走私者、伪币制造者、强盗和海盗等有组织的匪帮,军队、仆役等特殊的群体和范畴,这些几乎是脱身地狱者的唯一归宿。走私和制造伪币要得以存在,必须建立起等级体系、内部纪律和无数联系。盗匪集团必定有匪首,有相互配合,而且往往由贵族出身的人充当骨干。[188] 至于海上私掠活动,这至少要以一个城市为后盾。阿尔及尔、的黎波里、比萨、拉瓦莱特和塞那是柏柏尔海盗、圣艾蒂安骑士、马耳他骑士以及与威尼斯为敌的乌斯科克的基地。[189] 军队虽然纪律森严和鄙视新兵,[190] 却始终能保持满员,因为它能提供正常生活,而逃离军队意味着重入地狱。

最后,充当仆役是唯一始终开放的劳动市场,而且门路很广。每当人口增长、经济危机时,仆役的人数便大大增加。在16世纪的里昂,各区的仆役分别约占人口19%到26%。[191] 据1754年的一
458 册《指南》说,在巴黎市,或更确切地说,在整个巴黎地区,“马车约有12000辆,居民近100万,其中仆役近20万”。[192] 其实,只要一

个普通家庭不再挤在一间屋子里住，就很可能雇有女仆或佣工。甚至农民也有雇工。这些地位低下的人都必须唯主人之命是从，哪怕主人卑劣不堪。巴黎高等法院1751年的一项判决判处一名辱骂主人的仆役戴枷和流放。[193]可是，仆役很难挑选主人，只是主人挑选仆役；仆役擅离职守，如在被辞退后不马上找到工作，就要被当作流浪者论处：无业女子一旦在街头被抓，即罚以鞭打和削发；无业男子则遣送去服苦役。[194]盗窃者或有盗窃嫌疑者可被绞死。未来的制宪议会议员马鲁埃[195]说，一名仆人偷了他的东西，事后获悉，该仆人已被抓获，经审判，将在他家门口绞死。惊愕之余，他总算把仆人及时救下。因此，仆役有时帮着地痞流氓把巡逻骑警狠揍一顿，也就不足为奇的了。同样，可怜的马鲁埃把不诚实的仆人从绞架上救了下来，结果却是对方的以怨报德！

这个西班牙厨房中仆人众多。壁毯纸样，弗朗塞斯科·巴扬（1736—1795）作画。

我这里只谈到法国社会，但法国社会不是例外。在其他各国，国王、国家、等级社会都要求服从。濒于乞丐边缘的穷人若要不被抛弃，便必须俯首听命。让-保尔·萨特于1974年4月写道，必须摧毁等级制，禁止人对人的依附。我以为他的话说得相当中肯。但这是可能做到的吗？看来，只要有社会，就必定有等级。[196]奴隶制、农奴制、雇佣制反映着等级制的不同阶段，这些绝不是马克思凭空想出来的。阶段虽有不同，但事情的本质却没有什么变化。一种奴隶制被废除了，另一种又产生出来。昨天的殖民地今天已获得了自由。所有的人都这么说，但第三世界身上的枷锁仍让人听到地狱的响声。富有的人，不受贫困之苦的人，对这一切都置若罔闻，至少以为这是无可奈何之事。克洛德·弗勒里教士于1688年明智地写道："如果穷人没有孩子，富人又到哪里去找工人、士兵和仆人？"[197]默隆写道："我们的殖民地使用奴隶，这使我们知道，奴隶制与宗教和道德不相抵触。"[198]翁弗勒尔有位名叫夏尔·利翁的好心商人，他招募工人自愿前往圣多明各（1674—1680年），他把"报名者"交给一名船长，船长则交给他成捆的烟草。可怜的商人遇到了接二连三的挫折：报名的工人很少，最让人伤心的是，他供养这帮小混蛋很长时间，临到动身那天，大多数都已溜之大吉"。[199]

459

无孔不入的国家

国家是汇合点，也是重要的存在。在欧洲以外的地区，国家的高压统治历时已有几个世纪。在欧洲，国家于15世纪重新壮大起来。照弗兰西斯·培根的说法，现代国家的奠基人是“三贤王”，即兰开斯特的亨利七世，路易十一和天主教国王斐迪南五世。如同现代军队、文艺复兴、资本主义和科学理性一样，现代国家是个新生事物。早在三贤王以前，一场巨大的运动其实已开始进行准备。历史学家一致认为，第一个现代国家是弗里德里希二世的二西西里王国(1194—1250 年)。厄内斯特·库尔提乌斯[200]甚至说，在这方面，查理大帝是伟大的先驱者。

国家的任务

现代国家无论如何总要打碎或改造以往的形态和体制：行省、自由市、领地以及规模极小的国家。1499 年 9 月，那不勒斯的阿拉贡王朝行将灭亡：米兰刚被路易十二的军队占领，现在该轮到那不勒斯了。国王发誓“宁肯像犹太人一样被逐出故土，也不愿订立城下之盟。他甚至以约请土耳其人援救相威胁”。[201]这是小国在灭亡前的哀鸣，而行将灭亡的小国又多如牛毛。新的国家在优越的经济生活的推动下，从被灭亡的小国吸取养料。这一发展过程并没有进行到底：查理五世的西班牙、菲力浦二世的西班牙和路易十四的法国都有称帝的雄心大志，但任何人都未能重新统一和掌握整个基督教世界。“世界的君主”这顶帽子对基督教世界肯定已不再适合。尝试一次又一次遭到失败。这种好大喜功的政策也许已经过时。经济高于一切的时代已经到来，只是还不被当时的人所认识而已。查理五世掌握欧洲的雄心壮志未能实现，安特卫普却顺顺当当就达到了目的。路易十四想使法国成为世界的中心，遭到了失败，小小的荷兰却马到成功。在保守和革新之间，欧洲选择了后者,或更确切地说,革新征服了欧洲。同欧洲相反,世界的其余地区始终在玩老把戏:刚从历史低谷走出的土耳其奥斯曼王朝重蹈土耳其塞尔柱王朝的覆辙;大莫卧儿在德里苏丹的宫中安享富贵;满洲人在打败明朝以后,继承明朝的统治方式。唯独欧洲革新了政治(不仅仅是政治)。

经过现代化改造的新国家,同过去一样,仍是众多职责和权力的汇聚。它的主要任务几乎保持原状,只是统治手段在不断改变而已。

国家的第一项任务是要让国民服从,控制社会中的潜在暴力,防止可能出现的各种过激行动,并且代之以马克斯·韦伯所说的"合理暴力"。[202]

460 第二项任务是程度不同地监督经济生活,清醒地或不清醒地安排财富的流动,掌握一大部分国民收入,以保证国家的开支:奢侈靡费,"行政"或战争费用。王公有时占用一大部分公共财富,供自己享受,例如:大莫卧儿的各种宝物,中国皇帝在北京的巨大库房,还有,1730 年 11 月在伊斯坦布尔刚死不久的苏丹的宫室中找到的 3400 万杜加的金银铸币。[203]

最后一项任务是参与精神生活;没有精神生活,任何社会都不能维系。国家有选择地赞同宗教或向宗教让步,借以从宗教的强大精神价值中吸取补充的力量。同时,国家还始终监视着往往向传统挑战的活跃的文化活动,特别注意不让令人担心的革新潮流自由泛滥,如美男子洛朗时代的人文主义运动,法国大革命前夕的启蒙运动等。

维 持 秩 序

国家要维持秩序，但维持什么秩序？其实，社会越不安定，越是四分五裂，以仲裁者和宪兵自居的国家就越要进行有力的镇压。

对国家来说，秩序显然是拥护的势力和反对的势力之间的一种妥协。所谓拥护，主要是说支持社会等级制：上层阶级的人是那么懦弱，如果没有宪兵站在他们一边，怎么可能进行抗衡？反过来说，如果没有上层阶级的暗中配合，国家也不能存在：菲力浦二世如果没有国内显贵们的支持，恐怕就控制不住西班牙以及庞大的西班牙帝国。所谓反对，是说要遏制广大群众，迫使他们恪守义务，即从事劳动。

可见，强迫国民服从，不惜进行打击和威胁，这是国家的职责所在。国家“有权以公共利益的名义消灭个人”。[204] 国家履行刽子手的职责，这本身是无可指责的；即使下手很重，也还是正当的。在绞架和断头台四周以一种病态的好奇围观的人群从不站在被处决的死囚一边。1613 年 8 月 8 日，在巴勒莫的马利纳广场，由白衣苦修士(bianchi)的行列开道，又一次处决犯人。犯人的首级在刑场示众，四周围有十二个黑色火把。据编年史记载：“巴勒莫的所有四轮马车都赶往刑场，广场上人山人海，见不到一块空地”。[205] 1633 年，托莱多举行火刑，若不是有士兵押送，犯人几乎被围观人群用石块砸死。[206] 1642 年 9 月 12 日，在里昂的泰罗广场，“桑马尔斯先生和都先生这两位贵族被处斩首；当天，广场四周楼房每扇窗户的租金高达一个杜布朗金币左右”。[207]

巴黎的刑场通常设在格雷夫广场。一名导演于 1974 年拍摄

了一部关于共和国广场的电影，作为巴黎生活的一个缩影。我们不愿把巴黎的生活想得如此阴森可怕，但我们不妨设想，如果就
461 18世纪启蒙时代的格雷夫广场拍摄一部纪录片，那该是怎样的情景：逐一行刑如仪，刑前还需做种种准备，以致刑场上从来不得空闲。1766年，平民你推我挤地在广场观看拉利-托朗达尔被处决。犯人在断头台上刚想讲话，嘴巴就被人堵住。[208]到了1780年，断头台设在多菲内广场。高傲的谋反者装出一副视死如归的样子。当他发出第一声痛苦的呼叫时，人群在失望之余以鼓掌表示欢迎。[209]

只为犯有细小的过错，往往便被处以极刑，人们对这种刑罚的敏感心理也就变得淡薄。1586年，一名西西里人在结婚前夕财迷心窍地偷了贵妇人一件漂亮的大衣。窃贼被揪送到总督面前，两小时内即被处以绞刑。[210]卡奥尔的一名编年史家似乎在列表说明各种形式的刑罚："1559年的封斋期中，鲁埃尔格人卡普特被处火刑；拉蒙被处车轮刑；阿尔诺被处钳烙刑；布尔斯盖被处分尸六块；弗洛里蒙被绞死；勒内古在富里埃花园对面的瓦朗特桥头被绞死；普里奥在罗克·代·阿克〔距今日的卡奥尔市4公里〕被烧死。1559年的封斋期中，艾蒂安·里加尔先生在卡奥尔的拉贡克广场被斩首"。[211]这些绞架，这些被吊在树枝上的死囚，他们的侧影映衬在蓝天之下；在许多以往的画作中，这无非是现实主义的细节，是时代风貌的组成部分。

462 甚至英国也有过如此严酷的刑罚。伦敦每年有8次处决，绞刑在市外海德公园北面的泰伯恩成批进行。一名法国旅行者于1728年看到19名犯人同时被绞死。医生在刑场等着领取他们向

荷兰的绞架,鲍尔索姆的版画。

犯人本人买下的尸体,而钱则已“事先用来买酒喝掉”。犯人家属在一旁观看处决,由于绞架较低,他们拉着犯人双脚往下拽,以便缩短临终时刻。然而,这位法国旅行者说,英国没有法国那么残忍。他认为,“英国的法律不够严厉,据我看,英国只对剪径犯处以绞刑,以阻止他们进行凶杀,虽然凶杀案件很少发生”。相反,偷窃案件十分频繁,尤其在多佛到伦敦的“快车”路沿线。那么,是否应像法国一样,对小偷严刑拷打和打上耻辱的烙印?一旦这样做,小偷“就会少起来”。[212]

在欧洲以外的中国、日本、暹罗、印度等国。国家以同样的面目出现,甚至更加凶残,杀人几乎成为家常便饭,公众已表现麻木不仁。在伊斯兰地区,犯人不经审问,立即被处决。1807 年,一名旅行者为进入德黑兰王宫，竟要跨过几个已决犯人的尸体。这名旅行者是加丹将军的兄弟，他于同年去士麦那拜访当地的帕夏时，见到“有一绞死者与另一断头者横躺在门槛上”。[213] 一份报纸于1772年2月24日宣布：“塞萨洛尼基的新任帕夏以严刑峻法恢复了该城市的安定。他到任后下令绞死几名扰乱公共秩序的叛逆，一度停顿的贸易已恢复活动。”[214]

为了达到目的，不是可以不择手段吗？国家的这种暴力和铁腕政策使国内和平、道路安全有了保障，使城市市场得到供应，使国家能免受外敌侵犯和有效地领导接连进行的历次战争。任何其他好处都不能同国内和平相比较。1440年前后，当百年战争临近结束时，让·茹凡纳尔·代·于尔森说道：“如果有位国王能给法国人带来国内和平，哪怕他是撒拉逊人，法国人也会服从他”。[215] 过后很久，路易十二之所以成为“人民之父”，是因为他在环境的帮助下，幸运地恢复了王国的安定和维持了“廉价面包的时代”。克洛德·赛塞尔于1519年写道，全靠路易十二，在惩治了少数罪大恶极者后，“有力地维护了军纪……抢劫者遭到了打击，军人从此不付钱不敢拿农民的一个鸡蛋”。[216] 法兰西王权在宗教战争和投石党的严重骚动后迅速得到恢复，君主专制制度的建立难道不是因为它维护了和平、纪律和秩序这些来之不易的宝贵财富吗？

支出超过收入：借债

为履行所有这些任务，国家需要用钱，而且随着国家权力的扩大和多样化，需要越来越大。国家不能再像以往那样，依靠王室产业而生存，它必须向流动财富伸手。

因此，资本主义和现代国家同时在市场经济的范围内开始出现。两种运动之间的巧合不止一端。它们的基本相似之处在于，二者都建立一种等级制，资本的等级表现含蓄，国家的等级显得突出和惹人注目。另一个相似点是，如同资本主义一样，现代国家采用垄断手段发财致富：“葡萄牙的胡椒；西班牙的银；法国的盐，瑞典的铜；教皇的明矾”。[217] 此外，还应加上垄断西班牙山地绵羊畜牧的“牧主公会”(Mesta)以及垄断与新大陆联系的“贸易商行”(Casa de la Contratación)。 463

资本主义在其发展过程中并不取消传统的活动，而是有时把传统活动“当作拐棍”一样依赖；[218] 同样，国家也迁就以往的政治构造，并且挤进这些政治构造中去，尽可能推行它的权力、货币、税收、司法和号令。渗透和重叠，征服和迁就，二者同时并举。菲力浦·奥古斯特在夺得都兰地区后，于 1203 年把图尔的德尼埃带进法国，从此与巴黎的德尼埃同时流通，而巴黎的德尼埃币制直到路易十四统治期间才告结束。[219] 圣路易发布了 1262 年敕令，[220] 在整个法国实行国王货币的强制流通，但国王货币在全国真正推广是在三百年以后，即在 16 世纪的事。税收的推广也同样迟缓：美男子菲力浦首先对领主的土地征税，但行事十分谨慎小心。他于 1302 年嘱咐税吏说：“在大贵族的土地上征税时切莫违背他们的意愿”；“征税时应尽量少惹麻烦，少强制普通百姓，并注意委派宽厚、圆通之人去执行任务。”[221] 税收制度要等将近一个世纪以后，即在查理五世在位期间，方才成为事实；查理六世登基后，事情曾出现反复，到查理七世即位后又重新确定下来：1439 年 11 月 2 日敕令规定，人头税归国王征收。[222]

464

税务官，法兰西画派的画作，16 世纪末。

由于税收制度发展缓慢，财政组织尚不成熟，国家处境困难，甚至岌岌可危：支出经常超过收入，每天的支出不可缺少或难以避免，但收入却应该得到而又不一定能够得到。王公们安排国家收支，一般不按资产阶级量入为出的明智办法，而是首先开支，然后再寻找必要的财源。支出跑在前面，收入在后面紧追，一般总是追赶不上，例外恰好证实规律。

加紧对纳税人的压榨，开征新税，创办彩票，所有这些办法都无济于事；亏空像是填不满的无底洞。何况又不能超过某些限度，不能把国内的货币储存全部收进国家的金库。纳税人很会要点小花招，赶上机会还会大发雷霆。14 世纪的一位佛罗伦萨人，名叫乔万尼·迪·帕哥洛-莫雷利在向子孙后代传授经商之道时写道："切忌说谎，就像注意防火一样"，唯独在税收问题上，说谎是允许的；因为"你这样做，不是为了夺取别人的财物，而是阻止别人无端攫取你的财物。"[223]路易十三和路易十四统治期间，法国发生暴动的原因几乎都是税收盘剥过重。

国家于是只剩借债一个办法。借债也还需要懂得门道：操纵 465
信贷殊非易事，公债于 13 世纪方在西欧普及：法国由美男子菲力浦（1285—1314）开风气之先，意大利无疑更早，威尼斯的"旧债行"（Monte Vecchio）的起源因时间太久，已无从查考。[224]公债出现较晚，但不失为一项创举。依尔·汉密尔顿曾经写道："公债是并不扎根于古希腊、古罗马时代的少数现象之一。"[225]

为了适应各种形式的财政支出及其要求，国家不得不制订一套完整的政策，设计政策固然不易，推行政策更加困难，如果威尼斯没有采用强制发行的办法，没有强迫富人认购公债，没有因战争的关系出现偿付困难，它本可以被认为是资本主义智慧的早期典范。它在13世纪发明的办法将在18世纪为节节胜利的英国所采纳：无论威尼斯的或英国的公债都与一笔收入相联系，还本付息就靠这笔留出的收入；如同英国一样，债券可以转让，可在市场出售，售价一般低于面值，间或高于面值。一个专门机构负责公债的监督管理，保证按5%的利率支付双年度利息（同期的私人借款息率为20%）。威尼斯以及意大利其他城市的这类机构名曰“债行”。我们对“旧债行”了解很少，1482年出现的“新债行”（Monte Nuovo）代替了前者；后来又成立了“最新债行”（Monte Nuovissimo）。热那亚遇到了类似的问题，但采用了不同的解决办法。在威尼斯，为借款提供担保的收入来源归国家掌握，热那亚的债权人则控制共和国的所有收入，并组成了一个真正的国中之国，即著名的圣乔治银行（1407年），以便为他们自己的利益经营这些收入。

并非所有的欧洲国家从一开始都懂得这些复杂的金融技术，但又有哪个国家不很早就举债？[226]英国国王早在14世纪前就向卢卡人借债，后又长期向佛罗伦萨人借债；勃艮第的瓦洛阿亲王向境内各城市借债；查理七世向他的财务总管雅克·克尔借债；路易十一向在里昂定居的梅迪契家族借债。弗朗斯瓦一世于1522年创设了巴黎市政厅公债，国王向市政厅出让的收入保证债券利息的支付。教皇很早向信贷求助，以求得财政平衡，在基督教世界的贡赋逐渐减少或取消的情况下，单靠教廷的收入，已难以为继。查理五世皇帝为推行其野心勃勃的政策不断借债；在这两方面，他胜过所有同时代的人。他的儿子菲力浦二世不甘落后，公债后来越借越多。阿姆斯特丹积累的许多资金在18世纪纷纷流进欧洲王公们的钱柜。关于这个国际信贷的商埠，这个借款人和贷款人的王国，我们以后将详细谈到；眼前我们暂且以卡斯蒂利亚和英国为例（前面的例子鲜为人知，后面的例子经常为人引证），比较深入地观察国家筹集经费的途径。

卡斯蒂利亚的债券和债约[227] 466

卡斯蒂利亚国王于15世纪以某些收益为抵押发行债券（juros）。根据收益来源的不同，债券的名称也不同，如“贸易商行”（Casa de la Contratación），“骑士团领地”（Maestrazgos），“国境海关”（Puertos secos），“印度进出口贸易税”（Almojarizfazgo de Indias）等。塞万提斯笔下的一个人物说，要投资稳妥，就要“像拥有以埃什特里马杜拉草地（骑士团领地）作典的债券一样”。[228]

大批发行公债是从查理五世皇帝和菲力浦二世的统治期间开始。抵押债券当时以多种形式出现：永久公债（juro perpetuo），终身年金（de por vida），还本公债（al quitar）。根据国王抵押的收益可靠程度的不同，债券有好坏之分。债券各不相同的另一个原因是息率不等，从5%到14%，甚至更高。虽然当时还不像后来在阿姆斯特丹或在伦敦那样有正规的债券市场，抵押债券可以出售和交换，售价常有变化，但一般低于面值。1577年3月18日，正值金融危机期间，抵押债券的售价为其面值的55%。

此外，后来还曾有过“担保债券”（juros de caución），这些债券作为抵押品交给根据契约（asiento）借大笔款项给菲力浦二世的商人。从1552至1557年开始，热那亚等地的商人以签署契约的形式提供巨额短期贷款，卡斯蒂利亚政府在历次信用破产（1557年，

1560年,1576年,1596年,1606年,1627年)时都实行以下的办法:把部分短期债款改为长期债款,这在我们今天看来是毫不奇怪的事。在此期间,也就是从1560到1575年,卡斯蒂利亚政府表示同意,它交给债主的债券不再仅仅起担保的作用,而且具有调节的作用,商人有权把债券卖给公众,如果他能保证按期付息和在最后结账时能够用其他债券(息率相同)退给国王。

这些做法说明,热那亚商人掌握了债券市场,低价买进,高价卖出,用"坏"债券换成"好"债券。他们控制市场,每次投机几乎必操胜算。尽管如此,最负盛名的热那亚商人尼古拉·格里马尔迪,号称萨莱诺亲王(他用钱买下了那不勒斯的这个尊贵头衔),在经历几次风险过大的债券投机后,于1575年呈报破产。何况,时间长了以后,西班牙政府发觉,信用破产这一极端的手段不是唯一可行的手段,它还可以暂停给债券付息,减低息率,兑换债券。1582年2月,有人建议菲力浦二世调整以塞维利亚贸易作抵押的债券利息(息率当时为6%或7%)。债券持有者将作出选择:或者保存债券,接受新息率(文书没有明确指出),或者领取本金:等第一批印度商船到港,将有"百万黄金"可供偿付之用。但那位向我们陈述以上计划的威尼斯人认为,由于偿还本金的进度缓慢,债券持有者宁肯把他们的债券卖给满足于新息率的第三者。计划最后未能付诸实施。

西班牙财政的悲剧,正是要始终不断地签署新的借款契约。
467 查理五世皇帝在位期间,借款往往要得很突然,贷款人主要是上德意志的银行家,如韦尔瑟家族和富格尔家族。我们不必同情这些富埒王侯的金融家。但他们眼看响当当的现金离开自己的钱柜,

雅各布·富格尔和他的账房：16 世纪的德国版画。世界最大的奥格斯堡商行当时向查理五世皇帝提供巨额贷款。在卷宗柜的抽屉上，写有欧洲各大商埠的名称。

未免会有点担心。为了收回借款，他们必须等待，施加一点威胁，扣下抵押品：富格尔家族因此成为“骑士团领地”（圣地亚哥、卡拉特拉瓦和阿尔坎塔拉骑士团）的主人以及阿尔马登汞矿的采矿主。更糟的是，为了收回已借款项，他们必须给予新的贷款。自从 1557 年西班牙政府信用破产后，富格尔家族几乎不再接受借款契约，但到 16 世纪末，又再次贷款，企图借此收回一些陈年积欠。

1557 年左右，开始了热那亚银行家的统治：格里马尔迪家族、皮内利家族、洛梅利尼家族、斯皮诺拉家族、多里亚家族都是圣乔治共和国的旧贵族。由于业务范围日益扩大，他们组织了所谓贝桑松交易会，从1579年开始，该交易会长期在皮亚琴察举行。他们一下成为西班牙公私财产的主宰（在西班牙，无论贵族、教士和官吏都有钱存进他们的银行），并且能间接左右欧洲的全部财产，至少是动产。每个意大利人都在贝桑松交易会从事投机，借钱给
468 热那亚商人调度，甚至连自己都不知道，直落得像威尼斯人那样，到1596年西班牙的信用破产才如梦初醒，却已付出十分高昂的代价。

天主教国王之所以离不开热那亚商人，是因为他们使美洲向塞维利亚时断时续输送的白银变得源源不断。从1567年开始，必须每月向在尼德兰作战的西班牙军队定期发饷。军队要求发黄金，他们的要求在菲力浦二世统治结束前（1598年）始终得到满足。热那亚商人因而还必须把美洲白银换成黄金。他们成功地承担这双重任务，并继续为天主教国王效力，直到1627年的信用破产为止。

到了那时候，他们终于退出了舞台。这是继德意志银行家之后被西班牙骑士累垮的第二匹坐骑。在1620至1630年间，葡萄牙新教徒经西班牙首相奥利瓦雷斯大公的介绍，接替热那亚商人向西班牙贷款：其实，这些葡萄牙人只是尼德兰新教富商的替身。西班牙通过他们得以利用荷兰的信贷网，1621年与联合省又重开战火。

西班牙在其最强盛的时代，显然因借债不当而遭债主盘剥。国王们试图作出反应，甚至进行报复：菲力浦二世安排了1575年的信用破产，企图摆脱热那亚商人，但没有成功。热那亚商人于1627年自动放弃或毋宁说拒绝重订贷款契约。国际资本主义已

经能够以世界主人的身份采取行动。

英国 1688 至 1756 年的金融革命

18 世纪的英国执行了一项成功的借贷政策，用 P.G.M.迪克松[229]的说法，这是英国的“金融革命”。说法十分恰当，因为这显然是一项新政策，但也有可以商榷之处，因为整个过程发展缓慢；最迟从 1660 年开始，于 1688 年逐渐兴旺，到七年战争（1756—1763）初方告结束。它经历了长时间的酝酿（几乎一个世纪），又遇上有利的环境，以及持续的经济高涨，才得以成功。

金融革命促成了对公共信贷的改造，革命之所以可能，全靠事先彻底改组了英国的财政结构。这一改组的整体意义是显而易见的。大体上看，在 1640 年，甚至到 1660 年，英国财政结构与当时法国的财政结构有不少相似之处。在英吉利海峡的两岸，都没有集中的、完全从属于国家的财政机构。太多的事交给包税人（他们同时被指定向国王放款）、金融家（他们另有自己的买卖）和官吏（官职以捐纳方式取得，他们不对国家负责）个人去办；向伦敦市求得帮助，更是司空见惯，就像法国国王向巴黎市请求帮助一样。旨在使国家摆脱寄生经纪人的英国改革悄悄地和平稳地完成了，但从中却看不出任何一条主线。最初的措施是在 1671 和 1683 年分别把关税和效法荷兰开征的消费税收归国家管理；最后的措施之 469
一是于 1714 年设置财政署，该机构又发展为财政委员会，负责监督向国库输送收入。用我们今天的话来说，就是实行财政的国有化，并在这漫长的过程中，引进英格兰银行的监督（虽然银行于 1694 年已经成立，监督只是在 18 世纪中叶才建立起来）以及国会从 1660 年起的决定性干预(通过财政拨款和增设新税)。

至于这种国有化是否深刻地改造了办事机构,改变了国家办事人员之间的社会和职守关系,我们不妨从法国旁观者顺便提到的一言半语中作出判断。路易十四政府曾两次派遣商事院的里昂代表阿尼松和波尔多代表费内隆前往英国商谈订立商务协定事宜,协定后来未能达成。他们于 1713 年 1 月 24 日自伦敦写信给财政总监德马雷说:“由于这里的官员同别处一样贪财,我们希望能花钱把他们买通;尤其,我们给他们的馈赠不会使人想到是贿赂,既然这里的一切都是官办。”[230] 官员原则上代表国家,官员的受贿是否因此就较少引人注目? 这要看情况而定。可以肯定的是,在法国旁观者看来,与现代意义上的官僚机构相当接近的英国财政组织很有特色,不同于他们所熟悉的组织形式:“这里的一切都是官办。”

总之,如果不实行财政机构的国有化,英国就不可能发展有效的信贷系统(虽然它备受同时代人的诋毁);我们也不要过高估计由荷兰统领而改任英国国王的威廉三世的作用。他登基不久就“以荷兰方式”放手借债,以便拉拢大批公债券持有人,加强自己尚不稳固的地位。但英国政府为应付在奥格斯堡同盟战争(1689—1697 年)和西班牙王位继承战争(1701—1713 年)中遇到的困难,却是按照传统的方式,甚至过时的方式,进行借款的。长期借贷这一新事物需要慢慢适应环境。统治者逐渐明白,长期低息贷款可能有市场;在实际税收额和可能借款额之间(公债额可达总额的三分之一而不发生危险),以及在短期债务和长期债务之间,存在着一个预先固定的比例;真正的、唯一的危险是指定不可靠的或事先估计错误的财政收入用于支付利息。这些长期争论不清的规律，一旦借贷活动被有意识地和大规模地展开以后，便立即会自动地表现出来。短期和长期的辩证关系将逐渐被人们所理解；在签订乌得勒支条约的 1713 年，人们还没有懂得这个道理，长期公债还被称作“必须偿付的或自动清偿的”公债。长期公债向永久公债的转变几乎是水到渠成的事。从此，国家不再需要偿还本金；通过把流动债务改造为固定债务，国家就能够不穷竭其信贷资源或现金资源。至于放款人，他能把债权转让给第三者（从 1692 年开始允许这样做），从而可随时收回已借出的款项。这是个奇迹：国家不偿付债款，债权人却能随意要回自己的钱。

奇迹不是凭空出现的。必须在开展的大论战中驳倒反对大规 470
模发行公债的种种论据。建立长期公债制的基础是国家的“信用”和公众的信任；公债的存在全靠国会开辟用于定期支付利息的新财源。因此，某些居民阶层、地主（他们用收入的五分之一向国家缴纳土地税）以及征税产品的消费者或销售者觉得自己辛苦努力，却让一群寄生者趁机得利。这些食利者、出资人和批发商（其收入不予征税），这些盛气凌人、招摇过市的富豪，鄙视勤劳的国民。他们自然乐意点燃战火，因为挑起一场新的战争对他们有百利而无一弊，因为战争将使国家再次借债和提高息率。反对西班牙的战争（1739 年），作为 18 世纪的第一次政治性大决裂，在很大程度上是由他们挑起的。人们今天可能认为统一公债是稳定英国经济的基础，但当时的人却以健全经济秩序的名义拼命攻击新的公债制度，这是十分自然的。其实，推行统一公债是在当时环境下实用主义的产物。

正是大商人、金银器商人以及专门从事公债推销的银行家,总之,正是掌握国家经济命脉的伦敦商业界,保证了借贷政策的成功。外国人在其中助了一臂之力。1720 年左右,在沃波尔执政时期,荷兰资本主义对发行公债的成功曾起了决定的促进作用。1719 年 12 月 19 日,伦敦宣布"新增十多万英镑,用于购买债券"。[231]这里所说的债券(founds)是指英国债券,也称抵押债券(securities)或终身年金(annuities)。

怎样解释荷兰人大批购买英国证券?英国的息率往往高于联合省(但不始终如此)。与阿姆斯特丹不同,英国的年金不用纳税,这是一项好处。此外,荷兰在英国的商业结算有盈余,贸易利润用于购买英国债券是一项便利的投资,动用起来也并不费事。某些荷兰商人甚至把债券收益再次投资。从 18 世纪中叶开始,阿姆斯特丹的市场与伦敦的市场结成一个整体。在这两个市场上的英国证券投机,无论现货或期货,都比荷兰商业公司股票的投机更加活跃和更加多样。大体上看,虽然这些运动不能归结为一个简单的公式,阿姆斯特丹利用了英国债券的平行市场,使短期信贷业务保持平衡。有人甚至认为,在一段时间内,荷兰人竟拥有英国债券的四分之一或五分之一。这未免夸大其词。伊萨克·品托于 1771 年写道:"据我所知,外国人掌握的公债券不超过总数的八分之一,伦敦所有的银行家都这么说。"[232]

这个问题其实并不重要,英国的强盛是靠损人利己而实现的,其中包括荷兰、法国、瑞士联邦或德国的放款人,此事不足为奇。在 16 和 17 世纪,如果没有外国人认购,佛罗伦萨、那不勒斯或热那亚的公债绝不会如此坚挺。1600 年左右,拉古萨人拥有的这些

债券据说达 30 万杜加。[233]资本不受国界的限制，自动流向安全的 471
地点。然而，难道真是公债制度，真是金融革命，保证了英国的强盛吗？英国人对此已深信不疑。托马斯·莫蒂默 1769 年在其《每人都有自己的经纪人》第七版中把公债说成是“曾使欧洲各国为之震惊和恐惧的持久政治奇迹”。[234]我们经常引证的品托写于 1771 年的论文更把公债捧上了天。[235]皮特于 1786 年表示相信：“国家的强盛乃至独立取决于公债的成败”。[236]

俄国驻伦敦大使西穆兰虽然也认识到英国统一公债的优越性，但他又认为统一公债是伦敦物价不断上涨的原因之一，自 1781 年后，上涨幅度之大“超过一切想象”。[237]人们不禁会想，假如英国没有同时夺得世界霸权，例如，假如英国没有在北美和印度这两个促使它经济高涨的重要据点战胜法国，债务和物价的不断升级可能会带来完全不同的结果。

财政收支、经济环境和国民产值

国家的财政如果不纳入到整个经济生活中去考察，就不能被理解。为此，我们需要了解确切的数字，清晰的收支账目和经得起检查的经营状况，而我们对这些却一无所知。我们掌握几份预算，或不如说，几份政府的收支报表（预算一词只是在 19 世纪才获得其充分含义）。过分相信它们，未免显得幼稚；根本不予置理，那又未免显得轻率。

例如，我们掌握威尼斯从 13 世纪到 1797 年的资产负债概况；[238]勃艮第的瓦洛阿王族 1416 至 1477 年的账目。[239]我们还能找回有关卡斯蒂利亚的数字，卡斯蒂利亚是 16 和 17 世纪西班牙最活跃的地区，[240]有关资料保存在锡曼卡斯。我们就英国情况掌握的数字相当完整，但细致的考证还有待去做。关于法国，只有几个数量级。[241]奥斯曼帝国的情况正在调查中。[242]我们对中国的情况掌握一些数字，但不很可靠。[243]有关大莫卧儿[244]或沙皇[245]的收入情况，回忆录和游记偶有披露。

管事的人对自己家里发生的事只有模糊的认识。"财政收支"的概念可以说尚不存在。法国政府于 1523 年 5 月 1 日草拟的财政概况是个少见的例外，报告对 1523 年的情况作了预测，虽然发表晚了一点。[246]17 世纪天主教国王给那不勒斯审计院下达的关于制订预算和年终决算的命令也同样是少见的事。[247]马德里财政机构提出的这个合理要求表明它们希望彻底搜括那不勒斯王国的所有资源。它们甚至威胁，如果审计院的顾问们不执行已接到的命令，将停发他们的全部或一半俸禄。这些顾问遇到的困难很大。
472 他们解释说，那不勒斯的税务年度与预算年度不相一致：盐税在阿布鲁齐山区于 1 月 1 日征收，但在卡拉布里亚港口货栈则于 11 月 15 日征收；丝税从 6 月 1 日开始征收，如此等等。最后，那不勒斯王国各地区的税收不尽相同。马德里要求完成的事预计将会延迟，为此大发雷霆也无济于事！确实，1622 年的决算于 1625 年 1 月 23 日才送到马德里，1626 年和 1673 年的预算分别于 1632 年 6 月和 1676 年 12 月送达。在结论中，并且提出一项警告：不要辞退包税人，不要把税收交给国家管理，这等于是把税收放在魔鬼的手里！

法国的情况也是如此。必须等到 1716 年 6 月敕令才在财政事务中"通过实行复式簿记"[248]引进账目审查。但这只是对支出的检查，而不是预先引导支出的手段。为执行这些预算所缺少的东西，正是预测手段。人们只是通过对现金的观察，才掌握支出的进度。国库的现金库存指出临界限度，决定财政行动的真正日程。大家知道，1783 年 11 月 3 日，卡洛纳就任财政总监时，财政危机极其严重，但他要等几个月，才能摸清国库的确切情形。

我们拥有的或根据有关资料拼凑的几份不完整的预算至多具有“指示性”价值。

我们从中得知，财政收入随着价格上涨而浮动；国家不因价格提高而出现财政困难，情形大体上是水涨船高。领主则不然，他们的收入往往落后于物价指数。国家从未在昨天的收入水平和明天的支出水平之间陷于进退维谷的窘境。关于 16 世纪法国财政状况的第 29 图所试图说明道理，可被同期西班牙和威尼斯的财政状况进一步证实。勒鲁瓦·拉杜里[249]以朗格多克的例子为出发点，认为在 16 世纪，国家收入的增长比物价上涨略慢一点，这一差距从 1585 年起被追上。毫无疑问，法国 17 世纪的国家收入有所上升。假如经济环境决定一切，国家收入理应随着物价的下降而下降。但在黎塞留当政期间（1624—1642），国家收入增加一两倍，似乎国家在这萧条时期是“唯一免受损失”和能随意增加收入的部门。枢机主教在他的遗嘱中提到，财政总监们“把海滩的盐税当作西班牙国王的印度”。[250]

税收总额在国民生产总值中只占一个份额：二者之间存在的这种联系也许能解释许多不正常现象。根据威尼斯情况进行的计 474
算[251]（但必须承认，威尼斯情形十分特殊），这个份额可能占国民生产总值的 10％至 15％。如果威尼斯 1600 年的财政收入为 120

万杜加，我想国民生产总值可能相当于 800 万至 1200 万。我曾与威尼斯史专家们讨论过这个问题，他们认为最后两个数字偏低，否

29. 财政收入随经济发展水涨船高

473 威尼斯的财政收入来自三方面：威尼斯城市，威尼西亚共和国，海外领地。海外领地的数字往往纯属虚构，这里暂且撇开。图表由吉玛·米亚尼小姐主要根据《资产负债概况》绘制。三条曲线代表威尼斯和威尼西亚的收入总额：名义数字（以流通货币杜加计算），黄金数字（折算成金币西昆），白银数字（计算单位为 10 吨白银）。曲弗朗克·斯普内提供的有关法国的数字并不十分可靠，包括按图尔里佛计算的名义数字和以黄金计算的数字。这些曲线虽然很不完备，却能表明国家的财政收入与物价变动有着联系。参见费尔南·布罗代尔：《地中海与菲力浦二世时代的地中海世界》第 II 卷，1966 年版，第 31 页。

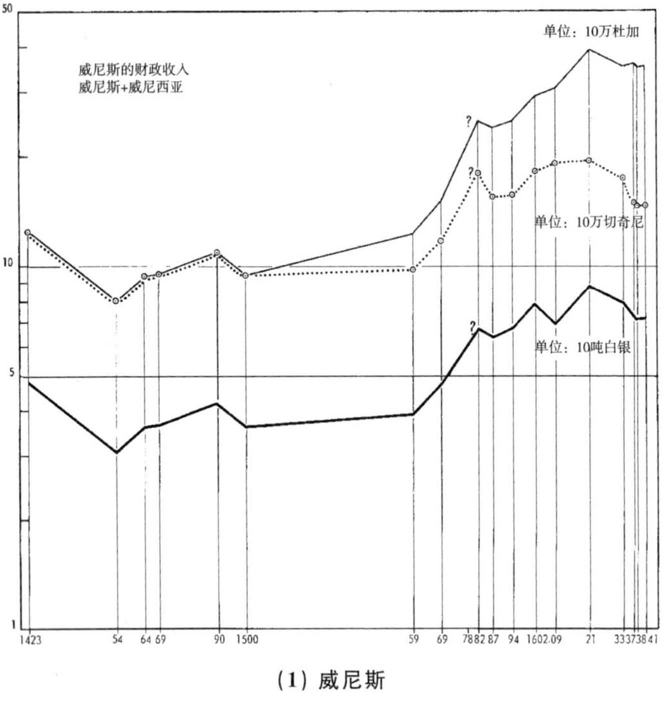

(1) 威尼斯

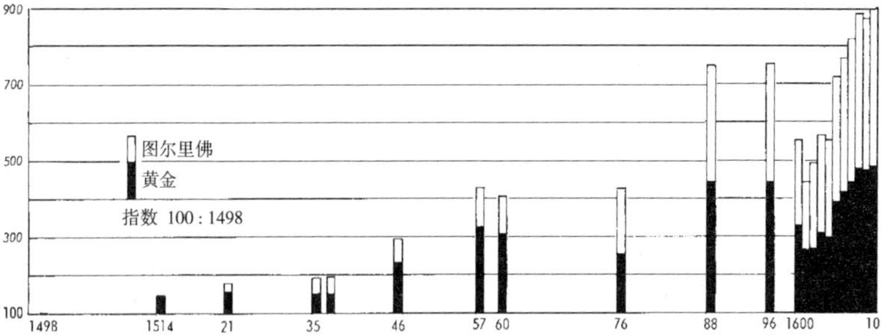

(2) 法国

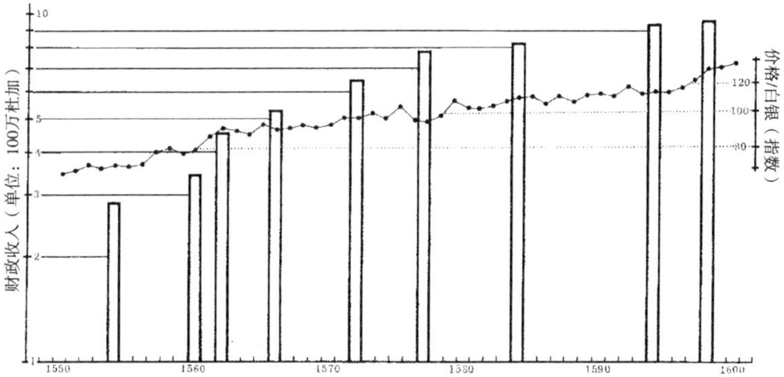

(3) 西班牙

白银的价格指数借用依尔·汉密尔顿的数字。财政收入按卡斯蒂利亚的杜加(单位为百万)计算,这种记账货币在我们考察的那个时期内没有变化。财政收入的估算借用阿尔瓦罗·卡斯蒂略、平塔多的未发表著作。这里,虽然收入的计算仍不完美,物价波动和税收运动的巧合比前两表所示更加明显。关于西西里和那不勒斯王国的情形,甚至关于奥斯曼帝国的情形,都不难通过计算,画出类似的图表,奥梅尔·吕特菲·巴尔肯的小组已开始从事这项工作。费尔南·布罗代尔:《地中海与菲力浦二世时代的地中海世界》,第II卷,1966年版,第33页。

则的话，税收压力将太大了。总之，如果换个比威尼斯面积较大而城市化程度较小的地方，税收压力势必会小些，约占国民生产总值的5%[252]（但我们不想把读者引入太多的计算和争论中去）。领土国家之容易扩展，是否因为与局促于一隅之地的城邦国家相比，它的税收负担相对地小一些？这一切恐怕都不过是推断而已。

如果历史学家就几个国家的情形进行同一种计算，也许能通过交叉对照，找到一条途径，搞清国民生产总值的变动。不然的话，从当今的论著中借用材料去解释以往的经济发展，将是毫无用处的。因为一切都应同国民收入总量作比较。例如，在谈到15世纪的西欧时，一位历史学家不久前说，战争支出在国民收入5%和15%之间徘徊；即使这些百分比只是估计，没有经过精密的测算，它们毕竟给这些老问题提供了一种解释。[253]5%是个下限，大致反映当时军事开支在平时预算中所占的百分比；15%是个上限，长久维持这个高比率不可能不带来灾难。

475

关于金融家

国家税收制度和行政组织的双重不完善以及经常发行公债都说明金融家很早就占有举足轻重的地位。他们构成资本主义的一
476 个独立领域，但与国家保持牢固和紧密的联系，所以我们在上一章里没有谈到这个问题。我们首先必须介绍国家。

“金融家”的词义含混不清。大家知道，在过去的语汇中，“金融家”不等于是“银行家”。原则上讲，金融家为国家理财，银行家则为自己和他的顾客理财。但这种区分没有太大用处。后来又把金融家分为公私两种，[254]这也同样没有用处。任何金融家其实都

雅克·克尔在布尔日宅第中的一件雕塑造型，15世纪中叶，雕塑呈现雅克·克尔的一艘帆桨大木船；他不但任国王的财政总管，而且参与当时的重大国际贸易，与勒旺的贸易。

不专管国家的财政，他始终还兼顾别的事情，特别是兼营银行，而这项兼职往往融合在十分广泛多样的整体活动之中。

情形历来都是如此。雅克·克尔任查理七世的财政总管，但他同时又经商、开矿和造船。为此，他以埃格莫特为据点，开展对勒旺的贸易，力图不受威尼斯商人的垄断。他的诉讼文书列举了他从事的大量活动和买卖。[255] 历史上为法国君主理财的众多的“包税人”“收租人”和“代理人”都只是用一半精力经管财政，他们往往是名副其实的银行家，既为国王效力，首先也为自己效力。他们一手把钱借出，必须另一手把钱借进；他们势必要参与复杂的信贷活动。例如，舍朗托恩、赛纳米、孔塔里尼、埃洛利、瓦朗蒂等意大利金融家正是为着马扎林而从事这些活动；枢机主教把他们安插在热那亚、里昂等地，并非没有道理，这使他能不断插手虽然冒点风险但收益很高的汇票交易。[256] 在当时的法国，金融家往往兼任“财政官吏”，他们交给国王的贷款就是他们从纳税人那里征收的税款；即使在这种情况下，金融家也不以收税人和放款人的职业为满足。试举路易十五[257] 时代朗格多克一个有权势的金融世家卡斯塔尼埃家族为例。他们从西班牙王位继承战争那时发财起家，有的出任卡尔卡松地区人头税征税官，有的当上印度公司的经理，子侄一辈则在图卢兹高等法院任职，后又晋升大臣，卡尔卡松设有卡斯塔尼埃手工工场。巴黎有卡斯塔尼埃的股份。约翰·劳推行币制改革期间，阿姆斯特丹还有一家卡斯塔尼埃银行。后来，杜普累为推行其印度政策，曾向卡斯塔尼埃借款。再举 18 世纪上半叶的吉利家族或克罗查家族为例，肖西南-诺加雷称他们身兼“商人、银行家、企业家、船东和金融家”几职。安托尼·克罗查为国王的主要放款人之一，曾想革新印度公司（协助萨缪尔·贝尔纳），参与筹组“黑人角公司”，加入几内亚公司，贩卖奴隶（把黑人运往西属美洲），加入南海公司。总之，他参与法国一切重大的国际贸易。他于1712年获得对路易斯安那的贸易垄断。

但是，如果金融家不为本国组织贷款，而给外国提供贷款服务，情况便不同了。这是否意味着一个不同的、高级的职业的出现？有人于1778年代表荷兰的观点，作了肯定的断言。他说：“不要把金融家同意大利过去居心叵测地介绍给法国的那种职业相混淆；这种成事不足、败事有余的职业造成了一些‘包税人’和‘收租人’，或者英国所说的‘代理人’，一些愚蠢的人有时吹捧他们的能 477
干，但任何开明的政府绝不能委他们以重任。”[258]这类国际“高级”金融家于18世纪在热那亚和日内瓦，特别在阿姆斯特丹，开始广泛出现。

在阿姆斯特丹，[259]批发商同银行家兼金融家的区分于17世纪末开始显现，二者的差异迅速扩大。原因是当时在阿姆斯特丹市场上借款的人很多。国家通过发行证券借债，第一笔大借款是“奥地利于1695年向多伊茨公司所借的150万弗罗林”。[260]证券行业接着迅速发展，除经营大宗证券业务的“商行”外，还有大量跑街和二道贩子从事推销，赚取佣金。公债认购结束后，债券便在交易所挂牌。通常的办法是把在条件特别有利时买进的债券，以高出票面的价格卖出、结清，然后再承担一笔类似的交易，但应以上笔债务不再有拖欠为条件。亨利·霍普的大银行继德斯梅特公司之后成了叶卡特琳娜二世的放款人，该银行于1787至1793年间成功地推销了19笔俄国公债，每笔债款为300万弗罗林，总计达

5700 万弗罗林。[261]旺·迪伦写道："俄国全靠荷兰的贷款才从土耳其夺得黑海沿岸的大片领土。霍格尔公司、霍尔内卡股份公司、韦布鲁日和戈尔公司、费佐公司、格朗股份公司、德斯梅特公司以及其他公司也参与了这些几乎影响着整个欧洲政治的公债投机。投机活动间或也曾遭致失败(这正是金融行业的风险)：奥地利于 1736 年以西里西亚作抵押借下的一笔公债因弗里德里希二世于 1763 年征服西里西亚而终于无法偿还；后来，法国于 1780 年开始发行的公债也导致灾难性结果。

阿姆斯特丹金融业的控制权本身不是新东西：从中世纪起，总有这个或那个国家的一个主要金融集团把它的活动强加给整个欧洲。我在前面曾以很长的篇幅介绍了西班牙怎样在富格尔时代受上德意志商人的控制，接着在 1552 至 1557 年间受热那亚商人的摆布；法国在几个世纪里处于精明的意大利商人的操纵之下；14 世纪的英国受到卢卡和佛罗伦萨银行家的搜刮。到了 18 世纪，法国又被置于国际新教徒银行团的驾驭之下。正是在这个时期，犹太金融家受到德国王公的极大欢迎，他们帮助王公发展和平衡财政收支，而这即使对弗里德里希二世来说，也往往是件艰巨的任务。

英国的情形往往与众不同。英国在把财政收归国家管理后，排斥了曾经操纵信贷(如同在法国那样)的放款人。国民的部分资金因而转往工商业，特别是贸易和银行。很早推广的短期和长期公债当然也面向整个公众。P.G.M.迪克松的杰出考证提供了各类公债认购人的单子：认购人包括从上到下的社会各
479 阶层人士。但作者不费力气地证明，在这种开放的表象背后，少

 478

缴纳封建杂税(细部),小勃鲁盖尔(约 1565—1637)作画。

数精于投机技巧的商人和金融家进行了报复，把对国家的借款活动控制起来。[262]首先，小认购人虽然人数众多，但他们认购的公债只占总额很小的一个份额；其次，如同在阿姆斯特丹一样，推销公债的经纪人不仅让别人认购；他们自己也买下为数可观的债券，随后几乎立即用于投机（有时甚至在债券售讫以前），借发行新债券之机再做一笔投机买卖。约翰·巴纳德勋爵在国会揭发那些被他轻蔑地称之为“包办人”的金融家垄断了国家的财政，在他的要求下，国会决定1747和1748年的公债将不经金融家转手，直接对公众发行。但投机活动毫无困难地绕过新的认购办法，人们再次发现，政府如果想让公债发行成功，就不能离开这些内行里手。[263]P.G.M.迪克松因此得出结论说，必须承认托利党人对金融界的厉声指责确实言之有理，绝不能认为这是圈外人的无知和偏见。[261]

法国的包税人以及包税所

法国在君主统治下没有实行财政“国有化”。也许因为国王们并不真想这么做，尽管泰雷教士和杜尔哥，特别是奈克尔，曾作过努力。君主制因此而垮了台。大革命之所以一下便取得财政改革的成功，原因是改革的困难主要在社会和制度方面。[265]J.F.波歇（1970年）说得好，在长期的君主统治下，国家的收支平衡虽然是个重要的因素，但最重要的结构性因素还是财政制度建立在私人利益高于一切的基础上。

实际上，法国没有建立中央集权的财政制度，因而不可能有财政秩序和财政计划。政府不能真正控制收支各环节。国家的财政取决于负责收纳各种捐税和债款的中间人。这些中间人可以是巴黎、里昂一类的城市(如巴黎市政厅年金),省三级会议,教士会议,间接税包税人,以及征收直接税的财务官。人们可以设想,如果没有法兰西银行的协助,如果没有各级税务官和财政督察以及里沃利街的官僚机构受它的指挥,法国国库今天会成什么样子?如果国家的财政机构掌握在私人企业或半公半私企业的手里,又会是什么样子?当时的法国君主正是处在这种情况下;国王使用的钱柜实际上竟有上百个。国王的收入至多只有一半进入中央一级的国王金库。[266]国王需要用钱时,便指定某笔花销由某个钱柜支付,但正如谚语所说,“国王不能从空钱柜里掏出钱来”。即使那些位居要津、实际控制直接税的财务官,他们的官职也是用钱买下的,他们借给国王的贷款将用人头税、什一税或人口税偿还。他们是 480
从事独立经营的商人。

所以,直到君主制存在的最后一天,法国的财政始终只是雅克·克尔、桑布朗赛、尼古拉·富凯、约翰·劳等金融家牟取私利的工具。他们遭到了无情的迫害,我们可以表示同情。但我们不能不承认,为调查金融家的渎职罪并使他们退赔部分赃款而成立的审判庭工作很有效率。先后共成立了 14 个审判庭,8 个在 16 世纪,5 个在 17 世纪,最后一个在 1716 至 1717 年,正值路易十四去世不久。我们从保存下来的文件中有时能窥见当时的财政状况以及这些中间人的个人状况,中间人或称包税交易人(“就某项税收达成交易者”),或称包税征税人(“在向税收部门缴纳一笔款项后买下征税权,征税所得归己”)。[267]

1661 年因审理财政总监富凯一案设立的审判庭[268]使我们有

机会具体了解包税人的活动方式及其广大分支机构。我们可接触到 230 名包税人，几乎全都是被告。路易十四当政初期，正是这二三百名包税人操纵财政，其中 74 人更是国内的首富。他们通过拉帮结派、攀亲联姻等手段，组成名副其实的朋党。柯尔贝尔一派[269]正是通过排除异己终于取得了胜利；值得回视的是，这个原属马扎林党的小派别后来竟把马扎林党消灭掉。虽然民间有种种传闻，说这些包税人出身低微，他们其实出身都很高贵：在 230 位查明身份的包税人中，176 人是贵族（占总数的 76.5%）；在 74 名首富中（其中 3 人姓名不详），65 人是“国王陪臣”。

这是第一件令人意想不到的事：那些被认为出身低微的人竟早已跻身贵族之列，早已在为国王效力。可见他们不是经商起家。为国王效力是他们向上爬的一种手段。如果没有人从内部给他们通消息，他们办事又怎么可能这样得心应手？第二件令人意想不到的事：包税人借给国王的现金是由国内的贵族大地主提供的。富凯案件在上层社会引起很大的担忧，正是因为上层社会害怕财政总监在招供中泄露秘密。富凯倒是守口如瓶，但尽管如此，我们终究得知这些富有的放款人是谁。马扎林在其遗嘱中叮咛不要追问其财产的来源，不要弄清其下属的账目和行为，因为这关系到国家的利益。国家利益可见是一个很好的借口。整个贵族阶级确实都参与了财政舞弊，事情一旦暴露，每个人都不免丢丑，受到牵连。

因此，贵族与包税人家庭联姻是由于社会关系的需要：“公众的传闻往往捕风捉影，夸大包税人的财富”，作为出资人，贵族的财产“与许多包税人不相上下，甚至更多”。丹尼尔·戴赛尔据此认为：“不能再认为联姻是用钱换取贵族身份的一种交易，而应认为

《身穿早礼服的金融家在乡村》，18 世纪的法国漫画。

这是资本的结合。”因此，在路易十四亲政后，贵族并非置身工商活动之外；他们甚至占据最有利的地位，直到旧制度结束，国王的财 481 政始终是收入最丰的部门，资本主义在那里茁壮生长，尽管在我们看来，这种资本主义不算货真价实。

我们于 1661 年见到的那种包税制无疑存在已久。包税制起源很早，[270] 随时代变迁，逐渐趋向完善。既然包税制已成为特权社会的核心，怎么可能再去改变它？统治阶级赖以为生的地租重新转为国家经济生活的投资，大部分要通过包税人给国王的借款。

随着时间的流逝，包税制不断在巩固，并逐渐形成一整套机构。自1669年柯尔贝尔接任财政总监后，出现了专门负责征收多项税款的辛迪加（资本家集团）一类的组织。“然而，包税制一直等到1680年的福科内租约才真正开始实施，这项租约把盐税、助税、领地税、交易税和进口税合在一起”，[271]实际包税额略高于6300万里佛。包税所后来在1726年才最后定型。1730年，当利润丰厚
482 的烟草专卖也被纳入这个大范围时，包税所便达到完全成熟的程度。盐税租约每期六年，订约人往往由总监的贴身男仆顶名。四十名总包税人为执行租约作保。他们付出巨额保证金（每人达150万里佛），按期收取利息。这些保证金也就是最初几笔预付税金，由于数额巨大，总包税人几乎成了终身职务。若要解除他们的职务——这样的事曾经发生——必须偿还保证金；另一个困难是要找到一个同样有钱的人来代替。

根据契约的条文，包税所向国王预付租约规定的金额，实际上仅系包税所负责征收的众多捐税年收入的一部分。在定金缴纳后，国家的一大部分财富便落在包税人的手里，由他们对盐、烟草、小麦以及各种进出口商品征税。国家每次改订租约显然都会增加包税金额：1726年为8000万里佛；1738年为9100万；1755年为11000万；1773年为13800万。就是这样，赚取利润还有很大的余地。

这个金融富豪的俱乐部，当然不是谁愿意就能进去的。加入者必须极其富有，得到财政总监的青睐，享有很好的声誉，曾在财政部门任职，担任过财务总管的职务或参加过印度公司。尤其是他必须被俱乐部所接受。总包税人直接或间接决定一系列关键职

位的人选，控制、促成或阻碍个人的加入。从提出申请到取得成功的整个过程，免不了要奔走钻营，耐心等待，寻找靠山，委曲求全和进行贿赂。包税所实际上是由远近血亲和联姻关系编织而成的家族网。如果对四十来名富豪(1789 年的确切人数为 44 名)作一番细致的系谱调查，考虑到他们之间亲上加亲的关系，“调查的结果很可能把他们归拢为两三个家族，甚至一个家族”。[272]关于资本主义活动集中在少数人手里这条一再应验的结构性规律，我们在这里又看到了新的证据。我们面对的是金融贵族，他们自然闯进了上层贵族的大门。

包税所最兴旺的时期大致是在 1726 至 1776 年间，前后正好半个世纪。这两个日期十分重要。包税所是法国几代君主逐渐建立的财政制度的产物。国王在设置财务官的同时，为发展财政业务奠定了基础。一些由亲属关系编织而成的牢固的财务网建立了起来，并且得以长期存在。但在约翰·劳推行币制改革后，金融家开始进入了一个空前繁荣的新时代。因开发密西西比流域而发财的人多数不是春风得意的投机家，而是根基扎实的金融家。与此同时，法国经济生活中心从里昂转到巴黎。外省人纷纷来到首都，广事结交，扩大自己的活动范围和利益范围。从这个角度看，朗格多克人的表现最为典型。该省仅占全国人口的十分之一。但在巴黎广义的金融界人士(其中包括军需供应商)中，以朗格多克人居多。他们将在全国取得巨大的成功。不过，在法国历史上，历来都是各省在各个舞台(战争、文学、政治等)上轮流扮演主角。 483

朗格多克在法国金融界一马当先，这当然不是偶然的事。由于盛产盐(贝该的盐田)、小麦、葡萄酒、呢绒和丝绸，朗格多克自然需要对外出口。另一个有利条件是，当地商界中新旧教徒的人数不相上下。撤销南特敕令只是使事情在表面上有所改变。新教徒的联系都在国外，在宗教改革的据点热那亚，还在日内瓦、法兰克福、阿姆斯特丹和伦敦。信仰天主教的商界人士把宗教隔阂搁在一边，这丝毫也不令人奇怪：新旧教徒的结合正是国内外之间必要的经济结合。这是全国各商业部门不能不接受的现实。新教银行家正是通过这一途径把法国置于自己的控制之下。他们的目的是要发展一种更高级的资本主义，其活动范围之广远远胜过法国金融家。他们超过后者，进而越俎代庖。奈克尔于 1776 年执掌法国的财政（虽然未得财政总监的头衔），标志着法国财政制度的一个转折。奈克尔反对包税制；外国银行家反对本国金融家。

与此同时，不幸的是法国金融家逐渐背离积极投资的老习惯；他们抱残守缺，江河日下，即使像塞巴斯蒂安·迈尔西埃这样的普通巴黎人也看得一清二楚。他写道："奇怪的是，人们竟愿意宽恕金融家，因为他们今天赚的钱比以往少，但金融家的收益必定很高，否则他们不会为维持自己的业务以全力相争。"[273]

包税所一直保留到法国革命为止，总包税人在革命中的结局十分可悲：共和二年花月、牧月和雾月期间（1794 年 5 月至 7 月）共有 34 人被处决。他们引人注目的财产，他们与大贵族的联系，革命前夕国家财政的极度困难，都决定着他们成为公众仇恨的对象。他们不像外省或巴黎的许多批发商和银行家那样幸运，这些人把自己的资本隐藏起来，等到时机成熟，便摇身一变而成为新政权的军需供应商和贷款人。

国家的经济政策:重商主义[274]

欧洲各国受制于种种特殊的、甚至互相矛盾的偶然因素,在行动上势必各搞一套;那么,能不能说存在同一种经济政策呢?如果设想欧洲各国的行动有些千篇一律和整齐划一的方面,那便是赋予这个行动一种它所不可能有的一致性。桑巴特在寻找关于重商主义的一个不可能的方程式时,恰恰正是这么做的。

T.W.哈钦森[275]请历史学家和经济学家把重商主义一词干脆取消,该词“是我们辞典中最含糊和最讨厌的以‘主义’结尾的词之一”,是亚当·斯密在其 1776 年的经典名著中猛烈抨击“重商制度”后方才产生的。然而,不管这个词如何之坏,借用它可以方便地把一系列行为、态度、计划、观念和经验归在一起,它们表明 15 484
至 18 世纪期间的现代国家在面对必须解决的具体问题时采取的第一位立场。总之,按照赫尔曼·凯伦本兹[276]的说法(1965 年),“重商主义是欧洲专制君主时代经济政策(包括经济思想在内)的准则”。也说“专制君主”一词用得并不恰当,应该用“领土国家”或“现代国家”来代替,以便突出国家朝现代方向的演变。但是各国所遵循的道路和经历的阶段各不相同。一位历史学家(1966 年)因此放心大胆地指出:“有多少个重商主义者,就有多少种重商主义。”[277]重商主义萌芽于 14 世纪,也许更早,始于 13 世纪功勋卓绝的西西里王弗里德里希二世,[278],直到 18 世纪仍依然存在。这样长的寿命意味着,它绝对不是轻易下个定义就能一劳永逸地确定的“体系”,亚当·斯密硬说重商主义是个结构严密的体系,那是为了便于批驳。[279]

485

让-巴蒂斯特·柯尔贝尔。克洛德·勒费弗尔作画。

应该根据不同的地点和时期对重商主义进行具体的研究。里哈尔特·哈普克把13至18世纪期间分成三段：前期、盛期（柯尔贝尔时代）和后期（在1683年柯尔贝尔死后）。[280]昂利·豪塞尔从相反方向指出一种“柯尔贝尔以前的柯尔贝尔主义”。[281]实际上，重商主义只是现代国家执着的、自私的和强烈的追求。丹尼尔·维野指出：“正是重商主义者创造了民族国家”，[282]要不然就是民族国家或孕育中的所谓民族国家在创造自己的同时，创造了重商主义。总之，重商主义很容易以国家宗教的姿态出现。为嘲笑所有的正统经济学家，玛丽-泰莉莎的大臣考尼茨亲王毫不犹豫地自称是“经济的无神论者”。[283]

总之，每当民族主义抬头，要求推行“激烈的”关税保护政策，[284]每当民族利己主义突然迸发，重商主义便应运而生。卡斯蒂利亚分别于1307、1312、1351、1371、1377和1390年禁止小麦与牲畜出口；[285]法国在美男子菲力浦当政时也于1305和1307年阻止粮食出口。[285]在13世纪，阿拉贡王国走在英国的前面，首先颁布了《航运法》；从1355年起，[286]英国禁止从国外进口生铁；1390年的《就业条例》规定外国人不得将金银携出国境，他们应把收入用于购买英国的商品。[287]如果在意大利城邦商业史上仔细找一找，肯定可以找到大量类似的措施。可见，古典重商主义的重大决策——1651年英国的《航运法》；柯尔贝尔关于根据外国船只吨位征税的命令（1664年，1667年）；1724年关于征收瑞典国旗税[288]的规定——都没有丝毫新东西。这最后一项规定使以往把大西洋沿岸各国的盐运往瑞典的荷兰船遭到排斥，由于盐的进口大量减少，瑞典盐价猛涨，但对竞争者的打击有助于瑞典海运业的发展，过后不久，瑞典的船只便在世界各大海洋乘风破浪。归根到底，重商主义无非是一种利己主义政策。这个千真万确的道理，蒙田和伏尔泰都曾谈到过。蒙田信口说道："一人谋得利益，必是另一人受到损失"；伏尔泰直截了当地说："一国要占便宜，不能不让另一国吃亏。"(1764)

在推行重商主义的国家看来，占便宜的最好办法，就是把世界
486 上尽可能多的贵金属储备吸引到自己一边，并防止本国的贵金属外流。国家是否富有，要看贵金属的积累：这条公理实际上决定了国家要推行一项导致许多经济后果的政策。在我们看来，留下本国的原料，然后进行加工，出口制成品，用保护主义关税压缩外国进口，这项政策似乎是要通过工业化来发展经济；其实，这里有着别的原因。亨利四世的一项敕令(1603 年前)主张发展手工工场，"这是防止金银外流从而使邻国富有的唯一办法"。[289]布尔诺地区的律师 F.S.马利夫斯基于 1663 年向利奥波德一世皇帝呈递一份长篇报告，并在其中指出："哈布斯堡王朝每年付出几百万巨款，向外国购买国内本可以生产的货物"。[290]勒波蒂埃·德·拉海斯特罗瓦认为(1704 年 9 月)，问题十分清楚：外国商品的抵达导致贸易逆差，"这些货物只是供奢侈和享乐之用，而丝毫不能使国家富裕，因为货物使用后归根到底是会损坏的。相反，如果通过贸易输入白银，白银不因使用而损耗，留在国内，日益增多，便能促使国家富强"。[291]威纳尔·桑巴特赞同这一见解，他指出，"从十字军东征到法国革命"，国家与金银矿产之间有着紧密的依附关系，"换句话说，白银(以及后来的黄金)愈多，国家便愈强"！[292]

因此，国家念念不忘的事便是绝不虚掷分文。黎塞留说过：金

银是“暴君”。[293]大柯尔贝尔的叔伯兄弟、曾任阿尔萨斯财务总管的柯尔贝尔，作为路易十四驻伦敦大使，在1669年7月[294]1日的信中评论了英国政府禁止爱尔兰出口牛肉的决定。这个决定使法国及其海船丧失廉价咸牛肉的供应。怎么办？从瑞士或德国进口牛肉也许是个办法，“我在阿尔萨斯那时，确曾见过〔屠户〕这样做过”。但“最好还是从国王的子民那里购买牛肉，宁可贵些，也不从外国人那里买便宜的，以满足船只和私人的需求。在第一种情况下所花的钱仍留在国内，可供陛下可怜的子民缴纳杂税之用，因而仍回到国王的钱柜中来；在另一种情况下，钱就会流出国外”。以上的话显然是些老生常谈，大柯尔贝尔也有过这类言论，他认为“大家一致公认，国家的强大完全要由它所拥有的白银来衡量”。[295]五十年以前，1616年8月4日，唐·埃尔南多·卡利略向菲力浦三世指出：“一切都靠金钱支撑……陛下的力量主要在于金钱；一旦缺钱用，战争就会失败”。[296]这话出自卡斯蒂利亚财政会议主席之口，无疑是顺理成章的。但类似的言论也屡见于黎塞留或马扎林时代的人的笔下。由掌玺大臣塞吉耶派往蒙彼利埃公干的审查官巴尔塔扎尔1644年10月26日向后者写信说：“大人钧鉴，照现在的样子打仗，胜利就取决于最后一粒小麦，最后一个埃居和最后一个人。”[297]费用变得更加浩大的战争对重商主义的发 487
展无疑起了推动作用。随着炮兵、军械、战船、常备军和堡垒修筑技术的进步，现代国家的军费开支直线上升。战争是金钱的较量。因而金钱、贵金属的积累，成为固定观念，成为思考和判断的重大依据。

难道应该把这种固定观念简单地贬斥为幼稚浅薄吗？难道

应该从现代的眼光出发，认为防止贵金属的流动是愚蠢的，甚至是有害的吗？或者认为，重商主义表达了一个基本真理，就是说，贵金属在几百年内曾是旧制度下经济发展的保障和动力？唯有在经济上处于优势地位的国家才容许货币自由流通，如17世纪的荷兰，18世纪的英国，几个世纪以前的意大利各商业城市（金银进入威尼斯不受限制，但未经造币所制成铸币，不得重新携出）。能否得出结论：贵金属的自由流通始终是个例外，它是拥有经济优势的国家作出的聪明的选择，是它们的强盛的秘密之一；或者相反，唯独拥有经济优势的国家才允许自己享受这种自由而不蒙受危险？

历史学家断言，荷兰从未推行过任何形式的重商主义。[298]这是可能的，但这也未免言过其实。说这是可能的，因为荷兰具有实力赋予它的行动自由。国家门户开放，凡事不怕别人，甚至不需要过多考虑自己行动的意义，荷兰主要是别国的思考对象，而不是自己的思考对象。说这未免言过其实，因为别国的政策具有榜样的感染力，报复心理也会油然而生。荷兰的强大并不排斥它会遇到某些干扰、意外和紧张。到了那时候，它势必会受到重商主义的诱惑。例如，荷兰突然对1768年在奥属尼德兰地区兴修现代化道路表示不快。[299]它尤其欢迎法国胡格诺教徒把他们的奢侈品工业一起迁来荷兰，并想并设法予以保护。[300]在荷兰当时的经济背景下，这种做法是否合理？伊萨克·品托认为，荷兰本应该坚持“贸易经济”，实行门户开放，接受欧洲和印度的工业产品，而不施加太多的限制。[301]

实际上，荷兰不能不受当时思潮的影响。它的贸易自由徒具虚名。它的全部经济活动旨在促成和竭力维护某些事实上的垄断。此外，荷兰在其海外帝国的殖民行径比其他国家有过之而无不及。欧洲宗主国都把自己的殖民地视为禁脔，实施专营贸易制。如果严格执行规定，未得宗主国的许可，西属美洲甚至制造不了一颗铁钉或一匹织物。幸而，从欧洲到殖民地的航行时间往往成年累月，这一距离足以创造某种自由，至少对一些人是如此。西属美洲有人说：印度的法律像蛛网，放过大的，缠住小的。

我们且回过头来，再看以下的问题：重商主义难道是无知之辈的简单判断错误和庸人自扰，只因为他们不懂得价值的本质是劳动而不是贵金属？我们不能把话说得如此肯定，因为经济生活在两方面发展，一方面是铸币的流通，另一方面是“纸币”的流通（姑且借用18世纪法国人的方便说法，他们把所有“人为的”信贷证券 488
统称为“纸币”，伊萨克·品托对此深表气愤）。在两种流通中，一种高于另一种。纸币在高层流通。包税人、银行家和批发商的业务基本上用这种高级语言表达。但在日常生活中，你只能用现金——不论良币或劣币——进行活动。在日常生活这个底层，纸币很难流通和被接受。如果使用纸币，就动员不了小运输户于1601年把法国火炮拉到萨瓦。[302]靠纸币也招募不到士兵和海员。早在1567年，当巴尔巴公爵率军抵达尼德兰时，正如菲力浦·吕兹·马丁所指出的，军饷和军费一律以黄金结算。[303]只是在1598年后，士兵才迫于无奈而接受白银。随身携带自己的钱财，有几块铸币装进钱袋或塞进腰带，这对士兵来讲既有利又必要。在战争中，金银铸币如同面包一样不可缺少。

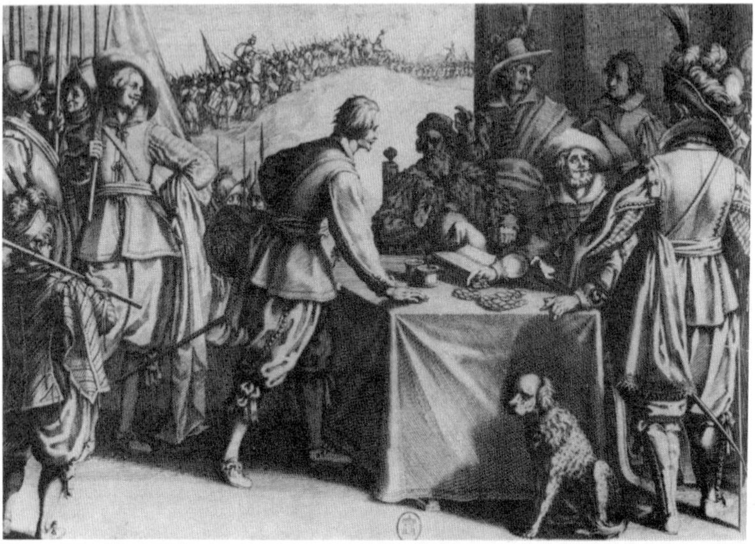

向士兵发饷。卡洛作画。

489 当纸币传到普通百姓手中时，他们无论如何要把纸币换成金币、银币乃至铜币。警察总监达尔让松1706至1715年间的部分信件保存至今，其中反复谈到一些小骗子手“半价买进王国政府发行的钞票，实行重利盘剥”。[304]这些小商贩在富人和穷人两边不断倒腾。只要读读当时商人的信件，就能相信这种活动相当普遍（不但存在买卖行情，而且差价日趋扩大）。在前面提到的圣马洛航海船的账簿上，白纸黑字写着：1709年，“对1200里佛的钞票……应打40％的折扣……我们只交给您720里佛”。同年还有另一笔账“对16800里佛的钞票……按40％贴水……下存10080里佛”。[305]

有人或许认为，这在经济技术落后的法国才是事实，因为直到

19世纪初，巴黎公众接受法兰西银行的钞票还很勉强。但即使在18世纪的英国，纸币有时也不受欢迎。例如，英国皇家海军的水兵每月四镑的饷银是在返回陆地后用钞票支付的。他们不喜欢钞票，这是个事实，精明的货币兑换商托马斯·盖伊意识到这是生财之道。他常光顾伦敦罗瑟希特郊区的小酒馆，用铸币向水手收购钞票，因此成为伦敦最大的富翁之一。[306]

丹尼尔·戴赛尔说得对，肯定有许多人都认定“铸币是衡量一切的真正尺度”。[307]我们因此可以说，重商主义反映了正在成长壮大中的国家活动能力的不足。通常的和大量的经济需求迫使国家看重和提高贵金属的价值。没有贵金属，经济便往往出现瘫痪。

不完善的国家面对社会和文化

在我们对以上的解释作个小结的时候，读者应该意识到问题的重要，并在以下两种立场中进行选择。

或者认为一切取决于国家，取决于欧洲以及世界的现代化，其中包括作为国家现代化的产物和动因的资本主义。这是赞同威纳尔·桑巴特在《奢侈与资本主义》(1912年)和《战争与资本主义》(1913年)中提出的论断。这两部著作竭力把资本主义的起源归结为国家的强盛：在几个世纪内，说到奢侈，首先是说宫廷的奢侈，而宫廷是国家的中心；至于战争，随着军队和装备的不断扩大，则表现了现代国家强劲有力和纷杂混乱的发展。这也是赞同历史学家的一般观点——例外正好证实了规律，[308]他们把现代国家比作寓言中吃人妖魔卡网都亚、摩洛赫、利维坦一类的怪物。

或者为相反的观点辩护，而且肯定能说出更多的道理：认为国家尚不完善，正尽可能弥补自己的不足，不能亲自行使自己的所有权利和完成自己的所有任务，实际上被迫向他人求助而使自己蒙受损害。

490 国家之所以必须从各方面求得帮助，是因为它没有足够的行政机构。君主制时代的法国不过是无数例子中的一个。据一位历史学家的乐观估计，[309] 1500 年前后，法国人口在 1500 万至 2000 万之间，为国王效力的官吏共有 12000 人。12000 这个数字很可能是个极限，即使在路易十四时期也从未被超过。一位名叫罗德里戈·维韦罗[310]的观察家看得很透彻，他于 1624 年前后指出，在人口比法国少、但拥有一个庞大殖民帝国的西班牙，天主教国王任命的“大小官吏达 70000 人”。马克斯·韦伯心目中的现代官僚，正是这一小部分人。不过，他们难道真是当今意义上的官僚政治吗？[311]

关于法国和西班牙分别有 12000 和 70000 名官吏，这两个数字都得不到证实。在这个基础上，现代国家确实在不断扩展其活动范围，但始终未能把整个国家包括进来。这方面的努力以及许多类似的努力事先已注定遭到失败。在法国的每一个财政区，财务总管是中央政府的直接代表，他只有很少几名同僚和下属。他因此必须提高嗓门，方能使人听取和服从他的命令，他甚至还经常采用惩戒手段。军队在战争时期尚嫌不足，更别说在和平时期。1720 年，为了实行卫生隔离，以免马赛发生的鼠疫传染全国，曾出动了全部骑警和正规军。内地警备和边界卫戍都顾不上了。[312] 所有这些行动在辽阔的空间中烟消云散，与今天相比，当时地域的空旷程度要胜过百倍。在这寥廓的天地里，任何色彩都被稀释，任何力量都被削减。

法国君主制只是在社会和文化的帮助下才保住了体面;这里所说的社会是指在声誉、职位和财富方面占优势的阶级;所谓文化,是说千百万张嘴巴,千百万只耳朵,从王国一端到另一端的呼声、思想或要求。

社会结构的变化如此缓慢,以致乔治·古尔维奇为13世纪设想的公式仍能用作指南。甚至在1789年,上层社会大致可分为五个集团:国王近臣,封建性贵族,领主阶级,城市,以及教会。君主与每个集团取得妥协或达成临进协议。教会受君主控制,甚至可以说,至少曾两次被高价收买:1516年的和解协议规定高级神职人员由国王任命(当时国王在罗马和改革之间作出了选择,这一戏剧性的也许不可避免的选择将产生严重后果);1685年撤销南特敕令的决定使法国的繁荣受到很大损失。对于领主和大贵族来说,在战争连绵不绝的当时,戎马生涯是个相当宽广的前程。宫廷和优厚的恩俸也始终有诱惑力。何况,除开这个因素,君主同贵族的关系仍是无比的紧密。社会学家诺尔贝·埃利阿斯认为,决定一个社会并且给社会打上不可磨灭烙印的,不仅是该社会以往的各阶段,而且是社会的最初起源。君主制由封建制脱胎而出。法兰西国王原是一名普通领主,后来区别于其他领主,出类拔萃;他
使用领主的语言,奉行领主的原则,而终于超过领主。王权仍然带 491
着自己的胎记,“贵族与国王具有同质性”。国王同贵族斗争,但不与贵族决裂,他用宫廷的豪华笼络贵族,但自己也因此困守宫廷。君主使贵族脱离其领地,但不作丝毫努力,为他们打开贸易的大门,而是把他们供养起来。

面对城市，君主接二连三地赐予恩赏和授予特权，有时又强征暴敛，夺走城市的部分收入。城市利用了逐渐建立起来的民族市场。城市贵族和资产阶级垄断着贸易，这难道不重要吗？最后，国王把他的部分权力如商品一般出售。国王的官吏都是市民出身，他们购买的官职可以转卖或出让给自己的遗产继承人。买卖官职导致部分资产阶级的封建化。[313]一项官职是国家出让的部分公共职权，正如过去作为采邑赠与的土地一样。买卖官职就像建造金字塔一样建造君主制社会。金字塔顶上几层是身份不明但地位重要的长袍贵族，他们的产生绝不是因为国王的心血来潮，而是由于国家的需要以及行政核心的发展（虽然发展相当缓慢）。

随着买卖官职的普及，整个资产阶级生活日益富裕，尤其在法国。国家在法国是一架为资产阶级制造富人的机器。法国的一大部分财产来自官职。英国、联合省、天主教尼德兰等大多数国家也是同样情形，不论那里的官职是否实行买卖。在西班牙，官职买卖只涉及市长一类的小职位。但正是这些市政官员（即法国所说的"敲钟"贵族）在16至17世纪的转折关头力图排斥旧贵族，夺取他们的土地和挤进上层社会。向外国商人放款的，也正是这些新富人。于17世纪使卡斯蒂利亚乡村恢复封建制和人口减少一半的，也还是这些人。同样，在威尼斯这样一个城市里，买卖官职只是指市民买下低级官职。行政官职通常任期较短，这是由贵族轮流担任的一项荣誉职务，并不妨碍他们从事征收间接税、经营商业和管理庞大的产业。

这一小部分人把国家官职据为己有，官职使他们如虎添翼。正如宫廷差使对大贵族一样，官职对资产阶级是满足自尊心和向上爬的手段。这一成功是几代人坚持不懈努力的结果。几个大家族甚至得以把国家官职瓜分。如果国家坚强有力,它就能经历考验,不受太大损害。雅各布·旺·克拉夫伦有个见解很中肯,[314]他认为,即使在买卖官职最盛行的法国,这一做法也并不必然导致政治腐败或公共权力的削弱。这并非因为可以转让的官职总由明达睿智、勤谨守业的家长担当。而是因为,像路易十四这样的君主通过出售官职取走资产阶级的部分家产,这是一笔可观的捐税;另一方面,君主保护下层百姓免受可能的压榨,官吏受到严格的控制。但在路易十四的专制统治之后,事情迅速向坏的方向发展。492
从18世纪中叶起,开明舆论开始反对官职买卖。这个措施对君主制一度曾起过好作用,现在已不再有益了。[315]尽管如此,在1746年的荷兰,为了反对城市贵族的寡头统治和腐败,有人主张建立法国式的官吏制度。[316]

可见,在法国以及在整个近代欧洲,君主的影响渗透到全社会。也许应该说,首先渗透到上层社会,并通过他们,实现对一般百姓的统治。

不但渗透到整个社会,或差不多整个社会,而且渗透到整个文 493
化。在国家看来,文化是一种有目的、有效果的炫耀。兰斯城的加冕礼,治愈瘰疬病人,兴造宏伟的宫殿,[317]这些都是极好的王牌,成功的保障。御驾亲临是另一项必定成功的炫耀政策。在1563至1565这两年期间,卡德琳·德·梅迪契坚持巡游全国,把冲龄之主查理九世介绍给他的臣民。[318]加塔洛尼亚于1575年希望要什么?[319]是要“瞻仰御容”。一本可追溯到1345年的西班牙箴言集已经说到,“君主之于平民,犹如甘霖之于土地”。[320]这方面的宣

年当冲龄之查理九世国王

传自有文明世界以来即已存在。在法国，有关事例多不胜举。1619年的一篇杂文[321]说："国王可比作雄鹰，我们自己则是小小的蚊虫。对违抗他的旨意者，国王爱打便打，爱杀便杀，剁成碎块也无不可，即令受惩者是我们的妻儿和近亲!”还有什么能比这段话说得更透彻？值得庆幸的是，有时毕竟也有一些不合拍的调子；兰斯的一位市民，以经商为业，名叫马依费，[322]他于1654年6月3日写道：“亲爱的读者，你难道没有听到军号和双簧管吹奏的我们伟大君主的进行曲吗？是的，正是这位无与伦比和所向无敌的君主前来行加冕礼”。是否应该认为马依费作为典型的资产者，是厄内斯特·拉布鲁斯所描绘的那种因社会地位低下而感到受压抑的人？[323]资产者曾先后支持天主教联盟、冉森教派[324]和投石党人。但在启蒙时代的伟大运动兴起前，他往往躲在屋里发牢骚。

关于文化和宣传这一战场，要说的话实在太多。高等法院反对君主专制和贵族特权，但不反对资本的特权，关于这种开明反对派的表现形式，要说的话同样很多。我们留待以后再谈。我们暂且也不探讨爱国主义和民族主义的问题。爱国主义和民族主义当时是新观念，还处在朝气蓬勃的青年时代。在15至18世纪期间，爱国主义和民族主义已经存在，尤其战争不断在煽风点火，推进这种思潮的高涨。但我们不要把时间提前，不要把民族的形成归功于国家。实际总是带有让人难以捉摸的两面性：国家创造民族，赋予民族以框架和存在；但反过来说也对，民族通过许多途径创造国家，给予它生命的活力和强烈的激情。

国家、经济和资本主义

我们在叙述过程中还放过了一系列饶有兴味的问题，但这些问题值得长篇大论地去研究吗？例如，每当贵金属大出风头时，难道我应该说“金银至上主义”，而不说重商主义吗？后者势必包含前者,前者则不论外表如何,总是后者的存在理由。难道每次强调税收时,应该反复使用“重税主义”一词吗?税收是国家永不分离的伴侣;如马克斯·韦伯[325]所说,国家是个工厂般的企业,它因而必须时刻想到自己的金钱收入;我们已经看到,国家的金钱收入从来是不够的。

494 最后,对于经常提到的以下问题,难道能不作正式答复就略过不谈:国家是否推动和促使资本主义前进?即使人们对现代国家的成熟程度持保留态度,即使人们在看到目前情形后觉得这种国家远不尽如人意,但应该承认,在 15 至 18 世纪期间,它关系到所有事物和所有人,它是欧洲的新兴力量之一。不过,现代国家能否说明一切和指挥一切?不,绝不。这从正反两方面的观点来看都说不过去。国家促进资本主义的发展,援手扶助资本主义,这无疑是对的。但反过来说,国家又不利于资本主义的发展,资本主义也能够给国家增加困难。两种说法先后或同时都正确,现实始终是复杂的,无论在可以预见或不可预见的情况下。有利也罢,不利也罢,现代国家始终是现实环境的一个因素,而正是在这个环境中,资本主义在向前发展,有时困难重重,有时一帆风顺,还有相当多的场合,它在中立地带前进。情况不可能不是这样。国家的利益往往与整个国民经济的利益恰相符合,因为国民在事业上的兴旺发达是国家这个企业增加收益的基本条件;资本主义所在的经济部门总是倾向于进入最活跃和最有利可图的国际贸易洪流。资本主义的活动场所因而比普通的市场经济,比国家及其特殊关注,更要宽广得多。正因为如此,以往和今天的资本主义利益自然要超越狭隘范围的民族利益。这种情形使资本和国家的关系和对话变得扭曲了，至少变得复杂了。以我在十来个城市中选定的里斯本为例，那里聚集着批发商、生意人和有钱有势的人，但任何人没有发现资本主义的躁动，显示自己的存在。这是因为葡萄牙资本主义的主要活动都是在澳门（通向中国的暗门）、印度的果阿、伦敦（从这里发号施令）、遥远的俄罗斯（每当出售特大钻石时）[326]和辽阔的巴西（实行奴隶劳动，发展种植园，淘金和寻找钻石）进行。资本主义始终穿着一步七里的神靴，或者还可以说，它有米克罗梅加的长腿。本书第三卷，也就是最后一卷，主要将探讨这方面的问题。

我们暂且先作个小结：作为渗透并包围所有机构的力量，权力机构包容的范围比国家更大。这是政治等级、经济等级、社会等级和文化等级的总和，是一系列强制手段；国家总能在权力机构中表现其存在，国家往往是整个权力机构的拱顶，但国家又几乎从不是权力机构的唯一主宰。[327]国家有时甚至可能自动消失或被打碎，但它始终会重建，必定会修复，似乎国家的存在关系到社会的生死存亡。

各种文明并不始终持否定的立场 495

文明或文化——二词在这里可以混用，不成问题——是习惯、约束、承诺、建议、决断的汇合；对我们每个人来说，这些现实似乎都是个人的和本能的表现，其实它们往往具有深远的历史根源。就像我们所讲的语言一样，文明是一种遗产。每当一个社会即将出现裂缝或沟壑时，无所不在的文化便加以填补，或至少予以掩盖，最终使我们整天忙于自己的工作。奈克尔在谈到宗教（文明的心脏）时说：宗教对穷人是“坚实的锁链和每日的安慰”；[328]我们可以说，文明对所有人也是如此。

当欧洲于11世纪复苏时，市场经济的形成和货币的崭新活动都是“惹起议论纷纷的”新事物。文明本质上主张守旧和反对革新，因而对市场、资本和利润一般持否定态度，起码也是表示怀疑和观望。随着时间一年一年地过去，日常生活的要求和压力在不断更新。欧洲文明始终在矛盾冲突中无所适从。于是它有时也开了绿灯，虽然并不十分情愿。这不单是西欧的现象。

文化传播的作用：伊斯兰的范例

一种文明同时意味着恒定和运动。它在一定空间里连续几个世纪立足生根和坚守阵地。与此同时，它接纳远近其他文明的某些优点，又把自己的优点向外传播。模仿、传染同某些内在诱惑一样在起作用，克服旧习惯，改变旧做法和旧认识。

资本主义同样也离不开这些规律。在其历史的每一个时刻，资本主义始终是种种手段、工具、行为和思想习惯的总和，这一切无疑都是文化财产，而作为文化财产，它们便要流动和交换。卢卡·帕乔利在威尼斯发表的《算术论》（1495年）概括了早已为人们了解的有关复式簿记的记账办法（例如佛罗伦萨从13世纪末已使用复式簿记）。[329]雅各布·富格尔在威尼斯逗留期间，学会了复式簿记，并把这一技术带回奥格斯堡。通过种种渠道，复式簿记终于被欧洲的一大部分商人所接受。

汇票也以意大利城市为出发点，逐渐传播到其他城市。不是

地中海东岸诸港的贸易。细密画，选自《马可·波罗游记》。

有人说汇票来自更远的地方吗？E.阿斯托尔认为，[330]伊斯兰的“苏特法亚”(sutfaya)与西方世界的汇票毫无共同之处。二者的法律地位有着根本不同。就算如此，“苏特法亚”出现的时间无疑比欧洲的汇票早得多。用一张字据便把一笔款项转到外地：人们怎能设想，很早便光顾伊斯兰港口和市场的意大利商人竟对这种做法未加注意？汇票（据说由意大利人发明）在欧洲解决同一个问 496
题，虽然它确实要适应不同于伊斯兰的条件，特别是教会不准借款生息的禁令。据我看，汇票很可能是从东方学来的。

“合约”(commenda)这种类型的商业联合体可能也是从东方学来的。这种联合体在伊斯兰地区具有悠久的历史(先知和他的妻子——一位有钱的寡妇——成立了“合约”),[331]它是同印度、南洋群岛和中国开展远程贸易的通常形式。可以肯定的是,不论是自发产生或向东方借鉴,“合约”只是于11至12世纪期间才在意大利出现。它从一个城市传到另一个城市,我们在14世纪汉萨同盟诸城邦又遇到了它,自然不感意外,虽然它的形式在地方势力的影响下有所变化。在意大利,“伙计”(根据合同提供劳务,负责押运和推销商品)分享营业收益。在汉萨同盟,“仆役”(Diener)通常从出资人那里接受固定的报酬,因而雇佣关系已初步形成。[332]但分享收益的情形也可遇到。

范例有时遭到篡改,在某些情况下,同一个办法可能在两地分别推行,不一定互有借鉴。西方上中世纪混沌的历史使我们很难
497 作出确切的判断。但是,由于中世纪商人有巡回经商的习惯,他们的经商路线又业已查明,肯定会有一些交换形式曾向别处转移。西方从伊斯兰那里借用的词汇说明了这一点:海关(douane)、仓库(magasin)、货栈(mahones)、商馆(fondouks)、抛售(mohatra),14世纪有关高利贷的拉丁文文献称之为contractus mohatrae。文明传播的其他迹象见诸东方给欧洲的赠物:生丝,稻米,甘蔗,纸张,棉花,印度数字,珠算法,通过伊斯兰找回来的古希腊科学,火药,指南针——所有这些都是从其他文明传来的宝贵财产。

接受这些借鉴的存在意味着放弃历史学家对西方的传统认识,即把西方看作是全靠自己的才能,白手起家,而且单枪匹马地逐渐走上了科学和技术的合理道路。这还意味着不再认为中世纪

城邦的意大利人发现了现代商业生活的工具。如果作进一步的推断，这就意味着否定罗马帝国的模型作用。这个帝国被誉为世界和我们自己的历史的中心，其国土扩展至整个地中海岸，并有多处向大陆延伸；其实它不过是面积比它更大、存在时间比它更长的古代世界经济的一部分。它与从直布罗陀到中国的一个辽阔的流通和交换区域相联系；几个世纪内，这个经济世界（Weltwirtschaft）中的商人背着货包在漫长的道路上行进，贩运金银条块或珍贵物品，如胡椒，八角茴香，生姜，生漆，麝香，龙涎香，锦缎，棉花，细布，丝绸，金丝贡缎，檀香木或染料木，漆器，玉器，宝石，珍珠，中国瓷器等。早在声势浩大的东印度公司出现前，这些商品已经在流通。

全靠这些横贯世界的贸易，拜占庭和伊斯兰经历了一段辉煌灿烂的历史。尽管其力量突然得到了恢复，拜占庭仍是个守旧的、沉湎于繁文缛节的世界，它大摆排场，旨在慑服蛮族王公，迫使各民族为其效力；从它那里得到任何东西，都必须用黄金作交换。伊斯兰则相反显得生气勃勃，它不依托古老的希腊和罗马，而是嫁接在近东及其文明基地上。被穆斯林军事征服的国家在新的征服者到达前曾对东方和地中海的贸易起过促进作用；在一度遭到破坏的习惯恢复以后，他们再次发挥这一作用。穆斯林经济拥有两项主要工具：来自拜占庭的金币第纳尔；来自波斯萨桑王朝的银币迪拉姆。伊斯兰从具有黄金传统的地区（阿拉伯、北非）和具有白银传统的地区（波斯、呼罗珊、西班牙）接受遗产，这种"按地区划分"的货币双本位制在这里或那里容有变化，但几百年一贯地保留了下来。我们所说的穆斯林经济，其实就是继续原有的商业活动，是西班牙、马格里布、埃及、叙利亚、美索不达米亚、伊朗、阿比西尼亚、古杰拉特、马拉巴尔海岸、中国、南洋群岛等地商人之间的一种接力赛跑。通过这些商业活动,出现了穆斯林生活中的一系列“焦点”和“极点”:麦加、大马士革、巴格达、开罗(根据前往遥远东方使用的路线——从巴士拉和萨拉夫出发,经由波斯湾;或者从苏伊士和麦加的出海口吉达出发,经由红海——在巴格达和开罗之间作出选择)。

由其先天的因素所决定,伊斯兰在诞生前便是一种商业文明。穆斯林商人受到人们的尊重,至少统治者对他们很早便敬礼备至,
498 这在欧洲是极其少见的事。先知说过:“商人在人间和天堂皆‘享极乐’;赚钱的人为主所喜爱”。这些话足以使人们想象到当时对商业生活的那种肃然起敬的气氛,这里可以举出一些具体的例子。1288 年 5 月,马穆鲁克王朝政府试图吸引信德、印度、中国和也门的商人来到叙利亚和埃及。人们很难设想在西方能就此事用以下措辞发布一项政府使令:“我们谨向各界名流及希望获利的大小商贾发出邀请……凡来我国的客人可在我国居住和自由来往……住在这里不啻生活在天堂的花园……神必赐福于前来以借款劝善和以放款行善之人。”二百年过后(15 世纪中叶),请看人们对奥斯曼帝国的王公作何劝说:“你应善视国内的商人;始终关怀他们,不允许任何人虐待他们,或对他们颐指气使;因为全靠他们经营商业,国家变得繁荣,各地物价始终低廉。”[333]

对于商品经济的这种影响,宗教的顾虑和顾忌能有什么作为?如同基督教一样,伊斯兰对随着货币流通而蔓延的高利贷毒疮深恶痛绝。商人得到王公的青睐,但遭到普通百姓的敌视,特别是行会、社团和教会当局的敌视。官方文书中用以确指商人的“巴净

棍”(bazingun)和“马特拉巴茨”(matrabaz)原是中性的词，而在民间语言中却带有“投机取利者”和“骗子手”的贬义。[334]但是民众的敌意正好说明商人的富有和傲慢。我们不妨作个简单的比较：伊斯兰教借穆罕默德之口说：“主如果允许天堂的居民经商，他们也会买卖织物和香料”；[335]基督教国家的谚语则说：“商业应该是自由的，甚至在地狱里也不受限制。”

伊斯兰的这一形象预示着欧洲未来商业演变的形象。从意大利城市出发的远程贸易（欧洲最早的资本主义）不是罗马帝国的产物，而是11至12世纪伊斯兰盛世的继续，在当时的伊斯兰地区，曾出现过许多工业、出口产品和外贸经济。远程航行和定期出发的陆路商队意味着那里存在一种活跃的和有效的资本主义。行会遍布各地，它们经历的变革（行会师傅地位的提高，家庭劳动，城市外的手工织机）同欧洲将要发生的情形十分相似，从而使人不能不认为，这一变革是经济逻辑的必然结果。其他的相似之处：城市经济不受传统权力的控制；霍尔木兹、马拉巴尔的沿海城市，后来的非洲海岸的休达，西班牙的格列纳达都可以称得上是城邦国家。最后，伊斯兰地区能应付贸易逆差，它向莫斯科公国、波罗的海地区、印度洋一带以及很早就向阿马尔菲、威尼斯等意大利城市订购的货物都用黄金支付。在这方面，伊斯兰也预示着欧洲的未来，欧洲商业的发展也建立在货币优势的基础上。

在这种情况下，如果必须选定一个日期，用以标志商业欧洲师 499
承伊斯兰和拜占庭城市的时期已告结束，西方恢复铸造金币[336]的1252年似乎还说得过去（假如这么长的一个演变过程能用一个日期加以确定的话）。总之，在西方资本主义中可能是从外部输入的东西,肯定来自伊斯兰。

基督教义与商品:有息贷款引起的争论

西方文明不像伊斯兰那样一开始便得到宗教的帮助而顺利发展。它的历史从零开始。宗教(不折不扣的文明)和经济的对话在文明迈出最初几步时已经开始。路越走越长,对话者之一——经济——加快了脚步,提出了新要求。尘世和天堂这两个不相协调的世界之间难以沟通。即使在荷兰这样的新教国家,也一直等到1658年才正式宣布,金融往来(即有息借贷)纯属民事当局的管辖。[337]在仍然拥护罗马的天主教世界,一般有力的反动潮流导致教皇本尼迪克十四世于1745年11月1日专门发布谕旨,[338]重申对有息借贷的原有限制。1769年,昂古莱姆的几名银行家对赖债客户提出的诉讼被法院驳回,借口是“他们放款生息”。[339]巴黎高等法院1777年的一项裁决禁止“遭到圣经谴责的任何形式的有息借贷”,[340]直到1789年10月12日,法国法律一再把有息借贷视作违法行为而予以正式禁止。但争论仍在继续。1807年法确定民事借贷的息率为5%,商事借贷为6%;超过以上水平,便被视为高利贷。同样,1935年8月8日法令宣布,凡以过高息率放款者即为高利贷,可依法予以惩处。[341]

有息借贷长期是个引起众多争执的议题。这种情形最后丝毫没有妨碍资本主义的诞生,但它反映着人们的内心歉疚以及面对资本主义要求发生的心态变化。

本雅明·纳尔逊[342]在一部颇有创见的著作中提出一个简单的说法:在25个世纪期间,西方文化中关于高利贷的争吵始终离

对高利贷者的警告。15世纪的木刻画:《上帝谴责他们的恶行》。

不开《申命记》的一句古训:“对你的兄弟,你不应该收取利息,不论借的是钱、食物或者任何能以这种形式借出的东西。如果是个外人,你就可以向他收取利息 。”这句古老的格言就像滔滔不绝的江水的源头，充分表明文化实在的源远流长。基督教既以世界一统为宗旨，在高利贷问题上区别对待兄弟和外人自不能使它满意。处在强敌包围之中的弱小的犹太民族认为是正当的事，在基督教看来，便不再是正当的了；根据新的教规，所有的人皆是兄弟。因而放高利贷给任何人均应予以禁止。圣热罗姆(340—420)曾作了这样的解释。同时代的米兰的圣昂瓦兹(340—397)则同意在进行正义战争时对敌人放高利贷(ubi jus belli, ibi jus usurae)。他的主张预先为在伊斯兰的贸易中实行高利贷敞开了大门，虽然这个问题是后来在十字军东征期间才提出的。

教皇和教会始终采用严厉措施对付高利贷，尤其因为高利贷
500 确实存在，不容轻视。拉特朗第二次主教会议(1139 年)决定，不愿改悔的高利贷者将被剥夺领受圣事的资格，并不得在基督徒墓地埋葬。关于这一问题，神学的争论此起彼伏，教义的解释派别林立：圣托马斯·阿奎那(1225—1274)，锡耶纳的圣贝纳迪诺(1380—1444)，佛罗伦萨的圣安东尼努斯(1389—1459)各抒己见。教会竭力压制高利贷，但始终徒劳无功。[343]

到了 13 世纪，教会似乎得到令人意想不到的增援。亚里士多德的思想于 1240 年渗入基督教教义，并在圣托马斯·阿奎那的著作中表现出来。亚里士多德的立场十分鲜明："所有人都仇恨高利贷，这是完全合理的，因为货币通过高利贷产生利息，背离了方便贸易的初衷。由于利能生利，人们便借用希腊文的说法，称之为'子金'(tokos)。正如子女与父母本性相同，利息是由货币产生的货币。"[344]总之，"母钱不生子钱"，或不应再生子钱，贝纳迪诺教士反复陈述的这个主张于 1563 年为特伦托主教会议所通过。

我们在非犹太人社会(希腊社会、西方社会或穆斯林社会)中
发现有同样的敌对情绪,这一事实很能说明问题。印度和中国也 501
有类似情形。通常喜欢持相对论立场的马克斯·韦伯毫不犹豫地写道:“在世界几乎所有的伦理体系中,都找得到与圣经关于利息的戒律类似的反应。”[345]这些反应不是因货币——单纯的交换工具——侵入旧农业经济而产生的吗?对货币的这种奇怪的力量,反应确实是有的。但作为进步的工具,货币不可能消失。四季的风云不测以及由此产生的无妄之灾,从耕种到收获的反复循环以及在这期间的等待,使旧农业经济必须得到信贷。随着货币经济的加速发展,可供周转的金银铸币始终不足,人们终于不能不承认“可诅咒的”高利贷具有公开活动的权利。

但这需要时间,需要为适应环境而作出巨大努力。关键的第一步已由圣托马斯·阿奎那跨出;熊彼得认为,圣托马斯·阿奎那“也许是对经济过程有全面认识的第一人”。[346]卡尔·波拉尼风趣而又正确地指出,经院神学家的经济思想,其作用堪与19世纪的亚当·斯密或李嘉图相媲美。[347]基本原则(引亚里士多德为证)仍然没有变更,人们继续说:有息贷款的问题不在于利息高低(这是我们今天的认识),也不在于借钱的穷人完全受你的支配;只要贷款人从贷款中获得利益,就算是有息贷款。唯一的无息贷款要求贷款人除到期收回贷款之外,不期望得到任何别的东西(mutuum date inde nil sperantes)否则就是出售款子被贷出的那段时间,而时间只属于上帝。租用房屋应付房租,租用土地应付地租,这些都不成问题;但借了多少钱只应还多少钱。何况在乐善、友谊、无私、迎合上帝等感情的作用下,这种无息贷款肯定已实行过。据我们

的了解，16 世纪的巴利阿多里德就有过“但凭荣誉和为行善事”的贷款。[348]

也许作为让步，经院神学主张区别对待：在需冒风险和如作他用可能赚钱的情况下，放款人收取利息便是合法的。这个缺口一开，就有许多空子可钻。以汇兑为例，如果只是把金钱从一个商埠转到另一商埠，具体的汇票便能不受指责地流通，因为它通常包含的效益并非事先得到保证，这里带有风险。唯有不需把汇票从一地转往另一地的所谓“干汇”才被认为是有息借贷，这有一定道理，“干汇”确实可被用于掩盖有息借贷。教会准许向王公和国家贷款，并收取利息，认为这与商人联合体——热那亚的“合约”（commenda），威尼斯的“合伙”（colleganza），佛罗伦萨的“商行”（societas）——获得利润完全相同。原来受到教会谴责的银行存款也变成合法了，因为这可用“在企业入股”的名义打掩护。[349]

这是因为，在经济急剧高涨的当时，禁止资本生息简直是不可思议的。农业新增耕地的数量竟比新石器时代以来开拓的全部耕地还多。[350]城市的成长更是空前迅速。贸易的发展健壮有力。信贷怎能不在充满活力的欧洲各地区——佛兰德、布拉邦特、埃诺、阿图瓦、法兰西岛、洛林、香巴尼、勃艮第、弗朗什-孔代、多菲内、普罗旺斯、英格兰、加塔洛尼亚、意大利——蓬勃发展？让有息信贷
502 原则上由分散在欧洲各地的犹太人包办，并使之成为他们赖以谋生的唯一商业活动，这是一个办法，但不是解决问题的最好办法。不如说，这是对《申命记》中关于犹太人能向非犹太人放高利贷的规定的一种利用：基督教在这里扮演外人的角色。据我们所知，犹太人的高利贷活动，例如他们自 15 世纪开始在意大利开设的银

行，是与基督徒的高利贷活动混杂在一起的。

其实，整个社会都在放高利贷，不论王公或商人，钱多的人或钱少的人，此外还有教会；整个社会试图掩盖自己所干的违禁之事，口头上谴责高利贷，但私下里仍借高利贷，一方面鄙视高利贷者，另一方面又容许他们的存在。“人们偷偷去高利贷者家里，就像去妓女家里一样”，[351]但人们照去不误。“至于我，马林·萨努铎，如果我像去年一样仍是威尼斯参议院的一员，我将仗义执言……以证明犹太人是与面包师傅同样必不可少的。”[352]以上是一名威尼斯贵族于1519年所讲的话。何况，犹太人是代人受过，因为伦巴第、托斯卡纳和考尔索的基督徒也公开实行抵押借款和其他有息借款。然而，从14世纪开始，犹太放款人逐渐夺得了各地的高利贷市场，特别在罗马以北地区。他们在佛罗伦萨原来长期遭受排斥，于1396年开始进入该市，后随科斯姆·德·梅迪契流亡归来（1434年）而大批定居，再过三年后，一群犹太人获得对该市借贷的垄断。一个特别突出的细节：他们“开设银行的地点和挂出的招牌”与在这之前的基督徒放款人完全相同。[353]

总之，犹太人或基督徒（不作为教会的代表）都使用相同的手段：假出售、开假汇票和在公证文书中用假数字。人们对此已习以为常。在资本主义发展较早的城市佛罗伦萨，人们在14世纪梅迪契银行的心腹和伙计保罗·萨赛第的一封信的语言里可以感觉到这一点。他于1384年在谈到一笔汇兑时写道，他应收入“450弗罗林的利息，也可以说是重利”。从上下文看来，“利息”一词在这里没有“高利贷”的贬义，[354]这不是有点奇怪吗？菲力浦·德·科明尼斯在梅迪契银行的里昂分行存了钱，抱怨领到的利息太少，毫不掩饰地说:“这笔款子对我说来未免微薄”(1489 年 11 月)。[355]朝着这个方向继续发展下去,商业界很快就不必害怕或很少害怕教会的措施。14 世纪佛罗伦萨的一名货币兑换商不是以 20%甚至更高的息率放款吗?[356]对于商人干下的坏事,教会像对王公的罪孽一样宽大为怀。

但放高利贷的商人还会有良心上的不安,临终忏悔时要求退还利息,仅迁居尼斯的一名皮亚琴察高利贷者退还的款项就达 200 笔之多。[257]本雅明·纳尔逊认为,这类悔悟和退赔在公证文书和遗嘱中一度多不胜数,在 1330 年后几乎不再遇到。[358]但在后来,为了避免良心不安,雅各布·老韦尔瑟仍拒绝参加给文艺复兴时代的德意志带来痛苦的金融垄断。他的同时代人雅各布·富格尔在惶惑不安中向路德未来的对手约翰·埃克求教,并资助他前往波洛尼亚了解情况。[359]安特卫普的西班牙商人曾两次(第二次
503 在 1532 年)就这些问题向索邦大学的神学家征求意见。[360]长住西班牙的热那亚商人拉扎罗·多里亚因内心负疚于 1577 年退出商界,惹得人们议论纷纷。[361]总之,人的心态总不如经济实践变化得快。庇护五世于 1571 年为解决关于“签发正反汇票”的争议问题而颁发的谕旨激起轩然大波,此事便足以为证:这一谕旨无意中恢复了对利息的过分严厉的处置:干脆禁止“赊账”(deposito),即把商人在一次交易会上买卖的货款记在账上,延至下次交易会上收付,并以 2.5%的息率计息的惯用借贷形式。如同其他批发商一样,卢卡的布翁维齐商行也因教皇谕旨而感到不便,他们于 1571 年 4 月 21 日自里昂致信西蒙·吕兹说:“您大概知道,教皇陛下禁止赊账,而赊账则使交易变得十分方便。对付此事必须要有耐心,

这次交易上的赊账息率尚未确定，因而很难为朋友帮忙，而且事情必须进行得隐蔽一点。我们已做了力所能及之事，但在今后，既然所有人都应服从，我们也愿意遵命，今后将在意大利、佛兰德和勃艮第的交易会采用汇兑的方法。”[362]“赊账”既然被禁止，我们就重新使用汇兑，这是允许的——以上便是卢卡商人的结论。一个门被关上，可再走另一个门。继伊纳爵·罗耀拉之后任耶稣会会长的莱内茨神甫（1512—1565）说：“狡诈的商人制造了许多莫明其妙 504
的概念”，[363]以致人们难以看清事情的实质。他这句话是可信的。所谓“追溯协议”，也就是说，通过“签发正反汇票”的办法使一张汇票长期从一地转往另一地，从而使偿还金额逐年增加的一种长期贷款，并不是在17世纪首创的，但它的使用在17世纪得到了推广。由于这种借贷方式被指责为高利贷，热那亚共和国经过长期努力，终于在1631年9月27日经教皇乌尔班八世同意，承认了它的合法性。[364]

对于教会态度的这种松动，人们会感到惊奇吗？可是教会又怎能顶住日常生活的联合压力？最后一批经院神学家，即包括路易·莫利纳在内的西班牙经院神学家，在自由主义方面作出了榜样。[365]皮埃尔·维拉尔深有感慨地说：“西班牙神学家们曾竭力为利润辩护，假如马克思能够得知，他该有多么高兴！”[366]这话确实说得不错，但是，这些神学家能够牺牲塞维利亚或者里斯本（在1580年后，里斯本暂时与塞维利亚合为一体）的经济利益吗？

投降的不单是教会。根据不同的情形，国家早晚也会这么做。亨利四世于1601年通过里昂协定把从萨瓦公国夺得的比热、布雷斯和热克斯等地区并入法兰西王国。这些地区各有自己的特权和

12 世纪的柱头装饰，欧坦大教堂。魔鬼手里拿着一袋钱币。

习惯，特别在地租、利息等方面。王国政府在把这些地区并入第戎省以后，试图在那里推行王国的法规。于是，几乎从一开始，便把年金利息从十二分之一（8.3%）减到十六分之一。接着于 1629 年，对高利贷者进行大肆追究，并绳之以法。“这种追究引起了恐慌，人们不敢再订借款契约”，但于 1642 年 3 月 22 日，国王在御前会议决定恢复萨瓦公国时代的老办法，就是说，如同在“通行债据”的相邻外国省份一样，允许在债据上“规定应得的利息”。[367]

随着时间的流逝，反对意见渐趋减少。1771 年，一个善于观察的人坦率指出，“当铺以及经营借贷的伦巴第商人对法国也许十分有用，这是预防令人发指的高利贷，从而使许多人免遭破产的最有效的手段”。[368]法国革命前夕，塞巴斯蒂安·迈尔西埃指出，巴黎有一些公证人因放高利贷而迅速致富，另有一些放账人借出的债款期限短而利息高，但对穷人来说，这毕竟是个应急的办法，因为债台高筑的国家已把可能的信贷罗掘俱穷。英国贵族院于1786年5月30日否决了提交审议的一项法案，因为该法案主张“准予发放抵押贷款的人收取高达25%的利息，从而对平民大有损害”。[369]

就在那时，18世纪的下半叶，旧的一页已彻底翻了过去。一些赶不上形势的神学家尽可横加指责，但高利贷与借贷利息之间的区分已经作出。马赛的正直富商让-巴蒂斯特·罗于1798年12月29日写信给他的儿子说：“我同你一样认为，无息借贷只应该对为生活所迫而举债之人适用，这条法则不能适用于依靠借贷而从事盈利和投机事业的商人。”[370]比这早25年（1771年），葡萄牙金融家伊萨克·品托已毫不含糊地说：“放款收息对所有人都是适用的和必要的；高利贷则是有害的和可恶的。混淆这两件事，就 505
像因离火太近会烧坏东西而禁止正当用火一样”。[371]

清教主义等于资本主义吗？

教会对有息借贷的态度可被认为是整个宗教心态长期演变过程的组成部分。最终的结果必定是一次断裂，如同其他许多次断裂一样。第二次梵蒂冈公会议的“革新”在漫长的历史上肯定已不是破天荒第一次。奥古斯丹·勒诺代[372]认为，圣托马斯·阿奎那的《神学大全》本身就是“现代化”的首次尝试，而且得到成功。人文主义也可说是一种“革新”：系统地和全面地复兴西方文明中的全部希腊、拉丁遗产。我们今天还从中吸取养料。

宗教改革体现的断裂又该怎么说呢？它是否帮助资本主义摆脱忧虑、后悔，不再受良心谴责，从而能振翅高飞？这是马克斯·韦伯在1904年出版的小册子《新教伦理和资本主义精神》中的基本论断。16世纪后，接受了宗教改革的国家同商业资本主义和工业资本主义先后欣欣向荣的地区（伦敦的灿烂光辉将使阿姆斯特丹相形见绌）确实有着明显的联系。这不可能是简单的巧合。那么，马克斯·韦伯的论断是否正确呢？

他的论证十分复杂，使人有茫无头绪之感。他想找到具有特殊心态的，即具有理想型“资本主义精神”的少数新教徒，因而需要预设一系列的假定。他在时间上从现在向过去倒着论证，因而使问题变得更加复杂。

论证从1900年的德国出发。1895年在巴登地区进行的调查证明，基督教徒在财富和经济活动方面胜过天主教徒。我们且承认这一调查结果是正确的。但在更广的范围内，它能意味着什么？调查的负责人马丁·奥芬巴赫是韦伯的学生，他直截了当地说：“天主教徒……比较沉静，利欲比较淡薄；他们不求冒险和刺激，而愿平安度日，即令冒险和刺激能带来财富和荣誉，平安只保证微薄的收入。一句民间格言说得很风趣：不是吃得好，就是睡得香。在这个具体事例中，新教徒宁愿吃得好，而天主教徒则求睡得安稳。”这个比喻有点滑稽：新教徒面对餐桌和资本主义，天主教徒背向餐桌和资本主义，马克斯·韦伯正是从这个比喻出发追溯历史。他不打任何招呼，突然出现在本杰明·富兰克林的身边。这是多好的见证人呀！富兰克林于1748年已经说过：“请记住，时间就是金钱……请记住，信贷就是金钱。请记住，金钱具有滋生繁殖的本性。”

马克斯·韦伯认为，本杰明·富兰克林像是一条特殊长链（他的清教徒祖先和先驱者组成的长链）上的一个环节。他在进一步追溯历史时还提到了理查·巴克斯特，克伦威尔时代的新教牧师。这位可敬的牧师的布道词可概括如下：不要浪费我们短暂人生的 506
一时一刻；在完成上帝要我们生活的地方努力工作。上帝预先知道谁进天堂谁下地狱，但职业中的成功足以表明我们是上帝的选民（总之，这是参悟上帝意图的一个方式）。发财致富的商人认为自己的成功是上帝已选中了他的证据。不过，请注意，巴克斯特接着说，不要把你的财富用于享乐，这会是直接走向地狱。你要用这些财富为公众利益服务，要使你成为有用之人。在这里，马克斯·韦伯大为得意地指出，人又一次受其行为的欺骗；他创造出一种禁欲资本主义，既虔顺地致力于达到最大利润，但又竭力遏制利欲抬头。现代生活和清教思想的这一不期而遇，便使根源不合理和后果合理的资本主义应运而生。

对于马克斯·韦伯的内容丰富的思想，我以上的概括未免过分仓促和过分简单；我还承认，如同吕西安·费弗尔一样，我对马克斯·韦伯的玄妙推理并不恭维。但无论如何，我们没有理由让他说他没有说过的话。有人硬说他曾断言，新教是资本主义的起源，而他只是认为，新教和资本主义凑巧同时诞生。人们夸大马克斯·韦伯的推论，以便更好地摧毁它；在最早这样做的人中间，就有威纳尔·桑巴特。他边推论边讽刺说，新教的初衷毕竟是试图要回到福音书宣扬的贫困状态去，这对经济生活的结构及其扩展是个真正的危险。至于禁欲生活的戒律，我们在圣托马斯和经院神学家的著作中已可找得到！清教主义至多是主张苏格兰式不近人情的吝啬的一个派别，是对小店铺主的一种教诲。[373] 我们应该说，桑巴特的以上推论完全是可笑的，正如许多论战手段一样。相反方向的论战手法同样可笑。例如，有人曾想从荷兰人18世纪在巴达维亚的极度奢侈中，以及从他们17世纪在幽居出岛（日本人给他们指定的居住地点）期间不耐寂寞而组织的节庆中，找到反驳马克斯·韦伯的论据。

假如能把资本主义的高涨与加尔文关于高利贷的信（日期应定在1545年）直接联系上，一切就变得简单了。这封信是个转折点。加尔文依靠严密的论证和对经济现实的熟悉，对高利贷问题作出了机敏而又明确的分析。他认为必须兼顾作为不可触犯的道德基础的神学以及人情世故、法律和法规。一方面是商人之间的合法借贷（以利息不高为条件，约在5％左右），另一方面是有违仁慈的不合法借贷。“上帝并不禁止人把利润据为己有。不然的话，岂不是要我们放弃一切商业活动”。亚里士多德的箴言当然依旧是对的：“我得承认，如果你把钱藏在银箱里，钱便不能生利，这是孩子都能看到的事。”但如果用钱买下一块地，“那就不好说钱不能生利”。“死抠字眼”没有用处，必须“正视事物”。这些选择恰当的引文是我从昂利·豪塞尔[374] 那里借用的；他在结论中指出，新教诸国的经济高涨来自信贷便利和息率较低。“这就说明何以信贷在荷兰这样的国家或在日内瓦能得到发展。加尔文是在无意中使信贷成为可能的。”昂利·豪塞尔于是与马克斯·韦伯殊途同归。

虽说如此,但在1600年的天主教城市热那亚,一个已具世界 507
规模的资本主义活跃中心,贷款息率为1.2%。[375]还有哪个城市的息率比这更低?也许正如低息率促进资本主义的发展一样,资本主义的发展也造成了低息率。更何况,在有息借贷问题上,加尔文没有提出任何突破性主张。有息借贷的门很久以前便是敞开的。

地理回顾说明许多问题

我们也许不必再把这场讨论延长下去,否则的话,我们就该让R.H.托尼、埃贝尔·吕蒂等许多讨人喜欢的辩论家参加进来。为了给这场辩论作个小结,我们也许可以采用某些一般性解释,它们比那种逆溯的、相当怪诞的社会学论证要简单一些,较少雕琢和穿凿。这正是库尔·萨缪尔森[376]所做的尝试(1957和1971年),我于1963年也曾提出这个主张,[377]但我们的论据并不相同。

在我看来,接受宗教改革的欧洲各国,如果作为一个整体而言,无疑在经济上胜过了已有几个世纪资本主义历史的兴旺的地中海地区(我这里特别想到意大利)。经济中心的这种转移在历史上是经常发生的:拜占庭在伊斯兰面前相形见绌,伊斯兰让位给信奉基督的欧洲;地中海地区在征服世界七大海的斗争中旗开得胜,但整个欧洲的重心于16世纪90年代偏向当时正顺利发展的北欧新教诸国。直到那时候为止,也许直到17世纪的一二十年代,资本主义一词主要适用于南欧,尽管罗马和教廷都在那里。阿姆斯特丹只是崭露头角。我们还注意到,无论美洲、好望角的海路或世界的其他大路,都不是北欧所发现的:葡萄牙人最早到达南洋群岛、中国和日本:这些空前成果都应归功于据说懒惰成性的南部欧洲。资本主义的工具也丝毫不是北欧的发明,它们全都来自南欧;甚至阿姆斯特丹银行也是威尼斯里亚托银行的翻版。北欧大商业公司正是为了对付南欧——葡萄牙和西班牙——而成立的国家垄断组织。

此外,如果我们仔细考察为莱茵河和多瑙河穿越全境的欧洲地图,如果我们忘记英格兰被罗马的短暂占领,我们可把狭窄的欧洲大陆分成两部分:一方面是具有悠久历史传统的和劳动致富的古老欧洲;另一方面是长期处于野蛮状态的崭新欧洲。在这个野蛮欧洲(其地域远达易北河、奥得河、维斯杜拉河、英格兰、爱尔兰、苏格兰和斯堪的纳维亚诸国)进行的垦殖、教育、开发和市政建设,是中世纪的胜利。这里的垦殖(colonisation)与殖民地(colonie)或殖民主义(colonialisme)在词义上自然是有区别的,但古老的拉丁世界、教会和罗马推行的压迫、剥削和宗教宣传——如同后世耶稣会在乌拉圭保留地发号施令和为所欲为,但终究没有成功——大体上也确实可说是一种殖民开发。至于宗教改革,对北海和波罗的海沿岸说来,也可说是殖民统治的结束。

尽管有汉萨同盟和北海航海家的丰功伟绩,这些穷国总是承担低级工作和输送原料:英格兰的羊毛,挪威的木材,波罗的海地
508 区的黑麦。在布鲁日和安特卫普,南欧的商人和银行家颐指气使,操纵市场,引起众人的愤慨。请注意,新教的革命在海上比在陆地更加激烈:欧洲人才刚征服的大西洋正是这些宗教冲突和物质争夺的宽广舞台(可惜往往未得历史学家的重视)。命运的天平最后

倒向北欧一边，那里的工资较低，工业很快强大无敌，运输费用低廉，大批近海航船和载重帆船提供舟楫之利，这些首先都要用竞争价格和收支平衡等物质原因作解释。北欧的各种产品——小麦，棉麻织物，呢绒，船只，木材等——都比南欧便宜。北欧的胜利无疑是那里收入低微的无产者赢得的，他们比别人吃得差，或者吃得少。此外是1590年经济形势的转变：无论过去和现在，危机首先打击拥有众多复杂机器的先进国家。这给北欧带来了一系列的机遇，从德国、法国以及从安特卫普来到荷兰的商人发觉、抓住并利用了这些机遇。其结果便是阿姆斯特丹的急剧发展，以及新教诸国的普遍繁荣。北欧的胜利还因为它们在竞争中要求较低，直到
有那么一天，按照老规矩，当竞争对手已被消灭后，它们也会提出 509
富裕地区的全部要求。到了那一天，随着它们的商业网的扩展，一些新教商人集团便在各地建立，不仅在德国，而且在波尔多这类城市，他们比当地商人更富有，更大胆和更精明；如同过去在北欧地区以及在香巴尼、里昂、布鲁日和安特卫普的意大利人一样，他们成了操纵大商业和银行业的头号专家。

我以为这一解释正中问题的要害。世界上的事情不能单靠精神来说明。在历史上经常串演的同一出戏在18世纪又重新上演。假如工业革命对汉诺威王朝的英国不是一次“重新发牌”，世界的重心当时很可能倒向正迅速高涨的俄罗斯一边，或者更可能转往好不容易才建立起合众共和国的美国；仅仅拥有几条破船的美国，其穷极潦倒与16世纪的联合省在各方面都十分相像。但有利的经济条件，加上技术和政治方面的偶然因素，促成了一场机器的革命，英国人依靠蒸汽推动的铁制轮船于19世纪在大西洋重建霸

北部欧洲后来居上。在马六甲洋面，一艘葡萄牙大船于1602年10月16日遭到英国和荷兰的六只小帆船的攻击。泰奥都尔·德·布里：《东印度》，第七部分。

业。波士顿制造的精巧的快速帆船随即消失，铁壳船打倒了木板船。恰巧在那时，美国放弃了大海，转而开发大陆西部的辽阔土地。

是否可以说，宗教改革对全部物质生活有明显的影响，却对商人的表现和态度没有影响？说绝对没有影响恐怕不合情理。首先，宗教改革造成了北欧各国的团结一致，使它们联合起来对付南欧竞争者。这可不是一件小事。其次，宗教战争后，新教徒基于共同信仰而产生的休戚与共，对商业也具有一定影响，至少在一段时间内，直到民族纠纷超过一切其他考虑为止。

此外，如果我没有搞错，教会在欧洲天主教各国的存在和加强，赋予那里的旧社会一定的凝聚力。教会的各级机构可说是传统等级制以及其他等级制的靠山(教会的闲职是一种社会通货)，它们使社会秩序得到巩固，而在新教诸国，社会制度显得更加灵活，但不够稳固。资本主义在一定程度上要求社会的发展能有助于它的扩张。宗教改革和资本主义的关系问题因而不能到此就算完全解决。

资本主义等于理性吗?

另一种更一般性的解释：科学思想和理性在西欧中心的进步确保了欧洲的全面经济高涨，从而带动资本主义或者不如说资本主义智慧的前进，并且促成建设性的突破。在这里，首要的地位仍然留给"精神"，即创业者的革新精神，也就是说，把资本主义当作经济的矛头而予以辩护。这个推断值得商榷，即使不把莫里斯·道勃的论据[378]算上：如果说是资本主义的精神产生出资本主义，那就还要说明资本主义精神的起源。事情不见得必定如此，因为我们可以设想，在大量物质资料与观察和支配这些资料的精神之 510
间，始终存在一种相互关系。

这一推断最饶舌的辩护人是威纳尔·桑巴特，他认为这是全盘肯定精神因素和贬低其他因素的一个机会。但他煞有其事地提出的论据肯定分量不足。在他看来，理性(但究竟是什么理性?)是西方演变的根本方向(用今天的话来说，千百年的发展"趋向"；或用奥托·布律内尔偏爱的说法，[379]它的历史命运)，这种理性在其运动中孕育着现代国家、现代城市、科学、资产阶级、资本主义，如此等等。他究竟想说什么？一句话，想说资本主义精神和理性是一码事。

威纳尔·桑巴特认为，这里所说的理性主要是交换工具和交换手段的合理性。比萨人列奥纳多·费波纳齐的《珠算书》于1202年业已问世。这第一块路标就选得相当差劲，因为珠算是阿拉伯人发明的，费波纳齐在他父亲经商的北非的布日伊学会了珠算，以及阿拉伯数字，与此同时，他还学会了根据贵金属的成色判断铸币的价值，以及计算海拔和纬度等。[380]费波纳齐首先应该是阿拉伯人的科学理性的见证人。另一块早期的路标是簿记：据我们所知，传世的第一本账册出现在佛罗伦萨（1211年）。从霍尔茨丘赫于1304至1307年用拉丁文所记的收支账本[381]来看，商人最初记账，除开办事有条理的抽象愿望以外，更重要的是因为他需要记下赊销的商品。无论如何，只是在过了很长时间以后，账本才完全起到备忘的作用。从1517年起就在富格尔公司出任会计的马克乌斯·施瓦尔茨[382]很会追赶时代潮流，他回顾说，商人们往往满足于“把商业往来记在小纸片上，然后再把纸片贴在墙上”。然而，就在那时候，真名为卢卡·帕乔利的卢卡·迪·波尔戈教士已在其《算术、几何、比例和比例性大全》（1494年）第十一章中提供了复式簿记的完美典范。在两种基本账簿中，一种为“流水账”，即按时间顺序分录业务往来的账本，另一种为“总账”，即每项业务往来需登记两次，这后一种复式记账法是个新创造。它使账本的借方和贷方之间随时取得完全平衡。如果差额不等于零，便肯定出了差错，必须立即找出原因。[383]

复式记账的推广。从雅科布·德·巴尔 1495 年的这幅画作上可以看到，方济各会教士卢卡·帕乔利正为他的一名学生——大概是乌比诺公爵弗雷德里克·德·蒙特费尔特的儿子——示范做一道平面几何题。

复式簿记的功用不言自喻。桑巴特热情洋溢地写道：“没有复式簿记，人们简直不能想象会有资本主义；二者的关系就像形式和内容一样”，“复式簿记与伽利略和牛顿的体系，与现代的理化教程，都是同一种思想的产物……不必细加考察，我们在复式簿记中已经看到万有引力、血液循环和能量守恒等观点。”[384] 人们不禁想到克尔恺郭尔的名言：“任何真理只在一定限度内是真理。超过了限度，真理就变为非真理。”桑巴特的热情奔放已经过了头，其他人却还要层层加码。斯本格勒把卢卡·帕乔利的地位上升到克里斯托弗尔·哥伦布和哥白尼的高度。[385] C.A.科克于 1950 年断言，
511 “复式记账的重要不在它的算术，而在它的形而上学”。[386] 甚至杰出的经济学家瓦尔特·奥依肯也毫不犹豫地声称（1950 年），德意志地区的汉萨城邦于 16 世纪错过了经济发展的良机，这是因为它们没有采用复式簿记，而奥格斯堡商人在采用这种记账方法的同时，迎来了经济的繁荣。[387]

针对这些观点，有多少人提出了异议！最初的是细小的异议。我们不想贬低卢卡·帕齐利的重要作用，但必须承认，有人走在他的前面。桑巴特自己曾提到拉古萨人科特吕格利的《论贸易》（他所见到的是 1573 年的第二版，但第一版于 1458 年问世）。[388] 事隔一个世纪以后不加改动地再版原书，这可表明，在这经济发展活跃的一百年内，商业经营作风几乎没有变化。在该书第一卷的第十
512 三章，作者用几页篇幅说明一种能平衡借方和贷方的正规记账方法的优点。曾经研究几百种商人账册的费德里哥·梅利斯认为，复式簿记在佛罗伦萨出现更早，费尼公司和法罗尔费公司于 13 世纪末业已采用。[389]

我们这里再看真正有分量的反对意见。首先，被认为创造了奇迹的复式簿记，它的传播既不快也不广。在卢卡·帕乔利的书问世后的三个世纪里，复式簿记并不像一场成功的革命那样轰轰烈烈。商人在课本上能够学到，但并不始终照此行事。一些大企业长期不用复式簿记，例如于 1602 年成立的荷兰东印度公司；伦敦的太阳火灾保险公司确实只是在 1890 年才采用复式簿记。[390] 雷蒙·德·罗维尔、巴齐尔·亚梅、费德里哥·梅利斯等熟悉古代

簿记的历史学家并不认为以往的记账方法有较多缺点，因而必定被复式簿记所代替。雷蒙·德·罗维尔[391]写道，在实行单式簿记的时候，“中世纪的商人已学会使这一不完善的工具适应他们的商业需要，并通过迂回的道路达到目的……他们找到的办法，其灵活多样令人惊讶。桑巴特的论点真是大错特错……他硬说中世纪商人的账本乱得一塌糊涂，使人如坠五里雾中”。

巴齐尔·亚梅（1962 年）认为，桑巴特夸大了会计工作的意义。这种抽象的计量工具在任何业务中都起重要作用，但它不能左右企业主的决策。甚至财产清单和资产负债表（复式记账不比单式记账使制表工作变得更加省事，商业界也很少编制资产负债表）都不是决策的关键，因而也不是资本主义活动的要害。编制资产负债表在多数情况下是为了把一笔交易结算清楚，而不是为了把它继续下去。何况资产负债表很难编制：不很可靠的债权如何处理？库存如何作价？既然用一种货币结账，怎样确定各种货币的差价（货币差价有时十分重要）？18 世纪清理破产商行的事例表明，这些困难在当时还不易克服。至于不时需要开列的财产清单，它只是与上一份清单相比才有意义。例如，富格尔公司根据 1511 年的清单对公司 1527 年的资本和利润进行了估算。但在这两个日期中间，他们肯定没有根据 1511 年的清单决定公司的行动方针。

最后，在资本主义运用的理性手段的单子上，也许还有比复式簿记更加有效的工具：汇票、银行、交易所、市场、背书、贴现等。但这些手段在西方世界以及被奉若神明的理性之外，也完全可以找到。它们是一种遗产，是实践的长期积累，正是普通的经济生活通过不断的实践，才使它逐渐简化和最后形成。同企业主的革新精神相比，交换规模的扩大和货币总额的不足产生的影响更大。

但人们很容易在资本主义与理性之间画等号。这果真是出自对现代交换技术的仰慕吗？是否更应该认为，人们往往把资本主义和经济发展混淆起来（只是感觉，不是推理），因而认为资本主义是进步的唯一动力、马达和加速器？我认为，这种说法是武断的，
513 因为我已说过，它又一次把市场经济同资本主义混为一谈；但这种说法又是可以理解的，因为二者同时并存，共同发展和互为因果。关键的一步已经轻巧地跨出，到了这里，再进一步论证市场平衡以及市场体系本身活动的“理性”归功于资本主义，就十分轻松愉快的了。这里难道没有任何矛盾吗？所谓市场的理性，照我们已经听厌了的老生常谈来说，就是自发交换的理性，这种交换是自由的，有竞争的，特别是非统制的；用形象作表达，这是斯密的“看不见的手”或兰格的“天然计算机”；它的产生合乎“天理常情”，是集体的供应和需求相碰撞的结果，也是超越个人考虑的结果。首先，市场的理性不是企业主自己的理性，企业主个人随着环境的演变寻求最佳活动路线，以取得最大限度的利润。斯密认为，如同国家一样，企业主不必关心整体的合理发展，整体的合理发展原则上是自动实现的。“人的任何智慧和知识”都不能成功地进行这项工
514 作。不妨说，没有理性，或者说，没有手段对目的的不断适应，没有对各种可能性的精明计算，那自然也就谈不到资本主义。但我们知道合理的定义是相对的，它随不同的文化，不同的经济环境，不同的社会集团以及不同的目的和手段而变化。甚至在同一种经济中，可以有几种理性存在。自由竞争是一种理性。垄断、投机和权

热那亚货币兑换商的条桌。14 世纪末一份手稿中的彩色装饰画。

势是另一种理性。

桑巴特在其晚年(1934 年)或许已意识到经济规律和资本主义活动之间存在着一定的矛盾。可以肯定的是，他对企业主作了奇怪的描绘，似乎企业主在经济盘算和投机心理之间，在理性和非理性之间徘徊不定。根据我的解释，这离把资本主义完全归结为投机的“非理性”活动，已只有一步之差![392]不过，认真说来，我以为市场经济和资本主义的区分在这里是至关重要的。问题是不要把市场经济本身的效能和“理性”算在资本主义的账上；连马克思和列宁也把垄断的发展归结为资本主义必然的和晚期的发展，从而明确地或含蓄地把市场经济的效能算在资本主义的账上。马克思认为，资本主义制度在取代封建制度时起过推进文明的作用，因为它“更有利于生产力的发展，有利于社会关系的发展”，从而推动社会的进步，并且“导致这样一个阶段，在这个阶段上，社会上的一部分人靠牺牲另一部分人来强制和垄断社会发展（包括这种发展的物质方面和精神方面的利益）的现象将会消灭”。[393] 马克思此外还揭露了“竞争的假象”，他这是为了分析 19 世纪的生产体系，而不是批评资本家的行为。因为资本家的“严格管理的权威”来自他们作为生产者的社会职能，他们不再像在以往的各种生产形式中那样，以“政治的统治者或神权的统治者”[394] 的资格得到这种权威。“生产的社会联系只是表现为一种不顾个人自由意志而压倒一切的自然规律”。至于我，我相信无论在 19 世纪前或 19 世纪后，资本主义都具有一种“外在性”。

列宁在他的一段名言（1916 年）[395] 中说到，资本主义“只有发展到一定的、很高的阶段”，才变成了“帝国主义”（即在 20 世纪初期），“这时候，资本主义的某些基本特性开始变成自己的对立物……在经济方面，这一过程中的基本现象，就是资本主义的自由竞争为资本主义的垄断所代替。自由竞争是资本主义和一般商品生产的基本特性”。不用说，我是不同意这个观点的。列宁接着说，“从自由竞争中成长起来的垄断并不消除竞争，而是凌驾于竞争之上，与之并存”。但在这里，我完全赞成他的见解。如果用我的语言，我会说：“从市场经济的自由竞争中脱胎出来（和吸取营养）的资本主义（过去的和今天的资本主义及其不同程度地带有垄断性的各个阶段）并不完全消除竞争，而是凌驾于竞争之上，与之并存。”因为我相信，15 至 18 世纪的经济基本上是市场和交换从业已取得发展的原有“核心”出发，开始全面铺开；如果按照列宁为 19 世纪末的“帝国主义”所作的垂直区分，这种经济应包含两个层

次：事实上或法律上的垄断，还有竞争；换句话说，资本主义（按照 515
我所下的定义），包含发展中的市场经济。

假如我像桑巴特一样喜欢作系统的和盖棺定论的解释，我将会把赌博和投机说成是资本主义发展的重要原因。在本书叙述过程中，读者已经看到赌博、冒险、作弊这个想法时隐时现，基本规则是面对市场的习惯机制和工具，制造一种逆向活动，使市场以另外的或相反的方式进行运转。如果大家愿意，我们不妨试试，看能否在一种特殊的赌博理论的范围内，说明资本主义的历史。赌博一词表面虽然简单，但它包含着许多不同的和矛盾的具体实在：预测性赌博，正规的赌博，合法的赌博，逆反的赌博，作弊的赌博，如此等等。任何一项赌博都很难支撑一个理论体系！

15 世纪的佛罗伦萨：一种崭新的生活艺术

从今天追溯以往，我们不能不承认，西方资本主义慢慢创造了一种崭新的生活艺术和精神状态，前者伴随着后者，后者又伴随着前者。若说这是一种新的文明，又未免言过其实。一种文明需要有更长时间的积累。

归根到底，如果说有变化，变化在何时发生？马克斯·韦伯认为，新教是个起点，也就是不早于 16 世纪；威纳尔·桑巴特认为开端是 15 世纪的佛罗伦萨。奥托·兴茨[396]说过，一人偏爱宗教改革，另一人倾向于文艺复兴。

据我看，在这一点上，桑巴特无疑有道理。从 13 世纪起，特别在 15 世纪，佛罗伦萨是个资本主义城市，不管人们赋予资本主义一词什么含义。[397]这种不正常的、出现过早的现象使桑巴特为之震动，这是理所当然的。不尽合理的是，桑巴特把他的全部分析建立在佛罗伦萨一个城市（奥利维·柯克斯以 11 世纪的威尼斯为例，他的分析同样令人信服，我们下面还会谈到）和莱翁·巴蒂斯塔·阿尔贝蒂（1404—1472）单独一名证人的基础上；莱翁·阿尔贝蒂是名建筑师、雕塑师和人文主义者，是经历了曲折命运和早已成为豪门世家的阿尔贝蒂家族的继承人：阿尔贝蒂家族曾在经济上控制了 14 世纪的英格兰，他们人数众多，因而英国文献像称呼汉萨人、卢卡人或佛罗伦萨人一样，称他们是阿尔贝蒂人，似乎他们单独构成一个民族！莱翁·巴蒂斯塔本人曾长期过着流亡生活，为了逃避尘世的烦忧，他出家当了教士。1433 至 1434 年间，他在罗马写了前三册《家庭篇》；第四册于 1441 年在佛罗伦萨完成。桑巴特在这几册书里感受到一种全新的气氛：赞扬金钱、时间的价值，必须节俭地生活，所有这些都是早期的资产阶级原则。这位教士属于一个因虔诚而颇受敬重的商人世家，他的言论因而更加意味深长。金钱是“万物的根本”；“有钱就能有城市住宅或乡村别墅，各行各业的工匠都为有钱人辛劳服务。没有钱就会缺少一
516 切，办任何事都少不了钱”。这是面对财富的一种新的态度；而在过去，人们把财富当作灵魂获救的一种障碍。在如何对待时间的问题上，也同样如此：过去说时间属于上帝一人；出卖时间（借贷时收取利息）也就是出卖不属于自己的东西。而现在，时间又重新成为生活的量纲和人的财产，对人说来，最好不要让时间白白过去。关于奢侈，阿尔贝蒂写道：“你们应该记住，绝不要让你们的支出超过收入。”这一崭新准则是对贵族铺张浪费的一种谴责。桑巴特说
517 得对：“这里不是要把节俭的思想贯穿到勉强能吃饱肚皮的平民百

姓的日常生活中去，而是要让富家大户同样接受这种思想”。[398]这种思想就是资本主义思想。

马克斯·韦伯在一个批注中提出了反对的意见，[399]他简单明了地指出，阿尔贝蒂不过是重述古代哲人的遗训；桑巴特郑重其事地特意引证的某些句子与西塞罗的名言相当接近。此外，人们几乎会说，这里所用的“经济”(économie)一词是词源上的意义，不是指财富在市场上的运动；它涉及的是“家政学”，而不是经济学。照这么说，阿尔贝蒂的《家庭篇》便被贬低为治家格言一类的说教，直到18世纪末，许多德国作家仍乐此不疲，他们提供的种种规劝虽然往往饶有兴味，但与商人的眼界只有间接的联系。

然而，马克斯·韦伯的意见是错误的。只要通读《家庭篇》一书便足以信服，桑巴特的引证不能反映该书的全貌。反映佛罗伦萨生活的其他著作也可出庭作证。我们不妨让保罗·切尔塔尔多讲话，听取他的证词[400]:“如果你有钱，你不要因满足而止步，不要把死钱留在家里，劳而无功总比无所作为要好，因为即使你在劳动中分文未赚，你至少没有丢失操劳的习惯。”他还说:“你应不断操劳，努力挣钱。”又说:“善于挣钱，这是很好的事情和很大的本领，但懂得恰当地花钱，把钱花在刀口上，就要有更大的才能。”我们记得，说“时间就是金钱”的人也是阿尔贝蒂的对话者之一。如果资本主义能从“精神”认出和从词的分量秤出，马克斯·韦伯便肯定是错了。我们可以想象马克斯·韦伯作何答复:归根到底这无非是利欲而已。殊不知资本主义还意味着其他的东西，甚至相反的东西。这是一种自制力，是“对非理性利欲冲动的理性克制和抑止”。我们又重返我们的出发点！

佛罗伦萨全景。《仁慈圣母》壁画细部,14 世纪。

今天的历史学家可能认为,有关资本主义基本要素的研究诚然引人兴趣和富有价值,但它们毕竟不足以使我们抓住资本主义心态的起源。为此,我们必须听取马克思的劝告,离开词语的迷魂阵,直接去观察现实,前往中世纪的意大利城市,并在那里停留一段时间。

不同的时代,不同的世界观

今天的人在重温桑巴特和韦伯的辩论时难免会产生不切实际

的感觉，似乎两人的论争有点文不对题，近乎无的放矢。也许正是我们切身经历使我们对这种论争难以接受，感到格格不入。马克斯·韦伯(1904年)和威纳尔·桑巴特(1912年)当时认为，欧洲是世界科学、理性和逻辑的必然中心，这是合乎情理的。但我们已丧失了这种确信和这种自大心理。一种文明凭什么始终要比另一种 518
文明更聪明和更合乎理性呢？

马克斯·韦伯曾提出了这个问题，但在略加犹豫以后，仍坚持自己的意见。他和桑巴特全都认为，对资本主义的一切解释都离不开西方“精神”本质的和不可缺少的优越性，其实这种优越性也来自历史的偶然和暴力，来自世界范围的“发错了牌”。为了某个事业或某种解释的需要而改写世界历史，这是没有意义的。但我们不妨假定，正当欧洲因所谓百年战争而出现经济衰退时，如果中国帆船于1419年绕过了好望角，如果世界的统治权转到这个遥远的东方大国，转到世界另一个人口稠密区域的中心，那又会是什么情形？

另一个带有时代色彩的观点：在马克斯·韦伯看来，资本主义是一种归宿，是经济发展的“福地”，是进步的最后阶段，而绝不是一种脆弱的和过渡性的制度(除非我的阅读不够仔细)。今天，资本主义的死亡，或至少它的连锁演变，不再是完全不可能的事。我们可以亲眼看到这类事实的出现。总之，“不能再认为历史演变就到资本主义为止”。[401]

欧洲以外的资本主义 519

如同欧洲一样，世界其他地区几百年来也必须从事生产、发展变换和加速货币流通。到这类活动中去寻找某种资本主义的征兆或先兆，难道说是荒唐的吗？我赞成德勒茨和加塔里的看法，[402] 认为“在一定程度上，资本主义曾光顾过社会的所有形态”，至少在我心目中的资本主义是这样的。但我们应直言不讳地承认，资本主义在欧洲已成功地建立起来，在日本已初具规模，而在其他各地几乎全遭失败（例外正证实了规律），或者更应该说，未能建成。

这里有两大理由可作解释：一方面是经济的和地域的理由，另一方面是政治的和社会的理由。我们仅仅能够勾勒这些理由的轮廓，但是，在欧洲和非欧洲的历史学家尚未能很好地探索和整理素材前，我们就此进行的这类考察，不论有多少缺点和错误，却能让我们看到资本主义曾遭受的明显挫折或取得的局部成功，这些挫折或局部成功都为资本主义（作为世界的整体性问题或作为欧洲的特殊问题）提供见证。

远程贸易的奇迹

任何一种资本主义的存在都有一些前提条件，决定性的条件是流通，而且几乎可以说，仅仅是流通。流通的区域愈大，成果也就愈多。埃夫林·萨卡基达·巴夫斯基在其近著中就 16 世纪的福建和 18 世纪的湖南作比较，福建地处沿海，便于对外贸易，人口日趋稠密，农民生活相当富裕，而在对外封闭的湖南内陆，同样的人耕种同样的稻田，生活却很贫困。一边是朝气勃勃，另一边是死气沉沉：这条规律适用于世界上大小不等的各个地区。

这个鲜明对比在古代的中国和亚洲特别引人注目，这是因为那里的地域极其辽阔，使人觉得需要跨越的陆地和海面以及半死不活的不发达地区无边无际。欧洲的情况与此简直不成比例，在有船只、货物和行人来往的水陆沿线，活跃地区显得尤其狭窄。日本在整个东亚之所以别具一格，这首先因为它四周被海包围，交通十分方便，而濑户内海可算是日本的地中海，面积小些，但十分活跃。请设想，如果在我国，也有一个从里昂到巴黎的内海，该是怎样的情景！日本的一切当然不能全都说成是大海的功劳，但如果没有大海，这一独特历史的曲折过程几乎是不可设想的。中国南方从福州和厦门到广州一带，海面和陆地犬牙交错，形成一种溺谷型海岸，那里的情况不也同样如此吗？在这一带，海上的旅行和冒险推动着中国资本主义的发展，中国的资本主义只是在逃脱国内 520
的监督和约束时，才能充分施展其才能。这部分从事对外贸易的中国商人在 1638 年日本实行闭关锁国后，同荷兰商人一样，甚至比后者更加有效地参与日本列岛的铜和银的贸易；他们在马尼拉接收大帆船从阿卡普尔科运来的白银；中国始终派人出外经商，中国的工匠、商人和货物深入南洋群岛的每个角落。后来，随着欧洲对华贸易的高涨，广州成为一个刺激和推动整个中国经济的贸易中心，并且在更高的层次上，促使银行家、金融家和放债人变得更加精明能干。受北京政府的委托，专门在广州与欧洲人交往的商人集团“公行”于 1720 年成立，直到 1771 年依旧存在，这是商人与各东印度公司进行竞争，并谋取巨额财富的工具。

如果我们观察其他的活跃商业城市，我们会注意到类似的情形，例如于 1510 年被葡萄牙征服前的马六甲；1600 年前后苏门答腊岛上的亚齐特；[403] 1683 年荷兰人定居前的万丹（堪称热带地区的威尼斯或布鲁日）；印度或伊斯兰地区的传统商业城市。总之，这类例子多不胜举。

就拿印度坎贝湾的苏拉特来说。英国人于1609年在那里开设了商行，荷兰人于1616年，法国人比较晚，在1665年，但其商业设施相当豪华。[404]到了1665年左右，苏拉特的发展十分迅速。大船停靠在达布蒂河口的斯瓦利港，沿达布蒂河上溯可达苏拉特，但河小水浅，只允许小船通行。在舳舻云集的斯瓦利，大批简陋棚屋可供欧洲籍和非欧洲籍的船员容身。但大船在港口不能久留，恶劣的气候经常会带来危险，尤其不宜在那里过冬。只有商人留在当时，他们都去苏拉特的商馆居住。

据一名法国人[405]说，1672年的苏拉特，其大小同里昂相仿。他估计该城居民总数高达100万，我们对此也许感到怀疑。婆罗门银行家、商人和经纪人是城市的主宰，他们的诚实、机灵和财富当之无愧地受到人们的普遍赞扬，“拥有20万埃居的富翁可达30人，拥有二三百万埃居的富翁占其中的三分之一以上。”创最高纪录的首富是一名包税商(300万)和一名“向摩尔和欧洲商人放债的”商人(2500万)。苏拉特当时是往返于红海、波斯和南洋群岛之间的印度洋贸易的重要中转站之一，是出入莫卧儿帝国的大门，整个印度的中心，船东和风险贷款人通常的会面地点。汇票大批涌来这里；塔韦尼埃[406]断言，前来这里上船的人肯定能取得现金。荷兰商人在苏拉特得到为在孟加拉经商所需的银卢比。[407]该地还有大商业的另一迹象：世界各国的种族和宗教。除开婆罗门(他们构成最大的经纪人集团)以及市内和市郊信奉异教的广大手工业者之外，穆斯林商人与印度教商人的人数大致相等，他们也把自己的贸易活动从红海扩展到苏门答腊和南洋群岛的其他地区；此外，还有一个相当活跃的亚美尼亚商人集团。一个名叫戈蒂埃·邱丹的旅行者[408]说，除中国人和日本人外，各国的游客和“印度各邦的 521
商人”都到这里来。“他们的生意出奇地兴旺。”

苏拉特的运气时高时低。但在1758年，英国征服孟加拉后不久，英国人亨利·格罗斯见到苏拉特的情景，深感惊讶而又赞叹不已。他对那种把大商人阿布杜加夫尔的贸易说成“堪与英格兰公司相比”的夸大说法提出异议，但他指出，这位巨商“每年派300吨至800吨的商船20艘出海，每艘船装载货物的价值至少达20000英镑，有时达25000英镑”。这些诚实的婆罗门经纪商，“在半小时之内，只消寥寥数语就能做成一笔30000英镑的生意”，使他瞠目结舌。他们的店铺并不起眼，但“没有一种商品在那里找不到”，

坎贝的婆罗门商人及其妻子，16世纪曾在果阿和印度生活的一位葡萄牙人的水彩画，藏罗马卡萨纳滕斯图书馆。

“商人惯于把货物存在别处；他们在铺子里只陈列出售的样品”。我们这位英国人不喜欢印度布，特别是那些红底带花的图样，但他说，你只要拿起一条开司米围巾，便会对它的柔软赞叹不已，“质地极其细腻，整条围巾能从指环中穿过”。[409]

522 在印度沿海和南洋群岛一带，像苏拉特这样活跃的城市想来应有几十个，商人、企业主、运输业主、经纪人、银行家和工场主真是成千上万。当时难道没有资本家和资本主义吗？很难说没有。欧洲资本主义的各种因素在这里都已齐备：资本，商品，经纪人，批发商，银行，大宗贸易的工具，乃至工匠无产者，艾哈迈达巴德等大纺织中心中类似手工工场的作坊，由商人订货和由专门经纪人分派加工任务的家庭劳动（有几篇关于英国在孟加拉的贸易的文章对其活动形式作了很好的描述），最后和最重要的还有远程贸易。确实，这种高度发达的商业活动仅存在于几个孤立的据点，没有扩展到辽阔的地域。但能否说其发展程度与13和14世纪时的欧洲不相上下呢？

诺尔曼·雅科布的直觉和论据

在开始进行预期的第二种解释（政治的和社会的）以前，我们先就诺尔曼·雅科布于1958年在香港出版的《东亚现代资本主义的起源》一书，插进一段有益的题外话。

从表面上看，诺尔曼·雅科布的见解相当简单。他指出，在远东，日本是今天唯一的资本主义国家。如果说日本的工业资本主义是欧洲工业化的简单模仿，这个理由不足以说明问题。因为，照这么说，人们会问：远东的其他国家过去和现在为什么不能同样模仿？对资本主义持欢迎还是排斥态度，大概应由一些旧结构负责，因此要让前资本主义来作出答复，让过去来解释现在。带着这个问题，我们将拿过去的日本同文化上相接近、但也有许多不同的中国作比较；再拿它同文化上相距很远、但也有某些相似点的欧洲作比较。如果日本和中国的不同表现在社会、社会组织和政治机器方面，而不在文化方面，日本和欧洲的相似却有耐人寻味的意义。我们很可能同时得到有关一般资本主义及其广义上的社会起源的新的启示。

诺尔曼·雅科布以为，欧洲前资本主义的基本特征事先已被认识，这种看法其实是错误的；他接着又就中国和日本的情形逐条进行细致的比较，同时又表示，作为非资本主义国家，中国的情形大致上也适用于印度（这个观点肯定有问题）。伊斯兰的情形在书中没有谈到，这无疑是个重大缺点。作者向我们建议的那个两分法，它的最严重地毛病还是过分突出了中国和日本的对比，结果造成一边为黑和另一边为白的双重典型，就像乔治·德·拉图尔画作中明暗之间的强烈对照一样。由此便产生简单武断的危险。虽然如此，这一比较还是值得重视的，并且从头到尾都是给人教益的。

诺尔曼·雅科布毫不犹豫地把中国和日本的全部过去放进天 523
平的两个托盘。对此我表示赞同，虽说我的判断远非不偏不倚；在涉及欧洲的问题上，我自己就是这样做的，经常追溯到 11 世纪的断裂，甚至追溯到这一决定性转变以前。在雅科布的著作中，一项类似的规则既用于解释中国汉朝（公元前 3 世纪）关于私有制的一项决定或者日本 7 世纪关于同意某些社会阶层的土地免纳捐税的

通俗历史画：神童源赖朝（1147—1199）在十三岁那年杀死拦路抢劫的盗贼。月冈露仁斋昌信：《名人传》，1759年版。

诏书（这项诏书奠定了日本封建制的基础），又用于解释足利时期（1368—1573年）的某些很能说明问题的细节（它们表明日本已是一个海上强国，日本的海盗已横行远东各海域），以及日本经济在自由化道路上所取得的成功（这里所说的自由相当于中世纪时代欧洲的"自由"，即专营贸易权和针对其他商人的壁垒）。由此可见，诺尔曼·雅科布或明或暗地把资本主义的起因归结为绵延几百年之久的长时段演变，而为解决提出的问题，他认为还有待积累大量的历史资料。一名社会学家对历史学寄于如此的信任，这真是十分难能可贵。

524 雅科布分别论述了几百年间社会、经济、政治、宗教机构的职能活动。贸易和财产，政治权力和劳动分工，社会结构及其变动，亲戚关系，财产继承制，宗教生活的地位等所有问题都曾涉及，关键是要检验，在这些经常性因素中，有什么东西与欧洲的过去最相像，并且孕育着资本主义的未来。他为此洋洋洒洒地写了一部很有特色的著作；我们将根据我们的需要对该书作一概括，同时加上必要的附注和解释。

在中国，障碍来自国家及其严密的官僚机构。我要补充的是，这个国家特别长寿；它每隔很长一段时间，便会出现王朝更替，但它始终会自我修复：国家实行中央集权，推广道德说教，遵循儒家的伦理传统。儒家传统虽然往往为适应形势而改头换面，但其主要原则基本不变，使文化、意识形态和宗教为国家服务。而国家本身，就是说各级官吏，则是为公共利益服务。修堤、筑路和开挖运河等公共工程，城市的安全和治理，防止外族入侵等，这一切都属于国家的职责。与饥荒作斗争同样是国家的职责，其中包括：保护和保障作为整个经济支柱的农业生产；给予农民、蚕丝生产者和企业主必要的贷款；建立公共谷仓以备不时之需；最后，作为对这无所不在的干预的补偿，唯独国家有权向国民征税。如果皇帝昏庸无道，上苍就会抛弃他，君主就会丧失一切权威。但在正常情况下，君主拥有全部权力和并在理论上享有全部权利。土地私有制最早可追溯到汉朝，但土地原则上仍归政府所有。国家能以公共利益的名义和根据农业垦殖的需要，随意要求农民和大地主从帝国的一地迁往另一地。同样，政府有权征发农民劳工，从事庞大的公共工程。中国确实也有骑在农民头上的土地贵族，他们也剥削农民的劳动，但没有任何合法权利，只是在没有官吏实施直接监督的村庄里，他们才同意代表国家，并为国家征税。贵族本身的存在因而也取决于国家的厚待。

批发商和制造商的活动同样受到无所不晓的政府当局的摆布、约束和限制。船只到港和离港均受当地官员的检查。一些历史学家甚至认为，15 世纪初期大规模的航海活动是国家控制私营外贸利润的一个办法。这是可能的，虽然不能肯定。所有城市都同样受到监督和监视，都被划分为不同的街坊，每天晚上关闭栅栏，使彼此隔绝。在这情况下，商人、高利贷者、货币兑换商和制造商（国家有时给予资助，借以影响他们的经营方向）的日本并不十分好过。政府有权以公共利益的名义，任意惩罚过分富有的个人或向他们征税，他们的财产也被贬斥为不义之财。受罚纳税的富人有怨不得诉，因为他们受到公共道德的谴责。只有官吏和托庇权贵的个人才是例外，但他们的特权从来没有保障。仅举乾隆皇
525 帝的宠臣和珅为例（我无意夸大这一案例的意义），1795 年乾隆去世后，和珅即被继位的皇帝处死，财产也被没收。此人贪赃枉法，为众人所恨，但他主要是因循私聚敛，除成套的名家书画外，还开设几家当铺，金银珠宝不计其数；总之，他实在过分富有，再加上已不再任职。

国家的另一项特权是随意铸造劣币（用铜铅合金铸造的铜钱），劣币往往被伪造（并不影响流通），在认证的印记变得模糊或消失时贬值。国家还有任意发行纸币的权利，纸币持有者不一定能够兑换铸币。商人，众多的高利贷者和票行主往往依靠为国家征税求得微薄收入，并且终日提心吊胆，怕因露富遭人嫉妒，引来国家的勒索和被要求向国家报效。

在这样的制度下，唯有国家和国家机器才有可能进行财富积累。中国结果便生活在某种“极权主义”制度下（这里没有该词新近得到的贬义）。坚持在经济和资本主义之间作出区分，中国的具体实例正好为我们提供了依据。同雅科布从一种先验的推理得出的认识（没有资本主义，便没有市场经济）相反，中国拥有牢固的市场经济，我们已多次谈到，地方集市星罗棋布，小工匠和小商贩走街串巷，城市中店铺鳞次栉比，四方商旅往来繁忙。可见，基层经济活动十分活跃，贸易也很兴旺，政府也有意扶植，虽然在它看来，农业收成才是一切的根本。但国家机器仍高高在上地监视一切，它对富有异乎寻常的任何人都持明显的敌对态度。在中国，城市附近的土地被课以重税（在欧洲，城里人出高价买下这些土地，借以获得丰厚的收益和地租），从而抵消因靠近城市市场而具有的优越地位。可见，除了由国家撑腰、监督和控制的特定商人集团（如13 世纪的盐商或广州的“公行”）外，中国没有资本主义。至多可以说，明代存在着一个市民阶级。还有，特别在旅居南洋群岛的华侨中，存在着某种殖民资本主义，这种资本主义一直延续到今天。

根据诺尔曼·雅科布的解释，随着独立于国家的经济势力和社会势力的形成（不论是行会、远程贸易、自由城市或者往往不需对任何人负责的商人集团），日本资本主义发展的命运在足利时代（1368—1573）已经确定。甚至更早，在封建制度牢固地建立后，已出现了国家相对地缺少权威的初步迹象。但最初的迹象究竟何时出现，却是个问题；如果说封建制度于 1270 年诞生，那就是在一个精确会使人上当的领域内表现过分精确，那就是故意无视封建制形成的前提：大地主的形成损害了天皇的产业，他们在获得世袭权

526 利前已募兵保护他们的独立自主。结果是，在一段时间内，出现了一些强大的和几乎独立的国中之国，分别庇护各自的城市、商人、行会和特殊利益。

中国在明代(1368—1644)乃至在满族入侵(1644—1680)后都未能实行分封制，其原因可能是中国人口始终很多，大量的人口意味着一种连续性以及恢复平衡的可能性。我确实认为，分封制出现在人口稀少的和一切从零开始的地区，人口稀少既可以是天灾人祸的结果，又可以是一个新兴国家起步的原因。日本最初是个四分之三的疆土空无一人的列岛。米歇尔·维埃[410]认为，“突出的事实是日本比大陆落后”，比朝鲜落后，尤其比中国落后。在那个遥远的时代，日本竭力追随中国文明，但又人口不足。国内战乱频仍，每个小集团都很难压倒其他集团，结果使国家始终停留在不发达状态，列岛四分五裂，各自为政，有时为形势所迫，勉强结成整体，但机会一到，又重新分裂。日本的社会因而是混乱的，不平衡的和四分五裂的。同这种割据状态相反，存在着天皇(住在京都的皇帝)的权威，但这种权威主要是名义上的和礼仪性的，而不是世俗的；此外还有被称为“将军”的各地军阀互相争夺和先后确立的为时或长或短的霸权，“将军”的地位类似法国墨洛温王朝时代的宫廷总管。最后，德川幕府(1601—1868)的创始人德川家康取得了“将军”的称号，把幕府的统治推广到日本全国。德川幕府的统治一直维持到明治维新才告结束。

简单说来，我们可以认为，在其缓慢形成的几百年内，日本处于欧洲中世纪的那种无政府状态，中央政府、封建势力、城市、农民、手工业者和商人一齐登上舞台，各展其能。日本社会中存在着类似中世纪欧洲的那种自由，也就是人们赖以保护自己和求得生存的特权。任何问题都未被一劳永逸地解决，任何事情都不接受一种片面的解决方案，这同欧洲封建社会中产生冲突和运动的多样性有什么共同之处呢？到了德川幕府的末期，日本实行的不是中国式的极权统治，统治集团的各个组成部分必须不断调整相互关系，以恢复很不稳定的平衡。历史学家往往夸大德川的胜利，如同欧洲君主的胜利一样，德川的胜利是个真实的胜利，但又不是完整的、彻底的胜利。

这一胜利也是步兵以及来自欧洲的火器的胜利（主要指欧洲的火枪，因为日本火炮声响大，杀伤力小）。"大名"们纷纷被迫接受幕府的权威，幕府的统治机动灵活，得到强大军队的支持，随着道路网和驿站制的建立，更便于实行有效的监视和干预。"大名"们被迫同意每隔一年去江户（东京）参觐一次，居住一年，他们在"将军"的新都城处于某种软禁状态。这就是所谓"参勤交代"制度。在"大名"返回自己的领地后，他们让妻儿留在江户充当人质。天皇的一名亲戚也住在江户充当人质。相比之下，法国贵族必须 527
前往卢浮宫和凡尔赛宫朝觐国王的义务显得宽松得多。力量对比已变得对"将军"有利。但紧张气氛依然存在，冲突一触即发。德川家光导演的一出戏足以为证：这位年轻人于1632年接替父职出任将军时，为使所有人信服他至高无上的权威，便召集"大名"议事。"大名"们来到府邸，同平时一样，聚集在最后一间厅堂，但无人出面迎接。他们枯等着，寒气逼人，没有任何食物招待，在一片静寂中，夜色降临。屏门突然打开，"将军"在火把的光亮中出现。他自信地说："对于所有的大名，甚至最强大的大名，我都视作臣下。你们中间有谁不愿服从，就马上走开，回到自己的领地，准备交战，同我决一胜负。”[411] 正是这位“将军”于 1635 年建立了“参觐”制，过后不久，又对外实行锁国政策，仅荷兰和中国的少数船只属于例外。这是在控制贵族后采取的控制商人的措施。

封建领主于是被压得服服帖帖，但他们的领地仍原封不动地保存着。“将军”有时对领地予以没收和重新分配。封建家族从此世代繁衍，直到今天，可见其寿命之长。在日本，各种条件有利于门阀的世代相传，特别是长子权；不比在中国，父母的遗产是由全体男性后嗣平分的。在这些大家族之下（有些大家族胜利通过了工业资本主义的关口），长期有许多小贵族充当家臣，即所谓“武士”，他们在明治维新后的工业革命中也发挥了作用。

从我们的角度来看，最重要的是日本的自由商埠出现较晚，但能迅速见到成效。最早的自由商埠是 1573 年的堺港。强大的手工业行会把经营网和垄断权从一个城市扩展到另一个城市，商人则组织在同业公会中，同业公会于 17 世纪末开始出现，在 1721 年得到正式承认，与西方享有特权的商业公司相似。最后一个重要特点是商业财阀的出现，尽管经历了这种或那种灾难，鸿池、住友、三井等家族竟持续了几百年之久，超过了昂利·比兰纳所确定的各种期限。今天依旧极其强大的三井集团，其创始人是“于 1620 年在伊势设厂的清酒制造商”，他的儿子于 1690 年在江户（东京）成为“将军和皇室的财政代理人”。[412]

一些商人家族利用大名、幕府乃至天皇的需要而长期存在；他们十分精明，很早通过把持货币谋取利益，而货币是现代加速资本积累不可缺少的工具。当政府于 17 世纪末对货币实行贬值，企图使货币为自己的利益服务时，政府遇到强有力的反对，因而过不了几年便回到老路上去。商人每次都能安渡难关，让其他百姓受累倒霉。

社会对商业发展并不始终起促进作用，商人的社会地位也并不高。日本最早的经济学家熊泽蕃山（1619—1691）[413]不喜欢商人，他推崇中国为理想社会，此举意味深长。不过早期的、土生土 528
长的资本主义仍在自发成长。商人从"大名"或"大名"的家臣那里收购稻米，因而在日本经济中占有举足轻重的地位，他们掌握的稻米（古代的货币）变成了真正的货币。米价诚然取决于收成，但也取决于控制着大部分剩余产品的商人。他们还控制着大阪到江户之间的轴线，前者为稻米生产中心，后者是拥有一百多万居民的庞大都城和消费中心。最后，他们是金银交易的中间人（白银和黄金的集散地分别在大阪和江户），这两种贵金属的比价互为消长，始终高踞原已付诸流通的铜币之上，铜币于 1636 年成为法定货币，供穷人作小笔交易之用。除这三种货币外，还应加上汇票、支票、银行券以及可在交易所交易的其他证券。在广大的传统手工业的基础上，诞生了一些手工工场。各种努力汇集成发展资本主义的一股潮流，日本早期资本主义的产生既不是由于对外国的模仿，也不是由于宗教团体的提倡，商人的作用往往是要消除佛教寺庙的竞争（竞争最初十分激烈），"将军"本身也致力于破除佛教寺庙。

简单地说，日本资本主义首先是古老的、活跃的、繁殖力很强的市场经济——集市、交易会、航运、交换（单是内地的零售渔业就相当可观）——推动的结果。其次是发展很早的远程贸易的结果，特别是对华贸易，利润之高令人难以置信（15 世纪最初几次航行

529 的利润率达 1100%)。[414] 1570 年间,商人们曾对“将军”慷慨解囊,希望能出兵征服菲律宾。可惜的是,日本不久便丧失了资本主义必要的和决定性的组成部分:对外贸易。在 1638 年实行锁国政策后,外来贸易即使没有被完全取消,也受到了将军的严密限制。有些历史学家认为,走私缓解了锁国的后果,尤其是以南方的九州岛和位于前往朝鲜途中的无人居住的静岛为据点的走私活动。这种说法未免言过其实,虽然有证据表明,长崎商人的走私活动十分活跃,此外还有萨摩藩的岛津氏,于 1691 年在中国设立分理机构,以便更好地开展非法贸易。[415] 在 1638 至 1869 年中间长达二百多年实行的限制无疑推迟了可以预见的经济发展。日本后来很快弥补了自己的落后。这里有许多原因,其中包括经济状况的原因。但主要的原因,无疑因为日本模仿西方而出现的经济高涨是以它早已耐心地单独建立起来的商业资本主义为出发点的。“麦苗在雪下早已萌生”:我从竹越与三郎写于 1930 年的著作[416] 中借用一个形象,他也认为欧洲和日本的社会经济发展有着惊人的相似之处,它们分别遵循相同的发展过程,虽然结果并不完全相同。

530

政治和社会

我们且结束这篇冗长的题外话,再从整体方面来考察问题。我们刚才探讨了一个平凡、熟悉而又引人入胜的议题。用马克思主义的术语来说,封建主义为资本主义铺平道路;其实,大家知道,马克思从没有费太多的笔墨去分析封建主义向资本主义的过渡。雅科布之所以论述这个问题,是为了一方面否定封建主义是资本主义必然的准备阶段;但在另一方面,他又指出,“在历史上……推动资本主义发展的因素"在与"封建主义时期出于别的目的业已确立的权利和特权有关的某些价值"中找到了"赋予自身法定地位"的有利环境。以下是我个人对这个问题的看法。在威尼斯、热那亚或奥格斯堡这些很早就独立发展起来的城市中，商人出身的城市贵族占据最高的社会地位；除开这些城市，无论在西方或日本，上层商人在随着经济和国家的现代化而发展壮大时，只占次等社会地位。他们像遇到一堵墙的植物那样，不能突破一定的限度。如要障碍不能突破，植物便沿墙向上攀援，力求根深叶茂，这就是资产阶级的命运。一旦障碍被突破，取得胜利的家族势必改变社会地位。我在另一本书中说过，那时的资产阶级便背叛自己这话讲得未免有点过分。实际上，资产阶级从不全都背叛自己；他们改组自身，以便克服障碍。

只要障碍始终存在，这些受压制的和向往光明、向往社会成就的家族就必定要精打细算，小心谨慎和注意积累。尤其，由于高高在上的贵族铺张浪费，入不敷出，他们抛弃的和无暇顾及的东西便被下一个阶级所夺得。举个简单而有说服力的例子，请看法国塞吉耶家族的高利贷活动，或者不如说高利贷政策。资产阶级和长袍贵族（这也是一个资产阶级）的财产从 16 世纪开始不断增加，并不仅仅因为他们捐纳官职，购买土地和不动产，因为他们从国土那里得到赏赐，或通过联姻得到嫁奁和由于家长治家有方，而且还因为他们为大人物提供了种种服务（特别是高利贷，以及其他服务）。大理院院长皮埃尔·塞吉耶（1504—1580）接受存款，发放贷款、质当和赎当收取利息。他与奈韦尔公爵夫人玛丽·达尔勃雷做成几笔收益颇丰的生意；有一天，公爵夫人在结账时把德勒附近的索列

18 世纪日本的市场。北斋画派的大师之一胜川春章作画。

尔领地赏给了塞吉耶，“售价 9000 埃居，公爵夫人仅取 3600 埃居，剩下部分用于偿还旧账”。[417] 这不过是几桩交易中的一桩。塞吉耶院长还同蒙莫朗西家族以及西利家族的几个成员保持债主和债户的关系；蒙莫朗西家族应付债主很有办法。后来经过妥协，皮埃尔·塞吉耶终于得到默伦附近的一片乔木林，欧诺附近的埃斯古里的一块租地，如此等等。[418] 可见，因拥有土地财富和传统权力而逐渐形成的统治阶级成了寄生的资产阶级剥削和吞噬的最好对象，吞下这块肥肉诚然要冒一点风险，但得益确实是很大的。在日本也有相同的吞噬过程，大阪商人利用了“大名”的灾祸和浪费。
531 用马克思的话来说，这是损害一个阶级但有利于另一个阶级的集中。统治阶级迟早要成为其追随者的盘中之食，正如雅典和别地

的元老们被城邦所吞噬一样。当然，如果这个阶级有防卫和抵抗的力量，其他阶级达到财富和权力的过程就比较困难，或暂时成为不可能。甚至在欧洲也曾出现过这样的局面。无论如何，单有社会变动总是不够的。要使一个阶级能有效地，持续地被另一个阶级所吞噬，还必须让这两个阶级都有积累的能力，并且能使这种积累一代又一代地像滚雪球一样传下去。

在中国，官僚是中国社会中唯一的，几乎不可打破的高级阶层，这个阶层即使遭到损害，也能自动复原。当官的读书人享有巨大的威望，任何集团和任何阶级都不能望其项背。他们代表秩序和公共道德，但并不全都冰清玉洁。许多官员，特别是在港口，把钱存到商人那里，商人也乐意收买和结交官府。一名官员视收受贿赂为天经地义，借以致富而毫无歉疚。不过，仅及个人的财富积累又有什么价值？这种积累只对在职官员有效，而官职又来自勤奋的学习以及相当民主的科举选拔。[419]官员的威望往往促使富有的商人子弟谋求这些令人艳羡的地位，这是他们“背叛”本阶级的方式。但官员的儿子不一定能当官。家庭地位的上升很可能突然中断。达官巨宦不能把财产和权势一帆风顺地传诸子孙后代。

在伊斯兰各国，情形有本质的不同，而结果却出人意料地相同。不同的形势：上层阶级不断在变化，这一变化不是主动的，而是被动的。伊斯坦布尔的奥斯曼苏丹是个典型例子：他像更换衬衣一样，随时更换上层阶级。请想一想在基督教儿童中招收近卫军士兵的事情。人们经常说到的奥斯曼封建制不过是一种前封建制：所谓“梯玛尔”（timars）和“西帕希尼克”（sipahiniks）都是只及受封者个人的封地。必须等到16世纪末，由于推行改良土壤和引进新作物等资本主义政策，真正的奥斯曼封建制才开始出现。[420]一个采邑贵族阶级终于建立起来，特别在巴尔干半岛，并且把那里的土地和领地置于贵族的子孙后代的长期控制之下。历史学家尼古拉·托图洛夫[421]认为，争夺地租的斗争最终以占有国家所有高级官职的统治阶层取得完全胜利而结束。真是完全胜利吗？我们必须对这个问题作进一步的研究。可以肯定的是，社会的这个突变是一场波澜壮阔的历史突变的原因和后果，是一个好勇斗狠、积重难返的旧军事国家瓦解的原因和结果。在穆斯林地区，统治阶级在人们的心目中通常是这样一伙人，他们彻底离开土地，由国家豢养，并且随时可被国家所排斥。同样的情景到处都可看到：在波斯以及在大莫卧儿帝国兴盛时期的印度，“汗”只是终身任职的部族首领，不得传子。

在德里，确实没有世代显贵的门阀。柯尔贝尔的同时代人、蒙 532
彼利埃大学医学院博士弗朗斯瓦·贝尼埃对在大莫卧儿帝国的军事社会中生活感到很不习惯，他向我们仔细诉说了他的种种苦恼。“欧姆拉”(omerahs)和“拉日哈”(rajhas)不过是雇佣军的首领和只及终身的领主。大莫卧儿分封给他们土地，但不保证子孙后代的继承。大莫卧儿当然不能作出这种保证，因为他需要有一支大军，他用我们说的“封地”，或相当于土耳其的“西帕希尼克”赏赐他的部下，并在受赏者去世后收回，此所谓“普天之下莫非王土”。因此，任何贵族都不能在土地上扎下根子，土地定期从他们手中夺走。贝尼埃解释说：“全国土地都归大莫卧儿所有，因而没有公爵或侯爵的领地，没有依靠祖业和地产收益为生的财主家族。”他们的处境就像在牌局中那样，经常地、自动地重新发牌。与西方的武士不同，这些军人不用家族的姓氏。“他们只用与军人身份相称的化名：轰天雷、霹雳火、闯阵先锋、忠义将、十全武士、智多星等。”[422]可见他们不像西方那样用村庄、地区的地理名称充当自己的姓氏。社会的上层人士无非是王公的宠臣，他们之中有冒险家，朝秦暮楚的投机者，外方人，出身卑微的“小人”，甚至过去的奴隶。这个悬在空中的、暂时的和奇怪的金字塔顶理所当然地随着英国征服印度而消灭了，因为这个塔顶既是王公的附属品，只能同王公一起垮台。不正常的反而是，英国在占领印度后，产生了一些拥有世袭产业的大家族。英国人不由自主地把欧洲人的形象和习惯带到了印度，并通过自己的一举一动而加以推广，因而他不能真正认识并认真对待曾强烈地吸引了贝尼埃注意的那个社会结构。英国人因无知和腐化犯下了错误,他把柴明达尔(zamindars,他们是农村中的收税人,没有固定的归属)当作真正的地主,使之成为一个忠于新主人的西方式的等级,这类地主家族一直延续到今天。

印度的商人、制造商和银行家历来掌管各大商埠——无论是港口城市或像艾哈迈达巴德这样纺织工业中心——的经济和行政,并且子承父业,唯有他们能善于和持久地维护自己的地位,他们使用为他们所熟悉的武器:金钱,腐蚀入侵者,同时自己也被入侵者所腐蚀。

克莱夫爵士[423]1772 年 3 月 30 日在下议院发表演说,针对有关失职舞弊的指控,为自己的荣誉和生命辩护;几天过后,他终于被迫自杀。克莱夫举一名来到孟加拉就任书记(我们所说的小官僚)的英国青年为例:"这个小青年在加尔各答街头行走,因为他的收入不允许他坐车。他在加尔各答见到一些书记,其中有的服役时间并不比他长。他看到,这些书记出入都有轻车骏马或大轿伺候。回家后,他向居停主人讲述自己的同事如何阔绰。婆罗门房
534 东说:'你完全可以同他们一样气派。我有足够的钱,就等你愿意接受,你甚至不必张口要。'年轻人于是就上了钩;从此,车、马、轿、女人,他一概都有,支出等于收入的三倍。房东又怎样取得补偿呢?书记先生官运亨通,不久便升任委员,在他的保护下,房东大发横财,肆意敲诈勒索,居然不受惩罚;这种做法十分普遍,因而也完全可靠。我能向你们保证,直接从事压迫的人并非来自大不列颠,而是当地的印度人,他们在英国人的保护下,利用金钱的力量打开通路,使自己免受任何管束……人们面对种种诱惑,难免会做点错事,这难道有什么可奇怪的吗?一名印度人上门找你,向你出

533

大莫卧儿帝国皇帝阿克巴(1542—1605)在出征途中。

示装着白银的袋子，请你接受这一礼物。如果你的品德经得住诱惑的考验，他便第二天再来，袋子里这次装满黄金。如果你还能继续顶住，他会来第三次，带着满袋钻石。如果你害怕暴露而拒绝馈赠，他就装着前来推销商品，这是任何商人必定会掉进去的陷阱。官员以低价买下商品，送往远方市场脱手，赢利达300%。于是乎社会上就多了一个蟊贼。”以上妙趣横生的一番话引自当时的法文译本，它虽是克莱夫个人的辩护词，但它描绘的形象并无不实之处。古老的、活跃的印度资本主义在新主人的压迫下挣扎求生，并在英国统治的缝隙中破土而出。

我们所举的例子未免过分概括和简略；尽管如此，它们所烘托的整体性解释很可能是正确的，因为这些不同事例可以相互印证，而通过印证，我们或许可以得出一个令人满意的假设。欧洲的上层社会至少可分为两个组成部分；虽然在历史上曾出现过种种灾难，上层社会仍然能够培育一批豪门世家，它没有遇到不可克服的困难，因为专制君主的极权统治并不妨碍豪门世家的发展。欧洲的情形便于财富的缓慢积累以及多种力量和多种阶级的发展，而在一个多元化社会里，各种力量和阶级之间的竞争可能朝多种方向发展。就欧洲资本主义而言，建立在经济实力基础上的社会等级无疑利用了它的次等地位，它表现得节制、稳重、勤劳和理智，因而容易为人们所接受，这与单纯建立在出身特权基础上的社会等级恰成鲜明的对照。在政治上占据显赫地位的阶级如同尖端招致雷电一样吸引注意力。因此，领主的特权往往使人忘记商人的特权。

结　　论

在本书第二卷——形形色色的交换——即将结束时，我觉得，从整体上看，资本主义的顺利发展，必须从一定的经济实在和社会实在出发，进而为这一过程开辟和铺平道路。

1. 第一项显而易见的条件是要有一个蓬勃发展的市场经济。为此必须有地理、人口、农业、工业和商业等一系列因素的协助。市场经济显然已在世界范围内发展；世界各地的人口都在增长，无论在欧洲内外，在伊斯兰地区，在印度、中国和日本，一定程度上在非洲以及在欧洲人白手起家的美洲。到处都是相同的原因和结果，相同的创造性进化：城堡城市，寺庙城市，行政城市，水陆交通要冲城市和沿海城市。城市的普遍存在足以证明，各地大同小异的市场经济是任何社会在超过一定规模后自发产生的、必定具备的和十分普通的基础。一旦门槛被跨过，交换、市场和商人便自动发展。但这种充当基础的市场经济是形成资本主义的必要条件，而不是唯一条件。让我们再说一遍，中国的情形充分表明，在一个活跃的市场经济及其包含的各种因素的基础上，资本主义的上层建筑并没有自动建立起来。可见还必须具备其他条件。

2. 确实，社会还必须从旁协助，预先开放绿灯，虽然并不明白自己朝哪条路走去，不明白自己将为几百年后的某一过程打开道路。根据我们知道的例子，建立在等级制基础上的社会有利于豪门巨头的世代相传，这个社会能把以往的资本主义因素接受下来，没有这种持续的积累，一切也就无从谈起。必须使遗产世代相传，使祖业不断扩大，使有利于财产积聚的联姻不难达成，使社会分成统治者和被统治者的不同集团，成一个阶梯式的等级社会，社会地位的提高即使并不容易，但至少是可能的。这一切需要有很长时间的事先酝酿。实际上，曾经起过作用的不单有经济和社会方面的因素，可以说，还有政治和“历史”方面的因素。我们这里说的是长达几百年之久的社会整体运动。日本和欧洲分别为此作出了证明。

3. 归根到底，没有世界市场所起的特殊的和解放的作用，任何事情都将不能成功。远程贸易不能解决一切问题，但它是让利润更上一层楼的必由之路。本书的第三卷将分析各经济世界的作用；作为独立的、特殊的和对外封闭的地块，各经济世界有自己的历史：它们的地理界限在时间长过程中曾有所变化；它们在欧洲开始征服世界的同时扩张自身。经济世界将使我们把对竞争的认识，把对统治的认识上升到一个新的高度。我们难得一次能在欧
536 洲和世界的编年史上，在真正体现着资本主义整体发展进程的一系列世界体系中，正确无误地找出一些规律。经济世界是国际的劳动分工，其中当然还包括由此产生的利润分配；人们过去这么说，今天还可以这么说，这个说法把需要表达的意思表达得十分清楚。

注　释

前言

1. Jacques ACCARIAS DE SÉRIONNE, *Les Intérêts des nations de l'Europe développés relativement au commerce*, 1766, 1, notamment p.270.
2. Frédéric W. MAITLAND, *Domesday-book and Beyond*, 2e éd. 1921, p. 9. «*Simplicity is the outcome of technical subtlety; it is the goal, not starting point.*»

第一章

1. *Œuvres*, éd. La Pléiade, 1965, I, p. 1066.
2. *Ibid.*, I, p. 420.
3. Jean ROMEUF, *Dictionnaire des sciences économiques*, 1956-1958, au mot: «Circulation.»
4. *Œuvres de Turgot*, G. Schelle éd., 1913-1923, I, p. 29.
5. Voyez la «majoration» de la circulation dans l'œuvre de Guillaume de GREEF, *Introduction à la sociologie*, 2 vol. 1886-1889.
6. Gabriel ARDANT, *Théorie sociologique de l'impôt*, 1965, p. 363. «Une production est très difficile à saisir en tant que telle.».
7. P. MOLMENTI, *La Vie privée à Venise*, 1896, II, p. 47.
8. Julien FREUND, compte rendu de: C. B. MACPHERSON, *La Théorie politique de l'individualisme possessif de Hobbes à Lockes*, *in: Critique*, juin 1972, p. 556.
9. Avant tout dans le livre édité avec la collaboration de C. M. ARENSBERG et H. W. PEARSON, *Trade and Market in the Early Empires*, *Economics in History and Theory*, 1957; trad. française: *Les Systèmes économiques dans l'histoire et dans la théorie*, 1975.
10. Gaston IMBERT, *Des Mouvements de longue durée Kondratieff*, 1959.
11. Un hasard nous a conservé quelques images du marché de Puyloubier, petit village de Provence, pour les années 1438-1439, 1459-1464. On y vendait du blé, de l'avoine, du vin, des moutons, des menons (boucs châtrés), des peaux et des cuirs, une mule, un âne, un poulain, des porcs, du poisson, des légumes, des huiles, des sacs de chaux. *Cf.* Noël

Coulet, «Commerce et marchands dans un village provençal du XVIe siècle. La leyde de Puyloubier», *in : Études rurales*, n°s 22, 23, 24, juillet-décembre 1966, pp. 99-118; Alan Everitt, «*The Marketing of Agricultural Produce*» *in : The Agrarian History of England and Wales*, pp. M. P. R. Finberg, IV, *1500-1640*, 1967, p. 478.

12. Paul-Louis Huvelin, *Essai historique sur le droit des marchés et des foires*, 1897, p. 240.
13. A Lucques, 144 emplacements numérotés sur la place San Michele. A. d. S. Lucca, Officio sopra la Grascia, 196 (1705).
14. Élie Brackenhoffer, *Voyage en France*, *1643-1644*, 1927, p. 47.
15. B.N., Ms. Fr., 21633, 133, à propos du marché du cimetière Saint-Jean.
16. Édouard Fournier, *Variétés historiques et littéraires*, 1855-1863, V, 249 (1724).
17. B.N., Ms. Fr., 21633, 153.
18. *Variétés*..., *op. cit.*, II, p. 124 (1735).
19. G. von Below, *Probleme der Wirtschaftsgeschichte*, 1926, p. 373.
20. Étienne Boileau, *Livre des métiers*, éd. Depping, 1837, pp. 34-35, cité par Paul Claval, *Géographie générale des marchés*, 1962, p. 115, notes 9 et 10; p. 125.
21. Werner Sombart, *Der moderne Kapitalismus*, 15e éd. 1928, II, p. 482.
22. Ferdo Ggestrin, *Le Trafic commercial entre les contrées des Slovènes de l'intérieur et les villes du littoral de l'Adriatique du XIIIe au XVIe siècle*, 1965, résumé en français, p. 265.
23. P.-L. Huvelin, *op. cit.*, p. 18.
24. P. Chalmetta Gendron, *«El Señor del Zoco» en España*, 1973, préface de Maxime Rodinson, p. XXXI, note 46; référence à Bernal Diaz Del Castillo, *Historia verdadera de la conquista de la Nueva España*.
25. P. Jean-Baptiste Labat, *Nouvelle Relation de l'Afrique occidentale*, 1778, II, p. 47.
26. Simon D. Messing, *in : Markets in Afrika*, p.p. Paul Bohannan et Georges Dallon, 3e éd. 1968, pp. 384 *sq.*
27. Jacques Savary des Bruslons, *Dictionnaire universel du commerce*, 1761, III, col. 778.
28. *Diarii della città di Palermo*, *dal secolo XVI al XIX*, 2, p. 61, *in : Biblioteca storica e letteraria di Sicilia* p.p. G. di Marzo.
29. Marcel Couturier, *Recherches sur les structures sociales de Châteaudun*, *1525-1789*, 1969, p. 191.
30. Renseignements fournis par Jean Nagle qui prépare un travail sur le faubourg Saint-Germain au XVIIe siècle.
31. A. Everitt, art. cit., p. 488, note 4.
32. Alberto Grohmann, *Le Fiere del regno di Napoti in età aragonese*, 1969, p. 28.
33. *The Autobiography of William Stout of Lancaster*, p. 162, cité par T. S. Willan, *Abraham Dent of Kirkby Stephen*, 1970, p. 12.
34. Henri Pigeonneau, *Histoire du commerce de la France*, 1889, I, p. 197.
35. Joseph Aquilina, *A Comparative Dictionary of Maltese Proverbs*, 1972.
36. Roger Bastide, Pierre Verger,

« Contribution sociologique des marchés Nagô du Bas-Dahomey », *in : Cahiers de l'Institut de science économique appliquée*, n° 95, nov. 1959, pp. 33-65, notamment p. 53.

37. B. N., Ms. Fr., 21633, 49, oct. 1660.
38. *Ibid.*, 20 septembre 1667.
39. B.N., Ms. Fr., 21782, 191.
40. *Ibid.*, 21633, 43, 19 septembre 1678.
41. *Ibid.*, 21633, 44, 28 juin 1714.
42. *Ibid.*, 21782, 210, 5 avril 1719.
43. *Ibid.*, 21633, 46 et 67.
44. Ambroise CONTARINI, *Voiage de Perse... en l'année 1473*, col. 53, *in : Voyages faits principalement en Asie dans les années XIIe-XIIIe-XIVe et XVe siècle*, II. 1785.
45. ATKINSON et WALKER, *Manners and Customs of the Russians*, 1803, p. 10.
46. A.N., A.E., C.P. Angleterre, 122, f° 52, Londres, 14 janvier 1677.
47. Londres, 28 janvier-7 février 1684, A.d.S., Florence, Mediceo 4213.
48. Edward ROBINSON, *The early english Coffee Houses*, 1re éd. 1893, 2e édit. 1972, pp. 176-177.
49. Jean MARTINEAU, *Les Halles de Paris, des origines à 1789*, 1960.
50. Robert CAILLET, *Foires et marchés de Carpentras, du Moyen Age au début du XIXe siècle*, Carpentras, 1953, p. 11.
51. Claude CARRÈRE, *Barcelone, centre économique à l'époque des difficultés, 1380-1462*, 1967, p. 498.
52. W. SOMBART, *Der moderne Kapitalismus*, *op. cit.*, II, pp. 484-485.
53. G. D. RAMSAY, *The City of London*, 1975, p. 37.
54. Georges et Geneviève FRÊCHE, *Le Prix des grains, des vins et des légumes à Toulouse (1486-1868)*, 1967, p. 28.
55. W. SOMBART, *op. cit.*, I, p. 231.
56. A. EVERITT, art. cit., pp. 478 et 482.
57. Pierre DEYON, *Amiens, capitale provinciale. Étude sur la sociologie urbaine au XVIIe siècle*, 1967, p. 181.
58. Marcel BAUDOT, «Halles, marchés et foires d'Évreux», *in : Annuaire du département de l'Eure*, 1935, p. 3.
59. Albert BABEAU, *Les Artisans et les domestiques d'autrefois*, 1886, p. 97.
60. Giuseppe TASSINI, *Curiosità veneziane*, 4e éd. 1887, pp. 75-76.
61. B. N., Ms. Fr., 21557, f° 4 (1188).
62. J. MARTINEAU, *op. cit.*, p. 23.
63. *Ibid.*, p. 150.
64. «Économie et architecture médiévales. Cela aurait-il tué ceci?», *in : Annales E.S.C.*, 1952, pp. 433-438.
65. J. MARTINEAU, *op. cit.*, p. 150. La réfection des Halles de 1543 à 1572. d'après Léon BIOLLAY, « Les anciennes halles de Paris», *in : Mémoires de la Société de l'histoire de Paris et de l'Ile-de-France*, 1877, pp. 293-355.
66. J. SAVARY DES BRUSLONS, *op. cit.*, III, col. 261.
67. *Journal du voyage de deux jeunes Hollandais* (MM. de Villers) *à Paris en 1656-1658*, pp. A.-P. FAUGÈRE, 1899, p. 87.
68. J. A. PIGANIOL DE LA FORCE, *Description de Paris*, 1742, III, p. 124.
69. Louis BATIFFOL, *La Vie de Paris sous Louis XIII*, 1932, p. 75.
70. Dorothy DAVIS, *A History of Shopping*, 1966, pp. 74-79 et 89-90.
71. *Voyage en Angleterre*, 1728, Victoria

and Albert Museum, 86 NN 2, f° 5.

72. J. SAVARY DES BRUSLONS, III, col. 779. Pour beurre, œufs, fromages, Abraham du PRADEL, *Le Livre commode des adresses de Paris pour 1692*, p.p. E. FOURNIER, 1878, I, pp. 296 *sq*.

73. J. MARTINEAU, *op. cit.*, p. 204.

74. J. SAVARY DES BRUSLONS, IV, col. 1146.

75. J. BABELON, *Demeures parisiennes sous Henri IV et Louis XIII*, 1965, pp. 15-18.

76. *Journal du voyage de deux jeunes Hollandais*, *op. cit.*, p. 98. «Le marché aux chevaux au bout du faubourg Saint-Victor», A. du PRADEL, *op. cit.*, I, p. 264.

77. *Journal du citoyen*, 1754, pp. 306-307.

78. A.N., G^7, 1511.

79. A.N., G^7, 1668-1670, 1707-1709, *Cf. Annales*, I, p. 304.

80. A.N., G^7, 1511.

81. Jean MEUVRET, *in : Revue d'histoire moderne et contemporaine*, 1956.

82. A.N., G^7, 1701, 222. Paris, 4 déc. 1713. «... depuis que la mer est devenue libre, toutes les marchandises viennent par Rouen à Paris débarquer au port St-Nicolas...»

83. P. de CROUSAZ CRETET, *Paris sous Louis XIV*, 1922, pp. 29-31, 47-48.

84. *Voyage en Angleterre*, 1728, f° 36.

85. David R. RINGROSE, «Transportation and economic Stagnation in eighteenth Century Castile», *in : The Journal of Economic History*, mars 1968.

86. TIRSO DE MOLINA (Gabriel Tellez dit), *El Burlador de Sevilla in : Théâtre de Tirso de Molina*, «Le Séducteur de Séville», 1863, p. 54.

87. Bien que parfois «les corsaires tures les prennent face à Lisbonne», British Museum, Sloane, 1572.

88. Nombreuses références. Ainsi A.d.S. Venise, Senato Terra 12, mars 1494.

89. W. HAHN, *Die Verpflegung Konstantinopels durch staatliche Zwangswirtschaft nach türkischen Urkunden aus dem 16. Jahrhundert*, 1926. Sur le même sujet: DERSCA-BULGARU, «Quelques données sur le ravitaillement de Constantinople au XVIe siècle», *in : Congrès d'études balkaniques*, Sofia, 1966.

90. Ingomar BOG, «Das Konsumzentrum London und seine Versorgung», *in : Munich 1965*, pp. 109-118. Mieux, du même auteur, sous le même titre, *in : Mélanges Lütge*, 1966, pp. 141-182.

91. *The Evolution of the english Corn Market*, 1915.

92. *Ibid.*, p. 122. A. S. USHER, *The History of the Grain Trade in France, 1400-1710*, 1913, pp. 82, 84, 87.

93. Dorothy DAVIS, *A History of Shopping* 3e éd. 1967, p. 56.

94. I. BOG, *in : Mélanges Lütge*, *op. cit.*, p. 150.

95. *Ibid.*, p. 147. Las plus haute estimation est celle de L. Stone.

96. Alan EVERITT, «The Food Market of the english Town», *in : Munich 1965*, p. 60.

97. *Voyage en Angleterre*, 1728, f°s 14 et 161.

98. Voyez, pour le pays de Galles et l'Écosse, les remarques de Michael

HECHTER, *International Colonialism*, 1975, pp. 82-83.

99. Daniel DEFOE, *En explorant l'île de Grande-Bretagne*, ed. de 1974, p. 103.
100. A. EVERITT, *in : The Agrarian Hist.*, *op. cit.*, pp. 468, 470, 473.
101. Eckart SCHREMMER, *Die Wirtschaft Bayerns*, pp. 613-616.
102. *Ibid.*, p. 563.
103. A. EVERITT, *in : The Agrarian Hist.*, p. 469.
104. *Ibid.*, pp. 532 *sq*.
105. *Ibid.*, p. 563.
106. G. von BELOW, *op. cit.*, p. 353.
107. N. DELAMARE, *Traité de police*, 1705, II, p. 654.
108. *Ibid.*, 1710, II, p. 1059, 16 janvier 1699. Parmi les accapareurs de blé, un drapier, un vendeur de laine, un apothicaire, un marchand, un médecin, un fermier des douanes, un boulanger, un laboureur...
109. M. BAUDOT, art. cit., p. 2.
110. R. CAILLET, *op. cit.*, pp. 23-24.
111. Même chanson à Saint-Jean-de-Losne en 1712 et 1713, Henri JACQUIN, «Le ravitaillement de Saint-Jean-de-Losne au XVIIIe», *in : Annales de Bourgogne*, 1974, pp. 131-132.
112. Moscou, A. E. A., 50/6, 474, fos 60 et 61, 13/24 avril 1764.
113. A.N., Ms. Fr. 12683.
114. Saint-Malo, 29 juin 1713, A. N., G7, 1701, f° 120.
115. R. L. REYNOLDS, «In Search of a Business Class in thirteenth Century Genoa», *in : J. of Economic History*, 1945.
116. Franck SZENURA, *L'Espansione urbana di Firenze nel Dugento*, 1975.
117. Emmanuel LE ROY LADURIE, *Le Territoire de l'historien*, 1973, «Le mouvement des loyers parisiens de la fin du Moyen Age au XVIIIe siècle, pp. 116 *sq*.
118. Cesena, Bib. Malatestiana, Cassetta XVI, 165, 39.
119. *Variétés*, IV, pp. 105 et *sq*.
120. J. BABELON, *op. cit.*, pp. 15-18.
121. D'après le travail inédit de Jean NAGLE.
122. Museo Correr, P.D., C. 903, f° 12, Andrea Dolfin, ambassadeur vénitien à Paris, à Andrea Tron, 13 août 1781.
123. G. HUPPERT, ouvrage à paraître, titre probable: *Vivre noblement*, dactylogr., p. 127.
124. Wilhelm ABEL, *Agrarkrisen und Agrarkonjunktur* 2e éd. 1966, pp. 124 *sq*.
125. Eugenio ALBERI, *Relazioni degli ambasciatori veneti durante il secolo XVI*, 1839-1863, VIII, p. 257.
126. Jean MEYER, *La Noblesse bretonne au XVIIIe siècle*, 1966, II, p. 897.
127. A. du PRADEL, *op. cit.*, I, p. XXVI, II, pp. 333 *sq*.
128. Yvonne BEZART, *La Vie rurale dans le Sud de la région parisienne, 1450-1560*, 1929, pp. 68 *sq*
129. E. SCHREMMER, *op. cit*, *passim* et notamment pp. 219, 685.
130. *Le Capital*, Éd. sociales, II. p. 352: «... le marché du travail qu'il faut distinguer du marché des esclaves». Entre autres exemples, commerce d'esclaves à partir de l'Istrie et de la Dalmatie en direction de Florence, Sienne et Bologne, A. d. S. Venise, Senato Mar, 6, f° 136 v°, 17 août

1459.

131. J. FREUND, compte rendu de: Bernhard WILLMS, *Die Antwort des Leviathan, Th. Hobbes politische Theorie*, in : *Critique*, 1972, p. 563.

132. A.N., A.E., B[I], 598, Gênes, 31 mars 1783; David RICARDO, *Principes de l'économie politique*, éd. de 1970, p. 67.

133. Eric MASCHKE, «Deutsche Städte am Ausgang des Mittelalters», in : *Die Stadt am Ausgang des Mittelalters*, pp. W. RAUSCH, tirage à part, p. 20.

134. *Acta hungarica*, XXIV, p. 30.

135. Marcel POÈTE, *Une Vie de cité, Paris de sa naissance à nos jours*, 1924, I, p. 301.

136. Robert-Henri BAUTIER, «A propos d'une société lucquoise à Lyon au XIIIe siècle. Les contrats de travail au Moyen Age», in : *Bulletin philologique et historique (avant 1610)*, 1964, pp. 162-164.

137. Antonio H. de OLIVEIRA MARQUES, *Daily Life in Portugal in the late Middle Ages*, 1971, pp. 186-188.

138. Marcel DELAFOSSE, «Les vignerons d'Auxerrois (XIVe-XVIe siècles)», in : *Annales de Bourgogne*, t. 20, n° 77, janv.-mars 1948, pp. 22 *sq*.

139. Ernst PITZ, in : *Wirtschaftliche und soziale Probleme der gewerblichen Entwicklung im 15.-16. Jahrhunderten nach Ansich-Nieder Deutschen Quellen*, publié par F. LÜTGE, 1968, p. 35. Brigit FIEDLER, *Die gewerblichen Eigenbetriebe der Stadt Hamburg im Spätmittelalter*, 1974.

140. A. BABEAU, *Les Artisans et les domestiques d'autrefois*, *op. cit.*, p. 273, note 1, Tallemant des Réaux (1619-1692).

141. Gustave FAGNIEZ, *L'Économie rurale de la France sous Henri IV*, 1897, p. 55.

142. *Le Journal du sire de Gouberville*, 1892, p. 400, *Cf.* le recueil de A. TOLLEMER *Un Sire de Gouberville*, pp. 27 *sq*.

143. E. LE ROY LADURIE, *op. cit.*, p. 202.

144. M. BAUDOT, art, cit., p. 8.

145. Voir *infra* p. 220 à propos de la généralité d'Orléans.

146. Selon un article de René GAUCHET.

147. B.N., Ms. Fr., 21672, f° 16 v°.

148. Rolf ENGELSING «Der Arbeitsmarkt der Dienstboten im 17., 18., und 19. Jahrhundert», in : *Wirtschaftspolitik und Arbeitsmarkt*, p. p. Hermann KELLENBENZ, 1974, p. 174.

149. *Op. cit.*, II, p. 49.

150. Peter LASLETT, *Un Monde que nous avons perdu*, 1969, p. 60. E. H. PHELPS-BROWN et S. V. HOPKINS parlent seulement d'un tiers de la population qui serait salarié, cité par Immanuel WALLERSTEIN, *The Modern World System*, 1974, p. 82.

151. Herbert LANGER, «Zur Rolle der Lohnarbeit im spätmittelalterlichen Zunfthandwerk der Hansestädte. Dargesltellt hauptsächlich am Beispiel der Hansestadt Stralsund», in : *Jb. f. Regionalgeschichte*, 3, 1968.

152. Jeffry Kaplow, *Les Noms des rois*, 1974, pp. 47-48.

153. *Op. cit.*, I, p. 448.

154. Voir *infra*, pp. 444-448.

155. Cité par A. BABEAU, *op. cit.*, p. 40.

156. Lorenzo LOTTO, *Libro di spese diverse (1538-1556)*, p.p. Pietro ZAMBELLI;

Paolo FARINATI, *Giornale 1573-1606*, p.p. Lionello PUPPI, 1968, p. XL.

157. P. FARINATI, *ibid*., p. XLIII, note 116.

158. Palerme, 10 déc. 1704. D. Francisco de Arana au Cardinal Judice. Biblioteca Comunale, Palerme, hQq 66, f°s 452 *sq*. et f° 476.

159. Benedetto COTRUGLI, *Della mercatura e del mercante perfetto*, Brescia, 1602, p. 50 (ce livre a été écrit en 1458).

160. *Vida y hechos de Estebanillo González*, *in* : *La Novela picaresca española*, 1966, p. 1830.

161. 12 avril 1679, A.N., G[7], 491, 505.

162. Yves-Marie BERCÉ, *Histoire des croquants*. *Étude des soulèvements populaires au XVIIe siècle dans le Sud-Ouest de la France*, 1974, I, p. 41.

163. Louis-Sébastien MERCIER, *Tableau de Paris* VIII, 1783, pp. 343-345.

164. Y.-M. BERCÉ, *op. cit*., I, p. 242.

165. Aldo de MADDALENA, Semaine de Prato, avril 1975.

166. Bistra A. CVETKOVA, « Vie économique des villes et ports balkaniques aux XVe et XVIe siècles », *in* : *Revue des études islamiques*, 1970, pp. 277-278, 280-281.

167. Stefan OLTEANU, « Les métiers en Moldavie et en Valachie (Xe-XVIIe siècles) », *in* : *Revue roumaine d'histoire*, VII, 1968, p. 180. Ici, de toute évidence, foire = marché.

168. *Young's Travels in France during the Years 1787, 1788, 1879*. éd. Betham-Edwards, 1913, p. 112.

169. Lazslo MAKKAI, Semaine de Prato, avril 1975.

170. Michelet de nous dire: une vente, de terre a lieu, « nul acquéreur ne se présentant, le paysan arrive avec sa pièce d'or», *Le Peuple*, éd. 1899, p. 45.

171. Maurice AYMARD, Semaine de Prato, avril 1975, à propos de la Sicile.

172. Emiliano FERNÁNDEZ DE PINEDO, *Crecimiento económico y transformaciones sociales del pais vasce 1100-1850*, 1974, voir surtout pp. 233 *sq*.

173. F. Sebastián MANRIQUE, *Itinerario de las Missiones*, 1649, p. 59.

174. Michel MORINEAU, « A la halle de Charleville: fourniture et prix des grains, ou les mécanismes du marché (1647-1821) », *in* : *95e Congrès national des sociétés savantes*, 1970, II, pp. 159-222.

175. Marco CATTINI, «Produzione, autoconsumo e mercato dei grani a San Felice sul Panaro, 1590-1637», *in* : *Rivista storica italiana*, 1973, pp. 698-755.

176. Voir *supra*, note 162.

177. *Variétés*, I, 369, note 1.

178. *Journal du voyage de deux jeunes Hollandais à Paris en 1656-1658*, *op. cit*., p. 30.

179. E. BRACKENHOFFER, *op. cit*., p. 116.

180. Ignace-François LIMOJON de SAINT-DIDIER, *La Ville et la république de Venise*, 1680, p. 68.

181. Charles CARRIÈRE, *Négociants marseillais au XVIIIe siècle*, 1973, I, p. 165.

182. G. William SKINNER, «Marketing and social structure in rural China», *in* : *Journal of Asian Studies*, novembre 1964, p. 6. Des marchés plus tard dans le Setchouen, *infra*, pp. 96-97.

183. Abbé PRÉVOST, *Histoire générale des voyages*... (1750), VIII, p. 533.
184. Marcel MARION, *Dictionnaire des institutions de la France aux XVII*^{e} *et XVIII*^{e} *siècles*, p. 195, article «Échoppe».
185. A. EVERITT, *in* : *The Agrarian History*..., *op. cit.*, p. 484.
186. Robert MARQUANT, *La Vie économique à Lille sous Philippe le Bon*, 1940, p. 82.
187. Une image de K. MARX, *Œuvres*, I, p. 902.
188. R. MARQUANT, *op. cit.*, p. 82.
189. A. H. de OLIVEIRA MARQUES, *op. cit.*, p. 201.
190. E. BRACKENHOFFER, *op. cit.*, p. 97.
191. B. N., Ms. Fr., 21633, f°s 1, 14, 18, 134.
192. A.d.S. Florence, Mediceo 4709, Paris, 27 juin 1718.
193. Friedrich LÜTGE, *Deutsche Sozial-und Wirtschaftsgeschichte*, 1966, *passim* et pp. 143 *sq*.
194. A.N., G^{7}, 1686, 156. Mémoire sur la décoration des commerçants.
195. A.N., F^{12}, 724, 11 avril 1788.
196. Le mépris social en Italie, ainsi à Lucques, est pour le petit boutiquier non le vrai marchand, Marino BERENGO, *Nobili e mercanti nella Lucca del Cinquecento*, 1963, p. 65.
197. Alfred FRANKLIN, *La Vie privée d'autrefois au temps de Louis XIII*, I. *Les Magasins de nouveautés*, 1894, pp. 22 *sq*.
198. P. BOISSONNADE, *Essai sur l'organisation du travail en Poitou*, I, p. 287.
199. Archives de Cracovie, correspondance de Federigo Aurelio (3 septembre 1680-20 mars 1683), fonds Ital. 3206.
200. W. SOMBART, *op. cit.*, boutique d'un mercier juif, II, pp. 455 et suivantes sur l'ensemble du problème.
201. T. S. WILLAN, *A braham Dent of Kirkby Stephen*, *op. cit*.
202. D'après T.S. WILLAN, *op. cit*.
203. E. SCHREMMER, *op. cit.*, pp. 173-175.
204. A.N., F^{12}, 116, f° 58 *sq.*, 28 mai 1716.
205. A.N., G^{7}, 1686, 156 — vers 1702.
206. *Journal de voyage de deux jeunes Hollandais*, *op. cit.*, p. 76.
207. E. BRACKENHOFFER, *op. cit.*, p. 117.
208. *Journal de voyage de deux jeunes Hollandais*, *op. cit.*, p. 50.
209. TIRSO DE MOLINA, *op. cit.*, p. 107.
210. Y.-M. BERCÉ, *op. cit.*, I, pp. 222 et 297 et aux références du mot «cabaret» à l'index.
211. Miguel CAPELLA et Antonio MATILLA TASCÓN, *Los Cinco Gremios mayores de Madrid*, 1957, p. 13 et note 23. *Cf*. LOPE DE VEGA, *La Nueva Victoria de Don Gónzalo de Córdoba*.
212. E. SCHREMMER, *op. cit.*, p. 595.
213. A.N., A.E., C.P. Angleterre, 108, f° 28.
214. *The Complete English Tradesman*, Londres, 1745, II, pp. 332 et 335.
215. *Voyage en Angleterre*, *op. cit.*, f° 29.
216. L. BATIFFOL, *op. cit.*, pp. 25-26.
217. Voir le premier volume du présent ouvrage, éd. 1967, pp. 193-194.
218. W. SOMBART, *op. cit.*, II, p. 465; *Mémoires de la baronne d'Oberkirch*, 1970, p. 348 et note 1, p. 534.
219. A. FRANKLIN, *La Vie privée d'autrefois au temps de Louis XIII*, I,

Les Magasins de nouveautés, *op. cit.*, *passim*, pp. 20 et 40.

220. A. de Malte, 6405, début XVIIIe siècle.

221. Jean-Baptiste SAY, *De l'Angleterre et des Anglais*, 1815, p. 23.

222. L'enquête reste à faire. En voici quelques jalons. A Valladolid, en 1570, pour 40 000 habitants, 1870 boutiques d'artisans et de marchands, soit en gros une pour 20 habitants (Bartolomé BENNASSAR, *Valladolid au siècle d'or*, 1967, p. 168). A Rome, en 1622, même proportion: 5578 boutiques pour 114 000 habitants (Jean DELUMEAU, *Vie économique et sociale de Rome dans la seconde moitié du XVIe siècle*, 1957-1959, I, pp. 377 et 379). Voir aussi, pour Venise, Daniele BELTRAMI, *Storia della popolazione di Venezia dalle fine del secolo XVI alla caduta dalta Republica*, 1954, p. 219, et, pour Sienne, un relevé de tous les métiers de la ville, en 1762 (A.d.S. Sienne, Archivio Spannochi B 59). Pour Grenoble, en 1723, voir E. ESMONIN, *Études sur la France des XVIIe et XVIIIe siècles*, 1964, p. 461 et note 80.

223. W. SOMBART, *op. cit.*, II, p. 454.

224. *Wirtschafts- und Sozialgeschichte zentraleuropäischer Städte in neuerer Zeit*, 1963. pp. 183 *sq*. A Bâle, du XVIe siècle à la fin du XVIIIe, les marchands merciers et détaillants augmentent de 40%, l'ensemble des métiers se maintient ou tend à baisser.

225. Je dois à Claude LARQUIÉ l'inventaire après décès de la boutique d'un *aguardientero* de la Plaza Mayor, Archivo de los Protocolos, n° 10598, f°s 372-516, 1667.

226. Sondages de Maurice AYMARD: 1548, Tribunale del Real Patrimonio 137, Livelli f°s 3561 et 1584; *ibid.*, Privilegiati, f° 8.

227. Moscou, A. E. A., 35/6, 390, 84, Londres, 7 mars 1788.

228. Albert SOBOUL, *Les Sans-Culottes parisiens en l'an II*, 1958, *passim* et notament pp. 163, 267, 443, 445.

229. A.N., F[12], 724.

230. Chanoine François PEDOUE, *Le Bourgeois poli*, 1631.

231. Adam SMITH, *Recherches sur la nature et les causes de la richesse des nations*, éd. de 1966, I, p. 18.

232. *Médit*..., I, p. 293.

233. Jean-Jacques HÉMARDINQUER, « La taille, impôt marqué sur un bâton (Landes, Pyrénées, Bourgogne)», *in : Bulletin philologique et historique* (jusqu'à 1610), 1972, pp. 507-512.

234. Lucien GERSCHEL, « L'Ogam et le nom», *in : Études celtiques*, 1963, pp. 531-532; *supra*, I, éd. de 1967, pp. 357-358.

235. D. DEFOE, *op. cit.*, I, p. 356.

236. A. du PRADEL, *op. cit.*, II, p. 60.

237. A. de Paris, 3 B 6 27, 26 février 1720.

238. *Variétés*, II, p. 136.

239. *Variétés*, VI, p. 163.

240. A.D. Isère, II E, 621 et 622.

241. *Les Mémoires de Jean Maillefer, marchand bourgeois de Reims (1611-1684)*, 1890, p. 16.

242. A.N., F[12], 863-7, 7 octobre 1728.

243. Renseignement fourni par Traian STOIANOVICH.

244. Georges LIVET, «Les Savoyards à Strasbourg au début du XVIIIe siècle», *in : Cahiers d'histoire*, IV, 2, 1959, p. 132.
245. José Luis MARTIN GALINDO, «Arrieros maragatos en el siglo XVIII» *in : Estudios y Documentos*, nº 9, 1956; *Médit*..., I, p. 408.
246. M. CAPELLA, A. MATILLA TASCÓN, *op. cit.*, pp. 14 et 22.
247. Marius KULCZYKOWSKI, «En Pologne au XVIIIe siècle: industrie paysanne et formation du marché national», *in : Annales* E.S.C., 1969. pp. 61-69.
248. D. DEFOE, *op. cit.*, II, p. 300.
249. J. SAVARY DES BRUSLONS, *op. cit.*, mot: «Forain», col. 707.
250. Maurice LOMBARD, «L'évolution urbaine pendant le Haut Moven Age», *in : Annales E. S. C.*, XII-1957; Édouard PERROY, *Histoire du Moyen Age*, «Syri, c'est-à-dire juifs et chrétiens de langue grecque», p. 20.
251. *Variétés*, III, p. 36.
252. E. SCHREMMER, *op. cit.*, p. 604.
253. Robert MANDROU, *De la culture populaire aux XVIIe et XVIIIe siècles. La Bibliothèque bleue de Troyes*, 1964, p. 56.
254. W. SOMBART, *op. cit.*, II, p. 446.
255. Claude NORDMANN, *Grandeur et liberté de la Suède (1660-1792)*, 1971, p. 36.
256. D'après les renseignements fournis par Andrzej WYCZANSKI.
257. Moscou, A.E.A. 84/2, 420, fos 10-11, Leipzig, 6/17 octobre 1798; et 84/2, 421, fº 3 vº, Leipzig, 8-19 janvier 1799.
258. A.N., G7, 1695, fº 202. Rapport d'Amelot, Paris, 20 septembre 1710. Colporteurs juifs signalés à Toulouse (1695) par Germain MARTIN et Marcel BEZANÇON, *L'Histoire du crédit en France sous le règne de Louis XIV*, 1913, p. 189; à Valogne (leurs méfaits), archives du Calvados, C 1419 (1741-1788).
259. E. FOURNIER, *Le Théâtre français aux XVIe et XVIIe siècles*, 1874, II, p. 288.
260. *The Scandinavian Economic History Review*, 1966, nº 2, p. 193.
261. A. d. S. Bologne, II-C, 148-150, 1595.
262. Heinrich BECHTEL, *Wirtschaftsgeschichte Deutschlands*, II, p. 392, note 286.
263. E. BRACKENHOFFER, *op. cit.*, pp. 115 et 144. Raisins de caisse, raisins séchés, voir LITTRÉ, au mot «Raisin».
264. Jean GEORGELIN, *Venise au siècle des Lumières*, à paraître, dactyl., p. 213, d'après le témoignage de Gradenigo.
265. Guy PATIN, *Lettres*, III, p. 246.
266. Jacques ACCARIAS DE SÉRIONNE, *La Richesse de la Hollande*, 1778, II, p. 173.
267. B.N., Ms. Fr., 14667, 131.
268. *La Response de Jean Bodin à M. de Malestroit*, 1568, p.p. Henri HAUSER, 1932, p. XXXVIII.
269. Fonds du docteur Morand, Bonne-sur-Ménoge (Haute-Savoie).
270. J. SAVARY DES BRUSLONS, *op. cit.*, II, col. 679; V, col. 915-916.
271. Fonds Morand, Joseph Perollaz à son père, Lucerne, 13 mai 1819.
272. *Gazette de France*, Madrid, 24 mai 1783, p. 219.

273. Voir *Il Libro dei vagabondi*, p.p. Piero Camporesi, 1973, introduction, nombreuses références aux littératures européennes.
274. Ernst SCHULIN, *Handelsstaat England*, 1969, pp. 117 et 195. Des colporteurs portugais au début du XVIe siècle, dans les Pays-Bas. J. A. GORIS, *Étude sur les colonies marchandes méridionales... à Anvers 1488-1567*, 1925, pp. 25-27.
275. David ALEXANDER, *Retailing in England during the Industrial Revolution*, 1970, pp. 63 *sq*. En 1780, un projet de loi, à Londres, pour supprimer le colportage, se heurte à la réaction très vive des manufacturiers anglais (laine et coton) qui signalent par leurs pétitions aux Communes l'énorme masse de marchandises qu'ils débitent, D. DAVIS, *op. cit.*, pp. 245-246.
276. Jean DROUILLET, *Folklore du Nivernais et du Morvan*, 1959; Suzanne TARDIEU, *La Vie domestique dans le Mâconnais rural et pré-industriel* 1964, pp. 190-193.
277. Fonds Morand, J. C. Perollaz à sa femme, Genève, 5 août 1834.
278. A. N., F^{12}, 2175, Metz, 6 février 1813.
279. A. N., F^{12}, 2175, Paris, 21 août 1813.
280. Basile H. KERBLAY, *Les Marchés paysans en U.R.S.S.*, 1968, pp. 100 *sq*.
281. Jean-Paul POISSON, « De quelques nouvelles utilisations des sources notariales en histoire économique (XVIIe-XXe siècles)», *in : Revue historique*, n° 505, 1973, pp. 5-22.
282. Voir infra pp. 331 *sq*.
283. A.N. F^{12}, 149, 77.
284. A. N. F^{12}, 721, Périgueux, 11 juin 1783.
285. W. SOMBART, *op. cit.*, II, p. 566, Prioritè, sans doute, à la *Hamburger Kommerzdeputation*, née en 1663.
286. J. GEORGELIN *op. cit.*, p. 86.
287. Piero BARGELLINI, *Il Bicentenario della Camera di commercio fiorentina 1770-1970*, 1970.
288. A.N., G^7, 1965, 12.
289. A.N., F^{12}, 151, 195.
290. A.N. F^{12}, 683, 23 décembre 1728.
291. Michael MITTERAUER, «Jahrmärkte in Nachfolge antiker Zentralorte», *in : Mitteilungen des Instituts für osterreichische Geschichtsforschung*, 1967, pp. 237 *sq*.
292. J. SAVARY DES BRUSLONS, *op. cit.*, au mot «Landi», col. 508.
293. Félix BOURQUELOT, *Études sur les foires de Champagne*, 1865, p. 10.
294. E. BRACKENHOFFER, *op. cit.*, p. 105, l'apprend à son passage à Lyon; il cite Eusèbe, IV ch. 3.
295. A. N., F^{12}, 1259 D. Livry-sur-Meuse, Vendémiaire an VIII.
296. LITTRÉ, au mot « Marché ». Les marchés et les foires ne se peuvent établir que par la permission du roi. FERRET, *Traité de l'abus*, I, 9.
297. A.N., K 1252.
298. Gérard BOUCHARD, *Un Village immobile, Sennely-en-Sologne au XVIIIe siècle*, 1972, p. 200.
299. J. SAVARY DES BRUSLONS, *op. cit.*, II, col. 668.
300. *Ibid.*, col. 663.
301. *Ibid.*, col. 668.
302. *Ibid.*, col. 671.
303. Jean MERLEY, *La Haute-Loire de la*

fin de l'Ancien Régime aux débuts de la Troisième République, *1776-1886*, 1974, I, pp. 146-147.
304. Voir carte, *supra*, p. 30.
305. Farnesiane, 668, 17. Valentano, 14 mal 1652.
306. R. GASCON, *op. cit.*, 4, I, pp. 241-242.
307. J. SAVARY DES BRUSLONS, *op. cit.*, II, col. 676.
308. Ernst KROKER, *Handelsgeschischte der Stadt Leipzig*, 1925, p. 85.
309. Cristobal ESPEJO, *Las Antiguas Ferias de Medina del Campo*, Valladolid, 1908.
310. Jean BARUZI, *Saint Jean de la Croix et le problème de l'expérience mystique*, 1931, p. 73.
311. H. MAUERSBERG, *Wirtschafts- und Sozialgeschichte zentral-europäischer Städte in neuerer Zeit*, *op. cit.*, p. 184.
312. E. KROKER, *op. cit.*, pp. 113-114.
313. Friedrich LÜTGE, « Der Untergang der Nürnberger Heiltumsmesse », *in : Jahrbücher für Nationalökonomie und Statistik*, Band 178, Heft 1/3, 1965, p. 133.
314. Ruggiero NUTI, *La Fiera di Prato attraverso i tempi*, 1939.
315. R. CAILLET, *op. cit.*, pp. 155 *sq*.
316. *Variétés*, IV, 327 et I, 318, note 2.
317. Moscou, A. E. A. 84/12, 420, 7. Leipzig, 18/29 septembre 1798.
318. Francisque MICHEL, Édouard FOURNIER, *Le Livre d'or des métiers*, *Histoire des hôtelleries*, *cabarets*, *hôtels garnis et cafés*... Paris, 1851, 2, 10 (1511).
319. R. CAILLET, *op. cit.*, pp. 156 et 159.
320. *Ibid.*, p. 156.
321. A. d. S. Napoli, Affari Esteri, 801, La Haye, 17 mai 1768 et 8 mai 1769.
322. *Gazette de France*, p. 513, Florence, 4 octobre 1720.
323. A.d.S. Florence, Fondo Riccardi 309. Leipzig, 18 octobre 1685, Gio. Baldi à Francesco Riccardi.
324. *Médit.*, I, 347, et note 6.
325. P. MOLMENTI, *op. cit.*, II, p. 67, note 1.
326. *Insignia Bologne*, X-8, 1676.
327. Henry MORLEY, *Memoirs of Bartholomew Fair*, Londres, 1859; J. SAVARY DES BRUSLONS, *op. cit.*, II, col. 679, mot «Foire».
328. Cité par P.-L. HUVELIN, *op. cit.*, p. 30, note 1; référence à LEROUX DE LINCI, *Proverbes*, II, p. 338.
329. J. SAVARY DES BRUSLONS, *op. cit.*, II, col. 656; B.N., Ms. Fr., 21783, 170.
330. *Voyage de deux jeunes Hollandais*..., *op*, *cit.*, p. 75.
331. A. GROHMANN, *op. cit.*, p. 31.
332. R. GASCON, *op. cit.*, I, p. 169.
333. Y.-M. BERCÉ, *op. cit.*, p. 206.
334. E. KROKER, *op. cit.*, p. 132.
335. Lodovico GUICCIARDINI, *Description de tout le Pays-Bas* (*1568*), 3e éd. 1625, p. 108.
336. *Gazette de France*, avril 1634.
337. Oliver C. Cox, *The Foundation of Capitalism*, 1959, p. 27. En sens inverse, P. CHALMETTA GENDRON, *op. cit.*, p. 105.
338. Alfred HOFFMANN, *Wirtschaftsgeschichte des Landes Oberösterreich*, 1952, p. 139.
339. E. KROKER, *op. cit.*, p. 83.
340. Corrado Marciani, *Lettres de change aux foires de Lanciano au XVIe siècle*, Paris, 1962.

341. Louis DERMIGNY, « Les foires de Pézenas et de Montagnac au XVIIIe siècle», *in : Actes du congrès régional des fédérations historiques de Languedoc*, Carcassonne, mai 1952, notamment pp. 18-19.
342. Robert-Henri BAUTIER, «Les foires de Champagne», *in : Recueils de la Société Jean Bodin*, V: *La foire*, pp. 1-51.
343. F. BOURQUELOT, *Études sur les foires. de Champagne*, II, *op. cit.*, pp. 301-320.
344. *Médit.* ..., I, p. 458 et note 3.
345. *Ibid.*, I, 314.
346. José GENTIL DA SILVA, *Banque et crédit en Italie au XVIIe siècle*. 1969, p. 55.
347. *Ibid.* voir à l'index «*Mercanti di conto*».
348. Domenico PERI, *Il Negotiante*, Gênes, 1638; *Médit.* ... I, p. 461.
349. J. GENTIL DA SILVA, *op. cit.*, p. 55.
350. Giuseppe MIRA, «L'organizzazione fieristica nel quadro dell'economia della "Bassa" Lombardia alla fine del medioevo e nell'età moderna», *in : Archivio storico lombardo*, vol. 8, 1958, pp. 289-300.
351. A. GROHMANN, *op. cit.*, p. 62.
352. A. HOFFMANN, *op. cit.*, pp. 142-143.
353. Henri LAURENT, *Un Grand Commerce d'exportation au Moyen Age: la draperie des Pays-Bas en France et dans les pays méditerranéens, XIIe-XVe siècles*, 1935, pp. 37-41.
354. A. GROHMANN, *op. cit.*, p. 20.
355. F. BOREL, *Les Foires de Genève au XVe siècle*, 1892 et documents joints; Jean-François BERGIEB, *Les Foires de Genève et l'économie internationale de la Renaissance*, 1963.
356. R. GASCON, *op. cit.*, I, p. 49.
357. A.N., F^{12}, 149, f° 59, 27 septembre 1756.
358. TURGOT, article « Foire », dans l'*Encyclopédie*, 1757; J. SAVARY DES BRUSLONS, *op. cit.*, mot «Foire», col. 647.
359. W. SOMBART, *op. cit.*, II, pp. 472 et 479.
360. A. HOFFMANN, *op. cit.*, p. 143; E. KROKER, *op. cit.*, p. 163. A noter que le mot *Messe* (foire) courant à Francfort ne s'acclimate à Leipzig que durant la seconde moitié du XVIIe siècle et détrône les mots *Jahrmärkte* ou *Märkte*, *ibid.*, p. 71.
361. *Médit.*, ... I, 479.
362. W. SOMBART, *op. cit.*, II, p. 473.
363. B.H.KERBLAY, *op. cit.*, pp. 85 *sq.*
364. Alice Piffer CANABRAVA, *O Comércio português no Rio da Prata (1580-1640)*, 1944, pp. 21 *sq.* J. SAVARY DES BRUSLONS, *op. cit.*, V, col.; 1367 *sq.*, voir également article consacré à La Vera Cruz et à Carthagène.
365. Nicolás SÁNCHEZ ALBORNOZ, « Un testigo del comercio indiano: Tomás de Mercado y Nueva Espana», *in : Revista de historia de America*, 1959, p. 113.
366. Cité par E. W. DAHLGREN, *Relations commerciales et maritimes entre la France et les côtes de l'océan Pacifique*, 1909, p. 21.
367. José GENTIL DA SILVA, « Trafic du Nord, marchés du "Mezzogiorno", finances génoises: recherches et documents sur la conjoncture à la fin du XVIe siècle», *in : Revue du Nord*,

XLI, n° 162, avril-juin 1959, pp. 129-152, notamment p. 132.

368. Louis DERMIGNY, *in : Histoire du Languedoc*, 1967, p. 414.

369. A. N. F^{12}, 1266. Le projet ne sera pas accepté. La place de la Révolution est la place actuelle de la Concorde.

370. Werner SOMBART, *Apogée du capitalisme*, 1932, éd. André E. Sayous, p. XXV.

371. W. SOMBART, *Der moderne Kapitalismus*, II, *op. cit.*, pp. 488 *sq.*

372. J. SAVARY DES BRUSLONS, *op. cit.*, III, mot «Marchand», col. 765. *sq.*

373. LITTRÉ, *op. cit.*, mot «Corde», p. 808.

374. W. SOMBART, *Der moderne Kapitalismus*, II, p. 489.

375. Jean-Pierre RICARD, *Le Négoce d'Amsterdam contenant tout ce que doivent savoir les marchands et banquiers, tant ceux qui sont établis à Amsterdam que ceux des pays étrangers*, Amsterdam, 1722, pp. 5-7.

376. Moscou, A. Cent, 1261-1, 774, f° 18.

377. W. SOMBART, *op. cit.*, II, p. 490.

378. *Histoire du commerce de Marseille*, II, p. 466; IV, pp. 92 *sq.*; V., pp. 510 *sq.*

379. W. SOMBART, *op. cit.*, II, p. 490.

380. A.N., F^{12}, 116, 36.

381. Raymond OBERLÉ, «L'évolution des finances à Mulhouse et le financement de l'industrialisation au XVIIIe siècle», *in : Comité des travaux historiques. Bulletin de la section d'histoire moderne et contemporaine*, n° 8, 1971, pp. 93-94.

382. Cardinal François-Désiré MATHIEU, *L'Ancien Régime en Lorraine et Barrois... (1658-1789)*, Paris, 1878, p. 35.

383. Jacqueline KAUFFMANN-ROCHARD, *Origines d'une bourgeoisie russe, XVIe et XVIIe siècles*, 1969, p. 45.

384. J. SAVARY DES BRUSLONS, *op. cit.*, II; mot «Entrepôt», col. 329-330.

385. A. N., F^{12}, 70, f° 102, 13 août 1722.

386. R. GASCON, *op. cit.*, t. I, p. 158.

387. *Médit.*, ... I, 525.

388. C. CARRÈRE, *op. cit.*, p. 9.

389. Roberto CESSI et Annibale ALBERTI, *Rialto*, 1934, p. 79.

390. Maurice LÉVY-LEBOYER, *Les Banques européennes et l'industrialisation internationale dans la première moitié du XIXe siècle*, 1964, pp. 254 *sq.*

391. Mateo ALEMÁN, *Guzmán de Alfarache*, *in : La Novela picaresca española*, *op. cit.*, p. 551.

392. Viera da SILVA, *Dispersos*, III, 340 et IX, 807. C'est à partir de 1760 que sera construite la *Real Plaça do Comercio*. Ces indications me sont fournies par J. GENTIL DA SILVA.

393. Raimundo de LANTERY, *Memorias*, p. p. Alvaro PICARDO Y GOMEZ, Cadix, 1949. *In : Mélanges Braudel*, article de Pierre PONSOT, pp. 151-185.

394. R. CESSI et A. ALBERTI, *op. cit.*, p. 66.

395. Richard EHRENBERG, *Das Zeitalter des Fugger*, 3e éd. 1922, I, p. 70.

396. D'après une information de Guido PAMPALONI.

397. La loggia dei Mercanti ai Banchi se trouve à 400 m de la Strada Nuova, d'après les indications de Giuseppe

FELLONI (lettre du 4 septembre 1975).

398. R. EHRENBERG, *op. cit.*, I, p. 70.
399. R. MARQUANT, *op. cit.*, p. 61.
400. Jean LEJEUNE, *La Formation du capitalisme moderne dans la principauté de Liège au XVIe siècle*, 1939, p. 27.
401. Claude LAVEAU, *Le Monde rochelais de l'Ancien Régime au Consulat. Essai d'histoire économique et sociale (1744-1800)* thèse dactyl., 1972, p. 146.
402. *Scripta mercaturae*, I, 1967, entre la p. 38 et la p. 39, gravure sur culvre de Gaspar Merian, 1658.
403. E. KROKER, *op. cit.*, p. 138.
404. A.N., G^7, 698, 24.
405. *Diarii di Palermo*, *op. cit.*, II, p. 59.
406. A. d. S. Gênes, Lettere Consoli, 1/26-28.
407. Charles CARRIÈRE, *op. cit.*, I, p. 234.
408. Moscou, A.E.A., 35/6, 744, 9 *sq*.
409. C. CARRÈRE, *op. cit.*, p. 50.
410. *Ibid.*, p. 51.
411. R. EHRENBERG, *op. cit.*, I, p. 70.
412. Raymond BLOCH, Jean COUSIN, *Rome et son destin*, 1960, p. 126.
413. Ch. CARRIÈRE, *op. cit.*, I, pp. 232-233.
414. L.-A. BOITEUX, *La Fortune de mer, le besoin de sécurité et les débuts de l'assurance maritime*, 1968, p. 165.
415. D. DEFOE, *op. cit.*, I, 108.
416. J.-P. RICARD, *Le Négoce d'Amsterdam...*, *op. cit.*, pp. 6-7.
417. *Ibid.*, p. 6.
418. F. BRAUDEL, *supra*, I, éd. 1967, p. 360; Gino LUZZATTO, *Storia economica di Venezia dall'XI al XVI secolo*, Venise, 1961, pp. 147 *sq*.
419. Federigo MELIS, *Tracce di una storia economica di Firenze e della Toscana in generale dal 1252 al 1550*, cours dactylographié, 1966-1967; Alfred DOREN, *Storia economica dell'Italia nel Medio Evo*, 1936, pp. 559.
420. Adam WISZNIEWSKI, *Histoire de la Banque de Saint-Georges de Gênes*, Paris, 1865.
421. E. MASCHKE, art. cit., tiré à part, p. 8.
422. *Médit....*, II, pp. 44-45.
423. Bernard SCHNAPPER, *Les Rentes au XVIe siècle, Histoire d'un instrument de crédit*, Paris, 1957; *Registres de l'Hôtel de Ville pendant la Fronde*, p. p. LEROUX de LINCY et DOUET d'ARCQ, 1846-1847, t. II, p. 426.
424. R. SPRANDEL, *Der städtische Rentenmarkt in Nordwestdeutschland im Spätmittelalter*, 1971, pp. 14-23.
425. Armando SAPORI, *Una Compagnia di Calimalo ai primi del Trecento*, 1932, p. 185.
426. Heinrich Johann SIEVEKING, *Wirtschaftsgeschichte*, 1935, p. 87.
427. John FRANCIS, *La Bourse de Londres*, 1854, p. 13; N. W. POSTHUMUS, «The tulipomania in Holland in the years 1636 and 1637», *in : Journal of Economic and Business history*, I, 1928-1929, pp. 434-466.
428. Amsterdam 1688, réédition Madrid 1958.
429. J.G. VAN DILLEN, «Isaac le Maire et le commerce des actions de la Compagnie des Indes orientales», *in : Revue d'histoire moderne*, janv.-fév, et mars-mai 1935, notamment pp. 24 et 36.
430. J.G. VAN DILLEN, art. cit., pp. 15, 19, 21.

431. A.N., K 1349, 132, f° 82.
432. A.N., A.E., B[1], 757.
433. A.N., K 1349, 132, f° 81.
434. Isaac de PINTO, *Traité de la circulation et du crédit*, 1771, p. 311.
435. C.R.BOXER, *The Dutch Seaborn Empire 1600-1800*, 1965, p. 19.
436. Pierre JEANNIN, *L'Europe du Nord-Ouest et du Nord aux XVIIe et XVIIIe siècles*, 1969, p. 73.
437. J. de LA VEGA, *op. cit.*, p. 322.
438. *Le Guide d'Amsterdam* 1701, p. 65, mentionne le «Café françois». Les autres indiqués par Joseph de LA VEGA, *Die Verwirrung der Verwirrungen*, éd. Otto Pringsheim, 1919, p. 192. note 2, d'aprés BERG, *Réfugiés*, p. 328.
439. Michele TORGIA, *Sbozzo del commercio di Amsterdam*, 1782.
440. A.N., 61 AQ 4.
441. Herbert LÜTHY, *La Banque protestante en France de la Révocation de l'Édit de Nantes à la Révolution*, 1959-1961. II, p. 515.
442. A.N., 61 AQ 4, Paris, 2 mars 1780.
443. H. LÜTHY, *op. cit.*, II, se reporter à l'index.
444. A.N., 61 AQ 4. Par «compte à 3/3», entendez à trois tiers, entre Marcet, Pictet et Cramer.
445. A.N., 61 AQ, 77 et 88.
446. J. FRANCIS *op. cit.*, pp. 23 et 87.
447. *Ibid.*, p. 27.
448. A.N., G[7], 1699, Londres, 29 may 1713.
449. J. FRANCIS, *op. cit.*, p. 32.
450. Jean SAVANT, *Tel fut Ouvrard*, 1954, p. 55.
451. *Cf.* P. G. M. DICKSON, *The financial Revolution in England*, 1967, pp. 505-510; E. V. MORGAN et W. A. THOMAS, *The Stock Exchange*, 1962, pp. 60-61.
452. *Ibid.*, p. 65.
453. E. SCHULIN, *op. cit.*, pp. 249 et 295.
454. P. G. M. DICKSON, *op. cit.*, p. 504.
455. E. V. MORGAN et W. A. THOMAS, *op. cit.*, p. 17.
456. P. P. M. DICKSON, *op. cit.*, p. 506.
457. Jakob van KLAVEREN, «Rue de Quincampoix and Exchange Allev. Die Spekulationjahre 1719 und 1720 in Frankreich und England», *in : Vierteljahrschrift für Sozial- und Wirtschaftsgeschichte*, 1963, 48, 3, pp. 331-359.
458. Robert BIGO, «Une grammaire de la Bourse en 1789», *in : Annales d'histoire économique et sociale*, II, 1930, pp. 500 et 507.
459. Marie-Joseph Désiré Martin, *Les Étrennes financières*, 1789, pp. 97 *sq.*
460. *Ibid.*, ch. VI, «Bourse», p. 68.
461. Robert BIGO, *La Caisse d'Escomple (1776-1793) et les origines de la Banque de France*, Paris, 1927, notamment pp. 95-116.
462. *Mémoires du comte de Tilly*, 1965, p. 242.
463. Moscou, A.E.A., 93/6, 428, p. 40, Paris, 15 août 1785.
464. A.N., 61 AQ 4.
465. Roland de LA PLATIÈRE, *Encyclopédie méthodique*, II, p. 2, d'aprés C. CARRIÈRE, *op. cit.*, I, p. 244, note.
466. Maurice LÉVY-LEBOYER, *op. cit.*, p. 420, note 17.
467. Jacques GERNET, *Le Monde chinois*, Paris, 1972, p. 231.
468. Pierre GOUBERT, *Beauvais et le Beauvaisis de 1600 à 1730*, Paris, 1960,

p. 142.

469. I. de PINTO, *op. cit.*, p. 69.

470. C'est le chiffre avancé pour la Hollande lors de la crise de 1763., A.E., Hollande, 513, p. 64.

471. M. LÉVY-LEBOYER, *op. cit.*, p. 709; Guy THUILLIER, «Le stock monétaire de la France en l'an X», *in : Revue d'histoire économique et sociale*, 1974, p. 253. Un libelle anglais anonyme, vers 1700, distingue trente catégories différentes de papiers, E. SCHULIN, *op. cit.*, p. 287, note 191.

472. A.N., G^7, 1622.

473. M. TORCIA, *Sbozzo del commercio di Amsterdam*, *op. cit.*, p. 41.

474. *Op. cit.*, I, p. 266.

475. E. MARTINEZ ESTRADA, *Muerte y transfiguración de Martin Fierro*, 1948, *passim* et en particulier, I, pp. 134-135.

476. Roger LETOURNEAU, *Fès avant le protectorat*, Casablanca, 1949, cité par P. CHALMETTA, *op. cit.*, p. 128.

477. P. CHALMETTA, *op. cit.*, pp. 133-134, référence à al-MAQRIZI, *Kitab az-Jitat*.

478. S. Y. LABIB, *Handelsgeschichte Agyptens im Spätmittelalter 1171-1517*, 1965, pp. 277, 290 et 323.

479. Nikita ELISSEEFF, *Nur-ad-Din*, III, p. 856, cité par P. CCHALMETTA, p. 176.

480. Carlo A. PINELLI, Folco QUILICI, *L'Alba dell'uomo*, 1974, p. 219.

481. Pierre GOUROU, *Leçons de géographie tropicale*, 1971, p. 106; *Pour une géographie humaine* 1973, p. 105. L'essentiel de l'information dans le livre collectif *Mount Everest*, Londres, 1963.

482. G. W. SKINNER, art. cité.

483. Richard CANTILLON, *Essai sur la nature du commerce en général*. INED, 1952, pp. 5 *sq*.

484. J. C. VAN LEUR, *Indonesian Trade and Society*, 1955, pp. 53, 60, 63, etc., et particulièrement, pp. 135-137, 197, 200. La position de VAN LEUR est reprise par Niels STEENSGAARD, *The Asian Trade Revolution of the seventeenth cent.*, 1973. Contre cette position, une note que m'a adressée Daniel THORNER et l'ouvrage de M. A. P. MEILINK-ROELSFSZ, *Asian trade and European influence in the Indonesian Archipelago between 1500 and about 1630. 1962.* Ce débat est au cœur même de l'histoire du monde. J'y reviendrai dans le volume III de cet ouvrage au chapitre 5.

485. J.-C. VAN LEUR, *op. cit.*, pp. 3 *sq*.

486. A.N., Marine B^7, 46, pp. 256 *sq*.

487. B. N. de Lisbonne, F. G. 7970; traduction de Ievon KHACHIKIAN, «Le registre d'un marchand arménien en Perse, en Inde et au Tibet (1682-1693)», *in : Annales E.S.C.*, mars-avril 1967.

488. Robert MANTRAN, *Istanbul dans la seconde moitié du XVIIe siècle*, 1962.

489. *Roussko-indıickie otnoshenia v XVIII veke* (Les relations russo-indiennes au XVIIIe siècle). Recueil de documents, pp. 29 *sq*, 56-65, 74, 82, 95 *sq*.

490. *Ibid.*, pp. 32, 51-55, 67.

491. *Médit. ...*, I, p. 263; II, pp. 577-578.

492. Luigi CELLI, *Introduction à Due Trattati inediti di Silvestro Gozzolini*

da Osimo, economista e finanziere del sec. XVI, Turin, 1892, pp. 2-6.

493. *Médit. ...*, II, pp. 142 *sq*.

494. Jacques de VILLAMONT, *Les Voyages du Seigneur de Villamont*, 1600, p. 102 recto et verso.

495. Irfan M. HABIB, «Banking in Mughol India», *in : Contribution to Indian economic history*, I, Calcutta, 1960, pp. 1-20.

496. C. R. BOXER, «Macao as religious and commercial entrepot in the 16th and 17th centuries», *in : Acta asiatica*, 1974, p. 71.

497. *Voiage de Henri Hagenaar aux Indes orientales*, *in* R.-A. Constantin de RENNEVILLE *Recueil des voiages qui ont servi à l'établissement et au progrès de la Compagnie des Indes orientales*, V, 1706, pp. 294 et 296-297.

498. *Médit.* ,... II, p. 149.

499. Abbé PRÉVOST, *op. cit.*, VIII, 629; W. H. MORELAND, *From Akbar to Aurangzeb*, 1923, pp. 153-158.

500. Jean-Henri GROSE, *Voyage aux Indes orientales*, 1758, pp. 155 *sq*. «Ce grand commerçant Abdugafour qu'on dit avoir fait à lui, seul un commerce aussi considérable que celui de la compagnie angloise...»

501. Jean-Baptiste TAVERNIER, *Les Six Voyages de Jean-Baptiste Tavernier ... qu'il a faits en Turquie, en Perse et aux Indes...*, Paris, 1676, I, pp. 192, 193.

502. Louis DERMIGNY, *Les Mémoires de Charles de Constant sur le commerce à la Chine*, 1964, pp. 76 et 189-190.

503. Dominique et Janine SOURDEL, *La Civilisation de l'Islam classique*, 1968, p. 584.

504. Robert BRUNSCHVIG, «Coup d'œil sur l'histoire de foires à travers l'Islam», *in : Recueils de la Société Jean Bodin*, t. V: *La Foire*, 1953, p. 44 et note 1.

505. J. C. VAN LEUR, *op. cit.*, p. 76.

506. R. BRUNSCHVIG, art. cit., pp. 52-53.

507. Ludovico de VARTHEMA, *Les Voyages de Ludovico di Varthema ou le viateur en la plus grande partie d'Orient*, Paris, 1888, p. 21. «Nous prinsmes nostre chemin et mismes trois jours à aller à ung lieu appelé Mezeribe. et là demourasmes trois jours à ce que les marchans se fournissent et acheptassent des chameaux et tout ce qui leur estoit necessaire. Le seigneur dudict Mezeribe nommé Zambey est seigneur de la campagne, c'est-à-dire des Arabes..., il a quarante mille chevaux et pour sa court, il a dix mille jumentz et trois cent mille chameaulx.»

508. S. Y. LABIB, *Handelsgeschichte Ägyptens im Spätmittelalter ...*, *op. cit.*, pp. 193-194.

509. *Ibid.*, p. 194.

510. R. BRUNSCHVIG, art. cit., pp. 56-57.

511. S.Y. LABIB, *op. cit.*, p. 197.

512. *Médit. ...*, I, p. 190: référence à Henry SIMONSFELD, *Der Fondaco dei Tedeschi und die deutsch-venetianischen Handelsbeziehungen*, 1887; Hans HAUSHERR, *Wirtschaftsgeschichte der Neuzeit vom Ende des 14. bis zur Höhe des 19. J.*, 3e éd. 1954, p. 28.

513. William CROOKE, *Things Indian*, 1906, pp. 195 *sq*.

514. Pour les détails qui suivent, *cf*. Abbé PRÉVOST, *op. cit.*, I, p. 414 et VIII, pp. 139 *sq*.

515. W. HEYD, *Histoire du commerce du Levant au Moyen Age*, 1936, t. II, pp. 662-663.
516. Denys LOMBARD, *Le sultanat d'Atjéh au temps d'Iskandar Muda, 1607-1636, 1967*, p. 46; référence à John DAVIS. *A briefe relation of Master John Davis, chiefe pilote to the Zelanders in their East India Voyage... 1598*, Londres, 1625.
517. François MARTIN, *Description du premier voyage faict aux Indes Orientales par les Français de Saint-Malo*, 1604, cité par D. LOMBARD, *op. cit.*, p. 25, n. 4.
518. D. LOMBARD, *op. cit.*, pp. 113-114; référence à Guillaume DAMPIER, *Supplément du voyage autour du monde...*, 1723.
519. D'après les indications que m'ont fournies Michel CARTIER, Denys LOMBARD et Étienne BALAZS.
520. Étienne BALAZS, « Les foires en Chine», *in : Recueils de la Société Jean Bodin*, V: *La Foire*, 1953, pp. 77-89.
521. *Encyclopedia britannica*, 1969, XIII, p. 124.
522. Louis DERMIGNY, *La Chine et l'Occident. Le commerce à Canton au XVIIIe siècle*, 1964, I, p. 295, III, p. 1151.
523. *La Tradition scientifique chinoise*, 1974.
524. «Le marché monétaire au Moyen Age et au début des Temps modernes», *in : Revue historique*, 1970, p. 28.
525. C. VERLINDEN, J. CRAEYBECKX, E. SCHOLLIERS, «Mouvements des prix et des salaires en Belgique au XVIe siècle», *in : Annales E.S.C.*, 1955, n° 2, p. 187, note 1: «Dans l'état actuel de la recherche, on peut même se demander si le XVIe siècle ne se caractériserait pas par la concentration du grand commerce entre les mains de quelques-uns...»
526. «Rue de Quincampoix und Exchange Alley», *in : Vierteljahrschrift...*, art. cit. 1963.

第二章

1. Pour ne pas dire *lois* selon le conseil de Georges GURVITCH.
2. Je pense avant tout aux Archives de Simón Ruiz à Valladolid et de Francesco Datini à Prato.
3. MAILLEFER, *op. cit.*, p. 102.
4. F. BRAUDEL et A. TENENTI, «Michiel da Lezze, marchand vénitien (1497-1514)», *in : Mélanges Friedrich Lütge*, 1956, p. 48.
5. *Ibid.*, p. 64.
6. L. DERMIGNY, *La Chine et l'Occident...*, II, p. 703 et note 5.
7. A.N. 62 AQ 44, Le Havre, 26 mars 1743.
8. F. BRAUDEL et A. TENENTI, *art. cit.*, p. 57.
9. *Médit.* ... I, pp. 560 *sq.*.
10. *Ibid.*, I, p. 285.
11. Tout le passage ci-dessous d'après le long rapport de Daniel Braems (1687) à son retour des Indes, où il avait longtemps occupé un poste de premier plan dans la Compagnie. A. N., B^7, 463, f°s 235-236, 253, 284.
12. *Ibid.*, f° 125.

13. *Supra*, I, éd. 1697, p. 366.
14. Felipe RUIZ MARTIN, *Lettres marchandes échangées entre Florence et Medina del Campo*, Paris, 1965, p. 307.
15. A.N., 62 AQ 33, 12 mai 1784.
16. A.N., 62 AQ 33, 29 novembre 1773. Ce Dugard est le fils de Robert Dugard. le fondateur de la grande teinturerie de Darnetal qui avait fait faillite en 1763.
17. *Ibid.*, 34, 31 octobre 1775.
18. Le sens de cet adjectif est à comprendre d'après celui d'*extinction*: «Acte qui met fin à une obligation» (LITTRÉ).
19. A.N., 62 AQ 34, 14 mars 1793.
20. A.N., 94 AQ 1, dossier n° 6.
21. A.N., 94 AQ 1, dossier n° 6, f° 35.
22. Jean CAVIGNAC, *Jean Pellet, commerçant de gros, 1694-1772*, 1967, p. 37.
23. A.N., F^{12}, 721, 25 février 1783.
24. A. N., 61 AQ 1, f° 28 v°, 4 avril 1776.
25. A.N., 94 AQ 1, dossier, 11, lettre de Pondichéry du 1er octobre 1729.
26. Pierre BLANCARD, *Manuel de commerce des Indes orientales et de la Chine*, 1806, pp. 40-41.
27. Ferdinand TREMEL, *Das Handelsbuch des Judenburger Kaufmannes Clemens Körber, 1526-1548*, 1960.
28. J. CAVIGNAC, *op. cit.*, p. 152.
29. *Ibid.*, p. 153.
30. *Ibid.*, p. 154.
31. *Ibid.*, p. 37.
32. Romuald SZRAMKIEWICZ, *Les Régents et censeurs de la Bangue de France nommés sous le Consulat et l'Empire*, 1974.
33. Clemens BAUER, *Unternehmung und Unternehmungsformen im Spätmittelalter und in der beginnenden Neuzeit*, 1936, p. 45.
34. Raymond de ROOVER, *Il Banco Medici dalle origini al declino (1397-1494)* (éd, anglaise, 1963), 1970, pp. 127 *sq.*
35. A.N., 62 AQ 33.
36. Ils sont de toute évidence, pour cette affaire, associés à moitié avec Dugard, ce qui s'écrit, dans les correspondances, 2/2. De même 3/3 est une association au tiers entre trois personnes.
37. Fernand BRAUDEL, «Réalités économiques et prises de conscience: quelques témoignages sur le XVIe siècle», *in* : *Annales E.S.C.*, 1959, p. 735.
38. A.N., G^7, 1698, 132, 12 avril 1713.
39. Sur les *metedores*, E. W. DAHLGREN, *Relations commerciales et maritimes entre la France et les côtes de l'océan Pacifique*, *op. cit.*, I, p. 42. Sur les *cargadoves*, John EVERAERT, *De internationale en coloniale handel der vlaamse Firma's te Cadiz, 1670-1740*, 1973, p. 899.
40. R. GASCON, *op. cit.*, pp. 204-205.
41. Armando SAPORI, *Sutdi di storia economica*, 3e éd. 1955, II, p. 933.
42. Jean-Baptiste TAVERNIER, *Voyage en Perse*, éd. Pascal Pia, 1930, p. 69.
43. P. D. de PASSENANS, *La Russie et l'esclavage*, 1822, I, p. 129, note 1.
44. L. BRENTANO, *Le Origini del capitalismo*, 1954, éd. allemande, 1916, p. 9.
45. Hektor AMMAN, «Die Anfänge des Aktivhandels und der Tucheinfuhr aus Nordwesteuropa nach dem Mit-

telmeergebiet», *in : Studi in onore di Armando Sapori*, 1957, I, p. 276.
46. H. PIGEONNEAU, *op. cit.*, I, p. 253.
47. *Médit...*, I, p. 458.
48. La formule est de Richard EHRENBERG, *Das Zeitalter der Fugger. Geldkapital und Greditverkehr im 16. J.*, 1896.
49. Pierre VILAR *La Catalogne dans l'Espagne moderne*, 1962, III, p. 484.
50. Mesroub J. SETH, *Armenians in India from the earliest times to the present day*, 1937.
51. L. DERMIGNY, *Mémoires de Charles de Constant...*, *op. cit.*, p. 150, note 5.
52. L. KHACHIKIAN, *art. cit.* pp. 239 *sq*.
53. L. DERMIGNY, *La Chine et l'Occident...*, *op. cit.*, I, p. 35.
54. Pierre CHAUNU, *Les Philippines et le Pacifique des Ibériques*, 1960, p. 23.
55. V. A. PARSAMIANA, *Relations russoarméniennes*, Erivan, 1953, doc. n°s 44 et 48-50.
56. F. LÜTGE, *op. cit.*, p. 253.
57. *Médit....*, I, p. 264.
58. Archives de Malte. Liber Bullarum, 423, f° 230, 1er mars et 1er avril 1553.
59. *Gazette de France*, 30 janvier 1649, p. 108. P. Joseph BOUGEREL, *Mémoires pour servir à l'histoire de plusieurs hommes illustres de Provence*, 1752 pp. 144-173.
60. Louis BERGASSE et Gaston RAMRERT, *Histoire du commerce de Marseille*, IV, 1954, p. 65.
61. Simancas, Estado Napoles, 1097, f° 107.
62. Traduction du titre: Trésor des mesures, poids, nombres, et monnaies du monde entier; ou connaissance de toutes [les] sortes de poids, mesures et monnaies qui régissent le commerce du monde entier, rassemblées... par les soins du vil luminier Lucas de Vanand aux frais et à la demande du Sieur Pierre fils du Xac'atur de Djulfa. Imprimé par les soins et avec l'agrément du très grand et sublime docteur et saint évêque Thomas de Vanand de la maison de Golt'n. En l'an du Seigneur 1699. le 16 janvier. A Amsterdam.
63. Alexandre WOLOWSKI, *La Vie quotidienne en Pologne au XVIIe siècle*, 1972, pp. 179-180.
64. L. DERMIGNY, La Chine et l'Occident. I, p. 297.
65. Paul SHAKED, *A tentative Bibliography of Geniza Documents*, 1964; S. D. GOITEIN, « The Cairo Geniza as a source for the history of Mulsim civilisation». *in : Studia islamica*, III, pp. 75-91.
66. S. Y. LABIB, *in : Journal of Economic History*, 1969, p. 84.
67. H. PIGEONNEAU, *op. cit.*, I, pp. 242-245.
68. *Médit. ...*, II, p. 151; Attilio MILANO, *Storia degli Ebrei in Italia*, 1963, pp. 218-220.
69. H. INALCIK, *in : Journal of Economic History*, 1969, pp. 121 *sq*.
70. *Sephardim an der unteren Elbe*, 1958.
71. F. LÜTGE, *op. cit.*, pp. 379-380, et surtout H. SCHNEE, *Die Hoffinanz und der moderne Staat*, 3 vol., 1953-1955.
72. Pierre SAVILLE, *Le Juif de Cour, histoire du Résident royal Berend Lehman (1661-1730)*, 1970.
73. Werner SOMBART, *Die Juden und das*

Wirtschaftsleben, 1922.

74. H. INALCIK, art. cit., pp. 101-102.

75. Lewis HANKE, «The Portuguese in Spanish America», *in : Rev. de Hist. de America*, juin 1961, pp. 1-48; Gonzalo de REPARAZ hijo, «Os Portugueses no Peru nos seculos XVIe XVII», *in : Boletim da Sociedade de Geografia de Lisboa*, janv.-mars 1967, pp. 39-55.

76. Pablo VILA, «Margarita en la colonia 1550 a 1600», *in : Revista nacional de cultura*, Caracas, octobre 1955, p. 62.

77. A. P. CANABRAVA, *O Comércio português no Rio da Prata*, *op. cit.*, pp. 36-38, et, en note, références à L. HANKE et autres.

78. *Ibid.*, pp. 116 *sq.*; L. HANKE, art. cit., p. 15.

79. L. HANKE, *ibid.*, p. 27.

80. A. P. CANABRAVA, *op. cit.*, pp. 143 *sq.*; Emanuel SOARES da VEIGA, GARCIA « Buenos Aires e Cadiz. Contribuiçào ao estudo do comercio livre (1789-1791)», *in : Revista de historia*, 1970, p. 377.

81. L. HANKE, *art. cit.*, p. 7.

82. *Ibid.*, p. 14. Citation de José TORIBIO MEDINA, *Historia del Tribunal del Santo Oficio de la Inquisición de Cartagena de las Indias*, Santiago de Chile, 1899, p. 221.

83. Gonzalo de REPARAZ, «Los Caminos del contrabando», in: *El Comercio*, Lima, 18 février 1968.

84. Note communiquée par Alvaro JARA, d'après les comptes de Sebastián Duarte, conservés à l'Archivo Nacional de Santiago.

85. Jakob van KLAVEREN, *Europäische Wirtschaftsgeschichte Spaniens im 16. und 17. J.*, 1960, p. 151, n. 123.

86. Genaro GARCIA, *Autos de Fe de la Inquisición de México con extractos de sus causas*, 1910; GUIJO, *Diario*, *1648-1664*, Mexico, 2 vol., 1952, chronique au jour le jour qui relate *l'auto de fe* du 11 avril 1649, I, pp. 39-47, 92-93.

87. Au sens de João Lucio de AZEVEDO, *Epocas do Portugal económico*, *esboços de historia*, 1929; l'auteur entend par-là les périodes successives pendant lesquelles domine une production, le sucre, le café, etc.

88. L. DERMIGNY, *La Chine et l'Occident*..., *op. cit.*, I, p. 77.

89. Johann Albrecht MANDELSLO, *Voyage aux Indes orientales*, 1659, II, p. 197.

90. Balthasar Suárez à Simon Ruiz, le 15 janvier 1590; Simon Ruiz à Juan de Lago, 26 août 1584; S. Ruiz aux Buonvisi de Lyon, 14 juillet 1569, Archives Ruiz, Archivo historico provincial, Valladolid.

91. Voir *infra*, III, ch. 4.

92. M. CAPELLA et A. MATILLA TASCÓN, *op. cit.*, pp. 181 *sq*.

93. *Médit.* ..., I, 195.

94. G. AUBIN, «Bartolomäus Viatis. Ein nürnberger Grosskaufmann vor dem dreissigjährigen Kriege», *in : Viertelj, für Sozial-und Wirschaftsgeschichte*, 1940, et Werner SCHULTHEISS, « Der Vertrag der nürnberger Handelsgesellschaft Bartholomäus Viatis und Martin Peller von 1609-15», *in : Scripta mercaturae*, I, 1968.

95. Archives de Cracovie, Ital. 382.

96. *La Novela picaresca*, *op cit*., Estebanillo Gonzalez, pp. 1812, 1817, 1818. Marchands italiens à Munich, à Vienne, à Leipzig, E. KROKER, *op. cit*., p. 86.
97. *Op. cit*., p. 361.
98. *Europe in the Russian mirror*, 1970, pp. 21 *sq*.
99. *Diarii*, 9 nov. 1519.
100. H. SIEVEKING, *op. cit*., p. 76.
101. Francesco CARLETTI, *Ragionamenti sopra le cose da lui vedute ne' suoi viaggi* 1701, p. 283.
102. François DORNIG, *L'Industrie textile dans le Maine (1650-1815)*, 1955, p. 83.
103. F. LÜTGE, *op. cit*., p. 235.
104. G. LOHMANN VILLENA, *Las Minas de Huancavelica en los siglos XVI y XVII*, 1949, p. 159.
105. Gérard SIVERY, «Les orientations actuelles de l'histoire économique du Moyen Age, dans l'Europe du Nord-Ouest», *in* : *Revue du Nord*, 1973, p. 213.
106. Jacques SCHWARTZ, «L'Empire romain, l'Égypte et le commerce oriental», *in* : *Annales E.S.C.*, XV (1960), p. 25.
107. A. SAPORI, *Una Compagnia di Calimala ai primi del Trecento*, *op. cit*., p. 99.
108. Federigo MELIS, «La civiltà economica nelle sue esplicazioni dalla Versilia alla Maremma (secoli X-XVIII)», *in* : *Atti del 60° Congresso internazionale della «Dante Alighieri»*, p. 26.
109. Pierre et Huguette CHAUNU, *Séville et l'Atlantique de 1504 à 1650*, 1959, VIII-1, p. 717.
110. R. CANTILLON, *Essai sur la nature du commerce en général*, *op. cit*., p. 41.
111. F. MELIS, art. cit., pp. 26-27, et «Werner Sombart e i problemi della navigazione nel medio evo», *in* : *L'opera di Werner sombart nel centenario della nascita*, p. 124.
112. R. GASCON, *op. cit*., p. 183.
113. G. F. GEMELLI CARRERI, *Voyage autour du monde*, 1727, II, p. 4.
114. *Ibid*., IV, p. 4.
115. F. CARLETTI, *op. cit*., pp. 17-32.
116. CONDILLAC, *Le Commerce et le gouvernement*, éd. E. Daire, 1847, p. 262.
117. Michel Morineau a eu la gentillesse de me communiquer le microfilm de la correspondance de la maison Sardi à Livourne avec Benjamin Burlamachi, conservée aux Archives municipales d'Amsterdam (Familie-papieren 1. Archief Burlamachi).
118. A.N., 62 AQ 33, Amsterdam, 27 mars 1766.
119. Archives de Paris, $D^5 B^6$ 4433, f° 48.
120. Archives Voronsov, Moscou, 1876, vol. 9, pp. 1-2. Venise, 30 décembre 1783, Simon à Alexandre Voronsov: «Tout est ici, hors les étoffes de soie, d'une cherté prodigieuse.»
121. Claude MANCERON, *Les Vingt Ans du roi*, 1972, p. 471.
122. *Médit*..., I, p. 471.
123. Barthélemy JOLY, *Voyage en Espagne, 1603-1604*, p.p. L. BARRAU DIHIGO, 1909, p. 17.
124. Bohrepans, Londres, 7 août 1686 (A. N., A. E., B^1, 757); Anisson, Londres, 7 mars 1714 (A.N., G 7, 1699); Carlo Ottone, déc. 1670 (A. d. S. Gênes, Lettere Consoli, 1-2628); Simolin, Londres, 23 mars / 3 avril 1781 (Moscou, A.E.A. 35/6,

320, f° 167); Hermann, 1791 (A. N., A.E., B[1], 762, f° 461 v°).

125. Fynes MORYSON, *An Itinerary containing his ten yeeres travell*, 1908, VI, p. 70, cité par Antoine MACZAK, «Progress and underdevelopment in the ages of Renaissance and Baroque Man», *in* : *Studia Historiae Oeconomicae* IX, 1974, p. 92).

126. I. de PINTO, *op. cit.*, p. 167: «Là où il y a plus de richesses, tout y est plus cher... C'est ce qui me fait conjecturer que l' Angleterre est plus riche que la France.»; *François Quesnay et la physiocratie*, éd. de l' INED, 1966, II, p. 954.

127. *Voyages en France*, 1931, *I*, p. 137.

128. *De la monnaie*, tr. fr. de G. M. BOUSQUET et J. CRISAFULLI, 1955, p. 89.

129. Léon H. DUPRIEZ, « Principes et problèmes d' interprétation », *in : Diffusion du progrès et convergence des prix. Ètudes internationales*, 1966, p. 7.

130. Voir *infra*, III, ch. 1. Et J. ACCARIAS DE SÉRIONNE, *op. cit.*, 1766, I, pp. 270 *sq*.

131. TURGOT, *Œuvres*, I, *op. cit.*, pp. 378-379.

132. Pierre DES MAZIS, *Les Vocabulaire de l'économie politique* 1965, p. 62.

133. H. et P. CHAUNU, *Séville et l'Atlantique de 1504 à 1650*, *op. cit.*, 12 vol.

134. *Ibid.*, VIII-1, p. 260, note 2, 293, note 1.

135. Felipe RUIZ MARTIN, *El Siglo de los Genoveses*, à paraître, Ruth PIKE, *Enterprise and Adventure. The Genoese in Seville*, 1966.

136. *Gazette de France* 14 février 1730, de Madrid, p. 102.

137. Je tiens ce détail important de J.-P. BERTHE.

138. D. DEFOE, *op. cit.*, I, p. 354.

139. Thomas GAGE, *Nouvelle Relation conte nant les voyages de Thomas Gage dans la Nouvelle-Espagne*, 1676, 4e partie, p. 90.

140. A.F., F[2], A, 21.

141. W. L. SCHURZ, *The Manila Galleon*, 1959, p. 363.

142. Ragnar NURKSE, *Problems of capital formation in underdeveloped countries*, 1958.

143. *François Quesnay... op. cit.*, II, p. 756.

144. *Pierre de Boisguilbert ou la naissance de l' économie politique*, éd. de l' INED, 1966, II, p. 606.

145. *François Quesnay... op. cit.*, II, pp. 664 et 954-955.

146. Au sens où Pierre Gourou emploie l' expression.

147. *Médit.* ... I, p. 409.

148. *Ibid.*, I, p. 233.

149. H. et P. CHAUNU, *op. cit.*, VIII-1, p. 445.

150. A.N., G[7], 1695, 252.

151. *Ibid*.

152. J. SAVARY DES BRUSLONS, *op cit.*, IV, 1762, col. 1023, arrêts du 5 septembre 1759 et du 28 octobre de la même année. col. 1022 et 1024.

153. Paul BAIROCH, *Révolution industrielle et sous-développement*, Paris, 1963 p. 201.

154. R. M. HARTWELL, *The Industrial Revolution and economic Growth*, 1971, pp. 181-182.

155. Cf. *infra*, III, ch. 4.

156. Thomas SOWELL, *The Say' s Laws*,

1972; Ch. E.L. Meunier, *Essai sur la théorie des débouchés de J.-B. Say*, 1942.

157. *Œuvres*, *op. cit.*, I, p. 452.

158. Cité par R. Nurkse, *op. cit.*, p.16.

159. D'après J. Romeuf, *op. cit.*, I, p. 372.

160. Henri Guitton, *Les Fluctuations économiques*, 1952, p. 173.

161. I. de Pinto, *op. cit.*, p. 184.

162. Eli F. Heckscher, *La Epoca mercantilisla*, 1943, p. 653.

163. D. Ricardo, *op. cit.*, 1970, p. 66.

164. *Ibid.*, chapitre sur les profits, notamment pp. 88-89.

165. «Tawney's Century», *in* : *Essays in Economic and social History of Tudor and Stuart England*, 1961.

166. Michelet, *Le Peuple*, 1899, pp. 73-74.

167. Sur les Gianfigliazzi, Armand Sapori, *Studi di storia economica* 3e éd. 1955. II, pp. 933 *sq*. Sur les Copponi, registre possédé par Armando Sapori qui a eu la gentillesse de m'en communiquer le microfilm.

168. Archives conservées à l'Université Bocconi de Milan.

169. B. Cotrugli, *op. cit.*, p. 145.

170. *In* : *Mélanges Hermann Aubin*, 1965, I, pp. 235 *sq*.

171. Ernst Hering, *Die Fugger*, 1940, pp. 23 et 27.

172. F. Melis, «La civiltá economica nelle sue explicazione dalla Versilia alla Maremma», art. cit., pp. 21 et 35.

173. F. Lütge. *op. cit.*, p. 288.

174. F. Gestrin, *op. cit.*, p. 116.

175. Hermann Kellenbenz, «Le front hispano-portugais contre l'Inde et le rôle d'une agence de renseignements au service des marchands allemands et flamands», *in* : *Estudia*, XI, 1963; C. R. Boxer, «Uma raridade bibliografica sobre Fernão Cron», *in* : *Boletim internacional de bibliografia luso-brasiliana*, 1971.

176. *Das Meder'sche Handelsbuch und die Welser'schen Nachträge* 1974.

177. Johannes Müller. «Der Umfang und die Hauptrouten des nürnbergischen Handelsgebietes im Mittelalter», *in* : *V*. Jahrschrift für S.-und W. Geschichte, 1908, pp. 1-38.

178. E. Krober, *op. cit.*, pp. 71, 163 et *passim*.

179. J.-C. Perrot, *op. cit.*, pp. 181 *sq*.

180. F. Maurette, *Les Grands Marchés des matières premières*, 1922.

181. R. Gascon, *op. cit.*, I, p. 37.

182. Cf. *supra*, I, pp. 187-190.

183. Voir *supra*, I, édit. 1967. pp. 162.

184. *Ibid.*, p. 165.

185. Jacob Baxa et Guntwin Bruhns, *Zucker im Leben der Völker*, 1967, pp. 24-25.

186. *Ibid.*, p. 27.

187. *Ibid.*, p. 32.

188. *Supra*, I, éd. 1967, p. 166.

189. J. Savary des Bruslons, IV, col. 827.

190. J. Baxa et G. Bruhns, *op. cit.*, p. 27.

191. *Ibid.*, pp. 40-41 et *passim*.

192. 1759, p. 97.

193. *Pierre de Boisguilbert...*, *op. cit.*, II, p. 621.

194. R. Cantillon, *Essai sur la nature du commerce en général*, *op. cit.*, p. 150.

195. Joseph Schumpeter, *History of economic analysis*, 1954, éd. italienne, 1959, p. 268.

196. L. DERMIGNY, *op. cit.*, I, p. 376.
197. B. E. SUPPLE, «Currency and commerce in the early seventeenth century», *in : The Economic Historical Review*, janv, 1957, pp. 239-264.
198. G. de MANTEYER, *Le Livre-journal tenu par Fazy de Rame*, 1932, pp. 166-167.
199. Léon COSTELCADE, *Mentalité gévaudanaise au Moyen Age*, 1925, compte rendu par Marc BLOCH, *in : Annales d'histoire économique et sociale*, I, 1929, p. 463.
200. Public Record Office, 30/25, Portfoglio 1, 2 novembre -2 décembre 1742.
201. A.d.S. Naples, Affari Esteri, 796, La Haye, 28 mai 1756.
202. Moscou A.E.A. 50/6, 470.
203. *Ibid.*, 84/2,421, f° 9 v°, lettre de Facius.
204. Abbé PRÉVOST. *Histoire générale des voyages*..., *op. cit.*, III, p. 641. Voyage de Compagnon, en 1716.
205. A. P. CANABRAVA, *O Comércio portugués*..., *op. cit.*, p. 13; Lewis HANKE, *La Villa impérial de Potosi. Un capitulo inédito en la historia del Nuevo Mundo*, 1954.
206. P. V. CAÑETE y DOMINGUEZ, *Guiahistórica*, p. 57, cité par Tibor WITTMAN, «La riqueza empobrece; problemas de crisis del Alto Peru colonial en la Guia de P. V. Cañete y Dominguez», *in : Acta historica*, Szeged, 1967, XXIV, p. 17.
207. Sergio BUARQUE de HOLANDA, *Monções*, 1945.
208. J.-B. TAVERNIER, *op. cit.*, II, p. 293.
209. Fondateur en 1844 de la zone cacaoyère des Ilheor, Pedro CALMON, *Historia social do brasil*, 1937, p. 190.
210. Aziza HAZAN, «En Inde aux XVIe et XVIIe siècles: trésors américains, monnaie d'argent et prix dans l'Empire mogol», *in : Annales E.S.C.*, juil.-août 1969, pp. 835-859.
211. C. R. BOXER, *The Great Ship from Amacom, Annals of Macao and the old Japan Trade, 1555-1640*, Lisbonne, 1959, p. 6, note 1, 12 septembre 1633, lettre de Manuel da Câmara de Noronha.
212. Antonio de ULLOA, *Mémoires philosophiques, historiques, physiques, concernant la découverte de l'Amérique*, 1787, I, p. 270.
213. J. GERNET, *Le Monde chinois*, *op. cit.*, p. 423.
214. P. CHAUNU, *Les Philippines*, *op. cit.*, pp. 268-269.
215. Par exemple, vers 1570, la ratio est de 6 environ en Chine, contre 12 en Castille; vers 1630, respectivement de 8 contre 13. Pierre CHAUNU, «Manille et Macao», in: *Annales E.S.C.*, 1962, p. 568.
216. W. L. SCHURZ, *op. cit.*, pp. 25-27.
217. *Ibid.*, p. 60.
218. George MACARTNEY, *Voyage dans l'intérieur de la Chine et en Tartarie fait dans les années 1792, 1793 et 1794*... Paris, 1798, I, p. 431.
219. *Médit*.... I, p. 299. Lieux encore l'article d'Ömer L. BARKAN, «Les mouvements des prix en Turquie entre 1490 et 1655», *in : Mélanges Braudel*, 1973, I, pp. 65-81.
220. A. N., 94 AQ 1, dossier 11, Pondichéry, 1er octobre 1729.
221. M. CHERIF, «Introduction de la pias-

tre espagnole (« ryâl ») » dans la régence de Tunis au début du XVIIᵉ siècle », *in : Les Cahiers de Tunisie*, 1968, nᵒˢ 61-64, pp. 45-55.

222. J. EON, (en religion P. MATTHIAS de SAINT-JEAN), *Le Commerce honorable*, 1646, p. 99.
223. A. d. S. Venise, Senato Misti, reg. 43, fᵒ 162.
224. *Ibid.*, reg. 47, fᵒ 175 vᵒ. Je dois ces renseignements à R. C. Mueller.
225. Musco Correr, Donà delle Rose, 26 fᵒ 2.
226. A. N. A. E., B^{III}, 235, et Ch. CARRIÈRE, *op. cit.*, II, pp. 805 *sq.*
227. E. F. HECKSCHER, *op. cit.*, p. 695.
228. *State Papers Domestic*, *1660-1661*, p. 411, cité par E. LIPSON, *The Economic History of England*, 1948, III, p. 73.
229. *Gazette de France*, 16 janvier, p. 52; 6 mars, p. 135; 20 mars 1721, p. 139. Annonces analogues: 6 mars 1730, p. 131; 16 septembre 1751, p. 464.
230. Moscou, A. E. A., 50/6, 472, pp. 26-27.
231. *Le Journal d'émigration* du comte d'Espinchal a été publié par Ernest d'Hauterive, 1912. Le passage cité, resté inédit, se trouve dans le manuscrit, Bibl. Universitaire de Clermont-Ferrand, fᵒ 297.
232. F. C. SPOONER, *L'Économie mondiale et les frappes monétaires en France, 1493-1680*, 1956, éd. anglaise augmentée en 1972.
233. M. MARION, *Dictionnaire...*, *op. cit.*, p. 384.
234. Jean-François de BOURGOING, *Nouveau Voyage en Espagne, ou Tableau de l'état actuel de cette monarchie*, Paris, 1788, II, p. 87.
235. E. F. HECKSCHER, *op. cit.*, p. 466, attribue l'ouvrage à John HALES, d'après les études d'Edward HUGHES (1937,) et Mary DEWAR (1964), il faut l'attribuer à sir Thomas SMITH. Voir E. SCHULIN, *op. cit.*, p. 24.
236. E. SCHULIN, *op. cit.*, p. 94.
237. M.-J. D. MARTIN, *op. cit.*, pp. 105-106.
238. A. d. S., Venise, Inghilterra, 76 et Londres, 13/34, août 1703.
239. B. N., Paris, Ms. 21779, 176 vᵒ (1713).
240. René GANDILHON, *Politique économique de Louis XI*, 1941, pp. 416-417.
241. N. SANCHEZ ALBORNOZ, « Un testigo del comercio indiano: Tomás de Mercado y Nueva Espana », *in : Revista de historia de América*, art. cit., p. 378.
242. TURGOT, *op. cit.*, I, p. 378.
243. Moscou, A.E.A., 35/6, 765.
244. Thomas MUN, *A Discourse of trade from England unto the East Indies*, 1621, p. 26.
245. A.N., G^7, 1686, 53.
246. René BOUVIER, *Quevedo, « homme du diable, homme de Dieu »*, 1929, pp. 305-306.
247. France-Piémont, A. N., G^7, 1685, 108. Sicile-République de Gênes, Geronimo de UZTARIZ, *Théorie et pratique du commerce et de la marine*, 1753, pp. 52-53. Perse-Indes, *Voyage de Gardane*, manuscrit de la Bibliothèque Lénine, Moscou, p. 55.
248. A.d.S. Gênes, *Lettere Consoli*, I, 26-29.

249. Margaret PRIESTLEY, «Anglo-French Trade and the Unfavoarable Controversy, 1660-1685», *in : The Economic History Review*, 1951, pp. 37 *sq*.
250. A.E., C.P. Angleterre, 208-209.
251. A.N., G[7], 1699.
252. Moscou A.E.A., 35/6, 381.
253. E. SCHULIN, *op. cit.*, pp. 308 *sq* et surtout 319-320.
254. A été utilisée toute la correspondance du consul russe à Lisbonne, J. A. Borchers, de 1770 à 1794, Moscou, A.E.A., à partir de 72/5, 217, 58. Le traité de Methuen a duré jusqu'en 1836, E. Schulin, *op. cit.*, p. 290.
255. Moscou A.E.A. 725, 226, 73 v°, 10 novembre 1772; 273, 25 v°.
256. H. E. S. FISCHER, *The Portugal Trade*, 1971, pp. 38 et 35.
257. Pierre-Victor MALOUET, *Mémoires*, 1874, t. I, pp. 10-11.
258. Moscou, A.E.A., 72/5, 226, f° 59, Lisbonne, 6 octobre 1772, Borchers à Ostermann.
259. *Ibid.*, 72/5, 270, f° 52 et v°, 23 avril 1782.
260. *Ibid.*, 72/5, 297, f° 22, 13 décembre 1791.
261. H. E. S. FISCHER, *op. cit.*, p. 136.
262. Moscou, *ibid.*, 72/5, 297, f° 25, 20 décembre 1791.
263. Sur l'ensemble, Ingomar BOG, *Der Aussenhandel Ostmitteleuropas, 1450-1650*, 1971.
264. S.A. NILSSON, *Den ryska marknaden*, cité par M. HROCH, «Die Rolle des zentraleuropäischen Handels im Ausgleich der Handelsbilanz zwischen Ostund Westeuropa, 1550-1650», *in :* Ingomar BOG, *op. cit.*, p. 5, note 1; Arthur ATTMANN, *The Russian and Polish markets in international Trade, 1500-1600*, 1973.
265. M. HROCH, art cit., pp. 1-27.
266. L. MAKKAI, semaine de Prato, avril 1975.
267. Ernst KROKER, *op. cit.*, p. 87. est formel sur ce point.
268. Archives de Cracovie, Ital., 382.
269. Voir *infra*, III, ch. 3.
270. A noter la présence de monnaies polonaises en Géorgie (R. KIERSNOWSKI, Semaine de Prato, avril 1975). En 1590, le roulage polonais porte à Istanbul des réaux d'Espagne (Tommaso ALBERTI, *Viaggio a Constantinopoli, 1609-1621*, Bologne, 1889; *Méditerranée*, I, pp. 183 *sq*.). Des marchands de Pologne et de Moscovie gagnent les Indes avec des rixdales d'Allemagne (TAVERNIER, *op. cit.*, II, p. 14.)
271. Voir *infra*, III, ch. 5.
272. A.N., G[7], 1686, 99, 31 août 1701.
273. E. SCHULIN, *op. cit.*, p. 220.
274. R. GASCON, *op. cit.*, p. 48.
275. Albert CHAMBERLAND, «Le commerce d'importation en France au milieu du XVIe siècle», *in : Revue de géographie*, 1892-1893, pp. 1-32.
276. BOISGUILBERT, *op. cit.*, II, p. 586, J. J. CLAMAGERAN, *Histoire de l'impôt en France*, II, 1868, p. 147.
277. Henryk SAMSONOWICZ, *Untersuchungen über das danziger Bürgerkapital in der zweiten Hälfte des 15. Jahrhunderts*, Weimar, 1969.
278. Anders CHYDENIUS, «Le Bénéfice national (1765)», trad. du suédois, introd. de Philippe COUTY, *in : Revue d'histoire économique et sociale*, 1966, p. 439.

279. Référence malheureusement égarée, fiche en provenance de Moscou, A. E.A.
280. A.N., A.E., B[1], 762, f° 401, lettre d' Hermann, consul de France à Londres, 7 avril 1791.
281. S. VAN RECHTEREN, *Voiage aux Indes Orientales*, 1706, V, p. 124.
282. K. M. PANIKKAR, *L' Asie et la domination occidentale du XV*^{e} *siècle à nos jours*, pp. 68-72.
283. *Ibid*.
284. *Ibid*., pp. 95-96.
285. Frédéric MAURO, *L' Expansion européenne*, 1964, p. 141.
286. William BOLTS, *État civil, polilique et commercial du Bengale, ou Histoire des conquêtes et de l' administration de la Compagnie anglaise de ce pays*, 1775, I, p. XVII.
287. G. UNWIN, «Indian factories in the 18 th century», *in : Studies in economic history*, 1958, pp. 352-373, cité par F. MAURO, *op. cit*., p. 141.
288. *Gazette de France*, 13 mars 1763, de Londres, p. 104.
289. A.E., Asie, 12, f° 6.
290. Moscou, A.E.A., 50/6, 474, F° 23, Amsterdam, 12/33 mars 1764.
291. *Gazette de France*, avril 1777.
292. PANIKKAR, *op. cit*., pp. 120-121.
293. G. d' AVENEL, *Découvertes d' histoire sociale*, 1920, p. 13.
294. *In : Finanzarchiv*, I, 1933, p. 46.
295. A. HANOTEAU et A. LETOURNEUX, *La Kabylie et les coutumes kabyles*, 1893; plus l' admirable livre de Pedro CHALMETTA, *op. cit*., pp. 75 *sq*.
296. Roger BASTIDE et PIERRE VERGER, art. cit.
297. Pierre GOUROU, *Les Paysans du delta tonkinois*, 2e éd. 1965, pp. 540 *sq*.
298. Voyages personnels en 1935.
299. Bronislaw MALINOWSKI, *Les Argonautes du Pacifique occidental*, 1963, p. 117.
300. Karl POLANYI, toute son œuvre et spécialement, K. POLANYI et C. ARENSBERG, *Les Syctèmes économiques*, 1975.
301. Voir *infra*, p. 409.
302. Walter C. NEALE, *in* : K. POLANYI et C. ARENSBERG, *op. cit*., p. 342.
303. *Ibid*., p. 336. *sq*.
304. *Ibid*., p. 341.
305. «Markets and Other Allocation Systems in History: the Challenge of K. Polanyi», *in : The Journal of European Economic History*, 6, hiver 1977.
306. W. C. NEALE, *op. cit*., p. 343.
307. Maxime RODINSON, *in* : Pedro CHALMETTA, *op. cit*., p. LIII *sq*.
308. *Ibid*., pp. LV *sq*.
309. *In : Annales E.S.C.*, 1974, pp 1311-1312.
310. Tr. française, 1974.
311. *Ibid*., p. 22.
312. *Œuvres*, t. XXII, 1960, pp. 237, 286 sq. 322 *sq*.

第三章

1. François PERROUX, *Le Capitalisme*, 1962, p. 5.
2. Herbert HEATON, «Criteria of periodization in economic histrory», in : *The Journal of Economic History*, 1955, pp. 267 *sq*.

3. Notamment Lucien FEBVRE, « Les mots et les choses en histoire économique», in : *Annales d'histoire économique et sociale*, II, 1930, pp. 231 *sq*.
4. Pour de plus amples explications, voir le livre clair et méticuleux, malheureusement difficile à consulter, d'Edwin DESCHEPPER, *L'Histoire du mot capital et dérivés*, thèse dactylographiée, Université libre de Bruxelles, 1964. Je l'ai largement mis à contribution dans les lignes qui suivent.
5. Archives de Prato, n° 700, *Lettere PratoFirenze*, document communiqué par F. Melis.
6. Edgar SALIN, « Kapitalbegriff und Kapitallehre von der Antike zu den Physiokraten », *in : Vierteljahrschrift für Sozial- und Wirtschaftsgeschichte*, 23, 1930, p. 424, note 2.
7. R. GASCON, *Grand Commerce et vie urbaine. Lyon au XVI*e, 1971, p. 238.
8. E. DESCHEPPER, *op. cit.*, pp. 22 *sq*.
9. François RABELAIS, *Pantagruel*, éd. La Pléiade, p. 383.
10. A.N., A.E. B1 531, 22 juillet 1713.
11. J. CAVIGNAC, *op. cit.*, p. 158 (lettre de Pierre Pellet, de la Martinique, le 26 juillet 1726).
12. François VÉRON DE FORBONNAIS, *Prin cipes économiques* (1767), éd. Daire, 1847, p. 174.
13. A. E. Mémoires et Documents, Angleterre, 35, f° 43, 4 mai 1696.
14. TURGOT, *op. cit.*, II, p. 575.
15. J. SAVARY DES BRUSLONS, *Dictionnaire*, II, 1760, col. 136.
16. A.N., G 7, 1705, 121, après 1724.
17. A. N., G 7, 1706, 1, lettre du 6 décembre 1722.
18. CONDILLAC, *op. cit.*, p. 247.
19. J.-B. SAY, *Cours complet d'économie politique*, I, 1828, p. 93.
20. SISMONDI, *De la richesse commerciale*, 1803.
21. *Op. cit.*, p. 176.
22. DU PONT DE NEMOURS, *Maximes du docteur Quesnay*, éd. 1846, p. 391, cité par Jean ROMEUF, *Dictionnaire des sciences économiques*, au mot «capital», p. 199.
23. C. MANCERON, *op. cit.*, p. 589.
24. MORELLET, *Prospectus d'un nouveau dictionnaire de commerce*, Paris, 1764, cité par E. DESCHEPPER, *op. cit.*, pp. 106-107.
25. E. DESCHEPPER, *op. cit.*, p. 109.
26. *Ibid.*, p. 124.
27. A.N., K 1349, 132, f° 214 v°.
28. E. DESCHEPPER, *op. cit.*, p. 125.
29. Lucien FEBVRE, « Pouvoir et privilège » (Louis-Philippe MAY: «L'Ancien Régime devant le Mur d'Argent»), *in : Annales hist. éc. et soc.*, X (1938), p. 460.
30. E. DESCHEPPER, *op. cit.*, p. 128.
31. A.N. Z 1, D 102 B.
32. A.d.S. Naples, Affari Esteri, 801.
33. Pierre-Victor MALOUET, *Mémoires*, 1874, I, p. 83.
34. A.E., M. et D., Angleterre, 35 fos 67 *sq*.
35. A.N., F 12, 731, 4 juillet 1783.
36. Luigi DAL PANE, *Storia del lavoro in Italia*, 2e éd., 1958, p. 116.
37. Cahier de doléances, Tiers État de GardeFiganières.
38. Cahier de doléances de Saint-Pardoux, Sénéchaussée de Draguignan.

39. D. MATHIEU, *L'Ancien Régime dans la province de Lorraine et Barrois*, 1879, p. 324.
40. C. MANCERON, *op. cit.*, p. 54.
41. Henry COSTON, *Les Financiers qui mènent le monde*, 1955, p. 41; 25 septembre 1790, *Moniteur*, t. V, p. 741.
42. *Moniteur*, t. XVII, p. 484.
43. H. COSTON, *op. cit.*, p. 41. RIVAROL, *Mémoires* 1824, p. 235.
44. A. DAUZAT, *Nouveau Dictionnaire étymologique et historique*, 1964, p. 132. Mais je n'ai pas retrouvé cette indication dans l'*Encyclopédie*. S'agirait-il d'une erreur?
45. J.-B. RICHARD, *Les Enrichissements de la langue française*, p. 88.
46. Louis BLANC, *Organisation du travail*, 9ᵉ éd., 1850, pp. 161-162, cité par E. DESCHEPPER, *op. cit.*, p. 153.
47. J. ROMEUF, *Dictionnaire des sciences économiques*, au mot «capitalisme», p. 203 et J.-J. HÉMARDINQUER, *in Annales E.S.C.*, 1967, p. 444.
48. Jean-Jacques HÉMARDINQUER, compte rendu du livre de Jean DUBOIS: *Le Vocabulaire politique et social en France de 1869 à 1872, à travers les œuvres des écrivains, les revues et les journaux*, 1963, *in : Annales E.S.C.*, 1967, pp. 445-446. Mais ENGELS l'utilisera et, dès 1870, *Kapitalismus* est sous la plume de l'économiste allemand Albert Schäffle (Edmond SILBENER, *Annales d'histoire sociale*, 1940, p. 133).
49. H. HEATON, art. cit., p. 268.
50. Lucien FEBVRE, «L'économie liégeoise au XVIᵉ siècle (Jean LEJEUNE: *La Formation du capitalisme moderne dans la principauté de Liège au XVIᵉ siècle*)», *in : Annales E.S.C*, XII, pp. 256 *sq*.
51. Andrew SHONFIELD, *Le Capitalisme d'aujourd'hui*, 1967, pp. 41-42.
52. *Annales E.S.C.*, 1961, p. 213.
53. Alexandre GERSCHENKRON, *Europe in the Russian mirror*, 1970, p. 4.
54. K. MARX, *op. cit.*, I, p. 1170.
55. *Histoire de la campagne française*, 2ᵉ éd. 1974, pp. 71 *sq*.
56. Cité par SALIN, art. cit., p. 434.
57. J. GENTIL DA SILVA, *op. cit.*, I, p. 20.
58. J.-P. CATTEAU-CALLEVILLE, *Tableau de la mer Baltique*, II, 1812, pp. 238-239.
59. Ernst PITZ, «Studien zur Entstehung des Kapitalismus», *in : Festschrift Hermann Aubin*, I, 1965, pp. 19-40.
60. A.E., Moscou/A, 35/6 341/71 v°-72, Londres, 26 mai-6 juin 1783.
61. *Cours d'économie politique*, 1823, I, pp. 246-247.
62. A.d.S. Venise, Notatorio di Collegio, 12, 128 v°, 27 juillet 1480.
63. Alice HANSON JONES, «La fortune privée en Pennsylvanie, New Jersey, Delaware (1774)», *in : Annales E.S.C.*, 1969, pp. 235-249, et *Wealth estimates for the American middle colonies, 1774*, Chicago, 1968.
64. J'ai surtout utilisé ici son rapport au congrès de Munich (1965), «Capital formation in modern economic growth, and some implications for the past», *in : Troisième Conférence internationale d'histoire économique*, I, pp. 16-53.
65. *British economic Growth, 1688-1959*, 2ᵉ éd., 1967.

66. S. KUZNETS, art. cit., p. 23.
67. *Théorie générale de la population*, I, 1954, notamment, p. 68.
68. QUIQUERAN DE BEAUJEU, *De laudibus Provinciae*, Paris, 1551, œuvre éditée en français sous le titre *La Provence louée*, Lyon, 1614, cité par André BOURDE, *Agronomie et agronomes en France au XVIII*e *siècle*, p. 50. *Cf*. aussi A. PLAISSE, *La Baronnie de Neubourg*, 1961, p. 153, qui cite Charles Estienne: «Il faut tant de fois labourer et relabourer que la terre soit tout en poudre si possible.»
69. Jean-Pierre SOSSON, «Pour une approche économique et sociale du bâtiment. L' exemple des travaux publics à Bruges aux XIVe et XVe siécles», *in : Bulletin de la Commission royale des Monuments et des Sites*, t. 2, 1972, p. 144.
70. Samuel H. BARON, «The Fate of the *Gosti* in the reign of Peter the Great. Appendix: Gost' Afanasii Olisov's reply to the government inquiry of 1704», *in : Cahiers du monde russe et soviétique*, oct.-déc. 1973, p. 512.
71. Traian STOIANOVICH, Colloque de l' Unesco sur Istanbul, oct. 1973, p. 33.
72. S. KUZNETS, art. cit., p. 48.
73. R. S. LOPEZ, H. A. MISKIMIN, «The Economic depression of the Renaissance», *in : The Economic history Review*, 1962, n° 3, pp. 408-426.
74. Indications fournies par Felipe RUIZ MARTIN.
75. Ce fait est mentionné par Alois MIKA, *La Grande Propriété en Bohême du Sud*, *XIV*e*-XVI*e *siècles*, Sbornik historicky I, 1953, et par Josef PETRAN, *La Production agricole en Bohême dans la deuxième moitié du XVI*e *et au commencement du XVII*e *siècle*, 1964; (ces informations m' ont été communiquées par J. JANACEK).
76. SCHNAPPER, *Les Rentes au XVI*e *siècle*, Paris, 1957, pp. 109-110.
77. CAVIGNAC, *op. cit*., p. 212, 13 novembre 1727.
78. J. MEYER, *op. cit*., p. 619.
79. D. MATHIEU, *op. cit*., p. 324.
80. Archivio di Stato Prato, Arch. Datini Filza 339, Florence, 23 avril 1408.
81. D'après les nombreux papiers de l' A.d. S. de Venise sur la faillite de cette banque, la liquidation de la banque n'est pas encore terminée, 31 mars 1592, CORRER, Donà delle Rose, 26 f° 107.
82. C. LAVEAU, *op. cit*., p. 340.
83. H. SOLY «The "Betrayal" of the Sixteenth Century Bourgeoisie: A Myth? Some Considerations of the Behaviour Pattern of the Merchants of Antwerp in the Sixteenth Century», *in : Acta Historiae Neerlandicae*, vol. VIII, pp. 31-39.
84. Robert MANDROU, *Les Fugger, propriétaires fonciers en Souabe, 1560-1618*, 1969.
85. Gilles CASTER, *Le Commerce du pastel et de l' épicerie à Toulouse, 1450-1561*, 1962.
86. A.N., BIII, 406, long rapport du 23 janvier 1816.
87. G. GALASSO, *Economia e società nella Calabria del Cinquecento*, p. 78.
88. A. BOURDE, *op. cit*., pp. 1645 *sq*.
89. Gérard DELILLE, « Types de

développement dans le royaume de Naples, XVIIᵉ-XVIIIᵉ siècle», *in : Annales E.S.C.*, 1975, pp. 703-725.

90. Moscou, Fonds Dubrowski, Fr. 18-4, f° 86'-87.
91. László MAKKAI, *in : Histoire de la Hongrie*, Budapest, 1974, pp. 141-142.
92. Georg GRÜLL, *Bauer, Herr und Landesfürst*, 1963, pp. 1 *sq*.
93. André MALRAUX, *Anti-mémoires*, 1967, p. 525.
94. A. BOURDE, *op. cit.*, p. 53.
95. Wilhelm ABEL, *Crises agraires en Europe (XIIIe-XXe siècles)*, 1973, p. 182.
96. Wilhelm ABEL, *Geschichte der deutschen Landwirtschaft*, 1962, p. 196.
97. Paul BOIS, *Paysans de l'Ouest*, 1960, pp. 183-184.
98. SOMBART, II, p. 1061.
99. F. GESTRIN, *op. cit.*, *cf.* résumé en français, pp. 247-272.
100. A. d. S. Naples, Sommaria Partium 565; GALASSO, *op. cit.*, p. 139.
101. Élio CONTI, *La Formazione della struttura agraria moderna nel contado fiorentino*, Rome, 1965, I, p. VII.
102. Guy FOURQUIN, *Les Campagnes de la région parisienne à la fin du Moyen Age*, 1964, p. 530.
103. Otto BRUNNER, *Neue Wege der Verfassungs-und Sozialgeschichte*, éd. ital. 1970, p. 138.
104. M. GONON, *La Vie familiale en Forez et son vocabulaire d'après les testaments*, 1961, p. 16.
105. *Ibid.*, p. 243.
106. E. JUILLARD, *Problèmes alsaciens vus par un géographe*, 1968, p. 110.
107. *Ibid.*, p. 112.
108. G. FOURQUIN, *op. cit.*, pp. 160 *sq*.
109. G. GALASSO, *op. cit.*, pp. 76-77.
110. *Ibid.*, p. 76.
111. Georg GRÜLL, *op. cit.*, pp. 30-31.
112. Evamaria ENGEL, Benedykt ZIENTARIA, *Feudalstruktur, Lehnbürgertum und Fernhandel im Spätmittelatterlichen Brandenburg*, 1967, pp. 336-338.
113. Marc BLOCH, *Mélanges historiques*, Paris, 1963, II, p. 689.
114. Jacques HEERS, *Les Clan familial au Moyen Age*, Paris, 1974.
115. Vital CHOMEL, «Communautés rurales et *casanae* lombardes en Dauphiné (1346). Contribution au problème de l'endettement dans les sociétés paysannes du Sud-Est de la France au bas Moyen Age», *in : Bulletin philologique et historique*, 1951 et 1952, p. 245.
116. Georges LIVET, *L'Intendance d'Alsace sous Louis XIV, 1648-1715*, 1956, p. 833.
117. André PLAISSE, *La Baronnie de Neubourg*, 1961.
118. G. DELILLE, art. cit., 1975.
119. Yvonne BÉZARD, *Une Famille bourguignonne au XVIIIe siècle*. Pairs, 1930.
120. J. MEYER, *op. cit.*, p. 780.
121. VAUBAN, *Le Projet d'une dixme royale* (éd. Coornaert, 1933), p. 181, cité par J. MEYER, *op. cit.*, p. 691, note 1.
122. A. PLAISSE, *op. cit.*, p. 61.
123. Y. BÉZARD, *op. cit.*, p. 32.
124. Gaston ROUPNEL, *La Ville et la campagne au XVIIe siècle*, 1955, p. 314; Robert FORSTER, *The House of Saulx-Tavanes*, 1971.

125. Albert SOBOUL, *La France à la veille de la Révolution*, I : *Économie et Société*, p. 153.
126. A. PLAISSE, *op. cit.*, 1974, p. 114.
127. Louis MERLE, *La Métairie et l'évolution agraire de la Gâtine poitevine*, 1958, pp. 50 *sq*.
128. G. GRÜLL, *op. cit.*, pp. 30-31.
129. Pierre GOUBERT, *Beauvais et le Beauvaisis*, *op. cit.*, p. 180 *sq*.
130. Michel CAILLARD, *A travers la Normandie des XVII*[e] *et XVIII*[e] *siècles*, 1963, p. 81.
131. Vital CHOMEL, « Les paysans de Terre-basse et la dîme à la fin de l'Ancien Régime », *in* : *Évocations*, 18e année, n. s., 4e année, n° 4, mars-avril, 1962, p. 100.
132. Cité par L. DAL PANE, *op. cit.*, p. 183.
133. Michel AUGÉ-LARIBÉ, *La Révolution agricole*, 1955, p. 37.
134. Giorgio DORIA, *Uomini e terre di un borgo collinare*, 1968.
135. Aurelio LEPRE, *Contadini, borghesi ed operai nel tramonto del feudalesimo napoletano*, 1963, p. 27.
136. *Ibid.*, pp. 61-62.
137. Paul BUTEL, «Grands propriétaires et production des vins du Médoc au XVIIIe siècle», *in* : *Revue historique de Bordeaux et du département de la Gironde*, 1963, pp. 129-141.
138. Gaston ROUPNEL, *op. cit.*, pp. 206-207.
139. Witold KULA, *Théorie économique du système féodal. Pour un modèle de l'économie polonaise, XVI*[e]*-XVIII*[e] *siècles*, 1970.
140. J. RUTKOWSKI, «La genèse du régime de la corvée dans l'Europe centrale depuis la fin du Moyen Age», *in* : *La Pologne au VI*[e] *Congrès international des sciences historiques*, 1930; W. RUSINSKI, *in* : *Studia historiae œconomicae*, 1974, pp. 27-45.
141. L. MAKKAI, *in* : *Histoire de la Hongrie*, *op. cit.*, p. 163.
142. A. von TRANSEHE-ROSENECK, *Gutsherr und Bauer im 17. und 18. Jahr.*, 1890, p. 34, note. 2.
143. J, ZIEKURSCH, *Hundert Jahre Schlesischer Agrargeschichte*, 1915, p. 84.
144. F. J. HAUN, *Bauer und Gutsherr in Kursachsen*, 1892, p. 185.
145. I. WALLERSTEIN, *op. cit.*, p. 313 et note 58. A la fin du XVIe siéle, les corvées atteignaient rarement 4 jours par semaine; au XVIIIe siècle, les exploitations paysannes de même taille étaient obligées de fournir, en règle générale, 4 à 6 jours de corvée par semaine. Ces chiffres se rapportent aux exploitations paysannes de plus grande taille, les corvées fournies par les autres étaient moindres, car elles variaient en fonction de la taille de l'exploitation. Mais la tendance à l'accroissement des charges et notamment des corvées était générale. *Cf.* Jan RUTKOWSKI, art. cit., pp. 142 et 257.
146. Fiche égarée.
147. Charles d'ESZLARY, «La situation des serfs en Hongrie de 1514 à 1848», *in* : *Revue d'histoire économique et sociale*, 1960, p. 385.
148. J. LESZCZYNSKI, *Der Klassen Kampf der Oberlausitzer Bauern in den Jahren 1635-1720*, 1964, pp. 66 *sq*.
149. Alfred HOFFMANN, « Die Grundherrschaft als Unternehmen», *in* :

Zeitschrift für Agrargeschichte und Agrarsoziologie, 1958, pp. 123-131.

150. W. KULA, *op. cit.*, p. 138.

151. Jean DELUMEAU, *La Civillisation de la Renaissance*, 1967, p. 287.

152. Sur le caractère capitaliste ou non des entreprises seigneuriales, voir la controverse entre J. NICHTWEISS et J. KUCZYNSKI, *in : Z. für Geschichtwissenschaft*, 1953 et 1954.

153. Jean de LÉRY, *Histoire d' un voyage faict en la terre de Brésil*, p.p. Paul GAFFAREL, II, 1880, pp. 20-21.

154. Gilberto FREYRE, *Casa Grande e Senzala*, 5e éd. 1946.

155. Frédéric MAURO, *Le Portugal et l' Atlantique au XVIIe siècle*, 1960, pp. 213 *sq*.

156. Alice PIFFER CANABRAVA, *A industriado açucar nas ilhas inglesas e francesas do mar das Antilhas*, thèse dactylographiée, São Paulo, 1946, pp. 8 *sq*.

157. Gabriel DEBIEN, «La sucrerie Galbaud du Fort (1690-1802)», *in : Notes d' histoire coloniale*, I, 1941.

158. *Guildiverie* vient de *guildive*, l'eau-devie tirée des «sirops de sucre et de l'écume des premières chaudières». *Tafia*, mot synonyme, serait employé par les Noirs et les Indiens. LITTRÉ.

159. J. CAVIGNAC, *op. cit.*, p. 173, note 1.

160. SAVARY, cité par CAVIGNAC, *op. cit.*, p. 49, note 3.

161. G. DEBIEN, art. cit., pp. 67-68.

162. G. DEBIEN, «A Saint-Domingue avec deux jeunes économes de plantation 1777-1788», *in : Notes d' histoire coloniale*, VII, 1945, p. 57. L'expression «piastre *gourde*», ou grosse piastre, vient de l' espagnol *gorda*, grosse.

163. Pierre LÉON, *Marchands et spéculateurs dauphinois dans le monde antillais, les Dolle et les Raby*, 1963, p. 130.

164. François CROUZET, *in :* Charles HIGOUNET, *Histoire de Bordeaux*, t. V, 1968, p. 224; Pierre LÉON, *in :* BRAUDEL, LABROUSSE, *Histoire économique et sociale de la France*, II, 1970, p. 502, figure 52.

165. Gaston RAMBERT, *in : Histoire du commerce de Marseille*, VI, pp. 654-655.

166. François CROUZET, *in : Histoire de Bordeaux*, *op. cit.*, p. 230 et note 40.

167. Pierre LÉON, *Marchands et spéculateurs.*, *op. cit.*, p. 56.

168. Marten G. BUIST, *At spes non fracta, Hope et Co 1770-1815*, 1974, pp. 20-21.

169. R. B. SHERIDAN, «The Wealth of Jamaica in the Eighteen Century», *in : Economic Historical Review*, vol. 18, n° 2, août 1965, p. 297.

170. *Ibid.*, p. 296.

171. Richard PARES, *The Historian' s Business and other essays*, Oxford, 1961. Id., *Merchants and Planters*, Economic History Review Supplement n° 4, Cambridge, 1960, cité par R. B. SHERIDAN, art, cit.

172. R. B. SHERIDAN, art., cit., p. 305.

173. *Ibid.*, p. 304.

174. *Ibid.*, pp. 306 *sq*.

175. Roland Dennis HUSSEY, *The Caracas Company 1728-1784*, 1934.

176. J. BECKMANN, *Beiträge zur Oekonomie, Technologie, Politzei und Cam-*

eralwissenschaft, *1779-1784*, I, p. 4, Sur cette diversité foncière de l'Angleterre, *cf*. Joan THIRSK, *in* : *Agrarian hist. of England*, *op. cit.*, passim et pp. 8 *sq*.

177. *Encyclopédie*, t. IV, 1754, col. 560 *sq*.

178. Karl MARX, *Le Capital*, Éd. sociales, 1950, t. III, p. 163.

179. *Cf*. Jean JACQUART, *La Crise rurale en Ile-de-France*, *1550-1670*, 1974.

180. André BOURDE, *op. cit.*, I, p. 59.

181. Émile MIREAUX, *Une Province française au temps du Grand Roi*, *la Brie*, 1958.

182. *Ibid*., p. 97.

183. *Ibid*., p. 103.

184. *Ibid*., p. 299.

185. *Ibid*., pp. 145 *sq*.

186. V. S. LUBLINSKY, « Voltaire et la guerre des farines », *in* : *Annales historiques de la Révolution française*, 1959, pp. 127-145.

187. Pierre GOUBERT, *in* : BRAUDEL, LABROUSSE, *Histoire économique et sociale de la France*, II, p. 145.

188. Édités par Jean MISTLER, 1968, pp. 40 et 46.

189. *Méditerranée*, *pp. cit.*, I, pp. 70 *sq*.

190. Jean GEORGELIN, *Venise au siècle des Lumières*, 1978, pp. 232 *sq*.

191. Jean GEORGELIN, « Une grande propriété en Vénétie au XVIIIe siècle: Anguillara», *in* : *annales*, *E.S.C.*, 1968, p.486 et note 1.

192. *Ibid*., p. 487.

193. MIREAUX, *op. cit.*, pp. 148 *sq*.

194. P. MOLMENTI, *op. cit.*, pp. 138 *sq*. et 141.

195. Cité par Jean GEORGELIN, *Venise au siècle des lumières*, *op. cit.*, pp. 758-759.

196. J. C. Léonard SISMONDE de SISMONDI, *Nouveaux Principes d'économie politique ou de la richesse dans ses rapports avec la population* (1819), 1971, p. 193.

197. A. REUMONT, *Della Campagna di Roma*, 1842, pp. 34-35, cité par DAL PANE, *op. cit.*, p. 53.

198. DAL PANE, *ibid*. pp. 104-105 (et note 25); N. M. NICOLAI, *Memorie*, *leggi ed osservazioni sulle campagne di Roma*, 1803, cité par DAL PANE, *ibid*., p. 53.

199. *Ibid*., p. 106.

200. Adam SMITH, *La Richesse des nations*, réédition Osnabrück, 1966, I, pp. 8-9.

201. Olivier de SERRES, *Le Théâtre d'agriculture et mesnage des champs*, 3e éd. 1605, p. 74.

202. Chants populaires italiens, *I dischi del Sole*, Edizioni del Gallo, Milan (s.d.).

203. Giovanni DI PAGOLO MORELLI, *Ricordi* p. p. Vittore BRANCA, 1956, p. 234. Cette chronique personnelle porte sur les années 1393-1421.

204. Elio CONTI, *La Formazione della struttura agraria moderna nel contado fiorentino*, I, p. 13.

205. *Ibid*., p. 4.

206. Renato ZANGHERI, «Agricoltura e sviluppo del capitalismo», *in* : *Studi storici*, 1968, n° 34.

207. Renseignements fournis par L. MAKKAI.

208. Rosario VILLARI, *La Rivolta antispagnola a Napoli*, 1967.

209. Cité par Pasquale VILLANI, *Feudalità*, *riforme*, *capitalismo agrario*, 1968,

p. 55.

210. *Ibid*., pp. 97-98.

211. Jean DELUMEAU, *L'Italie de Botticelli à Bonaparte*, 1974, pp. 351-352.

212. Pierre VILAR, *La Catalogne dans l'Espagne moderne*, t. II, p. 435.

213. Pierre GOUBERT, *in* : BRAUDEL, LABROUSSE, *op. cit*., pp. 12 et 17.

214. Jean MEYER, *La Noblesse bretonne au XVIIIe siècle*, 1966, t. II, p. 843.

215. Eberhard WEISS, «Ergebnisse eines Vergleichs der grundherrschaftlichen Strukturen Deutschlands und Frankreichs vom 13. bis zum Ausgang des 18. Jahrhunderts», *in* : *Vierteljahrschrift für Sozialund-Wirtschaftsgeschichte*, 1970, pp. 1-74.

216. E. LE ROY LADURIE, «Révoltes et contestations rurales en France de 1675 à 1788», *in* : *Annales E.S.C.*, n° 1, janv. févr. 1974, pp. 6-22.

217. Pierre de SAINT-JACOB, *Les Paysans de la Bourgogne du Nord au dernier siècle de l'Ancien Régime*, 1960, pp. 427-428.

218. *Civilisation matérielle*, I, éd. 1967, p. 88.

219. René PILLORGET, «Essai d'une typologie des mouvements insurrectionnels ruraux survenus en Provence de 1596 à 1715», *in* : *Actes du quatre-vingt-douzième Congrès national des Sociétés Savantes*, Section d'histoire moderne, 1967, t. I, pp. 371-375.

220. P. CHAUNU, *La Civilisation de l'Europe classique*, 1966, p. 353.

221. Paul HARSIN, «De quand date le mot industrie?», *in* : *Annales d'histoire économique et sociale*, II, 1930.

222. Hubert BOURGIN, *L'Industrie et le marché*, 1924, p. 31.

223. Pierre LÉON, *La Naissance de la grande industrie en Dauphiné (fin du XVIIe siècle-1869)*, 1954, t. I, p. 56.

224. W. SOMBART, *op. cit*., II, p. 695.

225. Luigi BULFERETTI et Claudio COSTANTINI, *Industria e commercio in Liguria nell'età del Risorgimento (1700-1861)*, 1966, p. 55.

226. T. J. MARKOVITCH, «L'industrie française de 1789 à 1964», *in* : *Cahiers de l'ISEA*, série AF, n° 4, 1965; n°s 5,6, 7, 1966, notamment n° 7, p. 321.

227. Federigo MELIS, Conférence faite au Collège de France, 1970.

228. Hubert BOURGIN, *op. cit*., p. 27.

229. *Méditerranée*, I, p. 396.

230. Voir *infra*, pp. 287 *sq*.

231. W. SOMBART, *op. cit*., II, p. 732.

232. Henri LAPEYRE, *Une Famille de marchands, les Ruiz*..., 1955, p. 588.

233. Jacques de VILLAMONT, *Les Voyages du seigneur de Villamont*, 1600, f° 4 v°.

234. Hubert BOURGIN, *op. cit*., p. 31.

235. W. SOMBART, *op. cit*., II, p. 731.

236. Ortulf REUTER, *Die Manufaktur im frankischen Raum*, 1961.

237. François COREAL, *Relation des voyages de François Coreal aux Indes occidentales... depuis 1666 jusqu'en 1697*, Bruxelles 1736, p. 138.

238. Otto von KOTZEBUE, *Entdeckungs-Reise in die Süd-See und nach der BeringsStrasse*..., 1821, p. 22.

239. M. CARTIER et TENG T'O, «En Chine, du XVIe au XVIIIe siècle: les mines de charbon de Men-t'ou-

kou», *in : Annales E.S.C.*, 1967, pp. 54-87.

240. Louis DERMIGNY, *op. cit.*, I, p. 66; Jacques GERNET, *op. cit.*, p. 422.

241. Louis DERMIGNY, *op. cit.*, I, p. 65.

242. *Ibid.*, p. 65.

243. Lord MACARTNEY, *Voyage dans l' intérieur de la Chine et en Tartarie... fait dans les années 1792, 1793 et 1794*, Paris, 1798, IV, p. 12; J. GERNET, *op. cit.*, p. 422.

244. P. SONNERAT, *Voyage aux Indes orientales et à la Chine fait par ordre du Roi depuis 1774 jusqu' en 1781*, 1782, t. I, p. 103.

245. *Ibid.*, pp. 104-105; gravures pl. XX et XXII.

246. Guy PATIN, *Lettres*, I, p. 2.

247. *De l' Esprit des Lois*, XXIII, p. 15.

248. Marc BLOCH, *Mélanges historiques*, 1963, t. II, pp. 796-797.

249. A.d.S., Gênes, *Lettere Consoli*, 1/2628.

250. Charles de RIBBE, *Une Grande Dame dans son ménage au temps de Louis XIV, d' après le journal de la comtesse de Rochefort (1689)*, Paris, 1889, pp. 142-147.

251. Witold KULA, *op. cit.*, p. 156, note 84, Ukraine en 1583-Lithuanie en 1788.

252. A.N., F 12, 681, f° 112.

253. J. BECKMANN, *op. cit.*, III, pp. 430-431.

254. Jean LEJEUNE, *op. cit.*, p. 143.

255. C. et S. Suárez à Cosme Ruiz, Florence, 1er juin 1601. Archives Ruiz. Valladolid. «...que todos acuden a la campaña».

256. A.N., G 7, 1706, f° 167.

257. Ange GOUDAR, *Les Intérêts de la France mal entendus*, Amsterdam, 1756, t. III, pp. 265-267, cité par Pierre DOCKES, *L' Espace dans la pensée économique*, *op. cit.*, p. 270.

258. Roger DION, *Histoire de la vigne et du vin en France des origines au XIXe siècle*, 1959, p. 33.

259. Germain MARTIN, *La Grande Industrie sous le règne de Louis XIV* (plus particulièrement de 1660 à 1715), 1898, p. 84.

260. E. TARLÉ, *L' Industrie dans les campagnes de France à la fin de l' Ancien Régime*, 1910, p. 45, note 3.

261. Renseignements qui m' ont été fournis par I. SCHÖFFER.

262. Ortensio LANDI, *Paradossi, cioè sententie fuori del comun parere, novellamente venute in luce*, 1544, p. 48 recto.

263. Joan THIRSK, *in : The Agrarian History of England and Wales*, 1967, IV, p. 46.

264. Jacqueline KAUFMANN-ROCHARD, *op. cit.*, pp. 60-61.

265. Heinrich BECHTEL, *op. cit.*, I, p. 299.

266. Joan THIRSK, *in : op. cit.*, IV, p. 12 et *passim*.

267. DEFOE, *op. cit.*, I, pp. 253-254.

268. Isaac de PINTO, *op. cit.*, p. 287.

269. A.N., G 7, 1704, f° 102.

270. MIRABEAU, *L' Ami des hommes ou traité de la population*, 1756-1758.

271. P. S. DUPONT DE NEMOURS, *De l' exportation et de l' importation des grains*, 1764, pp. 90-91, cité par Pierre DOCKES, *L' Espace dans la pensée économique du XVIe au XVIIIe siècle*, 1969, p. 288.

272. François VÉRON DE FORBONNAIS,

Principes et observations économiques, 1767, t. I, p. 205, cité par Pierre DOCKES, *op. cit.*, p. 288.

273. *Mémoires de Oudard Coquault (1649-1688) bourgeois de Reims*, éd. 1875, II, p. 371.

274. *Gazette de France*, 1730, p. 22.

275. Moscou, Bibl. Lénine, Fr, 1100, f°s 76-77.

276. Enrique FLORESCANO, *Precios del maiz y crisis agricolas en México (1708-1810)*, 1969, p. 142.

277. Germain MARTIN, *op. cit.*, p. 80.

278. A.N., F 12, 149, f° 80.

279. DEFOE, *op. cit.*, p. 125.

280. E. TARLÉ, *op. cit.*, p. 43.

281. Semaine de Prato, avril 1968.

282. Domenico SELLA, *European industries (1500-1700)*, 1970.

283. *Ibid.*, pp. 88-89.

284. «Archéologie de la fabrique: la diffusion des moulins à soie «alla bolognese» dans les États vénétiens du XVIe au XVIIIe siècle,», *in : L'Industrialisation en Europe au XIXe siècle*, p.p. P. LÉON, F. CROUZET, R. GASCON, 1972.

285. E. SCHULIN, *op. cit.*, p. 220.

286. «The unmaking of the Mediterranean trade hegemony», *in : Journal of economic history*, 1975, p. 515.

287. Aloys SCHULTE, «La lana come promotrice della floridezza economica dell'Italia nel Medio Evo», *in : Alti del Congresso di scienze storiche*, vol. III, Rome, 1906, pp. 117-122. notamment p. 119.

288. A.N., G 7, 1685, 76 (Mémoire de 1684).

289. Louis DERMIGNY, *op. cit.*, II, p. 756, note 3.

290. Louis-Félix BOURQUELOT, *Études sur les foires de Champagne*, 1865, I, p. 102.

291. Pierre DARDEL, *Commerce, industrie et navigation à Rouen et au Havre au XVIIIe siècle*, 1966, pp. 108-109.

292. *Gazette de France*, 1783, p. 351.

293. 5 sept. 1759. SAVARY DES BRUSLONS, IV, col. 1023.

294. Geneviève ANTHONY, *L'Industrie de la toile à Pau et en Béarn de 1750 à 1850* (Études d'économie basco-béarnalise, t. III), 1961, p. 41.

295. A.N., F 12, 151, 148 v°, 29 avril 1729.

296. A.N., F12; 682, 29 août 1726.

297. A.N., G 7, 1706, f° 81, 19 janvier 1723.

298. A.N., F 12, 721.

299. A.N., 62 AQ 7.

300. *Variétés*, *op. cit.*, V, p. 345, note 2.

301. A.N., G 7, 1700, f° 86.

302. Johann BECKMANN, *op. cit.*, III, introduction non paginée.

303. Pierre CHAUNU, *La Civilisation de l'Europe classique*, 1970, p. 332.

304. Bertrand GILLE, *Les Forges françaises en 1772*, 1960, p. XII.

305. Par exemple, les officiers-rouleurs de vin à Paris ont fourni en six ans (1703-1709) presque un million et demi de livres et sont en difficulté. A.N., G 7, 1510.

306. LÜTGE, *op. cit.*, pp. 205-206 et 258.

307. Hektor AMMAN, «Die Anfänge des Aktivhandels und der Tucheinfuhr aus Nord-westeuropa nach dem Mittelmeergebiet», *in : Studi in onore di Armando Sapori*, 1957, I, dépliant, p. 308 *bis*.

308. Erich MASCHKE, «Die Stellung des Reichsstadt Speyer in der mittelalterlichen Wirtschaft Deutschlands», *in : Vierteljahrschrift für Sozial-und Wirtschaftsgeschichte*, 1967, pp. 435-455, notamment p. 436.
309. *Paris sous Philippe le Bel d'après des documents originaux*..., pub. par H. GÉRARD, 1837.
310. B.N., Fr., 21557, f° 9.
311. F. MELIS, *Aspetti della vita economica medievale, studi nell'Archivio Datini di Prato*, I, p. 458.
312. Archives communales de Gênes, 572, f° 4.
313. Moscou, Bibl. Lénine, Fr, 374, f° 171.
314. *Ibid*., f° 121.
315. Diego de COLMENARES, *Historia de la insigna ciudad de Segovia*, 2e éd. 1640, p. 547.
316. Hermann KELLENBENZ, «Marchands capitalistes et classes sociales», p. 14 (dactylogramme).
317. Gino LUZZATTO, «Per la storia delle costruzioni navali a Venezia nei secoli XV e XVI», *in : Miscellanea di studi storici in onore di Camillo Manfroni*, pp. 385-400.
318. Museo Correr, Donà delle Rose, 160, f° 53 et 53 v°.
319. Hermann KELLENBENZ, art. cit., note 316.
320. François DORNIC, *L'Industrie textile dans le Maine*, 1955.
321. Raoul de FÉLICE, *La Basse-Normandie, étude de géographie régionale*, 1907, p. 471.
322. Johann BECKMANN, *op. cit*., I, pp. 109 *sq*.
323. F. DORNIC, *op. cit*., p. 307.
324. Moscou, Bibl. Lémine, Fr, 374, f° 160 v°.
325. Londres, Victoria-Albert Museum, 86-HH, Box 1, sans date.
326. *Barchent* = futaine.
327. Forme d'entreprise minière qui remonte au Moyen Age jusqu'aux *Tridentiner Bergwerkgebräuche* de 1208.
328. Günther v. PROBSZT, *Die niederungarischen Bergstädte*, 1966.
329. Antonina KECKOWA, *Les Salines de la région de Cracovie du XVIe siècle au XVIIIe siècle*, en polonais, 1969.
330. Danuta MOLENDA, *Le Progrès technique et l'organisation économique de l'extraction des métaux non ferreux en Pologne du XIVe au XVIIe siècle*, p. 14. Du même auteur, *Gornictwo Kruszcowe na terenie zloz slaskokrarowskich do Polowy XVI' wieku*, 1963, p. 410.
331. F. LÜTGE, *op.cit*., p. 265.
332. *Zur Genesis des modernen Kapitalismus*, 1935.
333. G. LOHMANN VILLENA, *Las Minas de Huancavelica en los siglos XVI y XVII*, pp. 11 *sq*.
334. A. MATILLA TASCÓN, *Historia de las minas de Almaden*, I (1958), pp. 181-202.
335. F. LÜTGE, *op. cit*., p. 304; *Encyclopédie italienne*, au mot «Idria».
336. Enrique FLORESCANO, *Precios del maiz y crisis agricolas en México (1708-1810)*, 1969, p. 150, note 33.
337. F. LÜTGE, *op. cit*., p. 378.
338. L. A. CLARKSON, *The preindustrial economy in England*, 1971, p. 98.

339. *Ibid*.
340. *Gazette de France*, 6 août 1731, p. 594.
341. A.N., F 12, 682, 9 janvier 1727.
342. Marcel ROUFF, *Les Mines de charbon en France au XVIIIe siècle*, 1922, p. 245, note 1.
343. Germain MARTIN, *La Grande Industrie en France sous le règne de Louis XIV*, 1900, p. 184.
344. A. N., A. E., B[1], 531, 18 février 1713.
345. A.N., F 12, 515, f° 4, 23 mai 1738.
346. Département des Ardennes C'est le village d'Illy qu'illustrera la guerre de 1870.
347. A.N., F 12 724.
348. A.N., G 7, 1692, 101.
349. J. A. ROY, *Histoire du patronat du Nord de la France*, 1968, dactylogr.
350. H. SÉE, «L'État économique de la Champagne à la fin du XVIIe siècle, d'après les mémoires des intendants de 1689 et de 1698», *in : Mémoires et documents pour servir à l'histoire du commerce et de l'industrie*, dir. J. Hayem, X^e^ série, 1966, p. 265.
351. Guy ARBELLOT, *Cinq Paroisses du Vallage, XVIIe-XVIIIe siècles*, 1970, thèse dactylogr.
352. Ortulf REUTER, *op. cit.*, pp. 14-15.
353. SAVARY DES BRUSLONS, *op. cit.*, t. III, colonne 721.
354. F. L. NUSSBAUM, *A History of the economic institutions of Modern Europe*, 1933, p. 216.
355. *Cf. infra*, pp. 294 *sq*.
356. F. L. NUSSBAUM, *op. cit.*, pp. 212-213.
357. F. LÜTGE, *op. cit.*, p. 366.
358. DEFOE, *op. cit.*, II, pp. 271-272.
359. Federigo MELIS, *Aspetti della vita economica medievale*, 1962, pp. 286 *sq.*, 455 *sq.*, et *Tracce di una storia economica di Firenze e della Toscana*, p. 249.
360. F. LÜTGE, *op. cit.*, p. 366.
361. Eckart SCHREMMER, *Die Wirtschaft Bayerns*, 1970, p. 502.
362. René GANDILHON, *op. cit.*, p. 176.
363. Cité par Pierre DOCKES, *L'Espace dans la pensée économique du XVIe au XVIIIe siècle*, p. 108.
364. Claude PRIS, *La Manufacture royale des glaces de Saint-Gobain, 1665-1830*, 1973, thèse dactylogr. en 5 vol., introduction.
365. A.N., G 7, 1697, 2, 3 janvier 1712.
366. A.N., F 12, 682.
367. A.N., G 7, 1706, 126, mars 1723 (pour tout le paragraphe qui précède).
368. L'étude de base est M. COURTECUISSE, «La manufacture de draps fins Vanrobais aux XVIIe et XVIIIe siècles», *in : Mémoires de la Société d'émulation d'Abbeville*, t. XXV, 1920.
369. Voyage d'Angleterre, document cité, f° 4.
370. Georges RUHLMAN, *Les Corporations, les manufactures et le travail libre à Abbeville au XVIIIe siècle*, 1948.
371. F. L. NUSSBAUM, *op. cit.*, p. 215.
372. *Ibid.*, p. 213.
373. *Ibid.*, p. 213.
374. *Ibid.*, p. 216.
375. L. A. CLARKSON, *op. cit.*, p. 99.
376. A.N., G 7, 1697, 6.
377. *Ibid*.
378. A.N., F 12, 681, 9.
379. A.N., F 12, 516, 13.

380. Claude PRIS, *op. cit.*, dactylogr. a fournitoutes les données qui suivent.
381. Sidney HOMER, *A History of interest rates*, 1963.
382. J'entends par point imparfait quelque chose d'analogue au «chapeau» des relèvements topographiques, les lignes de visée se recoupant imparfaitement.
383. D'après W. KULA, le renseignement m'est retransmis par Andrej WICZANSKY.
384. Raymond OBERLÉ, «L'évolution des fortunes à Mulhouse et le financement de l'industrialisation au XVIIIe siècle», *in*: Comité des travaux historiques, *Bulletin des travaux historiques*, 1971, p. 151 et note 32, référence à *Histoire documentaire de l'industrie de Mulhouse et de ses environs au XIXe siècle*, 1902, pp. 287 et 698.
385. D'après le travail inédit de R. ZUBER qui a dépouillé les archives Montgoltier (Bibliothèque de la Sorbonne).
386. *Handbuch der Deutschen Geschichte*, p. p. AUBIN et ZORN, 1971, I, p. 550.
387. J.-C. PERROT, *Genèse d'une ville moderne: Caen au XVIIIe siècle*, 1975, I, p. 372.
388. Ludwig SCHEUERMANN, *Die Fugger als Montanindustrielle in Tirol und Kärnten*, 1929, p. 27.
389. *Daily life in Portugal in the late Middle Ages*, 1971, notamment p. 198.
390. Walther G. HOFFMANN, *British industry, 1700-1950*, 1955.
391. *Cambridge economic history of Europe*, IV, 1967, p. 484, flgure 33.
392. Jean-Claude PERROT, *op. cit.*, I, p. 400.
393. *Ibid.*, p. 408.
394. Sidney POLLARD, David W. CROSSLEY, *The Wealth of Britain*, 1968, pp. 134 *sq.*
395. Information communiquée par F. RUIZ MARTÍN.
396. *Beauvais et le Beauvaisis...*, *op. cit.*, p. 327.
397. Orazio CANCILA, «I prezzi su un mercato dell'interno della Sicilia alla metà del XVII secolo», *in*: *Economia e Storia*, 1966, p. 188.
398. Basile KERBLAY, «Les foires commerciales et le marché intérieur en Russie dans la première moitié du XIXe siècle», *in*: *Cahiers du monde russe et soviétique*, 1966, p. 424.
399. *Archives Voronsov*, 10, p. 129. Simon VORONSOV, Southampton, 12-24 septembre 1801.
400. CANTILLON, *Essai sur la nature du commerce en général*, éd. INED, 1952, p. 36. Faux dilemme, me dit Pierre Gourou. Beaucoup de chevaux, c'est beaucoup de fumier, et donc de meilleures récoltes.
401. GALIANI, *Dialogue sur le commerce des blés*, cité par Pierre DOCKES, p. 321.
402. W. SOMBART, *op. cit.*, II, pp. 357 *sq.*
403. A.N., G 7, 1510.
404. DUTENS, *Histoire de la navigation hauturière en France*, 1828, cité par J.-C. TOUTAIN, *Les Transports en France, 1830-1965*, 1967, p. 38.
405. TOUTAIN, *ibid.*, p. 38.
406. A. N., G 7, 1646, Orléans, 26 décembre 1708.
407. Jacob STRIEDER, *Aus Antwerpenen Notariatsarchiven*, 1930, p. XXV, note 4.

408. Émile COORNAERT, *Les Français et le commerce international à Anvers*, I, pp. 269-270.
409. Aloys SCHULTE, *Geschichte des mittelalterlichen Handels und Verkehrs*, I, pp. 357 *sq*.
410. A.N., F 12, 721.
411. Stockalper Archiv, Brigue, Sch. 31, n°s 2939, 2942, 2966.
412. A.D., Haute-Savoie, C 138-307, f° 92 v°.
413. A.N., H 3159/2.
414. W. SOMBART, II, pp. 330-332.
415. *Méditerranée*, I, p. 191.
416. A. EVERITT, *in : op. cit.*, IV, p. 559.
417. A.N., G 7, 1510.
418. Jacques SAVARY, *Le Parfait Négociant*, 1712, I, 2e partie, pp. 208-209.
419. «Relazione»... de Bernardo BIGONI, *in : Viaggiatori del '600*, p. Marziano Guglielminetti, 1967, pp. 309-310.
420. SAVARY DES BRUSLONS, *op. cit.*, IV (1762), colonne 1251.
421. SULLY, *Mémoires*, III, p. 42.
422. Wilfrid BRULEZ, *De Firma della Faille en de internationale Handel van vlaamse Firma's in de 16e Eeuw*, 1959, p. 577.
423. H. KELLENBENZ, *Der Meder'sche Handelsbuch und die Welser'schen Nachträge*, 1974, p. 121.
424. A.N., G 7, 1685, 77.
425. W. SOMBART, *op. cit.*, II, p. 334.
426. J.-P. RICARD, *Le Négoce d'Amsterdam*, p. 218, cité par W. SOMBART, II, p. 338.
427. Ray Bert WESTERFIELD, *Middlemen in English business, particularly between 1660 and 1760*, 1915.
428. W. SOMBART, *op. cit.*, II. p. 329.
429. J.-C. TOUTAIN, *op. cit.*, p. 14.
430. SAVARY DES BRUSLONS, *op. cit.*, I (1759), colonne 429.
431. A.N., G 7, 1646.
432. A.N., G 7, 1633.
433. Toutes les indications qui suivent sur Roanne ont été prises au mémoire dactylographié de Denis LUYA, *Batellerie et gens de rivière à Roanne au dernier siècle de l'Ancien Régime*, Université de Lyon, 1972.
434. A.N., H 3156 et H 2933 (en particulier mémoire de 1789 reprenant l'historique du problème).
435. Michel de BOISLILE, *Mémoires des Intendants*, I (1881), pp. 5-6.
436. A.N., K 1352, n° 63, f° 1.
437. SAVARY DES BRUSLONS, I, colonne 430.
438. B.N., Fr., 21702, f°s 71-73.
439. *Ibid.*, f°s 120-126.
440. A.N. G 7, 1532, août 1705.
441. A.N., F 12, 681, 60 et 44.
442. P. DEYON, *Amiens, capitale provinciale*, 1967, pp. 91 *sq*.
443. Voir *supra*, note 433.
444. DEFOE, *op. cit.*, II, pp. 254-256.
445. SAVARY DES BRUSLONS, *op. cit.*, I, colonne 429.
446. K. KELLENBENZ, «Bäuerliche Unternehmertätigkeit im Bereich der Nord- und Ostsee von Hochmittelalter bis zurn Ausgang der neueren Zeit», *in : Vierteljahrschrift für Sozial- und Wirtschaftsgeschichte*, mars 1962.
447. *Ibid*.
448. *Ibid*.
449. L.-A. BOITEUX, *La Fortune de mer, lebesoin de sécurité et les débuts de l'*

assurance maritime, pp. 45 *sq*.

450. *Ibid*., p. 48.

451. Ralph DAVIS, *Alippo and Devonshire Square*, p. 34, note 2.

452. A.N., K 1351.

453. SEIGNELAY, *Journal de voyage en Hollande*, éd. 1867, pp. 293 et 297.

454. A.N., F 12, 724.

455. A. N., F 12, 724, 25 septembre 1788.

456. A.N., A.E., B¹,627, 2 août 1725.

457. A.N., Colonies F 2 A 16.

458. Yosaburo TAKEKOSHI, *The Economic aspects of the political history of Japan*, 1930, I, pp. 223-224.

459. Les documents utilisés m' ont été communiqués par Jean MEYER.

460. Frédéric C. LANE, «Progrès technologiques et productivité dans les transports maritimes de la fin du Moyen Age au début des Temps modernes», *in : Revue historique*, avril-juin 1974, pp. 277-302.

461. Germain MARTIN, *La Grande Industrie sous le règne de Louis XIV*, p. 213.

第四章

1. MENENDEZ PIDAL, *Historia de España*, III, pp. 171-172.
2. In : *Boll. Senese di Storia Patria*, VI, 1935.
3. H. PIGEONNEAU, *Histoire du commerce en France*, 1885, p.237.
4. *Op. cit*., p.230.
5. Georg von BELOW, *Probleme der Wirtschaftsgeschichte*, 1926. p. 381. Voir également pour les confusions honorables entre négociants et «négociateurs détailleurs», J. ACCARIAS DE SÉRIONNE, *Les Intérêts des nations de l'Europe*, 1766, II, p. 372.
6. P. CHALMETTA, *op. cil*., pp. 103 et 117.
7. F. Sebastiàn MANRIQUE, *Itinerario de las Misiones*, 1649, p. 346.
8. Sur *tradesman* et *merchant*, cf. D. DEFOE, *op. cit*., I, pp. 1-3; sur *mercatura* et *mercanzia*, cf. COTRUGLI, *op. cit*., p.15.
9. CONDILLAC, *op. cit*., p. 306.
10. Sur les Génois à Madrid, cf. *Méditerranée*, I, p. 462 et note 4; sur Charles Lion, cf. Paul DECHARME, *Le Comptoir d'un marchand au XVIIe siècle d'après une correspondance inédite*, 1910, p. 11.
11. Florence EDLER, «The Vandermolen, commission merchants of Antwerp: Trade with Italy 1538-1544», *in : Essaies in honor of J. W. Thompson*, 1938, p. 90, note 34, Anvers, 7 décembre 1539.
12. D. DEFOE, *op. cit*., II, p. 135.
13. B.N., Fr., 21702, f°s 14 et 40.
14. TURGOT, *Œuvres*, *op. cit*., I, p. 262.
15. P. RUIZ MARTÍN, *Lettres marchandes*..., *op. cit*., pp. XXXVI-XXXVII.
16. Pierre VILAR, *op. cit*., III, *passim* et pp. 384-422.
17. Jean-Claude PERROT, *op. cit*., I, pp. 435-437.
18. Sur la firme d'A. Greppi, *cf*. Bruno CAIZZI, *Industria, commercio e banca in Lombardia nel XVIII secolo*, 1968, pp. 203, 206, 210; sur la firme des Trip, *cf*. P. W. KLEIN, *De Trippen*

in de 17ᵉ Eeuw, 1965, pp. 474 sq.
19. *Middlemen in English business*, 1915
20. C.CARRIÈRE, *op. cit.*, I, p. 251.
21. D. DEFOE, *op. cit.*, I, p. 102.
22. S. POLLARD et D. W. CROSSLEY, *op. cit.*, p. 169, note 65.
23. *Variétés*, *op. cit.*, III, pp. 41 et 56-57.
24. A.N., G 7, 1686, f° 156.
25. Claude CARRÈRE, *Barcelone, centre économique...*, 1967, I, p. 143.
26. Claude-Frédéric LÉVY, *Capitalistes et pouvoir au siècle des Lumières*, 1969, p. 354.
27. Jean SAVANT, *Tel fut Ouvrard*, 1954, pp. 11 *sq*.
28. Remy Bensa à P. F. Delessart, Francfort, 14 septembre 1763, A. N., 62 AQ 34.
29. M. G. BUIST, *op. cit.*, p. 13.
30. *Œuvres*, I, p. 264.
31. 1759, p. 57.
32. DEFOE, *op. cit.*, I, pp. 354-357.
33. *Ibid.*, I, p. 368
34. *Ibid.*, I, p. 364
35. *Ibid.*, I, p. 358
36. *Ibid.*, I, p. 46
37. *Ibid.*, II, p. 10
38. *The Trading world of Asia and the English East India Company*, 1978.
39. MARX, *Œuvres*, édition La Pléiade, I, p. 1099.
40. Ch. CARRIÈRE, *op. cit.*, II, pp. 916-920.
41. Ch. CARRIÈRE, *op. cit.*, I, p. 88.
42. *Variétés*, V, p. 256.
43. Robert BIGO, «Une grammaire de la Bourse en 1789», *in : Annales*, 1930, p. 507.
44. G. B. CARDINALE DI LUCA, *Il Dottor vulgare*, 1673, V, p.29.
45. Daniel DESSERT, «Finances et société au XVIIᵉ siècle: à propos de la chambre de justice de 1661», *in : Annales E.S.C.*, 1974, n°4, pp. 847-885
46. Museo Correr, référence exacte non retrouvée.
47. C. LAVEAU, *op, cit.*, p.154.
48. Violet BARBOUR, *Capitalism in Amsterdam in the seventeenth century*, 1950, p.44.
49. S. POLLARD et D. W. CROSSLEY, *op. cit.*, pp. 149-150.
50. Isaac de PINTO, *op. cit.*, pp. 44-45, 77 *sq.*, 95-96.
51. A.N., 62 AQ, fonds Dugard.
52. Passer debout, sans doute (dans le sens de *passe debout*) passer sans s'arrêter.
53. Ch. CARRIÈRE, *op. cit.*, II, p. 918.
54. A. P. USHER, *The Early history of deposit banking in Mediterranean Europe*, 1943, p. 6.
55. Federigo MELIS, «Origines de la Banca Moderna», *in : Moneda y credito*, n° 116, 1971, pp.3-18, notamment p. 4.
56. *Cf. supra*, pp. 72-73.
57. M. MORINEAU, *in : Anuario de historia económica y social*, 1969, pp. 289-362.
58. P. R. O. Londres, 30/25, 4 janvier 1687.
59. 9 août 1613, cité par I. GENTIL DA SILVA, *op. cit.*, p. 350, note 46.
60. Carlo M. CIPOLLA, « La prétendue "Révolution des prix"; réflexions sur l'expérience italienne», *in : Annales E.S.C.*, 1955, pp. 513-516.
61. Isaac de PINTO, *op, cit.*, pp. 46 et 77-78.
62. Cité par S. POLLARD et D. W. CROSSLEY, *op. cit.*, p. 169.

63. A.N., G 7, 1691, 35 (6 mars 1708).
64. A.N., A.E., B^{1}, 331, 25 novembre 1713.
65. A.d.S. Venise, Consoli Genova, 6, 98, Gênes, 12 novembre 1628.
66. A. G. Varsovie, fonds Radziwill, Nantes, 20 mars 1726.
67. A.N., G 7, 1622.
68. A.N., G7 1622 «Mémoire sur les billets de monnoye», 1706(?).
69. Marcel ROUFF, *Les Mines de charbon en France au XVIIIe siècle*, 1922, p. 243.
70. C. CARRIÈRE, *op. cit.*, II, pp. 917 *sq*.
71. B. CAIZZI, *Industria, commercio e banca in Lombardia..., op. cit.*, pp. 149, 206.
72. Guy CHAUSSINAND-NOGARET, *Les Financiers du Languedoc au XVIIIe siècle*, 1970, pp. 40 et 103-104; *Gens de finance au XVIIIe siècle*, 1972, *passim* et pp. 68 *sq*.; compte rendu du livre de Yves DURAND, *in : Annales E.S.C.*, 1973, p. 804.
73. Pierre VILAR, *op. cit.*, t. II, pp. 482-491.
74. TURGOT, *Œuvres*, *op. cit.*, I, p. 381.
75. L. DERMIGNY, *Le Commerce à Canton*, *op. cit.*, II, p. 774.
76. C. GLAMMAN, *Dutch asiatic trade, 1620-1740*, 1958, p. 261.
77. LA BRUYÈRE, *Caractères...*, VI, 39.
78. Léon SCHICK, *Un Grand Homme d' affaires au début du XVIe siècle, Jakob Fugger*, 1957, p. 416.
79. Pierre VILAR, *in : L' Industrialisation en Europe au XIXe siècle*, 1972, p. p. LÉON, CROUZET, GASCON, p. 423.
80. J. CAVIGNAC, *op. cit.*, p. 156, 12 avril 1725.
81. Jean MAILLEFER, *op. cit.*, p. 179.
82. MABLY, *Œuvres*, XIII, *Du commerce des grains*, pp. 291-297.
83. Jean-Baptiste SAY, *op. cit.*, I, p. 176.
84. Jacques HEERS, *in : Revue du Nord*, janv. 1964, pp. 106-107; Peter MATHIAS, *The First industrial nation, an economic history of Britain, 1700-1914*, 1969, p. 18.
85. F. LÜTGE, *op. cit.*, p. 294.
86. *Méditerranée*, I, p. 386.
87. Pierre GOUBERT, *Louis XIV* et *vingt millions de Français*, 1966.
88. Enrique OTTE, « Das Genuesische Unternehmertum und Amerika unter den Katolischen Königen », *in : Jahrbuch für Geschichte von Staat, Wirtschaft und Gesellschaft Lateinamerikas*, 1965, Bd 2, pp. 30-74.
89. Maurice DOBB, *Studies in the development of capitalism*, 4e éd. 1950, pp. 109 *sq*., 191 *sq*.
90. A.N., G 7, 1865, 75.
91. H. H. MAURUSCHAT *Gewürze, Zucker und Salz im vorindustriellen Europa...*, cité par Wilhem ABEL, *Einige Bemerkungen zum Land Stadtprobleme im spätmittelalter*, p. 25.
92. Baltasar Suàrez à Simón Ruiz, 26 février 1591. Archives Ruiz, Valladolid.
93. *Encyclopedia britannica*, 1969, XIII, p. 524.
94. SAVARY DES BRUSLONS, V, colonne 668.
95. Moscou, Archives Centrales, Alex. Baxter à Voronsov..., 50/6, 1788.
96. C.R. BOXER, *The Great ship from Amacon*, 1959, pp. 15-16.
97. Abbé de BELIARDY, *Idée du Com-*

merce, B.N., Fr., 10759, f° 310 v°.

98. G. F. GEMELLI CARERI, *op. cit.*, IV, p. 4.

99. Denys LOMBARD, *op. cit.*, p. 113.

100. Johan Albrecht MANDELSLO, *op. cit.*, II, p. 346.

101. F. GALIANI, *Dialogues sur le commerce des bleds*, éd. p. Fausto Nicolini, 1959, pp. 178-180 et 252.

102. Simón Ruiz à Baltasar Suàrez, 24 avril 1591, Archives Ruiz, Valladolid.

103. D. DEFOE, *op. cit.*, II, pp. 149 *sq*.

104. Pour les détails qui suivent, voir Christian BEC, *Les Marchands écrivains à Florence*, *1375-1434*, 1967, pp. 383 *sq*.

105. Richard EHRENBERG, *Das Zeitalter der Fugger*, 1922, I, p. 273, n. 4.

106. J.-P. PALEWSKT, *Histoire des chefs d'entreprise*, 1928, pp. 103 *sq*.

107. Ralph DAVIS, *Aleppo and Devonshire Square*, 1967, p. 66.

108. Publiées par V. von KLARWILL, *The Fugger News-Letters*, 1924-1926, 2, vol.

109. Paolo da CERTALDO, cité par C. BEC, *op. cit.*, p. 106.

110. A.N., A.E., B[1], 623.

111. A.N., 61 AQ 4, f° 19.

112. *Ibid*.

113. A.N., 61 AQ 2, f° 18, lettre du 18 décembre 1777.

114. Texte de Paolo de CERTALDO, cité par C. BEC, *op. cit.*, p. 106.

115. A.E., C.P., Angleterre 532. f°s 90-91, Beaumarchais à Vergennes, Paris, 31 août 1779.

116. Bonvisi à S. Ruiz, cité par J. GENTIL DA SILVA, *op. cit.*, p. 559.

117. Sur cette crise prolongée, correspondance de Pomponne, A. N., A. E., B[1] Hollande, 619 (1669).

118. James BOSWELL, *The Life of Samuel Johnson*, 8e éd. 1816, II, p. 450.

119. Le mot est de l'auteur d'une brochure de 1846 dénonçant le ministre des Travaux publics qui avait prononcé l'adjudication des chemins de fer du Nord à la Banque Rothschild frauduleusement, en acceptant qu'elle soit seule soumissionnaire. Cité par Henry COSTON, *Les Financiers qui mènent le monde*, 1955, p. 65.

120. Voir *supra*, p. 32 *sq*.

121. A.N., F 12, 681.

122. A.N., G 7, 1707, p. 148.

123. A.N., G 7, 1692, pp. 34-36.

124. *Ibid.*, f° 68.

125. A. N., F 12, 662-670, 1er février 1723.

126. A.N., G 7, 1692, f° 211 v°(1707 ou 1708). La vallée de la Biesme, en Argonne.

127. A.N., F 12, 515, 17 février 1770.

128. A.N., G 7, 1685, p. 39.

129. A.N., F 12, 681, f°s 48,97,98,112 et A.N., G 7, 1706, n°s 237 et 238. Une lettre du 26 décembre 1723 fait allusion à des mesures gouvernementales de 1699 et 1716, annulant tous les marchés précédemment passés, afin d'empêcher «ces sortes d'accaparements», en matière de commerce des laines.

130. A.N., F 12, 724, n° 1376.

131. SAVARY DES BRUSLONS *op. cit.*, IV, col. 406, poids respectifs des razières ou rasières, 280-290 livres contre 245.

132. A. N., G 7, 1678, f° 41 et f° 53,

nov. et déc. 1712.

133. Jean ÉON (P. Mathias de Saint-Jean), *Le Commerce honorable*, *op. cit.*, pp. 88-89.

134. John NICKOLLS (Plumard de Dangeul), *Remarques sur les avantages et les désavantages de la France et de la Grande-Bretagne*, 1754, p. 252.

135. Henri PIRENNE, *Histoire économique de l'Occident médiéval*, 1951, p. 45, note 3.

136. Joseph HÖFFNER, *Wirtschaftsethik und Monopole*, 1941, p. 58, note 2.

137. Hans HAUSHERR, *Wirtschaftsgeschichte der Neuzeit*, 1954, pp. 78-79.

138. Ulrich de HÜTTEN, *Opera*, éd. 1859-1862, III, pp. 302 et 299, cité par HÖFFNER, *op. cit.*, p.54.

139. Violet BARBOUR, *op. cit.*, p. 75.

140. *Ibid.*, p. 89. (Déclaration de De Witt aux États-Généraux en 1671. Ce blé n'est pas stocké à Amsterdam seulement, mais dans plusieurs villes de Hollande.)

141. Samuel LAMBE, *Seasonable observations...*, 1658, pp. 9-10, cité par V. BARBOUR, *op. cit.*, p. 90.

142. J. SAVARY, *Le Parfait Négociant*, *op. cit.*, éd. 1712, II, pp. 135-136.

143. A.N., A.E., B[1], 619, La Haye, 25 septembre 1670.

144. *Ibid.*, 4 juillet 1669.

145. *Ibid.*, 26 septembre 1669.

146. J. SAVARY, *op. cit.*, II, pp. 117-119.

147. A.N., G 7, 1686-99.

148. Marteng G. BUIST, *op. cit.*, pp. 431 *sq.*

149. P. W. KLEIN, *op. cit.*, pp. 3-15, 475 *sq.*

150. Jakob van KLAVEREN, *Europäische Wirtschaftsgeschichte Spaniens op. cit.*, p. 3. «...Erstens ist es für die Wirtschaft an sich von keiner Bedeutung, ob das Geld aus Silber, Gold oder aus Papier besteht.»

151. Marcel MARION, *Dictionnaire des institutions*, p. 384, 2e colonne. Louis DERMIGNY, «La France à la fin de l'Ancien Régime, une carte monétaire», *in*: *Annales E.S.C.*, 1955, p. 489.

152. MALESTROIT, «Mémoires sur le faict des monnoyes...», 1567, *in*: *Paradoxes inédits*, éd. L. EINAIDI, 1937, pp. 73 et 105.

153. F. C. SPOONER, *L'Économie mondiale et les frappes monétaires en France, 1493-1680*, 1956, pp. 128 *sq.*

154. C. M. CIPOLLA, *Studi di storia della moneta: i movimenti dei cambi in Italia dal sec. XIII al XV*, 1948, et c.r. par R. DE ROOVER, *in*: *Annales*, 1951, pp. 31-36.

155. Geminiano MONTANARI, *Trattato del valore delle monete*, ch. III, p. 7, cité par J. GENTIL DA SILVA, *op. cit.*, p. 400.

156. C. M. CIPOLLA, *Mouvements monétaires de l'État de Milan (1580-1700)*, 1952, pp. 13-18.

157. Marquis d'ARGENSON, *Mémoires et Journal inédit*, éd. 1857-1858, II, p. 56. Pour que le lecteur refasse le calcul, qu'il se souvienne qu'un sol vaut 12 deniers et que le liard représente 3 deniers. On a donc dévalué de 6 deniers une pièce de 24 deniers, soit à un taux de 25%.

158. J. GENTIL DA SILVA, *Banque et crédit en Italie au XVIIe siècle*, I, pp. 711-716.

159. Gio. Domenico PERI, *Il Negotiante*, éd. 1666, p. 32.

160. F. RUIZ MARTÍN, *Lettres marchandes de Florence*, *op. cit.*, p. XXXVIII.
161. R. GASCON, *op. cit.*, I, p. 251.
162. J. GENTIL DA SILVA, *op. cit.*, p. 165.
163. Jean ÉON, *op. cit.*, p. 104.
164. Isaac de PINTO, *op. cit.*, pp. 90-91, note 23.
165. *États et tableaux concernant les finances de France depuis 1758 jusqu'en 1787*, 1788, p. 225.
166. J. BOUVIER, P. FURET et M. GILLET, *Le Mouvement du profit en France au XIXe siècle*, 1965, p. 269.
167. M.G. BUIST, *op. cit.*, pp. 520-525 et note p. 525.
168. Louis DERMIGNY, *Cargaisons indiennes. Solier et Cie, 1781-1793*, 1960, II, p. 144.
169. Giorgio DORIA, *in : Mélanges Borlandi*, 1977, pp. 377 *sq*.
170. F. RUIZ. MARTÍN, *El Siglo de los Genoveses*, à paraître.
171. J. MEYER, *L'Armement nantais*, *op. cit.*, pp. 220 *sq*.
172. *Ibid.*, p. 219.
173. Jacob M. PRICE, *France and the Chesapeake*, 1973, I, pp. 288-289. Ces calculs m'ont été communiqués par J.-J. Hémardinquer.
174 A.N., 94 AQ 1, f° 28.
175. L. DERMIGNY, *Cargaisons indiennes*, *op. cit.*, pp. 141-143.
176. J. MEYER, *op. cit.*, pp. 290-291.
177. M. BOGUCKA, *Handel zagraniczny Gdanske*..., 1970, p. 137.
178. A.N., Colonies, F 2 A 16.
179. Thomas MUN, *A Discourse of trade from England into the East Indies*, Londres, 1621, p. 55, cité par P. DOCKES, *op. cit.*, p. 125.
180. HACKLUYT (1885), pp. 70-71, cité par J.-C. VAN LEUR, *op. cit.*, p. 67.
181. Jean GEORGELIN, *Venise au siècle des Lumières (1669-1797)*, p. 436 du dacty logramme.
182. *Ibid.*, p. 435.
183. Voir la façon dont les capitaux libérés par l'abandon de grandes industries à Caen, se réinvestissent ailleurs. J.-C. PERROT, *op. cit.*, I, pp. 381 *sq*.
184. Stephan MARGLIN, *in : Le Nouvel Observateur*, 9 juin 1975, p. 37.
185. J. KULISCHER, *op. cit.*, trad. ital., I, p. 444.
186. *Cf. infra*, III, ch. 2.
187. J. KULISCHER, *op. cit.*, I, p. 446.
188. J. GENTIL DA SILVA, *op. cit.*, p. 148.
189. Jean MAILLEFER, *op. cit.*, p. 64.
190. C. BAUER, *op. cit.*, p. 26.
191. F. MELIS, *Tracce di una storia economica*..., *op. cit.*, p. 29.
192. A.-E. SAYOUS, «Dans l'Italie, à l'intérieur des terres: Sienne de 1221 à 1229», *in : Annales*, 1931, pp. 189-206.
193. Hermann AUBIN, Wolfgang ZORN, *Handbuch*..., *op. cit.*, p. 351.
194. J. KULISCHER, *op. cit.*, éd. allemande, I, pp. 294-295.
195. A. SCHULTE, *Geschichte der grossen Ravensburger Handelsgesellschaft, 1380-1530*, 1923, 3 v.
196. H. HAUSHERR, *op. cit.*, p.29.
197. Françoise BAYARD, « Les Bonvisi marchands banquiers à Lyon, 1575-1629», *in : Annales E.S.C.*, nov.-déc. 1971, p. 1235.
198. Jean MEYER, *L'Armement nantais*..., *op. cit.*, p. 105, note 8.
199. *Ibid.*, p. 112, note 2.
200. *Ibid.*, pp. 107-115.

201. F. MELIS, *Tracce di una storia economica*, *op. cit.*, pp. 50-51.
202. Jean MEYER, *L'Armement nantais*..., *op. cit.*, p. 107 et note 6.
203. Archives de la Ville de Paris (A.V.P.), 3 B 6, 21.
204. J.-P. RICARD, *op. cit.*, p. 368.
205. Titre IV, article 8, cité par Ch. CARRIÈRE, *op. cit.*, II, p. 886.
206. *Ibid.*, p. 887.
207. J. SAVARY, *Le Parfait négociant*, éd. 1712, seconde partie, pp. 15 *sq*.
208. Eric MASCHKE, «Deutsche Städte am Ausgang des Mittelalters», *in* : *Die Stadt am Ausgang des Mittelalters*, 1974, tirage à part, pp. 8 *sq*.
209. L'organisation toulousaine est admirablement mise en lumière par Germain SICARD, *Aux Origines des sociétés anonymes: les moulins de Toulouse au Moyen Age*, 1953.
210. *Ibid.*, p. 351, note 26.
211. E.F. HECKSCHER, *op. cit.*, pp. 316, 385 et *passim*.
212. A.V.P., 3 B 6, 66.
213. A.N. Z[1]D 102 A, f°s 19 v°-20 v°.
214. Jean-François MELON, *Essai politique sur le commerce*, 1734, pp. 77-78.
215. Jean MEYER, *L'Armement nantais*..., *op. cit.*, p. 275.
216. A.N., Z[1]D 102 A.
217. Jean MEYER, *L'Armement nantais*..., *op. cit.*, p. 113.
218. Ch. CARRIÈRE, *op. cit.*, II, pp. 879 *sq*.
219. D. DEFOE, *op. cit.*, I, p. 215.
220. Le mot apparaît à peine. Cité par LITTRÉ: «Entreprise», p. 1438, dans FÉNELON, *Télémaque*, XII, 1699.
221. D'après une réflexion incidente d'Isaac de PINTO, *op. cit.*, p. 335.
222. Guy ANTONETTI, *Greffulhe, Montz et Cie, 1789-1793*, p. 96; *cf.* J. EVERAERT, *op. cit.*, p. 875. Les firmes allemandes à Cadix vers 1700 peu nombreuses.
223. George LILLO, *The London merchant, with the tragical history of George Barnwell*, 1731, p.27.
224. W. SOMBART, *op. cit.*, II, p. 580.
225. Manuel NUÑES DIAS, *O Capitalismo monarquico poàtuguès (1415-1549) São Paulo*, 1957, Tese de doutoramento.
226. Charles VERLINDEN, *Les Origines de la civilisation atlantique*, 1966, pp. 11-12 et 164.
227. Louis DERMIGNY, *La Chine et l'Occident, Le commerce à Canton*..., *op. cit.*, I, p. 86.
228. A.N. A.E., B[1], 760, Londres, juillet 1713.
229. Charles WILSON, *England's apprenticeship, 1603-1763*, 3e éd. 1967, pp. 172-173
230. *Cf.* à ce sujet la mise au point (qui renvoie à une large bibliographie) de Jürgen WIEGANDF, *Die Merchants Adventurers' Company auf dem Kontinent zur Zeit der Tudors und Stuarts*, 1972.
231. E. F. HECKSCHER, *op. cit.*, p. 310.
232. *Ibid.*, pp. 362-363.
233. M. M., POSTAN, *Medieval trade and finance*, 1973, pp. 302-304.
234. F. LÜTGE, *op. cit.*, p. 342.
235. Selon les explications de J. U. NEF, de K. W. TAYLOR, d'I. WALLERSTEIN et de Th. K. RABB, *Enterprise and Empire*, 1967, pp. 19 *sq*. 26 *sq*.
236. Pour la Compagnie du Nord, *cf.* A. N. G 7, 1685, I; pour la Compagnie

des Indes occidentales, *cf*. A.E., M. et D., 16.

237. *Études d'histoire économique*, 1971, p. 33.

238. S. POLLARD et D. W. CROSSLEY, *op. cit.*, pp. 150-151.

239. *Ibid.*, pp. 143, 146, 147, 163.

240. P. JEANNIN, *L'Europe du Nord-Ouest et du Nord aux XVIIIe et XVIIIe siècles*, 1969, p. 192.

241. S. POLLARD et D. W. CROSSLEY, *op. cit.*, p. 149.

242. Lettre de Pontchartrain à Tallard (6 août 1698), *cf*. A. E., CP. Ang., 208, f° 115; lettre de Tallard à Pontchartrain (21 août 1698), *cf*. A. N., A.E., B[1], 759.

243. *Op. cit.*, éd. française, p. 172.

244. Charles BOXER *The Dutch Seaborne Empire, 1600-1800*, 1965, p. 43.

245. Maurice DOBB, *Studies in the development of capitalism*, 4e éd. 1950, p. 191, note 1.

246. A.N., G 7, 1686. f° 85.

247. A. N., Marine, B 7, 230, cité par Charles FROSTIN, «Les Pontchartrain et la pénétration commerciale française en Amérique espagnole (1690-1715)», *in : Revue historique*, 1971, p. 311, note 2.

248. A.N., K 1349, f° 14 v° et f° 15.

249. Paul KAEPPELIN, *La Compagnie des Indes orientales et François Martin*, 1908, pp. 135-136.

250. *Ibid.*, p. 593.

251. A.N., G 7, 1699.

252. Charles MONTAGNE, *Histoire de la Compagnie des Indes*, 1899, pp. 223-224.

253. M. LÉVY-LEBOYER, *op. cit.*, p. 417, note 2.

254. *Civilisation matérielle*, I, éd. 1967, pp. 10-11 et 437.

255. Walter ACHILLES, «Getreidepreise und Getreidehandelsbeziehungen europäischen Raum in XVI. und XVII. Jahr.» *in : Zeitschrift für Agrargeschichte*, 59, pp. 32-55.

256. E. MASCHKE, art. cit., p. 18.

257. J.-P. RICARD, *Le Négoce d'Amsterdam*, 1722, p. 59.

258. *Schriften*, 1800, I, p. 264, cité par W. SOMBART, 2, p. 500.

259. E. ZOLA, *L'Argent*, éd. Fasquelle, 1960, p. 166, cité par P. MIQUEL, *L'Argent*, 1971, pp. 141-142.

260. GALIANI, *op. cit.*, pp. 162-168, 178-180, 152.

第五章

1. Cité par Louis DUMONT, *Homos hierarchicus*, 1966, p. 18.

2. Je me reporte à une conversation de novembre 1937.

3. Émile DURKHEIM (1858-1917) prend la relève d'Auguste COMTE, passe sa thèse *De la division du travail social*, en 1893, et fonde l'*Année sociologique*, en 1896. C'est cette dernière date que nous avons retenue.

4. *in : Revue de synthèse*, 1900, p. 4.

5. Malgré d'anciens essais comme ceux d'Alfred WEBER, *Kulturgeschichte als Kultursoziologie*, 1935, ou d'Alfred von MARTIN, *Soziologie der Renaissance...*, 1932; ou, plus récemment, la puissante synthèse d'Alexander

RUSTOW, *Ortsbestimmung der Gegenwart*, 3 vol., 1950-1957.
6. *Op. cit.*, p. 9.
7. Josef SCHUMPETER, *op. cit.*, I, p. 23.
8. NOVALIS, *Encyclopédie*, 1966, p. 43.
9. Des remarques analogues chez René CLEMENS, Raymond ARON, Wilhelm Röpke, Jacques ATTALI, Joseph KLATZMANN, Marcel MAUSS.
10. *English social History*, 1942; trad. espagnole, 1946.
11. De nombreuses opinions contraires. Ainsi Edward J. NELL, «Economic relationship in the decline of feudalism: an economic interdependence», *in : History and theory*, 1957, p. 328: «considérer davantage les relations entre les variables que les variables elles-mêmes». Pour Evans PRITCHARD, la structure sociale se réduit aux inter-relations des groupes, d'après Siegfried Frederik NADEL, *La Théorie de la structure sociale*, 1970, p. 30.
12. I. WALLERSTEIN, *op. cit.*, p. 157.
13. Jack H. HEXTER, *Reappraisals in History*, 1963, p. 72.
14. *Variétés*, III, p. 312, *Advis de Guillaume Hotteux ès Halles*.
15. *L'idéal historique*, 1976.
16. Karl BOSL, «Kasten, Stände, Klassen in mittelalterlichen Deutschland» *in* : ZBLG 32, 1969. Impossible d'employer le mot dans un sens strict.
17. A propos des castes de l'Inde, voir l'article de Claude MEILLASSOUX, «Ya-t-il des castes aux Indes?», *in : Cahiers internationaux de sociologie*, 1973, pp. 5-29.
18. *La Vocation actuelle de la sociologie*, 1963, I, pp. 365 *sq*.
19. *Pour la sociologie*, 1974, p. 57.
20. PRÉVOST, *op. cit.*, t. I, p. 8.
21. Van RECHTEREN, *Voyages*, 1628-1632, V, p. 69.
22. A.N. K 910, 27 *bis*.
23. Ainsi Arthur Boyd HIBBERT, *in : Past and Present*, 1953, n° 3, et Claude CAHEN, *in : La Pensée*, juillet 1956, pp. 95-96, le féodalisme n'est pas la négation du commerce. Point de vue orthodoxe, Charles PARAIN et Pierre VILAR, «Mode, de production féodal et classes sociales en système précapitaliste», 1968, *Les Cahiers du Centre d'Études et Recherches marxistes*, n° 59.
24. Date au plus de la Restauration, pas encore dans *La Néologie*, de L. S. MERCIER, 1801; dans N. LANDAIS, *Dictionnaire général et grammatical*, 1934, II, p. 26
25. Armando SAPORI et Gino LUZZATTO.
26. Georges GURVITCH, *Déterminismes sociaux et liberté humaine*, 2e éd., 1963, pp. 261 *sq*.
27. Marc BLOCH, *La Société féodale*, 2 vol., 1939-1940.
28. Jacques HEERS, *Le Clan familial au Moyen Age*, 1974.
29. A. THIERS, *De la propriété*, 1848, p. 93.
30. Jean-François MELON, *op. cit.*, p. 126.
31. Charles W. MILLS, *The Power Elite*, 1959.
32. *Delle lettere di Messer Claudio Tolomei*, Venise, 1547, fos 144 vo-145. Ce passage m'a été signalé par Sergio BERTELLI.
33. Frederic C. LANE, *Venice, a maritime Republic*, 1973, p. 324. Voir

aussi K. J. BELOCH, *Bevölkerungsgeschichte Italiens*, t. III, 1961, pp. 21-22.

34. F. G. LANE, *op. cit.*, pp. 429-430.
35. SAINTOLON, *Relazione della Republica di Genova*, 1684, Venise, Marciana, 6045, c.II-8.
36. Gerald STRAUSS, «Protestant dogma and city government. The case of Nuremberg», *in : Past and Present*, n° 36, 1967, pp. 38-58.
37. C.A.B.F. de BAERT-DUHOLAND, *Tableau de la Grande-Bretagne*, an VIII, IV, p. 7.
38. C. R. BOXER, *The Dutch seaborne Empire, 1600-1800*, 1965, p. 11.
39. R. GASCON, *op. cit.*, I, p. 407.
40. G. D. RAMSAY, *The City of London*, 1975, p. 12.
41. E. W. DAHLGREN, *Les Relations commerciales et maritimes entre la France et les côtes du Pacifique*, I, 1909, pp. 36-37, note 2.
42. François DORNIC, *op. cit.*, p. 178.
43. Jacques TENEUR, «Les Commerçants dunkerquois à la fin du XVIIIe siècle et les problèmes économiques de leur temps», *in : Revue du Nord*, 1966, p. 21.
44. Cité par Charles CARRIÈRE, *op. cit.*, I, pp. 215-216.
45. *Ibid.*, p. 265.
46. Référence égarée.
47. Emilio NASALLI ROCCA, «Il Patriziato piacentino nell' età del principato. Considerazioni di storia giuridica, sociale e statistica», *in : Studi in onore di Cesare Manaresi*, 1952, pp. 227-257.
48. J. M. ROBERTS, *in : The European Nobility in the Eighteenth Century*, éd. par A. GOODWIN, 1953, p. 67.
49. J. GENTIL DA SILVA, *op. cit.*, pp. 369-370, note 92.
50. Phyllis DEANE et W. A. COLE, *British economic growth*, 2e éd. 1967, pp. 2 *sq.*; S. POLLARD et D. W. CROSSLEY, *op. cit.*, pp. 153 *sq*.
51. S. POLLARD et D. W. CROSSLEY, *op. cit.*, p. 169.
52. André PARREAUX, *La Société anglaise de 1760 à 1810*, 1966, p. 8.
53. Pierre GOUBERT, *L' Ancien Régime*, 1969, I, pp. 158-159.
54. P. LÉON, *in : Histoire économique et sociale de la France*, II, 1970, p. 607; Jean MEYER, *La Noblesse bretonne au XVIIIe siècle*, p. 56.
55. W. DWORZACZEK, «Perméabilité des barrières sociales dans la Pologne du XVIe siècle», *in : Acta Poloniae Historica*, 1971, 24, pp. 30 et 39.
56. M. N. PEARSON, «Decline of the Moghol Empire», *in : The Journal of Asian Studies*, février 1976, p. 223: 8 000 hommes privilégiés dans un Empire de 60 à 70 millions d' hommes... «The 8 000 men were the empire».
57. *Op. cit.*, I, p. VIII.
58. Cité par Julien FREUND, *op. cit.*, p. 25.
59. Lawrence STONE, «The anatomy of the Elizabethan aristocracy», *in : The Economic History Review*, 1948, pp. 37-41.
60. H. KELLENBENZ, *Der Merkantilismus in Europa und die soziale Mobilität*, 1965, pp. 49-50.
61. Peter LASLETT, *op. cit.*, p. 44.
62. Pierre GOUBERT, *L' Ancien Régime*, *op. cit.*, I, p. 105.

63. *Handbuch der deutschen Wirtschafts- und Sozialgeschichte*, *op. cit.*, p. 371.

64. Pour Venise, *La Civiltà veneziana nell' età barocca*, *op. cit.*, p. 307, février 1685; *La Civiltà Veneziana del Settecento*, pp. 244 et 274.

65. *Ibid.*, p. 244.

66. Sur Longleat, *cf. New Encyclopedia Britannica*, 15e éd., VI, p. 319; sur Wollaton Hall, *ibid.*, X, p. 729; sur Burghley House, *cf.* J. Alfred GOTCH, *Architecture of the Renaissance in England*, I, 1894, pp. 1-3; sur Holdenby, *cf.* Henry SHAW, *Details of Elizabethan Architecture*, 1839, p. 8.

67. Peter LASLETT, *op. cit.*, p. 166.

68. *Cf.* H. R. TREVOR-ROPER, « The General crisis of the seventeenth century», *in : Past and Present*, n° 16 (nov. 1959), pp. 31-64, et discussion de cet article par E. H. KOSSMANN, E. J. HOBSBAWM J. H. HEXTER, R. MOUSNIER, J. H. ELLIOTT, L. STONE et réponse de H. R. TREVOR-ROPER, *in : Past and Present*, n° 18 (nov 1960), pp. 8-42. Le livre d'ensemble de Lawrence STONE, *Les Causes de la Révolution anglaise*, tr. fr., 1974; J. H. HEXTER, *Reappraisals in History*, 1963, pp. 117 *sq.*

69. P. BOURDIEU et J. C. PASSERON, *La Reproduction. Éléments pour une théorie du système d'enseignement*, 1970.

70. *In : Histoire de la Savoie*, p.p. GUICHONNET, 1974, p. 250.

71. Daniele BELTRAMI, *Storia della popolazione di Venezia*, 1954, pp. 71, 72, 78. Les proportions, par rapport à l'ensemble de la population, sont pour 1581 de 4,5% de nobles et 5,3% de *cittadini*, et, pour 1586, de 4,3% et 5,1% respectivement.

72. Werner SCHULTHEISS, « Die Mittelschicht Nürnbergs im Spätmittelalter», *in : Städtische Mittelschichten*, p.p. E. MASCHKE et J. SYDOW, nov. 1969.

73. « Marchands capitalistes et classes sociales» dactylogramme, p. 9; à Lübeck, au XVIe siècle les *Fernhändler* sont de 50 à 60 maisons pour une ville de 25 000 habitants.

74. *Verfassungs-und Wirtschaftsgeschichte des Mittelalters*, 1928, p. 329.

75. Th. K. RABB, *Enterprise and Empire*, 1967, pp. 26 *sq.*

76. D'après André PIETTRE, *Les Trois Ages de l'économie*, 1955, p. 182, cité par Michel LUTFALLA, *L'État stationnaire*, 1964, p. 98.

77. G. CHAUSSINAND-NOGARET, «Aux origines de la Révolution: noblesse et bourgeoisie», *in : Annales E.S.C.*, 1975, pp. 265-277.

78. [Bourgogne]: Henri DROUOT, *Mayenne et la Bourgogne, étude sur la Ligue (1587-1596)*, 1937, I, pp. 45, 51; [Rome]: Jean DELUMEAU, *op. cit.*, I, p. 458: «Lorsque s'ouvre le XVIIe siècle, les grands seigneurs d'autrefois [dans la campagne romaine], écrasés par leurs dettes, liquident leurs biens fonciers et s'effacent devant une aristocratie nouvelle et docile, sans passé guerrier.»

79. B. N., F. Esp., 127, vers 1610.

80. *Beauvais et le Beauvaisis*..., p. 219; F. BRAUDEL, *in : Annales E.S.C.*, 1963, p. 774.

81. Raymond CARR, «Spain», *in : The European Nobility in the Eighteenth Century*, *op. cit.*, p. 44.
82. Henri PIRENNE, *Les Périodes de l'histoire sociale du capitalisme*, Bruxelles, 1922.
83. H. KELLENBENZ, dactylogramme, *op. cit.*, p. 17.
84. Claude CARRÈRE, *op. cit.*, I. p. 146.
85. Friedrich LÜTGE, *op. cit.*, p. 312.
86. J. H. HEXTER, *op. cit.*, pp. 76 *sq*.
87. G. TAYLOR, «Non capitalist Wealth and the Origins of the French Revolution», *in : American Historical Review*, 1967, p. 485.
88. Pierre DARDEL, *op. cit.*, pp. 154-155.
89. ACCARIAS DE SÉRIONNE, *La Richesse de la Hollande*, *op. cit.*, II, p. 31.
90. F. DORNIC, *op. cit.*, p. 161.
91. R. de ROOVER, *The Medici Bank*, 1948, p. 20, note 50.
92. Guy CHAUSSINAND-NOGARET, *Les Financiers du Languedoc au XVIII*e *siècle*, 1970.
93. Paolo NORSA, « Una famiglia di banchieri, la famiglia Norsa (1350-1950)», *in : Bollettino dell'Archivio storico del banco di Napoli*, 1953.
94. André RAYMOND, *Artisans et commerçants au Caire au XVIII*e *siècle*, 1973, II, pp. 379-380.
95. Titre primitif du livre que j'ai utilisé en dactylogramme, paru en 1977 sous le titre: *Les Bourgeois-gentilshommes*.
96. Guy PATIN, *op. cit.*, II, p. 196.
97. Romain BARON, «La bourgeoisie de Varzy au XVIIe siècle», *in : Annales de Bourgogne*, 1964, p. 173.
98. M. COUTURIER, *op. cit.*, pp. 215-216. Parmi les tanneurs par exemple, on distingue les «maîtres tanneurs» et les «marchands tanneurs», ces derniers seuls étant dits «honorables hommes».
99. C. LOYSEAU, *Cinq Livres du Droict des Offices*, 1613, p. 100.
100. *Op. cit.*, pp. 43-44.
101. G. HUPPERT, *op. cit.*, dactylogramme.
102. *Op. cit.*, pp. 128-129.
103. Publié par L. Raymond LEFEBVRE, 1943, pp. 131-133.
104. Joseph NOUAILLAC, *Villeroi, Secrétaire du roi*, 1909, p. 33.
105. Son astrologue, Primi Visconti, si l'on en croit Henry MERCIER, *Une Vie d'ambassadeur du Roi-Soleil*, 1939, p. 22.
106. G. HUPPERT, *L'Idée de l'hisloire parfaite*, 1970.
107. R. MANDROU, *La France aux XVII*e *et XVIII*e *siècles*, 1970, p. 130.
108. Dans le *Cayer présenté au roy par ceux du tiers estat de Dauphiné*, Grenoble, 1re éd. 1603, cité par Davis BITTON, *The French Nobility in crisis —1560-1644*, 1969, pp. 96 et 148, note 26.
109. Cité par BANCAL, *Proudhon*, I, p. 85, no 513.
110. A. N., G 7, 1686, 156.
111. SAINT-CYR, *Le Tableau du siècle*, 1759, p. 132, cité par Norbert ÉLIAS, *La Société de Cour*, 1974, p. 11.
112. Manuel FERNÁNDEZ ALVAREZ, *Economia, sociedad y corona*, 1963, p. 384.
113. *Variétés*, V, 235 [1710].
114. Voir *infra*, t. III, ch. 3.
115. Witold KULA, «On the typology of economic systems,» *in : The Social sciences, Problems and Orientations*,

1968, p. 115.
116. Tommaso GAMPANELLA, *Monarchia di Spagna*, *in* : *Opere*, 1854, II, p. 148, cité par Carlo de FREDE, *in* : *Studi in onore di Amintore Fanfani*, V, pp. 5-6 et 32-33.
117. Giuseppe GALASSO, *op. cit.*, p. 242.
118. FÉNELON, *Dialogues des Morts*, II, 1718, p. 152.
119. R.PERNOUD, *Histoire de la bourgeoisie en France*, II, 1962, p. 10.
120. Paolo CARPEGGIANI, *Mantova*, *profilo di una città*, 1976, *appendice* : *Sabbioneta*, pp. 127 *sq*. Le mot *casino* (p. 139) désigne la villa privée du prince et son jardin.
121. Pour le paragraphe ci-dessus, *cf*.: A. de S. Venise, à titre d'exemples : *Senato Terra*, 24, 9 janvier 1557; 32, Padoue, 9 janvier 1562; P. MOLMENTI, *op. cit.*, II, p. 111.
122. Jürgen KUCZINSKI, *op. cit.*, p. 71.
123. Archives VORONSOF, VIII, p. 34, 18-29 déc. 1796.
124. André PARREAUX, *La Société anglaise de 1760 à 1810*, 1966, p. 12. Abingden sur la Tamise dans le Berkshire.
125. Entre 1575 et 1630, la moitié environ des *peers* a investi dans le commerce, soit un sur deux alors que la proportion est de un sur cinquante si l'on considère l'ensemble de la noblesse et de la *gentry*, Th. K. RABB, *Enterprise and Empire*, 1967, note 16 et p. 27.
126. R. GASCON, *op. cit.*, I, p. 444.
127. Intervention de Pierre VILAR, Congrès international des sciences historiques, Rome 1955.
128. P. MOLMENTI, *op. cit.*, II, p. 75.
129. Jerónimo de ALCALÁ, *El donador hablador*, 1624, *in* : *La Novela picaresca española*, 1966, p. 1233.
130. Pour les exemples qui suivent: Y.-M. BERCÉ, *op. cit.*, II, p. 681 [Aquitaine]; E. MASCHKE, art. cit., p. 21 [villes allemandes]; René FÉDOU, «Le cycle médiéval des révoltes lyonnaises», *in* : *Cahiers d'histoire*, 3, 1973, p. 240 [Lyon].
131. *Les Soulèvements populaires en France de 1623 à 1648*, 1963.
132. Carlo de FIDE, *in* : *Mélanges Fanfani*, V, 1962, pp. 1-42.
133. Ingomar BOG, *in* : *Z. für Agrargeschichte*, 1970, pp. 185-196.
134. *Variétés*, VII, p. 330, 7 juin 1624.
135. Y.-M. BERCÉ, *op. cit.*, p. 300.
136. B.N., Fr., 21773, f° 31.
137. Henri GACHET, «Conditions de vie des ouvriers papetiers en France au XVIIIe siècle», *Communication à l'Institut français d'histoire sociale*, 12 juin 1954.
138. Tout le paragraphe qui suit d'après Nathalie ZEMON DAVIS: «Strikes and salvation at Lyons», *in* : *Archiv für Reformationgeschichte*, LVI (1965), pp. 48-64, et Henri HAUSER, *Ouvriers du temps passé*, 1927.
139. H. HAUSER, *op. cit.*, p. 180 et note 1.
140. *Ibid.*, pp. 203 et 234, note 1 et A. FIRMIN-DIDOT, *Aldo Manuce et l'hellénisme à Venise*, 1875, p. 269.
141. N. W. POSTHUMUS, *De Geschiedenis van de Leidsche lakenindustrie*, 3 vol., 1908-1939; Émile COORNAERT, «Une capitale de la laine: Leyde», *in* : *Annales E.S.C.*, 1946.
142. A. N., A.E., B^1, 619, 8 et 29 octo-

bre 1665.

143. Pour les trois paragraphes ci-dessus, *cf.*: POSTHUMUS, *op. cit.*, III, pp. 721-729; 656-657, 674; 691-696; 869 *sq.*; 722-724; 876-878.

144. Paul MANTOUX, *La Révolution industrielle au XVIII*[e] *siècle*, 1959, pp. 57-59. Carlos GUILHERME MOTA, «Conflitos entre capital e trabalho; anataçoes acérca de uma agitaçao no Sudo-este inglés en 1738», *in : Revista de Historia*, São Paulo, 1967, m'a donné le désir de faire un sort à l'incident ci-dessous rapporté.

145. Peter LASLETT, *Un Monde que nous avons perdu*, 1969, pp. 172-173; A. VIERKAND, *Die Stetigkeit im Kulturwandel*, 1908, p. 103: « Moins l'homme est développé, plus il est sujet à subir cette force du modèle de la tradition et de la suggestion.» Cité par W. SOMBART, *Le Bourgeois*, p. 27. Mais qui expliquera les violences des mouvements populaires en Russie?

146. Émile COORNAERT, *Les Corporations en France avant 1789*, 10e éd. 1941, p. 167.

147. *Ibid.*, pp. 168-169.

148. R. ZANGHERI, *in : Studi Storici*, 1968, p. 538; Jérôme BLUM, «The condition of the European Peasantry on the Eve of Emancipation», *in : J. of Modern History*, 1974.

149. Roland MARX, *La Révolution industrielle en Grande-Bretagne*, 1970, p. 19.

150. SULLY, *Mémoires...*, *op. cit.*, III, p. 107 Ou l'expression «mendians de mendicité publique», *Variétés*, V, p. 129. En Espagne, les *hampones*, J. van KLAVEREN, *op. cit.*, p. 187, note 36; en Italie, les *oziosi*, Aurelio LEPRE, *op. cit.*, p. 27.

151. 21 juin 1636, *Civiltà Veneziana*, *op cit.*, p. 285.

152. *Mémoires*, *op. cit.*, 1875, I, p. 215.

153. A.N., G 7, 1647, 1709.

154. Mémoire dactylographié de Mme BURIEZ, *L'Assistance à Lille au XVIII*[e] *siècle*, Faculté des lettres de Lille.

155. Richard GASCON, « Économie et pauvreté aux XVIe et XVIIe siècles: Lyon, ville exemplaire et prophétique», *in : Études sur l'histoire de la pauvreté*, 1975, p.p. M. MOLLAT, II, 1974, pp. 747 *sq. Cf.*, dans le même sens, une remarque de Rolf EGELSING, art. cit., p. 27.

156. P. LASLETT, *op. cit.*, pp. 54-55.

157. F. LÜTGE, *op. cit.*, p. 382.

158. D'après les renseignements qui m'ont été fournis, à Cracovie, par M. KULZCYKOWSY et M. FRANCIC.

159. Mémoire de Mme BURIEZ, *op. cit.* A Cahors, en 1546, 3 400 pauvres pour 10 000 habitants, Marie-Julie PRIM, Mémoire inédit, Toulouse, dactylogramme, p. 53; dans les Causses, à Chanac, 60 mendiants contre 338 taillables, Paul MARRES, « L'économie des Causses du Gévaudan au XVIIIe siècle », *in : Congrès de Mende*, 1955, p. 167; à La Rochelle, en 1776, 3 668 pour 14 271 habitants, LAVEAU, *op. cit.*, p. 72; les pauvres sont un sixième de la population à Avallon (1614), Yves DURAND, *op. cit.*, p. 42; sur les *Habenichtse* les «sans avoir», à Augsbourg, en 1500, H. BECHTEL, *op. cit.*, II, p. 52, note 6. D'un

intérêt général, Olwen HUFTON, «Towards an Understanding of the poor of eighteenth century France», *in : French government and society, 1500-1850*, p.p. J. F. BOSMER, 1975, pp. 145 *sq*.

160. Nombreuses références pour 1749, 1759, 1771, 1790, dans les archives départementales de Haute-Savoie, C 143, f°s 29-38; C 135, H.S.; C 142, 194, f° 81; C 165, f° 81 v°; IC III, 51, f°s 40 à 47.

161. Car ils existent, ils surabondent, M. COUTURIER, *op. cit.*, Châteaudun, 1697; Abel POITRINEAU, *op. cit.*, p. 608: «les mendiants constituant la couche inférieure de toute population villageoise»

162. VAUBAN, *Projet d'une dîme royale*, éd. Daire, 1843, p. 34.

163. Yves DURAND, *in : Cahiers de doléances des paroisses du bailliage de Troyes pour les États généraux de 1614*, 1966, pp. 39-40. La distinction pauvres-mendiants et pauvres-chômeurs est à ne jamais perdre de vue. Jakob van KLAVEREN, «Población y ocupación», *in : Económica*, 1954, n° 2, signale avec raison que Malthus parle des pauvres, non des chômeurs.

164. Dans les villes d'Allemagne en 1384, 1400, 1442, 1446, 1447.

165. E. COYECQUE, «L'Assistance publique à Paris au milieu du XVIe siècle», *in : Bulletin de la Société de l'histoire de Paris et de l'Ile-de-France*, 1888, p. 117.

166. *Ibid.*, pp. 129-230, 28 janvier 1526: 500 pauvres de Paris envoyés aux galères.

167. *Variétés*, VII, p. 42, note 3(1605). Envoi de «gueux» irlandais qui se trouvent à Paris, au Canada. Vagabonds de Séville envoyés au détroit de Magellan. A. d. S. Venise, Senato Spagna Zane au Doge. Madrid, 30 octobre 1581.

168. C.S.L. DAVIES, «Slavery and Protector Somerset; the Vagrancy Act of 1547», *in : Economic History Review*, 1966, pp. 533-549.

169. Ogier Ghislain de BUSBECQ, *Ambassades et voyages en Turquie et Amasie*, *1748*, p. 251.

170. *Cf.* Olwen H. HUFTON, *The poor of the 18th century France*, 1974, pp. 139-159.

171. A. N., A. E., B[1], 521, 19 avril 1710. *Cf.* AD XI, 37 (1662), Autour de Blois, «...il y a peu de chemins qui ne soient bordez de corps morts».

172. A. d. S. Venise, Senato Terra, 1 [Venise]; DELAMARE, *op. cit.*, 1710, p. 1012 [Paris] 3 000 pauvres devant Chambéry, François VERMALE, *Les Classes rurales en Savoie au XVIIIe siècle*, 1911, p. 283.

173. Suzanne CHANTAL, *La Vie quotidienne au Portugal après le tremblement de terre de Lisbonne de 1755*, 1962, p. 16. Nombreuses indications dans la correspondance du consul russe à Lisbonne et notamment Moscou, A. G.A. 72/5, 260, 54 v°, Lisbonne, 30 mai 1780.

174. C. MANCERON, *op. cit.*, I, pp. 298-299, d'après P. GROSCLAUDE, *Malesherbes*, p. 346.

175. J.-P. GUTTON, *La Société et les pauvres. L'exemple de la généralité de Ly-*

on, 1970, pp. 162 *sq*.

176. J.-P. GUTTON, «Les mendiants dans la société parisienne au début du XVIIe siècle», *in : Cahiers d'Histoire*, XIII, 2,1968, p. 137.

177. *Variétés*, V, p. 272.

178. Les deux postes —consulats français de Rotterdam et de Gênes—pour la récu pération des marins «dégradés», mis à terre, offrent une correspondance surabondante notamment: A. N., A.E., B[1], 971-973 (Rotterdam) et A. E., B[1], 530 et la suite pour Gênes. Des hommes misérables, sans souliers, sans chemise, dépenaillés, au milieu desquels sur l'espoir de toucher quelques secours et d'être rapatriés se glissent une série d'aventuriers, de «coureurs», B[1], 971, f° 45, 31 décembre 1757; «... plusieurs étaient couverts de vermine, il a fallu les faire nettoyer, mettre leurs hardes au four»...

179. *Variétés*, V, p. 222.

180. A.d.S. Napoli, Affari Esteri, 796.

181. *Ibid*.

182. Comte de LA MESSELIÈRE. *Voyage à Saint-Pétersbourg*, *an XI-1803*, pp. 262-263.

183. A.N., Marine, B[1], 48, f° 113.

184. Nina ASSODOROBRAJ, *Les Origines de la classe ouvrière* (en polonais), 1966; résumé en français, pp. 321-325.

185. Cité par J. -C. PERROT, *op. cit.*, I, p. 423, note 232.

186. Robert MOLIS, «De la mendicité en Languedoc (1775-1783)», *in : Revue d'hist. écon. et sociale*, 1974. p. 483.

187. J. MAILLEFER, *Mémoires*, pp. 120 et 122.

188. Gaston ZELLER, *Aspects de la politique française sous l'Ancien Régime*, 1964, pp. 375-385.

189. *Méditerranée*, I, pp. 425, 438, 512, etc.

190. De LINGUET, cité par MANCERON, *op. cit.*, I, p. 169: «Dans l'armée on estime bien moins un pionnier qu'un cheval de caisson parce que le cheval de caisson est fort cher et qu'on a le soldat pour rien...» Chiffrer vaudrait mieux que décrire, mais les chiffres se dérobent. Un ordre de grandeur peut-être: d'après une nouvelle de Francfort-sur-le-Main, 9 août 1783, les effectifs militaires s'élèveraient en Europe à deux millions d'hommes, soit un peu plus de 1,3% de la population en supposant que l'Europe ait alors compté 150 millions d'habitants. *Gazette de France*, p. 307.

191. R. GASCON, *op. cit.*, I. p. 400.

192. JÈZE, *Journal du Citoyen*, 1754, p. 1.

193. Extrait des Registres du Parlement de Paris, années 1750-1751, f° 427. Arrêt du 14 août 1751 condamnant le domestique Pierre Pizel.

194. Marius MITTRE, *Les Domestiques en France*, p. 14. *Variétés*, V, P. 253 en note: référence au *Traité de la Police*, titre 9, chapitre 3.

195. Pierre-Victor MALOUET, *Mémoires de Malouet*, 1874, t. I, pp. 48-49.

196. Claude VEIL, «Phénoménologie du travail», *in : L'Évolution psychiatrique*, n° 4, 1957, p. 701, «Même lié à la machine. l'homme n'est pas esclave de la machine. Il n'est jamais esclave que d'autres hommes. A cet égard, et *mutadis mutandis*, il y a

toujours des galères.»

197. Abbé C. FLEURY, *Les Devoirs des maîtres et des domestiques*, 1688, p. 73. C'est une réflexion analogue, presque un siècle plus tard (1771) qui fait écrire à I. de PINTO, *op. cit.*, p. 257: «Imaginons, pour un moment, un État où tout le monde fut riche; il ne pourrait subsister sans faire venir des étrangers indigènes pour le servir.» Phrase prophétique si l'on songe à l'avenir. Mais dès avant le XVIIIe siècle, et au XVIIIe siècle, n'y avait-il pas déjà d'innombrables migrations compensatoires de pauvres?

198. *Op. cit.*, p. 58. Des déclarations analogues et bien plus tardives sous la plume de BAUDRY DES LOZIÈRES, *Voyage à la Louisiane*, 1802, pp. 103 *sq*.

199. P. DECHARME, *op. cit.*, p. 119.

200. *Literatura europea y Edad Media*, 1955, I, p. 40.

201. A.d.S. Mantoue, Archivio Gonzaga, Donatus de Bretis au marquis de Mantoue, B. 1438.

202. *Le Savant et le Politique*, 1963, p. 101.

203. *Gazette de France*, p. 599.

204. Max WEBER, *Economia e società*. 2, p. 991.

205. *Diarii*, *op. cit.*, I, pp. 184 et 196.

206. British Museum, Mss Sloane, 42.

207. Élie BRACKENHOFFER, *op. cit.*, p. 111.

208. Louis-Sébastien MERCIER, *op. cit.*, III, p. 278.

209. *Ibid.*, III, p. 279.

210. *Diarii*, *op. cit.*, I, p. 111.

211. *Livre de main des Du Pouget (1522-1598)*, éd. critique par M. J. PRIM, D. E. S., Toulouse, 1964, dactylogramme.

212. Voyageur anonyme, 1728, Victoria-Albert Museum, 86 NÑ2, f°s 196 *sq*.

213. D'après la copie conservée au F. Fr. de la Bibliothèque Lénine, à Moscou, f°s 5 et 54.

214. *Gazette de France*, 29 février 1772, p. 327.

215. Françoise AUTRAND, *Pouvoir et société en France, XIVe-XVe siècles*, 1974, p. 12.

216. R. GASCON, *in*: *Histoire économique et sociale de la France*, BRAUDEL-LABROUSSE éd., 1976, I, p. 424; Claude SEYSSEL, *Histoire singulière du roy Loys XII*, 1558, p. 14.

217. L. STONE, *An Elizabethan: Sir Horatio Pallavicino*, 1956, p. 42.

218. L'expression est de MARX.

219. Jean IMBERT, *Histoire économique*, 1965, p. 206.

220. *Ibid.*, p. 207 et LE BLANC, *Traiїé historique des monnoyes de France*, 1692, pp. 175-176.

221. *Ordonnances des Rois de France de la troisième race*, éd. de Laurière, 1723, t. 1, p. 371 (instruction sur l'ordonnance touchant la subvention à cause de la guerre de Flandre, 1302).

222. Gabriel ARDANT, *Histoire de l'impôt*, 1971, 1, p. 238.

223. C. BEC, *op. cit.*, p. 62.

224. G. LUZZATTO, *Storia economica di Venezia*, *op. cit.*, p. 208.

225. «Origin and growth of the national debt in Western Europe», *in*: *American Economic Review*, n° 2, mai 1947, p. 118.

226. Dès le XIIe siècle, H. PIRENNE, *op.*

cit., p. 35, note 2. Le premier grand emprunt en France serait celui de 1295 pour la campagne de Guyenne contre l'Angleterre: Ch. FLORANGE, *Curiosités financières...*, 1928, p. 1.

227. Je n'ai pas voulu multiplier les références qui peuvent se retrouver aisément dans *La Méditerranée*, ni donner les références à l'ouvrage à paraître de Felipe RUIZ, *El siglo de los Genoveses*, dont j'ai pris connaissance, il y a quelques années.

228. Dans *La Gitanilla*, *Novelas Ejemplares*, édit. Nelson, p. 100.

229. P. G. M. DICKSON, *The Financial revolution in England. A study in the development of public credit, 1688-1756*, 1967.

230. A.N., G 7, 1699.

231. Varsovie, A. G., F. Radziwill, 26 déc. 1719.

232. I. de PINTO, *op. cit.*, p. 1, note 2.

233. Communication de Jorjo TADIĆ.

234. Thomas MORTIMER, *Every man his own broker*, 1775, p. 165.

235. Isaac de PINTO, *op. cit.*, qui en 1771 se flatte (p. 13) d'être le premier à avoir soutenu «que la dette nationale avait enrichi l'Angleterre» et qui explique admirablement l'avantage du système, en le comparant d'ailleurs à celui de la France, il indique que les Anglais en général et non les moindres en «ignorent la nature» et s'y opposent sottement (p. 43)

236. MOSCOU, AEA, 35/6, 390, 114.

237. Moscou, AEA, 35/6, 320, 167, Lettre de Simolin, Londres, 23 mars-3 avril 1781.

238. *Bilanci generali*, Seria seconda, Venise, 1912.

239. Michel MOLLAT, *Comptes généraux de l'État bourguignon entre 1416 et 1420*, 1964.

240. *Méditerranée*, II, p. 33 et graphique.

241. *Ibid.*, II, p. 31.

242. Voir la traduction par S. J. SHAW (*The budget of Ottoman Egypt, 1596-1597*, 1968) d'un budget de l'Égypte ottomane. Et surtout les travaux en cours d'Omer Lufti BARKAN.

243. Ainsi MACARTNEY, *op. cit.*, IV, p. 119 (1793, 66 millions de £: ainsi, R. VIVERO, British Museum, Add. 18287, f° 49, 1632, 130 millions d'écus d'or).

244. Abbé PRÉVOST, *Voyages*, *op. cit.*, X, pp. 238 *sq.*

245. A. N., K 1352 (1720) ou A. E., Russie M. et D., 7, f°s 298-305 (vers 1779).

246. Roger DOUCET, *L'État des finances de 1523*, 1923.

247. Francesco CARACCIOLO, *Il regno di Napoli nei secoli XVI e XVII*, 1966, I, p. 106.

248. VÉRON DE FORBONNAIS, *Recherches... sur les finances de France*, 1758, pp. 429 *sq.*

249. Emmanuel LE ROY LADURIE, *Les Paysans du Languedoc*, 1966, I, pp. 295-296.

250. Cardinal de RICHELIEU, *Testament politique*, p.p. Louis ANDRÉ, 1947, p. 438. Texte cité par [J.-F. MELON], *Essai politique sur le commerce*, 1734, p. 37.

251. *Cf. infra*, III, chapitre 2.

252. Selon C. M. CIPOLLA, Semaine de Prato, mai 1976.

253. Philippe CONTAMINE, Semaine de Prato, avril 1974.

254. François PIETRI, *Le Financier*, 1931, p. 2.
255. Michel MOLLAT, *Les Affaires de Jacques Cœur. Journal du Procureur Dauvet*, 2 vol., 1952.
256. Germain MARTIN et Marcel BESANÇON, *op. cit.*, p. 56.
257. G. CHAUSSINAND-NOGARET, *Les Financiers du Languedoc au XVIIIe siècle*, 1970, et *Gens de finance an XVIIIe siècle*, 1972. Nombreuses références. Voir: «Castanier» à l'index.
258. *Richesse de la Hollande*, *op. cit.*, II, p. 256.
259. J. G. van DILLEN, *Munich V*, pp. 181 *sq*.
260. *Ibid.*, p. 182.
261. *Ibid.*, p. 184.
262. P. G. M. DICKSON, *op. cit.*, pp. 253-303.
263. *Ibid.*, pp. 289-290.
264. *Ibid.*, p. 295.
265. J. F. BOSHER, *French Finances 1770-1795. From Business to Bureaucracy*, 1970, p. XI. Son insistance sur les réformes institutionnelles de Necker, pp. 150 *sq*.
266. *Ibid.*, pp. 304, et 17 note 2.
267. M. MARION, *Dictionnaire*, *op. cit.*, p. 236.
268. Daniel DESSERT, «Finances et société au XVIIe siècle à propos de la chambre de justice de 1661», *in : Annales E.S.C.*, n° 4, 1974.
269. Daniel DESSERT et Jean-Louis JOURNET, «Le *lobby* Colbert: un royaume ou une affaire de famille?», *in : Annales E.S.C.*, 1975, pp. 1303-1337.
270. Mais avec une série d'accidents de parcours: 1522, exécution de Semblançay et mise à l'écart des officiers de finance; recours ensuite aux capitaux des places de Paris et de Lyon; banqueroute de 1558 qui ramènera à la fin du XVIe siècle une oligarchie de financiers, etc. *Cf.* R. GASCON, *in : Histoire économique et sociale de la France*, *op. cit.*, I, pp. 296 *sq*.
271. Marcel MARION, *op. cit.*, p. 232.
272. G. CHAUSSINAND-NOGARET, *op. cit.*, p. 236.
273. L.-S. MERCIER, *op. cit.*, III, p. 201.
274. Sur l'ensemble du problème, l'excellent petit livre de Pierre DEYON, *Le Mercantilisme*, 1969.
275. *In : Z. für Nationalökonomie XVII*.
276. *Der Merkantilismus*, 1965, p. 5.
277. Henri CHAMBRE, «Pososkov et le mercantilisme», *in : Cahiers du monde russe*, 1963, p. 358.
278. Le mot échappe à Paul MANSELLI, Semaine de Prato, avril 1974.
279. Adam SMITH, *op. cit.*, III, p. 1.
280. H. BECHTEL, *op. cit.*, II, p. 58.
281. Henri HAUSER, *Les Débuts du capitalisme*, 1931, pp. 181 *sq*.
282. *In : Revue d'histoire économique et sociale*, 1959, p. 394.
283. Franz von POLLACK-PARNAU, «Eine österreischiche-ostendische Handels-Compagnie 1775-1785», *in : Vierteljahrschrift für Sozial-und Wirtschaftsgeschichte*, 1927, p. 86.
284. A.N., G 7, 1698, f° 154, 24 juin 1711.
285. Werner SOMBART, *op. cit.*, I, p. 364.
286. J. KULISCHER, *op. cit.*, éd. allemande, II, p. 203.
287. H. HAUSHERR, *op. cit.*, p. 89.

288. Eli F. HECKSCHER, *op. cit.*, p. 480.
289. ISAMBERT, *Recueil général des anciennes lois françaises*, 1829, XV, p. 283 (Édit d'établissement d'une manufacture d'habits de draps et toiles d'or, d'argent et de soie à Paris, août 1603).
290. A. KLIMA, J. MACUREK, «La question de la transition du féodalisme au capitalisme en Europe centrale (XVIe-XVIIe siècles)», *in* : *Congrès international des sciences historiques*, Stockholm, 1960, IV, p. 88.
291. A.N., G 7, 1687.
292. W. SOMBART, *op. cit.*, I. p. 366.
293. Cardinal de RICHELIEU, *Testament politique*, éd. de 1947, p. 428.
294. A.N., A.E., B^1, 754, Londres, 1er juillet 1669.
295. Ch. W. COLE, *Colbert and a century of French mercantilism*, 1939, I, p. 337.
296. SIMANCAS, *Consultas y juntas de hacienda*, leg. 391. f° 542.
297. A. D. LUBLINSKAYA, *Lettres et mémoires adressés au chancelier Séguier (1633-1649)*, 1966, II, p. 88.
298. H. KELLENBENZ, *Der Merkantilismus*, *op. cit.*, p. 65, c'est l'opinion de van DILLEN.
299. A.d.S. Naples, Affari Esteri, 801, La Haye, 2 septembre et 15 novembre 1768.
300. Isaac de PINTO, *op. cit.*, p. 247.
301. *Ibid.*, p. 242.
302. Voir *supra*, p. 310.
303. *El siglo de los Genoveses*, malheureusement encore inédit.
304. A. N., G 7, 1725, 121, 6 février 1707.
305. A.N., 94 A Q 1, 28.
306. John FRANCIS, *La Bourse de Londres*, 1854, p. 80.
307. Daniel DESSERT, art. cit.
308. Les exceptions confirmaint la règle, LAVISSE, *Histoire de France*, VII, 1, pp. 5 *sq.*; *Méditerranée*, II, pp. 34-46.
309. Roland MOUSNIER, *Les XVIe et XVIIe siècles*, 1961, p. 99.
310. British Museum, Add. 18287, f° 24.
311. J.-F. BOSHER, *op. cit.*, pp. 276 *sq.*; le mot *bureaucratie* apparaîtrait pour la première fois chez GOURNAY, 1745, *cf.* B. LESNOGORSKI, Congrès international des sciences historiques, Moscou, 1970.
312. A. G., Varsovie, Fonds Radziwill.
313. Ou reféodalisation, dans le sens où Giuseppe GALASSO emploie le mot, *op. cit.*, p. 54, à savoir un certain retour vers une féodalisation antérieure.
314. J. van KLAVEREN, «Die historische Erscheinung der Korruption...», *in* : *Vierteljahrschrift für Sozial- und Wirtschaftsgeschichte*, 1957, pp. 304 *sq*.
315. Selon MOUSNIER et HARTUNG, c'est seulement après la guerre de Succession d'Autriche que la vénalité en France est devenue insupportable. *Congrès international des sciences historiques*, Paris, 1950, cité par I. WALLERSTEIN, *op. cit.*, p. 137, note 3.
316. J. van KLAVEREN, art. cit., p. 305.
317. Voir le tableau brillant de Régine PERNOUD, *op. cit.*, II, pp. 8 *sq*.
318. Pierre CHAMPION, *Catherine de Médicis présente à Charles IX son royaume 1564-1566*, 1937.

319. British Museum. Add. 28368, f° 24, Madrid, 16 juin 1575.
320. L. PFANDL, *Philipp II. Gemälde eines Lebens und einer Zeit*, 1938; trad. fr. 1942, p. 117.
321. *Variétés*, II, p. 291.
322. *Op. cit.*, p. 55.
323. E. LABROUSSE, *Le XVIII*e *siècle*, *in : Hist. générale des civilisations*, p. p. M. CROUZET, 1953, p. 348.
324. D'après Pierre GOUBERT, *Beauvais..., op. cit.*, p. 338.
325. *Op. cit.*, II, 698.
326. Moscou, A. E. A., 72/5-299, 22, Lisbonne, 22 février 1791.
327. Sur cette fragmentation de l'appareil du pouvoir, *cf.* F. FOURQUET, *op. cit.*, notamment pp. 36-37.
328. « De l'importance des idées religieuses», *in : Œuvres complètes de M. Necker*, publiées par le baron de Staël son petitfils, 1820, t. XII, p. 34, cité par Michel LUTFALLA, «Necker ou la révolte de l'économie politique circonstancielle contre le despotisme des maximes générales», *in : Revue d'histoire économique et sociale*, 1973, n° 4, p. 586.
329. F. MELIS, *Tracce di una storia economica..., op. cit.*, p. 62.
330. E. ASHTOR, Semaine de Prato, avril 1972.
331. S. LABIB, «Capitalism in medieval Islam», *in : Journal of Economic History*, mars 1969, p. 91.
332. Hans HAUSHERR, *op. cit.*, p. 33 et Philippe DOLLINGER, *La Hanse*, 1964, pp. 207 et 509.
333. Halil INALCIK, «Capital formation in the Ottoman Empire», *in : The Journal of Economic History*, 1969, p. 102.
334. *Ibid.*, pp. 105-106.
335. M. RODINSON, *Islam et capitalisme*, *op. cit.*, p. 34.
336. C'est la date de la frappe du florin d'or, *Cf.* F. MELIS, article «Fiorino», *in : Enciclopedia Dantesca*, 1971, p. 903.
337. H. Du PASSAGE, article «Usure» du *Dictionnaire de théologie catholique*, t. XV, 2e partie, 1950, col, 2376.
338. *Ibid.*, col. 2377-2378.
339. TURGOT, *Mémoire sur les prêts d'argent*, éd. Daire, 1844, p. 110. *In : Œuvres*, éd. Schelle, III, pp. 180-183.
340. Ch. CARRIÈRE, «Prêt à intérêt et fidélité religieuse», *in : Provence historique*, 1958, p. 107.
341. Loi du 3 septembre 1807 et décret-loi du 8 août 1935. *Cf.* le *Nouveau Répertoire Dalloz*, 1965, au mot «usure», IV, p. 945.
342. Benjamin N. NELSON, *The Idea of usury from tribal brotherhood to universal otherhood*, 1949. Voir, pour l'ensemble du problème, Gabriel LE BRAS et H. DU PASSAGE, article «Usure» du *Dictionnaire de théologie catholique*, t. XV, 2e partie, 1950, col, 2336-2390.
343. G. LE BRAS, art. cit., col. 2344-2346.
344. ARISTOTE, *Politique*, I-III, 23.
345. Max WEBER, *L'Éthique protestante et l'esprit du capitalisme*, 1964, p. 76, note 27.
346. SCHUMPETER, *Storia dell'analisi economica*, p. 10, note 3.
347. Karl POLANYI, *in :* K. POLANYI et Conrad ARENSBERG, *Les Systèmes économiques dans l'histoire et dans la*

théorie, 1975, p. 94.

348. B. BENNASSAR, *Valladolid au siècle d'or*, p. 258.

349. R. de ROOVER, *The Medici Bank*, 1948, p. 57.

350. Marc BLOCH, *Les Caractères originaux de l'histoire rurale française*, 1952, I, p. 5.

351. Léon POLIAKOF, *Les Banchieri juifs et le Saint-Siège, du XIIIe au XVIIe siècle*, 1965, p. 81.

352. *Diarii*, 9 novembre 1519, cité par L. POLIAKOF, *op. cit.*, p. 59, note 5.

353. L. POLIAKOF, *op. cit.*, p. 96.

354. C. BEC, *Les Marchands écrivains à Florence, 1355-1434*, p. 274.

355. R. de ROOVER, *op. cit.*, p. 56, note 85.

356. Charles de LA RONCIÈRE, *Un Changeur florentin du Trecento*..., 1973, pp. 25, 97, 114, note 5, 172, 197.

357. B. NELSON, « The Usurer and the Merchant Prince: Italian businessmen and the ecclesiastical law of restitution, 1100-1550», *in : The Tasks of economic history* (supplemental issue of *The Journal of economic history*), VII (1947), p. 116.

358. *Ibid.*, p. 113.

359. G. von PÖLNITZ, *Jakob Fugger*, 1949, I, p. 317 et B. NELSON, *The Idea of usury*, *op. cit.*, p. 25.

360. J. A. GORIS, *Les Colonies marchandes méridionales à Anvers*, 1925, p. 507.

361. Pierre JEANNIN, *Les Marchands au XVIe siècle*, 1957, p. 169.

362. Archivo provincial Valladolid, fonds Ruiz, cité par H. LAPEYRE, *Une Famille de marchands, les Ruis*, 1955, p. 135 et note 139.

363. Le P. LAÍNEZ, *Disputationes tridentinae*..., t. II. 1886, p. 228 (...subtilitas mercatorum, ducentes eos cupiditate...tot technas invenit ut vix facta nuda ipsa perspici possint...).

364. Giulio MANDICH, *Le Pacte de Ricorsa et le marché italien des changes au XVIIe siècle*, 1953, p. 153.

365. J. HÖFFNER, *Wirtschaftsethik und Monopole*, 1941, p. 111 et B. NELSON, *Idea of usury*, p. 61, note 79.

366. Dans une conversation.

367. Ph. COLLET, *Traité des usures*... 1690. dans l' «avertissement».

368. Isaac de PINTO, *Traité de la circulation et du crédit*, 1771, p. 36; L.-S. MERCIER, *Tableau de Paris*, 1782, III, pp. 49-50.

369. Moscou, A.E.A., 35/6, 370, p. 76.

370. C. CARRIÈRE, art. cit., p. 114.

371. I. de PINTO, *op. cit.*, pp. 213-214.

372. A. RENAUDET, *Dante humaniste*, 1952, pp. 255-256.

373. Werner SOMBART, *Le Bourgeois*, 1926, p. 313.

374. H. HAUSER, *Les Débuts du capitalisme*, 1931, pp. 51 et 55.

375. C. M. CIPOLLA, «Note sulla storia del saggio d'interesse, corso, dividendi e sconto dei dividendi del Banco di S. Giorgio nel sec. XVI», *in : Economia internazionale*, vol. 5, mai 1952, p. 14.

376. *Économie et religion, une critique de Max Weber*, éd. suédoise 1957, française, 1971.

377. F. BRAUDEL, *Le Monde actuel*, 1963, pp. 394-395.

378. *Studies in the development of capitalism*, 1946, p. 9.

379. O. BRUNNER, *op. cit.*, pp. 16-17.

380. Aldo MIELI, *Panaroma general de his-*

toria de la Ciencia*, II, pp. 260-265.

381. Édition de H. PROESLER, 1934.

382. W. SOMBART, *op. cit.*, II, p. 129 et note 1.

383. F. MELIS, *Storia della Ragioneria*, 1950, pp. 633-634.

384. W. SOMBART, *op. cit.*, II, p. 118.

385. Oswald SPENGLER, *Le Déclin de l'Occident*, 1948, II, p. 452.

386. C. A. COOKE, *Corporation Trust and Company*, 1950, p. 185.

387. Cité par Basil S. YAMEY, «Accounting and the rise of capitalism», *in : Mélanges Fanfani*, 1962, t. VI, pp. 833-834, note 4. Sur la lenteur de la pénétration en France, R. GASCON, *op. cit.*, I, pp. 314 *sq*.

388. W. SOMBART, *op. cit.*, II. p. 155.

389. F. MELIS, *Tracce di una storia economica di Firenze e della Toscana dal 1252 al 1550*, 1966, p. 62.

390. B. S. YAMEY, art. cit., p. 844 et note 21.

391. R. de ROOVER, *in : Annales d'hist. économique et sociale*, 1937, p. 193.

392. W. SOMBART, *Die Zukunft des Kapitalismus*, 1934, p. 8, cité par B. S. YAMEY, art. cit., p. 853, note 37.

393. K. MARX, *Le Capital*, *in : Œuvres*, II, pp. 1457 *sq*. et 1486-1487.

394. *Ibid*., p. 1480.

395. LÉNINE, *Œuvres*, 1960, t.22, p. 286.

396. Otto HINTZE, *Staat und Verfassung*, 1962, II, pp. 374-431: *Der moderne Kapitalismus als historisches Individuum. Ein kritischer Bericht über Sombarts Werk*.

397. W. SOMBART, *Le Bourgeois*, p. 129.

398. W. SOMBART, *ibid*., pp. 132-133.

399. M. WEBER, *L'Éthique protestante et l'esprit du capitalisme*, p. 56, note 11, et pages suivantes.

400. C. BEC, *Les Marchands écrivains à Florence 1375-1434*, pp. 103-104.

401. Otto BRUNNER, *op. cit.*, pp. 16-17.

402. Gilles DELEUZE, Félix GUATTARI, *Capitalisme et schizophrénie. L'anti-Œdipe*, 1972, p. 164.

403. Denys LOMBARD, *Le Sultanat d'Atjeh au temps d'Iskandar Muda (1607-1636)*, 1967.

404. J. SAVARY, V, col. 1217.

405. PRÉVOST, *op. cit.*, VIII, p. 628.

406. TAVERNIER, *op. cit.*, II, p. 21.

407. A. N., Marine, B 7 46, 253. Rapport du Hollandais Braems, 1687.

408. Gautier SCHOUTEN, *Voiage... aux Indes Orientales, commencé en l'an 1658 et fini en l'an 1665*, II, pp. 404-405.

409. Jean-Henri GROSE, *Voyage aux Indes orientales*, 1758, pp. 156, 172, 184.

410. Michel VIÉ, *Histoire du Japon des origines à Meiji*, 1969, p. 6.

411. DE LA MAZELIÈRE, *Histoire du Japon*, 1907, III, pp. 202-203.

412. D. et V. ELISSEEFF, *La Civilisation japonaise*, 1974, p. 118.

413. N. JACOBS, *op. cit.*, p. 65.

414. Y. TAKEKOSHI, *The Economic aspects of the political history of Japan*, 1930, I, p. 226.

415. N. JACOBS, *op. cit.*, p. 37.

416. Y. TAKEKOSHI, *op. cit.*, I, p. 229.

417. Denis RICHET, *Une Famille de robe à Paris du XVIe au XVIIIe siècle, les Séguier*, *Thèse dactyl.*, p. 52.

418. D. RICHET, *ibid.*, p. 54. Toute une série d'exemples dans le livre de George HUPPERT, *Les Bourgeois gentilshommes*, *op. cit.*, chapitre V.

419. PING-TI HO, «Social Mobility in Chi-

na», *in : Comparative Studies in society and history*, I, 1958-1959.

420. *Méditerranée*, II, p. 65.

421. Nicolaï TODOROV, «Sur quelques aspects du passage du féodalisme au capitalisme dans les territoires balkaniques de l'Empire ottoman», *in : Revue des études sud-est européennes*, t. I, 1963, p. 108.

422. François BERNIER, *Voyages... contenant la description des États du Grand Mogol*, 1699, I, pp. 286-287.

423. Lord CLIVE, Discours à la Chambre des Communes; les extraits donnés ici d'après une traduction française, Cracovie, Fonds Czartorisky.

索　引

（索引条目后的页码为法文原书页码，即本书边码）

图书在版编目(CIP)数据

十五至十八世纪的物质文明、经济和资本主义. 第二卷，形形色色的交换：全2册 / (法)费尔南・布罗代尔著；顾良，施康强译. —北京：商务印书馆，2018(2024.3重印)
(汉译世界学术名著丛书)
ISBN 978-7-100-16491-7

Ⅰ. ①十…　Ⅱ. ①费… ②顾… ③施…　Ⅲ. ①资本主义社会—历史—15-18世纪 ②资本主义社会—贸易史—15-18世纪　Ⅳ. ①K13

中国版本图书馆CIP数据核字(2018)第188922号

汉译世界学术名著丛书
十五至十八世纪的物质文明、
经济和资本主义
第二卷
形形色色的交换
(全2册)
〔法〕费尔南・布罗代尔　著
顾良　施康强　译

商　务　印　书　馆　出　版
(北京王府井大街36号　邮政编码100710)
商　务　印　书　馆　发　行
北京市艺辉印刷有限公司印刷
ISBN 978-7-100-16491-7

2018年11月第1版　　开本850×1168　1/32
2024年3月北京第4次印刷　　印张27⅞
定价：126.00元